见识城邦

更新知识地图 拓展认知边界

David Christian

MAPS OF TIME

An Introduction to Big History

时间地图

大历史，130 亿年前至今

[美]大卫·克里斯蒂安 著
晏可佳 段炼 房芸芳 姚蓓琴 译

中信出版集团·北京

图书在版编目（CIP）数据

时间地图：大历史，130亿年前至今 /（美）大卫·克里斯蒂安著；晏可佳等译. -- 北京：中信出版社，2017.6（2022.8重印）

书名原文：Maps of Time：An Introduction to Big History

ISBN 978-7-5086-7304-2

Ⅰ. ①时… Ⅱ. ①大… ②晏… Ⅲ. ①世界史—通俗读物 Ⅳ. ①K109

中国版本图书馆CIP数据核字（2017）第031906号

时间地图：大历史，130亿年前至今

著　　者：［美］大卫·克里斯蒂安
译　　者：晏可佳 等
出版发行：中信出版集团股份有限公司
（北京市朝阳区惠新东街甲4号富盛大厦2座　邮编　100029）
承 印 者：北京通州皇家印刷厂

开　　本：880mm×1230mm　1/16　　印　　张：45.25　　字　　数：621千字
版　　次：2017年6月第1版　　印　　次：2022年8月第11次印刷
京权图字：01-2016-9492
书　　号：ISBN 978-7-5086-7304-2
定　　价：128.00元

目录

年表

地图

图

表

推荐序 xv

《时间地图》将自然史与人类史综合成了一篇宏伟壮丽而又通俗易懂的叙述。这是一项伟大的成就，类似于17世纪艾萨克·牛顿运用匀速运动定律将地球与天体联系在一起的那种方式，甚至更接近于19世纪达尔文所取得的成就，即用进化的过程来展现人类与其他生命形式之间的联系。

大卫·克里斯蒂安（David Christian）在本书第1章中所涉及的自然历史，基本上是早期自然史的延续与转化。它起始于大约130亿年前的大爆炸，根据20世纪宇宙学家的推测，我们所居住的宇宙就是从那时开始膨胀与变化的。随着时间与（或许）空间开始出现，物质与能量彼此分离，以不同的密度散布各处，而不同速度的能量四处游荡，形成各种强弱不等的力，这一过程持续至今。物质在引力的作用下凝聚成块，成为耀眼的恒星并形成星系。围绕着这样的结构，周围逐渐产生了新的复合状态和新的能量流。接着，大约46亿年前，围绕着一颗恒星即太阳旋转的行星——地球开始形成，并很快成为包括生命以及生命的全部形式在内的更为复杂过程演进的场所。就在25万年以前，人类又增加了另一种层次的行为，那时候，语言和其他符号的使用形成了一种新的能力，也就是克里斯蒂安所说的“集体知识”（collective learning）。这又导致人类社会具备一种独一无二的能力：共同协作，改变并且分别拓展他们周围各不相同的生态系统中的生态龛，直到今天在我们周围形成了唯一的全球体系。

克里斯蒂安将人类历史纳入最新阐述的宇宙自然史范围，这也是 xvi

20世纪一项学术创新。就在物理学家、宇宙学家、地质学家和生物学家不懈努力，历史性地推动自然科学发展的同时，人类学家、考古学家、历史学家和社会学家也在马不停蹄地拓展关于人类在地球上的历史的知识。他们在时间上追根溯源，在空间上几乎将之扩展到整个地球表面，从而包括了植物食物采集民族、早期农民以及其他一些没有留下档案记录而被排除在19世纪基于文献的“科学”历史之外的其他民族。

当然，大部分历史学家并不注重“史前史”（prehistory），或者那些无文字民族的生活，只是一如既往地忙着在他们自己的研究领域展开争论。在整个20世纪，这些争论和对于大量欧亚民族的文献以及部分非洲、美洲文献的研究，对于地球上那些城市化的、有文字的以及开化的民族所取的成就，无论是在历史材料的数量上还是在我们的认识范围上，都有了实质性的增加。为数不多的世界史学家，就像我本人这样，曾试图将这些研究综合起来，以便于对整个人类历史的发展形成一幅更加恰到好处的图景；也有的历史学家探究了生态对人类活动的影响。我甚至写了一篇纲领性的论文《历史与科学世界观》[载《历史与理论》第37卷，第1期（1998年），第1—13页]，描述了自然科学的进展，鼓励历史学家要勇于概括，将他们的学科同我们身后发生的历史化的自然科学结合起来。事实上，若干学者正在朝这一目标努力，但只有当我开始与大卫·克里斯蒂安相互通信时，才知道这位历史学家已经在撰写这样一部著作了。

克里斯蒂安的成就真正令人惊讶之处在于他发现每一层面的变化模式都是相似的。例如，关于恒星与城市，他这样写道：

> 在早期宇宙中，引力抓住了原子云，将它们塑造成恒星和银河系。在本章所描述的时代里，我们将会看到，通过某种社会引力，分散的农业共同体是如何形成城市和国家的。随着农业人口集聚在更大的、密度更高的共同体里，不同团体之间的相互交往有所增

加，社会压力也随之增加，突然之间，新的结构和新的复杂性便一同出现了，这与恒星的构成过程惊人地相似。与恒星一样，城市和国家重新组合并且为其引力场内部的小型物体提供能量。

他字斟句酌，用下面这一段话为这本不寻常的著作画上了句号：

> 我们自己就是复杂生物，我们从个人的经验知道，要爬上那台下行的电梯、抗拒宇宙滑向无序是何等的困难，因此我们免 xvii
> 不了对其他似乎也在做同样事情的实体深感兴趣。因此，这个主题——虽然存在第二热力学定律，但仍能实现秩序，没准正是在它暗中相助下实现的——交织在本书所述故事的各个篇章里。混沌和复杂性的无尽的华尔兹为本书提供了一个统一观念。

我不揣冒昧地说，克里斯蒂安所发现的暗藏于“混沌和复杂性的无尽的华尔兹”里面的规律，不仅仅是一个统一的理论，而且是这部著作中最重要的成果。

这是一部历史与智慧的杰作：清晰明了，学养丰富，文字优雅，言简意赅且充满了冒险精神。在过去几百年里，学者与科学家从我们周围的世界中所获得的各种知识的巨大综合，由此展现在了广大读者的面前，表明人类社会仍然是自然的一部分，恰到好处地居住在宇宙的家园里面，尽管我们具有非凡的能力、独一无二的自我意识，以及获取集体知识的用之不竭的力量，但这仍是一件多么奇特而又意味深长的事情啊！

或许我应该略述大卫·克里斯蒂安的生平，作为这篇序言的结尾。首先，他的身份具有国际性，他的父亲是英国人，母亲是美国人，他们在土耳其的伊兹密尔相识并结合。不久，他的母亲回到了纽约布鲁克林，于1946年生下了大卫·克里斯蒂安。此时，她的丈夫刚刚从英国军队退役，投身于殖民地公职机构，成了尼日利亚的一名地方官员。

他的妻子随即也来到了那里，因此克里斯蒂安的童年是在尼日利亚的内陆地区度过的。7岁的时候，他来到英国就读于一所寄宿制学校。毕业后，他考入牛津大学攻读近代史，并于1968年获得文学学士学位。（在牛津大学，这意味着掌握了相互独立的历史片段：罗马时代以来的英国及欧洲其他地区的历史，甚至还包括数十年被分割得七零八落的美国历史，它们正好是“大历史”的对立面。）随后的两年，他在加拿大的西安大略大学担任助教，并获得文学硕士学位。接着，他决定专门研究俄罗斯历史，又回到了牛津大学。1974年，他以一篇研究沙皇亚历山大一世改革的论文获得了博士学位。像他的父亲一样，他娶了一个美国妻子，有两个孩子。

1975年至2000年间，大卫·克里斯蒂安在澳大利亚悉尼麦考瑞大学教授俄罗斯历史，以及有关俄罗斯文学和欧洲历史的其他课程。在法国年鉴学派的影响下，他的兴趣转向了俄罗斯人的日常生活。他有两部关于俄罗斯人饮食的著作：《面包和盐：关于俄罗斯食品与饮料的社会史与经济史》（1985年，与R. E. F. 史密斯合著），以及《活水：
xviii 解放前夕伏特加与俄罗斯社会》（1990年）。之后，他又受邀撰写了一些普及读物：先是出版于1986年的《权力与特权：19世纪与20世纪的俄罗斯与苏联》，随后又于1998年出版了《俄罗斯、中亚和蒙古史》第1卷《从史前到蒙古帝国时期的欧亚内陆史》。

这些书籍拓展了历史研究的地域与时间范围，表明早在1989年大卫·克里斯蒂安已经开始了在教学领域的冒险行动，当麦考瑞大学讨论各系学生使用何种历史学入门教材之际，克里斯蒂安不假思索地说：“为什么不能从宇宙的起源讲起呢？”他的同事们当即请他讲述自己的观点。与其他那些把授课范围限制在世界史之内的历史学家不同，克里斯蒂安决定从宇宙本身讲起；在他开玩笑地将这项研究称为“大历史”的那一年，也曾有过犹豫，此时其他院系致力于各研究领域讲授不同课程的同事向他伸出了援助之手。

大历史从一开始就引起了学生的兴趣，没过多久兴趣转化成了热情。不过反应最为强烈的专业读者首先出现在荷兰和美国，在那里，大卫·克里斯蒂安一项新的任务就是说服少数具有冒险精神的教师开设类似的课程。1998年的世界史协会（The World History Association）暨美国历史协会（American Historical Association）年会，是一次关于大历史的会议，尤其引人注目。三年后，大卫·克里斯蒂安决定接受邀请，去加利福尼亚大学圣地亚哥分校担任教职，继续讲授他的大历史。

克里斯蒂安其他的一些专业兴趣也非常活跃。《俄罗斯、中亚和蒙古史》第2卷正在编撰之中，这是一部描述20世纪20年代早期俄罗斯禁酒运动日渐衰微的著作。在业余时间，大卫·克里斯蒂安也撰写一些有关历史研究以及其他各学科的重要论文。简而言之，他是一位历史学家，具有异乎寻常的能力和大无畏的勇气，而且硕果累累。

你马上就要仔细阅读这本书了，在你面前已经有了很多的体验。请读下去吧，惊奇吧，赞叹吧！

威廉·麦克尼尔

2002年10月22日

2011年新版序言

《时间地图》首版于2004年。令我欣喜的是，人们对其评价甚佳。这出乎我的意料，因为我本以为人们尤其是历史学家会反对这种“宇宙史”，亦即关于某种全部时间的历史之概念。一定会有人对大历史的概念持怀疑态度，一定也会有人对行文中的某些部分挑刺，但是大多数评论家似乎相信，本书并非荒谬无稽，实际上能产生有趣的见解。有些人更加热情洋溢地把大历史视为历史学界激动人心的新领域。世界史学家尤其是慨然表示，这种慷慨体现在《时间地图》荣获了世界史协会（WHA）2004年度最佳世界史出版物奖。另外，《时间地图》被翻译为西班牙语和中文，这意味着已能用世界上使用人数最多的三种语言读到本书，《时间地图》也因此走向了世界。本书的韩文版也即将问世。

自2004年以来，人们对大历史的兴趣剧增，如今大历史已经真正可以被看作是一个迅速崛起的教研领域。这种爆发式增长从罗柏安（Barry Rodrigue）、弗雷德·施皮尔（Fred Spier）和丹尼尔·史塔斯克（Daniel Stasko）编纂的参考书目中可见一斑，这一书目可以在国际大历史协会的网站（www.ibhanet.org）上查询到。近期相关作品有辛西娅·布朗所著的关于大历史的重点调查，以及弗雷德·施皮尔关于大历史的理论巨著《大历史与人类的未来》[1]。在2007年，我录制了一系列关于大历史的视频课程，已由教学公司（TTC）出版，我与辛西娅·布朗（Cynthia Stokes Brown）、克雷格·本杰明（Craig Benjamin）合著的大历

[1] 辛西娅·布朗：《大历史：从宇宙大爆炸到今天》（纽约，新出版社，2007）；弗雷德·施皮尔，《大历史与人类的未来》（麻省莫尔登和牛津：威利-布莱克韦尔，2000）。

史大学教科书将在 2012 年出版。

我对于《时间地图》的基本观点仍然感到满意，尽管自 2004 年以来，我的想法已经有所发展。需要更敏锐地聚焦于大历史的定义。例如，大历史与世界史迥然不同的地方，显然在于它的跨学科本质，及其试图在过去与历史不相关的学科叙述中寻求某种潜藏的一致性。大历史所研究的内容，跨越物理、天文、地质、人类历史。正因为如此，它在寻求共同主题、范式、方法的同时，也试图更清晰地理解历史学派中各领域的主旨、方法和范式中所存在的差异。 xxiv

因此，有些在《时间地图》中已经得以表达却未得到进一步展开的概念，需要我和该领域同人对其进行更明确的定义。例如：

在《大历史与人类的未来》中，弗雷德·施皮尔在其早期著作和埃里克·蔡森研究的基础上，做了目前最为成熟的尝试，为大历史建构了一个理论框架。他审慎地将逐渐增长的复杂性的概念与能量流和适宜环境的观念等相关主题联系起来，即认为复杂性只有在非常特殊的环境下和极为严格的“边界环境”中才能得以逐渐增长。这里只是些宽泛的理论概念，能为人们在大历史讲述的故事提供更深的深度和连贯性。

我探索了断代革命，即为历史事件提供准确日期的技术革新的观念，对于大历史研究的至关重要性。[1] 在 20 世纪中叶前（正如 H. G. 韦尔斯在 20 世纪 20 年代悲伤地说）是无法精确而科学地写下整个宇宙的历史的，因为确凿的日期仍基于文本记叙，因此他们无法追溯到几千年前。这或许解释了为何人们有着非常强大的习俗，即“历史”不会指早于有文字记载的人类社会的历史。直到 C^{14} 及相关的断代技术在 20 世纪 50 年代问世后，大历史研究才成为可能。

[1] 大卫·克里斯蒂安,《历史、复杂性和计时断代法》, *Revista de Occidente* 323（2008）: 27—37；克里斯蒂安,《进化的史诗和断代法的革命》，载于《进化的史诗：科学史和人的回应》，谢里尔·吉尼特、布赖恩·斯威姆、拉赛尔·吉尼特和琳达·帕尔默（Cheryl Genet, Brian Swimme, Rusell Genet, and Linda Palmer）主编（加利福尼亚圣玛格丽塔：柯林斯基金会出版社，2009），第 43—50 页；克里斯蒂安,《断代法革命以后的历史与科学》，载于《宇宙和文化：从宇宙的文本看文化革命》，史蒂文·J. 迪克和马克·L. 卢皮塞拉主编（哥伦比亚特区华盛顿：美国航空航天局，2009），第 411—462 页。

关于大历史如何编纂、该领域如何融入整个历史思考中，也有人做过许多探讨。我自己对此做过深入的思考，见于《宇宙史的回归》一文[1]。克雷格·本杰明在介绍关于这一话题的一系列文章时，也对大历史的演进有过极好的论述。[2]

xxv 大历史最为激动人心之处是其内在的全球特点。在大历史中，人类第一次被视为是单一物种，直到很晚，在大历史的研究中国家或文明的视角才变得重要起来。因此，大历史坚持为人类的过去创造一种真正的全球性叙述，这种叙述不见于国家的视角，而是像科学一样既适用于首尔或德里或布宜诺斯艾利斯，也适用于伦敦或纽约。

新的概念层出不穷，吸引了各种不同视角的大历史研究。最具权威的看法是诺贝尔奖得主、气候学家保罗·克鲁岑（Paul Crutzen）提出的，他认为在今天我们进入了新的地质学时代，称其为"人类纪"（Anthropocene），这是在地球诞生至今，第一个由单一物种——我们人类——支配生物圈形态的纪元。[3]这种对当今世界的看法，与大历史固有的对人类历史的生态观点亦相吻合。

自2004年以来，这一领域在组织上也有重大发展。讲授大历史的高校课程数量与日俱增，今天在全世界至少有超过50门这样的课程正进行讲授。在辛西娅·布朗的支持和鼓励下，位于圣拉斐尔市的多米尼加加州大学（近圣弗朗西斯科）成为第一所将大历史课程作为大一新生基础课的大学。2011年4月，一个以发展大历史研究与教学为目标的学术机构——国际大历史协会应运而生。罗柏安和丹尼尔·史塔斯克在协会网站上刊登了关于大历史教学和学派迅速发展的论文，2012年8月，协会将在密歇根主办第一届国际大历史会议（IHBA）。[4] 2011年3月，

[1] 大卫·克里斯蒂安，《宇宙史的回归》，专论，《历史与理论》49（2010年12月），第5—26页。
[2] 见 http://worldhistoryconnected.press.illiois.edu/6.3/index.html。
[3] 这些短篇介绍，参见大卫·克里斯蒂安，"人类纪"，载于《宝库山世界史百科全书》，第2版（大巴灵顿，麻省：巴克夏出版社，2010）；以及S.威尔（S. Will），保罗·克鲁岑和约翰·R.麦克尼尔，《人类纪：现在人类战胜一切自然力了吗？》载于 *Ambio* 36，no. 8（December 2007）：614-21。
[4] IBHS 的网站是：www.ibhanet.com。

以建立免费在线高校大历史课程为目标的“大历史项目”启动。[1] 还有一些间接的迹象表明大历史正在获得更多关注。在阿姆斯特丹，因这样两件事，大历史在过去 10 年间成为公众热议的话题：阿姆斯特丹大学将大历史课程引入课堂；1996 年伊拉斯谟奖授予了威廉·麦克尼尔。弗雷德·施皮尔和罗柏安跟踪了对该领域感兴趣的教师和学者，他们的研究显示，有很多人正在开展与大历史目标相一致的教学或研究项目。

但即便有这些增长的迹象，这一领域仍然可谓路漫漫其修远兮。依然有人牢牢把守着学科的传统边界，有时还会以攻为守。这或许能解释为什么尽管现在大历史学派实质存在，并承诺要开启令人激动的新的研究议程（包括复杂性的意义和能源流，以及信息在跨学科中的 xxvi
角色），但在该领域仍然没有大型的跨学科的研究项目。时至今日，仅有一所大学有正式的大历史教席（阿姆斯特丹大学的弗雷德·施皮尔），也只有一小群研究生参与到大历史项目中（他们中有三个现在在悉尼麦考瑞大学）。还有一所高中开始讲授大历史。但是，到底会有多少学校和教育部门认同，大历史将帮助学生理解在现代知识中潜藏的一致性和统一性，并能领悟真正跨学科思维和教学中强有力的智慧协同，我们仍将拭目以待。

我相信大历史将会得以繁荣，因为它已经证明了它的能力，就像一个格式塔转换，帮助学生和学者重新审视业已熟悉的事物。我有这等信心的另一个原因在于过去 20 年间参与构建这一领域的一小群学者所具有的精力、智慧、慷慨和冒险精神。建立大历史绝对是一种集体学习的锻炼。

我想在最后感谢威廉·麦克尼尔将他的力量借给这一在 10 年前都显得极为边缘的历史学派。他对于大历史的支持，切切实实使历史学家们信服：大历史项目是有趣的、有启发意义的、重要的，当他们展开讨论“历史”意味着什么时，他们将会收获良多。

---

[1] “大历史项目”的网站是：www.bighistoryproject.com。

xix
致 谢

这样的计划会把人变成一个收藏癖患者。你如饥似渴地收集各种思想与信息，而不久之后你就会开始忘却学术犯罪的每一个细节动作。有幸的是，博学的大师们如此慷慨地贡献出他们的时间与思想。我得益于我长期任职的两个单位：悉尼麦考瑞大学和加利福尼亚大学圣地亚哥分校。我想感谢所得到的一切帮助，却未能做到，由于受惠太多，我无法详记每一个细节。此间，每一条建议、每一次探讨、每一部著作的引证，都珍藏在心里，但已记不清得之于何处，有时甚至会误认为这是我自己的发现。发生这种记忆上的偏差（我肯定这是经常发生的），我只有向朋友和同人致以深深的歉意，并且向耐心与我讨论大范围历史问题的朋友和同事道谢，这些问题我已经为之魂牵梦萦了十多年。

我要特别感谢查蒂（Chardi），她是位职业作家和荣格派心理学家。她让我相信我是在讲述一个创世神话。我还想感谢在加利福尼亚大学圣塔克鲁兹分校讲授“大历史”的特里·埃德蒙·伯克（Terry Edmund Burke）。他说服我撰写有关大历史的教科书正逢其时，希望以此鼓励其他人去开设类似的课程。而且，对于本书最初的草稿，他给予了很有价值的（有时甚至是严厉的）批评。他一直不断地鼓励着我。

我尤其要感谢1989—1999年我在麦考瑞大学教学期间所有讲授
xx
大历史课程的导师们，下面我按字母顺序列出他们的姓名：戴维·艾伦（David Allen）、迈克尔·阿彻（Michael Archer）、伊恩·贝德福德（Ian Bedford）、克雷格·本杰明（Craig Benjamin）、杰瑞·本特利（Jerry Bentley）、戴维·布里斯科（David Briscoe）、戴维·卡希尔（David Cahill）、高夫·考林（Geoff Cowling）、比尔·埃德蒙斯（Bill Edmonds）、布赖恩·费根（Brian Fegan）、迪克·弗罗德（Dick Flood）、莱顿·弗拉皮尔（Leighton Frappell）、安妮特·汉密尔顿（Annette Hamilton）、莫文·哈维戈（Mervyn Hartwig）、安·亨德森·塞勒斯（Ann Henderson Sellers）、艾德温·乔奇（Edwin Judge）、马克斯·凯利（Max Kelly）、伯纳德·纳普（Bernard Knapp）、约翰·凯尼格（John Koenig）、吉姆·柯恩（Jim Kohen）、萨姆·刘（Sam Lieu）、戴维·马林（David Malin）、约翰·默森（John Merson）、罗德·米勒（Rod Miller）、尼克·莫德耶斯卡（Nick Modjeska）、马克·诺曼（Marc Norman）、鲍勃·诺顿（Bob Norton）、罗恩·佩顿（Ron Paton）、戴维·菲利浦斯（David Phillips）、克里斯·鲍威尔（Chris Powell）、卡罗琳·罗尔斯通（Caroline Ralston）、乔治·罗德森（George Raudzens）、斯蒂芬·肖塔斯（Stephen Shortus）、艾伦·索恩（Alan Thorne）、特里·威德斯（Terry Widders）、迈克尔·威廉姆斯（Michael Williams）。还要感谢麦考瑞大学在我写作本书初稿之际给予我学术研究假。

我要感谢对大历史观点极为支持并亲自讲授大历史相关课程的同人。约翰·米尔斯（John Mears），他在我著书的同时即开始讲授这一课程，并始终是这一观点的热情支持者。汤姆·格里菲思（Tom Griffiths）与同事们也曾于20世纪90年代早期在莫纳西大学（Monash University）讲授大历史课程。约翰·高兹布罗姆（Johan Goudsblom）在阿姆斯特丹大学教授本课程，也是本计划的热情支持者。他的同事弗雷德·施皮尔（Fred Spier）曾撰写了有关大历史的第一本著作（《大历史的结构：从大爆炸到今天》），满怀雄心、才华横溢地论述了包含了社会科学和自然科学的“大统一理论”（grand unified theory）的结构。对此项研究充满兴趣并予以支持的，或是曾讲授该课程的，还有乔治·布鲁克斯（George Brooks）、埃德蒙·伯克三世（Edmund Burke Ⅲ）、马克·西奥克（Marc Cioc）、安·库尔西斯（Ann Curthoys）、格瑞姆·戴维森（Graeme Davidson）、罗斯·邓恩（Ross Dunn）、阿尔图罗·格尔德兹（Arturo Giráldez）、比尔·李德贝特（Bill Leadbetter）、海蒂·鲁普（Heidi Roupp）。1998年1月，在西雅图举行的美国历史协会会议上，阿诺德·施里尔（Arnold Schrier）主持了一场有关大历史的专题讨论，约翰·米尔斯、弗雷德·施皮尔和我都提交了论文，帕特里夏·奥尼尔（Patricia O'Neal）抱着理解与支持的态度对论文进行了评论。2002年1月，盖尔·施托克（Gale Stokes）邀请我参加在圣弗朗西斯科（San Francisco）举办的美国历史协会会议，在主题为"范围的作用"小组座谈会中讨论大历史问题。

还要感谢那些阅读了部分书稿或予以评论的人。除了前面已提到的，还有伊丽莎白·科波斯·霍夫曼（Elizabeth Cobbs Hoffman）、罗斯·邓恩（Ross Dunn）、帕特里夏·法拉（Patricia Fara）、厄尼·格瑞斯哈伯（Ernie Grieshaber）、克里斯·劳埃德（Chris Lloyd）、温顿·希金斯（Winton Higgins）、彼得·蒙西斯（Peter Menzies）、路易斯·施瓦兹科普夫（Louis Schwartzkopf）。1990年，I. D. 库瓦琴科（I. D. Koval'chenko）教授邀请我去莫斯科大学做关于大历史的学术报告，瓦雷里·尼可拉耶夫（Valerii Nikolayev）也邀请我去莫斯科东方研究所（Institute of Oriental Studies in Moscow）讲学。大约10年前，斯蒂芬·门内尔（Stephen Mennell）请我去他所召集的研讨会讲述大历史，埃里克·琼斯（Eric Jones）对于我的论文提了一些很有价值的反馈意见。彭慕兰（Ken Pomeranz）不仅将自己尚未发表的书稿《大分流》
xxi 中的有关章节提供给我，并请我去加利福尼亚大学尔湾分校讲述大历史。多年以来，我在许多大学就大历史这个主题做了演讲，其中包括澳大利亚的麦考瑞大学、莫纳西大学、悉尼大学、墨尔本大学、纽卡斯尔大学、伍伦贡大学（Wollongong）、西澳大学；美国的加利福尼亚大学圣塔克鲁兹分校、明尼苏达州立大学曼卡多分校（Minnesota State University，Mankato）、印第安纳大学布卢明顿本部；加拿大的维多利亚大学；英国的纽卡斯尔大学、曼彻斯特大学。我与约翰·安德森

（John Anderson）为一篇关于能力与财富最大化社会的论文忙碌了近两年的时间，虽然论文至今未能发表，但是与约翰的合作使我对于向现代化的转变产生了许多新的思路。

自从1999年9月这部教科书最初的文稿发表之后，就收到了同事们的反馈意见和相关评论。按照姓名字母顺序，他们是阿尔弗雷德·克罗斯比（Alfred Crosby）、阿尔图罗·格尔德兹（Arturo Giráldez）、约翰·高兹布罗姆（Johan Goudsblom）、玛尼·休斯-沃林（Marnie Hughes-Warrington）、威廉·麦克尼尔、约翰·米尔斯、弗雷德·施皮尔、马克·维尔特（Mark Welter）。为了我的书稿，加利福尼亚大学出版社找了至少两位匿名评论人，在此对他们的劳动也表示感谢。2000年，玛尼·休斯威灵顿为我的大历史课程提供了许多有价值的建议。作为一位编年史学家，她不住地提醒我未曾理会的研究主题的编年史意义。威廉·麦克尼尔从我开始写作的初期，很长一段时期与我保持着书信往来，评论中既有批评也有鼓励，从而形成了我自己的观念。正是他让我从世界历史参差交错的关系中认真观察事物。

我还要感谢我的许多学生，他们分别在麦考瑞大学听我讲授HIST112课程“世界史入门”，在加利福尼亚大学圣地亚哥分校讲授HIST411课程“为教师讲授的世界史”以及HIST100课程“世界史”。正是他们的提问使我将注意力聚焦到了重要的地方。我尤其感谢学生们提供给我的信息，以及他们在其他书中或在因特网上的新发现。此外，他们能对这门课程产生兴趣，也让我感到欣慰。

我要特别感谢加利福尼亚大学出版社，包括林恩·威西（Lynne Withey）、苏珊娜·诺特（Suzanne Knott）及其他工作人员。艾丽斯·福尔克（Alice Falk）以十分负责的态度为我整理校订书稿。他们的专业技能、谦逊谨慎、幽默诙谐以及从容不迫的工作节奏，使原本颇为杂乱的书稿变成了一部真正的著作。

不言而喻，对于这样一部涉及面甚广的著作，我感谢过的那些提供了支持和帮助的人决不应该因为书中的错谬而受到指责，也不是说他们必定同意本书的观点。在写作之初，我就固执己见地忽略了许多善意的批评。因此在事实、解释或者持论公允方面，本书若有任何缺陷，均应由本人负责。

谨以此书献给查蒂、乔舒亚（Joshua）、埃米莉（Emily），对于他们多年来对我的无私付出略表回报。

大卫·克里斯蒂安

2003年1月

导论：一部现代创世神话吗？ 1

“大历史”：以各种时间尺度考察过去

研究历史的方法就是要从漫长的绵延中去观察它，我称之为长时段（*long durée*）。这不仅仅只是一种方法，而且还能引发涉及古今各种社会结构的重大问题。它是唯一能够将历史与现实结合在一起，形成密不可分的整体的语言。[1]

普遍历史理解人类过去的生活，不是从其特殊关系和潮流，而是从其完满性和整体性去理解它。[2]

一刻的羁停——瞬时的吟味，
吟味这荒漠中的泉水——
哦！快饮哟！——幻影的商队
才从“无”中来，已经到了“无”际。[3]

就好像一支庞大沙漠商队中的商人，我们想要知道我们从哪儿来，又到哪儿去。现代科学告诉我们，这支旅行队伍极其庞大繁杂，从夸克到星系，我们的旅伴包括了许许多多奇异之物。关于这次旅行的起

[1] 篇首语：费尔南德·布罗代尔（Fernand Braudel）著，莎拉·马修斯（Sarah Matthwes）译：《论历史》（芝加哥：芝加哥大学出版社，1980 年），第 viii 页，1969 年序言。

[2] 利奥波德·冯·兰克（Leopold von Ranke）语，转引自阿瑟·马威克（Arthur Marwick）：《历史的本性》（伦敦：麦克米兰出版社，1970 年），第 38 页。

[3] 爱德华·菲茨杰拉德（Edward Fitzgerald）：《纳霞堡诗人莪默·伽亚谟四行诗集》（*The Rubàiyàt of Omar Khayyàm of Naishàpúr*），第 47 节，载亚历山大·W. 阿利森（Alexander W Allison）等编：《诺顿诗选》（纽约：W. W. 诺顿出版社，1970 年），第 3 版，第 688 页。（译文采自莪默·伽亚谟著，郭沫若译：《鲁拜集》，人民文学出版社，1958 年，第 50 页。——译者注）

点和行进方向，我们所知道的并不算少。在这些方面，现代科学能够帮助我们回答关于我们自身的存在以及关于我们旅行期间的宇宙的最深奥的问题。科学有助于我们在人和宇宙之间划一条连线。

“我是谁？我的归属何在？我所属的那个整体又是什么？”任何人类社会都会以某种形式提出这些问题。在大多数社会，其正规和非正规的教育体系都在尝试回答这些问题。而答案又常常体现为创世神话
2 故事。通过讲述令人难忘而权威的关于万事万物——从人类社会，到动物、植物以及我们周围的环境，再到地球、月球、天空甚至整个宇宙——如何起源，创世神话提供了一个普遍坐标，通过这个坐标，人们就能够在一个更大的框架里想象自身的存在，并且扮演自己的角色。创世神话是强有力的，因为我们在精神上、心理上，以及社会上有一种深层次的需要，那就是要有一种定位感、一种归属感，而创世神话正好满足了这种深层次需要。正因为它们提供了基本的定位，所以经常被深深整合进最深层的宗教思想，就像创世记的故事被整合在犹太教—基督教—伊斯兰教中一样。现代社会众多奇怪的特点之一就是，尽管现代社会所拥有的信息比早期社会更为可靠，那些现代教育体系中的人一般是不会讲授这样的创世传说的。相反，从中学到大学到研究机构，我们只教授一些关于起源的支离破碎的知识。至于事物是如何走到这一步的，我们似乎不能提供一个统一的描述。

我写这本书，因为我相信这种学术自谦是没有必要的，甚至是有害无益的。之所以说是不必要的，是因为我们周围已经充斥着现代创世神话的种种要素。之所以说它是有害的，是因为它造成了现代人生活中微妙而普遍的方向感缺失状态，即法国社会学先驱涂尔干所说的“失范”：一种无所归属的感觉，也就是对于自身应归于何处毫无概念的人们所无法摆脱的状态。

《时间地图》力图成为一部关于起源问题的前后连贯的、明白易懂的著述，一篇现代的创世神话。该书起始于我在悉尼麦考瑞大学教授的一门实验性历史课程上的系列演讲。我开设这门课有一个想法，就

是要看一看，从许多不同范围讲述一个自真正的宇宙起源开始，直到现今为止，有关过去历史的前后一贯的故事，在当今世界是不是还有这个可能。我希望每一个尺度都能对整个图景增添一些新内容，从而使其他各个范围能变得更加容易理解。按照现代史学界的惯例，这是一个极其傲慢的想法。但令人惊讶的是，它又具有惊人的可行性，甚至比我起初设想的更让人感兴趣。本导论的任务之一，就是证明这样一种与众不同的思考和讲授历史的方式是有一定道理的。

我开始讲授“大历史”是在 1989 年。两年之后，我发表了一篇文章，试图为这一研究方法做一次正式的辩白。[1] 尽管意识到这项计划有些怪异，但没过多久，我们这些企图讲授大历史的人就深信，这些大问题有助于提高课堂兴趣，鼓励人们对历史的性质进行富有成效的思索。讲授这些大故事使我们确信，在令人惊叹的纷繁复杂的现代知识之下，深藏着一种统一性和连贯性，确保在不同时间范围之间可以进行某些方面的对话。如果将这些故事串联起来，就完全拥有和传统的创世神话故事一样的丰富性和感染力。它们构成了澳大利亚原住民所 3
说的现代“梦幻”——有关我们如何被创造，又如何被纳入事物整体框架的一套连贯的说法。

我们还注意到某些在前现代社会就为人所知的道理：倘若一个故事试图将现实世界作为整体来阐释，那么它的力量将是非常惊人的。这种力量与任何特定的故事本身的成败无关，这项计划本身就是有强力的，能够满足深层次的需要。在我看来，试图从总体上观察过去的历史，就像使用一张世界地图。没有一个地理学家会在讲课的时候仅仅使用一张街道地图。而大部分历史学家只是教授某个特定国家的历史，甚至是特定农耕文明的历史，从来不去过问整个过去究竟是什么

[1] 大卫·克里斯蒂安：《“大历史”的研究现状》，载《世界史杂志》第 2 卷，第 2 期（1991 年），第 223—238 页；文章又被收入罗斯·E. 邓恩（Ross E. Dunn）所编《新世界史：教师指南》（波士顿：贝德福德 / 圣马丁氏，2000 年），第 575—587 页。我最初使用“大历史”这个概念可能有点儿轻率，后来才认识到它也被用得太滥了，然而，我一直没有放弃，因为它提供了一个方便的速记形式，以指称这种尽可能在最大范围内考察历史的研究计划。

样子。所以什么才是历史学家手中的世界地图呢？是否有一张包含过去所有时间范围的时间地图呢？

现在提出这些问题恰逢其时，因为许多学科都产生了一个日益滋长的共同观念，即我们要超越那些一个世纪以来主宰学术（同时服务于学术）的对现实支离破碎的叙述。科学家在这一方面进展得很快。斯蒂芬·霍金《时间简史》（1988 年）一书的成功也显示了大众的兴趣在于试图了解整个现实。在霍金自己的研究领域宇宙学中，“大统一理论”（grand unified theory）的思想曾一度被认为荒谬可笑、野心勃勃。而现在它被视为是理所当然的。由于 20 世纪 60 年代以来现代进化论模式与板块构造论的统一，生物学和地质学的主题也趋向于更为统一的叙述。[1]

美国圣塔菲研究所（Santa Fe Institute）的学者长期以来一直在研究这些相互联系。诺贝尔奖得主、物理学家默里·盖尔曼（Murray Gell-Mann）是该研究所的非正式会员，他从物理学家的角度出发，清晰传神地论述了以更为统一的方式来描述现实世界的理由。

> 我们生活在一个专业化日渐增长的年代里，原因很清楚。人类一直在每一个研究领域孜孜以求，随着专业的成长，它又分出下属的专业。这个过程一再地发生，而且这是必需的、可取的。然而，目前以综合化辅助专业化的需求也正在日益增长。原因在于，要描述复杂的、非线性的系统，通过将其分割为预先定义的
> 4 子系统或方方面面是远远不够的。如果对于这些彼此间处于强烈相互作用的子系统或各个方面只是分别加以研究，那么不管这种研究有多么细致，将其研究结果加在一起，也并不能获得关于整体的有用的图景。从这个意义而言，有一句古老的谚语蕴含着深

[1] 现代对历史做统一的叙述有两种重要的尝试——它们分别从宇宙学与地质学的观点来撰述——埃里克·蔡森的《宇宙的演化：自然界复杂性的增长》（麻省坎布里奇：哈佛大学出版社，2001 年），以及普雷斯顿·克罗德的《宇宙、地球和人类：宇宙简史》（纽黑文：耶鲁大学出版社，1978 年）。

> 刻的真理，即“整体要大于每个部分的总和”。
>
> 因此，人们必须舍弃这种想法，以为严谨的工作就是在一个狭隘的学科里将一个定义明确的问题弄个水落石出，而将广泛的综合性思维放逐到鸡尾酒会中去。在学术生活里、在官僚机构里，在其他任何地方，综合工作并没有得到应有的重视。

这位圣塔菲研究所学人还补充道：“要寻找那些有勇气对系统展开整体性粗略观察，而不仅仅是以传统方法研究系统的某些局部行为的人。”[1]

历史学家应当去寻找类似的统一结构，或者一个“大统一的故事”，从史学家的观点尽力概括关于起源的现代知识吗？世界史新分支学科的出现，标志着许多历史学家也开始认为需要对他们的目标有一个更为连贯的视角。大历史就是对这一需要的回应。20 世纪 80 年代晚期，大约和我差不多同时，约翰·米尔斯（John Mears）开始在南卫理公会大学（位于得克萨斯州达拉斯）开设了一门按照尽可能大的时间范围讲授的历史课。从此之后，许多大学纷纷开设类似的课程——在澳大利亚的墨尔本、堪培拉、珀斯，在荷兰的阿姆斯特丹，在美国的圣塔克鲁兹。阿姆斯特丹大学的弗雷德·施皮尔跨出了更远的一步，撰写了第一部关于大历史的著作。书中他为构建一个基于各种时间范围基础上对过去进行统一叙述的计划做了雄心勃勃的论辩。[2]

与此同时，许多研究领域的学者正日益感受到我们在走向一种知识的大一统。生物学家威尔逊主张，我们需要着手研究从宇宙学到伦理学这些不同领域的知识之间的联结点。[3] 世界史学家威廉·麦克尼尔写道：

---

[1] 默里·盖尔曼：《朝向更加可持续的世界转型》，尤里科·布卢门费尔德（Yorick Blumenfeld）编：《未来掠影:20 位著名思想家论明日世界》(伦敦：泰晤士和哈得孙出版社,1999 年），第 61—62 页。

[2] 弗雷德·施皮尔：《大历史的结构：从大爆炸到今天》(阿姆斯特丹：阿姆斯特丹大学出版社，1996 年）。

[3] 威尔逊：《论统合：知识的融通》(伦敦：阿巴库斯，1999 年）。

> 看来人类实际上是属于整个宇宙的，而且同样具有多变的、不断发展的特性……在人类中所发生的与在恒星中所发生的，具有一个进化的历史，其特征就是自发地出现一种复杂性，这种复杂性能够在每一层面的组织——从最小的夸克和轻子到星系，从长长的碳元素链到有生命的生物体和生物圈，从生物圈到人类生息劳作的那些符号性的宇宙——中产生出新的行为方式，这些组织各自都试图想从我们周围世界得到比我们所想要得到的以及所需要的更多的东西。[1]

5 我希望这本书能有助于构建一个更为统一的历史和普遍知识观的宏大计划。我完全意识到这一计划所存在的困难。但我坚信这一计划是可行的而且是必要的，因此也是值得尝试一番的，希望别人最终能做得更好一些。我也相信，现代创世神话完全可以变得与早期社会那些创世神话一样丰富而美丽。这个故事是值得讲述的，即使讲述本身并不完美。

结构与体系

> 绝对不可能的事件很可能是这样一些事件：它们可能就像其他任何事件可能已经发生却不为人知。[2]

> 若用埃菲尔铁塔代表地球的年龄，那么，塔尖小圆球上的那层漆皮就代表人类的年龄；任何人都会设想：这座大铁塔原来就是为了那层漆皮才造出来的。我想他们准会那么想的，我不知道。[3]

---

[1]　威廉·麦克尼尔：《历史和科学的世界观》，载《历史与理论》第37卷，第1期（1998年），第12—13页。

[2]　詹姆斯·乔伊斯：《芬尼根的守灵夜》，引自约瑟夫·坎贝尔（Joseph Campbell）：《神的面具》第1卷《原始神话》（哈蒙斯沃思：企鹅出版社，1959年初版；1976年再版），第20页。

[3]　马克·吐温：《该诅咒的人类》，载伯纳德·德·沃托（Bernard De Voto）编：《来自地球的信》（纽约：哈珀和罗出版社，1962年），第215—216页；转引自林恩·马古利斯（Lynn Margulis）、多里昂·萨根：《微观世界：微生物进化40亿年》（伦敦：亚伦和乌温出版社，1987年），第194页。（译文采用肖聿译《来自地球的信》，中国社会科学出版社，2004年，第155—156页。——译者注）

量子物理学的开创者之一埃尔温·薛定谔在一部论述生命起源的生物学著作的前言中，描述了构建一个较为统一的知识图景所存在的困难。在前言中，他也为实施这一计划提出了我所知道的最佳辩护。

> 我们从祖先那里继承了对于统一的、无所不包的知识的渴望。正是给最高学术机构所起的名字提醒我们，从古代起历经这么多个世纪，唯一得到赞许的乃是事物的“普遍性”（universal）。但是在过去100余年的时间里，知识的众多分支无论在广度还是深度上都获得不断扩张，使我们陷入了一个奇怪的困境。我们清楚地感觉到，我们只是刚刚获得可靠的材料，将一切已知的认识组织起来形成整体，但另一方面，仅仅依靠一个人的头脑，就想要将超出一个小小的专业领域之外的思想统一起来几乎是不可能的。
>
> 我知道要摆脱这一困境并没有其他的办法（以免我们永远丧失真正的目标），只有我们中的一些人敢于开始着手将各种事实与理论综合起来，尽管所用的有一些二手的和不完全知识——而且要冒着自我愚弄的风险。
>
> 谨致以深切的歉意。[1]

大历史所面临的某些最令人沮丧的问题是结构性的。现代创世神话该是什么样子的？应该以什么立场来撰写？而哪些对象应当占据舞台中心？哪一个时间范围将居于主导地位？

现代创世神话不会也别想指望它会“不偏不倚”。现代知识决不提 6
供一个无所不知的“知者”，决不提供不偏不倚的观察点，从而使所有事物——从夸克到人类自身到星系具有同等重要的意义。我们无法将所有事物放在一起论述。因此，没有一定观点的知识的想法是毫无

[1] 埃尔温·薛定谔:《生命是什么？》，载《生命是什么？从物理学方面看活细胞》；载《精神与物质》《自述传略》（剑桥：剑桥大学出版社，1992年），第1页（1944年初版）。

意义的。（从技术角度说，这句话反映了一个哲学观点，即尼采的视界主义。）这种知识论到底能有什么用呢？一切知识都起源于知者和所知之间的关系。所有知者都希望他们的知识有某种用途。

创世故事也是如此，起源于特定的人类社会和他们所想象的宇宙之间的关系。它们从不同范围解释一些普遍的难题，这就是为什么它们有时看上去有着类似俄罗斯套娃（matryoshka）或托勒密宇宙观那样的嵌套结构，即有一个核心和许多层的外壳。最中心是那些试图去理解的人，而最外围的则是某种整体——一个宇宙或一个神灵，中间是存在于不同年代、不同空间和不同神话范围里面的实体。因此，正是我们所提的问题决定了一切创世神话的普遍原型。因为我们是人类，所以可以确保人类在创世神话中占有比他们在现实宇宙中所占有的更大的空间。一个创世神话总是属于某一类人的，本书所描述的创世神话是属于一个接受过现代传统科学教育的人。（有趣的是，这就意味着现代创世神话的叙事结构与所有创世神话一样是前哥白尼的，而其内容则肯定是后哥白尼的。）

虽然涉及的范围十分宽广，但《时间地图》并不想将读者淹没在无边无际的细枝末节之中。我已经试着尽量不要将此书写得太过冗长（虽然并不十分成功），希望不要让细节掩盖了重点。那些对于本故事的某些部分具有特定兴趣的读者会感到他们能发现更多的东西，每一章末尾都有“延伸阅读”，以便指点迷津。

本书的话题、主题之间的准确平衡也恰好凸显了这样一个事实，即本书不是以天文学家、地质学家或生物学家的观点，而是以历史学家的观点对大历史研究所做的尝试。（在这篇导论的最后罗列了其他一些大历史的研究方法。）这意味着，与斯蒂芬·霍金的著作或者普雷斯顿·克罗德的《宇宙、地球和人类》相比，人类社会在本书中被放大
7 了。虽然如此，本书前5章仍包括了通常属于宇宙学、地质学和生物学范畴的主题，论述了以下四个层面的起源与演化：宇宙、星系和恒星、太阳系和地球、地球上的生命。本书的其余部分则论述了我们人

类这个物种，以及我们与地球及与其他物种之间的关系。第 6 章和第 7 章讨论了人类的起源和早期人类社会的性质。它们试图考证人类历史的与众不同之处，以及人类与其他地球生物的不同之处。第 8 章考察了最早的农耕社会，在这一时期城市和国家尚未存在。大约 1 万年前，随着农业的出现，人类开始生活在密集的共同体里面，信息和物品的交换比以往任何时候都更加频繁。第 9 章和第 10 章描述了城市、国家以及农耕文明的出现与发展。第 11 章到第 14 章试图就现代社会及其起源的问题构建一种前后连贯的解释。最后，第 15 章是对未来的展望。大历史不可避免地要关注大潮流，而这些大潮流并不会在此时此刻戛然而止。因此，大尺度历史观将不可避免地提出有关未来的问题，而且对于近期的未来（今后的 100 年之内）及遥远的未来（随后的数十亿年之内）而言，至少一部分答案是现成的。提出这些问题应该成为现代教育至关重要的一部分，因为我们对未来的评估将会影响到我们现在所做出的决定，而今天的决定反过来又将塑造我们自己的子孙后代所居住的世界。若对这些指责掉以轻心，我们的子孙是不会感谢我们的。

第二个结构性难点在于主题。在涉及众多学科的论述中似乎很难保持前后一致。但是有一些现象在各种范围中都是存在的。毕竟主要演员都是类似的。在每一个层面上，我们感兴趣的都是有序的实体，从分子到微生物，再到人类社会，甚至到一系列的星系。解释这些事物如何存在、如何诞生、如何演化，以及最终如何走向毁灭，这就是各个尺度的历史素材都要涉及的。当然，每个范围都有它自己的规律——例如分子有化学规律，微生物有生物学规律——但令人惊讶的是，变化背后的某些原则却是普遍的。因此，弗雷德·施皮尔论证到，在最基本的层面上，大历史就是有关“统治方式”。就是有关在各个范围内都会出现的脆弱的有序范型，以及它们发生变化的方式。[1]因此，大历史的核心主题就是在不同的范围内探寻变化的规则有何不同。人

[1] 施皮尔：《大历史的结构》。

类历史与宇宙的历史有所不同，但并非截然不同。我在附录二中论述了一些变化的普遍原则，但本书主要探讨的是在不同范围内发生变化的不同规律。

8 大历史：赞同和反对

许多领域的专家，包括地质学家、考古学家和史前史学家，认为从一个极大的范围内看待历史是十分正常的。但并不是人人都认为值得从事大历史的研究。尤其对于专业历史学家来说，在如此宏大的时间范围中探究历史是一件基本不可能完成的艰巨任务，这将会偏离历史学的真正目的。在这篇导论的最后，我将对我所遇到的四种主要的保留意见给出回答。

第一种意见在专业历史学家中尤为普遍。他们认为从大范围来看待历史，历史必然会显得干瘪。它肯定会丧失细节、结构、特性以及内容，而终将一无所获。诚然，从大范围的角度看，职业历史学家所熟悉的那些主题和问题都可能不复存在，这就好比从飞机的窗口向外俯视，平时所熟悉的地貌风景都似乎消失不见了一样。在大历史的进程中，法国大革命只不过是短暂的一瞬。然而我们并非得不偿失。随着我们观察历史的框架逐渐扩大，那些太过宏大以至于我们无法窥其全貌的历史事件将会在我们眼前一览无余。我们可以看到历史长河中的陆地与海洋，看到处于国家和区域历史中的村庄与道路。任何框架中所隐藏的东西都比它们所显露出的要多。而对于现代编年史所使用的从几年到几个世纪的传统时间框架来说尤为如此。也许传统框架所隐藏的最令人吃惊的东西，正是人类本身。即使从长达数千年的时间框架来看，也很难提出人类历史在整个生物圈的进化中所具有的重要意义这样一个问题。在一个全世界都充斥着核武器问题和生态问题的时代，我们迫切需要将人类看作一个整体。过去只是关注国家、宗教与文化之分野的那些历史叙述，现在看来是狭隘的、错误的，甚至是危险的。因此，认为从大范围的角度看待历史将一无所获，无疑是错误的。一些我们所熟悉的对象可能会消失，但是重要的新目标和新课题将会跃入我们的眼帘，而它们的出现，无疑会大大丰富历史这一门学科。

第二种反对意见可能是说历史学家若要撰写大历史，就必须超出历史学的范畴。事实也的确如此。像本书这样的总纲性研究是要冒一定风险的，作者依靠的是第二手资料，而且是以其他总纲性研究为基础的。因此，错误和误解在所难免：此项计划天然植入了差错。实际上，这就是知识过程的一个部分。如果你想了解自己的国家，就必须在你的有生之年至少出境旅行一次。虽然你不可能理解所看到的每一 9
件事物，但你会对自己的国家有一个全新的认识。历史也是如此。要想了解人类历史的特点，我们就必须了解一些生物史和地质史的特点。我们不可能成为生物学家或地质学家，我们对这些领域的认识也是有限的，但我们必须巧妙运用其他领域专家的意见。他们对于过去的不同观点也有许多值得我们学习的地方。过于重视各学科之间的界限，将会阻碍学科之间学术合作的可能性。例如，我认为我们需要用生物学家的眼光才能看出人类作为一种动物——智人（*Homo sapiens*）的真正特征。

第三种反对意见是指大历史会编造一种新的“宏大叙事”，而我们所知道的宏大叙事全都是无用的，甚至是危险的。大历史的元叙事是否会排除其他的历史，即少数民族史、地方史、某些特定国家或种族的历史呢？[1]也许对过去采取一种支离破碎的观点［用人类学家乔治·马科斯（George Marcus）和迈克尔·菲舍尔（Michael Fischer）的

[1] 在利奥塔著名的表述中，后现代主义最重要的一点就是“对叙事的怀疑”，参见让-弗朗索瓦·利奥塔（Jean-Franois Lyotard）著，杰夫·本宁顿（Geoff Bennington）、布赖恩·马苏米（Brian Massumi）译：《后现代状况：关于知识的报告》（明尼苏达：明尼苏达大学出版社，1984 年），第 xxiv 页。凯斯·詹金斯（Keith Jenkins）把宏大叙事定义为“一种超常的历史哲学，就像理性和自由不断前进的启蒙运动历史一样，或者像马克思所描绘的场景，生产力不断发展，经过阶级斗争的手段最终导致无产阶级革命”。参见詹金斯编：《后现代历史读本》（伦敦，劳特利奇出版社，1977 年），第 7 页。

话说就是“用珠宝商的眼光”看待过去］是唯一能够真正公平对待人类经验的丰富性的方法。[1]纳塔莉·泽蒙·戴维斯（Natalie Zemon Davis）说得好：

> 问题在于一个大师的叙事是否就是全球史所追求的恰当目标呢？我不这么认为。大师的叙事很容易为历史学家所特有的时间和地点的范型所取代，不管它们是多么有利于某些历史证据的说明。如果一种新的非中心化的全球史正在发现一种与众不同的重要的历史路径和轨迹，那么它也完全可以让大历史成为另一种与众不同的研究方式，或者使之变得多样化。全球史所面临的挑战就是要创造性地将这些叙事置于一种互动的框架里面。[2]

再者，这种指责也有它的可取之处。在从大范围的角度观察历史的时候，某种类型的叙事是不可避免的，而且一定会受到当时所关切事物的限制。然而，不管这些大叙事看上去有多么宏大，历史学家都不应该回避。无论喜欢与否，人们都会去寻找并最终找到这些大历史，因为它们能够提供某种意义。就像威廉·克罗农（William Cronon）在一部关于环境历史的著作中所写：“当我们将人类活动放在一个生态系统中加以描述，那应该总是会涉及有关这些活动的故事。和所有的历史学家一样，我们将历史事件置于一连串的因果关系——亦即故事——之中，使这些事件变得有序而简单，以便赋予其新的意义。我们这样做是因为叙事乃是试图在极其混乱的历史现实中寻求意义的主
10 要文学形式。”[3]即使那些带薪的知识分子过于讲究细节而不去创作这些故事，这些故事仍然广为流传，而他们自己将被遗忘，最终被剥夺

[1]　乔治·E. 马科斯、迈克尔·菲舍尔：《作为文化批判的人类学：人类科学中的一个实验阶段》（芝加哥：芝加哥大学出版社，1986年），第15页及各处。

[2]　纳塔莉·泽蒙·戴维斯对一场名为“大陆文化的跨世纪遭遇”学术研讨会的评论，参见《第十九届国际历史学大会》（奥斯陆：国家图书馆，2000年），第47页。

[3]　威廉·克罗农：《有故事可讲的地方：自然、历史与叙事》，载《美国历史杂志》第78卷，第4期（1992年3月），第1349页。

作为知识分子的权利。这其实是放弃责任，尤其是知识分子在创造当今许许多多元叙事话语中扮演关键角色的时候。元叙事存在着，并具有很强的影响力和说服力。我们或许可以驯化它们，但决不能把它们一笔抹杀。此外，虽然宏大叙事有很强的影响力，但潜意识的宏大叙事影响力更大。不过在现代知识下面已经潜伏着一种“现代创世神话”了。它以一种危险的形式存在，亦即对支离破碎的现代知识的拙劣的叙述和鄙陋的理解，败坏了关于现实的传统叙述而未能将其综合成为一种关于现实的新观点。只有理清现代创世神话的脉络，使之成为一个连贯的故事，才有可能真正采取下一个步骤：批评它、解构它，或改进它。历史就像造房子，解构之前必先建构。我们必须先看到现代创世神话，然后才能去批评它。我们必须先把它清晰明白地表述出来，然后才能看清楚它。欧内斯特·盖尔纳（Ernest Gellner）在他那本试图用一种总纲性的观点看待历史的著作《犁、剑与书》（1991 年）中有这样一段描述：

> 本书的目的很简单，就是要通过最明确的甚或最夸张的概括，来清楚表述关于人类历史的一种观点，这种观点形成虽晚，但是尚未得到恰当的整理。甚至都还没有开展这方面的尝试，因为作者还错误地认为它应当是正确无误的，但他并不知道其实他错了。普遍的理论未必能确保其获得确定和最终的真理。特别是理论根本无法涵盖有着无穷变化的复杂事实，任何一位学者都不可能做到这一点。之所以要阐明这个观点，是希望对其进行简洁而有力的阐述可以使这个观点接受批判的检验。[1]

此外，本书提供的这一类“宏大叙事”具有惊人的包容能力。在 21 世纪的全球“真理”市场上，所有的叙事都面临着残酷竞争。已

---

[1] 欧内斯特·盖尔纳：《犁、剑与书》（伦敦：帕拉丁出版社，1991 年），第 12—13 页。

经在中学与大学里所讲授的那些详细的历史故事，确保了一个现代创世神话不会是完整的故事，而是一连串庞大而随意的故事，其中每一故事都可以用许多不同的方式、许多不同的变化进行叙述。实际上，正是宏大叙事为那些在当今（不太丰富）的历史教学课程中苦苦挣扎的其他历史叙述创造了更大空间。就像帕特里克·奥布赖恩（Patrick O'Brien）所写的："随着越来越多的历史学家大胆地从全球范围的角度进行写作，这个领域将声名鹊起，产生许多颇具竞争力的元历史叙事，
11 从而使得教区史、地方史及国家史的滚滚洪流能够汇合在一起，对此我们充满希望。"[1]

第四个反对意见与第三个有着密切的联系：从如此宽广的范围来叙述是否会导致对真理过度的自居呢？在向学生讲授大历史的时候，我发现他们会努力在两个极端立场之间寻找平衡点。一方面，他们会假设关于起源问题现代的、"科学的"叙述是正确的，而在这之前的任何叙述或多或少都存在错误；另一方面，面对现代历史叙述的某些不确定性，他们又试图把这"仅仅当作是一个故事"。

将大历史叙事当作一个现代创世神话，是一个很好的办法，它可以帮助学生在这些极端之间找到认识论上的平衡点。因为首先它指出一切有关现实的描述都只是约定俗成。今天在我们中间所流传的一些故事，在几个世纪之后将会显得十分离奇和幼稚，如同传统创世神话的一些成分在今天看来也是十分天真一样。但是承认这一点，我们却也不自认为是虚无的相对主义者。从现代科学到最古老的创世神话，所有的知识体系都可以被看作是描绘现实的地图。它们不是简单的对与错。对于现实的完美描述是不可企及的，也是不必要的，而且对于包括人类在内的所有懂得学习的生物体来说实在也是非常昂贵的。不过可操作性的描述则是不可或缺的。因此知识体系就像地图一样，乃是一个由现实性、灵活性、有用性以及灵感所混合而成的复杂事物。

[1]　帕特里克·奥布赖恩：《宇宙的历史是可能的吗？》，载《第十九届国际历史学大会》，第13页。

它们必须对现实做出某种程度上与常识经验相符合的描述。但是这种描述也必须是有用的。必须有助于解决那些每个共同体都需要加以解决的问题，无论是精神的、心理的、政治的或者是机械的问题。[1]

任何创世神话都在各自的时代提供了关于现实的有用地图，因此它们才会被人们相信。它们说明了当时人们所认识的事物的意义。它们包含许多好的、经验的知识，它们的庞大结构帮助人类在一个更为广阔的现实世界中寻找到自己的位置。但每一幅地图都必须建立在知识的基础上，满足特定的社会需要。正因如此，它们在发祥地以外就不一定会被视为“真理”。同样，现代创世神话也不必为它的局限性而致歉。它必然是从现代知识以及现代问题出发的，因为它是为生活在现代世界的人们而设计的。即使所付出的努力永远不可能完全成功，我们也要试着去理解我们所在的宇宙。因此，关于现代创世神话的真理问题，我们所能提出的最大要求，就是它要从 21 世纪早期的视角提供一个关于起源问题的统一的叙述。

[1] 把知识比喻为各种描绘现实的地图的藏品，那就是在工具主义（instrumentalism）的知识论与现实主义的知识论之间刻意寻求平衡。关于历史作品就是绘制地图，第一流的论述可参见约翰·刘易斯·加迪斯（John Lewis Gaddis）：《历史的景观：历史学家如何描绘过去》（牛津：牛津大学出版社，2002 年），第 31—34 页。对于工具主义者与现实主义者在科学哲学体系中的争论，最新的描述可参见斯塔西斯·普西洛（Stathis Psillos）：《科学现实主义：科学如何追寻真理》（伦敦：劳特利奇出版社，1999 年），该书追踪这两种研究途径的边界，而最终选择了现实主义的立场。

12 # 关于大历史的延伸阅读

下面罗列了一些英文著作，它们或从一个比世界历史更为宽广的角度去探究历史，或尝试在一个更广阔的环境来观察人类历史，或者为这些尝试提供一个方法论的框架。这些著作是对“大历史”的宽泛定义，无疑还有其他许多著作可以包含这个大历史。作者来自许多不同领域，他们的著作在研究路径和性质上也有很大的不同，其中哪些是属于大历史方面的书籍，哪些则不是，还有很大的讨论余地。这一基本的参考书目是以弗雷德·施皮尔最初编撰的一份书目为基础的。删除了一些太过专业的书籍，它们对于历史学家和大众读者来说不大可能有什么用处。还删除了一大批从大范围角度撰写的书籍，主要是给历史学家看的，但并未试图兼顾多个时间范围。

Asimov, Isaac. *Beginnings: The Story of Origins — of Mankind, Life, the Earth, the Universe*. New York: Walker, 1987.

Blank, Paul W., and Fred Spier, eds. *Defining the Pacific: Constraints and Opportunities*. Aldershot, Hants: Ashgate, 2002.

Calder, Nigel. *Timescale: An Atlas of the Fourth Dimension*. London: Chatto and Windus, 1983.

Chaisson, Eric J. *Cosmic Evolution: The Rise of Complexity in Nature*. Cambridge, Mass.: Harvard University Press, 2001.

——. *The Life Era: Cosmic Selection and Conscious Evolution*. New York: W. W. Norton, 1987.

——. *Universe: An Evolutionary Approach to Astronomy*. Englewood Cliffs, N. J.: Prentice Hall, 1988.

Christian, David. “Adopting a Global Perspective.” In *The Humanities and a Creative Nation: Jubilee Essays*, edited by D. M. Schreuder, pp.249-62. Canberra: Australian Academy of the Humanities, 1995.

——. “The Case for ‘Big History’”, *Journal of World History* 2, no.2 (fall 1991): 223-38. Reprinted in *The New World History: A Teacher's Companion*, edited by Ross E. Dunn (Boston: Bedford/St. Martin, 2000), pp.575-87.

——. “The Longest Durée: A History of the Last 15 Billion Years.” *Australian Historical Association Bulletin*, nos.59-60 (August-November 1989) : 27-36.

Cloud, Preston. *Cosmos, Earth, and Man: A Short History of the Universe*. New Haven: Yale University Press, 1978.

——. *Oasis in Space: Earth History from the Beginning*. New York: W. W. Norton, 1988.

Crosby, Alfred W. *The Columbian Exchange: Biological and Cultural Consequences of 1492*. Westport, Conn.: Greenwood Press, 1972.

——. *Ecological Imperialism: The Biological Expansion of Europe, 900-1900*. Cambridge: Cambridge University Press, 1986.

Delsemme, Armand. *Our Cosmic Origins: From the Big Bang to the* 13
Emergence of Life and Intelligence. Cambridge: Cambridge University Press, 1998.

Diamond, Jared. *Guns, Germs, and Steel: The Fates of Human Societies*. London: Vintage, 1998.

——. *The Rise and Fall of the Third Chimpanzee*. London: Vintage, 1991.

Emiliani, Cesare. *Planet Earth: Cosmology, Geology, and the Evolution of Life and Environment*. Cambridge University Press, 1992.

Flannery, Tim. *The Eternal Frontier: An Ecological History of North America and Its People*. New York: Atlantic Monthly Press, 2001.

——. *The Future Eaters: An Ecological History of the Australasian Lands and People*. Chatswood, N.S.W.: Reed, 1995.

Gould, Stephen Jay. *Life's Grandeur: The Spread of Excellence from Plato to Darwin*. London: Jonathan Cape, 1996. [The U. S. edition is titled *Full House*.]

——. *Wonderful Life: The Burgess Shale and the Nature of History*. London: Hutchinson, 1989.

Gribbin, John. *Genesis: The Origins of Man and the Universe*. New York: Delta,1981.

Hawking, Stephen. *A Brief History of Time: From the Big Bang to Black*

Holes. New York: Bantam, 1988.

Hughes-Warrington, Marnie. "Big History." *Historically Speaking,* November 2002, pp.16-20.

Jantsch, Erich. *The Self-Organizing Universe: Scientific and Human Implications of the Emerging Paradigm of Evolution.* Oxford: Pergamon Press, 1980.

Kutter, G. Siegfried. *The Universe and Life: Origins and Evolution.* Boston: Jones and Bartlett, 1987.

Liebes, Sidney, Elisabet Sahtouris, and Brian Swimme. *A Walk through Time: From Stardust to Us: The Evolution of Life on Earth.* New York: John Wiley, 1998.

Lovelock, James C. *The Ages of Gaia.* Oxford: Oxford University Press, 1988.

——. *Gaia: A New Look at Life on Earth.* Oxford: Oxford University Press, 1979.

——. *Gaia: The Practical Science of Planetary Medicine.* London: Unwin, 1991.

Lunine, Jonathan I. *Earth: Evolution of a Habitable World.* Cambridge: Cambridge University Press, 1999.

Macdougall, J. D. *A Short History of Planet Earth: Mountains, Mammals, Fire, and Ice.* New York: John Wiley, 1995.

Margulis, Lynn, and Dorion Sagan. *Microcosmos: Four Billion Years of Microbial Evolution.* London: Allen and Unwin, 1987.

——. *What Is Life?* Berkeley: University of California Press, 1995.

Maynard Smith, John, and Eörs Szathmáry. *The Origins of Life: From the Birth of Life to the Origins of Language.* Oxford: Oxford University Press, 1999.

McNeill, J. R., and William H. McNeill. *The Human Web: A Bird's-Eye View of World History.* New York: W. W. Norton, 2003.

McNeill, W. H. "History and the Scientitic Worldview." *History and Theory* 37, no.1（1998）: 113.

——. *Plagues and People.* Oxford: Blackwell, 1977. 14

McSween, Harry Y., Jr. *Fanfare for Earth: The Origin of Our Planet and Life*. New York: St. Martin's, 1997.

Morrison, Philip, and Phylis Morrison. *Powers of Ten: A Book about the Relative Size of Things in the Universe and the Effect of Adding Another Zero*. Redding, Conn.: Scientific American Library; San Francisco: dist. by W. H. Freeman, 1982.

Nisbet, E. G. *Living Earth—A Short History of Life and Its Home*. London: HarperCollins Academic Press, 1991.

Packard, Edward. *Imagining the Universe: A Visual Journey*. New York: Perigee, 1994.

Ponting, Clive. *A Green History of the World*. Harmondsworth: Penguin, 1992.

Prantzos, Nikos. *Our Cosmic Future: Humanity's Fate in the Universe*. Cambridge: Cambridge University Press, 2000.

Priem, H. N. A. *Aarde en leven: Het leven in relatie tot zijn planetaire omgeving/Earth and Life: Life in Relation to Its Planetary Environment*. Dordrecht: Kluwer, 1993.

Rees, Martin. *Just Six Numbers: The Deep Forces That Shape the Universe*. New York: Basic Books, 2000.

Reeves, Hubert, Joël de Rosnay, Yves Coppens, and Dominique Simonnet. *Origins: Cosmos, Earth, and Mankind*. New York: Arcade Publishing, 1998.

Rindos, David. *Origins of Agriculture: An Evolutionary Perspective*. New York: Academic Press, 1984.

Roberts, Neil. *The Holocene: An Environmental History*. 2nd ed. Oxford: Blackwell, 1998.

Simmons, I. G. *Changing the Face of the Earth: Culture, Environment, History*. 2nd ed. Oxford: Blackwell, 1996.

Smil, Vaclav. *Energy in World History*. Boulder, Colo.: Westview Press, 1994.

Snooks, G.D. *The Dynamic Society: Exploring the Sources of Global Change*. London: Routledge, 1996.

——. *The Ephemeral Civilization: Exploring the Myth of Social*

Evolution. London: Routledge, 1997.

Spier, Fred. *The Structure of Big History: From the Big Bang until Today.* Amsterdam: Amsterdam University Press, 1996.

Stokes, Gale. "The Fates of Human Societies: A Review of Recent Macrohistories." *American Historical Review* 106, no.2（April 2001）: 508-25.

Swimme, Brian, and Thomas Berry. *The Universe Story: From the Primordial Flaring Forth to the Ecozoic Era: A Celebration of the Unfolding of the Cosmos.* San Francisco: HarperSan Francisco, 1992.

Wells, H. G. *The Outline of History: Being a Plain History of Life and Mankind.* 2 vols. London: George Newnes, 1920.

——. *A Short History of the World.* London: Cassell, 1922.

Wright, Robert. *Nonzero: The Logic of Human Destiny.* New York: Random House, 2000.

第1部

无生命的宇宙

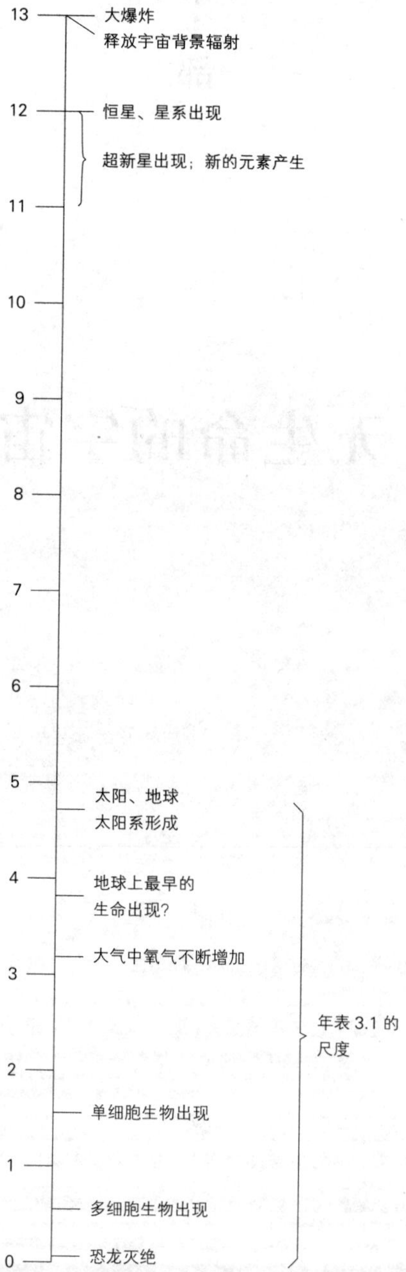

年表 1.1　宇宙的尺度：130 亿年

第1章

第一个30万年：宇宙、时间、空间的起源

17

薇奥拉：朋友们，这儿是什么国土？

船长：这儿是伊利里亚（Illyria），姑娘。[1]

起源问题

万事万物是如何起源的？这是创世神话所要面对的首要问题，无论现代宇宙学取得了多么大的成就，这个问题还是需要慎重对待。

一开始，所有的解释都面临同样一个难题：某种事物如何从无到有。这是一个普遍的难题，因为万物的开端是无法解释的。最小的物质，亚原子粒子（subatomic particles）在一瞬间从无到有，并不存在什么中间状态。量子物理学精确地分析了这些介于似有似无之间的奇异突变，但这种解释对于人类是没有意义的。澳大利亚原住民有句俗语可以很好地概括这一看似荒谬矛盾却又正确的说法："虚无就是

[1] 章首语：威廉·莎士比亚：《第十二夜》；引自约翰·路易斯·加迪斯：《历史的景观：历史学家如何描绘过去》（牛津：牛津大学出版社，2002年），第16页。加迪斯补充道："莎士比亚借着薇奥拉的话指出：智慧、好奇再加上一点儿畏惧，是任何历史学家凝视历史风景的出发点。"

虚无。”[1]

对于起源解释之难的意识与神话一样古老。以下经文就以一种颇为老到成熟的口吻和惊人的现代怀疑论观点提出了这些问题。它来自公元前1200年左右古印度诗歌总集《梨俱吠陀》(*Rig-Veda*)中的一首颂诗。该诗描述了创世之前似有还无的一处神秘之地：

> 无既非有，有亦非有；无空气界，无远天界。何物隐藏，藏于何处？谁保护之？深广大水。
>
> 死既非有，不死亦无；黑夜白昼，二无迹象。不依空气，自力独存，在此之外，别无存在。
>
> 18 其光一闪，横向射出，或在于上，或在于下。有施种者，有宏大者。自力为下，冲力为上。
>
> 谁真知之？谁宣说之？彼生何方？造化何来？世界先有，诸天后起；谁又知之，缘何出现？
>
> 世间造化，何因而有？是彼所作，抑非彼作？住最高天，洞察是事，惟彼知之，或不知之。[2]

我们从中得到一个暗示，首先，存在着一种强有力的虚无——就像制陶工场院里的黏土等待被塑造成什么。现代核物理学也正是这样理解真空观念的：它虽然是空无，但能够拥有形状和结构，(正如粒子加速器的实验所证实的那样)能够从虚无中爆发出“物质”和“能量”。

也许有那么一个陶匠（或者若干个陶匠）正准备着赋予真空以形状。也许陶匠就是黏土本身。根据16世纪玛雅人的手稿《布布尔·乌赫》(*Popol Vuh*，又名《社团之书》)：“不管怎样，什么都不存在：只有喃喃细语，只有浪花涟漪，在黑暗中，在夜色里。只有创

---

[1]　德博拉·伯德·罗斯：《丰饶的土地：澳大利亚原住民的风土观》(堪培拉：澳大利亚传统委员会，1996年)，第23页。

[2]　温迪·道尼格·欧法拉第(Wendy Doniger O’ Flaherty)编：《梨俱吠陀》(哈蒙斯沃思：企鹅出版社，1981年)，10. 129，第25—26页。

造者（Maker），也就是塑造者（Modeler）本人，那羽蛇神（Sovereign Plumed Serpent）、信使（Bearers）、生产者（Begetters），在水里微微闪光。他们就在那里，包围在格查尔鸟（quetzal）的蓝绿色的羽毛里。”[1] 但是造物主又是从哪里来的呢？每一个开端似乎都意味着会有一个更早的开端。在一神论的宗教，例如基督教或伊斯兰教那里，只要你问，上帝是如何被创造的，问题就出来了。我们所遭遇的不是一个出发点，而是永无穷尽的出发点，每一个出发点都会遇到相同的问题。

对于这一进退两难的境地，并没有完全令人满意的答案。我们不得不找到的不是答案，而是某种处理这个奥秘的方法，用禅宗的譬喻来说，就是“指月”的方法。只是我们不得不立下文字而已。然而我们的文字，从上帝到引力都不足以胜任这个任务。因此，我们不得不诗性地或象征性地使用语言；这种语言，不管是科学家、诗人还是萨满使用，都很容易被人误解。法国人类学家马塞尔·格里奥勒（Marcel Griaule）曾经向一位多贡人[2]（Dogon）的智者奥格特梅利（Ogotemmeli）请教一个神话的细节内容，这个神话是说，许多动物拥挤在一级极小的台阶之上（就像在挪亚方舟上的动物一样）。奥格特梅利略带烦躁地回答说：“所有这些都必须用语言文字表述，但台阶上的每一事物都是一个象征……不管有多少象征都可以在那个一尺台阶上找到自己的空间。”这里翻译为“象征”的字也可以翻译成“这个下界的语言”。[3] 面对事物的起源，语言本身濒临崩溃。

其中一个最难对付的难题是关于时间的。当没有时间的时候，“时 19
间”存在吗？时间是我们想象出来的东西吗？[4] 在某些思想体系中，时间并不真正存在，地点才是重要的万物之源，而创世的悖论也多种多

[1] 丹尼斯·泰德洛克（Dennis Tedlock）重编：《布布尔·乌赫：玛雅人生命之黎明之书》（纽约：西蒙和舒斯特出版社，1996 年），第 64 页。

[2] 多贡人，非洲民族，分布于今马里和布基纳法索，人口近 10 万，多信奉祖先崇拜。——译者注

[3] 芭芭拉·史普罗：《原始神话：世界创世神话》（1979 年；重印，旧金山：哈珀旧金山出版社，1991 年），第 15 页。

[4] 在现代论述时间的最佳著述，埃德蒙·约福克特（Edmund Jephcott）翻译的《时间论》（牛津：布莱克韦尔出版社，1992 年）中，诺伯特·埃利亚斯（Norbert Elias）坚持认为我们现代的时间感主要是由于处在复杂社会中的人们协调自身行为的需要而形成的。

样。[1]但是，对于那些把时间视为中心的人类共同体而言，关于起源的悖论是无法避免的。下文是伊斯兰教对祆教徒解开这些谜团所作尝试的一个概括。其中，创造者是一个被称为“时间”的永恒实体，他创造了一个变化的宇宙。这个宇宙由两个相互对立的原则所支配，就是阿胡拉马兹达（Ohrmazd）和阿里曼（Ahriman）两个神。

> 除了时间，所有的事物都是被造的。时间是创造者，时间是无限的，没有顶点也没有底端。它一直存在，永远存在。没有任何智者能说出时间何时到来。尽管所有的伟大都围绕着它，却没有人称它为创造者；因为它还没有带来什么创造。于是它创造了火和水，当它把水火放在一起，阿胡拉马兹达就存在了，同时时间就成了它所创造的事物的创造者和主。阿胡拉马兹达就是光明，就是纯净，他是善良、仁慈的化身，具有统治一切善良事物的力量。然后，他向下俯视，看见了远在96000帕勒桑（parasang）[2]之外四处为害、令人厌恶、象征着黑暗与邪恶的阿里曼；阿里曼惧怕阿胡拉马兹达，因为他是可怕的对手。当阿胡拉马兹达看见了阿里曼，他想：“我必须完全摧毁这个敌人。”于是开始考虑使用什么手段能够毁灭他。然后，阿胡拉马兹达开始了他的创造工作。无论阿胡拉马兹达做什么，他都需要时间的帮助；阿胡拉马兹达所需要的所有美德，都已经被创造出来了。[3]

就像形式一样，时间意味着差别，哪怕只是过去与现在之间的差别。因此，就像大多数的创世传说一样，这个故事也是讲述从一种最初的同一性中产生差别。与其他许多创世神话一样，在这个版本的创世神话中，差别起源于对立双方的根本性冲突。

---

[1] 托尼·斯旺（Tony Swain）描述了澳大利亚原住民社会中间有着这么一个以“地点”为基础的存在论；参见《陌生人的地点：澳大利亚原住民的历史》（剑桥：剑桥大学出版社，1993年），第1章。
[2] 帕勒桑（parasang），古波斯的距离单位，约合5—6千米。
[3] 转引自史普罗：《原始神话》，第137—138页。

对于这些悖论，有一个更为诗意的答案，就是把创造想象成一种从睡梦中的觉醒。来自南澳大利亚卡拉拉鲁人（Karraru）的传说将最初的地球描述为寂静、沉默，处于黑暗之中。然而，“在努勒博平原（Nullarbor Plain）一处深邃的山洞中，睡着一位美丽的妇人——太阳。圣父之灵（the Great Father Spirit）温柔地叫醒了她，告诉她该从山洞出来唤醒宇宙的生命了。太阳母亲张开她的双眼，黑暗消失了，阳光普照大地；她的呼吸引起大气层的变化，空气轻摇，微风拂动”。太阳母亲做了一次漫长的旅行，去唤醒沉睡着的动物和植物。[1] 这样一个传说暗示我们：创造不是孤立单一的事件，而必须是不断重复的事件，而且，就像我们将会看到的那样，这是每个人都可以体验到的真理。20
从星系、恒星到太阳系与生命，每当我们观察某种新生事物，都会重复关于创造的悖论。我们之中的许多人也体验过我们自身的起源，最早拥有记忆的那一瞬间，就像在虚无中被唤醒一样。

现代科学通过许多不同的途径探讨起源问题，有的途径比其他方法更加令人满意。在《时间简史》（1988 年）一书中，斯蒂芬·霍金指出，起源问题已被人为地歪曲了。如果我们把时间设想成一条线，自然是会问到它的起点何在。但是宇宙是否会有不同的形状呢？也许时间更像一个圆。没有人会问圆的起点和终点在哪里，就像没有人会在北极问北面在哪里。没有彼岸，没有边界，宇宙的每一属性都完全是自我包含的。霍金写道：“宇宙的边界条件是它没有边界。”[2] 许多创世神话都采用了类似的途径，也许它们全都产生于不把时间看作一条直线的社会中。当我们在时间中回顾过去，过去似乎在慢慢地消退，进入了现代澳大利亚原住民神话所谓的“梦幻时代”。过去好像拐了一个弯，我们想要看见却再也不能够看见了。如果我们往前看，也是一

[1] 彼得·怀特（Peter White）：《古澳大利亚的定居点》，载戈兰·布伦哈特（Göran Burenhult）编：《图说人类历史》第 1 卷，《最早的人类：人类的起源以及到公元前 1 万年的历史》（圣卢西亚：昆士兰大学出版社，1993 年），第 148 页。

[2] 斯蒂芬·霍金：《果壳中的宇宙》（纽约：矮脚鸡出版社，2001 年），第 85 页。

样，在一定意义上，未来与过去似乎能够相遇。[1]米尔恰·伊利亚德（Mircea Eliade）在一部难懂然而引人入胜的作品《永恒轮回的神话》（1954年）中，也讨论到类似的关于时间的想象。[2]

现代社会通常把时间想象为一条直线而不是一条曲线，因而认为上述解释似乎是人为的。相反，宇宙也许是永恒的。只要我们愿意，就能沿着时间这条直线一直回溯下去，但我们只会发现一个宇宙，所以起源问题并不会真正产生。尤其是南亚次大陆的诸宗教往往会采用这一策略。除大爆炸宇宙学之外，现代最严肃的宇宙衡稳态学说所采取的也是同样的策略。李·斯莫林（Lee Smolin）最近提出的一个理论也采取了同样的策略。这个理论认为，存在着许多宇宙，每当它们创造黑洞的时候就会以周而复始或者“算术式”（algorithmic）的过程创造其他宇宙，这个过程类似于达尔文进化论，确保宇宙以一种增加创造出像我们这样的复杂实体的可能性的方式得到“进化”（参见第2章）。[3]在现代宇宙学中类似的论证可谓比比皆是，它们都暗示，我们所看到的宇宙也许仅仅是巨大的“多元宇宙”（multiverse）中一颗极小的原子。但这样的探讨也不能令人满意，因为它还是会留下令人困扰不堪的问题，即这样一个永恒的过程其自身又是如何开始的，一个永恒的宇宙又是如何被创造的。

或者我们可以回到造物主的观念上来。基督教通常认为造物主在
21 几千年前创造了宇宙。剑桥的莱特富特（Lightfoot）博士在一次著名的计算中，精确地“证明”上帝在公元前4004年10月23日上午9：00

[1] “做梦”的概念和“黄金时代”首次进入英语是在1894年澳大利亚中部探险队所写的报告中，阿龙塔语（Arunta）单词altyerre就被翻译成了“做梦”；参见里斯·琼斯（Rhys Jones）：《福尔索姆和塔尔盖：两个大陆的牛仔考古》，载哈罗德·波里索和克里斯·华莱士·科拉比（Harold Bolitho and Chris Wallace Crabbe）编：《走近澳大利亚：哈佛澳大利亚研究会议》（马萨诸塞，坎布里奇：哈佛大学出版社，1997年），第20页。

[2] 米尔恰·伊利亚德：《永恒轮回的神话或宇宙和历史》，维拉德·R. 特拉斯科（Willard R. Trask）翻译（纽约：万神殿出版社，1954年）。

[3] 李·斯莫林：《宇宙的生命》（伦敦：菲尼克斯出版社，1998年），尤其是第7章。

创造了人类。[1] 其他一些创世神话也宣称，神就像陶匠、瓦匠或钟表匠那样创造了世界。这一方式解答了许多疑问，却留下一个悬而未决的基本问题——神又是如何创造他们自身的？我们好像又被迫回到了一个无穷的循环之中。

最后要提及的是怀疑论。这种思想坦率地承认，在某些方面我们必然会智穷虑竭的。人类的知识本质上是有限度的，因此某些问题依然是神秘的。一些宗教把这些神秘看作神故意对人类隐瞒的秘密，另一些宗教，例如佛教，则把它们视为不值得与之纠缠而喋喋不休的终极谜团。我们将会看到，对于宇宙自从诞生之后是如何发展的这个问题，现代宇宙学提供了一个十分令人信服的说明，但是在宇宙的开端问题上也采取了怀疑论的立场。

早期关于宇宙的科学论述

现代科学试图运用经过检验的材料和严格的逻辑来解答起源问题。尽管像牛顿等许多先驱科学家都是基督徒，坚信上帝的存在，然而他们也感到神灵是理性的，所以他们的工作就是把上帝用来创造这个世界的潜在规律梳理清楚。这意味着要去解释世界，就当神灵不存在一样。与大多数传统知识不同，现代科学试图解释宇宙，仿佛宇宙是毫无生气的，仿佛万事万物就这样产生了，没有意图，也没有目的。

基督徒对宇宙的看法在很大程度上应当归功于希腊哲学家亚里士多德的观念。尽管一些希腊人坚持地球围绕太阳旋转，亚里士多德却将地球置于宇宙的中心，一连串肉眼可见的天体按照各自不同的速度围绕地球旋转。这些天体包括行星、太阳和其他恒星。这一模型今天

---

[1] 这样的计算似乎很好笑，但是，正如蒂莫西·费里斯（Timothy Ferris）所指出的那样，测算起源那一刻的想法从精神上而言是很现代的；不管怎样，大主教厄谢尔（Ussher）因为小小的误差而出局——而莱特富特只是在他的计算基础上加以改进而已——这种事情就是发生在现代宇宙学中情况也不会那样糟糕。[《预知宇宙纪事》（纽约：西蒙和舒斯特出版社，1991 年），第 172 页。]

听来是离奇古怪的，但是公元2世纪的托勒密的学说为其提供了一个严密的数学基础，而且这一模型预测天体运行是有效的。基督教又加上了另外一个观念，宣称这个宇宙可能是上帝在6000年前花了5天的时间创造出来的。但在16、17世纪的欧洲，托勒密学说开始崩溃。哥白尼列举了一些强有力的证据，认为地球是围绕太阳旋转的。异端修士乔尔丹诺·布鲁诺则主张所有恒星都是与太阳一样的天体，宇宙可能是无限广大的。17世纪，牛顿和伽利略等科学家探究了这些思想中的许多含义，同时也尽可能保留了《圣经》的创世传说。

22 到了18世纪，托勒密的宇宙观最终被推翻了。取而代之的是一幅全新的景象，宇宙是按照原则上能够为科学所发现的严谨而理性的客观规律运行的。上帝创造宇宙，或许在时间之内；在某种意义上，或许在时间之外。随后，上帝就让它几乎完全按照自己的逻辑和规则运行。牛顿假设时间和空间都是绝对的，给宇宙规定了一个终极的参照框架。人们普遍认为，时间和空间是无限的，因而宇宙没有确定的边界，时间亦无起源。于是，上帝离万物起源的故事越来越远了。

不过问题依然存在。其中一个问题产生于热力学理论，这个理论提出，宇宙的可用能量恒定减少（或者说熵正在不断增加，参见附录二）。其结果是，在一个无限古老的宇宙里将会没有可用的能量来创造任何东西——然而这很显然不是事实。或许这可能表明，宇宙并不是无限古老的。夜晚的天空则提出了另一个问题。1610年，天文学家约翰尼斯·开普勒指出，如果真的有无数颗恒星，那夜晚的天空应该布满耀眼的光芒。这个问题现在又称“奥伯悖论”（Olber’s paradox），是以19世纪以后广泛宣传这个问题的德国天文学家的名字命名的。唯一的答案只能假设宇宙并不是无限的。这可以解释奥伯悖论，但同时却产生了另一个问题：牛顿指出，如果宇宙不是无限的话，那么引力就会把所有的物体拉向宇宙中心，就像集油槽里面的油一样。还好，当天文学家研究夜空的时候，他们所观察到的并不是这个样子。

所有的科学理论当然都包含着难题。但是只要理论能解答人们提出来的大部分问题，这些难题就可以忽略不计。在 19 世纪，牛顿理论所面临的难题基本上都被忽略不计了。

大爆炸：从原初的混沌到最早的有序

在 20 世纪前半叶，种种证据逐渐积累，形成了另一种理论，我们称之为大爆炸宇宙学。它解决了熵的问题，说明宇宙并不是无限古老的；它解决了奥伯悖论，指出宇宙处在有限的时间和空间内；它还指出，宇宙正在迅速膨胀，引力（还来不及！）将所有事物都拉扯成一 23
团，这也合理地解释了引力的悖论。大爆炸宇宙学描述了一个有开端、有历史的宇宙，因此，把宇宙学变成了一门历史科学，变成了一种变化和进化的叙述。

大爆炸理论认为，宇宙从一个无限小的奇点开始迅速膨胀，并且至今仍在膨胀。至少，这种叙述在形式上类似于传统的创世神话，即所谓的浮现神话（emergence myth）。在这类叙述中，宇宙就像一粒卵或一颗胚芽，从一个遥远的，也许是不可确定的起点，历经不同的阶段，在内在的发展规律制约下不断进化。1927 年，大爆炸宇宙学的创始人之一乔治·勒梅特（Georges Lemaoître）提出，早期宇宙就像“原初的原子”（primordial atom）。如同所有的浮现神话一样，现代理论暗示宇宙在一个特定时间被创造，它有自己的历史，而且可能在遥远的未来消亡。新的理论解决了旧理论所遇到的许多困难。例如，它指出宇宙并不是永远存在的，由此解释了奥伯悖论；由于光速有限（正如爱因斯坦所言），即使到宇宙生命的尽头，来自最遥远星系的光也不可能到达我们这里。这个理论也与产生于 20 世纪初有关恒星、物质、能量的大量新数据和信息相一致。但在一开始的时候，它也不得不借助于某种不可言说的神秘。

关于起源的现代故事如下所述。[1]宇宙诞生于大约 130 亿年前。[2]（这段时间有多长呢？如果每个人的寿命正好是《圣经》所说的 70 年，那么要相当于 2 亿人的寿命首尾相连才能回溯到那么远的时间。关于这些巨大的时间范围的更多详情，可参见附录一。）关于开端，我们除了说出现了某种事物之外，就没有其他任何话可说了。我们不知道它为什么出现，也不知道如何出现的。我们说不清在这之前存在着什么。我们甚至都不能说有那么一个“之前”或者“空间”，某种事物在其中存在着，因为（公元 5 世纪圣奥古斯丁在一场争论中早就提出）时间和空间也许是与物质和能量在同一时刻被创造出来的。所以，关于大爆炸那一刻或者更早的时期，我们说不出什么确切的东西。

然而，从大爆炸之后一秒钟还不到的一刹那开始，现代科学能够根据大量证据提供一个精确而清晰的故事。大部分最有趣的“事件”都发生在这一秒钟不到的一刹那间。事实上，把时间本身当成从这些最初的若干瞬间延伸出来，将有助于我们理解一百亿分之一秒与宇宙之后数十亿年的历史是同等重要的。[3]

24 一开始，宇宙极其微小，也许比原子还小。（那么原子到底有多微小呢？物理学家理查德·费曼（Richard Feynman）形象地说明了原子的大小：如果把一只苹果扩展到地球那么大，那么组成苹果的每一个原子的体积就相当于最初的那只苹果。）[4]这个像原子般大小的宇宙温度高达好几万亿度。在这样的温度下，物质和能量是可以相互转化的——正如爱因斯坦所说，其实物质差不多就是能量的一种凝聚形式。这种“能量 / 物质”高度致密的混沌，颇类似于各种传统创世神

---

[1] 关于这个过程简短而最新的说明，参见查尔斯·莱恩威弗（Charles Lineweaver）：《我们在宇宙中的位置》，马尔科姆·沃尔特编：《超越火星：探索生命的起源》（堪培拉：澳大利亚国家博物馆，2002 年），第 88—99 页。

[2] 2003 年 2 月，美国宇航局（NASA）宣布，根据威尔金森微波异向性探测器（WMAP）所搜集的证据，计算出大爆炸最精确的时间是在 130 亿年前。《想象宇宙的奇异》，2003 年 2 月（http://imagine.gsfc.nasa.gov/docs/features/news/12febo3.html，2003 年 4 月访问）。

[3] 马丁·里斯（Martin Rees）：《就这六个数字：宇宙形成的深层力量》（纽约：基本图书出版社，2000 年），第 133 页。书中指出：“从 10^{-14} 秒回到 10^{-35} 秒这段时间……（因为它所跨越的因数超过 10）要大于从氦元素形成的那 3 分钟……到当前的时间（10^{-37} 秒，或 100 亿年）。”

[4] 理查德·费曼：《物理学入门六讲》（伦敦：企鹅出版社，1998 年），第 5 页。

话所说的原初的无序状态。但是在现代故事中，这个微小的宇宙以令人吃惊的速度膨胀，而且正是由这种膨胀产生了最初的差异和形式。[1]膨胀理论宣称，大约在大爆炸之后的 10^{-34} 秒至 10^{-32} 秒间，宇宙以超光速（光速大约为每秒 30 万千米）膨胀，在某种形式的“反引力”（antigravity）作用下迅速分离。这一过程的强度是无法想象的：在爆炸之前，整个宇宙可能比一个原子还小，而在一瞬间之后，它变得比一个星系还要大。膨胀的程度大到我们几乎观察不到宇宙的绝大部分，因为大部分来自宇宙的光线都过于遥远而不能到达我们这里。我们所能见到的宇宙也许只是真正宇宙的极小一部分。就像蒂莫西·费里斯所指出的：“如果整个膨胀的宇宙像地球那么大，那么我们所能观察到的部分比一个质子还要小。”[2]

随着宇宙的膨胀，它的同质性开始降低。初始的平衡被打破，不同的范型开始出现，物质和能量获得了我们今天所见到的形式。现代核子物理学能够说出在怎样的温度下会出现怎样特定的能量或物质形式，就像我们能够说出在怎样的温度下水会转化为冰一样。因此，如果我们能够测算宇宙冷却的速度，那么我们就能测算不同的力与粒子分别是在什么时候从早期宇宙混沌中诞生的。在大爆炸后第一秒内，夸克出现了，它构成原子核的主要成分——质子和中子。夸克和原子核由支配我们宇宙的四种基本力之一的强核力结合在一起。

即使以大多数创世神话的夸张标准衡量，现代创世故事在这一点上（亦即大爆炸之后不超过 1/1000 秒的时间宇宙就生成了），它的夸张程度也是显而易见的。粒子以两种形式出现，组成了几乎等量的物
质和反物质。反物质的粒子除了拥有相反的电荷之外，与物质的粒子 25
一模一样。当二者相遇，彼此相互抵消，而且它们的质量百分之百转

---

[1] 膨胀对于复杂实体的出现是至关紧要的，该论点可参见埃里克·蔡森：《宇宙的演化：自然界复杂性的增长》（马萨诸塞，坎布里奇：哈佛大学出版社，2001 年），参见第 126 页。

[2] 蒂莫西·费里斯：《预知宇宙纪事》（纽约：西蒙和舒斯特出版社，1997 年），第 78 页。现有关于宇宙膨胀的叙述，可参见保罗·戴维斯（Paul Davies）：《最后三分钟》（伦敦：菲尼克斯出版社，1995 年），第 28—35 页。关于指数，可参见本章结尾《关于指数的注解》。

化为能量。因此，大爆炸后的第一秒钟之内，在原子内部上演了一出逆向的抢座位游戏，其中夸克是游戏者，反夸克就是座位，10亿个夸克中找不到反夸克座位的那一个夸克才是胜利者。构成我们宇宙的物质是由10亿个粒子中找不到反物质伙伴的那个粒子所组成的。找到伙伴的粒子以宇宙背景辐射的形式转化为纯粹的能量，这些能量至今仍遍及宇宙。[1]这一过程或许可以解释为什么在今天的宇宙中，物质的粒子与能量的光子的数量之比为1∶10亿。

然后宇宙膨胀的速度减慢了。在大爆炸之后的几秒钟内，电子出现了。电子带着一个负电荷，而质子（由夸克构成）带着一个正电荷。电子与质子之间的关系由另一种基本力——电磁力所控制，电磁力也出现在宇宙历史的第一秒之内。在早期炽热的宇宙中，携带电磁力能量的光子与物质带电的粒子纠缠在一起。那时的宇宙更像今天太阳的内部：大量的粒子和光子不断相互作用，形成一片白热的海洋。整个宇宙在带正电荷的质子与带负电荷的电子以及光的相互作用下所产生的能量发出持续不断的噼啪声。在这个“辐射的时代”，就像埃里克·蔡森所解释的，物质只不过像“一个极其微小的、用显微镜才能看见的凝结物，悬浮在由耀眼的放射线所构成的浓‘雾’中”的存在。[2]

可能在大爆炸发生30万年之后，宇宙的平均温度下降到绝对零度以上4000℃，温度的下降可能是宇宙历史最根本的转变之一。[3]转变的瞬间就像宇宙的起源一样神秘，而且在我们的历史中随时都会发生。我们日常生活中最熟悉的例子之一，就是水变成蒸汽。把水加热，在一段时间内看上去只是水温升高。变化是渐渐发生的，我们能够观察到它正在发生变化。突然，越过一个临界值，某种新的东西出现了，整个系统进入了一个新阶段。原先的液体变成了气体。为什么临界状态就出现在某个特定的点上呢，在我们所举的例子中就是（海平面）

---

[1] 马丁·里斯：《就这六个数字》，第93—97页。
[2] 埃里克·蔡森：《宇宙的演化》，第112页。
[3] 美国宇航局威尔金森微波异向性探测器得出的计算结果表明，转变发生在大爆炸之后大约38万年，转变使宇宙背景辐射得以释放。

100℃？有时我们能够解释从一种状态到另一种状态的转变，而且答案无非是不同的力——如引力、压力、热力、电磁力等——出现不平衡。有时我们完全不知道临界值为什么会在某个特定的点上被超越。

辐射时代的终结就是这样一个转变，物理学家多少可以用宇宙膨 26
胀过程中光量子能量下降与在亚原子层次上发生作用的电磁力之间的平衡来加以解释。随着宇宙的膨胀，宇宙温度降低，在宇宙间流动的光能量大为减弱，使得带正电荷的质子能够捕获带负电荷的电子，产生稳定而中性的原子。由于原子是中性的，因而不再与光子发生强烈的相互作用（虽然少数相互作用仍在发生）。因此，光量子如今可以自由地在宇宙中飘荡。在大多数场合，物质和能量停止了相互作用。就好比犹太教—基督教–伊斯兰教宇宙哲学中的物质和精神一样，物质和能量成了两个彼此分离的不同领域。这一衰退过程之后的时代可以描述为“物质阶段”。[1]

最早出现的原子极为简单。大部分为氢原子，由一个质子和一个电子构成。还有三分之一的氦原子，氦原子由两个质子和两个电子构成，也有一些更大一点儿的原子。所有的原子都很微小，直径约为一千万分之一厘米。但它们内部仍然主要是真空。质子和中子结合在一起形成原子核，电子遵循着自己的轨道在远处围绕着它们运行。理查德 · 费曼指出：“如果我们有一个原子，并希望看到它的原子核，那我们必须把这个原子放大到像一间大房子的尺寸，这样原子核才差不多是一颗可以用肉眼辨认的微粒，但原子所有的重量几乎都集中在这个极其微小的原子核内。”[2] 即使在诞生 30 万年之后，宇宙依然是很简单的。它差不多全部由真空构成，由氢和氦组成的巨大云团四处飘荡，携带着巨大的能量。

表 1.1 是宇宙早期历史的简明年谱。大约大爆炸之后 30 万年，所

---

[1] 蔡森：《宇宙的演化》，第 113 页。

[2] 费曼：《物理学入门六讲》，第 34 页；费里斯写道：“如果原子核的大小像一个高尔夫球，那么最远的电子会在 3.2 千米之外围绕它旋转。”（《预知宇宙纪事》，第 108 页）

有的创造物都已经出现了：时间、空间、能量，以及物质宇宙的基本粒子，包括质子、电子和原子核，如今这些粒子的大部分已组成了氢原子和氦原子。从那一刻起，已没有什么真正意义上的变化了。同样的能量和同样的物质延续至今。对于下一个130亿年而言，这些相同的成分以不同范型安排着自己，不断形成和消亡。从某种观点看，现代创世神话的剩余部分只不过是关于这些不同范型的故事而已。

表1.1　早期宇宙年谱

距离大爆炸的时间	大事记
10^{-43} 秒	“普朗克时间”；宇宙小于物理意义上的最小的长度单位“普朗克长度”；在此之前所发生的事情我们无法说明，但是作为基本力之一的引力已经出现了。
10^{-35} 秒	“强”“电磁”力作为不同的基本力开始出现。
10^{-33}—10^{-32} 秒	“膨胀”：宇宙以超光速的速度扩张，温度下降至接近绝对零度。
大约 10^{-10}—10^{-6} 秒	当基本力彼此单独分离，宇宙温度再次升高；夸克和反夸克相互创造和消亡；继续存在的夸克局限于质子和中子（它们的总和只不过是原先夸克和反夸克总和的十亿分之一）。
1—10秒	正负电子相互结对并且消亡（残留下来的也许只是原先正负电子总和的十亿分之一）。
3分钟	质子和中子结合成氢和氦的原子核。
30万年	带负电荷的原子被带正电荷的中子捕获；宇宙在电价上变为中性，而且放射线和物质彼此分离；在至今仍能察觉到的巨大“闪光”中，放射线以背景微波射线的形式被释放出来。

资料来源：切萨雷·埃米利亚尼（Cesare Emiliani）：《科学指南：通过事实、数字和公式探索宇宙物理世界》第2版（纽约：约翰·威利出版社，1995年），第82页；类似的年谱也可参见斯蒂芬·霍金：《果壳中的宇宙》（纽约：矮脚鸡出版社，2001年），第78页

但在我们看来，范型是非常重要的，因为我们自身就是一种探寻范型的生物体。出现的范型包括银河系和恒星、化学元素、太阳系、
27 我们的地球，以及居住在地球上的所有生物。当然，也包括我们人类。

听说有一位逸名的智者说过："氧是一种很轻的、无味的气体，要有足够的时间，就会变化成为人类。"[1] 从这一观点而言，现代创世神话和早期的创世神话一样是充满矛盾的。一切不变，但是一切皆变。尽管各种事物似乎独立存在、特征各异，但实际上每个事物又是相同的。形式和质料是其背后同一本质的不同表达形式，意大利人乔尔丹诺·布鲁诺于 1584 年在《论原因、本原与太一》中就提出了这个观念。同样 28
的观念也出现在极为深奥的宗教和哲学思想中。佛教最为尊贵经典之一的《心经》有云："色不异空，空不异色。色即是空，空即是色。"[2] 范型是如何从早期混沌的宇宙中产生的，将是下一章的一个核心主题。

大爆炸宇宙学的证据

我们必须从这些形而上学的反思中回到枯燥却重要的证据问题上来。为什么现代天文学家接受这样一种乍一看稀奇古怪的创世故事呢？为什么我们要认真看待这个故事呢？概而言之，其答案正是，尽管现代宇宙创造的故事颇为离奇，但是却有大量坚实的事实根据。

哈勃和红移

第一个至关重要的证据来自对宇宙大小和形态的研究。想为宇宙绘制一幅地图就先要测定恒星之间的距离，其方法为先确定一些恒星，观察它们彼此之间是如何移动的。现代人对于科学绘制宇宙地图的尝试可以追溯到 19 世纪末。

要测量恒星的距离是极其困难的。较近的恒星可以用初等三角学以及精确测量恒星的视差来估算距离。对于居住在地球上的天文学家而言，能够得到的最大基线就是地球围绕太阳公转的轨道，所以天文

---

[1] 蔡森：《宇宙的演化》，第 2 页。

[2] 在这里，我们处于一个复杂而具有象征性的领域。正如越南禅宗大师一行禅师（Thich Nhat Hanh）所言："色即是波，空即是水。"［彼得·勒维特（Peter Levitt）编：《认识的心：〈心经〉注释》（伯克利：帕拉拉克斯出版社，1988 年），第 1 页］。

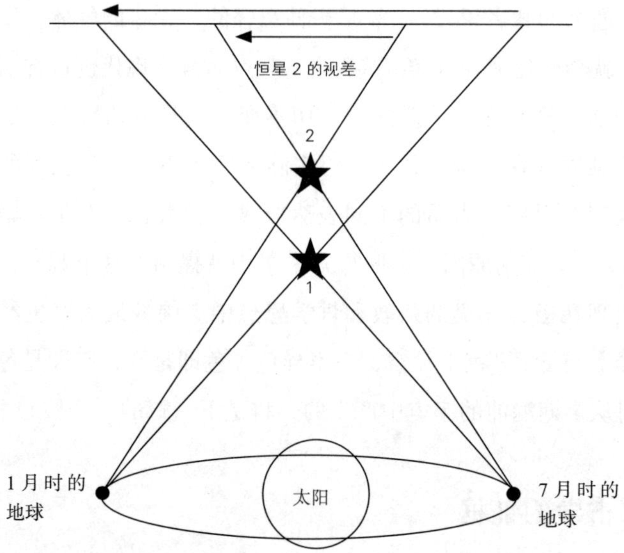

图 1.1　视差：用初等三角学测量恒星之间的距离

在 6 个月的运行路线中，地球绕着太阳公转改变了它的位置。其结果就是附近恒星的位置经过一年的时间看上去有点儿移动；距离越近、体积越大的恒星，位置的变动就越明显。（由于观察者的运动而引起目标的位移这就是视差。）通过仔细测量这一变动，可以用初等三角学来确定这颗恒星离地球的真正距离。这是确定宇宙真正范围的首要方法。对于远一些的恒星，由于角度太小而无法操作，所以必须使用其他方法。该图出自肯·克罗斯韦尔（Ken Croswell）：《天体的炼金术》（中译本名为“银河系”，海南出版社 1999 年版。——译者注）（牛津：牛津大学出版社，1996 年），第 16 页

学家以 6 个月为周期，观测有运动迹象的恒星。然而，即使是这种测量方法，所需的精确度也超出了 19 世纪之前的天文学家的能力（参见图 1.1）。

对于更为遥远的恒星，我们不得不依靠更不精确的方法。20 世纪第一个 10 年，美国天文学家亨丽埃塔·莱维特（Henrietta Leavitt）研究了变星——那是一种在有规则的周期中改变亮度的恒星。她发现有一种特殊的变星，即所谓的造父变星，其周期与恒星的大小和亮度相关。使造父变星忽明忽暗的原因正是它们的膨胀和收缩。莱维特指出，较大的（因此也较明亮的）造父变星膨胀和收缩的速度比较缓慢。因此，

通过测量其周期的长度，天文学家能够估算出每一个造父变星的体积和真正的（或者说“固有的”）亮度。那么通过测量观察者所看到的亮度，能够估算出有多少光线在来我们地球的旅途中丢失了，由此可以知道该恒星离我们到底有多远。

20 世纪 20 年代，另一位美国天文学家埃德温·哈勃（Edwin 29
Hubble）利用洛杉矶郊外威尔逊山天文台的望远镜观测造父变星，试图为广阔的宇宙空间绘制地图。他起先发现，许多造父变星显然存在于我们所在的银河系之外。这意味着宇宙并不是由一个而是由许多个银河系组成的，因此证明了德国哲学家伊曼努尔·康德在近两个世纪之前提出的观点。（具体而言，康德曾相当正确地指出，天文学家称之为星云的物体是由星系构成的，而且大多数星系都距离我们很远。）哈勃于 1924 年公布了这一观点，它标志着现代天文学上的一场革命。在几年之内，哈勃的研究工作使他有了更具革命性和更深刻的观点。20 世
纪 20 年代末，他发现大多数遥远的星系正在离我们而去。离我们越远， 30
它们的移动速度越快。现在我们可以知道，我们所能观察到的最远的河外星系逃离我们的速度超过了光速的 90%。哈勃是如何知道这点的？这一奇特的观测又意味着什么呢？

很奇怪，测量遥远的物体是否向我们移动或远离我们，反而比确定它们与地球之间的准确距离要容易一些。相关技术颇为简单，不难掌握。假如让来自遥远恒星的光线通过光谱仪，我们就能对光谱的不同部分加以分析。这就如同观察通过三棱镜的阳光一样。阳光通过三棱镜时，不同的频率有不同的折射角度，因而穿过三棱镜之后，它们就会呈现出彩虹般不同颜色的光带。每一条光带，或者说每一种颜色，都代表着一定能量或频率的光线，而且光线一旦通过这种途径分离之后，对每个能量层级都可以分别进行研究。在包括我们太阳在内的恒星光谱中，在某些特定频率的光线中都会出现狭窄的暗线。实验室研究表明，这些暗线之所以产生，是因为在前往地球的旅途中，光线所穿越的物质吸收了其特定频率的能量，使得这些特定的频率到达我们

这里的时候已被减弱了。这些暗线被称为吸收线。每种吸收线都与一种特殊的元素相应，正是这种元素吸收了特定频率的光的能量。显然，这意味着通过研究星光中的吸收线，我们就可以知道恒星内存在什么元素，总量为多少。实际上，如今我们关于恒星如何运作（参见第2章）的知识主要就是建立在这样的研究之上的。

更为值得注意的是，恒星光谱能够告诉我们这颗恒星以什么样的速度向我们靠近或是远离我们而去。这个原理就是多普勒效应——当一辆救护车从我们身边驶过，警笛声会逐渐变弱。如果一个移动的物体（例如一辆救护车）以波为形式释放能量（例如声波），那么该物体朝向我们移动的时候，这些波似乎被压缩，而背向我们移动的时候，那么这些波就会拉长。在海滩上，如果走入海浪，与站立不动相比，浪花会更频繁地拍打你的双腿。但是你朝岸上走，浪花拍打你双腿的频率会小一些。同样的原理也适用于光谱。在恒星发出的光中，吸收线与你在实验室所期望的位置似乎有些偏移。例如，代表氢元素的吸
31 收线可能偏向较高的频率移动，使它的光波似乎被压缩了（或者说接近光谱蓝色的一端）。或者可能向较低的频率移动（接近光谱红色的一端），这样光波似乎就被拉长了。哈勃发现了这两种移动的情况，但当他从事关于最遥远物体的研究工作时，他发现所有的移动都趋向光谱红色的那一端。换句话说，光波似乎被拉长了，仿佛物体正在远离我们而去。物体离我们越远，那么红移的程度就越大。

哈勃的这一发现意义非常重大，但是容易理解。尽管在我们自己的银河系和相邻的河外星系中的恒星由于引力的作用聚集在了一起，但一个河外星系离地球越远，那么它远离地球的速度就越快。我们没有理由认为我们居住在宇宙中异乎寻常的位置。实际上，现代河外星系分布图表明，从大范围看，宇宙是非常同质的。因此我们不得不假设，宇宙任何一个地方的观察者也能观察到宇宙的其余部分也在远离他们而去。这必定意味着整个宇宙正在膨胀。如果宇宙正在膨胀，那么过去的宇宙肯定比现在要小得多。如果遵循这个逻辑一直回溯下去，

我们很快就会看到，在遥远过去的某一瞬间上，宇宙肯定是无限微小的。这一观点直接导致了现代大爆炸宇宙学的基本结论：宇宙曾经是无限微小的，但是后来它膨胀了，而且至今仍在继续膨胀。哈勃的研究工作为大爆炸宇宙学提供了第一个而且是最基本的证据。

哈勃还指出，科学家可以通过测量宇宙膨胀的速度来推算宇宙存在的时间。这是一个令人惊讶的结论，因为这似乎是一件完全没有意料到的事。哈勃找到了一种测算宇宙年龄的方法！起初，他估计两个相距 100 万秒差的物体，其膨胀速度（又称哈勃常数）大约为 500 千米 / 秒（100 万秒差的距离为光在 326 万年中的运行距离，大约为 30.9×10^{18} 千米，或大约 3000 亿亿千米）。这个数字意味着宇宙只有 20 亿年的年龄。我们现在知道这是不可能的，地球的年龄至少是它的两倍。今天我们对于哈勃常数的估算就比较低了，说明宇宙的年龄更为古老。但要测算出宇宙准确的年龄是很困难的，这主要是因为估算遥远河外星系的实际距离很难。现代科学家除了造父变星之外，还运用了好几种其他的距离标志，表明哈勃常数在 55—75 千米 /（秒 · 每
百万秒差距）之间。这意味着宇宙的年龄是在 100 亿至 160 亿年之间， 32
而最新的估算大约集中在 130 亿年。[1] 为简明扼要起见，本书将一直用这个数字。

相对论与核物理学

20 世纪初，大多数天文学家仍然认为宇宙是无限的、同质的、稳定的。哈勃的推论在当时来看似乎荒诞不经，正是其他领域的进展削弱了这一传统图景的效力。其中包括爱因斯坦相对论的发表。其详细内容在这里并不重要，但是该理论表明，从大范围看，宇宙也许并不是稳定的。爱因斯坦的等式意味着宇宙就像一个两头尖尖的楔子，要

[1] 温迪 · 弗里德曼（Wendy L. Freedman）：《宇宙的膨胀率和体积》，载《美国科学》，1998 年春季号，第 92—97 页；肯 · 克罗斯维尔（Ken Croswell）：《艰难的休战》，载《新科学》，1998 年 5 月 30 日，第 42—46 页。关于最新的估算数字，参见本书第 32 页注［2］。

么趋向于这一端，要么趋向于那一端。它既在膨胀，也在收缩，一个完全平衡的宇宙是不可能存在的。爱因斯坦自己却反对这个结论。实际上，后来他承认这是他一生中最严重的失误——为了保持宇宙的稳定，他篡改了自己的理论，指出宇宙中还应该存在着一种可称为“宇宙常数”的力。他想象这种力就像反引力，可以平衡物体之间的相互吸引，以免宇宙在万有引力的作用下坍塌。然而，在 1922 年，俄罗斯人亚历山大·弗里德曼（Alexander Friedmann）证明，事实上宇宙既在膨胀也在收缩。宇宙处于不稳定状态且正在不断地进化中。最后爱因斯坦也接受了这一思想。

但是解决这些新发现的枝节问题颇费了一些时间。20 世纪 40 年代，对于天文学家而言，一个正在膨胀的宇宙的观念仍然是不可思议的。随后，20 世纪 40 年代至 60 年代，一些新的支持这一观点的证据积累起来，直至 60 年代末，大爆炸理论才成为关于宇宙起源的标准叙述。20 世纪 40 年代末，美国一批物理学家——包括美籍俄裔物理学家乔治·伽莫夫（George Gamow）——运用某些原子弹研究的知识来探索这种全新的宇宙理论的内涵。一个极其微小的宇宙是什么样子的？很显然，它有极高的温度：就像自行车轮胎，打了过足的气就会变热，同样，所有的物质和能量都压缩在一个极小空间，这样的宇宙必定是极热的。在这样的条件下物质将会如何活动，我们并不关注其详情。关键是，伽莫夫以及弗雷德·霍伊尔（Fred Hoyle，后来他成了大爆炸理论的狂热批评者）等科学家很快就意识到，利用现有关于能量和物质在不同温度下如何工作的观念，对早期宇宙活动进行计算是完全可能
33 的。而他们得出的答案是合乎情理的。他们发现能够利用大爆炸理论假说，绘制出一幅令人惊讶又言之有理的图景，说明早期宇宙是如何构建的。尤其是，或许能够大致推测出在早期宇宙中存在着哪些形式的能量和物质，从而明确宇宙在膨胀和变冷之际是如何变化的。人们很快发现，早期宇宙极其致密而又异常炽热的观念与粒子物理学的知识是完全一致的。

宇宙背景辐射

宇宙背景辐射（Cosmic Background Radiation，简称 CBR）的发现，最终使得绝大多数天文学家接受了大爆炸理论。早期关于大爆炸如何发生作用的理论指出，在宇宙早期的历史中温度不断降低，温度一旦达到不同的粒子和力能够生存的地步，它们就能获得稳定的存在形式。早期宇宙过于活跃，在好几十万年的时间内温度过高，无法形成原子。但是温度终于降低到足够低的程度，质子（带正电荷）开始捕获电子（带一个负电荷）。在这个临界值上，物质呈中性，能量与光线能够在宇宙中自由流动。一些主张大爆炸宇宙学的早期理论家预言，在那一瞬间应该有巨大的能量释放出来，其残留物至今仍可检测到。

有趣的是，那些赞同大爆炸观念的科学家实际上并没有去寻找这种背景能量。它是由阿尔诺·彭齐亚斯（Arno Penzias）和罗伯特·威尔逊（Robert Wilson）于 1964 年偶然发现的，当时这两位科学家在新泽西的贝尔实验室工作。他们正尝试建造一座超敏感的微波探测器，可是他们发现根本无法清除所接收到的各种背景“噪音”。无论探测器朝向什么方向，总存在着由微弱的能量产生模糊的嗡嗡声。为什么天空的任何方向会同时发射能量？能量来自特定的恒星或银河系还可以理解，而来自四面八方的能量——而且是如此之多的能量——却似乎是完全无法理解的。尽管信号很微弱，但其所代表的能量加在一起就十分巨大。他们向一位射电天文学家透露了自己的发现，而这位天 34
文学家曾经听到宇宙学家 P. J. E. 皮布尔斯（P. J. E. Peebles）断言，在大约相当于绝对零度以上 3℃的能级上存在着残余射线。这个温度非常接近于彭齐亚斯和威尔逊所发现的射线温度。他们已经发现了早期大爆炸理论家们所断言的能量的片羽吉光。

两位科学家的发现具有重大意义，因为没有其他理论能有力地解释如此普遍的能量的来源，只有大爆炸宇宙学能够轻而易举地又很自然地对此加以解释。从 1965 年起，很少有天文学家还怀疑大爆炸理论是关于宇宙起源最流行的解释。如今它已是现代天文学的核心思想，是现代天文学理论与观念统一的范例。而宇宙背景辐射是现代宇宙学的核心：它试图描绘那些微小的变化，在不久的将来为我们提供关于早期宇宙性质的最有用的信息。[宇宙学家马克斯·泰格马克（Max Tegmark）博士甚至说：“宇宙的微波背景对于宇宙学的重要性，就好比脱氧核糖核酸（DNA）对于生物学的重要性一样。”[1]] 2001年6月，一颗新的人造卫星威尔金森微波异向性探测器（the Wilkinson Microwave Anisotropy Probe，简称WMAP）发射升空，它将比从前更加精确地描绘细微的变化。[2]

另一些形式的证据

自从发现宇宙背景辐射（CBR）之后，积累了更多关于宇宙大爆炸的证据。例如，大爆炸理论断言早期宇宙主要由一些简单元素组成，尤其是氢（大约占76%）和少部分的氦（大约占24%）。这与今天我们观测到的宇宙中元素的比率大致相似（虽然恒星内部的反应使得氢元素转变为氦元素，现在氢元素的数量下降至大约71%，而所有物质中的氦元素大约占到了28%）。氢和氦在化学上占多数对于我们而言并不十分明显，因为我们所居住的宇宙角落，恰好是其他元素聚集的地方（参见第2、3章），但是相关证据在我们周围却俯拾即是。氢元素显然是最普通的元素，甚至在我们自己体内也是如此。林恩·马古利斯和多里昂·萨根写道：“我们身体中所含氢元素的状况反映了宇宙中氢元素的状况。”[3] 通过特别精确的测量，可知在大爆炸中，氢元素还形成了少量的锂元素。这些也明显接近于大爆炸时元素构成理论所断言的数值。

35 其次，无论是天文学观测还是放射线测定年代技术（参见附录一）

[1] 马克斯·泰格马克，转引自詹姆斯·格兰兹（James Glanz）：《大爆炸的回响：通往宇宙的线索》，“科学时代专栏”，载《纽约时报》，2001年2月6日，第D1版。

[2] 关于美国宇航局威尔金森微波异向性探测器的网页，参见《威尔金森微波异向探测器》，2003年3月，http://map.gsfc.nasa.gov/（2003年4月可供点击）；关于探测的最新结果，已于2003年2月对外公布，参见本书第32页注［2］。

[3] 林恩·马古利斯和多里昂·萨根：《微观世界：微生物进化40亿年》，第41页。

都不能确定时间超过 120 亿年的物体。如果宇宙的实际年龄超过这个时间（也许是几千亿年），而超过 120 亿年的物体却又不存在，这会让人觉得不可思议。

最后，大爆炸理论——不像它的主要竞争对手稳态宇宙理论——意味着宇宙随着时间的推移在不断地改变。宇宙最遥远的部分与比较靠近我们的部分看上去应该不一样，所以说观察 100 亿光年之外的物体，我们所看见的其实是它在 100 亿年前的样子。而且，就如我们将会看到的那样，遥远的物体与现代的宇宙在重要的方面并不相同。例如，与现在相比，早期宇宙拥有更多的类星体（参见第 2 章）。

大爆炸宇宙学有多大的可信度？

大爆炸宇宙学是正确的吗？没有任何科学理论能宣称自己是完全确定的。而且该理论仍然遇到一些遗留问题，其中有一些还是非常技术性的。但到目前为止，没有一个问题是无法克服的。

在 20 世纪 90 年代初的一段时间内，发现了一些比宇宙年龄还要古老的恒星——在某些天文学家看来，这个证据令人严重怀疑到整个大爆炸理论。哈勃望远镜观测表明，显然这并不是真实的。那些最古老的恒星似乎要比用最新哈勃常数推算出的宇宙年龄年轻 10 亿年。对大爆炸宇宙学而言这是一个好消息！但是在 90 年代末，从研究遥远的 Ia 型超新星（参见第 2 章）积累的证据表明，宇宙的膨胀速度并未在引力的影响之下减退，反而在逐渐增长，这条消息则不那么受欢迎。如果观测准确的话，这是令人感到惊异的，因为这似乎意味着还有一些至今未知的力在不断地起着作用，从大爆炸以来保持并推进着宇宙膨胀的速度，但这种力极其微弱，根本察觉不到。这种力可能由“真空能”构成，这是量子力学预言的一种力，它会朝引力相反的方向发生作用，驱使物质与能量彼此分离，而不是将它们拉到一起。如果情况确实如此，那么它的作用与爱因斯坦思辨性的宇宙常数几乎是相同的。[1]这个证据也许对大爆炸宇宙学是一次严重打击。另一方面，它意想不到地解决了暗物质（参见第2章）问题，因为真空能就像一切的能量一样具有质量，这可以解释天文学家一直在寻找的巨量的物质。关于起源的棘手问题依然是存在的。对于宇宙大爆炸的那一瞬间，我们所掌握的一切科学知识似乎都变得混乱无用。此时，宇宙的密度趋于无穷大，温度也趋于无限高，现代科学尽管已有了许多大有希望的观念，但是还没有找到解释此类现象的好方法。

36 尽管存在这些问题，我们还是会认真对待大爆炸理论，原因在于它与大多数现代天文学、粒子物理学的经验性和理论性知识的组合相一致。没有其他关于宇宙起源的学说能够解释这么多的问题。科学家构建了一个合乎逻辑的学说，与那么多证据相一致，这个理论还告诉了我们在宇宙的历史中最初几分钟内发生了什么，这本身就是一个令人震惊的成就。同样引人注目的是，我们认识到，未来的研究很可能在一些相当重要的方面修正当前的学说。

关于指数的注解

现代科学经常会遇到一些庞大的数字。例如，若要把1000亿亿亿写成正常的阿拉伯数字，会占据很大的空间距离（想要知道其空间距离到底有多大，可参见下一小节所举的例子），因此科学家一般都倾向于使用指数；本章中的许多数字也都使用了这一方便的数学形式。它是这样使用的。[2] 100等于10乘以10，或者说是两个10相乘。因此，在指数形式中100可以写作10^2。1000等于三个10相乘，就可以写作10^3，以此类推。若要将数字的指数形式转换为正常形式，那么先写下一个1，接着在1的后面加上与指数相应数量的0。因此，1000（10^3）

[1] 彼得·科尔斯（Peter Coles）：《宇宙学简论》（牛津：牛津大学出版社，2001年），第91—92页；霍金：《果壳中的宇宙》，第96—99页，详细叙述了有关“真空能”的理论。

[2] 本书关于指数的解释以切萨雷·埃米利亚尼：《科学指南：通过事实、数字和公式探索宇宙物理世界》第2版（纽约：约翰·威利出版社，1995年），第5—10页的描述为基础。

就是 1 后面跟 3 个 0；10 亿就是 10^9，或者是 1 后面跟 9 个 0，即 1000000000。指数形式也同样可以运用于小数。一百分之一（1/100 或 1%）可以写作 10^{-2}；一千分之一（1/1000）可以写作 10^{-3}。这一形式也并不仅仅局限于 10 的倍数。比如,130 亿年可以看作是 10 亿年的 13 倍，若写成指数形式，就成了 13×10^9 年。

有一件事情应当注意，指数增加 1 倍，那么数字便增加 10 倍。所以，10^3 并不是比 10^2 大那么一点点，实际上是它的 10 倍。同样地，10^{18}（或者说是 100 亿亿）并不是 10^9 的 2 倍，而是 10 亿倍（10^9 倍），它是 10^{17} 的 10 倍。指数提供了一个容易使人迷惑的方式来描述庞大的数字，这能哄骗我们忽略数字本身真正的大小。氢原子的质量可以写成指数形式为 1.7×10^{-27} 千克。若用正常的书写方式，很简单，但是很长，是一个分数：1.7/1000000000000000000000000000 千克，或者是一千亿亿亿分之一千克的 1.7 倍。要了解其真正的意思是什么则更为困难了。试着想象某件事物很小，称上去只有十亿分之一千克重。（当然我们做不到——这样的计算超出了我们的思维能力，但我们可 37
以尽力去尝试。）然后试着设想称重是它的十亿分之一的东西，当重复这个实验到第三次时，你就想象到了一个氢原子的质量。要秤太阳的质量，你就以乘法代替除法。太阳的质量大约为 2×10^{27} 吨，或者是 2000000000000000000000000000 吨，也就是 1000 亿亿亿吨的 2 倍。它包含大约 1.2×10^{57} 个原子。宇宙包含大约 10^{22} 颗恒星。粗略地估算宇宙中原子的数量，我们可以将这两个数字相乘，即将二者的指数相加，得出 1.2×10^{79} 个原子。只有用普通的计数法写下这个数字，才能给人留下深刻印象，即使这样，我们中的大多数人还是不能真正理解我们正在写下的东西。本书的最后一章，我们会遇到比这几个数字还要大得多的数字。

本章小结

我们没有把握对大约130亿年前的宇宙中的任何事物多说些什么。我们甚至不知道是否有空间与时间的存在。在某一点上，能量和物质从空无之中迸发出来，产生了时间与空间。早期宇宙温度极高，十分致密，在一次大爆炸中以极快的速度膨胀。随着宇宙不断膨胀，它的温度逐渐下降。物质和反物质彼此抵消，留下了极少量的残余物质。宇宙摆脱了早期那种强烈的不稳定状态，出现了不同的实体——质子、中子、光量子、电子——和不同的力，包括强作用力、弱作用力，以及引力和电磁力。几百年之后，宇宙的温度下降到质子与电子能够稳固地结合成原子的程度，宇宙中的物质电荷呈中性。其结果是，物质和能量停止了它们之间不断的相互作用，而放射线开始在宇宙中自由地流动。随着宇宙的膨胀，射线温度下降；如今作为宇宙的背景辐射我们能够检测到它。

以上所说的这个故事，貌似奇特，却建立在大量的科学研究之上，而且与我们今天所知的天文学和粒子物理学的大部分知识相一致。大爆炸宇宙学如今已是现代宇宙学的核心思想。正是这样一个范式，将现代关于自然的观念和宇宙历史结合起来，而且支配着现代创世神话起首的第一章。

延伸阅读

芭芭拉·斯普劳尔（Barbara Sproul）的《原始神话》（1991年）一
书，从各种不同的文化中搜集创世神话，并附有介绍性的短文。现在有 38
许多关于大爆炸宇宙学的通俗读物，其中一些书的作者曾帮助构建了关于宇宙起源的现代传说。以下就是我认为最有帮助的几本书：斯蒂芬·霍金（Stephen Hawking）的《时间简史》（1988年）是最知名的，还有最近出版的《果壳中的宇宙》（2001年）；更具专业性的书籍还有史蒂文·温伯格（Steven Weinberg）的《最初三分钟》（1993年第2版）。约翰·格里宾（John Gribbin）的《起源》（1981年）是一本很值得向大众介绍的读物（这也是本书灵感的来源之一），尽管该书显示的是它那个时代的观点。蒂莫西·费里斯（Timothy Ferris）所著《预知宇宙纪事》（1997年）；约翰·巴罗（John Barrow）所著《宇宙的起源》（1994年）；彼得·科尔斯（Peter Coles）所著《宇宙学》（2001年）；还有阿曼德·德尔塞默（Armand Delsemme）所著《我们宇宙的起源》（1998年）显得更为时尚、更为现代，但也同样通俗易懂。其中，德尔塞默的著作很适合于本书前半部分的读者。若想更清楚地了解现代天文学、化学、物理学的思想观点和专门术语，切萨雷·埃米利亚尼（Cesare Emiliani）所著的《科学指南》（1995年）是一本十分有用的手册。埃里克·蔡森（Eric Chaisson）所著的《宇宙的演化》（2001年）试图在不同等级层面，从恒星到细菌，全面思考秩序和熵的意义，而马丁·里斯（Martin Rees）所著的《就这六个数字》（2000年）也是一本介绍宇宙基本结构的书籍。李·斯莫林（Lee Smolin）所著的《宇宙的生命》（1998年）是一本通俗易读的书籍，书中有一个很重要的推测：我们的宇宙可能只是依照宇宙演化形式而变化着的众多宇宙中的一个。查尔斯·林维弗（Charles Lineweaver）的文章《我们在宇宙中的位置》（2002年发表）对于思考宇宙中的等级和位置而言是一篇很好的介绍文章。奈杰尔·考尔德（Nigel Calder）所著的《时间范围》（1983年）对于整个时间而言是一部很出色的年谱，尽管它已经有点儿过时了。

第2章

39 # 星系和恒星的起源

复杂事物的开端

> 如果必须用一句话来概括“在大爆炸之后都发生了些什么？”那就深深地吸上一口气，然后说：“大爆炸（宇宙的起点）发生之后，引力开始塑造着宇宙的结构，并且使温差加剧，这是100亿年后我们周围所存在的复杂事物形成的先决条件，而我们本身就是其中的一个组成部分。”也许这就是最好的回答。[1]

在一个晴朗的夜晚，仰望星空，恒星显然是我们这个宇宙中最重要的成员。但恒星就像人类一样，从来都不是孤立存在的。它们聚集在我们称之为星系（galaxies）的巨大的宇宙群落中，每个星系可能拥有1000亿颗恒星。我们自身所在的星系是银河系（Milky Way）。银河系并不像那些昏暗模糊的其他星系，由于我们是从内部对其进行观察的，它看起来就像是一条流淌在夜空的明亮而苍白的河流。而裸眼看不见的，甚至直到一二十年前对于绝大多数天文学家而言也是模糊不清的，乃是由许多星系所聚集成的更大的群落。其中包括星系群（group）（通常直径为几百万光年，拥有大约20个星系）和星系团

[1] 章首语：马丁·里斯：《就这六个数字：宇宙形成的深层力量》（纽约：基本图书出版社，2000年），第126页。

（cluster）（最宽为 2000 万光年，包含着几百个甚至几千个星系）。星系群和星系团由于引力的作用而聚集在一起。然而还存在着更大的结构，这些构造十分巨大，随着宇宙的膨胀而不断扩展。其中包括超星系团（supercluster，最高宽度达 1 亿光年，大约拥有 1 万个星系），20 世纪 80 年代，天文学家发现了一系列巨大的超星系团。而在这些更大规模中，宇宙明显是同质的。宇宙背景辐射的一致性显现了这种同质 40
性。因此，复杂的范型只有在比超星系团小的规模中才会引起我们这些复杂的观测者的兴趣。

目前，超星系团似乎是宇宙中可观测到的最大的有序结构。它们的发现，使我们对于宇宙中心的认识比哥白尼发现地球围绕太阳公转更进了一步。我们的太阳位于一个二级星系中的平常区域内（仙女座星系是我们所在的星系群中最大的），即位于有着几千个其他星系的处女座超星系团边缘的一组星系中（参见图 2.1）。[1]

最近人们已经清楚，即便超星系团在宇宙的历史中也仅仅是一个小角色。这意味着绝大部分的宇宙物质（90% 或更多）是无法观测的，这些物质［称之为暗物质（dark matter）恰如其分］的确切性质至今还 41
是一个谜。也就是说，关于宇宙绝大部分的构成，我们仍处于一无所知的尴尬境地。[2] 本章将涉及有关暗物质特性的一些理论，但依然主要关注为我们所知的那部分宇宙——可以观测到的那部分宇宙。

现在我们接着上一章来继续讲述宇宙的早期历史：大约在宇宙诞生 30 万年之后，能量和物质走上了各自不同的道路。

---

[1] 蒂莫西·费里斯：《预知宇宙纪事》（纽约：西蒙和舒斯特出版社，1997 年），第 151—152 页。

[2] 在费里斯所著《预知宇宙纪事》第 5 章“黑色之王”中，有关于暗物质问题最新的探讨；也可参见里斯所著《就这六个数字》第 6 章。根据最近的估算，辐射也许要占宇宙总质量的 0.005%；诸如中微子这一类的微粒差不多占 0.3%；由质子和电子构成的普通物质大致占 5%；那些由理论上存在但尚未被发现的微粒所构成的“冰冷的暗物质”占 25%；而剩下的 70% 也许就是由“暗能量”所构成的了。参见戴维·B. 克莱恩（David B. Cline）：《寻找暗物质》，载《美国科学》，2003 年 3 月，第 50—59 页，尤其是第 53 页的图表。

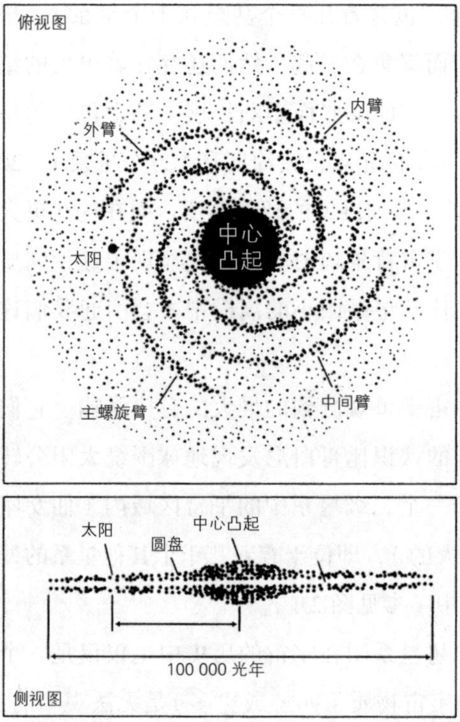

图 2.1　太阳在银河系中的位置

太阳位于银河系的一条臂上，距离其中心大约为 27000 光年。星云尘埃遮蔽我们的视野，因此看不清银河系的中心。选自尼科斯·普兰佐斯：《我们宇宙的未来：人类在宇宙中的命运》（剑桥：剑桥大学出版社，2000 年），第 97 页

早期宇宙和最初的星系

在宇宙诞生后的最初几分钟内，它迅速冷却，以至于除了元素周期表中的前三个元素氢、氦和锂（在一瞬间产生）之外，其他任何质量更重或更为复杂的元素都不可能产生。在炽热且混沌的早期宇宙里，比这三种元素复杂的事物都不可能存在。以一个化学家的眼光来看，早期宇宙是极其简单的，以至于根本不可能产生像我们的地球或者生存于地球之上的生物那样复杂的物体。最早诞生的恒星和星系差不多就是由氢和氦构成的。它们说明我们的宇宙拥有令人惊讶的能力，可

以利用非常简单的元素来构建复杂的物体。恒星一旦形成，即开始为创造包括生物体在内的更加复杂的实体铺设基础，因为在恒星炽热的核心，正进行着将氢元素与氦元素转变为周期表中的其他元素这一魔术般的过程。

迄今为止，宇宙的历史都为大爆炸的膨胀力所主宰。现在我们要向大家介绍第二种大范围的力——引力。早在 17 世纪牛顿就对引力做了十分成功的描述，20 世纪初爱因斯坦又做了更为准确的描述。大爆炸将能量与物质分离，引力又将它们重新聚集。牛顿认为任何形式的物体都会对所有其他形式的物体产生某种引力。爱因斯坦认为，引力之所以发生作用是由于巨大物体能够使时空发生弯曲。他进一步指出，引力能够对能量和物质产生相同的作用。这个结论并不令人感到惊奇，因为爱因斯坦早就证明了物质实质上就是凝固的能量。他又进一步巧妙地论证，证明引力能够像弯曲物体一样弯曲能量。太阳是我们所在的太阳系中体积最大也是质量最大的天体。爱因斯坦认为，太阳的巨大质量足以弯曲周围的时空，而改变经过太阳旁边的光线的轨道。该 42
现象的最佳观测机会是在发生日食之际，这是能够看到其他恒星接近太阳的唯一时机。爱因斯坦预言，如果在日食之前拍摄太阳旁边的恒星，你将发现它们还没有运行到太阳背后前速度好像会放慢，而当它们出现在太阳的另一侧时，在离开太阳之前又会在太阳旁边盘桓一小会儿。这种现象就是由于恒星光束被太阳的质量所吸引而发生的，就好像把棍子插入水中光线会发生折射一样。在 1919 年的一次日食中，爱因斯坦的预言受到检验，其结果很令人吃惊，他的理论被证明是正确的。

引力对物质和能量同时施加作用，从而造就了宇宙的形态和结构。如果我们坚持牛顿关于引力是一种“力”的直观而简单的概念，可以很容易地看到这些是如何发生的。牛顿指出，引力可以在很大范围内发生作用，但是距离越近，引力作用越强。准确地说，两个物体之间的引力与它们的质量（的平方）成正比，与它们之间的距离（的平方）成反比。这意味着引力能够使原本两个结合得很紧密的物体更加紧密，而对相距较远的物体影响甚小。对于诸如带能粒子这一类质量较轻且移动速度较快的物体，引力甚至产生不了多少影响，所以，引力对物质的塑造，其效果要比对能量的塑造更加明显。由于引力作用效果的差别，它已经在许多不同范围内创造了大量复杂的结构。这是一个值得注意的结论，因为它说明在某些意义上、在某些范围内，引力能够暂时抵消热力学第二定律，这一基本定律似乎表明随着时间的流逝，宇宙将变得更加无序、更加简单（参见附录二）。相反，随着引力能量的释放（即引力使物体聚合在一起），宇宙变得更加有序了。引力因而成了我们宇宙秩序和范型的主要源泉之一。在本章的其余部分，我们将会看到，引力是如何创造天文学家们正在研究的那些复杂物体的。

宇宙早期以及星系和恒星的大部分历史，可以被认为是大爆炸所产生的使宇宙膨胀的力量和使宇宙重新聚合的引力之间相互作用的产物。在这两种力之间存在着不稳定的、动态的平衡，膨胀力在大范围内占据优势，而引力则在较小的范围内占据优势（最多不超过星系团层次）。不过，引力需要某种初始的差异性才能发生作用。如果早期宇宙具有完全平均的稠度——比方说，如果氢元素和氦元素在整个宇宙中的分布绝对均匀——那么引力除了延缓宇宙的膨胀速度之外，所起
43 的作用将会微乎其微。宇宙将会保持均质，诸如恒星、行星等复杂物体以及人类都不可能出现。

所以，知道早期宇宙的同质性究竟到达何等程度是非常重要的。天文学家试图通过寻找宇宙背景辐射温度的细微差异来测量早期宇宙的“稠度平均性”。任何“崎岖不平”应该能够在宇宙背景辐射中的细微温差中有所显示。20世纪90年代发射的宇宙背景探测器（COBE），其设计目的就是为了寻找这种差别，而2001年6月发射的威尔金森微波异向性探测器（WMAP）正以更高的精度测绘这种差别。宇宙背景探测器（COBE）已探明，虽然宇宙背景辐射几乎是完全相同的，但其温度确有细微的差别。显然，早期宇宙的某些地区要比其他地区温度稍高，密度稍大。这些“褶皱”带来的差异性为引力发生作用创造了

条件，引力放大了这些差异性，从而使得高密度的区域更为致密。大爆炸之后的 10 亿年中，引力造就了许多由氢元素和氦元素构成的巨大星云。这些星云可能有几个星系团那么大，它们自身所产生的引力完全抵消了宇宙的膨胀。在更大范围内，大爆炸所产生的膨胀力仍居于统治地位，因此这些巨大星云之间的距离随着时间的流逝而不断增加。

在其自身引力拉扯之下，氢原子和氦原子被更加紧密地挤压在一起，星云开始向内部塌陷。随着气体星云的收缩，一些区域变得比其他地方密度更高，塌陷得更快；就这样，原始星云分裂成不断收缩的云团，这些云团具有不同的大小，大到整个星系，小到单个恒星。引力将每块云团压缩到更小的空间内，其内部的压力不断增长。不断增长的压力致使温度不断升高，每个气态云团在塌陷的过程中都会因此逐渐升温。在体积较小、大约包含相当于数千颗恒星的物质的小块云团中，出现了密度和温度都非常高的区域；在这些宇宙托儿所的部分区域里诞生了第一批恒星。[1]

随着中心区域的温度不断升高，其中原子的运动速度会越来越快，撞击也越来越猛烈。最终，其猛烈程度战胜了氢原子内部带正电原子核之间的电荷斥力。（这种排斥力部分取决于原子核中质子或正电荷的数量，所以这种反应最容易发生在氢原子中；原子量越大，这种反应 44
就越不容易发生。）当温度上升到 1000 万摄氏度时，一对氢原子就会融合为一个拥有两个质子的氦原子。这种核反应被称为核聚变（fusion），也就是氢弹中心区域所发生的反应。根据爱因斯坦的公式 $E=mc^2$，当氢原子聚变为氦原子时，极少的物质转化成了巨大的能量，其释放的能量等于物质的质量乘以光速的平方。爱因斯坦的公式告诉我们，由于光速是一个巨大的数字，即便是极少量物质的转化也会释放出巨大的能量。准确地说，当氢原子转化为氦原子时，大约会丢失 0.7% 的质

[1]　来自美国宇航局（NASA）2003 年 2 月发射的威尔金森微波异向性探测器（WMAP）的证据表明，第一批恒星大约出现于大爆炸之后 2 亿年这一时段。参见《想象宇宙的奇异》，2003 年 2 月 12 日（http://imagine.gsfc.nasa.gov/docs/features/news/12febo3.html，2003 年 4 月访问）。

量，我们之所以知道这一点，是因为氦原子要比合成它的氢原子轻一些。丢失的质量转化成了能量。[1] 恒星就像巨大的氢弹，拥有足以“爆炸”千百万年甚至几十亿年的燃料。因此，第一批恒星照亮了早期宇宙长达 10 亿年之久的漫漫黑夜。

聚变反应所产生的巨大热量和能量抵消了引力的作用，年轻的恒星一旦被引燃就停止了继续塌陷。恒星内部核爆炸所产生的膨胀力与引力保持平衡，控制着星核的巨大能量。恒星之所以能形成持久稳定的结构，是将物质聚集在一起的引力与聚变反应所产生的使物体分离的膨胀力之间相互妥协的结果。这种拉锯式的平衡会一直持续下去，一旦内部温度升高，恒星便开始扩张，温度逐渐下降——这又导致了恒星的收缩，这就好比空调系统中那种负反馈循环。(假如气温过高，空调开始启动，使气温再次下降。)我们从变星的脉动中可以观测到这种拉锯式平衡。但是通常而言，只要恒星存在，这种内在的相互抵消作用将会持续千百万年，甚至几十亿年。

第一批恒星的点燃是宇宙历史上一个重大的转折点，这标志着事物的复杂程度达到了新的水平，标志着新的实体按照新的规则开始运作。被引力聚集在一起的几十亿亿个原子突然形成了全新的组织结构——它可以存在千百万年甚至几十亿年。这一时刻开始于原恒星(proto-star)内部由于温度进一步微增而点燃的核聚变反应，引力所带来的能量由此转化成为热能，一个新的更为稳定的能量流系统诞生了。
45 恒星将自身包含的原子排列为新的、可持续的组态，这种组态能够经受巨大能量流的考验而不致解体。我们知道，这便是此类临界值的标志性模式。当原本独立的实体被纳入一个更有秩序的新模式，并且由于自由能不断上升的吞吐量而结合在一起时，新的组态就突然出现了(参见第 4 章)。但是，对于所有这些构造而言，结合在一起是很困难

[1] 里斯:《就这六个数字》，第 53 页；把物质与反物质结合在一起，是将质量 100% 完全转化为能量的唯一方法。

的，故而无法永存。因此，凡是达到新的复杂程度的事物，其特点就在于某种脆弱性和最终崩塌的必然性。根据热力学第二定律，所有的复杂实体最终都将消亡，但是，结构越简单，其幸存的可能性就越大，这也是恒星的寿命比人类长得多的原因（参见附录二）。

许多最早的恒星，在 130 亿年后的今天仍然存在。绝大多数都位于各星系的中央，或者以巨大的球形轨道围绕星系运行的球状星团（globular cluster）之中。最早的恒星可能是在相对不成形的气态星云的混沌和迅速崩塌中形成的。它们的轨道不规则，而且缺乏比氢和氦——它们形成之际仅有的元素——更重的元素，我们今天因而能够测定其年龄。在拥挤的早期宇宙中，胚胎星系经常相互融合，这种星系间合并有助于解释为什么许多最古老的恒星都具有不规则的轨道。

早期宇宙中的星系在形成与合并的过程中，由于受到引力的作用，整个宇宙中星系的形状都被塑造得非常一致。早期宇宙中参差不齐的星系被引力聚合在一起，不同的部分以弧形被拖曳至中心；这些圆弧在运动中所形成的微小差别使得每块星云都开始旋转，就像水流入排水沟。当星云收缩时，旋转加快，好似滑冰者收拢手臂一样。转得最快的部分被离心力抛出，如同一块旋转的生面团，而整块星云开始变得扁平，就像一块宇宙级的比萨。这些完全受制于引力的简单过程，解释了为什么许多宇宙中最大的星云，甚至是在星系团的层次上，最终都形成了被苏联理论家雅科夫·泽尔多维奇（Yakov Zel’dovich）称之为“可丽饼”（crepe）的旋转的圆盘状。在较小的尺度上，我们也可以看到相同的规律在发生作用，如果我们远处观测太阳系，它看上去也像一只巨大的扁平圆盘。

到第二代恒星开始形成的时候，这些过程也将一些更大的星系，如银河系，改造成巨大而多少有些规整的圆盘。这种变化反映在年轻恒星的轨道更加有序，例如我们的太阳以每小时 80 万千米的速度，大约每 2.25 亿年围绕银河系中心运行一周。类似的机制也塑造了其他星 46
系，形成了一个由许多恒星星系组成的宇宙，这些星系的构造方式有所不同，但大都会形成规则的旋转圆盘。恒星的形成过程一直持续到今天。在银河系中，每年大约会形成10颗新的恒星。

宇宙学巡礼：黑洞、类星体和暗物质

早期宇宙还存在着比恒星更奇异的物体。绝大多数星系的中央具有极大的密度，以至于即使温度升高到能够启动核聚变反应，由物质与能量所构成的巨大的星云仍然在不断塌陷。在这里，引力将物质和能量挤压到几乎不复存在，从而形成黑洞（black hole）。黑洞的空间区域十分致密，以至于任何物质和能量，甚至连光都不能逃脱其引力的作用。这意味着我们不可能直接观测到它的内部究竟发生了些什么，除非进入黑洞——当然，那样我们也就不可能再回来报告我们的发现了。黑洞的密度如此巨大，假如要把我们的地球变成黑洞，那必须把它压缩成一个直径1.76厘米的圆球。[1]

关于黑洞的真正意义，已经有了很多有趣的猜想。例如，最近有人认为黑洞就是新生的宇宙从外面看到的样子。每一个黑洞都可能是由一次独立的大爆炸所产生的独立的宇宙。李·斯莫林认为，如果真是这样的话，说不定我们可以解释宇宙其他一些古怪的现象。尤其是，我们也许就能解释为什么这么多重要的参数——例如基本的物理力的相对强度，或者基本核粒子的相对体积——似乎协调一致地创造了一个能够产生恒星、元素以及像我们人类这样复杂实体的宇宙。按照斯莫林的假设，只有能够产生黑洞的宇宙才会有“后代”。如果我们进一步假设，新宇宙与它们的“父辈”宇宙只存在细微的差别，那么我们就可以看到一个类似达尔文进化论的选择过程在发生作用。[2]经过

---

[1]　费里斯：《预知宇宙纪事》，第79—80页。

[2]　李·斯莫林：《宇宙的生命》（伦敦：菲尼克斯出版社，1998年），尤其是第7章“宇宙进化吗？”“达尔文宇宙进化论”认为，与自然选择的规则相似，任何含有复制的系统（在此情况下，亦即宇宙和黑洞）都有可能毫无目的地形成复杂的实体；相关事例，可参见亨利·普洛特金（Henry Plotkin）：《思想的进化：进化心理学入门》（伦敦：企鹅出版社，1997年），第251—252页。

许多代之后，包含大量宇宙的超空间很可能被某些具备产生黑洞的严格条件的宇宙所主宰，即便就统计学而言这类宇宙存在的概率非常低，仅仅因为其他宇宙都不能产生后代，就会导致这样的结果。但是，如果一个宇宙能够产生黑洞，它也可能产生诸如恒星等其他巨大的物体，以及其他各种复杂结构。这些想法说明，对于我们现代创世神话而言，在我们宇宙层次之上也许还存在新层次，可能存在一个年龄远远超出
130 亿年而且比我们的宇宙大得多的“超宇宙”。但是，我们目前既无 47
法证明也无法否定这些宏大的想法。

因此，我们可以从这些沉思平安返回到我们所知的宇宙。关于我们的宇宙以及居住的星系，黑洞可以告诉我们一些重要的信息。与恒星相比，它们的密度非常大，其引力所释放出的能量要大得多。人马座星群方向距银河系中心 27000 光年的地方可能存在着一个黑洞。通过一种叫作人马座 A 的无线电强波可以确定这个黑洞的存在，它的质量大约相当于太阳的 250 万倍。

黑洞存在于许多星系的中央，这或许有助于解释另一个奇怪物体——类星体（quasar），或者称之为“类星电波源”（quasistellar radio source）。第一批类星体是由澳大利亚天文学家于 1962 年探测到的，这是现代天文学家所知道的最明亮的物体。它们甚至比那些最大的星系都要亮，尽管它们的体积还没有太阳系大。它们的距离也非常遥远。绝大多数距离我们超过 100 亿光年，最近的也在 20 亿光年之外。所以当我们观察类星体的时候，我们看到的是宇宙早期存在的物体。目前来看，它们的能量似乎来自那些吞噬周围大量物质的巨大的黑洞。因而，类星体是由黑洞以及恒星食物组成的。在宇宙的生命中，类星体出现得很早，那时各星系之间更为拥挤，因此黑洞能够吞噬更多的物体。宇宙随后开始扩张，星系团彼此远离，星系级黑洞的猎获物逐渐减少。因此，尽管许多星系的中央仍有黑洞存在，这些“野兽”如今很难吞噬足够多的物质而形成类星体。由于非常贪吃星尘，类星体的生存时间最多只有几百万年，在今天的宇宙中它们已经

比较罕见了。类星体就好比是天文学领域中的恐龙，不过作为其能量来源的黑洞仍然存在于大多数星系的中央，正等待着冒失的恒星落入其掌控之中。

可见宇宙主要由星系和恒星组成。而对星系与星系团运动的观测却导致了令人尴尬的结论，即我们所观测到的仅仅是宇宙极微小的一部分。的确，我们所能看到的部分不会超过宇宙的10%，甚至仅为1%。利用引力的基本规律，天文学家通过研究星系的旋转方式，可大致计
48 算出一个星系群中到底含有多少物质，此类研究显示，星系所包含的物质也许是我们所能见到的10倍。天文学家把那些看不见的物质称为暗物质（dark matter），这个术语正好表达了他们的困惑。

这些数量巨大的物质究竟是由什么构成的？找到这个问题的答案是现代天文学的中心课题之一。目前主要有两种答案。第一种，这些物质是由微小的粒子组成的，每个粒子甚至比电子都小许多，但总体却要比其他形式的物质更重。它们被称为“弱相互作用大质量粒子（从某种意义而言它们也有着一定的质量）”，简称WIMP。根据当前最佳的解释，这些粒子就是中微子（neutrino），一种可能有质量，也可能没有质量的粒子。即使有质量，也不会超过电子质量的1/500000。然而，每存在一个粒子，就会存在约10亿个中微子，因此即使中微子的个体质量微乎其微，它们也能组成宇宙中绝大部分的物质。假如我们能看见中微子的话，那么宇宙看上去就像一大片中微子尘雾，点染着微小的物质斑点。另一种答案是，也许有许多我们看不见的巨大物体，因为它们并不发光，或者不能释放其他形式的射线。它们可能是由恒星的残骸或是行星状物体组成的，被称为“晕族大质量致密天体”，简称MACHO。最近，又出现了第三种说法，这对于暗物质问题或许是一个很简洁的答案：暗物质可能实际上就是暗能量（dark energy）。正如我们所见，能量同样会产生引力。大约70%的宇宙物质/能量是由所谓的真空能（vacuum energy）所构成的，它们发现于20世纪90年代晚期，这种能量加快了宇宙的膨胀速度。如果是这样的话，它或

许可以解释天文学家所观测到的大部分额外引力。按照这一设想，宇宙中的暗物质不超过 25%，而看得见的宇宙仅仅占 5%。[1]

恒星的生与死

恒星就像人类一样，也有它们的生平。它们从诞生起，历经生存、转变，直至衰亡。关于恒星典型的生命周期，如今我们知道得不少。这些知识大部分得自于对恒星的光谱研究。我们从本书的前一章可知，仔细分析吸收线的光带（当能源经过恒星之间被吸收后而产生的频率）就可以知道恒星中含有多少物质，也可以知道恒星有多热。20 世纪以来，当天文学家研究了越来越多恒星的光谱之后，他们绘制了一幅图表，说明恒星一生的不同阶段以及恒星能够存在的不同类型。

恒星最重要的单一特征乃是它们的体积，或者是恒星形成之前的原 49
始物质星云的体积。体积决定恒星的许多特征，包括它的亮度、温度、颜色，以及它的寿命。如果原始星云的体积小于太阳的 8%，则它的中心就不可能十分致密，其温度也达不到使氢原子发生聚变的程度，这样就形成不了恒星。最多只能形成褐矮星（brown dwarf）—— 一种像木星般大小、光线昏暗的天体。褐矮星是介于行星与恒星之间的天体，尽管最近对褐矮星周围的物质所作的观测显示，即使它们的体积不足以发生聚变反应，但其形成过程在许多方面与恒星是相同的。[2] 另一方面，如果原始星云的体积是太阳的 60—100 倍，它很可能在塌陷过程中会一分为二，甚至分裂成更多的小块，从而形成恒星，这也正好解释了天文学家所观测到的那么多双星或者多星的恒星系。在这两个极值之间，以下两种大小是主流：大多数恒星的体积在远远小于太阳到太阳的 8 倍之间，而剩下的则是太阳的 8—60 倍。了解这两个数值很有帮助。

---

[1] 查尔斯·莱恩威弗：《我们在宇宙中的位置》，马尔科姆·沃尔特编：《超越火星：探索生命的起源》（堪培拉：澳大利亚国家博物馆，2002 年），第 95 页。

[2] 约翰·威尔福德·诺布尔（John Wilford Noble）：《恒星也许是宇宙的演员》，载《纽约时报》，2001 年 6 月 8 日，第 21 版。

星云胚胎中物质的总量决定了星云的引力、收缩速度，以及星云中心的密度和热度。新星中心的热度决定了它燃尽所有可用燃料的速度。因此，体积大的恒星比体积小的恒星温度更高；尽管它们拥有更多的物质，但是它们的燃烧更快，生存更具危险性，死亡更早。体积10倍于太阳的恒星，其寿命仅仅为3000万年，而最为巨大的恒星也许只能存活几十万年。那些较小的恒星，体积从太阳的2倍直至其1/10，密度并不高，因此内核的温度也比较低。它们能够更为节俭地消耗有限的燃料。最小的恒星其寿命长达数千亿年，是当前宇宙年龄的许多倍。

大部分恒星，就像我们的太阳一样，比巨型恒星燃烧得更为缓慢。但最终它们都会消耗掉全部氢元素，届时其内核将充满氦元素。到那时，支持恒星走完一生大部分岁月的氢聚变反应已不能再继续下去了。恒星的中心开始冷却并逐渐向内塌陷。但是塌陷使得恒星内部的压力增强，温度再次升高，这样就出现了一个令人意想不到的情况，恒星的体积膨胀到了原先的好几倍。如果恒星足够大的话，最初的塌陷可以使内核的温度上升到1亿摄氏度。达到这一温度之后，以氦为燃料的聚变反应又开始了。但与氢聚变相比，氦聚变反应只能将很少的质量转化为能量，因此并不能持续很长时间。恒星很快又耗尽了氦元素，
50 这时，中心再次开始塌陷，而外层则膨胀得更为巨大，有时甚至被抛入宇宙空间。在此过程中，每一次反应都需要比前一次更高的温度，许多新的元素诞生了，其中最为丰富的是碳、氧和氮。例如，我们的太阳将连续发生这样的情形，直到开始产生碳元素为止，而体积稍大一些的恒星则可以继续这样的情形直到氧元素形成为止。就这样，逐渐衰老的恒星产生了许多元素周期表中位置靠前的元素；体积最大的恒星，在它们生命的最后阶段可以形成铁元素（原子序列号为26），这一创造过程所需的温度在40亿—60亿度之间。聚变反应所产生的新元素序列直到铁元素才告终结。当恒星灭亡之际，包含着所有这些新元素的灰烬将散布在它们的位置周围，与早期宇宙中的任何区域相比，恒星墓地在化学成分上更为复杂。

在死亡阶段，许多恒星膨胀成为红超巨星，例如猎户星座的参宿四。大约 50 亿年之后，太阳进入死亡阶段，体积将急剧膨胀，甚至地球和火星都会被它的最外层所吞没。（参宿四的体积十分巨大，如果把它放在太阳的位置，那么地球距离其中心与表面正好相等。）当燃料耗尽，小型和中型恒星开始变冷，最终成为熄灭的恒星，称为白矮星。白矮星密度很大，体积与地球相仿。数十亿年之后，绝大部分恒星都会变冷，那时它们作为恒星的生涯就结束了。

巨型恒星的体积大约在太阳的 8 倍以上，其生命历程更具戏剧性。由于这些恒星十分巨大，内核中的压力和温度很高，因此它们能够制造直到硅为止的新元素，并且正如前文所述，甚至还能制造铁元素。在其生命的最后阶段，它们制造出了不同的元素，层层相叠，拼命释放能量以避免引力所导致的塌陷。但是当燃料耗尽，它们的结局要比中型恒星更加壮观。在没有能量可维持自身存在之际，引力将取得支配地位并压垮它们，这一突如其来的、灾难性的塌陷过程所持续的时间不会超过一秒钟。此时，超新星（supernova）这一天文现象诞生了。一颗超新星爆炸所产生的巨大能量与闪光，相当于 1000 亿颗恒星或整个星系，并且可以持续好几个星期。体积不超过太阳 30 倍的原始恒星，塌陷之后会形成中子星（neutron star）。在这种天体内，原子被紧紧压在一起，导致电子与质子融合并形成中子。中子星上相当于太阳质量的物质，其体积被压缩到一座现代大城市的大小。中子星能以每秒最大 600 圈的速度自转。地球上的天文学家于 1967 年首次发现中子星时，曾把它看作是脉冲星（pulsar），因为当中子星自转的时候（如果地球 51
上的天文学家恰好位于一个适当的角度），所释放出的能量以短脉冲的形式击打地球。蟹状星云中的一颗中子星就是超新星爆炸之后的残留物，以每秒 30 圈的速度自转，它由中国天文学家于公元 1054 年发现。

体积大于太阳 30 倍的恒星，塌陷过程更为剧烈，内核挤压成为黑洞。在内核以外，质子与电子结合成为中子，中子和中微子形成巨大的洪流，从垂死的恒星往外逃散。巨大的脉冲形成了一个高达几十亿度的大熔炉。超新星的高温在顷刻之间越过了某种临界值，在这个大熔炉里，比铁重许多的元素被烤制出来。实际上，在极端的时间内，超新星爆炸可以制造出元素周期表中一直到铀为止的所有元素。接着，这些元素又猛烈地射入宇宙深处。在这场星系级炼金术的过程中，产生的氧元素最多，其次是少量的氖、镁和硅，这些都是恒星际空间里最常见的重元素。此类超新星最近的一次发现是在 1987 年 2 月，这是自 1604 年以来所观测到的最明亮的超新星，当时曾有一颗超新星在银河系中爆炸。1987 年我们所看到的这颗超新星，位于南天球与银河系相邻的大麦哲伦星云中。它标志着以前名为桑杜里克 -69 202（Sanduleak-69 202）的恒星临死的苦痛；在恒星生命的尽头，即红巨星阶段，其直径大约是太阳的 40 倍。超新星爆炸的位置离我们大约有 16 万光年之遥，这意味着爆炸实际发生在 16 万年前。人类历史早期所记载的许多“新星”或许就是超新星，其中也包括耶稣诞生时所记录到的那一颗。自从最初的星系形成以来，恒星际空间之所以元素丰饶，是由于大恒星的寿命都很短，超新星不断产生新化学元素所致。你所戴的金戒指或银戒指的原材料就是在超新星内部形成的。没有超新星，我们根本就不会存在。[1]

第二类超新星，是白矮星由于吸收了邻近恒星的新物质引起爆炸而形成的，被称为 Ia 型超新星（Ia supernova）。这种爆炸所发出的光亮甚至超过了大型恒星衰亡所形成的超新星，它们释放出的主要是铁元素，以及其他的一些重元素。

恒星的衰亡是地球生命故事中必不可少的一个章节，因为恒星不仅创造了形成我们这个世界的原材料，也创造了能使生物圈得以存在
52 所必需的能量。遍布于星系各处的重元素首先形成于恒星和超新星之中。当宇宙逐渐衰老，新元素（氢和氦以外的元素）的比率在稳定增长。

[1] 参见阿曼德·德尔塞默：《我们宇宙的起源：从大爆炸到生命和智慧的出现》（剑桥：剑桥大学出版社，1998 年），第 61 页，其中的图表概述了不同质量的恒星不同的生命类型；有关超新星爆炸细节的详尽描述，可见保罗·戴维斯：《最后三分钟》（伦敦：菲尼克斯出版社，1995 年），第 41—45 页。

假如没有由恒星和超新星所创造的化学物质极为丰富的环境，就无法形成我们的地球，更谈不上什么生命的进化。因此，构成我们这个世界的化学物质，分别形成于三个不同的场所：大爆炸产生了氢元素与氦元素，而从碳（原子序列号为 6）到铁（原子序列号为 26）的大部分元素是在中型和大型的恒星内部逐渐形成的，其他元素则形成于超新星的内部。宇宙早期形成的第一代恒星不可能形成生命。而以后形成的恒星，例如我们的太阳，就完全具有了创造生命的可能性。

推动生物圈的能量在很大程度上也源自恒星。太阳光是地球能源最重要的来源之一。但是对于过去 200 年里的人类而言，储存在煤和石油里面的阳光也变得同样重要。另外，地球许多重要的发展进程都是由地球内部的热引擎所推动的，而地球的热量一部分源自太阳形成的过程，一部分则来自超新星所产生的放射性元素。通过这些方式，恒星的历史已成为地球生命故事至关重要的组成部分。

太阳的形成

和所有的恒星一样，我们的太阳也是在物质星云受引力作用发生塌陷的过程中形成的。也许是邻近的一颗超新星引发了这次塌陷。这场巨大爆炸产生的冲击波穿越了距银河系中心大约 2.7 万光年即位于星系中心至星系边缘 40% 处螺旋臂区域的气态星云。当冲击波穿越星云之际，星云中的物质就好像撒在振动的鼓面上的沙子开始重新排列。一个由数百颗恒星组成的星群部落就此诞生。

它们都可以算作第二代或第三代恒星，因为形成它们的材料中除氢、氦以外，还包含许多别的元素。在形成太阳的星云中，原始气体占 98%(大约 72% 为氢气,27% 为氦气）。但其中还有许多其他的元素，包括碳、氮、氧（这些元素占宇宙所有物质的 1.4%），以及铁、镁、硅、硫和氖（这些元素占据剩下的 0.5%）。这 10 种元素，有的形成于大爆炸之际，有的形成于大型恒星内部，它们只占我们所在的星系区

域原子物质质量的0.03%，而其余的元素则形成于超新星。[1] 比氢和氦
53 更重的元素，以及许多由这些元素形成的简单化学物质的存在，说明为什么我们的太阳（或许还有与它相似的恒星）与第一代恒星不同，它是伴随着一群卫星一起诞生的。这些卫星就是组成太阳系的行星（参见第3章）。

像所有的恒星一样，太阳的许多特征是由它的体积决定的。它是一颗黄色的恒星（光谱类型为G2），这意味着太阳属于中等亮度的恒星。然而，绝大部分恒星（大约95%）体积比太阳小，温度也比太阳低。[2] 对于地球而言，太阳是个庞然大物。它的直径为140万千米，是地球与月球距离的4倍多。尽管如此，当太阳衰亡之际，它的体积还不足以塌陷成为一颗超新星。但太阳也不算很小，并不能维持很长的生命。它大致形成于46亿年前，还将存在40亿—50亿年的时间。迄今为止太阳的年龄是宇宙的1/3，它已走过了自身生命周期的一半。与所有的恒星一样，太阳内部持续不断地发生着巨大的核爆炸，温度高达150万摄氏度。核爆炸使得氢原子聚变为氦原子，并释放出大量的辐射能。聚变反应产生以光子形式存在的能量，这些光子要从太阳致密的内核挣扎而出，到达表面，需要花费100万年的时间。太阳的表面温度降低为6000摄氏度。能量从太阳表面向外辐射，遍及整个太阳系，直至太空深处。光子一旦到达太阳表面，即开始以光速运动。光子用100万年的时间努力穿越亚原子微粒（subatomic particle）的堵塞之后，仅用8分钟即可抵达1.5亿千米之外的地球。

如果没有太阳，我们的地球不会存在，生命也无从演化。太阳系所有的行星都是由太阳的碎片在引力场作用下组成的。太阳提供了绝大多数的光和热，维系地球上的生命。正是太阳这颗电池，使地球表面复杂的地质、大气以及生物过程得以运转。

---

[1]　参见德尔塞默：《我们宇宙的起源》，第74—75页。
[2]　肯·克罗斯韦尔（Ken Croswell）：《天体的炼金术》（牛津：牛津大学出版社，1996年），第47—48页。

宇宙的范围

宇宙在诞生之际，其体积小得难以想象，而现在的体积则大得难以想象。出于某些原因，想要了解宇宙的形成过程，我们必须设法理解宇宙的空间与时间范围。虽然我们不可能完全领会这些范围，但值得我们去做一番努力。

假如宇宙的年龄是 130 亿年的话，那么我们就无法看到 130 亿光年之外的任何事物，因为没有什么能够超越光速，而 130 亿光年是从宇宙诞生那一刻起光所能达到的最远距离。但事实上宇宙也许更为庞大，因为在宇宙存在的第一秒钟，时空即迅速膨胀，其速度要比光速快得多。如果真是这样，那么宇宙真正的大小将是可观测宇宙的亿万 54
倍。的确，假如不同的部分以不同的方式膨胀，那么就会形成数十亿个不同的宇宙，每一个宇宙都有各自不同但相差甚微的物理定律。

当然，仅就可观测宇宙而言，想要测量它的体积也是不可能的。就空间尺度而言，从最小的亚原子微粒直到已知最大的星系群，我们必须将 10 乘上 36 次，即最大星系群的体积是已知最小微粒的 10^{36}。[1] 这样的说明对我们而言几乎毫无意义，仅是想想这些尺度，我们也必须努力发挥我们的想象力。我们不妨用一种思想实验来冲击一下，从而对一些非常大的尺度形成某种认识，也许不无裨益。

像银河系这样的大星系大约包括 1000 亿颗恒星。更大的星系甚至包括 1 万亿颗恒星，而更多数量的矮星系却只有 1000 万颗恒星，所以 1000 亿可以看作是每个星系所包括恒星的平均数。就我们所知，在可观测到的宇宙中大约有 1000 亿个星系。那么 1000 亿到底是怎么样的一个概念呢？设想一个谷堆包含 1000 亿粒稻谷：那么它足以填满类似悉尼歌剧院这样大小的建筑物。[2] 这也说明仅在我们所在的星系之内

[1]　威尔逊：《论统合》（伦敦：阿巴库斯出版社，1999 年），第 49 页。

[2]　我第一次听到这一设想，是 20 世纪 90 年代初一位在悉尼生活和工作的已故英国天文学家戴维·艾伦（David Allen）在一次演讲中提到的。

就有多少颗恒星。要反映整个可观测宇宙中的恒星数量，那就得建造1000亿座歌剧院，并把每一座都装满稻谷。（稻谷的总数大致相当于地球上所有沙漠和沙滩上的沙子数量。）[1] 但是让我们集中到一座歌剧院上面来吧，想象它就代表我们的银河系。现在我们用稻谷作为比例模型，那么从位于悉尼歌剧院中心的太阳到最近的那粒稻谷之间的距离有多远呢？半人马座阿尔法星是一个三星系统，其亮度居夜空中类恒星天体的第三位，其中的比邻星是距离我们最近的恒星。如果我们的太阳相当于悉尼歌剧院中的一粒稻谷，那么比邻星就位于大约100千米以外的澳大利亚纽卡斯尔城，而两颗恒星间的实际距离是4.3光年（超过40万亿千米）。总之，在地球周围12光年的范围内大约有26颗恒星（其中有一颗是天狼星，由于距离较近——距我们只有8.6光年——其体积是太阳的2倍，而亮度又是太阳的23倍，因此天狼星是我们所能见到的最亮的星星。）。要对我们所在星系的大小有初步的理解，就必须想象悉尼歌剧院中的所有谷粒是如何按照这样一个尺度分布在宇宙空间的。

55 还有一个可以理解这尺度的方法。假如一架大型喷气式飞机要花5—6个小时飞越澳大利亚或是美国的大陆领土，那么同一架喷气式飞机飞行至太阳要用多少时间？（在到达目的地之前，我们能在飞机航班上进几次餐？）波音747飞机大约每小时飞行900千米，差不多要用20年才能到达约1.5亿千米之外的太阳。若是飞往离我们最近的比邻星，喷气式飞机至少要飞行500万年才能到达目的地！而这只是一个拥有1000亿颗恒星的银河城市中隔壁邻居之间的距离。要感受整个银河系的范围，就必须记住光从太阳到地球只需8分钟，却要用4年又4个月的时间才能到达比邻星。光线得花3万年的时间才能到达银河系的中心，其距离相当于到比邻星的1万倍。

---

[1]　切萨雷·埃米利亚尼：《科学指南：通过事实、数字和公式探索宇宙物理世界》（纽约：约翰·威利出版社，1995年），第9页。

尽管粗略，这些思想实验仍有助于我们想象宇宙到底有多大，也说明我们人类所关注的范围通常是何等的渺小，或者说绝对的渺小。按照宇宙的尺度，我们的太阳和地球只是很小很小的微粒而已。

这些计算说明了其他一些事物对于理解人类的历史同样十分重要。我们的地球在宇宙中所处的位置并不是任意的。我们之所以能够存在，只是因为我们处于一个非典型的区域。绝大多数的空间还是真空状态，而且十分寒冷。实际上，我们的思想实验设想只涉及一个银河系、一个包含数量异乎寻常的物质的空间区域。在星系之外，物质密度更加稀薄。我们的地球处于星系中物质较为丰富的区域，在这个巨大的星系内超新星产生了许多种元素。在这个星系中，我们居住在由一颗恒星所形成的区域内，距离那颗成年恒星很近。甚至在星系最为致密的地方，即圆盘处，真空区域通常每立方分子大约只含有一个原子。但在地球的大气层，在同样大小的空间内也许会有 2500 亿亿个分子。[1] 而输送这些物质的是太阳每一秒钟所释放出来的能量。换句话说，人类的历史发生于宇宙的一个口袋中，那里物质稠密、富含能量。在这个物质丰度极高且极为复杂的环境中，生命才有可能诞生。

本章小结

大约 30 万年之后，以包含氢元素和氦元素的巨大星云为主体，构成了早期宇宙。这些元素就是未来形成恒星和星系的原材料。宇宙诞生之后大约过了 10 亿年，在氢元素与氦元素较为集中的区域出现了第一批恒星。引力推动这些致密的气态星云形成许多不同尺寸的旋转圆 56
盘。尺寸最小的是与太阳系体积大致相当的物质星云。当它们塌陷之际，中心温度开始升高，氢元素开始聚变为氦元素。核聚变反应所释放的能量，阻止了中心进一步塌陷，并形成了恒星稳定的内核。一旦

[1] 克罗斯韦尔：《天体的炼金术》，第 182 页。

氢元素全部耗尽，巨大的恒星开始以氦元素乃至更为复杂的直到铁为止的元素作为燃料，此时聚变反应所需要的能量已入不敷出。体积最大的那些恒星迅速燃烧，最终在超新星大爆炸中坍塌。大部分复杂的化学元素是在超新星内部产生的。体积较小的那些恒星燃烧较为缓慢，温度相对较低，生存时间更长，当燃料耗尽，它们最终会像煤渣一样逐渐冷却。

正是由于恒星的诞生与衰亡，才最终形成了我们所居住的化学物质更为复杂的宇宙。的确，在宇宙早期相对简单的环境中，支配地球以及我们历史的复杂事物根本无法存在。

延伸阅读

关于恒星的一生，肯·克罗斯韦尔的《天体的炼金术》（1996年）是一本很好的介绍性读物，而蒂莫西·费里斯的《银河系时代的到来》（1988年）可以说是一部优秀的现代天文学历史书。阿曼德·德尔塞默所著《我们宇宙的起源》（1998年）也是较好的介绍性读物，切萨雷·埃米利亚尼的《科学指南》（1995年第2版）则以通俗易懂的形式揭示了许多技术方面的细节。艾萨克·阿西莫夫（Isaac Asimov）的著作可读性较强，但是已经有一点儿过时了。约翰·格里宾的《起源》（1981年）是一部关于我们所处宇宙的出色的普及性历史书，然而宇宙学的发展十分迅速，因此也显得有些陈旧。马丁·里斯所著《就这六个数字》（2000年）以及李·斯莫林所著《宇宙的生命》（1998年）围绕现代天文学提出了一些更具有思索性的观念。在《宇宙的演化》（2001年）中，埃里克·蔡森试图为我们在恒星中所发现的复杂性层次下一个定义。查尔斯·莱恩威弗的文章《我们在宇宙中的位置》（2002年发表）提出了宇宙“地理学”和空间的层次这一观念。

第3章

地球的起源和历史

前两章的内容涵盖了几十亿光年的广大区域，其中包含着如海滩沙粒般无数颗恒星。在第2章结束的时候，我们将镜头推向了一个星系——银河系。在本章中，我们将缩小到更小的范围，亦即一颗恒星和它的行星。在这个极小的范围里，我们把自己的恒星设想为“太阳”——它似乎是我们宇宙的主宰者。因此，许多人间宗教把太阳视为至高无上的神灵也就不足为奇了。但是，地球是我们生活的地方，许多宗教认为地球是母亲和养育者，希腊人称她为“盖娅”。

我们的地球与太阳系中的其他行星、卫星一样，都是太阳诞生之际的副产品。在恒星形成的过程中，尽管引力并不是唯一活跃的作用力，却在总体上支配着整个过程。20世纪60年代以来，通过人造卫星，我们间接地游历了太阳系的许多地方，使我们对于太阳系形成过程的理解发生了彻底的变革。

太阳系

太阳系中的行星，也包括我们的地球，都是在距今大约45.6亿年前与太阳同时诞生的。它们的年龄大致是整个宇宙年龄的1/3。对太阳的成分和运动，以及太阳系中的行星、卫星和陨石，再加上新近观察到的邻近恒星的行星的研究，使我们对太阳系的形成的解释有了极大

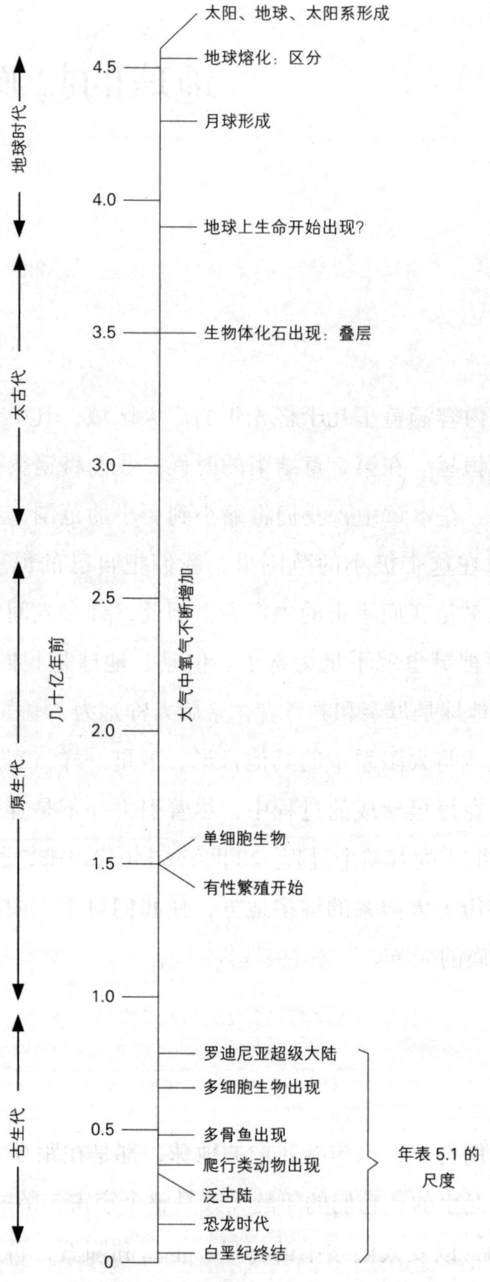

年表 3.1　地球、生物圈和“盖娅”的尺度：45 亿年

的信心。但是，在一些细节方面仍有许多不明确之处。

太阳包含了太阳系中大约 99.9% 的物质。如今引起我们注意的是余下的 0.1%，因为正是从这些微小的残余物中诞生了包括我们地球在内的所有行星。我们已经知道，随着物质云的收缩，引力会使它们旋转、变平，变成圆盘状。太阳星云，亦即形成我们太阳系的气体和尘 59
埃也不例外。太阳的形成经历了大约 10 万年，巨大的引力把太阳星云内的绝大部分物质拉到了中心。但是由于离心力的作用，一些尘埃和气体在一定的距离上环绕太阳运行，就像大型气态行星如土星、木星、天王星和海王星的行星环一样。我们之所以能够知道这些，完全有赖于天文学家于 20 世纪 90 年代末在银河系恒星周围首次设法观察到了新形成的类似圆盘。太阳星云几乎全由氢元素和氦元素组成（约占其质量的 98%），剩余的一小部分为其他元素。

随着太阳的燃烧，太阳星云的内圈要比外圈更热。这些热量使较不稳定的物质（气体）远离内部区域。但在更远的区域，大概从即将形成的木星轨道开始，寒冷的温度使这些气体凝结为液体或固体。因此，在内层轨道上多为岩石物质，而大多数的不稳定物质则堆积在远离太阳的外圈。这就合理地解释了为何太阳系内侧的行星多为岩石，而外侧行星（自木星以外）大多是由氢和氦这些在地球上以气态形式存在的物质所组成的。同时，这也是外侧行星体积相对较大的原因：木星的质量是地球的 300 多倍（尽管它的体积只是太阳的 1/1000），土星的质量几乎是地球的 100 倍。（冥王星由于远远小于我们的月球，已经不再算作真正的行星，而被视为现存最大的小行星。）水（冰）是所有简单化合物中最为普通的，由两种最活跃的元素氢和氧构成。因此，远处那些由固态水组成的行星，必定比水以气态存在且很容易被驱散的行星体积要大得多。外侧行星的巨大质量也使它能更方便地“捕获”类似氢和氧那种即便在极端低温下仍保持气态的物质。时至今日，太阳系内的行星已被分为两大类：内圈是体积较小、由岩石构成的行星，密度超过 3 克 / 立方厘米，而外圈是体积巨大的行星，其密度略低，小于 2 克 / 立方厘米。

尽管不同轨道上的温度和物质各不相同，但每条轨道上的物质微粒都会相互碰撞，或者因引力而结合在一起。有时，它们由静电力黏
60 合在一起——这种力能使一根摩擦过的琥珀棒吸起许多纸屑。天文学家称之为吸积（accretion）机制，由德国哲学家康德于1755年首先猜测到，在这种温和的碰撞中形成了相对较软的小岩石块。这些小岩石块就像滚雪球一般，逐渐变成如同陨石一样的物质，然后变成小行星。小行星像碰碰车一样无序运行，经常相互碰撞。随着它们慢慢变大，碰撞也开始变得更为激烈。在10万年中，曾经存在过许多较小的小行星，其中最大的直径可达10千米。如像哈雷彗星这样的彗星，很可能就是太阳系早期历史阶段的残余，因而它们有助于我们想象早期小行星的样子。然而，残留至今的彗星，部分受到正在形成中的超级行星木星引力的影响，不是在更加靠近中心的轨道，就是在更加偏远的轨道上运行。因此，它们避免了与其他行星结合在一起。几十亿颗彗星仍在以海王星为界的外侧行星之外的所谓的奥尔特云（Oort cloud）中沿着各自的轨道运行，与地球的距离是太阳至地球距离的35倍多。这类天体通常很小，但也有些相对较大，如喀戎彗星（Chiron），其直径约为200千米。

在太阳形成之后大约10万年，新形成的太阳向内侧轨道喷射残留的气体和尘埃，被称为金牛座T型星风（T Tauri wind）。这种现象通常与年轻的恒星有关。也许，金牛座T型星风还将小行星表面年轻的大气一扫而光，这些大气最终形成了地球。留在内层轨道上的是一些固态小行星，它们的体积较大，故而没有受到太阳风的影响。渐渐地，在所有轨道上，最大的小行星将其他略小一些的物体吸入它们的引力网，直到它们引力所及的范围内所有物质都被吸收干净。这样，也许在太阳形成后100万年中，出现了差不多30颗体积与月球或火星相近的原行星；每一颗原行星都占据着一条特定的轨道，在最初的太阳圆盘的平面上做圆周运行。亿万年之后，最终形成了我们今天所看到的行星系统。

近日行星（水星、金星、地球、火星和小行星）主要由硅酸盐（硅和氧的化合物）、金属和被引力所固定的气体构成。例如地球，它由氧（近 50%）和少量的铁（19%）、硅（14%）、镁（12.5%），以及其他多种化学元素组成的。在火星和木星之间的那些小行星，可能是受邻近木星强大引力的影响而“失败”的岩石行星的残留物。最大的行星木星形成的速度比较快，大约比地球早诞生 5000 万年，甚至更早。[1] 61
庞大的体积足以使它的内部开始产生核反应。木星几乎就是一颗小恒星，但还是属于行星。如果木星再大那么一点儿，那么太阳系将会有两颗恒星，太阳系的结构和历史也将会改变。行星的运行将不那么稳定，而且在任何一颗行星上都不可能出现生命。

在所有大型行星（特别是土星）周围，存在着圆盘状的物体，这表明它们都十分巨大，能够形成自己的星云，就像刚刚诞生的恒星一样。事实上，木星的星云和太阳的星云非常相似，因此内层的卫星木卫一和木卫二是岩石，而外层卫星却更接近于气体，这很可能是因为该行星在早期将气态元素排斥到外层去了。

我们的太阳系在宇宙中是独一无二的呢，还是十分普通的呢？直到最近，哪怕是离我们最近的恒星，天文学家仍然没有直接观测其周围行星的手段。种种迹象表明，太阳系可能是与众不同的，甚至是唯一的。然而，1995 年，天文学家通过精确测量恒星运行中微小的摇摆，找到了一颗围绕另一颗恒星旋转的行星。在接下来的 6 年中，又发现了将近 70 颗行星。1998 年 5 月，哈勃太空望远镜似乎拍摄到了第一张行星照片。这颗行星非常巨大——体积为木星的 3 倍——似乎是被金牛星座的双子星抛射出来的。[2] 天文学家们还拍摄到了类似形成期太阳系的圆盘状吸积。这些证据表明，太阳系可能是极其普通的，尽管它们相互之间的实际构造可能相去甚远。如果真像最近的证据所表明的

[1] 罗斯·泰勒（Ross Taylor）：《太阳系：适合生命的环境？》，载马尔科姆·沃尔特编：《超越火星：探索生命的起源》（堪培拉：澳大利亚国家博物馆，2002 年），第 59—60 页。

[2] 尼格尔·霍克斯（Nigel Hawkes）：《第一次看到我们太阳系之外的行星》，载《泰晤士报》（伦敦），1985 年 5 月 29 日，第 5 版。

那样，只要有 10% 的恒星有行星围绕，那么，仅在银河系内部就会有数十亿个类似太阳系的恒星系。这意味着我们生存其间的这个天文龛，在宇宙范围内虽然与众不同，但并非绝无仅有。仅在银河系内，理论上存在生命的行星系统就可能数以百万计。这是否意味着生命在宇宙中是很普通的呢？我们将在第 4 章讨论这个问题，我们还将考察生命本身是如何在地球上出现的。

早期地球：熔融及冷却

吸积是一个无序和剧烈的过程，小行星的体积越大、引力越强，便越是如此。在每一条轨道上，小行星之间的碰撞产生了巨大的热量和能量。许多行星奇特的倾斜和自旋告诉我们，在某个阶段这些行星就像台球一样遭到某种类型的另外一个大型天体的撞击，这便证明了这些过程是多么剧烈。只要观察一下月球表面就可以看到关于这些过
62 程的证据。由于月球没有大气层，其表面未被腐蚀，因此保留了早期历史的痕迹。在月球表面，深深地烙下了数百万颗流星撞击的痕迹，在晴朗的夜晚，甚至可以用肉眼看到。在地球的早期，大约也经历了 10 亿年这样剧烈的撞击过程，直到地球将自己轨道中的其他物质全部清除干净。地球早期“冥古代”的暴烈情形说明了那一时期（参见附录一，表 A1）保留下来的证据为何如此之少的原因。大约 10 亿年后，撞击不再那么频繁。当然，有些小行星一直存在到今天。因此，撞击仍会发生，有些甚至在地球历史上扮演了重要角色。但是这样的撞击比起冥古代时代要少得多了。

早期地球没有多少大气层。在没有达到一定体积之前，地球引力不足以阻止气体被驱逐到太空中去，而太阳风早已把大部分的气态物质从太阳系的内层轨道上吹走了。所以，我们必须将早期地球想象为岩石、金属以及被吸引住的气体的混合体，不断受更小的行星的撞击，没有多少大气层。早期地球对于人类而言实在是个地狱般的地方。

随着地球达到它应有的体积，热量开始增高，一方面是因为与其他小行星的撞击，另一方面是因为随着体积的增大其内部压力也在增大。此外，早期太阳系中存在着大量放射性物质，它们在太阳诞生前不久的超新星爆炸中形成。早期地球的热量大部分留存到了今天，不过，随着时间的流逝，大量热量从地核深处渗出地表。随着地球温度的升高，地球内部熔化。在熔融的内部，不同的元素由于密度不同，在一个被称为分异（differentiation）的过程中被分离开。在太阳系形成 4000 万年后，大部分偏重的金属元素，比如铁和镍，像炽热的淤泥一般陷入地心，这样就形成了一个以铁元素为主的地核。这个金属的地核使地球产生特有的磁场。在我们这个行星的历史上，磁场起到至关重要的作用：它可以使来自太空的高能粒子偏转方向，以确保最终产生生命的精密化学反应顺利进行。

较重的物质渐渐沉入地心，而轻一些的硅化物则浮出表面，这个过程就好似在今天炼钢炉内发生的情况一样。密度较高的硅化物形成
了地核与地壳之间大约厚达 3000 千米的地幔。在彗星的撞击下，地 63
球表面伤痕累累，温度升高，使得最轻的硅化物浮到了地表，在这里它们要比地球内部的物质冷却得更快。这些被称为花岗岩的较轻物质，形成了大约 35 千米厚的大陆地壳。相对整个地球而言，这层地壳就像蛋壳一样薄。海底地壳（大部分由火山岩构成）更薄，大约只有 7 千米厚。从地表到地球核心的距离大约为 6400 千米。这样，即便是大陆地壳也仅仅是其到核心距离的 1/200。大部分早期的大陆地壳保存至今。最古老的大陆地壳在加拿大、澳大利亚、南非和格陵兰的部分地区还可以找到，距今大约有 38 亿年的历史。

最轻的物质，包括氢气与氦气，从地球内部冒向表面。因此我们可以认为早期地球的表面是一片火山岩的大地。我们通过分析火山口生成的气体混合物，可以精确地判断是哪些气体冒到了地表。它们包括氢、氦、甲烷、水蒸气、氮、氨气和硫化氢。其他物质，包括大量的水蒸气，是彗星撞击所带来的。大部分的氢和氦逃逸了，但当地

球完全形成时，它还是大到足以用引力场保留住剩余的气体，从而形成地球第一个稳定的大气层。大部分甲烷和硫化氢转化成了二氧化碳（CO_2），二氧化碳很快就在当时的大气层中占据了优势。在一个充满二氧化碳的大气层里，天空看上去是红色的，而不是我们今天所看到的蓝色。然而，随着地球的冷却，集聚在大气中的水蒸气转化为一场持续几百万年的滂沱大雨。大雨造就了最早的海洋。最早的海洋在 35 亿年前形成，因为我们知道那时已经有活的有机体存在；它们的出现说明地球表面温度已经降到了 100℃以下。海洋溶解了大气中的二氧化碳，人们所看到的天空渐渐变成了蓝色。

地表的液态水对我们而言具有十分重要的意义，这意味着地球的温度已经适宜于构成最早生命形式的复杂而脆弱的分子的出现。地球温度对于生命为何如此仁慈？原因至今不明。也许在所有恒星系中都存在这
64 样一个有限地带——与恒星保持一定距离，而不至于使水沸腾，却又比较接近恒星而获得热量，使生命得以出现。然而我们知道大气并不是按照简单、可预测的规则进化的。早期金星的大气层可能和地球相同，但是厚厚的云层和更多的太阳辐射形成了温室效应，最终使金星表面温度达到了水的沸点。金星因此成为不毛之地。火星由于体积较小、引力较弱，所以尽管过去可能拥有稠密的大气层，如今却也几乎消失殆尽。也许就是因为各种环境条件的罕见结合才使得地球适合生命生长，这说明尽管宇宙有数十亿颗行星，也只有极少的一部分有可能存在生命。[1] 就像我们将要在第 5 章中看到的那样，生命一旦形成，它们便把地球当成自己的家，改造大气和地表，使之更适宜于生命的存在。

早期地球大气中的许多成分（包括其中大部分的水），以及形成生命最初形式的有机化学物质，可能是地球历史上第一个 10 亿年中彗星撞击所带来的。[2] 这种持续撞击也可以解释月球形成的过程，月球可

[1]　当前，对于在不久的将来遭遇其他生命的可能性的估计，参见伊安·克劳福德（Ian Crawford）：《他们在哪里？》，载《美国科学》，2000 年 7 月号，第 38—43 页。

[2]　阿曼德·德尔塞默：《我们宇宙的起源：从大爆炸到生命和智慧的出现》（剑桥：剑桥大学出版社，1998 年），第 116—121 页，文中对彗星所扮演的重要角色进行了争论。

能形成于太阳系诞生之后 5000 万到 1 亿年之间。对于月球岩石的研究表明，月球的密度要比地球小一些，铁的含量也少得多。这种差异可以解释为地球在“分异”过程完成之后，曾遭到一颗火星般大小的原行星的撞击。撞击对富含铁质的地核影响不大，却从早期地球的地幔和地壳中掘出了部分物质。这些碎片像土星圆环一样围绕着地球运行，逐渐增长，最终合并成一个整体，形成月球。

因此，在太阳系形成 10 亿年后，地球有了一个温度极高的铁的地核、高温半液态的地幔，还有薄而坚硬的地壳和广阔的海洋，以及主要由氮气、二氧化碳、水蒸气所构成的大气层，还形成了自己的卫星月球。对我们来说，这里是一个炎热的、危险的和令人讨厌的地方，淹没在持续的酸雨中，周期性地被彗星或小行星撞击所形成的火山熔岩所覆盖。但是地球拥有促使最早期的生命形式进化和繁荣的一切因素。最重要的是，地球拥有液态水，因为它的位置距离太阳不远不近，既避免了水沸腾而变为蒸汽，又可以确保水不会凝结成冰。

早期地球的证据

我们怎么知道这么多关于早期地球的知识？当然，在我的叙述中
包含有一些思辨的因素，但那也是以大量可靠的材料为基础的。有两 65
类材料极为重要，需要更加详细的探讨。

我们只能钻入地球很浅一层，要研究地球深处，就必须使用间接的方法。很幸运，探测地球内部的各种方法作为地震研究的副产品而获得进展。地质学家用测震仪这种测量剧烈震动所引起地球突然震动的仪器来研究地震。在地表不同位置摆放测震仪，就可以精确地描绘这些震动，指出震源、震级和类型。当然，也可以描述这些震动波是如何在地球内部传播的。这些研究证明，在不同类型的物质中，传播方式是不同的；由此，可以描绘地球是由哪些地层所组成的。（参见图 3.1）

更为令人注目的是，我们能够确定过去数百万年甚至数十亿年前

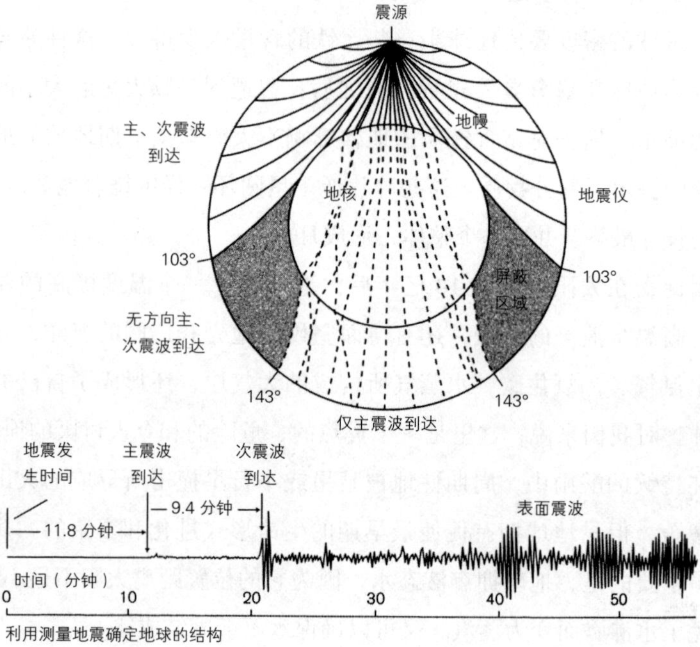

图 3.1　地球内部的结构

我们还没有能力深深穿透到地球内部，但可以利用震波，即地震产生的震动，来断定那里有什么。有三种震波：主波、次波和表面波。每一种波都有不同的移动速度，在通过不同物质时受到的影响也不同。所以，通过分析不同震波到达地表的速度，可以知道大量有关地球内部结构的情况。该图显示测震仪所记录的图表上方的那次地震。改编自切萨雷·埃米利亚尼：《科学指南：通过事实、数字和公式探索宇宙物理世界》第 2 版（纽约：约翰·威利出版社，1995 年），第 174 页；亦改编自阿瑟·斯特拉赫勒（Arthur N. Strahler）：《地球科学》第 2 版（纽约：哈珀和罗出版社，1971 年），第 397 页，图 23.22；第 395 页，图 23.17

的事件发生的准确时间。事实上，为在遥远的过去所发生的事件——包括早期地球历史中的事件——提供确切的时间，是当代最激动人心的创世神话之一（参见附录一）。

以前，要推算遥远的时间，只能手头有什么办法就用什么办法。[1]

[1]　关于年代测定技术的回顾，可参见附录一，也可参见德尔塞默：《我们宇宙的起源》，第 285 页；尼尔·罗伯茨（Neil Roberts）：《全新世环境史》第 2 版（牛津：布莱克韦尔出版社，1998 年），第 2 章；以及尼格尔·考尔德：《时间范围：第四维的地图》（伦敦：恰图和温都斯出版社，1983 年）。

家谱曾经是确定过去年代的一种最重要的方法。在 17 世纪的欧洲，神学家利用《旧约全书》中的家谱计算上帝何时创造了世界。18 世纪末，地理学家学会了通过研究在不同地层发现的化石和岩石的类型，来确定远古时代重大地理事件的相对年代。虽然相对年代无法告诉我们某一动物生存的准确时间，也无法说明某块岩石形成的准确时间，但它却能表明事物出现的先后顺序。利用特定的化石精确地测定其相对年龄，古生物学家对此已十分在行。专家手上的某种特殊类型的三叶虫或者被称为笔石的古生物所留下的奇特的锯齿状痕迹，可以证明来自世界不同地方的岩石是否大致处于同一时代。这些技术被用来绘制最初的地理时间表，使我们知道各种岩层和不同生物出现的大致顺序（参见附录一，表 A1）。到了 19 世纪，即使是这种粗陋的技术，也表明地球的历史已远远超过了 6000 年。尽管如此，绝大多数科学家仍坚信地球存在的时间最多不超过几亿年。

相对断代法越来越精确，而且仍是判断岩石年代的有力手段。但 66
20 世纪出现的同位素年龄测定法，则堪称断代技术中最重要的革命。在很多情况下，这些技术能使我们以惊人的精确度断定某一特定物体形成的确切年代。因此，利用这种方法，我们也可以测定许多在人类诞生前所存在事物的绝对和相对年代。关于同位素年龄测定法，在附录一中有详尽的说明。

在建构有关地球形成的现代故事中所使用的年代，主要是通过对 67
至今仍在太阳系中漂移的物质所做的分析得来的。地球表面的物质，甚至地球深处的物质，彼此循环非常频繁，根本不能告诉我们地球形成最初阶段的情况。地球上最古老的、能够确定年代的岩石（来自格陵兰岛）年龄大约在 38 亿年，这是地球形成大约 8 亿年之后。想知道地球和太阳系是何时形成的，我们必须利用那些从太阳系最初形成至今没有丝毫改变的物质。陨石（特别是那些被称为球粒状陨石类型的陨石）十分适合我们的研究，因为它们似乎含有太阳星云的残骸，而太阳系正是诞生于这片星云之中，而且它们形成后基本没有发生改变。

同位素年龄测定法通常测得陨石形成的年代大致是45.6亿年前，这并不令人惊奇。最古老的月球岩石形成于相同的年代。这些年代值非常接近，并且太阳系里找不到比这个年代更古老的物质，这说明太阳系本身也是于45.6亿年前形成的。

现代地质学的起源

今天的地球有着蔚蓝的天空、富氧的大气层、高山、大陆和海洋，它是怎样从酷热的早期地球发展而来的呢？

20世纪60年代以前，地理学和地质学早已是非常成熟的研究领域，积累了大量关于地形和海洋构造方式的坚实证据。但它们缺乏一个核心的、系统的理论来解释地球如何从早期恶劣的环境转变为今天这个样子的。60年代末，随着板块构造论的出现并被大众所广泛接受，地球科学获得了如同天文学中大爆炸理论那样强有力的核心观念或范式。从此，我们第一次有可能连贯而科学地讲述有关地球历史的故事。

近代地质学传统发源于欧洲，因此受到了上帝创世神话的巨大影响。但是，正如我们所看到的，地球是上帝于6000年前创造的这一信仰早在17世纪便受到了动摇。丹麦科学家尼古拉斯·斯泰诺（Nicholas
68 Steno）首先指出，化石是曾经在地球上生活过的生物遗留下来的。他同时认为，山川是在一段漫长的时期里，由类似火山活动的地质过程堆积而成的。这些观点意义重大。例如，这说明了在阿尔卑斯山高处所发现的鱼化石是上古时期鱼的遗迹。对于这样的事实，若摒弃奇迹的解释，只能假设阿尔卑斯山是从水底抬升起来的。而且，想要将这个过程浓缩在6000年内，而不考虑在这期间是否发生过一系列巨大的灾难，则是非常困难的。实际上，确有一些地质学家以《圣经》中的大洪水为模式，论证地球在历史上发生了许多巨大的灾难。至少在某些范围内，这样的学说便将《圣经》的编年史一直捍卫到了19世纪。

但是地质学家则变得越来越怀疑了。在18世纪，一些地质学家开始对不同的岩层进行系统勘察。19 世纪的地质学家查尔斯·赖尔（Charles Lyell）首先清晰地阐述了日后被称为均变论（uniformitarianism）的原理。斯泰诺早就提出过这一原理，认为地球并非经历了一系列巨大的灾难而形成的，而是在漫长的时期中形成的。其中包括抬高现有陆地高度的火山活动（volcanic activity），以及将物质从高地缓慢冲刷到洼地，最终流入海洋的侵蚀活动。赖尔认为，一种运动造就了山脉，另一种运动则倾向于将山脉削平，现今地球上绝大多数的地貌都可以解释为这两种运动相互对立的结果。在一本奠基性的论著《地质学原理》（1830 年）中，赖尔将这一理论的言外之意讲得很清楚：地球已经存在了数百万年而非几千年。

到了 19 世纪晚期，人们普遍认为地球已经存在了至少 2000 万年甚至 1 亿年。这些数据是威廉·汤普森［William Thompson，即开尔文勋爵士（Lord Kelvin）］推算出来的。他设想地球和太阳曾经是熔融的球体，温度极高，随后慢慢冷却。照此而言，地球历史的决定性因素乃是延续数百万年的冷却过程。随着地球的冷却，经过火山活动和侵蚀活动，便出现了如今沧海桑田的构造。直到 20 世纪初发现了射线活动，居里夫人发现放射性物质能够产生热量，人们才认识到太阳和地球自身就拥有热量源。这意味着地球的冷却速度远比开尔文勋爵所估计的要慢，而且其年龄要比他所推算出的传统说法要古老得多。

魏格纳和现代板块构造论

与此同时，17 世纪一次离奇的观察，促使思想家们开始用一种完全不同的方法来描绘地球的历史。欧洲人开始航行美洲和太平洋后，
制作出了第一批现代意义上的世界地图。1620 年，英国哲学家弗朗西 69
斯·培根指出，从这些地图上很容易看到，各个大陆就好像一幅拼图玩具的碎块。其中非洲西海岸与南美洲东海岸是如此吻合，实在让人感到吃惊。只需发挥那么一点点的想象，我们就可以假定在某一时期

所有的大陆原为一个整体。那么，怎样解释这一不同寻常之处呢？

大陆是漂移开来的。德国地质学家魏格纳（Wegener）于1915年撰写了《大陆和海洋的起源》一书，为这一观念提供了充分的科学基础。魏格纳依据大量证据证明，所有的大陆曾经是聚合在一起的。他指出，如果用大陆架来替代各大陆的海岸线，那么大陆之间的吻合程度更令人激动不已。此外，他还指出，许多现代的地质特征，在一块大陆与另一块大陆之间具有连续性。例如，他描述了一系列岩石结构，它们被称为冈底瓦纳大陆序列（Gondwana sequence），它们显然全部是由冰山活动造成的。这一序列首先从北非延伸出来，经过西非，到达南美，又经南极洲，最后进入澳大利亚。魏格纳论证道，正是这些地区在漂移过南极的时候形成了这些地质特征。换句话说，各个大陆并非一直位于它们现在的位置，而是在地球表面“漂移”着。因此，魏格纳的理论被称为大陆漂移说。

魏格纳的证据给人留下了深刻的印象，但是他无法解释诸如非洲、亚洲或者美洲这样的大陆板块是如何在地表移动的。因此，很有影响力的美国石油地质学家协会于1928年正式拒绝魏格纳的理论。在此后的40年中，大多数地质学家把这一理论看作是一个有趣的假设，他们为魏格纳发现的异常情况寻找比较常规的解释。大陆为什么能在地球表面移动？它们又是如何移动的？直到第二次世界大战之后才可能对此进行解释。一旦有了合理的解释，魏格纳的思想即重新赢得了大家的尊敬。实际上，只是略加补充了一些现代成果，它们现在就已成为当代地质学的核心理论——板块构造论。

70 现代板块构造论起源于第二次世界大战期间发展起来的技术。新的战争形式推动了探测潜艇的声呐技术的发展。运用声呐技术可使海底勘测比过去任何时候都更为彻底。当海洋学家开始仔细勘查海底时，一些奇怪的地貌出现了。其中之一便是有一条海底山脉，穿越大西洋中央，也穿越了其他海洋。海岭中央是火山链，喷涌而出的熔岩堆积在两旁的海床上。

研究海岭附近海床的磁场，揭示出了更加奇异的现象。靠近海岭的岩石一般都有正常的磁性取向，而较远地带的极性则往往与如今地球的磁场相反，它们的北极正是地球的南极，反之亦然。在更远的地带极性又一次颠倒了过来，如此形成了一系列极性交替的地带。地质学家终于认识到，地球的极性似乎每隔几十万年就会改变一次，这说明不同地带是在不同时期产生的。此外，更精确的断代技术被运用于海底勘测，显然最年轻的海底接近于大洋中央海岭，越往边缘年龄越为古老。距离中央海岭最远的那些区域就是最古老的海底。它们的年龄最多只有 2 亿年——这比距今大约 40 亿年最古老的地壳要年轻得多。

20 世纪 60 年代，以美国地质学家哈利·海斯（Harry Hess）的工作为出发点，这些奇异现象开始得到连贯有理的解释。从各个大洋系统的裂缝中不断渗出的熔岩一直在形成着新的海底。这些区域被称为扩展边缘（spreading margin）。新的海洋地壳形成之后，它耸立成玄武岩山脊，就像一个楔子那样，将原先存在的海底顶开。结果，有些海洋，例如大西洋，在逐渐地扩张。卫星观测显示，大西洋正以每年 3 厘米的速度扩张，与我们手指甲的生长速度大致相同。这说明大西洋形成于大约 1.5 亿年前，从那时起，今天属于北美洲的部分区域开始脱离今天欧亚大陆的西端。

这些证据并不表示地球在膨胀，因为地质学家发现在南美洲西海岸等地区，海底正在被吸入地球内部。那些地区被称为缩减边缘（subduction margin）。在那里，由于板块间的碰撞，海底地壳受其他地区海底的挤压而插入大陆地壳之下。构成海洋地壳的玄武岩，主要是由火山爆发而生成，比构成大陆地壳的花岗岩更重。因此，当海洋 71
地壳与大陆地壳碰撞时，较轻的大陆地壳往往叠在海洋地壳之上。海洋地壳伸入大陆地壳之下，最终钻入了地球内部。（这一持续循环的过程说明海洋地壳比大陆地壳年轻得多。）下沉的海洋地壳与它上面的大陆板块和下面的物质挤压摩擦，产生巨大的热量和压力。在南美洲，这些热量与海洋和大陆的地壳活动所构成的一系列火山运动，最终造就了安第斯山脉。

在某些被称为碰撞边缘（collision margin）的特定区域内，大陆地壳挤压在了一起。最惊人的例子位于印度北部，在那里，印度次大陆板块被推向亚洲板块，两大板块受到挤压而形成了巨大的山系（即喜马拉雅山脉）。最后，还有一些地区，例如加利福尼亚的圣安德列斯山脉，那里的板块似乎是在相互滑动。大多数板块运动都会造成地震，由于板块与其下面物质之间的摩擦力，使得板块运动不可能是平静的：通常在压力积累了较长时间之后会突然发生滑脱。因此，从理论上说，那些地震活动最为剧烈的地区正是各大构造板块的边缘。

通过对不同地壳相接触区域的详细测绘，显示了地球的最表层（岩石圈）是由一些坚硬板块构成的，就像破碎的鸡蛋壳。总共有八块大板块和七块小板块，还包括一些更小的物质裂块。这些板块在大约100—200千米厚的柔软岩流圈（asthenosphere）之上移动。板块受到岩流圈内部运动以及物质由地球深处板块之间断裂处（有时甚至是板块内部）涌出的压力推动，就像一锅正在慢慢炖煮的汤，表面浮着一层渣沫。由于柔软、炎热而又有延展性的物质不断从下方涌出，坚硬的板块因此而弯曲、开裂和移动。换句话说，正是地球内部的热量，为板块的移动提供了所需的能量。热量产生于地球内部的放射性物质，而这些物质又形成于太阳系诞生之前的超新星大爆炸。这就是魏格纳未能发现的地质原动力：他无法预见到的是46亿年前超新星爆炸所残余的能
72 量推动着各大陆在地球上四处漂移。这就让我们再一次回到了引力，因为正是引力构成并摧毁了那颗在那次超新星爆炸中死亡的恒星。

板块构造理论为地质学的各个方面提供了统一的思想。它能解释造山运动、火山运动，也能解释魏格纳等地质学家所观测到的许多地质学异常情况。而且它表明，构建地表的历史在理论上是可行的，也可以展示不同历史时期地球表面的不同面貌。同时，更精确的测绘技术，例如全球定位系统（GPS），使我们能够准确测量各构造板块之间的移动。

地球和大气层的简史

板块构造理论以及我们关于地球形成的知识，意味着如今我们能够拥有一部合理而连贯的地球史。

地球历史上的冥古宙从 45.6 亿年前地球形成之际开始，延续了 6 亿年左右。[1] 在这个时期，地表温度很高、火山活动频繁，极不稳定，同时它还不得不忍受彗星以及其他当时还幸存的小行星的持续撞击。

大约 38 亿年前，地质学家称之为太古宙的时期开始了，我们知道，此时大陆已在地球表面形成，因为一些古老的地壳保存至今。这时海洋也可能已经存在。当时的地球大气层主要由二氧化碳、氮气和主要由彗星带来的硫化氢组成。几乎没有氧气，因为氧非常容易与其他元素发生反应而形成化合物。大陆地壳的最初位置可能已经移动，我们无法确定构造板块的运作方式是否与今天完全相同。由于大气层和充足的水，侵蚀过程与地表变化或许和今天同样迅速。快速的侵蚀和彗星的持续撞击，解释了早期地表面貌曾多次改变却几乎没留下什么痕迹的原因。关于地球最早时期的历史，我们的知识仍是十分粗浅的。

大陆地壳最早的碎片可能形成了存在时间非常短暂的微大陆。它们被一片有着许多小火山岛和地下火山的海洋所包围。大约 30 亿年前，这些微大陆的一部分已经融合成了较大的板块，因为在大陆的核心，包括非洲、北美洲以及澳大利亚的一部分地区，至今还能找到如此古老的板块。不过我们能够准确重现其组合方式的，只有最近 5 亿年内 73
地球表面的板块。

当代地质学描绘了一幅在过去几亿年里构造运动渐趋复杂的图景。这些运动的发现，很大程度上得益于对那些已知年龄的现代岩石磁性取

[1]　林恩·马古利斯和多里昂·萨根：《生命是什么？》（伯克利：加利福尼亚大学出版社，1995 年），第 64—80 页。书中有一张很好的地球历史年表。

向的研究。由此可以大致估计这些岩石在最初形成时的位置。这样的研究表明，似乎存在一个分裂与聚合的简单模式。大约 2.5 亿年前，大多数的大陆板块聚合成一块被魏格纳命名为“泛古陆”的超级大陆。它被名为“泛古洋”的浩瀚大海所围绕。大约 2 亿年前，泛古陆分裂为两大块陆地。北面是劳亚古大陆（Laurasia），包括今天亚洲、欧洲和北美洲的大部分地区；南面为冈底瓦纳大陆（Gondwanaland），包括今天南美洲、南极洲、非洲、澳大利亚和印度的大部分地区。随后，劳亚古大陆和冈底瓦纳大陆各自开始分裂。而现在，我们则可能正处于一个大陆再次聚集的阶段：非洲和印度渐渐向北移动，往欧亚大陆靠拢。最新发现的证据证明，在泛古陆存在之前大约 5 亿年，地球上曾有一块更为古老的罗迪尼亚（Rodinia）超级大陆。[1] 到目前为止，这是现代板块构造过程中我们所能追溯的历史最为久远的大陆（参见地图 3.1）。

这是当代创世神话中至关重要的一段历史。因为，正如我们将在第 5 章看到的，在地球历史上的不同时期，正是由于大陆和海洋的构造形式刚好如此，生命形式才得以演化，大气层和气候才得以运转，这是至关重要的。通过这样或那样的方式，地球的历史塑造了生物体的进化。在接下来的两章里，我们将要探究生物体是如何使不断变化的地球成为它们的生存之所，以及在被薄薄的生物圈所覆盖后，地球自身又是如何变化的。

本章小结

太阳和太阳系是在大约 45.6 亿年前一片云状物质的引力坍缩过程中形成的。太阳形成于这片云的中央，并吸收了它的绝大部分物质。而散落在太阳以外的物质，围绕着新出生的太阳，在一个扁盘状的平面运

[1] 伊安·达尔齐尔（Ian W. D. Dalziel）：《泛古陆之前的地球》，载《美国科学》，1995 年 1 月，第 38—43 页。

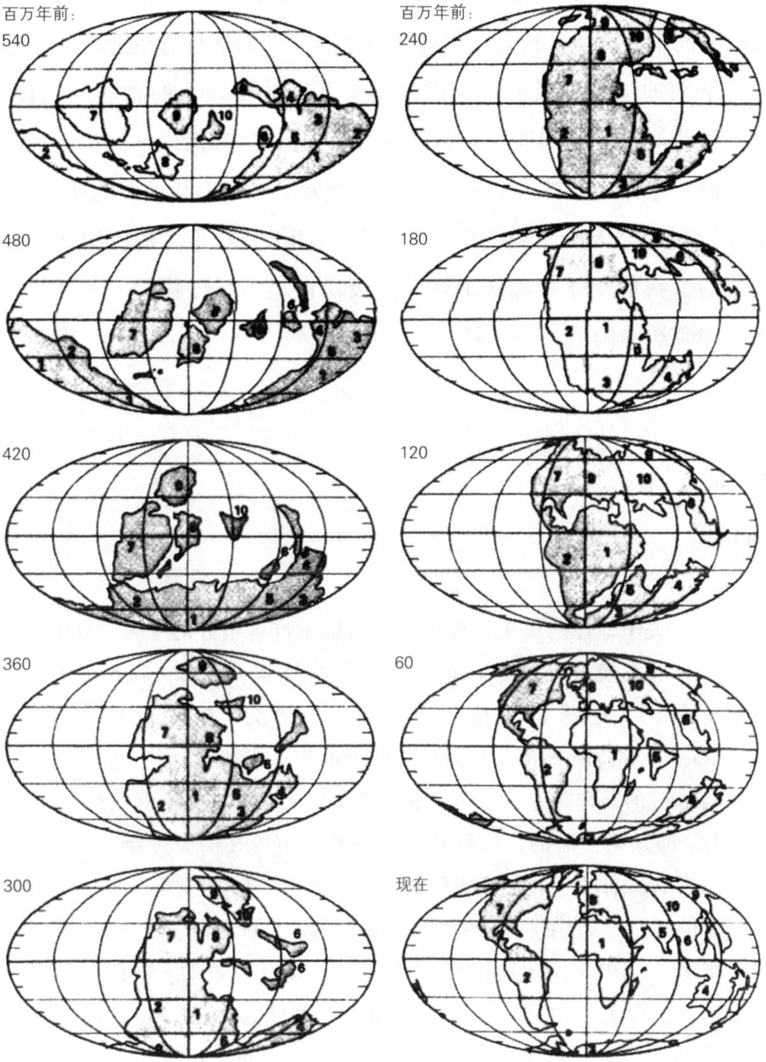

地图 3.1　地球的变化：5.4 亿年间的板块运动

引自切萨雷·埃米利亚尼：《科学指南：通过事实、数字和公式探索宇宙物理世界》第 2 版（纽约：约翰·威利出版社，1995 年），第 82 页；引自埃米利亚尼：《物理科学词典：术语、公式和材料》（牛津：牛津大学出版社，1987 年），第 48 页，牛津大学出版社惠允使用

行。在轨道内，由于碰撞和万有引力的作用，物质聚结成块状，最后每条轨道只留存了唯一的一颗行星体。由于太阳风将不稳定的物质驱出了太阳系的中心区域，近日行星就倾向于岩态，而远日行星则多呈气态。

75 早期地球在形成后不久即呈熔融状，质量较重的物质沉到核心，而轻一些的物质浮到地表。大约 40 亿年前，地球的内部结构已经与今天相似。然而，地球表面及大气层却经历了一个极其漫长的变化过程，才成为我们今天所看到的模样。自从 20 世纪 60 年代板块构造学说出现之后，我们这才明确认识到大陆板块在地表缓慢移动，逐渐改变着大陆和海洋的构造。

延伸阅读

关于地球的历史，现在已经出版了许多很好的专著，其中包括彼得·卡特莫尔（Peter Cattermole）和帕特里克·摩尔（Patrick Moore）所著的《地球的历史》（1986 年），以及 J. D. 麦克杜格尔（J. D. Macdougall）所著的《地球简史》（1996 年）。普雷斯顿·克劳德（Preston Cloud）的著作《宇宙、地球和人类》（1978 年）、《空间的绿洲》（1988 年）都是第一流的，尽管其中的一些细节现在需要更新。阿曼德·德尔塞默所著的《我们宇宙的起源》（1998 年）和切萨雷·埃米利亚尼所著的《科学指南》（1995 年第 2 版）总结了关于地球历史的更多技术性细节，而史蒂文·斯坦利（Steven Stanley）所著的《时间历程中的地球和生命》（1986 年）指出，地球的历史与生命的历史之间有着十分密切的关系。詹姆斯·勒弗洛克（James Lovelock）关于盖娅假说（Gaia hypothesis）的几本著作同样描述了地球的历史和生命的历史是紧密联系在一起的。艾萨克·阿西莫夫（Isaac Asimov）的论文可读性很强，尽管其中有些内容已经过时了。偶然事件如何使每颗行星变得与众不同？罗斯·泰勒（Ross Taylor）的短文《太阳系：适合生命的环境？》（2000 年发表）对此做了很好的说明。

第2部

地球上的生命

第 4 章

79 生命的起源及进化论

生命：复杂性的新阶段

“生命是什么？”1943 年，物理学家埃尔温·薛定谔（Erwin Schrödinger）在都柏林的系列讲座中提出了这个问题。薛定谔的回答具有极大的预见性，因为他在我们对生命有正确的遗传学基础认知之前，就给出了答案。他指出：我们能够像解释物理学、化学那样科学地解释生命。但同时他也明白，我们不能仅仅靠查阅一份清单来为生命下定义。像所有的复杂事物一样，活的生物体控制着大量的能源与物质流，所以它们一定具有某种新陈代谢的形式。它们吸收并排泄着能量与营养。而且与从龙卷风到水晶的复杂然而无生命的诸多实体一样，它们也会再生。因此，新陈代谢或者再生这两个概念，都无法单独对生命做出一个令人满意的定义；只有二者在一起共同发生作用，从而创造一种新层次的复杂性才是问题的关键。因此，薛定谔建议另寻方法来定义生命的独特性。生命不仅是复杂的——它比宇宙中的其他任何事物都更为复杂；由于宇宙总体趋向于无序，因而生物所能够达到的有序性就非常令人注目了。“在生物体的生命周期中所显示的事件都表现出令人赞叹的规律和秩序，这是我们所能见到的任何无生命的物体所根本无法比拟的。”[1]

---

[1] 埃尔温·薛定谔：《生命是什么？》，载《生命是什么？生命细胞的物理学特点》，以及《精神与物质》和《自传述略》（剑桥：剑桥大学出版社，1992 年，1944 年初版），第 77 页。

恒星可以在热力学的下行电梯上向上攀升（参见附录二），但是生物体向上攀升的手法更为敏捷。实际上，埃里克·蔡森认为，通过计算维持有生命的生物体抗拒热力学第二定律破坏压力的能量流密度，我们可以大致然而客观地测量出生物体所达到的复杂性的等级。[1] 表 4.1 列出了蔡森所说这些能量流的近似值。表的右列，是在一定时间内经过一定质量的自由能量的流量值，其结果表明生物体可以不间断地处理比恒星更为密集的能 80
量流。正是这种能力，使它们能够在热力学下行电梯上攀升得更远更快。薛定谔有一句名言，每一个生物体似乎都拥有令人吃惊的“不断从它周围环境中吸收秩序”的能力。[2] 最简单的结构也许存在的时间最为长久，越复杂的结构出现的时间越晚，这表明后者的形成是一项更加困难的进化工作。最后，位于图表下半部的那些复杂事物则显然更为脆弱。恒星和行星可以存在数十亿年，最长寿的生物（至少就我们所知）也只能活几千年，大多数只能存活几天或几年。最复杂的结构消亡如此之快，这也是生物处理超密集能量流的困难程度的一种衡量尺度：这正是生物顽强抵抗热力学第二定律所付出的代价。因此，讨论生命也就是讨论复杂和秩序的新层次，即以自身更加脆弱为代价，获取控制和组织自由能量的新能力。正如马丁·里斯所说：“恒星比昆虫简单。”[3] 但恒星存在的时间更为长久。

表 4.1　自由能量速度密度估算表

一般结构	自由能率密度 尔格　秒 $^{-1}$　克 $^{-1}$（erg s^{-1} g^{-1}）
星系（例如银河系）	1
恒星（例如太阳）	2

[1]　埃里克·蔡森称 Φm 为“自由能率密度”，而且他用“单位时间单位密度的能量单元”衡量自由能律密度；他补充说：对于这一概念，“就好像天文学家对于亮度—质量比，物理学家对于力密度，地质学家对于特定辐射通量，生物学家对于特定的新陈代谢比，工程师对于力—质量比（power-to-mass）那样熟悉”。《宇宙的演化：自然界复杂性的增长》（坎布里奇，马萨诸塞：哈佛大学出版社，2001 年），第 134 页。

[2]　薛定谔：《生命是什么？》，第 73 页。

[3]　马丁·里斯：《探索我们的宇宙及其他》，载《美国科学》，1999 年 12 月。

续表

一般结构	自由能率密度 尔格　秒$^{-1}$　克$^{-1}$（erg s^{-1} g^{-1}）
行星（例如地球）	75
植物（生物圈）	900
动物（例如人类的身体）	20 000
大脑（例如人类的头盖骨）	150 000
社会（例如现代人类文化）	500 000

资料来源：埃里克·蔡森：《宇宙的演化：自然界复杂性的增长》（马萨诸塞，坎布里奇：哈佛大学出版社，2001 年），第 139 页

化学过程或许在宇宙的其他地方也创造了生命，尽管目前我们并不知道这是否属实。但在地球 6 亿年的诞生过程中，生命的确出现了。从地质学的标准看，由于早期地球是一片不毛之地，生命的出现可谓神速。从生命出现的那一刻起，活的生物体就开始繁殖，新的生命形式开始在无尽的序列中不断变化，这种变化令人眼花缭乱，每一种生物体都细致地调整自己，以处理周边环境中特有的能量和资源。与恒星或水晶这些普通的、无目的的负熵构造不同，在与熵展开更为灵活的游击战争的过程中，生物体能够不断适应新的地形以及新的挑战。生物以集体为单位探索环境，这种方法不见于无生命世界。它们所发现的是新的能量源以及新的自我组织的方法，以便在能量的暴风骤雨中存活下来。不是所有的变迁都导致更大的复杂性，但有些变迁确实能够做到。这就是生命为什么有如此惊人的能力，可以魔术般变出各种新的复杂性的原因。

维持这些复杂实体的不同能源从何而来？答案很明确：最根本的
81 源头就是引力。我们知道，正是引力创造了恒星——密度和温度极高的物体。但宇宙总体上讲是很冷的，其平均温度为绝对零度以上 3℃，即宇宙背景辐射的温度。所以恒星如同数十亿个散发着光和热的小点一样镶嵌在这寒冷的宇宙中。我们拥挤地住在一颗恒星的附近，我们

能感觉到从太阳中心核熔炉中释放出的巨大能量流正源源不断地注入太空，这绝非偶然。

至于活的生物体的复杂性的规则，它们与在天文学尺度中起主导作用的规则有所不同。个体生物（至少我们已经知道的）是在比行星或恒星小得多的尺度内繁荣起来的。在这些较小的范围内，引力是重要的，但其他一些力更为重要。生命形式主要是由控制原子运动的电磁力（electromagnetism）与核作用力（the nuclear forces）决定的。这些力决定了原子如何聚集又如何构成更大、更复杂的分子。

但是在复杂性的生物学层面上，新的规则也出现了。活的生物体按照独特的、开放性的变化规则运作，这些规则叠加在较简单、较具决定论意义的物理和化学规则之上。生物学规则之所以会出现，在于活的生物体的繁殖过程具有非常高的精确性。处理巨大的能量流是一项细致的工作，它需要极为精确的结构，创造和再创造这种结构的规则必然是复杂而精确的。繁殖系统如果只是近似地复制生物体的机制，82
那么很快就会丧失其必需的精确度（当然，如果繁殖系统的复制过程精确到完美的程度，那就排除了任何变化的可能性）。因此，高度精确的新陈代谢需要一个高度精确（但并不完美）的繁殖。这就是为什么像我们人类这样的大型活的生物体需要比细菌更多的遗传学信息。同样，这也是为什么大多数关于生命起源的研究更侧重于遗传密码源头的原因，遗传密码这一复杂的分子级“软件”，解释了为什么活的生物体能够以其他复杂实体所无法企及的精确度进行复制。

总之，从化学到生命的转变是宇宙史上的一个巨大转变。按照精确的新蓝图所复制的复杂生物体引入了一种历史变迁的新类型——当然这发生在地球上，或许也发生在宇宙中的其他地方。化学物质的组合形成了活的生物体，而要解释新出现的生物属性，我们却无法简单地通过分析构成生物体的化学成分来实现。因此，要了解生物，我们就需要一个新的范式，一个能带领我们超越核物理学、化学或地质学规则，而进入生物学领域的范式。本章将讨论生物发展变化的基本规则以及关于生命起源的一些新观点。重点将放在查尔斯·达尔文（Charles Darwin）的观点上，他第一个明确阐述了生物学变化规则的独特性。下一章将研究地球生命的历史。

达尔文和进化论

造物主或神灵以某种方式把生命带入这个原本没有生命的世界，许多社会用以解释生命的就是这类假设。现代科学认为，这种解释是一种方便法门，因为仰仗神灵的理论或多或少可以解释任何事物而不需要客观的证据。相反，现代科学试图把生命的诞生解释为各种无生命的力与过程所造成的结果，正如它对太阳和地球的形成所做出的解释一样。

现代生物学用以解释生命起源和发展的基本观点就是通过“自然选择”（natural selection）而展开的“进化”（evolution）。该理论由查尔斯·达尔文于1859年在他的著作《物种起源》中第一次做了系统阐述。[1]达尔文很少使用进化这一术语，或许因为它似乎暗示着某种驱使生物朝特定方向变化的神秘力量，因而会与他自己的观点相互矛盾，他认为生物的变化是一个开放性的过程。然而，极力推广这一术语的赫伯特·斯宾塞（Herbert Spencer）看到，生物变迁是由“低级”生命形态（life-form）向“高级”生命形态的运动，是一种不断进步的形式。这样的观点是不合时宜的，因为这种研究会将武断的、主观的价值判
83 断引入我们对生物体发展历史的理解。尽管有这么多由进化所引发的联想，我们仍将使用这个术语，因为它最适用于达尔文关于生物变迁的理论。

达尔文论证道，物种并不是一成不变的实体。它们处在不断的变

[1] 另一位博物学家阿尔弗雷德·拉塞尔·华莱士（Alfred Russel Wallace），差不多同时形成了类似的观点，而且他与达尔文一起于1858年首次在林奈学会（Linnaean Society）出版的定期刊物上发表了两篇论文，对这一理论进行了介绍。

迁之中，而且变迁的方式受到一些简单规则的控制。一个物种就是一大批个体生物，它们彼此有足够的相似性而能够杂交，但相互之间又不完全相同。物种是根据这些个体生物所共有的特征，而不是它们之间微小的差异而定义的。但经过很长一段时间，个体特征的随机变异引发整个物种总体特征的改变。比如，其平均高度也许会改变，或者其大脑的平均容量会增加。经过数千代的积累，这些微小的变迁最终必将改变整个物种的总体特征。我们想要了解物种如何变迁，就必须了解一些个体特征为什么以及如何变得越来越普遍，与此同时，其他个体特征则在衰退乃至消亡。

达尔文知道，在大多数种群之中只有少数个体才能存活至成年、繁衍后代。然而正是那些能够存活和繁殖的个体决定了该物种的未来。所以代代相传的生命仅仅是那些幸存者的后代。（进化就像历史一样，显然是由胜利者书写的。）但是，哪一个能繁殖，哪一个不能繁殖，这又是由什么所决定的呢？当然，也许一切只是偶然而已。但是达尔文认为，从长远来看，最有可能得以存活和繁殖的是这样一些个体，它们幸运地继承了其父辈能够稍稍更好地适应周围环境的特征。接着，它们会把这些相同的特征遗传给后代。岁月流逝，这些特征就变得越来越普遍，因为不具备这些特征的个体只能繁殖较少的健康后代，直到它们这一脉全部消亡。历经数千代，许多诸如此类的微小变化将确保物种不断变化或进化，以便更好地适应周围环境。打个比方，我们可以说是环境“自然地”选择了某些特征，而舍弃了其他一些特征，就像饲养动物的人“有意”选择这样一些而不是另外一些动物去喂养。正是在这样一种比喻的意义上，随着时间的流逝，物种就渐渐“适应”了它们的自然环境。

适应，是现代生物学中一个极其重要的概念，我们应当更加仔细地对其下一个定义。它是指一切生物看上去都与其所生存的环境精确
适应的事实。的确，生物与周围的环境是如此完美的适应，以至于达 84
尔文的反对者辩称，诸如人类的眼睛或大象的鼻子等器官必定是由一

位慈祥的造物主所设计的，而至今仍有人这么认为。达尔文试图证明，无目的的自然过程同样也能够做到这点。适应有助于解释生物的高度多样性，因为生物所要适应的环境是复杂多变的。要描述这些不同的环境，生物学家和生态学家使用了栖息地（habitat）和生态龛（niche）这两个概念。栖息地只是物种生存的地理环境。生态龛这一说法要复杂一些，它还包括了物种生存的方式。niche 一词起源于拉丁语，意为“巢穴”。在建筑学中，niche 指墙上放置雕塑或其他物品的壁龛。在生物学和生态学中，生态龛是指生物在进化过程中被塑造或逐渐适应的特定的生活方式。啄木鸟的生态龛是由在树上发现可食用的昆虫的方式而确定的。在包括我们人类在内的大型动物的内脏中，许多单细胞细菌找到了颇具吸引力的生态龛。但是，环境当然也会改变——当环境改变之际，旧的生态龛就会湮灭，而新的生态龛在其他地方形成。由于环境各不相同且不断变化，生物想要生存就必须不断适应环境。这就是进化为什么永不停息的原因。完美或“进步”并没有固定的标准，因此适应是一个永无止境的过程。

现代生物学家用进化的观点来解释地球上生命形式的多样性。他们尝试用同样的观点来解释地球生命的起源，因为无生命的物质似乎也可以通过简单形式的自然选择而进化。如果有适宜的环境和足够的时间，它们最终会进化为活的生物体。什么是生命？它又是如何改变的？进化的观点是理解这些问题的基础，因此在开始叙述地球生命的历史之际，我们必须更详尽地描述这一理论，也必须了解它是如何从各种关于生命起源的陈旧解释中演变过来的。

现代进化论的起源

我们知道，在 17、18 世纪，一些欧洲的科学家开始怀疑犹太教—基督教《圣经》中的创世神话。《圣经》好像说物种是上帝在大约 6000 年前创造的，并且基本保持着上帝造物之际的本来面貌。这种信仰甚至得到 18 世纪现代分类学（taxonomy）体系或生物学分类的创始人、瑞典植物学家卡尔·林奈（Carl Linnaeus）的支持。然而，即使在17、18 世纪，这种观点也难以自圆其说。比如，许多化石显示从未在 85
《圣经》或历史记载中提到的奇怪生物的存在。一些海洋生物化石出现在了形成于数百万年前的高山上，或者被深深地埋在了岩石中。当然，化石所在的地点说明了它们一定是在数百万年前就埋葬在这里的。

所有农民都知道这么一个事实：狗、猫、牛以及羊等物种并不是一成不变的。事实上，通过仔细的选择交配，鸽子或者狗的育种家能够培育出一些非常奇特的动物。达尔文也是伦敦两家鸽子俱乐部的会员，对于育鸽人的活动，他非常着迷。达尔文描述了他所看到的一些鸽子，很显然，它们都是从普通的野鸽驯化而来的：

> 从英国传书鸽（English carrier）和短面翻飞鸽（short faced tumbler）的比较中，可以看出它们在喙部之间的奇特差异，以及由此所引起的头骨的差异。传书鸽，特别是雄鸽，头部周围的皮具有奇特发育的肉突；与此相伴随的还有很长的眼睑、很大的外鼻孔以及阔大的口。短面翻飞鸽的喙部外形差不多和鸣禽相像，普通翻飞鸽有一种奇特的遗传习性，它们密集成群地在高空飞翔并且翻筋斗。侏儒鸽（runt）身体巨大，喙粗长，足亦大；有些侏儒鸽的亚种，项颈很长；有些翅和尾很长，有些尾特别短。……突胸鸽（pouter）的身体、翅、腿特别的长，嗉囊异常发达，当它得意地膨胀时，令人惊异，甚至发笑。[1]

这些奇特的动物与上帝最初的创造属于同一物种吗？或者它们完全就是新物种？如果它们是新的，那么上帝显然在不断地修补物

---

[1] 查尔斯·达尔文：《通过自然选择的物种起源：在生存竞争中优势种类的保存》（哈蒙斯沃思：企鹅出版社，1968 年），第 82 页，伯罗（J. W. Burrow）编辑并序。

种——这种修补似乎暗示上帝最初的创造并不完美。自哥伦布之后，欧洲人绵延数个世纪的远航探险，也使他们意识到有很多物种在《圣经》中并没有提到。太平洋、美洲和欧亚地区的动植物，彼此之间存在着许多差异，这对基督教神学家而言是一个巨大的挑战。是上帝创造了所有这些物种吗？如果是，那物种为何会如此纷繁芜杂？上帝又为何如此奇怪地让它们在全世界随意分布？为什么英国没有袋鼠，而澳大利亚没有熊猫？

到18世纪后期，一些生物学家一直在思考，随着时间的流逝，生
86 物是否可能按照某种自然机制而改变，因为似乎很难设想上帝会频繁地修改他的作品。也许这样一种机制可以解释，为什么会有那么多的物种和亚种，为什么有那么多的物种在《圣经》的创世叙述中没有记载。问题是谁也解释不了物种为什么变化，又如何变化。

19世纪早期，达尔文的叔叔伊拉斯谟·达尔文（Erasmus Darwin）提出，为了更好地适应环境，物种是会进化的。这说明了问题，因为一切现有的生物看起来的确非常适应它们的环境。但是，与同时代所有的生物学家一样，他也不知道物种是以什么方式来适应环境的。在1809年出版的一本书中，法国的博物学家让-巴蒂斯特·拉马克（Jean-Baptiste Lamarck）提出了一条可能的机制。动物通过自己的努力而得到的一些微小变化也许会遗传给它们的后代。他举了这样一个例子，长颈鹿的祖先伸着脖子去吃高处的树叶。其中伸得最努力的那几只就把长脖子遗传给了后代。慢慢地，长脖子就变得越来越普遍了，最终成了整个物种所独有的主要特征。然而很不幸，任何一位动物育种家都能指出这一理论的谬误。后天习得的特征——即通过独特的生活方式或特殊个体的努力而获得的品质——一般是不会传到下一代的。只有遗传特征才以这种方式传递。我们在健身房花费的时间并不能保证我们的孩子会健康。一头肥猪并不一定会生出肥硕的小猪，但是如果这只猪的祖辈肥硕，那它很有可能会生出肥硕的后代。

拉马克提出的机制并不说明问题。但如果生物的遗传构造由它们

的过去（即它们从父辈那里所继承的）所决定，那它们怎么能适应现在的生存条件？这就是达尔文所要解决的难题。达尔文从小就被动物所吸引，20 多岁的时候，他已经成为一名专业的博物学家。像那时大多数的博物学家一样，达尔文明白物种很容易受外界的影响。他也明白人类可以通过人为的选择而改变物种。但是他不明白在没有人类干预的情况下，为何物种也会发生变化。除了上帝和人类，还有什么能使一些个体生存繁衍，而使另一些个体走向消亡？

1831 年，以博物学家的才华和某种幸运的家庭关系，达尔文获得“比格尔”号（Beagle）帆船上的博物学家一职，这艘船正在进行环球探险。旅途中所见到的丰富的物种，以及关系密切的物种之间细微的变化，都使达尔文惊讶不已。在例如犰狳等生物的身上，他目睹了进 87
化的清晰的化石证据。在南非，他看到了与活的动物十分相似却又有着细微差别的动物化石。然而正是在远离智利太平洋海岸的加拉帕戈斯岛上，他找到了最终使其形成进化论的线索。在那儿，在一些新近形成的火山岛上，他发现了一些似乎与美洲大陆有着密切关系的雀鸟。然而各个岛上的雀鸟并不完全相同。例如，它们的喙部就有一些细微的差异，这些差异使每一种物种与它们所居住的岛屿上那些兴盛的特殊植物与动物极为适应。

这就是伊拉斯谟·达尔文所说的那种适应性的明确证据。很显然，物种在某种意义上可以“适应”环境的变化，但它们是如何做到的？大约在 1838 年，达尔文读到了现代人口学先驱托马斯·马尔萨斯（Thomas Malthus）的著作，似乎启发了他理论的核心观念。马尔萨斯注意到，在包括人类在内的大多数物种中，很多个体（有时候是大多数）都无法繁衍后代。在达尔文看来，显然只有那些能够繁衍的个体才会对后代的性质产生影响。因此，为什么一些个体能幸存下来，而另一些却不能？搞清楚其中的原因很重要。当他研究了一些育鸽人的行为之后，答案就很明确了，育鸽人会有意识地挑选一些个体让它们繁衍后代。在达尔文的时代，这已经发展成为极其成熟的手艺：

> 关于鸽子，最有经验的育种家约翰·西布赖特爵士（Sir John Selbright）曾经说："他可以在三年的时间内培育出特定的羽毛，但要花六年的时间才能得到他想要的头和鸟喙。"在萨克森（Saxony），人们充分认识到自然选择的原则对于美利奴羊（merino sheep）的重要性，以至把选择当作一种行业：把绵羊放在桌子上，研究它，就像鉴赏家鉴定绘画那样；在几个月期间内，一共举行三次，每次在绵羊身上都做出记号并进行分类，以便最后选择出最优良的，作为繁育之用。[1]

但是自然界中的选择是怎样的？是什么"选择"一些个体使之繁衍，而使另外一些走向消亡？能够繁衍的个体与不能繁衍的个体之间有什么差别？

达尔文认为答案就是"适应性"（fitness）。在统计学意义上，那些幸存下来并繁衍出健康后代的个体比未能存活和繁衍的个体要略微健康一些。它们之所以能够繁衍后代，就是因为它们健康，可以生存得更为长久，并且有健康的配偶。当然，在一些个别的案例中，运气
88 可能会起作用（如果遭受电击而死亡，那么无论你再怎么"适应"也不重要了）。但是对于大多数个体而言，在很长一段时间内，适应必定起了举足轻重的作用。就平均水平而言，那些活到成年并繁衍后代的个体肯定要比未能存活的个体稍许健康、稍许适应环境一些。因此，并不是物种真正地适应；恰恰相反。那些纯粹由于偶然机遇能更好地适应环境的个体最有可能存活下来，并为该物种的后代定了型。

达尔文认为，这种以随机统计学过程展开的挑选，会在一切形式的生命中世代发生，如果重复的频度足够，它就能像人类的饲养者一样有效地改变物种。这样的过程一再发生，每一代都会发生数百万次，

---

[1] 达尔文：《物种起源》，第90页。译文引自周建人、叶笃庄、方宗熙译：《物种起源》，商务印书馆1995年版，第42页。——译者注

环境淘汰了一些个体而让其他一些得以幸存。后代只遗传这些幸存者的特性，结果，久而久之整个物种变得越来越像这些幸存者。打个比喻，环境扮演了动物育种家的角色。这就是为什么达尔文称这种机制为“自然选择”，而称动物育种为“人工选择”（artificial selection）的原因。

通过这种方式，达尔文指出，这种不断重复的纯粹统计学的、完全无意识的过程，可以解释物种是如何在不知不觉中不断地适应环境变化的。要完全理解达尔文的观点，关键在于理解其中大多数过程具有随机性特点。个体与其父母的差异是细微的，但是这种差异本质上是随机的。不管怎样，它们不是“试图”去适应。“进化”的不是个体，而是物种的总体特征。

达尔文论证道，经过长时间的反复，这些机制也能解释不同物种是如何起源的，因为，很显然，某个物种的种群分布很广，并且为环境的细微差异所影响，可能以稍微不同的方式进化。在达尔文看来，加拉帕戈斯岛的雀鸟就是不同物种形成的早期阶段的典型例子。达尔文论证道，在经过相当长时间之后，这样的过程可以解释在地球上所有生物的多样性。作为地质学家查尔斯·赖尔的仰慕者，达尔文确信地球存在了很长时间——也许，如此漫长的时间足以使得微小的变化最终形成了现有物种的极大多样性。

这是令人震惊的结论，因为它们意味着一场彻底的革命：地球上所有美丽和复杂的生物，从变形虫到大象，再到蜂鸟，乃至人类本身，
都是由这种盲目的、重复的过程所创造的。看来无意识的过程不但能 89
够创造行星和银河系，甚至还能创造生命本身。[1] 这样的推理似乎剥夺了上帝存在的一切理由，这也是达尔文的理论直到如今仍遭到强烈反对的原因。

---

[1] 盲目的运算过程可以创造出独特的复杂性事物，丹尼尔·丹尼特在其新作中，将此描述为“达尔文的危险思想”。参见《达尔文的危险思想：进化与生命的意义》（伦敦：亚伦·莱恩出版社，1995 年）。

以下是达尔文本人对自然选择的工作方式所做的描述：

> 没有明显的理由可以解释，为什么在驯化状态下如此有效的原理竟然不能在自然状态下发生作用……（既然）诞生的个体比可能存活的更多。天平上的毫厘之差便可决定哪些个体将生存，哪些个体将死亡——哪些变种或物种将增加数量，哪些将减少数量或最后灭绝……由于这种生存斗争，不管怎样轻微的，也不管由于什么原因所发生的变异，只要与其他生物或者外部自然，处在无限复杂的关系里面的个体或者任何物种有利，就会使这样物种保存下来，并且一般会遗传给后代。后代也因而有了较好的生存机会，因为任何物种的许多个体，周期性诞生，但是其中只有少数能够存活。我把每一个有用的微小变异得以保存下来的这一原理称为“自然选择”。[1]

通过自然选择进化的证据

在《物种起源》一书中，达尔文尽可能清楚阐述他的进化论观点。他还试图应付对进化论可能提出的一些异议。对于他所负使命的艰难程度，他几乎不抱什么幻想。他的大多数读者都是传统的基督徒。他们相信上帝创造不同的物种，物种可能由盲目过程而产生的想法令他们感到震惊。因此，达尔文大多数的观点是针对这些读者的。

根据化石记录，他也能够证明物种是随着时间变化而变化的。但是这也可能是一个最没有说服力的论据，因为这些化石记录包含着一系列的个体，即已变成了化石的“照片”；反对者可以轻松论证，说每一个个体都是上帝分别创造的一个不同物种，而现在已经灭绝了。

---

[1] 达尔文：《物种起源》，第441—442、115页；引自蒂姆·梅加里（Tim Megarry）：《史前社会：人类文明的起源》（巴辛斯托克：麦克米伦出版社，1995年）。译文引自周建人、叶笃庄、方宗熙译：《物种起源》，商务印书馆1995年版，第534、535、76页。——译者注

达尔文不得不证明，存在着变迁的物种。一些化石看起来的确是现存动物类型的中间物种。其中最有名的化石就是生活在 1.5 亿年前的始祖鸟，一种像鸟一样的恐龙。始祖鸟的样子看起来既像是爬行动物，又像是鸟类。第一个化石样本于 1862 年被发现，恰好在《物种起源》出版之后，达尔文还可以在以后的版本中对此做出评论。这正是达尔文的理论所预言的那类发现。但对于反对者而言，也能轻易地指出那些化石记录是极不完善的。在整个化石谱系中还存在着巨大的鸿沟，因 90
此，要想证明自然选择的原理，化石记录本身永远也不能够提供完全令人满意的证据。

达尔文还提供了证明其理论的其他一些类型的证据。他认为，现代物种所拥有的很多共同特征，标志着它们是从共同的祖先进化而来的。很奇怪，这一主张最有说服力的地方就在于，一些明显毫无用处的特征通过某种生物学上的守旧性而从遥远的祖先那里保存了下来。鲸鱼有指骨，在今天它们已经毫无明显的适应性功能。但是指骨的存在让我们设想，现代鲸鱼是从陆地动物演变而来的，它们的手和手指曾经有过实际的用途。事实上，现代鲸鱼可能是早期也同样适应水栖生活的哺乳动物河马的远亲。自然选择的理论能够很容易地解释这种现象，因为它意味着生物是以很缓慢的步伐进化的，还保留着许多过去的特征，即使这些特征已经没有任何实际用处。这一论据是很有说服力的，因为传统理论难以解释这类证据。为什么上帝在设计每个物种的时候却保留了这些无用的器官？

达尔文还能够证明，物种的地理分布比较符合他的理论而不是神创说。为什么上帝不把某个物种安置在地球上所有它们能够适应的地区呢？为什么不是所有沙漠都有骆驼满地跑呢？为什么博物学家反而发现，在一个特定区域内，大多数物种之间都有密切的关系呢？举例来说，澳大利亚的鼠类生物与袋鼠之间的关系就比欧洲的老鼠更为密切。当然，达尔文的答案是有袋类动物生活在澳大利亚，因为那里就是它们祖先生活的地方，那里也是它们进化的地方。

批评达尔文的人尤其厌恶其理论的另一层含义：人类可能是猿的近亲（这层含义在今天依然活跃如初；参见第6章）。对于某些人来说，此种想法至今仍使人讨厌；人类学家伊夫·科庞（Yves Coppens）曾记得他的祖母对他说："也许你是一只猴子变的，但我绝对不是。"[1] 但是在达尔文的时代，他的理论还面临许多其他困难。例如，大多数地质学家确信，地球的存在还不足1亿年。达尔文知道物种的自然选择需要相当漫长的时间，才能在地球上产生像现在这样种类繁多的生物，他承认仅1亿年的时间是不够的。他相信进化的进程极其缓慢。事实
91 上，他深信这一过程如此之缓慢，以至于根本无法直接观察得到，因此所有进化论的证据都是间接的。此外，19世纪的生物学家并不真正明白遗传是如何发生作用的。达尔文的理论要发生作用，那么遗传的机制必须十分精确（否则不会有稳定的物种存在），但也不能太精确（否则将永远不会发生变化）。重要的是，父辈的品质要能够传递给后代，但是同样重要的是，一些细微的差异也许会增强，也许会威胁某个个体的健康。但是，由于谁也没有充分了解遗传机制是如何运行的，因此谁也不能确定遗传是否严格按照所需的方式来运行。达尔文只能说，父辈的品质是"混合的"，就像两种颜色混在了一起。但是这似乎必然导致在生物的每一代中，生物范式所发生的变异——哪怕是有益的——都会被抹杀掉，其结果是连自然选择本身也变得不可能了。对遗传学缺乏确切的认识削弱了达尔文理论的可信度，这一过程长达半个多世纪。

达尔文所面对的大多数难题在20世纪才得到解决。宗教对进化论的抵制减少了。同时，支持这一理论的新证据也出现了，而且该理论的空白点也得到填补。达尔文理论在一些重要方面得到修正和改进。结果，达尔文的中心论点成了解释地球生命历史的现代科学基本原理。

---

[1] 休伯特·里夫斯（Hubert Reeves）、约尔·德·罗斯奈（Joël de Rosnay）、伊夫·科庞和多米尼克·西莫内（Dominique Simonnet）：《起源：宇宙、地球和人类》（纽约：阿卡德出版社，1998年），第138页（科庞撰写的部分）。

达尔文理论如今之所以被广泛接受，是因为在 20 世纪可以直接观察到进化的作用。研究像果蝇这一类繁殖很快的小物种，是最容易观察到进化的过程的。新形式细菌出现以回应抗生素的使用，我们也可以从中看到进化的作用（在下文将作进一步的探讨）。

化石记录也比达尔文时代要丰富得多，而且新的发现对于进化的长期性做出了更加完整的解释。虽然这些解释不能完全证实达尔文的观点，却与之十分相符。现代的年代测定技术把地球的年龄从 1 亿年向前推到了 40 亿年，为达尔文的进化过程提供了一个比原先要长 40 倍的时间。20 世纪的生物学家最终逐步了解了遗传是如何发生作用的，而且他们的解释完全符合达尔文的理论。与达尔文同时代的格里
格・孟德尔（Gregor Mendel）早就指出了遗传的基本原理，尽管他的 92
著作在 20 世纪之前一直没有受到重视。他指出，尽管有性繁殖的生物从双亲那里遗传了特性（或者说是基因），但这种遗传处在一种分散的状态——一些特性从父系这里遗传，另一些特性则从母系这里遗传。他还指出，在很多实例中，这些特性往往只有一个会在后代身上得到体现。如果你父母的眼睛分别是蓝色的和褐色的，这并不意味着你的眼睛会是蓝褐色的，你只会遗传一种颜色。所以遗传并不会导致令达尔文感到害怕的特性的衰微。特殊的基因也许不会遗传给所有的后代，但如果遗传了的话，那就是一种完整的传递。我们还确切地了解了基因是怎样一代代遗传下去的。脱氧核糖核酸即 DNA，将遗传信息从生物体极精确地传递给它们的后代，因此物种具有极大的稳定性。但这一过程并不是完美无缺的。当脱氧核糖核酸在复制自己的时候，平均在每十亿个遗传信息中可能会出现一个错误，其概率相当于一名打字员在输入 50 万页文字中出现一处错误。在进化过程中，如此微小的变异是难以避免的。[1] 因此，弗朗西斯・克里克（Francis Crick）和詹姆

[1] 阿曼德・德尔塞默：《我们宇宙的起源：从大爆炸到生命和智慧的出现》（剑桥：剑桥大学出版社，1998 年），第 135 页。斯图亚特・考夫曼指出，有序与混乱之间那种微妙的平衡也许其本身就是进化过程的产物，这种可能性很吸引人。参见《在宇宙的家庭中：关于复杂性规律的研究》（伦敦：维京出版社，1995 年），第 90 页。

斯·沃森（James Watson）于1953年对脱氧核糖核酸结构的解释，对于巩固达尔文理论，使之成为现代生物学的中心观点是至关重要的。

现代微生物学还证实了达尔文的另一个基于直觉的想法：地球上所有的生物体都是有联系的。所有活的生物体，从最简单的细菌到最大型的现代哺乳动物，都包含使用同样基本化学过程和途径的细胞，而且它们都使用相同的遗传密码。所以说，所有活的生物体都是有联系的。这意味着以下二者当中只有一个成立：要么生命仅仅进化了一次；要么生命不止进化一次，但是这些尝试中，只有一个世系得以存在到今天，而其他世系最终都消亡了。不论哪个成立，从人类到香蕉再到海鞘和变形虫，当今所有的生物体都来自同一个（细菌）祖先。

达尔文的理论在一些细微之处已经略有修正。例如，达尔文似乎相信所有由进化而引发的变异之所以发生，是因为它们增加了个体生存的机会。但现在证明许多遗传变异的发生是随机的。有大量的遗传物质（或许占人类基因组的97%）对成年个体的结构是没有影响的。所以这方面的变异不会直接影响个体的生存机会。其普遍原理似乎是这样的：对于物种个体的生存机会没有影响的随机变化，可以导致整个物种的遗传结构（或基因型）发生缓慢的、本质的变化。但是，如果有的时候一些不活跃基因被重新激活，则这些“中性的”变异在未来
93 也许会变得特别重要。

达尔文似乎相信，进化的速度是稳定的，但现在证明这显然是不正确的，在气候或环境稳定的状态下，物种可能变化得很慢。但是当环境或气候迅速变化，物种会进化得很快且趋向于多样性。现代细菌恰恰就是这样来应对抗生素的挑战而不断进化的。当抗生素被广泛使用的时候，受抗生素影响最小的细菌个体有很大可能性会突然开始繁殖更多健康的后代。在几代之内，它们的基因将会支配整个物种。以这种方式出现的细菌新种或多或少都对抗生素有了一定的免疫力。如今这样的节奏在进化的过程中看来是正常的。在地球的历史上，既有进化变异非常迅猛的时期，也有生物相对稳定的时期。按照“间断进化”

(punctuated evolution)的理论，进化时快时缓。这一理论由尼尔斯·埃尔德里奇（Niles Eldridge）和斯蒂芬·杰·古尔德（Stephen Jay Gould）于 1972 年提出。

地球生命的起源

现代达尔文理论可以解释地球早期的简单生命形式是如何进化成现代生物的（见下一章）。但能进一步解释最初生命形式的起源吗？对于生命起源于无生命的物质，能否做出纯粹的科学解释呢？

至少在古希腊时期，科学家真诚地接受生命可能发乎自然的观点。[1] 理由是相当充分的。毕竟，动物尸体上的蛆虫似乎就是出自乌有之乡。在 17 世纪，通过使用最新发明的显微镜，研究证明空气中充满微小生物，假设它们的卵在空气中传播并在腐肉上寄居，这样就可以解释蛆虫一类生物所谓的自发产生。但这并不能排除微生物自发产生的可能性，也许生物可以通过飘浮在空中的某种形式的“生命力”而产生。

在一次极其简单的试验中，法国生物学家路易·巴斯德（Louis Pasteur）似乎终于证明了生命自然产生的观点不能成立。所有的生物都是以有机分子为基础的——也就是说，这些分子的主要成分是碳。因
为碳元素能以复杂的方式结合在一起，它可以形成比其他任何元素都 94
要复杂且有着较大差异的分子。到 19 世纪，许多实验表明，饱含有机物的汤，在煮沸杀死所有生物体后，若放置在密封容器中就不会出现任何生命。但也有人认为这是因为容器隔绝了所有的生命力。1862 年，巴斯德做了一项很有独创性的试验来证明这个观点。他煮了一锅饱含有机物的肉汤，然后把它放在并不封闭的鹅颈瓶里，与空气接触。一方面，如果生命力真的存在，它一定会进入容器并在有机物的基础上

[1]　这一部分材料基于戴维·布里斯科（David Briscoe）1989 年以来在麦考瑞大学的演讲。参见林恩·马古利斯和多里昂·萨根:《生命是什么？》(伯克利：加利福尼亚大学出版社, 1995 年)，第 64—69 页。

产生新的生物；另一方面，空气中飘浮的孢子（spore）或微生物将不能到达瓶子的颈部。巴斯德的肉汤中没有出现生命，这个实验延续了一个多世纪，今天在巴黎仍然可以看到那瓶肉汤。巴斯德的实验似乎最终证明了生命并不能自然产生，而且空气中也没有飘浮着的生命力。生命只能产生自生命本身。

这破解了一个谜团，不料又出现了另一个谜团。假如生命不能由无生命的物体产生，那么早期地球上的生物又是如何出现的？古生物学家知道，生命大约在寒武纪（Cambrian Era）经历了一次大爆发，我们现在知道这发生在距今不到 6 亿年。生命突然迸发，这又如何解释呢？难道生物学家要回到神创论吗？许多 19 世纪的生物学家确实回到了神创论，因为任何关于生命起源的纯科学解释都假设生命产生于无生命的物质，而巴斯德似乎已经证明这是不可能的。另一种可能的解释认为，有机分子与无机分子之间存在极大的差异。也许它们的区别就在于它们是否能产生生命的能力上。是碳元素有什么特殊之处吗？19 世纪中期，化学家证实，在实验室中无机分子可以合成为有机分子，显然这一理论也是不成立的。

直到 20 世纪，一个更为合理的关于生命起源的科学理论出现了。这一理论由亚历山大·奥巴林（Alexander Oparin）和约翰·伯登·霍尔丹（John Burdon Haldane）于 20 世纪 20 年代首先提出，即用进化论的基本观点来解释生命的进化以及地球生命的起源。其主要观点是，就某种程度而言，甚至在复杂然而无生命的化学物质中，进化就已经在发生作用了。因此，甚至某些化学物质也可以进化，比如水晶，它们自身保持着稳态且会生长出新的水晶体。当水晶生长之际，那些繁殖出最稳定的“后代”（也就是说这些后代最能适应周围的环境）的化
95 学物质，要比后代不能很好存活的化学物质生长得更为迅速。这个过程与达尔文的进化论极为相似。当这些化学物质变得更加适应周围环境的时候，它们也会变得更加复杂，直到我们最终把它们看作是活的生物体。生物学家将这一过程称为化学进化。

化学进化是如何产生最早的活的生物体的？答案依旧是不明确的。要想理解这些困难，我们必须把问题分成几个层面。首先，我们需要解释生命的基本原材料如何生成：这是化学的层面；其次，我们需要进一步解释这些简单的有机物怎样聚合成更为复杂的结构；最后，我们还需要解释在所有生物中都存在的脱氧核糖核酸（DNA）精确繁殖机制编码的起源。目前，对于第一个问题我们已经有了较为满意的答案；对于第二个问题我们的答案还似是而非；而我们对于第三个问题仍然百思不得其解。

第一项任务现在看来真是出奇的简单，生物大多由碳和氢构成，由于碳元素极具活性，所以是最关键的。再加上氢、氮、氧、磷以及硫，这些成分总共占了生物净重的 99%。[1] 事实证明，只要条件适宜，这些化学物质充足，就很容易制造出简单的有机分子，其中包括氨基酸（合成蛋白质的材料，所有生物的基本结构材料）与核苷（合成遗传密码的材料）。[2] 巴斯德的实验似乎表明了这样的有机分子不可能自然形成。现在我们知道了其中的原因：今天的大气中含有大量的自由氧，对于有机分子而言这是一个极为恶劣的环境。氧是很活泼的元素，当它起反应的时候会产生热量（我们通常都会意识到它在火灾中的破坏力）。对于像木头、纸张这一类物质的有机分子，氧具有很大的破坏性。一有可能，在缓慢燃烧的形态下氧气会把它们分解成水和二氧化碳。

但是，奥巴林和霍尔丹指出，在早期地球的大气中几乎不存在自由氧。也许生命是在寒武纪之前，在一个没有氧气的大气中出现的，如此就确保了简单的有机分子长期生存，使得化学进化所必需的复杂而缓慢运动的化学过程得以发生。1952 年，这种可能性被两位美国科

[1]　林恩·马古利斯、多里昂·萨根：《微观世界：微生物进化 40 亿年》（伦敦：亚伦和乌温出版社，1987 年），第 48 页。

[2]　氨基酸是包含氨基群（NH_2）与羧酸群（COOH）的简单的有机分子，也是依附于一个碳原子而数目不定的一群其他原子的组合；核苷也同样十分简单，由一个糖分子、一组磷酸盐（phosphate）群和四个碱基中的一个［包含氮（nitrogen）的化合物］所组成。长链将之链接在一起，核苷形成了两种主要类型的核酸（nucleic acids）脱氧核糖核酸和核糖核酸，由于它们最早是从细胞核（cell nuclei）中分离出来的，因此叫作核酸。脱氧核糖核酸和核糖核酸是一切生物遗传的关键。

学家哈罗德·尤里（Harold Urey）和他的研究生斯坦利·米勒（Stanley Miller）所做的一项十分著名却又特别简单的实验所证明。他们在一个巨大的密封曲颈瓶中注入甲烷、水和氨，制造了这样一个早期大气的模型。然后，加热混合剂，用通电的方式输入一些自由能量，来模拟早期地球上空必然存在的闪电。7 天之后，他们在曲颈瓶中发现了暗红
96 色的软泥。其中包含 20 种最重要的氨基酸中的若干种。氨基酸是简单的有机分子（大约由 20—40 种原子构成），它们以不同的模式链接在一起，形成在有机物及所有生物结构中占主导地位的蛋白质。实验在略有不同的条件和略有不同的仿真大气中重复了多次，科学家发现所有 20 种基本氨基酸都能用这种方式制造出来。这样，我们就拥有了制造蛋白质这一生命基本构造材料的基础。但是“米勒—尤里实验”也创造了少量的其他一些重要的有机分子，其中包括糖和构建遗传密码分子的核苷的主要成分。

有人宣称米勒和尤里已经接近创造活的生物体了。但现在证明事实并非如此。在创造简单的有机分子与创造生命之间，还有许多艰难的步骤。无论如何，早期地球大气中存在的氨和甲烷可能要比两位化学家所设想的要少，而二氧化碳和氮比他们所设想的要多。在这样的大气中，简单的有机分子并不会很多。但不管怎样，“米勒—尤里实验”还是相当重要的，表明早期地球上组成生命的许多基本化学构造的产生并不是那么艰难。

自这个实验以后，氨基酸、简单的核苷，甚至构成细胞膜的磷脂（phospholipid），在许多令人惊异的地球和太空的环境中都有所发现。在星际空间的尘云中已确定有氨基酸存在。还发现了大量的水和酒精，这些对于磷脂的产生也是至关重要的。我们知道，在陨石与彗星中都有水蒸气和许多简单的有机分子。太空中存在水以及各种简单有机分子，这意味着在整个太阳系的历史上，或是经由猛烈的碰撞，或是通过行星表面不断飘移的宇宙尘埃，太阳系一直受到生命原材料的轰击。事实上，现在看来在太阳系中的若干星体，包括火星、金星、木星的

卫星——木卫二和木卫四，以及土星的卫星——土卫六上曾经有过（有些至今仍有）液态水，因此它们本来应该进化出简单的有机分子，即使现在它们都是一片不毛之地（金星和火星看来都是如此）。还有可能的是，至少在这些行星诞生之初，由于陨石的撞击而切割下来的岩屑在它们中间飘浮，曾经彼此交换过有机物。例如在 1996 年，有人声称在南极洲发现一块陨石，它大约在 1.3 万年前坠落于地球，其中包含着的 97
气体与火星稀薄的大气中的混合气体相同。假如这一说法是准确的（许多科学家对此持怀疑态度），这就意味着这块陨石很可能来自火星。如果在火星上发现了生物，那么它们与我们之间应该是有关系的，对于这种可能性我们不得不加以重视。[1] 总而言之，现在看来形成生命的基本化学物质在早期太阳系中似乎是很丰富的。

第二项任务要困难一些。它将解释这些最多只包含着几十个分子的简单化学物质，是如何组成生命存在所必需的巨大而复杂的结构的，甚至连病毒都包含大约 100 亿个以特别形式组成的原子，而每一个植物和动物的合成细胞都包含 1 万亿—100 万亿（即 10^{12}—10^{14}）个原子。这种在规模和复杂性方面的巨大飞跃是在什么地方、以什么样的方式达到的呢？目前还无法确定。而正是这种变化把有机化学物转变成了真实的生命。生命最早起源于何处？这个问题的答案目前有三种可能。最初或可能产生于太空，或在行星表面，或在行星内部（这是最近提出的一种可能性）。

许多年以来，弗雷德·霍伊尔（Fred Hoyle）和钱德拉·维克拉马辛格（Chandra Wickramasinghe）一直在论证，是外来生命在地球上洒下了种子。这种理论被称为胚种论（Panspermia）。如果生物体最早是在宇宙中其他地方的行星上产生的，那我们仅仅是把这个问题转换到了另外的行星上，我们仍然要解释在那里生命是如何被构造出来的。

[1] 早期生命领域的研究先驱马尔科姆·沃尔特（Malcolm Walter），曾在《探索火星生命》（悉尼：亚伦和乌温出版社，1999 年）一书中对这些议题做过较好的论述。

此外，也有人认为极其简单的生物是在太空合成的。我们知道，在太空确实会有化学过程发生，而且一些简单有机物强壮到足以能够经过漫长的太空旅行而存活下来。但是现在看来，似乎生命本身不大可能起源于太空，那里的能量和原料供应不足，因此使化学过程一般发生得非常缓慢。除此之外，对生命至关重要的许多化学反应都离不开液态水，而在太空中并未发现液态水的存在。

行星——那里的环境更为复杂，自由能更为充裕，液态水可以采集，所产生的化学物质密度更大，品种也更为丰富——为生源论（Biogenesis）提供了一个更有希望的发展空间。直到最近，大多数生物学家还在假设，如果生命诞生于地球，那它一定出现在地球的表面。早在 1871 年，达尔文就曾说过，生命可能肇始于“某些温暖的小池塘，里面含有各种氨和磷盐，再加上光、热、电等因素”。[1] 在早期地球的海洋中，或海边的某个地方，自然的化学和物理过程是如何把化学物质合
98 成为简单生物的？从达尔文时代起，生物学家就在尝试解答这个疑问。

在所有这些理论中，水扮演了至关重要的角色。氨基酸和核苷一旦形成，只要它们在水里，在某种程度上就能得到保护。氨基酸和核苷的分子可以自然地排列成长链，尽管这个过程需要更干燥一些的环境。这样的链条也许就是在海岸边的浅水塘中形成的，在这些池塘里，分解的分子周期性地干涸，然后再分解。在适宜的条件下，氨基酸链形成蛋白质，而核苷的链形成核酸。于是在数百万年之后，早期地球的海洋中就充满了简单的有机物，它们能够组合成更复杂的模式。A. G. 凯恩斯–史密斯（A. G. Cairns-Smith）曾指出，在浅水中，黏土的微小晶体也许为更复杂分子的形成提供了一个模板。[2] 在这里，静电力可能吸附由黏土分子结构控制的复合原子，直到它们开始以新的方式联结在一起，甚至早期细胞中的黏土晶体还可能通过提供可反复使用的

---

[1]　达尔文语，转引自保罗 · 戴维斯：《第五奇迹》（哈蒙斯沃思：企鹅出版社，1999 年），第 54 页。
[2]　A. G. 凯恩斯–史密斯：《生命起源的七大线索》（剑桥：剑桥大学出版社，1985 年）。

模板，以产生用于其主细胞新陈代谢所需的化学物质，这无疑扮演了现代脱氧核糖核酸的部分角色。

不管早期的有机分子是如何形成的，它们能够形成一种由简单的蛋白质、核酸以及其他有机分子组成的有机的薄“汤”。这些分子有一种倾向，形成由磷脂构成的简单薄膜或“皮肤”，并凝结成微小的液滴，“就好比辣椒酱里面的油滴”。[1] 一些分子可以通过它们的皮肤吸收化学物质，其过程与进食有些相似，这为它们提供了自身扩张以及进一步吸收化学物质的能量。而且，当这些分子长得过于庞大笨拙后，就分裂成好几个部分，而每一部分都会以自己的方式独立发展，就像油脂表面上的一颗大水滴会分裂成小水滴一样。因此，40 亿年前的海岸以及温暖海水里面，也许早就存在着具备很多生命活动特征的有机分子。它们组成有着表层皮肤的细胞状液滴，它们“吞食”其他化学物质，它们分成不同的液滴，就像繁殖一样。

所有这些理论好像都有几分道理，但都不能解释生命从无到有的整个过程。关于“温暖的小池塘”说还存在着一些问题，早期大气可能不像米勒和尤里所假设的那样适宜于有机物的进化——尤其是如果 99
正如某些证据所表明的那样，最早的生物出现于 38 亿年前，而那时地球表面正频繁地遭受着来自宇宙空间物体的撞击，那么情况就更加如此了。最近的研究为解决这一问题提供了新的途径，它揭示了先前不为人所知的细菌形态——原始细菌（archaebacteria）的存在，它们是在地表之下生长进化的。[2] 就像所有的原核生物（prokaryote，最简单的单细胞生物）一样，原始细菌没有细胞核。但原始细菌不像大多数原核生物那样从阳光或其他细胞中汲取能量，而是以地球上的化学能“为生”。它们可以从铁、硫、氢以及许多其他埋藏在岩石中或溶于海水里的各种化学物质中汲取能量。原始细菌可以舒适地生活在地表以下

[1] 里夫斯、德·罗斯奈、科庞、西莫内：《宇宙、地球和人类的起源》，第 92 页（罗斯奈撰写的部分）。

[2] 关于原始细菌的这些发现，其详细讨论及意义，可参见戴维斯：《第五奇迹》，第 7 章。

很深的地方，甚至可以承受极大的高温与高压，因此它们的存在表明生命可能起源于行星地下而不是表面。20 世纪 90 年代，人们发现原始细菌生活在地表以下 1000 米的岩石中；人们还发现它们不但生活在温度超过沸点的海床火山岩口，而且还生活在海床以下的渗水岩中。2001 年，在被研究者形容为海床上“消失的城市”的一大片区域里，也发现有原始细菌。在那里，热量并不是由火山活动产生的，而是来自一种名为橄榄石（olivine）的绿色岩石与海水之间发生的化学反应。这样的区域在地球早期历史上是很普遍的。[1] 但是原始细菌在地球表面也大量存在。研究发现在怀俄明州黄石国家公园的温泉里就有原始细菌。最后，它们在极端的地方生活，说明在邻近的行星和月亮上也可能存在或曾存在过生命，因为在太阳系的其他地方也有类似的栖息环境。

原始细菌比大多数现代生物更适合作为地球生命的最初形式，这一理论模型能够得到多个理由的支持。原始细菌生活在自冥古宙以来鲜有变化的环境中。在地球早期历史上，周期性的陨石撞击极为普遍，足以毁灭临近地表的一切生命，而原始细菌能够在地表以下生活，意味着它们基本没有受到陨石撞击的影响。在臭氧层形成之前，地表还保护了原始细菌免受地球大气变化和轰击原始地球的强烈紫外线辐射的威胁。尽管喜热的原始细菌的栖息地在我们看来也许是可怕的，但是它可能为早期生物的形成提供了一处最佳场所。这些环境包含有大
100 量的化学养料，可以制造出“米勒—尤里实验”中形成的各种有机物。尤其是在炽热的火山口周围，这些环境包含有可以引发若干化学反应的大量能量。对原始细菌的遗传基因材料的研究也表明，它们的进化比起大多数其他幸存的有机物要慢得多。也许最令人惊奇的是，所有最古老的生物，不论是原始细菌还是普通细菌都是耐热的。这表明无

---

[1] 卡伦 · L. 冯 · 达姆（Karen L. Von Damm）：《失落城市的发现》，载《自然》，2001 年 7 月 12 日，第 127—128 页。

论我们怎样为地球上最早的有机物分类，它们也许只是在深海火山口周围极其肥沃的环境下得到进化的喜热的有机物而已。如果这些论证是正确的，那么在地表或靠近地表的寒冷环境中能够生存的新物种诞生之前，生命很可能就最早已经出现在地表之下和大海洋之中了。[1]

第三项任务是要解释遗传密码的起源，这比前两项任务更难处理。从某种意义而言，这是所有问题中最基本的，因为所有现代生命形式的关键似乎就是核苷的分工问题，核苷储存并阅读制造有机物（基因组）的指令，而蛋白质则运用这些指令构成一个生物体。大体而言，核苷操纵复制的过程，而蛋白质掌控新陈代谢。它们之间的差别就好比电脑的硬件与软件。因此，到底哪一个进化得早一些呢？是新陈代谢（化学活动）还是复制（遗传密码）——或者是它们同时进化？[2]

奥巴林的理论暗示新陈代谢出现得较早，而复制机制进化得较晚。这种观点一眼看上去也是似是而非的，就好比没有软件硬件可以存在而不是相反。在奥巴林的理论中，最早的生物是一些能以粗略的方法繁殖甚至“进化”的化学物质，而且它们进化的方式很复杂。许多人很难理解这种随机的过程是如何产生复杂性的。进化过程，即便是粗略的进化过程，事实上也不完全是随机的。在早期地球上的随机化学作用中，有些会形成更为稳定的副产品。因此早期分子的聚合过程并不是每次都从头开始的。相反，相对稳定的分子每次产生，都有可能幸存下来，从而依次成为下一步试验的基础。正如切萨雷·埃米利亚尼所指出的那样，对于一只猴子而言，即便它用了数百万年的时间随意敲击打字机键盘，要打出一部《圣经》的概率几乎为零。但如果加上这么一条规则，即每敲击出一个正确的字母，就将它固定在那个位

[1] 比格尔·拉斯穆森（Birger Rasmussen）：《32.35 亿年前火山硫化物堆积中的纤维状微化石》，载《自然》2000 年 6 月 8 日，第 676—679 页。在论文中，拉斯穆森宣布“嗜极生物”（extremophile）是至今为止所知最古老的化石，距今年代为 32 亿年，发现于澳大利亚的皮尔巴拉（Pilbara）。也许这些细菌靠“吃”化学物质为生，生活在海洋深处富含硫的火山口附近。在这以前，原始细菌最古老的遗迹只有 5 亿年。

[2] 关于进化孰先孰后，在弗里曼·戴森的《生命的起源》（剑桥：剑桥大学出版社，1999 年）第 2 版中，对这个问题有比较清楚的论述。

置上，那么概率就完全不同了，我们可以期待在10年之内完成一部《圣经》。[1] 或者用另外一种方式表达，我们可以说，早期地球的有机
101 化学物就已经服从于进化的法则了。大多数化学物质消失了，而适应了环境的那些化学物质很可能被“固定下来”。极少数存活得足够久远的，就得以生息繁衍，此后的世代就都是它们的族裔。环境就以这种残酷方式“选择”了那些最有能力生存繁衍的化学物质。

这种化学进化也许是一种极其强大的变化机制，许多理由支持这一假设。例如，一些科学家推测，存在一种深层机制，它促进我们意料之中的具有纯粹的随机性特点的组织的形成。[2] 在某些类型的化学反应里，一个特定的化学物质也许会催化或激励它自身的形成，这一过程被称为自身催化（autocatalysis）。当这种类型的足够量的化学物质聚合在一起，最终可能会发生失控反应（runaway reaction），就好比把临界质量的铀填装在一枚炸弹里面一样。一旦达到临界质量，化学链的反作用会很快形成极为复杂的结构。如果这一逻辑（从本质而言是数学逻辑）成立，则意味着作为最早生命形式的大型的、复杂的化学物质的构成也许是有机化学的自然趋向。如果是这样，那么凡是在宇宙的任何地方，只要条件允许大量有机化学物形成并且相互作用，生命的出现就几乎是可以确定的事情了。

但是所有形式的进化都需要其复制机制达到足够的精确度，否则，即便是最成功的特性也会随着时间的流逝而消失。因此，即便是把新陈代谢置于首位的理论也必须解释最初存在着怎样的复制机制，这可并不容易。当今（除一些病毒以外）一切生物遗传密码的关键就是脱氧核糖核酸，它是一种极其复杂的分子，包含数十亿个原子。如果解开人类的一个脱氧核糖核酸分子，其长度将近2米。脱氧核糖核酸的原

---

[1] 切萨雷·埃米利亚尼：《科学指南：通过事实、数字和公式探索宇宙物理世界》第2版（纽约：约翰·威利出版社，1995年），第151页。弗雷德·霍伊尔曾有过一个著名的比喻，自行形成最简单细菌的概率，就像一堆废料在龙卷风的袭击下自行组成了一架波音747飞机。

[2] 关于这些深奥机制的具体描述，可参见考夫曼：《在宇宙的家庭中》，以及保罗·戴维斯：《宇宙蓝图》（伦敦：亚伦和乌温出版社，1989年）。

子以很精确的模式排列在一起，就像一份软件那样，包含创造一个生物所需的全部信息。我们身体里的每一个细胞都有这样一套完整的指令，尽管它只使用了脱氧核糖核酸指令手册中极小的一部分。指令手册根据特定的环境选择并激发相应的指令。因而，脑细胞和骨细胞可以分别使用指令的不同部分。

每个脱氧核糖核酸分子都有两股核苷的长链，中间有横档相连，就像梯子一样。这架梯子又扭曲成一条长螺旋，好似螺旋楼梯。每格梯子都有四种名为碱基的简单原子中的一种附着其上。每种碱基只能与其他四种碱基中的一种联结，因此梯子的每根横档都是由两种碱基以严格的序列联结。腺嘌呤（简称 A）只能与胸腺嘧啶（简称 T）联结，而胞核嘧啶（cytosine）（简称 C）只能与鸟嘌呤（guanine）（简称 G）联结。这些出现在梯子双股上的碱基序列中包含制造构成生物体之蛋白质的密码。每三个一组的碱基为一个氨基酸编码。特殊分子定期解 102
开脱氧核糖核酸螺旋的一段，读出由三个核酸组成的序列。这些氨基酸在细胞的其他地方组成链条，以便制造出大量促发化学反应并形成细胞结构的蛋白质。脱氧核糖核酸也可以自我复制。首先，当构成梯子的每一根横档的两个碱基彼此分离，整个双螺旋线就像拉链一样从中间一分为二。然后，每个碱基从周围环境中吸引一个与自身类似的配对物，A 与 T、C 与 G 相结合，直至最初那个螺旋的每一半都构成一条全新的互为补充的链条。每个脱氧核糖核酸的分子以这种方式可以形成两个新的分子，它们或多或少都与原先的分子相一致。

这一复杂、精细而雅致的机制是怎样产生的呢？解释这个问题是现代生物学理论所面临的最具挑战性的任务之一。一个难题是脱氧核糖核酸自身似乎是无能为力的。就像所有的软件一样，没有硬件，脱氧核糖核酸无所作为。因此很难想象它是如何独立进化的。而新陈代谢（即“硬件”）最先进化的观点也有问题——尤其让人难以理解的是，简单进化过程如何能产生高级的复杂事物。如果细胞复制并不那么精确的话，埃米利亚尼所描述的机制将不能正常运作。即使是复杂生物体的进化，其计划蓝图也可能在以后的世代渐渐变得模糊。正因为如此，许多致力于解决这些问题的人坚持认为，如果没有更为精确的复制能力，生命就不能获得新的重大的复杂性。这又导致我们回到了这样一个观点上来，尽管这个观点同样困难重重，却认为遗传密码先于复杂的新陈代谢。

20 世纪 60 年代，脱氧核糖核酸的近亲核糖核酸（RNA）的发现推动了这些理论的发展，与脱氧核糖核酸相比，核糖核酸不那么无所作为。与脱氧核糖核酸一样，核糖核酸是软件，可以为信息编码。但核糖核酸只存在于一条链中，这意味着它也可以像蛋白质那样折叠起来，并参与新陈代谢活动。因此，在生命中核糖核酸扮演双重角色；它能自行繁殖，并提供一整套繁殖的指令。它既是硬件也是软件。最早实现足够精确的复制而具有一些“遗传”特点的分子也许就是核糖核酸制造的。事实上，甚至今天的一些病毒仍以核糖核酸而不是脱氧核糖核酸作为它们基因组的基础。

核糖核酸既可以做硬件又可以做软件那样活动，这一发现形成了一些主张核糖核酸乃是生命最早形式的理论。这些理论与曼弗雷德·艾根（Manfred Eigen）和莱斯莉·奥格尔（Leslie Orgel）的研究工作相结合，认为遗传密码最早进化，先于复杂的新陈代谢，甚至先于细胞。[1]不幸的是，核糖核酸不能像脱氧核糖核酸那样精确地复制自身，这就
103 造成了真正的问题。一个好的但不至于非常好的复制系统也许是一切可能世界中最糟糕的，因为它可能坏到累积错误但又好到将错误忠实地遗传给后代。与生命起源的“新陈代谢优先”模式所需的比较草率的复制形式相比，这样一个系统也许会更快导致崩溃。（著名的核糖核酸拥护者曼弗雷德·艾根懊恼地把这描述为“错误的灾难”。）[2]

---

[1] 在约翰·梅纳德·史密斯和厄尔什·绍特马里（Eörs Szathmáry）所著的《生命的起源：从生命诞生到语言起源》（牛津：牛津大学出版社，1999 年）第 3 章和第 4 章中，对“核糖核酸世界”有相关的描述。

[2] 戴森：《生命的起源》，第 40 页。

弗里曼·戴森提出，这两种理论或许可以综合在一起。[1] 也许新陈代谢确实是最早出现的，而没有精确复制机制的细胞则支配着地球上的生命达数百万年之久，虽然有其局限性，仍设法推动那些至今在现代细胞中还在发生的各种新陈代谢过程的不断进化。其中一个至今仍然存在于所有生物之中的新陈代谢过程，便是在一个被称为 ATP（三磷酸腺甙）的分子内储存能量。而这个过程的发生，与作为核糖核酸重要组成部分的另外一个分子有着密切关系。因此，核糖核酸也许就是在这样的细胞中进化的，它提供了一个比它们进化的外部世界更为适宜的环境。最后，就像某种寄生生物一样，核糖核酸劫持了细胞的繁殖机制，直至在一种早期的共生形式中，细胞与寄生于细胞之中的核糖核酸达成妥协，细胞致力于新陈代谢，而核糖核酸则致力于繁殖。由于有了比较精确的复制机制（如果“错误的灾难”多少能够避免），这些细胞中的核糖核酸最终就会进化成为核糖核酸的近亲脱氧核糖核酸。

也许正如我们所知道的这样，生命就是从这两种截然不同类型的生物体的共生状态中出现的，这两种生物体，一种擅长新陈代谢，一种擅长编译密码。这种分工至今仍然存在于细菌以及许多病毒中（参见第 5 章）。细菌常常利用类似病毒的自由飘浮的软件碎片为己所用，而病毒一类的实体则利用细菌和其他生物的新陈代谢能力来繁殖。我们可以想象，在早期世界，新陈代谢用类似病毒的器官来稳定其自身的复制机制，而病毒类的生物体则利用细菌完成它们的新陈代谢，直到二者最终结合为单一的生物体。

即使这些理论无一能够让人完全信服，我们也不必大惊小怪。生命起源的完整理论还不存在。对于解释遗传密码起源，亦即真正复杂生物体出现的关键问题，我们仍然处于相当困难的境地。但是，近几十年来的进步是迅速的，而正在进行的研究也将在下一个 10 年或 20 104
年间给大家一个更令人满意的解释。

[1]　戴森：《生命的起源》，第 3 章。

本章小结

达尔文的进化论经过20世纪的修正，为现代生命科学提供了重要的基本理念。达尔文认为，物种哪怕一点点随机的变异都能解释，为什么一些个体要比其他个体更具有繁殖后代的可能性。那些能较好适应环境的个体更有可能存活至成年期并产下健康的后代，因而可以把基因遗传给下一代。这样，物种通过我们所称“自然选择”的方式而慢慢变化，长此以往，就形成了全新的物种。

在地球历史的早期，这样的过程也可能塑造飘浮在太空中、地球表面以及地表以下的有机化学物。这些有机物中的“成功者”幸运地存活下来，历经几十亿代之后，通过化学形式的自然选择，形成了更为稳定和复杂的有机化学物。在地球诞生后不到10亿年，最早的生物体就以这种方式被创造出来了。这些生命体是一切现代生命形式的祖先。

延伸阅读

达尔文是现代思想的为数不多的奠基人之一，其著作值得一读。《物种起源》（1859 年；1968 年再版）至今仍有较强的可读性，而斯蒂夫·琼斯（Steve Jones）在《新物种起源论》（2000 年）中对达尔文的理论进行了一些更新和修正。阿曼德·德尔塞默的《我们宇宙的起源》（1998 年）对生物和进化做了一个简明扼要的导论，还有许多其他现代教科书也是如此。近几年来，生物学界出现了一些针对非专业读者的优秀著作。斯蒂芬·杰·古尔德在进化方面的著作很值得一读，即使当他还没有取得主流地位的时候。丹尼尔·丹尼特（Daniel Dennett）的《达尔文的危险思想》（1995 年）是一部现代经典作品，而厄斯特·迈尔（Ernst Mayr）的《冗长的论证》（1991 年）和约翰·梅纳德·史密斯（John Maynard Smith）的《进化理论》（1975 年第 3 版）观点略为陈旧。在介绍现代试图解释生命起源的优秀著作中，保罗·戴维斯的《第五奇迹》（1999 年）是最新的和最通俗易懂的。埃尔温·薛定谔的《生命是什么？》（1944 年，1992 年再版）仍值得一读，他的观点被弗里曼·戴森的《生命的起源》（1999 年第 2 版）一书所修正。A. G. 凯恩斯-史密斯的《生命起源的七大线索》（1985 年）和罗伯特·夏皮罗（Robert Shapiro）的《起源》（1986 年）的讨论精彩而容易理解。关于强调细菌作用的生命观，林恩·马古利斯和多里昂·萨根则为我们提供了一个 105
极具可读性的导论［“微观世界”；特别参见《微观世界》（1987 年）。埃里克·蔡森［著有《宇宙的演化》（2001 年）、《生命纪》（1987 年）和《宇宙》（1988 年）］，斯图亚特·考夫曼（Stuart Kauffman）［著有《在宇宙的家庭中》（1995 年）］和罗杰·卢因（Roger Lewin）［著有《复杂性》（1993 年）］、《人类进化》（1999 年第 4 版）］论述了关于复杂性的一些观点以及在现代关于生命的讨论中它们的作用。

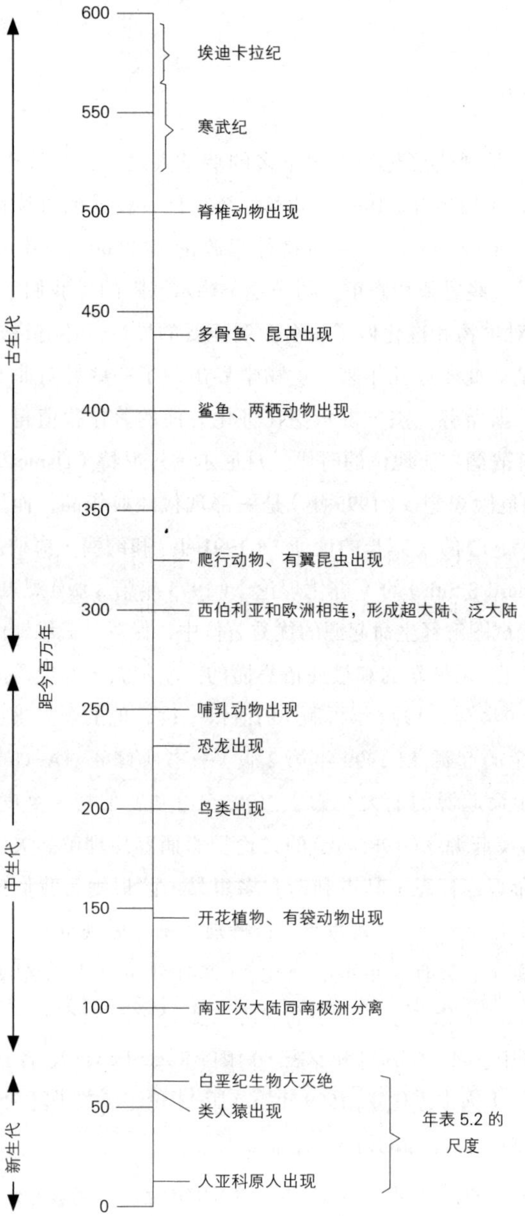

年表 5.1 多细胞生物体进化的尺度：6 亿年

第 5 章

生命和生物圈的进化

107

多样性与复杂性

地球上一旦出现了生命，自然选择就确保其活的生物体能够繁殖与多样化，只要它们能够在这个变化多端的世界里找到新的生态龛。本章将描述地球生命史中的一些主要变化。进化是怎样产生了今天的各种不同生物体的？地球上生命的历史有哪些主要的发展阶段？尽管这个故事仍有许多细节模糊不清，但是它的大致轮廓已经相当清晰了。

经过了大约 40 亿年的进化，许多活的生物体仍然是简单、小型的。细菌一如既往地占据着统治地位，细菌的直径很少有超过百分之一毫米的。与恒星有所不同（它们的复杂性并不是必然随着体积的增加而增加），活的生物体的复杂性是随着体积的增大而更趋复杂的。所以细菌的优势地位符合这样一条普遍规律，即简单实体比复杂实体更加容易创造和维持，也更加持久和数量众多。绝大多数活的生物体属于林恩 · 马古利斯和多里昂 · 萨根（Dorion Sagan）所谓的“微观世界”。[1] 这也正是斯蒂芬 · 杰 · 古尔德所提出的，即使生命的出现标志着新形式的复杂性的出现，地球生命的历史也不是可以用一个实体日益变得更加复杂的故事概括得了的。最简单的遗传方式依然有效地发

[1] 林恩 · 马古利斯和多里昂 · 萨根：《微观世界：微生物进化 40 亿年》（伦敦：亚伦和乌温出版社，1987 年）。

生作用，因而复杂性在进化上并没有特别的优势可言。[1] 事实上，在某些个别情况下，生物体甚至朝着更趋简单的方向进化：蛇没有了腿，鼹鼠丧失了眼睛，病毒甚至丧失了独立繁殖的能力。然而，另一个事实是，自然选择不断地试验各种新的生命形式。在这个长达 40 亿年的
108 试验中，它使得生物体比早期地球上的生物体更趋复杂。尽管并不存在趋向于复杂性的积极动力，尽管看上去复杂的生物体在整个体系中并不十分重要，但是复杂的生物体确实出现了。正如约翰・梅纳德・史密斯（John Maynard Smith）和厄尔什・绍特马里指出的："物竞天择的进化论并不预言生物体将变得更加复杂……然而有些世系的确变得更加复杂了。"[2]"宏观世界"的生物体最后在微观世界的内部和外部同时出现，作为大型生物体本身，我们自然倾向于关注这个过程——正如我们的宇宙历史只注意到围绕一颗无名恒星运行的一颗无名行星，只是因为这颗行星恰好是我们的家园。

生物复杂性不断增长的历史，可以概括成一系列的重大转型。其中包括生命本身的起源、真核细胞的出现、有性繁殖，一如我们自己这种多细胞生物体的形成，以及形成社会团体的多种生物体的出现。[3] 在进化的每一个阶段，分子、细胞和个体都被联结成为更大的结构——就像公司合并的商业活动一样——进化必须为生物体找到新的相互沟通与协作的方法。要解释复杂性是如何通过自然选择而出现的，就意味着要解释为什么自然选择（用达尔文派的话说）非常有利于分子复制而形成越来越大的实体，直到出现像我们这样巍然的生物体——由几十亿紧密合作的细胞构成的巨大结构。

---

[1] 斯蒂芬・杰・古尔德：《生命的壮阔：古尔德论生物大历史》（伦敦：乔纳森・凯普出版社，1996 年）；参见第 14 章中支持细菌占主导地位的论据，其中包括细菌可能组成地球上一半以上的生物；另参见马古利斯和萨根所著《微观世界》。

[2] 约翰・梅纳德・史密斯和厄尔什・绍特马里：《生命的起源：从生命诞生到语言起源》（牛津：牛津大学出版社，1999 年），第 15 页。其他将进化视作不断增长的复杂体的过程的陈述，参见休伯特・里弗斯、约尔・德・罗斯奈、伊夫斯・科庞和多米尼克・西莫内：《起源：宇宙、地球和人类》（纽约：阿卡德出版社，1998 年）。

[3] 关于生命复杂性不断增长的历史，参见约翰・梅纳德・史密斯和厄尔什・绍特马里：《生命的起源》；有关现代生物学家关于复杂体的辩论，参见罗杰・卢因（Roger Lewin）：《复杂性：混沌边缘的生命》（伦敦：菲尼克斯出版社，1993 年），第 7 章。

虽然我们体量甚大（我们对于一个单细胞的生物体就如同帝国大厦之于一个普通人体），但是不应该夸大我们的复杂性。我们所熟悉的衡量复杂性增加与否的方法是测算构成不同类型生物体的基因的数目。但是，看来这个统计数字并不能使我们像原先所想象的那样满意。我们原来以为，构成人体必须有 6 万到 8 万个基因，但是事实并不如此，我们只达到这个数目的一半，大约为 3 万个左右。圆虫有我们基因数目的 2/3（大约 1.9 万），果蝇恰好有我们基因数目的一半（大约 1.3 万），甚至埃希氏菌属的大肠杆菌，一种居住于我们内脏中的细菌，其基因数目也有 4000 个之多。所以，尽管构造一个大型生物体要比构造一个小型生物体更加困难，但是它们之间的差异并不像我们曾经想象的那么大。我们生物学上的近亲不仅包括黑猩猩，还有阿米巴（变形虫）和圆虫。

太古宙：细菌的年代

地球生命历史的最重要证据来自化石记录，它告诉了我们大概最近 7 亿年的许多事情。但是这连地球有生命存在时间段的 1/5 还不到。109
至于更早阶段的情况，化石记录所能够告诉我们的就更少了——那时活的生物体由单细胞构成，都生活在海洋里——因为这些早期生物体缺乏能够形成化石的坚硬器官。然而，古生物学家已经学会如何寻找和分析微小的细菌的“微型化石”，从而把最古老的生命存在追溯到了 35 亿年前，接近于地球上最早的生命迹象出现的时候。近年来，生物学家同样利用不断发展的技术手段来研究和比较各种现代物种的遗传材料。这些工作能够揭示单凭化石记录所寻找不到的现代物种之间的进化联系。

在约定俗成的地球编年史里，冥古宙是地球形成时期，一直持续到大约 40 亿年前；太古宙是地球上最早出现生命的年代，大约从 40 亿年前一直持续到大约 25 亿—20 亿年前。地球上最早的生物形式从那个时期就开始进化，并且是在水中进化。它们可能是在海床里面或者下面的炽热的火山口进化的古细菌。也可能是其他形式的细菌，如果近来的研究提出的观点是正确的话，这个观点认为古细菌和真核细胞生物体都是从更早、更简单的生物体亦即所谓真细菌进化而来的。[1]

不管怎样，生命很早就出现了。活的生物体可能出现于大约38亿年前，因为这一时期的格陵兰岛礁石包含有通常与生命的出现相关联的C^{12}同位素层。35亿年前生命的存在则是肯定的，这一时期南非和澳大利亚西部的岩石似乎含有类似现代藻青菌（蓝青藻）的细菌的微化石。[2]这些细菌类似于今天把死水变绿的生物体。它们的出现意味着早期地球海洋里当时已经充满了生命。地球生命出现的速度使许多生物学家认为，在宇宙中任何地方只要给予适当的条件，生命就可以自然而迅速地出现。所以，生命并非绝无仅有，可能存在于整个宇宙。正如保罗·戴维斯最近提出的，宇宙本身，至少在它的进化过程的当前阶段而言，看上去就是一个“亲善生物”的地方。[3]

但是这种“亲善”是有其局限性的。任何一个复杂结构要存活下来，都需要能量的持续流动。因此所有生物体的基本工作之一就是寻找营养和能量的来源——一项通常并不是太容易的工作。地球上最早的生物体所找到的解决方法对地球生命的历史产生了深刻的影响，同时也塑造了这个星球本身。

最早的生物体可能是从地表下的化学物质中汲取能量的。它们
110 “吃”化学物质。如果最早的生物体是古细菌，它们可能从深海里化学物质的排放口汲取所需能量。但是很早的时候，有些生物体就学会了以吃掉其他生物体的方式来获得能量。于是，从无生命的环境中汲取能量的初级生产者与依赖包括初级生产者在内的其他活的生物体的、

[1]　约翰·梅纳德·史密斯和厄尔什·绍特马里：《生命的起源》，第62页。

[2]　一位曾对细菌进行缜密研究的学者对于这些发现所做的比较详细的讨论，参见马尔科姆·沃尔特：《探索火星生命》（悉尼：亚伦和乌温出版社，1999年），第3章。这些证据仍有存在缺陷的可能，如果是这样的话，生命存在的最早的证据的年代断定为不超过20亿年前。

[3]　保罗·戴维斯：《第五奇迹：寻找生命的起源》（哈蒙斯沃思：企鹅出版社，1999年），特别是其中的第10章。

处在食物链顶端的生物体之间就出现了明显差别。如果这些只是汲取能量的唯一手段，那么地球生命的历史便为地球熔融的地核所提供的能量所局限，而最容易得到这些能量的是生活在深海里的生物体。但是最迟在 35 亿年前，一些生物体生活在靠近海洋表面，可以依靠阳光来获得能量。与地球中心的那个热能发动机相比，太阳是一个更加丰富的能量源。藻青菌细胞含有叶绿素分子，它们能够通过被称为光合作用的基本化学反应而加工阳光。

光合作用对地球上的生命极其重要，因此值得我们花些力气去搞清楚它到底是怎样工作的。[1] 分子是由原子通过化学键联结组成的。然而，创造化学键需要能量，而化学键的破坏也能够释放能量。因而，化学键可被视作能量储藏器。活的生物体通过破坏化学键获得储藏在有机分子如葡萄糖中的能量。破坏化学键同样需要能量，诀窍在于破坏了这个化学键后所释放的能量要大于破坏所用的能量。这就是酶的工作。酶是这样一类分子（主要是蛋白质），它们的模型使之能够几乎不花什么力气就破坏特定的含有能量的分子。通过这样的方式，它们所释放的能量比它们消耗的能量要多得多。这种以消耗少量的能量来释放大量的能量的原则是我们都熟悉的——就像我们用火柴点火一样。然而，整个过程中还需要投入一个初始能量，来创造能够充当能量储藏器的化学键。光合作用就在这里起作用了。在光合作用里，叶绿素（在有水和二氧化碳的情况下）利用光的能量来建立一个微弱的电流。电流推动一个复杂的反应链，形成能够储存能量的分子，如葡萄糖等物质。通过这种方式，植物利用日光的能量在它们身体内部创造了微小的能量包，当它们需要更多的能量时就可以把这个能量包打开。当然，其他的生物体也可以通过吃掉植物来利用这些储存起来的能量。我们吃苹果时，是侵吞并利用了苹果树所储存的能量。我们燃烧煤炭

[1] 以下叙述基于约翰·斯奈德（John Snyder）和 C. 利兰·罗杰斯（C. Leland Rodgers）：《生物学》（纽约：巴隆出版社，1995 年，第 3 版），第 5 章和第 6 章。

时，是释放了3亿年前石炭纪的树木所储存的能量。通过这种方式，大量来自日光的能量可以被储存在相当小的能量包中。人们容易忘记，一杯包含着几百万年前生物体所储藏的能量的汽油，足以驱动一辆卡车驶上山坡。同样，人们容易忘记的是，如果没有日光持续注入能量，
111 整个生物圈的能量就会耗尽。

利用光合作用的复杂化学反应，活的生物体开始从日光那里收获巨大的施舍。生命以日光为燃料，得以繁荣兴旺，这在没有太阳的世界里是无法想象的。地球生命剩下的大部分历史就是共有这个地球的不同物种如何用不同的方法获取、分配和划分日光中的能源。人类历史也是这个故事中的一部分，因为人类通过采集植物、农耕以及利用矿物燃料找到了日渐强大的获取日光的方法。

藻青菌是现代植物的鼻祖，它们也是今日世界最重要的初级生产者之一。许多藻青菌分泌出一种黏液，这种黏液使它们能够黏成一簇。经过一段时间，它们就形成叫作叠层的大块蘑菇状物体，叠层的上方是一层薄薄的活的细菌，主体则是它们的祖先凝结而成的厚厚的一块。如今在一些环境里依然能够形成叠层（最著名的地方之一就是澳大利亚西部的鲨鱼湾），但是30亿年前的叠层化石却相当普遍。这便提醒我们，许多最早时期的生物是相当成功的，以至于直到今天它们依然生存着，几乎没有什么明显变化。

所以我们不应当受到诱惑，以为太古宙的世界与我们今天的世界相比是枯燥乏味的。正确的理解是，那时候的世界和我们的世界一样是多样而奇异的。马古利斯和萨根做了生动的描述：

> 从显微镜观察，将会看到由来回移动的紫色的、碧绿的、红色的和黄色的区域构成的奇异景象。在紫色的荚硫菌属的区域里悬挂着黄色的硫黄小球，它们会形成散发出臭气的泡沫。黏性生物体地带一直延伸到了地平线。一些细菌的一头黏住石头，另一头则潜入微小的裂缝中，并开始渗透到岩石内部。长长的网膜状的细丝将离

> 开它的同胞，慢慢滑行，在太阳底下寻找一个更佳位置。弯弯曲曲的细菌飞快地移动，形状就像螺丝锥或是意大利通心粉。多细胞的细丝和黏黏的、纺织品状的细菌细胞群随着水流曼舞，用红色、粉红、黄色和绿色耀眼色彩涂抹着小鹅卵石。微风吹动的孢子飞溅出来，坠落在广阔无垠的低洼的泥浆和水流里。[1]

在微观世界里，遗传信息能够以零碎的脱氧核糖核酸或是核糖核
酸——或被称为复制子、质粒、抗生素，或是病毒——的形式流动。这 112
些物体恰好就存在于生物和非生物的分界线上，因为大多数差不多就是由寻找一个身体以获得“生命”的遗传信息所组成的。细菌可以在它们生命的任何一个阶段而不仅仅是在繁殖的时候利用这些遗传信息的碎片。它们之所以这样，是为了弥补它们小小的基因库新陈代谢能力的局限性。[2] 复制子可能从未与任何一个细菌的永久遗传储存合并在一起，但是，就像借来的软件，它们在转移到别处之前也能为主机所用。所以细菌易于分享大型生物体所不易分享的遗传信息，这个特性有助于解释它们令人吃惊的多样性和适应性。尽管细菌自己的基因库非常小，但是每个细菌都能够利用全球范围的基因数据库，而大型生物体，例如我们人类则无法进入这个数据库（或者说，在遗传工程时代之前无法进入）。正如马古利斯和萨根所言：“我们享有宏观世界的体积、能量和复杂的躯体，付出的代价是遗传灵活性的降低。”[3] 我们以后会看到，至少就我们这个物种而言，符号语言使我们可以进行信息交换而不是基因交换，这多少使我们获得了某些细菌通过它们自由交换遗传物质而获得的灵活的适应性。

在许多方面，细菌直到今天仍是地球生命的主要形式。不过，最后一些单细胞生物体开始结合在一起，形成更为紧密的组织结构。它

[1]　林恩·马古利斯和多里昂·萨根：《微观世界》，第 97 页。
[2]　同上书，第 88 页。
[3]　同上书，第 93 页。

们是迈向如我们人类那样的多细胞生物体的第一步。到元古宙，多细胞生物体出现了。

元古宙：复杂性的新形式

早期形式的光合作用是将硫化氢中的氢分解出来以储存来自日光的能量。尽管如此，一些藻青菌终于学会了更有效的光合作用，即从水分子更强的化学键中分解氢气，其副产品就是产生了自由氧。经过数百万年时间，这种全新的、更有力的新陈代谢技术将大量自由氧——一种对许多早期的生物有害的气体——注入了早期的大气层，使之发生了转变。

最初，自由氧很快通过化学反应被再吸收，例如包围铁外层的铁锈（元古宙大量铁锈的出现是我们获知当时自由氧不断增加的原因之一）。然而，大约 25 亿年前开始，自由氧产生得太快，以至难以通过这种方式被吸收，大气层中便开始出现氧气。大约到 20 亿年前，自由氧约占大气中气体的 3%；在最近的 10 亿年里，这个数字上升到了
113 21%。[1] 如果周围氧气再多一些，我们只要用力搓手就会自燃！

富氧大气层的出现是地球生命史上最伟大的革命之一。马古利斯和萨根将这一变化喻之为“有氧大屠杀”。[2] 因为氧气极具活性，它的存在使大气保持在一个持续的化学不平衡状态中，使得化学张力达到了一个新的水平，足以推动更加强有力的进化形式的发生。这是一种新的自由能的来源，它间接来自太阳所提供的燃料，能够用于构筑更为复杂的生物体。就像詹姆斯·勒弗洛克（James Lovelock）写道：“（自由氧）提供了足够广泛的化学势能，可使鸟儿飞翔，使我们人类在冬天跑步取暖，还有可能使我们从事思考。氧气的张力水平之于同

---

[1]　有关氧气的数据见阿曼德·德尔塞默：《我们宇宙的起源：从大爆炸到生命和智慧的出现》（剑桥：剑桥大学出版社，1998 年），第 168 页，及第 170 页曲线图。

[2]　林恩·马古利斯和多里昂·萨根：《微观世界》，第 6 章。

时代的生物圈，如同高压电之于我们 20 世纪的生活方式。没有它虽无大碍，但是进化的潜在可能性却会因此大大减少。”[1]

直到 20 亿年前，主宰地球的生命形式都是生活在海洋里的简单的、单细胞生物体。生物学家把这些生物体称为原核生物。原核生物的脱氧核糖核酸松散地分布在细胞里。在繁殖时，细胞分裂，每一半都从母体细胞里经复制得到了相同的脱氧核糖核酸。这样，原核生物的后代往往就是它们父母的克隆。但是，正如我们所见，它们可以“水平地”和它们的邻居互换遗传信息，也可以“垂直地”与它们的父辈和后代互换遗传信息，这种能力所产生的进化类型，是更为复杂的生物体所不具备的。[2] 这可以部分解释为何直至今天，原核生物仍能成功地发现并利用许多生命至今仍要依赖的基本化学过程。它们改变了地表，也改变了大气。用马古利斯和萨根的话说：“地球原本布满玻璃似的火山岩，凹凸不平，酷似月亮，细菌时代把它变为一个富饶肥沃的星球，我们的家园。”[3]

然而，在活的生物体能够利用富氧大气层的巨大能量之前，它们的复杂性与体积仍受到一种限制。自由氧对于简单有机物质是极为有害的，这也就是为什么生命不可能一开始就在富含氧气的大气层中出现的原因。但是经过 20 亿年的进化，生命已经具有足够的活力和适应性，因而能够在这种新的污染物质出现时存活下来。尽管很多物种已经灭绝了，但是那些在富氧大气层中成功地存活下来的生物则繁荣兴旺，因为与其他形式的“食物”相比，氧气能够提供更为充足的能量。另外，在大气高层中飘浮的自由氧最后形成了臭氧层。尽管只有几毫 114
米厚，并处于距离地球表面大约 30 千米的高度，但是这种由三个氧原子的分子（O_3）组成的臭氧层保护地球不受紫外线伤害，使得陆地上的生命能够像在海洋里一样轻而易举地蔓延开来。正是通过这些方式，

[1] 詹姆斯·勒弗洛克：《盖娅：地球生命新观照》（1979 年初版，牛津大学出版社，1987 年再版），第 69 页。

[2] 林恩·马古利斯和多里昂·萨根：《微观世界》，第 93 页。

[3] 同上书，第 114 页。

氧气的出现推动进化走上了一条新的路径。这些变化可以用来解释特殊的新的生物体的出现，它就是大约17亿年前出现的真核细胞。[1]它们的到来标志着生物体遗传的复杂性显著增长，因此它被认为是地球上生命历史中的主要跃迁之一。[2]大多数原核生物都是微小的，大约只有0.001毫米—0.01毫米之间，而真核细胞通常要比它们大得多。大多数真核细胞在0.01毫米—0.1毫米之间，也就是说，其中最大的我们用裸眼就能够看到。它们也更为复杂，比原核生物包含更多的脱氧核糖核酸（约为1000多倍），不过这些额外的遗传信息很多看上去并未被利用。最后，真核细胞在富氧大气层中茁壮成长，因为它们找到了利用这种新能源的方法。从古生物学的时间比例来看，真核细胞的出现也是相当突然的。马古利斯和萨根引用了天文学家切·雷莫（Chet Raymo）的话："新的细胞和原来的原核生物在化石记录上的差异之剧烈就像莱特兄弟在小鹰镇飞行器试飞一星期之后就出现了协和式喷气机。"[3]（参见图5.1）

由于真核细胞比原核生物包含了多得多的遗传信息，并能够获得更多强大的能量来源，因而具备更多的新陈代谢技巧，并且能够产生更复杂的生物体。通过在氧气中汲取能量，真核细胞间接利用了进行光合作用的生物体——如经常向大气注入氧气的藻青菌——的努力成果。真核细胞比原核生物拥有更具灵活性和适应性的隔膜，而这种隔膜能使它们更为精确地与它们的环境交换能量、食品和粪便。真核细胞同时还有一个特殊的内部容器，保护它们精致的遗传机器——核子。最后一点，它们的内部结构日益复杂，因为它们包含有内部器官，或者细胞器。

林恩·马古利斯证明，真核细胞可能是通过联合不同类型的原核生物及其遗传物质，以一种共生——各个独立有机体在进化过程中变

[1] 林恩·马古利斯和多里昂·萨根：《生命是什么？》（伯克利：加利福尼亚大学出版社，1995年），第73页。
[2] 约翰·梅纳德·史密斯和厄尔什·绍特马里：《生命的起源》，第6章。
[3] 林恩·马古利斯和多里昂·萨根：《微观世界》，第115页。

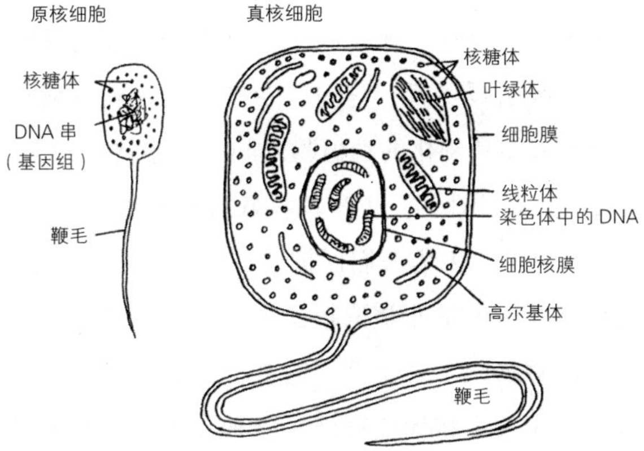

图 5.1　原核生物和真核生物细胞比较

真核生物细胞要比原核生物细胞更大、更复杂。在所有的细胞里，核糖体在脱氧核糖核酸指导下集合了蛋白质。使得细胞能够移动的鞭毛，存在于许多（但不是所有）细胞中。但是真核生物细胞同样包含了原核生物细胞所不具有的其他结构（或者细胞器官）。真核生物细胞把它们的脱氧核糖核酸保持在一个特殊的领域（核子）中，在那里被特殊的膜所保护，通常被叫作染色体的特殊小包组织起来。它们也有线粒体，能够把食物转化为化学能量线粒体；许多还有叶绿体，能通过被称作光合作用的过程把光能转化为化学能量。最后，真核生物还有细胞骨架，这是一个由蛋白质纤维棒和管所构成的复杂结构，它把不同的细胞器官集中在细胞里。选自阿曼德・德尔塞默：《我们宇宙的起源：从大爆炸到生命和智慧的出现》（剑桥：剑桥大学出版社，1998 年），第 164 页。剑桥大学出版社惠允复制

得更加相互依赖的过程——的形式进化而来。共生现象相当普遍，它 115
阐明了进化变化中最为复杂的一个方面：事实上，竞争与合作总是紧密交织的。就像商业活动一样，在进化过程中，并不是所有的博弈规则都是胜者通吃。通常，特定的生物体的成功进步，需要其他生物体的合作。生物学家发现了若干种不同类型的共生关系。寄生关系（parasitism）是一个物种受益，另一物种受损。知更鸟将蛋放在其他鸟的鸟巢里就是一种寄生行为。但是寄生并不是竭泽而渔（亦即受害者丧失一切）。如果寄生关系要得以维持，寄生生物要从中获益，那么至少在一段时间里必须使寄主存活；否则，寄生生物就什么也得不到。
在共栖关系（commensalism）中，两种物种生活在一起，一方获益，而 116

另一方似乎也并没有什么损失。而互惠共生关系（mutualism）则是两种物种都从这种合作关系中得到了益处。许多开花植物需要昆虫和鸟类为之授粉，为了吸引授粉者，它们"奉献"某种花蜜或食物。人类的农业活动就包含人类和驯化的动植物之间的互惠共生的形式。例如，人们以玉米为食，在某些地区，玉米歉收就意味着饥荒。但是玉米也从这种关系中获得了好处，因为人们保护这种植物，帮助它繁殖和繁荣。事实上，现代种类的玉米是非常依赖这种关系的，以至于没有人类的帮助它们就不再能够繁殖。这是真正的共生现象：其中一方或者双方如果离开了这种共生关系将无法存活。这种关系在动物界里也是惊人地普遍存在，因为在这种关系里，合作的双方都能从中获益，事实证明，这比其中一方所获甚少的关系要更加牢固。这也正是为什么致命性的病菌在进化过程中对它们"寄主"的伤害越来越少。人们最熟悉的例子莫过于引起"儿童"疾病的病毒，如水痘，这类病毒都是从原先对寄主损害极大以至于将自己也消灭掉了的致命病毒进化而来的。

在某些极端的案例中，互惠共生可导致由两种曾经独立的物种创造出一个生物体。在某种意义上说，真核细胞因而是第一个"多细胞"生物体。马古利斯和萨根写道："随着真核细胞的出现，生命迈出了另外一步，超越了自由遗传传递的网络，而走向共生现象的协同作用。独立的生物体相互混合，创造出比它们的总和还要大的新整体。"[1] 我们之所以知道的确是迈出了这一步，是因为真核细胞的内部细胞器似乎是从曾经独立的原核生物体发展而来的，而这种原核生物体可能最初就是扮演了寄主的角色。真核细胞的细胞器包括了成千上万微小的核糖体，在这些核糖体中，按照包含在脱氧核糖核酸中的处方制造出各种蛋白质。真核细胞还含有线粒体——专门在细胞"吃掉"的化学物所产生的氧气里汲取能量——以及破坏有害入侵者的溶酶体。多数真核

[1] 林恩·马古利斯和多里昂·萨根：《微观世界》，第119页；关于进化过程中合作与竞争之间的微妙平衡，参见第123—125页。

细胞有鞭子似的鞭毛，能够靠它移动；这样，真核细胞就可以移动到适宜的环境中，而不是像原核生物那样只能漂流到哪里就生活在哪里。推测起来，机动性彻底改革了许多进化过程："就像蒸汽机加速了包括制造更多蒸汽机在内的工业化循环一样，螺旋菌的伙伴关系可能引发了一次巨大的发展，增加了共生生命形式的数量和多样性。"[1] 真核细胞 117
的光合作用器含有叶绿体或叶绿素包。事实上，最早的真核细胞生物体可能就是绿色的藻类。某些细胞器如线粒体和叶绿体仍然包含有它们自己的脱氧核糖核酸（线粒体大约有 12 个基因），这个事实正是我们认为真核细胞是从不同的生物体的共生单元进化而来的理由之一。

真核细胞以比原核生物更复杂的方式繁殖。大多数原核生物只会产出与其自身完全一样的复制品，而真核细胞的繁殖通常会融合来自两个不同亲代的遗传材料。两个成年体的脱氧核糖核酸随机地融合在一起，产生了一串新的脱氧核糖核酸，在这串新的脱氧核糖核酸里，包含了来自双方基因的混合体。因此，真核细胞个体的变化比原核生物更多。它们不再只是它们亲代的克隆，这一创新是向着有性繁殖发展的第一步，对进化变化的步伐产生了深远影响，因为它为自然选择提供了更多的形式，以供每一代生物进行选择。真核细胞生物体和有性繁殖的出现提高了进化的速度，解释了为什么在最近的 10 亿年里生命会以一种全新的方式繁荣发展，从而创造出现代地球上居住的许多大型生物体。有性繁殖以及真核细胞生物体的出现被认为是地球上生命历史的重大转折点之一。[2]

寒武纪生命大爆发：从微观世界到宏观世界

真核细胞的进化是一系列进化变迁中的一部分，它和地球上最早

[1] 林恩·马古利斯和多里昂·萨根：《微观世界》，第 142 页。
[2] 约翰·梅纳德·史密斯和厄尔什·绍特马里：《生命的起源》，第 7 章。

出现生命一样值得注意。

有性繁殖加速了进化变迁。自由氧的数量增长，呼吸（即从氧气中汲取能量的能力）不断进化，使得更新奇和更有力的新陈代谢形式获得更多的能量。最重要的可能莫过于真核细胞生物体开始联合成队列，最终形成了最初的多细胞生物体。这些变化都有助于解释“寒武纪生命大爆发”——大约6亿年前开始的更大、更复杂、更具活力的生物体突然的增殖。

最早的多细胞生物体（与仅仅是生物体的集群，如叠层石等，大不相同）可能早在20亿年前就逐渐形成了。[1]但是只在最近的10亿年里才开始变得普遍。在这些生物体得以繁荣发展之前，有一些严重的问题需要克服。最重要的是，大量的细胞需要以一种新的方式相互沟通和合作。

这并不是一件容易的事情。要理解这是怎样发生的，重要的是要
118 区分生物合作的不同类型。第一种是共生，我们已经提到过了。第二种合作类型源于由许多相同物种的个体构成的生物小群落或是集群。有时这些动物的小群落十分松散地聚集在一起。我们知道，早期生物如藻青菌，聚集成为巨大的集群，叠层石就是以这样的集群形成的。然而，尽管集群保护了个体，但是这些集群还不是典型的共生现象，因为一旦需要，个体的生物体依然能够依靠自己生存下去。有些现代海绵体看上去是单个生物体，但事实上它们能够通过筛子而分离开来。它们可以分解为浆状，然后再重新聚集分开的细胞，实现自我重构。同样特殊的是一种以细菌为食的变形虫。罗斯奈解释道：

> 如果你剥夺它的食物和水，它就会散发出忧伤的激素。其他的变形虫就会冲过来营救它，聚集成一个由1000个以上的“个体”

---

[1] 理查德·A. 福提（Richard A. Fortey）：《生命——地球第一个40亿年的生命发展史，一部非正式的传记》（伦敦：弗拉明戈出版社，1998年），第89页。

> 组成的集群——像鼻涕虫一样移动去寻找营养来源。如果找不到，它们就停下来营造一个可以制造孢子的茎，这个茎的存在时间并不确定，取决于环境是否继续干燥。如果给它们加水，孢子就会发芽，生成独立的变形菌孢（粘变形体），向各个不同的方向转移。[1]

这样的实体基本上是由成百万独立的个体挤作一团而形成的，一旦需要就可以结成一个团队采取集体行动。

在所谓的社会性动物那里，如蚂蚁和白蚁，个体之间的相互依赖更强。在蚂蚁和白蚁群落中，许多个体是不育的。这种形式的合作对进化理论提出了一个严重的问题：对于一个没有子孙后代的生物体而言有什么进化的优势？为什么基因会以这种类似于自杀的方式进化？答案似乎只要是合作的生物体紧紧联系在一起，自然选择就可以在这些共同体里面发生作用。鼓励某个生物体设法提高其近亲的繁殖机会的基因，实际上也间接地提高它们自己的生存机会。例如，一个不育的工蚁与其群落中能够生殖的其他蚂蚁具有 50% 相同的遗传材料。通过帮助它们繁殖后代，可以推动许多它们自己的基因的存活。事实上，在一定的条件下可以用数学的方法证明，特殊基因最大限度的延续，不一定需要通过自己拥有大量的子孙，也可以通过帮助亲戚们繁衍大量后代来实现。但是这些亲戚必须关系很近。（遗传学者霍尔丹曾经评论道，他愿意为他的两个兄弟或是八个堂兄弟献出生命；他所要表达的事实是：他与他的兄弟分享了一半的遗传材料，而与他的堂兄弟仅 119
分享了八分之一。）[2] 只有通过这样的论证才有可能证明达尔文自然选择的机制能够促使个体与同一物种的其他成员合作，即使这样做会减少它们自己直接的繁殖机会。

多细胞生物体是这种合作类型的一个极端的例子。像我们这样的生

---

[1]　里弗斯、罗斯奈、科庞和西莫内：《起源》，第 110 页（罗斯奈部分）。

[2]　约翰·梅纳德·史密斯和厄尔什·绍特马里：《生命的起源》，第 125—129 页。

物体是由无数个体细胞组成的，然而却只有很少数量的所谓生殖细胞有繁殖的机会。为什么骨骼、血液以及肝脏细胞能够容忍这种情况？答案似乎是因为所有的细胞都包含有相同的遗传材料。它们都是克隆体，所以它们拥有同样的脱氧核糖核酸分子。通过合作，它们把所共享的遗传蓝图的生存机会最大化了。用遗传学术语说，它们在确保生存和复制整个生物体方面具有共同“利益”。在这些生物体中，无数个体细胞如此密切地合作着，以至于我们不再认为它们是各自独立的生物体，而是把它们看作一个单独的、复杂的、多细胞的生物体的组成部分。

所以，在多细胞生物体进化之前，就必须存在一种机制，即允许一个单独的生殖细胞（受精卵）繁殖出许多不同种类的具有相同遗传特征的成年细胞。而实际情况是，每个细胞都继承了同样的遗传材料，但是随着生物体的发展，外部因素打开了不同细胞中的不同基因，导致不同的细胞朝不同方向发展。一旦确定之后，这些遗传开关就会传递给更多的细胞，所以一个脑细胞可以通过克隆许多同样的子细胞而增殖。[1] 同样地，肌肉细胞产生了更多的肌肉细胞，骨细胞产生了更多的骨细胞，等等。这种次级遗传——在单个细胞中，包含于脱氧核糖核酸中的基因组只能部分表达出来——是所有多细胞生物体细胞发展的特有方式。

最早的多细胞生物体化石的大量出现，可以追溯到大约 5.9 亿年前的埃迪卡拉纪。但是多细胞生物体的化石记录真正变得丰富多彩，是从大约 5.7 亿年前的寒武纪开始的。用地质学的语言来说，是突然地出现了有保护外壳的生物体。它们的外壳是由碳酸钙分泌物形成的。它们的外壳非常罕见地形成化石而保存下来。这种外壳在世界范围内出现标志着寒武纪的开始，但是很难说它究竟是多细胞生物体的真正繁荣的迹象，还是作为化石被保存下来的生物体的出现。

最大的多细胞生物体，如树和人类，可以包含多达 1000 亿个细

[1]　约翰·梅纳德·史密斯和厄尔什·绍特马里：《生命的起源》，第 28 页。

胞——这个数目就像银河中的星星那么多。人类拥有大约 250 种不同类型的细胞，它们由大约 3 万个基因活动所创造和控制。另一些极端的例子是一些比较简单的多细胞生物体，例如果蝇，它们只有大约 60 120
种不同类型的细胞。水螅，一种由大约不超过 30 毫米长的半透明管子组成的无脊椎动物，也只有大约 60 种不同类型的细胞。[1] 很明显，多细胞的进化意味着活的生物体的复杂性大大增长（和前面一样，我们要小心，不要把“更复杂”设想为“更好”）。

很少有多细胞物种通过化石记录保存几百万年之久。因此，如今存在的多细胞生物体物种只是过去 6 亿年进化过程中诸多不同物种的极小一部分。然而，事实证明，自从寒武纪生命大爆发以来进化过来的一些较大类型物种能够延续很久。仿佛普遍出现了标准的模式，进化只是造成很小的变化。

为了理解这些不同类型的多细胞生物体的历史，我们需要一个分类的体系——生物分类学。生物学家把物种分成许多不同的种群和亚种群。最小的分类单位是种。一个单独的种由独立的生物体组成，这些生物体原则上具有生物学的相似性，相互之间可以杂交，但不能与其他种杂交。现代人类就单独构成了一个种。有一个著名的定义：种就是“一些自然的群体，它们实际上或者可能进行杂交，而不能与其他群体繁殖”。[2] 相近的种集合为属，相关的属构成科和超科，而超科以上分别为目、纲、门，最后是界和总界。

目前，哪种分类方法能够在最高界别上划分生物体，在这个问题上生物学家持有不同意见。现代分类体系的先驱林奈（Linnaeus）把所有的生物体划分为两大体系——植物与动物。然而，随着生物学家们越来越多地使用显微镜，他们发现一大批单细胞生物体并不适合于

[1]　这些例子取自斯图亚特·考夫曼的《在宇宙的家庭中——关于复杂性规律的研究》（伦敦：维京出版社，1995 年），第 109 页，但是简化了人类的基因数目的估算。

[2]　厄恩斯特·迈尔：《生物学思想的发展》（麻省，坎布里奇：哈佛大学出版社，1982 年），第 273 页；引自蒂姆·梅加里：《史前史的社会：人类文化的起源》（巴辛斯托克：麦克米兰出版社，1995 年），第 19 页。

这两个种类。19 世纪中期，德国生物学家厄恩斯特·海克尔（Ernst
Haeckel）建议把所有单细胞生物体归为一个独立的界——原生动物界。
然后，20 世纪 30 年代，生物学家意识到有核子和无核子的细胞之间存
在根本的差别。因此，他们开始把所有生物划分为两个截然不同的界：
121 原核生物界（无核细胞生物体）和真核生物界（有核细胞生物体）。在
一些分类体系中，真核生物界还包括所有的多细胞生物体。20 世纪下
半叶，围绕着是否要为真菌和病毒（病毒极其简单，只有靠抢劫其他
生物体的新陈代谢体系才能繁殖后代）各自划分出两个界，发生了激烈
的争论。在 20 世纪 90 年代，卡尔·伍斯（Carl Woese）提出了一种新
的大型分类体系来区分古细菌和其他形式的细菌。就像所有的原核生
物，原始细菌没有核子，但是与原核生物不同的是，它们不是从日光
和氧气中，而是从其他化学成分中获取能量。

表 5.1　五界分类摘要

总界	界	成员
原核生物总界（没有核子的单细胞生物体）	原核生物界	细菌，蓝藻，原始细菌（有时被列入一个独立的界）
真核生物总界（有核子和细胞器官）	原生生物界（多数为单细胞生物）	原生植物，原生动物粘（真）菌
	植物界（多细胞生物，包含叶绿素，能进行光合作用，通常不能移动）	藻类，苔藓类植物（苔、叶苔和金鱼藻），蕨类植物，裸蕨植物，石松类，柏类，松类，银杏类，苏铁类，开花植物
	真菌界（多细胞生物，不含叶绿素，通过分解有机的残留物获得能量，通常不能移动）	酵母，毒蕈和蘑菇
	动物界（多细胞生物，不含叶绿素，从其他生物体处获得能量，通常可移动）	原生动物，海绵体，珊瑚虫，扁形虫，绦虫，节肢动物，软体动物，腕足动物，环节动物，苔藓虫，棘皮类动物，半索海生动物和脊索动物，包括脊椎动物

表 5.1 描述了当代一个最高界别的分类体系。这一体系认可了两大总界：原核生物界和真核生物界。其中分为五界：无核生物界（原核生物总界中仅有的一界）、原生生物界（单细胞真核生物体），以及植物界、真菌界和动物界（所有多细胞的真核生物）。利用这一体系，我们就可以说，例如，现代人类属于真核生物界这一总界，属于动物界、脊索动物门或脊椎动物、哺乳动物纲或哺乳动物、灵长目、人猿总科（含人类和猿）、人科（含人类、大猩猩和黑猩猩）、人亚科（含人类和最近四五百万年前的人类的祖先）、人属、现代人种。[1]

多细胞生物体很快就被分为三大界：植物（通过光合作用获得能量的生物体）、动物（消费其他生物体的生物体）和霉菌（从外部消化其他生物体后，再从其中汲取营养的生物体）。在埃迪卡拉纪，大概从 5.9 亿年到 5.7 亿年前，出现了种类繁多的多细胞生物体，令人吃惊，它们与至今尚存的生物体，如海绵体、海蚯蚓、珊瑚虫和软体动物十分接近。但是有些物种和至今尚存的物种却大相径庭。例如在不列颠哥伦比亚的波基斯页岩（Burgess shale）中挖掘出了距今大约 5.2 亿年的寒武纪生物体，其情况便是如此。这显然是一个遗传试验期。通过适应环境，更可能（如斯蒂芬·杰·古尔德所言）是通过进化性变化的大迸发，出现了大量多细胞植物和动物组织的基本类型。[2] 其中许多类型至今尚存。

奥陶纪时期（5.1 亿—4.4 亿年前）孢子化石的发现表明，植物是最早离开海洋迁移到陆地的多细胞生物体。对于多细胞生物体而言，122
迁移到陆地就如同迁移到另一个星球一般。首先，这个过程需要特殊的保护装置防止生物体干死和虚脱。潮湿的内部必须有某种隔离层保护，事实上，所有陆地动物在它们身体内部仍带有小型的替代大海的水体，正是在这水体里面，幼体受精并成长。一旦登陆，没有了水的

[1]　这种人类的分类方法取自罗杰·卢因的《插图版人类进化》（牛津：布莱克韦尔出版社，1999 年，第 4 次印刷）第 43 页所描述的现代分类方法。

[2]　斯蒂芬·杰·古尔德：《奇妙的生命》（伦敦：哈钦森出版社，1989 年）。

浮力，它们的身体内部也需要更大的强度，通常解决这个问题的办法就是利用它们细胞里隐藏着的钙化物来形成骨架。同时要发展形成独
123 特的进食、呼吸和繁殖的方法。正如马古利斯和萨根所概述的：陆地的环境形同地狱，“折磨人的日光、刺痛的风和减少的浮力”。[1] 最早的陆地迁移者类似于现代的叶苔或蕨类植物。最初的产种子的树出现在泥盆纪时期（4.1 亿—3.6 亿年前），它们形成了巨大的森林，现代煤炭储备大多即来源于此。（与石油、天然气一样，煤炭是另一种主要的“化石燃料”，照字面意义解释，就是由曾经活着的生物体的化石遗存所形成的。）

动物的多细胞程度超过了植物。它们的细胞有更加专门的分工，相互之间也有更加有效的沟通。动物还形成了机动性的特点和复杂的行为。但是这未必是骄傲的理由，毋宁说，它是进化过程中共生关系无孔不入的一个标志，因为植物不是仅仅喂养了动物，而且它们也利用了动物的机动性来帮助它们传播种子。它们根本不需要大脑或腿——它们就利用我们的！[2] 首先迁移到陆地上的可能是节肢动物，有点儿像巨型昆虫。我们知道，节肢动物的出现是在志留纪（4.4 亿—4.1 亿年前），其中包括类似于现代蝎子的动物，但是其体量要和人类一样大。节肢动物如现代的龙虾，它们的骨骼都暴露在外部。相反，包括人类在内的脊椎动物都具有内部骨骼。最早的脊椎动物是在 5.1 亿到 4.4 亿年前的奥陶纪，由海洋中像软体虫子一样的祖先进化而来。最早的脊椎动物还包括早期鱼类和鲨鱼。所有的脊椎动物都有脊柱、肢体和神经系统，神经系统的部件集中于末端，即头部。在脊柱末端的神经丛就是最早的大脑，它最终将成为意识的所在地。因为脊椎动物的大脑在进化过程中的某一时间点上（我们并不知道具体的时间）形成了一种能力，不仅可以对刺激产生反应，而是感觉到了刺激，在一定意义上

[1] 林恩·马古利斯和多里昂·萨根：《微观世界》，第 187 页。
[2] 同上书，第 174—175 页。

说是意识到了刺激。

如果我们采纳尼古拉斯·汉弗莱（Nicholas Humphrey）的观点，意识就是感受能力，即使还没有系统的思维和自我意识，那么，我们也许可以说，随着最早的神经系统的出现，便已进化出了简单的“意识”形式。“从本质上说，有意识就是有感觉，亦即，对此时此地正在发生的事情在大脑里有一种充满感情的表象。”[1] 但是意识显然有不同的程度和级别，有赖于大脑如何表象和体验外部世界。泰伦斯·迪肯（Terrence Deacon）建议汉弗莱在这里所指的体验应该被描述为刺激感受性（sentience），因为意识（consciousness）这个词应用来表示生物体是“如何表象外界的某些方面”[2] 的方式。他认为所有具有神经系统的动物都可以构建对外部世界的内在表象，使它们能够对外部变化做 124
出比较复杂的反应。例如，一头熊会觉得它和所有看上去像熊的动物之间都有类似之处。同样，它也学会感觉到在冬天来临和冬眠欲望之间的紧密相关性。这些对外部世界具有感受性的表象，在一切具有神经系统的动物中都可能存在，不过它们的多样性、在相互关联的感受性的数量以及与这些感受性表象有关的感觉能力，在脑容量较大的物种中可能会有所递增。但是迪肯进一步论证道，只有人类能够用符号进行思考——这就是说，以完全任意的符号来连接许多不同类型的表象，并且为自己创造了一个十分独特的内部世界。[3] 所以，即便相对于更为直接和普遍的感觉形式而言，人类的符号思考能力多出了智慧的光芒，但人类与最早有大脑的生物体相比，各自的内部世界似乎也有很多共性。这些潜藏在我们意识背后的感觉，可能是与其他具有最低限度“意识”的一切生物体所共有的。

尽管最早的意识形式是在大海里进化的，但意识却在陆上颇为壮

---

[1] 尼古拉斯·汉弗莱：《心灵的历史》（伦敦：恰图和温都斯出版社，1992 年），第 97 页；汉弗莱在第 195 页补充说，意识可能最初是在哺乳动物或鸟类较为复杂的大脑中出现，但是也有在极为简单的生物体中发现。

[2] 泰伦斯·W. 迪肯：《使用符号的物种：语言与脑的联合进化》（哈蒙斯沃思：企鹅出版社，1997 年），第 455 页。

[3] 同上书，第 450 页。

观地繁荣起来了。脊椎动物（即有脊梁骨的动物）最早在泥盆纪后期迁移到陆地上来，而最早的陆地迁移可能始于志留纪。现代的陆地脊椎动物仍然与它们最早的外形十分相似。它们都有四肢，每条肢上有五趾，不过有时它们的肢与趾已经几乎萎缩消失了，比如蛇类。这些相似之处意味着它们——两栖动物、爬行动物、鸟类和哺乳动物——都是从最早迁移到陆地上的动物发展而来的。最早的两栖动物从鱼进化而来，能够呼吸氧气。鳍能用来在陆地上移动，就像现代的肺鱼。但是，两栖动物不得不回到水里产卵，这往往把它们限制在了海岸边、河里或是池塘里。爬行动物进化出了有着坚硬外壳的卵，就像树进化出了有着坚硬表皮的种子。所以，这两种生物体都能在陆地上繁殖。最早的爬行动物出现于大约 3.2 亿年前的石炭纪时期（3.6 亿—2.9 亿年前）。但是越来越多的迹象证明它们从“大灭绝”以后又开始繁荣了。“大灭绝”是指大约 2.5 亿年前（二叠纪末期）的生物的大量灭绝，就像后来的白垩纪的生物灭绝一样，它可能是由一颗巨大的小行星碰撞所引起的。[1] 对现代人类而言，最壮观的古代爬行动物就是恐龙，它们最早出现在三叠纪（2.5 亿—2.1 亿年前），一直繁荣发展到大约 6500 万年前的白垩纪末期。[2]

现代证据表明，许多不同种类的恐龙是在地球与小行星碰撞并产生
125 巨大的尘云之后，极其突然地消亡的。[3] 白垩纪的大碰撞可能形成了墨西哥尤卡坦半岛北部方圆 200 千米的奇科苏库卢布（Chixculub）陨石坑。之后的许多月里，地表的温度由于阳光被遮蔽而下降。但是，接着尘云层隔绝地球，形成温室效应，使地球的温度立刻回升了。如此大范围的

[1]　参见卢安·贝克：《重复的打击》，载《科学美国》2002 年 3 月号，第 76—83 页；这个行星撞击可能发生的地点现在被证实为澳大利亚西北海岸的大撞击坑贝德奥（Bedout）。

[2]　恐龙以其孔武有力而抓住了人类的想象。只举一个例子，似乎古代亚洲内陆的关于守卫宝藏的巨型的鸟形龙或是“格里芬斯”（狮身鹫首的怪兽）的传说，都是以恐龙化石如原角龙的化石为基础的，在中国新疆天山的黄金储藏的旁边经常发现这类恐龙的化石。参见让南·戴维斯·金博尔（Jeannin Davis Kimball）和莫纳·贝汉（Mona Behan）：《女武士：一个考古学家对历史上失落的女英雄的追寻》（纽约：华纳出版公司，2002 年），第 6 章。

[3]　对这一行星碰撞的生动说明，可参见蒂姆·弗兰纳里（Tim Flannery）的《永恒的边疆：北美大陆及其民族的生态史》（纽约：亚特兰大出版社，2001 年）第 1 章。

温度波动足以消灭许多适应于温暖气候的物种。现代的鸟类有着羽毛隔离层，它们可能就是在白垩纪后期那场大灾难中仅存的恐龙后代。

哺乳动物和灵长目动物

与爬行动物不同，哺乳动物是温血的、有毛的。它们的孩子出生前在母体内获取营养，出生后则靠母体改变了的汗腺所产乳汁获取营养。（参见年表 5.2）

哺乳动物最早出现在三叠纪，大约与最早的恐龙出现的时间相同。然而，在整个恐龙时代，它们的种类、数量和体积都十分有限。典型的哺乳动物是小型的夜行生物——可能和现代的地鼠体积相似。它们躯体小，许多都居住在地下洞穴里，这可能有助于它们在这场灭绝多种恐龙的大灾难中存活下来。在大多数恐龙消失之后，哺乳动物的发展开始变得蔚为壮观，形成许多新的种类。很快它们就填补了恐龙消失后所空出的生态龛。食草类哺乳动物出现了，还有食肉类的哺乳动物、食昆虫的哺乳动物，以及居住在树上的哺乳动物，等等。白垩纪后期的小行星碰撞因此被视为我们人类这一物种的史前史中一个至关重要的事件。如果这一个小行星稍稍改变一下轨道，比如说快几分钟或是慢几分钟，哺乳动物可能就会保持有限的数量和种类，也就不可能进化为我们这个物种了。

白垩纪晚期的危机令我们想到，进化是反复无常和随意发展的。进化没有事先计划好的方向，地球上生命进化的方式并没有内在的必然性。可能进行光合作用的生物体会发展，也有可能最终是多细胞生物体实现了进化。[1] 在这有限的意义上，大型的和较为复杂的生物体可能会在某一时刻出现。但进化并不必然按照它在地球上走过的这条特

[1]　关于进化是否偏向于朝着日益复杂的方向发展这一棘手的问题，参见戴维斯在《第五奇迹》中的精彩论述，第 219—225 页。

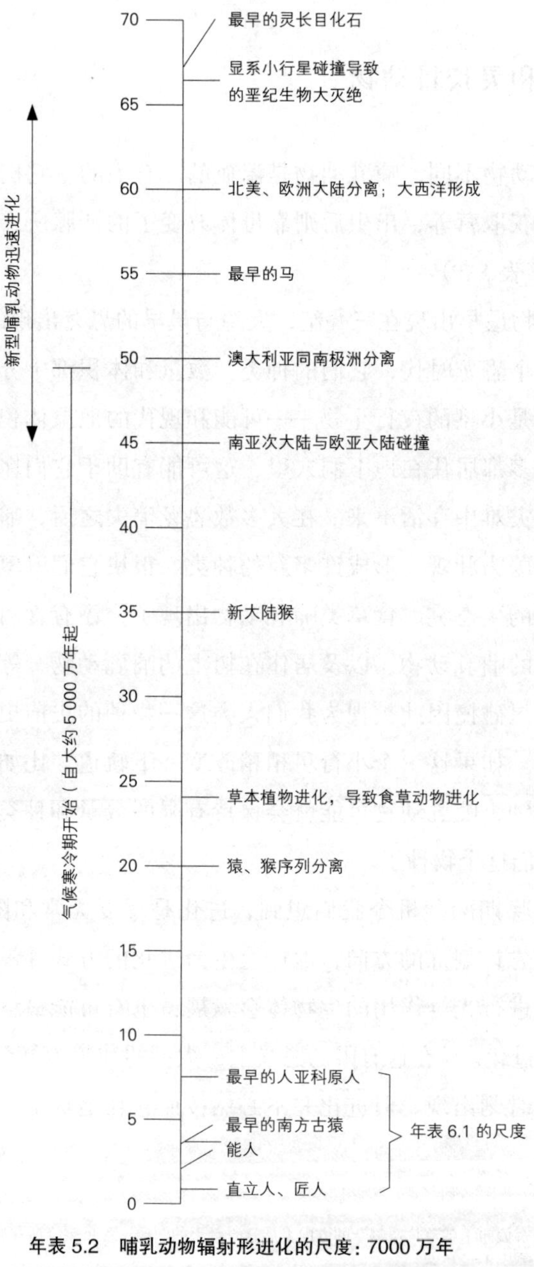

年表 5.2　哺乳动物辐射形进化的尺度：7000 万年

定道路来发展。

人类属于灵长目哺乳动物。今天，灵长目动物包括大约 200 种猴子、狐猴和猿，它们许多是居住在树上的。这个特殊的生态龛刺激了各种进化的发生：拇指与其他手指对置，可以紧握东西；眼睛可以观察立体图像，从而准确地判断距离；大脑可以控制四肢的复杂运动，处理从眼睛传来的复杂信息。最早的灵长目动物在恐龙消失后很快就 127
出现了，而且这个群体迅速多样化，无意中侥幸成为奇科苏库卢布陨石大碰撞的受惠者。

人类属于灵长目动物的一个总科，即人型总科（Hominoidea, hominoids），包括现存动物中的人类和猿（黑猩猩、大猩猩、长臂猿和猩猩），还有许多已经灭绝的物种。化石记录表明，最早的人型总科动物大约出现在 2500 万年前的非洲。达尔文也持相同的观点，尽管在他那个时候并没有我们今天这么多证据。他的理由很简单：在现代世界里，与我们最相像的动物都生活在非洲。他指出，黑猩猩和大猩猩要比亚洲的猩猩与现代人类更接近。不过，在他的同时代人眼里，将黑猩猩和猩猩区分开来只是不得要领而已，但是，我们可能与任何一种猿类有关系，这种想法却是绝对骇人听闻、有辱人格的。但是这一观念并非最新提出来的，许多人类的共同体都认为灵长目动物和人类有着相当密切的关系。阿瓦利（Alvares）神父是葡萄牙传教士，17 世纪初他在塞拉利昂工作时就曾报道说："那里的异教徒宣称他们是这种动物的后代（dari，用现代语言来说，就是黑猩猩），当他们看到这种动物时就会满怀同情：他们从不伤害或殴打这种动物，因为他们把它看作是他们祖先的灵魂，并且他们认为自己就起源于那种动物。他们说他们就是这种动物的亲属，凡是相信他们是这种动物的后代的人都称自己为阿米艾奴（Amienu）。"[1]

[1] 珍妮・M. 赛特和乔治・E. 布鲁克斯（Jeanne M. Sept and Georgy E. Brooks）在文中引用了阿瓦利神父的报告：《有关 16、17 世纪塞拉利昂黑猩猩的自然历史（包括工具的使用）的报告》，载《国际灵长目动物学》第 15 卷，第 6 期（1994 年 12 月），第 872 页。在此感谢乔治・E. 布鲁克斯提供给我此文的抽印本。

根据本书采用的分类法，人型总科（Hominoidea）分为三大群体：人科（Hominidae），猩猩科（Pongidae，猩猩）和长臂猿科（Hylobatidae，长臂猿）。而人科包含两大群体：大猩猩亚科（Gorillinae，大猩猩和黑猩猩）和人亚科原人（Homininae）。人亚科原人是唯一习惯用两足行走的灵长目动物。分子断代技术表明，大约 500 万年到 700 万年前，人亚科原人与大猩猩亚科的进化序列分离。现代人类是现存唯一的人亚科原人成员，但是这个群体还包括许多已经灭绝了的物种，其中就有我们的直系祖先（参见第 6 章）。

进化与地球的历史："盖娅"

我讲述了地球生命的历史，也讲述了地球本身的历史，仿佛这是
128 两个不同的故事似的。事实上，它们是密切相关的。通过大量排放自由氧，新的生命的进化改变了地球的大气层。数百万的动植物残骸创造了石炭纪的岩石，以及为现代工业提供动力的化石燃料的巨大储存，通过这种方式改变了地球的地质状况。同时，原始细菌开采和挖掘了海床之下的地区。

很可能生命对于我们地球的影响甚至更为深远。詹姆斯·勒弗洛克（James Lovelock）认为，活的生物体之间的合作形式比我们通常所认识到的要广泛得多。事实上，他认为，在一定程度上活的生物体构成了一个单独的、遍布全球的系统；他称之为"盖娅"——用希腊神话中大地女神的名字命名。盖娅是一个巨大的自我调节的超级生物体，自动维持着地球表面生命所适宜的环境。

> 我们在 20 世纪 70 年代引入了盖娅假设，假定大气、海洋、气候以及地壳由于活的生物体的作用而被调节到了适宜于生命的一种状态。盖娅假设还特别指出，温度、氧化状态、酸度以及岩石和水的某些方面在任何时候都保持恒定，而这种动态平衡则是

由生物群自动、无意识的积极反馈过程来维持的。[1]

勒弗洛克指出，尽管太阳发出的热量在近 46 亿年里增长了大约 40%，而地表的温度仍保持在大约 15℃，或者说是保持在适于生命进化和繁荣的范围之内，正是这些机制发生作用的一个例证。哪些机制能够保持一个如此稳定的全球的自动调温器呢？水藻开花可以为这种将有生命的和无生命的环境连接在一起的反馈作用提供一个范例。许多水藻产生一种叫作硫化二甲基（DMS）的气体，当它和大气层上方的氧气发生反应时，硫化二甲基产生一种微粒，将其周围的水蒸气凝结起来。于是，通过产生大量的硫化二甲基，水藻便制造了云。大块云层的覆盖减少了到达地表的太阳光的数量，降低了地表的温度，因而也减少了地表的水藻的数量。因此，硫化二甲基数量减少，覆盖的云层随之减少，而到达地表的日光的数量则增加了。由此水藻形成了一种遍布世界的自动调温器，它通过经常调节云层覆盖的数量，在一定范围内保持了地表的温度。勒弗洛克的理论主张，生物圈（地球生命的总称）是由许多这样连锁的、负反馈循环所维持的一种动态的平衡状态。[2]

勒弗洛克的理论遭到怀疑，其中一个原因就在于他的理论很难解
释为什么某些特定物种竟然会以造福整个生物圈的方式进化。自然选 129
择的理论使我们认为，竞争而不是合作才是进化的主导力量，因为个体为数众多，而生态龛却为数稀少。所以物种之间存在的合作经常需要给予特殊的解释。在多细胞生物体中，遗传相似性似乎能够解释合作。而且我们已经看到，在许多共生形式中双方都能从中得益。但是在全球范围内的合作的想法却很难证明是有理由的。为什么水藻就应

[1] 詹姆斯·勒弗洛克：《盖娅时代：我们地球生命的传说》（牛津：牛津大学出版社，1988 年），第 19 页。

[2] 奥地利地质学家爱德华·聚斯（1831—1914）创造了“生物圈”这个词，就像层叠的岩石被称为岩石圈、层叠的大气层被称为大气圈一样，层叠的生物存在就被称为“生物圈”，但将之运用于实践的则是俄国科学家韦尔纳茨基（1863—1945），他将生物视作“生命物质”（马古利斯和萨根：《生命是什么？》，第 48 页及以下）。

该进化到有能力释放硫化二甲基，除非它对于已经进化出这种能力的物种有所“适应”，除非它帮助它们繁衍自己的基因？勒弗洛克一直坚持认为，在这个过程背后一定有达尔文进化论的逻辑，但是要解释这种逻辑却并不容易。在一些特殊情况下，我们有时能够看到，一些特定的物种在受益的同时，也使整个生物圈受益。例如，人们提出，某些水藻能够随着上升的气流升到高空，然后随雨水再次落下。因为它广泛地散播它们的后代，这个过程使得整个物种具有明显的进化优势。在这个过程中硫化二甲基的释放起到若干辅助作用。当与氧气发生反应时，硫化二甲基产生将细菌提升到高空的气流。一旦上升到云层，在这个反应副产品周围形成的水蒸气和冰晶则保护处在大气层上方的水藻不至于干涸至死。冰晶同样也能够帮助它们回到地面。这样的理论，类似于亚当·斯密经济理论中的“看不见的手”，有助于解释个体和物种之间的竞争是如何导致了这种总体上对大多数生命形式都有益的结果。一般而言，借云播种可能仅仅是生命本身，特别是细菌的生命有助于生物圈保持在适宜于生命存活的状态的无数方式中的一种而已。[1]

还有另一种可能性，细菌领域中的合作要比在大型生物体领域中的合作自然得多，因为细菌较之大型生物体能更加自由地交换遗传信息。正如我们所见，细菌交换复制子就如同我们现代人类交换硬币那么简单。这至少意味着在细菌世界里，自然选择形成了能够共同工作的完整的细菌团队。马古利斯和萨根说：

> 细菌基因甚少，缺乏代谢能力，需要团队行动。在自然界里，
> 130 细菌从来不以单独个体的方式活动。在任何特定的生态龛里，几种细菌团队生活在一起，对环境做出反应并改革环境，以互补的

[1] 林恩·亨特：《送入云端》，载《新科学家》，1998年5月30日，第28—33页；更多的盖娅假设，参见勒弗洛克的著作。

> 酶相互帮助。……以这样的方式错综复杂地交织在一起，细菌占据并彻底改变了它们的环境。它们以巨大和不断变化的数量，完成了个体所不可能完成的任务。[1]

如果这个论断是正确的，细菌的合作范围甚至可以扩展到整个地球——这样可能更容易解释勒弗洛克在“盖娅”中所观察到的合作形式。它能够搞清这一事实：细菌似乎在保持生物圈的生存方面起到了至关紧要的作用。

无论盖娅假设正确与否，这是个有力的和令人鼓舞的想法。“即使不对，想法挺棒。”另外，显而易见的是，活的生物体的确改变了地表。但是反过来也是正确的。地质的变化促成了进化。在多数大陆都连在一起的时代，生物的多样性远比这个星球的表面上的大陆广泛飘移开来之后要少得多。如今，大陆分布广泛，所以在地球最近的历史上生命变化多端（直到最近几个世纪我们人类这个物种的所作所为才减少了这种多样性）。板块构造论所提出的陆地重组改变现有的生态龛的数量和种类，这就解释了过去 5 亿年里至少有五个阶段生物多样性急剧减少——这些阶段里大概有 75% 甚至更多的物种消失了。其中最为悲惨的一次发生在大约 2.5 亿年前二叠纪后期，也就是泛大陆形成的时期。在这个阶段，可能有 95% 以上的海洋生物物种灭绝了。[2] 灵长目动物的进化则发生在一个进化变化加速的阶段，这种加速是由于白垩纪后期陨石碰撞，以及地质复杂的世界中存在为数众多的独特的生态龛造成的。

在任何时候，陆地和海洋的特殊构型都会深刻影响气候模式。事实上，我们人类这个物种就是在一个气候和生态都发生异常迅速变化的阶段中进化的。在 2300 万年到 520 万年前之间的中新世时期，气

---

[1]　林恩·马古利斯和多里昂·萨根：《微观世界》，第 91 页。

[2]　卢因：《人类进化》，第 27 页。这些主要的灭绝事件，如白垩纪晚期的大灭绝，也可能是由于小行星的碰撞所引起的。

候开始变冷。海洋蒸发量的减少意味着气候开始变干，因此森林的面
积缩小，而没有树木的大草原和沙漠地区有所扩大。这些变化的一部
分原因是地球板块的重新调整所造成的，随着大西洋变宽，非洲和印
度向北漂移，分别在西部和东部与欧亚板块发生了碰撞。当温暖的赤
131 道附近的水流能够自由地流动到极地，就会使地球气候保持温暖。当
今位于南极的南极洲阻挡暖流使南极变暖，而在北极附近的大陆圈则
限制了赤道附近的水流向北移动。两极共同阻挡暖流循环，这在地球
历史上是独一无二的。在 520 万年到 160 万年前的上新世，气候变冷、
变干的趋势开始加速，一直延续到我们人类的祖先进化的更新世。大
约 600 万年前，地中海成为一个半封闭式的内海，封锁了大约世界上
海洋盐分的 6%。其余的海洋由于盐的浓度较低，比较容易结冰，南极
冰冠开始迅速扩张，造成全球温度急剧下降。大约 350 万年到 250 万
年前，北半球和南极开始形成冰原，到大约 90 万年前的时候，远北地
区也已经形成了大型冰原。世界进入“冰川时代”（参见图 5.2）。[1]

气候史专家现在能够非常精确地测量出最近的全球气温的变化。氧有三种同位素（也就是拥有不同中子数的原子）。由于冰原和水吸收它们的数量不同，保留在海洋中的同位素比率就取决于结成冰的水的数量而有所不同。找到摄入氧气的生物化石，测量它们遗存的这些同位素比率，科学家就能够估算出这些生物生存时世界冰原的规模和范围。统计表明，在漫长而又寒冷的大趋势里，同样也有着变暖和变冷的短暂循环。这部分是由于地球的倾角和轨道的变化所引起的。现在我们已经清楚，这些短期循环的频度在最近 500 万年里有所变化。一个完整的周期，从温暖的间冰期到较长的冰川时代再回到间冰期，在 280 万年前可持续大约 4 万年。从那时起直到大约 100 万年前，这个周期持续了大约 7 万年，而在最近的 100 万年里，一些重要的循环周期

[1]　卢因：《人类进化》，第 22—24 页。

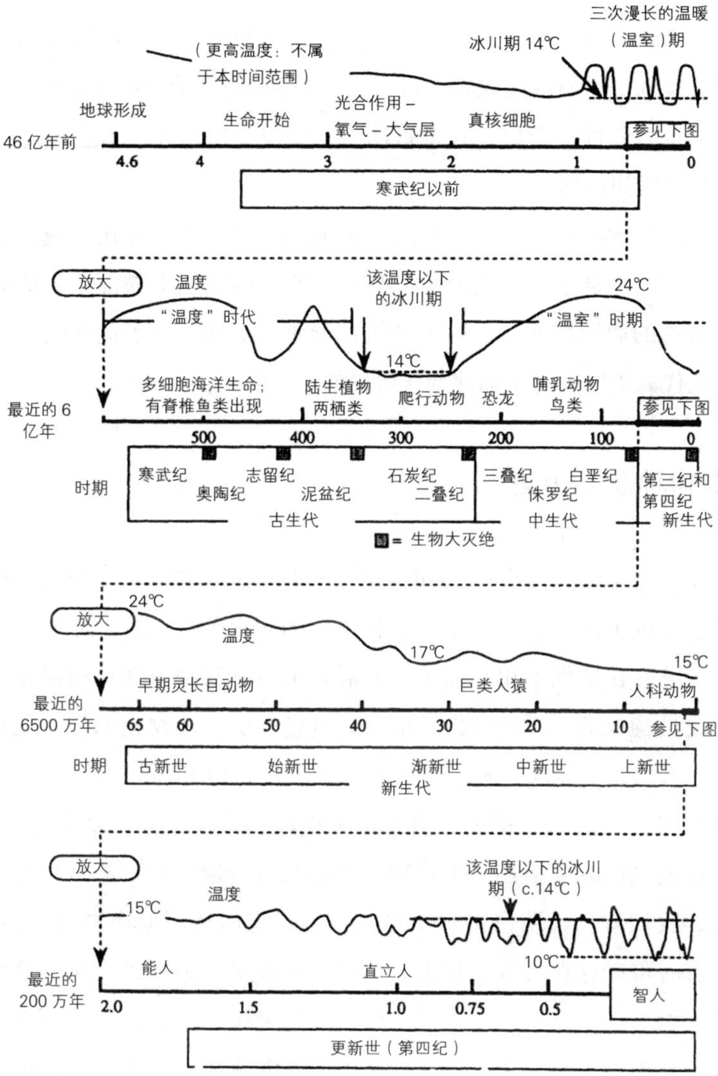

图 5.2　不同时间范围的气候波动

全球变暖并不是什么新鲜事。在整个地球历史上，地球的平均表面温度一直在几个不同的数值范围内波动。就像这些图像显示的，我们人类这个物种就是在地球变冷的周期内进化的。但是在最近的100万年里，温度的变化变得更不稳定，这段时期被称作冰川期。选自麦克迈克尔（A. J. McMichael）：《危险的地球：全球环境变化和人类的健康》（剑桥：剑桥大学出版社，1993年），第27页。剑桥大学出版社惠允复制

持续大约 1 万年。[1] 当前的气候类型似乎是持续大约 1 万年的短暂间冰期或温暖期，以及更长的寒冷期，然后是短暂的极其寒冷的时期并且迅速过渡到一个新的间冰期。最后的冰川期始于大约 10 万年前，持续到大约 1 万年前。所以，在最近的 1 万年里，地球处于这些循环中的一个温暖的间冰期。

地球气候的长期寒冷以及这些短期循环对于人类进化研究的意义在于，它们创造了不稳定的生态环境。所有的陆地生物都必须适应气候和植被的周期性变化，这种必然性毋庸置疑地加快了进化变化的步
133 伐。现代人类即是这个加速变化阶段的产物之一。

个别物种及其历史

今天，地球上大约有 1000 万到 1 亿种不同物种。每一个物种都是由许多原则上能够杂交的个体生物组成的。物种可以被划分成许多地方性种群，在地理上相互隔绝。种群是由一个物种内真正相遇并且繁殖的成员构成的，而物种则是由所有具备足够的生物相似性而能够进行杂交繁殖的个体构成的，即便这些个体相互之间实际上从未相遇。

本书的其余部分将关注诸多物种中的一个——那就是我们人类。但是首先也许应当描述一下物种史上的某些普遍特征。甚至自达尔文以来，我们就已经明白物种不是永恒的。它们从其他物种进化而来；它们有时可以存在百万年以上；然后它们或者灭绝或者进化成这样或那样的物种。在这个意义上说，每一个物种都有它们自己的历史，尽管其中许多可能从未留下过任何记录。在其一生中，每个物种可能经历了许多较小的变化。可能会出现地区性的变种，但是生物学家依然将这些个体视为同一个物种的成员，只要它们仍能进行杂交并繁殖有生育力的后代。例如，所有的现代犬都能够进行杂交，无论它们在形

[1]　卢因:《人类进化》，第 22 页。

体、大小以及性情（这是人工选择的结果）上有多大的差别。这也就是为什么驯化的狗在生物学上被视为同一个物种的成员。

我们能够大致根据种群的历史来描述一个物种的历史。如果一个物种成功地形成，那么它就在其他物种的共同体中找到了一个生态龛，找到了一种能从环境中吸取足够资源的方法，以便该物种的个体成员能够成功地存活和繁衍后代。迁移到一个新的地域，或是生活方式或遗传才能的小小更新，都可能使一个物种拓展其生态龛，甚至开发一个新的生态龛或是一片新的地域。一旦发生这样的情况，这个物种的种群就有可能增长。它的增长通常是遵循着一个典型范型，我们将它概括为一个公式：迁移，更新，增长，过度开发，衰落和稳定（MIGODS）。[1] 最初的更新导致种群快速增长。最后，由于繁殖的个体数量太多，一旦某种重要资源（如食物、水或者空间）稀缺到一定程度，该种群便不可能再有更多的增长。[2] 这就是过度开发阶段。跟随其 134
后的有时是灾难性的种群衰落，如果在这一物种达到最大的可持续发展的水平之际，其种群的增长有所放慢，那么其衰落可能就会不那么激烈。最后，当物种适应了环境提供的良机和限制时，种群的数目再次上升并达到一个稳定阶段。一个特定物种在其生存过程中可能会多次经历这样的循环。但是最终将会有一天，继衰落阶段后并没有出现一个稳定阶段——可能是因为环境变化，或是其他的物种用某种毁灭性的方式改造了环境，这一物种就会灭绝；不过它可能留下非常不同的后代，而足以将其归类为另一个新的物种。

图 5.3 用图表演示了这个节律，表明某个虚拟物种的种群成长。它描述了一个物种历史的特有节律、该物种与其他物种乃至于整个生物

[1] 此种范型在澳大拉西亚（Australasia）的运作，在蒂姆·弗兰纳里的《未来食客：澳大拉西亚的土地和民族生态史》（新南威尔士，查茨伍德：里德出版社，1995 年）各处中均有生动描述；摘要见第 344 页。
MIGODS 是迁移（Migration）、更新（Innovation）、增长（Growth）、过度开发（Overexploitation）、衰落（Decline）、稳定（Stabilization）六个英文词的第一个字母。——译者注

[2] “莱比格（Leibig）的最小因子定律……是说种群将受到供给最少的关键资源（譬如水）的限制。”（艾伦·W. 约翰逊（Allen W. Johnson）和蒂莫西·厄尔主编：《人类社会的进化：从食物采集团体到农耕国家》第 2 版（斯坦福：斯坦福大学出版社，2000 年），第 14—15 页。）

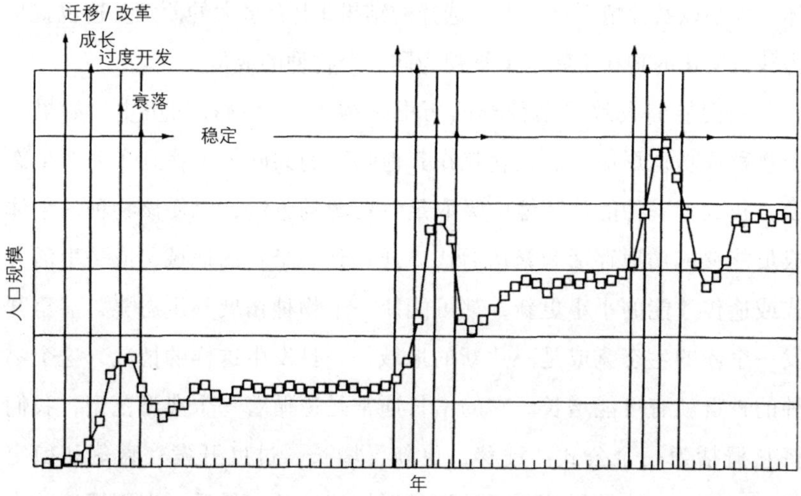

图 5.3 种群成长的基本节律

图示典型的种群成长范型，对于大多数物种而言，该范型在导致灭绝的衰落阶段就结束了

圈的关系。它也给了我们一些思想上的启发，有助于我们发现在人类历史和其他物种的历史之间某些比较重要的相似和差别。

本章小结

经过大约 40 亿年，进化过程造成了现代地球上显而易见的生物多样性。事实上，现存的物种仅仅只是曾经在地球历史中进化过的物种 135
总量中极小的一部分标本。

在 30 多亿年时间里，生命只是由单细胞生物体组成。然而，即使在细菌世界里也有了变化。细胞获得了先是从日光、最终从氧气中汲取能量的能力。真核细胞获得了内部细胞器。大约从 6 亿年前，一些细胞聚集在一起形成多细胞生物体，这是地球上最早的不用显微镜就可观察到的生物体。自从寒武纪的生命大爆发后，树、花、鱼、两栖动物、爬行动物、灵长目动物都进化了。许多其他的进化试验也一度繁荣、消失，但没有留下任何痕迹。

在生命进化的同时，地球本身也在进化，这两个过程在许多关键点上相互关联。活的生物体创造了石炭纪的岩石和富氧大气层。同时，板块构造的过程不断塑造并重塑地球表面以及气候模式，其结果是加速或延缓进化改变的速度，一些暴力事件如陨石碰撞和火山爆发有时候会在一些特定地域改变进化的过程。生物圈和地球作为一个复杂的相互关联的系统的一部分共同进化。

在这个不断变化的系统里，基本的生态单元便是特定的物种。每个物种都有它们自己的历史，受到它们与其他物种的关系的支配。每个物种的历史主要取决于该物种特定的生态龛以及它从周边环境汲取资源（包括食物）的方法。随着时间的推移，该物种的生态龛或多或少会有一些微妙的改变，而这些变化可能会影响到这一物种的种群。每个物种的历史在很大程度上受到这些波动的影响，而这些波动反过来又和环境的改变、和物种利用环境的方式有关。种群变化的特殊方式为我们探讨现存物种的普遍历史以及人类这一物种的历史提示了一种方法。

延伸阅读

且不论标题，约翰·梅纳德·史密斯和厄尔什·绍特马里的《生命的起源》(1999 年)围绕着复杂体的进化这一核心观点来构建地球上生命的历史。李维斯等合著的《起源：宇宙、地球和人类》(1998 年)也遵循了类似的线索。在《生命的壮阔》中，斯蒂芬·杰·古尔德批评了随着时间的流逝，生命变得越来越复杂的观点，而在《奇妙的生命》(1989 年)中他强调了进化的偶然性。马尔科姆·沃尔特的《探索火星
136 生命》(1999 年)一书对了解地球上生命的最早的化石证明非常有用。阿曼德·德尔塞默的《我们宇宙的起源》(1998 年)对生命的历史有简短概览，理查德·福提的《生命——地球第一个 40 亿年的生命发展史》(1998 年)和史蒂文·斯坦利的《穿越时间的地球与生命》中则有较长篇幅的说明。林恩·马古利斯和多里昂·萨根在《微观世界》(1987 年)和《生命是什么？》(1995 年)中着重强调了地球上细菌生命的重要性；詹姆斯·勒弗洛克的著作则注重于细菌在调控环境的“盖娅”体系中所扮演的重要角色。保罗·埃利希的著作《自然界机械论》(1986 年)是一本生态学方面介绍性的好读物。蒂姆·弗兰纳里的《未来食客》(1995 年)和《永恒的边疆》(2001 年)在地理时间范畴上分别提供了澳洲大陆和北美大陆及其周围的极佳的生态历史。

第3部

早期人类的历史：许多世界

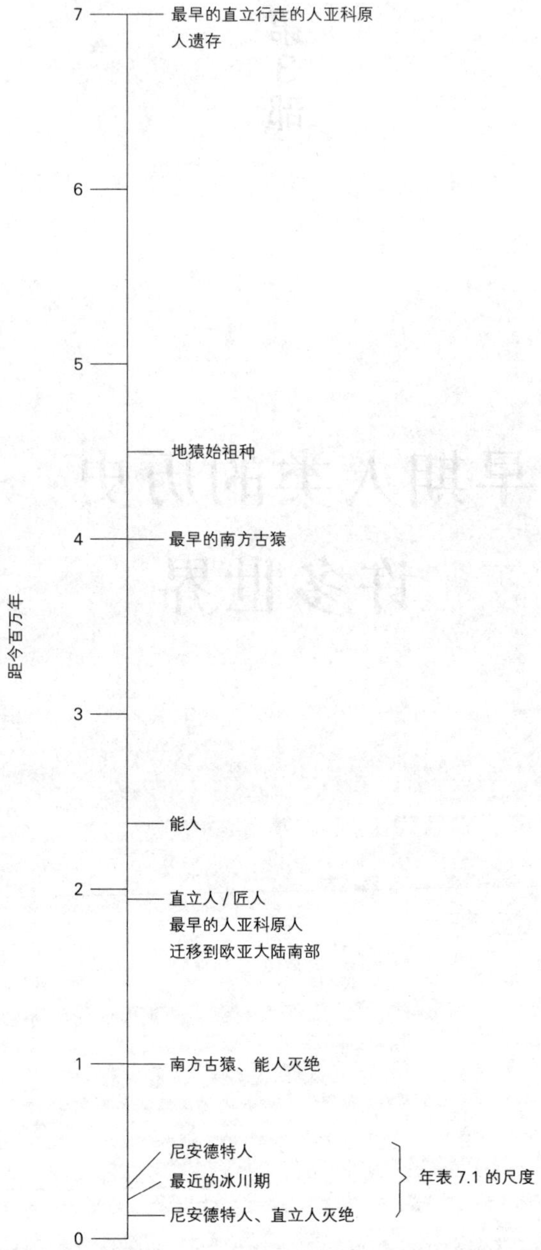

年表 6.1　人类进化的尺度：700 万年

第6章

人类的进化

在本书的剩余部分我们将主要关注一个物种的历史：这个物种便是智人。之所以缩小我们的关注点，原因有二：首先，我们——本书的作者和读者——均属于这一物种，若想了解我们自己，就必须掌握智人的历史；其次，从某些异常巨大的尺度看，我们这一物种的历史具有相当的重要性，这一点虽然不太明显，却也并非褊狭之见。

当我们试图解释人类的出现时，我们再次面对关于起源的悖论。全新的事物是怎么出现的呢？我们是动物，和其他生物体一样依照达尔文的理论进化，我们和相近的亲缘物种，比如其他人科动物（大猿）有明显的相似之处，然而我们又与即使最相近的亲缘物种有着根本的不同。不知何故，我们这一物种的进化超越了达尔文的规律。正是这个原因，与其他大型生物体相比，我们对地球产生的影响要大得多。

那么，我们该如何解释是什么把我们与其他动物联系在一起，又是什么把我们与它们区别开来呢？

人类的历史：一个新层次的复杂性

前文我们已讲述过类似的跃迁。人类的历史标志着一个新层次的复杂性的出现是突如其来而不可预计的，就像最早的恒星、地球生命或是多细胞生物体的出现那样。我们看到，复杂实体比简单实体更加罕见，它们更加脆弱，而且由于不得不在熵的下行电梯上往上攀爬得更快一些（参见附录二），所以它们不得不获取更为密集的能量流。我
140 们还看到，随着那些多少相互独立的实体合并为新的更大的结构，创造出了一种新形式的相互依赖，这种方式导致了更大复杂性的跃迁。最后，我们还看到，随着新层次复杂性的出现，它们似乎按照某种新的规则（“突现属性”，用复杂理论的术语来说）而发生作用。

人类的历史同样标志着地球上一种新层次复杂性的出现。[1]在较早的跃迁中，人类的历史将曾经独立的实体联结成为更大的相互依存的范型，这个过程是与造成深刻变化后果的大量能量流密切相关的。以21世纪的观点来看，我们能够估算其中的一些变化。人类由于集体行动而学会了掌握迅速增长的大量能量流。尽管这些变化的重大意义直到最近两个世纪里才显现出来，但是它们的根源可以追溯到旧石器时代。[2]

表6.1说明了人类怎样从环境中汲取远远超过他们生存和繁殖所需的能量。他们显现了一种全新的“生态创新”能力。从人类早期历史开始，如用火之类的技能提高了每人所能分配到的能量数量。在过去1万年里，农业提高了人类在一定范围内的食物能量，而过去6000年中大型食草动物的驯化则提高了牵引动力的能量。在过去两个世纪里，使用矿物燃料使人均分配到的能量成倍增长。随着人口总数大致从旧石器时代的几十万发展到1万年前的几百万，直到今天的超过60亿（参见表6.1），我们人类这个物种所掌控的能量，其数量至少增加了5万倍。对于一个物种所能支配的能量的数量来说，这是一个令人惊愕的数字，这也有助于我们解释为什么人类对于整个生物圈能够产生如此巨大的影响。要想衡量这种影响的一个有力方法就是估算一下日光所提供给生物圈的能量有多少是被人类所吸收和利用的。净初级生产力（NPP）是指从日光中吸收的能量，通过光合作用进入食物链而转化为

---

[1]　例证参见约翰·梅纳德·史密斯和厄尔什·绍特马里：《生命的起源：从生命诞生到语言起源》（牛津：牛津大学出版社，1999年）。

[2]　最优秀的人类能量利用简史参见斯米尔：《世界历史中的能量》（布尔德：韦斯特韦尔出版社，1994年）。

植物。然后，它们喂养了许多其他生物体。这样，净初级生产力能够用来粗略地衡量生物圈的能量“收入”。现代的计算结果认为，我们这一物种通常本身消耗了至少是净初级生产力提供给所有陆上物种总能量的 25%，而有的计算出来的结果竟达到了 40%。保罗·埃利希概括了这些值得注意的数字背后的故事：“作为千千万万种物种之一，智人吸收了大约所有光合作用的产品的 1/4 供自己使用。”[1]

表 6.1　从历史上看人均能量消耗（能量单位 =1000 卡路里 / 每天）

	食物（含喂养动物）	家庭与商业	工业与农业	交通	人均总计	全部人口（百万计）	总计
技术社会（当代）	10	66	91	63	230	6000	1 380 000
工业社会（1850 年前）	7	32	24	14	77	1600	123 200
高级农业社会（距今 1000 年）	6	12	7	1	26	250	6500
早期农耕社会（距今 5000 年）	4	4	4		12	50	600
狩猎者（距今 1 万年）	3	2			5	6	30
原始人	2				2	不详	不详

资料来源：I. G. 西蒙斯（I. G. Simmons）：《地球外貌的变化：文化、环境和历史》第 2 版（牛津：布莱克韦尔出版社，1996 年），第 27 页

人类对能量的控制能力的逐渐增长，塑造着人类的历史以及许多 141
其他物种的历史。它也使得人类能够以加倍的速度增长。表 6.2、表 6.3 和图 6.1 总结了过去 10 万年里的人口增长。随着数量的增长，我们这一物种的生态范围也在扩张；人们发现，到 1 万年前，也可能早在 3

[1]　保罗·埃利希：《自然界机械论》（纽约：西蒙和舒斯特出版社，1986 年），第 287 页。陆地上人类适当的 NPP 数据来自于 I.G. 西蒙斯：《地球外貌的变化：文化、环境和历史》（牛津：布莱克韦尔出版社，1996 年，第 2 版），第 361 页，他采用的是 J. M. 戴蒙德（J. M. Diamond）：《人类对世界资源的利用》，载《自然》，1987 年 8 月 6 日，第 479—480 页。

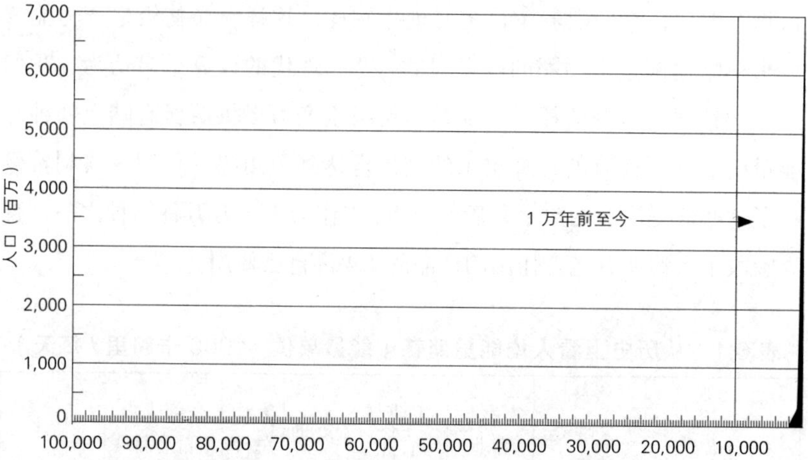

图 6.1 人类的数量，10 万年前（距今）至今（根据表 6.2 制）

万年前，人类就居住在除了南极洲以外的所有大陆上。在旧石器时代，人类历史的特色主要表现为人类居住范围的不断扩大。在过去 1 万年里，不断增长的人类居住密度极大地塑造了人类社会的进化方式，人类学会在越来越大的共同体中生活，从农村到城镇、城市一直到国家。

表 6.2 世界人口及增长速度，10 万年前至今

距今（年）	世界人口估计数	与前一日期相比每百年增长率（%）	所示翻番时间（年）	数据来源
10 万	1 万	—	—	斯特林格，150
3 万	50 万	0.56	12403	利维–巴奇，31
1 万	600 万	1.25	5580	利维–巴奇，31
5000	5000 万	4.33	1635	比拉本
3000	12 000 万	4.47	1583	比拉本
2000	25 000 万	7.62	944	利维–巴奇，31
1000	25 000 万	0.00	∞	利维–巴奇，31
800	40 000 万	26.49	295	利维–巴奇，31

续表

距今（年）	世界人口估计数	与前一日期相比每百年增长率（%）	所示翻番时间（年）	数据来源
600	37 500 万	-3.18	不详	利维-巴奇，31
400	57 800 万	24.5	320	利维-巴奇，31
300	68 000 万	17.65	427	利维-巴奇，31
200	95 400 万	40.29	205	利维-巴奇，31
100	163 400 万	71.28	129	利维-巴奇，31
50	253 000 万	139.74	79	利维-巴奇，31
0	600 000 万	462.42	40	利维-巴奇，31

资料来源：比拉本（J. R. Biraben）：《论人口数量的发展》，载《人口》第 34 号（1997 年），第 13—25 页；马西莫·利维-巴奇（Massimo Livi-Bacci）：《简明世界人口史》，卡尔·伊普森（Carl Ipsen）译（牛津：布莱克韦尔出版社，1996 年）；克里斯·斯特林格（Chris Stringer）和罗宾·麦凯（Robin Mckie）：《走出非洲》（伦敦：凯普出版社，1996 年）

表 6.3　不同历史时期的人口增长速度

时代	起始（距今年）	结束（距今年）	起始人口（百万）	结束人口（百万）	每百年增长率（%）	所示翻番时间（年）
旧石器时代	10 万	1 万	0.01	6	0.71	9752
中期	10 万	3 万	0.01	0.5	0.56	12403
晚期	3 万	1 万	0.5	6	1.25	5579
农耕时代	1 万	1000	6	250	4.23	1673
早期	1 万	5000	6	50	4.33	1635
农耕文明	5000	1000	50	250	4.11	1723
公元第一个千年除外	5000	2000	50	250	5.51	1292
现代	1000	0	250	6000	37.41	218
早期	1000	200	250	950	18.16	415
工业化	200	0	950	6000	151.31	75

资料来源：表 6.2

顾名思义，人类利用过的资源，其他物种就无法再利用。所以，当人类的数量上升时，其他物种的数量就会萎缩。驯化的动物，如羊和牛，以及从蟑螂到老鼠这些在无意中驯化的动物生养众多。但是更多的物种境遇都并不好，大量物种先后消失。这个过程同样是从旧石器时代开始的，那时人类的活动导致如尼安德特人那样的亲缘物种灭
142 绝，也导致许多其他的大型物种灭绝，其中包括西伯利亚的猛犸、美洲的马和巨型树懒，以及澳大利亚的巨型袋熊和袋鼠。今天，人类活动所导致的物种灭绝速度正在加速。被认为正在受到“威胁”的物种有：4629 种哺乳动物中的 1096 种（24%）、9627 种鸟类动物中的 1107 种（11%）、6900 种爬行动物中的 253 种（4%）、4522 种两栖动物中的 124 种（3%）、25000 种鱼类动物中的 734 种（3%），以及 27 万种高级植物中的 25971 种（10%）。[1] 可以预想，由于物种灭绝速度加快，在不远的将来会有更多的物种消失。这些颇具说服力的数字可以衡量人类历史对这个星球的影响，因为古生物学家研究了过去超过 6 亿年的时间里的物种灭绝速度，而现在的灭绝速度似乎类似于那段时期中 5—6 次最激烈的物种灭绝的速度。[2] 这就意味着人类历史的影响至少在今后 10 亿年中仍将可以看到。换言之，如果有外星古生物学家在这 10 亿年中造访这个星球并利用现代古生物学家的工具解读这个星球的历史，他们将会发现，我们这一物种的出现与其他物种的大灭绝，二者是同时发生的。

这些数字同样能够帮助我们衡量人类历史的独特性。再也没有其他的大型动物像人类那样繁殖、占据如此广阔的范围，或者说控制数量如此巨大的生态资源。（可能的例外是例如牛或兔之类作为人类生态队伍一部分而增殖的物种。）我们的历史甚至与我们最近的亲戚黑猩猩
143 的历史也完全不同。尽管黑猩猩无论在遗传上、身体上、社交上和智

[1] 《世界资源报告 2000—2001：人与生态系统：正在破碎的生命之网》（华盛顿特区：世界资源研究所，2000 年），第 246、248 页。

[2] 参见理查德·利基和罗杰·卢因：《第六次生物灭绝：生命的模式和人类的未来》（纽约：达布迪出版社，1995 年）。

力上都和我们非常相近，我们依然没有证据可以证明它们的数量、所占据的范围，或是它们的技术在过去的 10 万年里发生过巨大变化。事实上，这也正好是为什么人类能够说自己有“历史”，而认为黑猩猩也有历史的想法就显得有些奇怪了。许多动物物种并没有我们通常所说的历史，它们完成进化后，就会停留在最初的生态龛里，直到从化石记录上消失。整个物种的科或目，如恐龙或哺乳动物，能够说是有历史的，因为它们之中的不同物种能够以许多不同的方式进化，因而 144
整个科的数量、范围和生态“技术”就发生了变化。但是对于单个物种来说通常并非如此。人类繁殖、行为的多样化，不仅是该物种，也是整个科或目所绝无仅有的——而且竟是在一个令人惊讶的短时期内实现的。

显然，我们人类这个物种的出现，意味着某个重要门槛已被跨越。人类的历史标志着历史变化新规则的出现。所以，关注人类的历史并非只是我们在谱系上自我炫耀。人类这一物种的出现标志着地球历史上的一个重大转折点。如麦克迈克尔写道：“每个物种都是大自然的一个实验品。而只有这样一个实验品——人类——以此方式进化：他们逐渐积累的文化适应能力能够补充其生物上的适应性。通常为了在短期内取得某些收获（食物、领地和交配）的生物学驱动力，与通过不断增长的复杂的文化活动以满足这种内驱力的理智活动，二者前所未有地结合在一起，这正是人类这个‘实验品’与众不同之处。”[1]

关于人类出现的解释

若干年来，为了解释向人类的跃迁，人们提出了许多“最初的推动力”。从直立行走——由此解放我们灵巧的双手用来制造工具（达尔文 145

[1] A. J. 麦克迈克尔：《危险的地球：全球环境变化和人类的健康》（剑桥：剑桥大学出版社，1993 年），第 33 页。

理论的首选答案），到狩猎与食肉，到脑容量增大，再到人类的语言。此后的解释强调人类语言的重要性，认为其他因素只起到辅助的作用。

前文提到过一些稍微抽象的解释。所有的物种都是适应它们的环境的，但是大多数物种的锦囊妙计中，只有一二种适应环境的绝招。相反，人类似乎经常能够发展出新的生态绝招，找到从自身环境中汲取资源的新方法。用经济学家的术语来说，人类似乎有一种相当高的“创新”的发展能力。他们不是在达尔文理论的几十万年或是几百万年的时间范围内，而是在数千年到几十年甚至更短的时间范围内创新。我们面临的挑战是要解释人类是怎样、什么时候及为什么开始达到这种生态创造力的新水平的。如果我们能够解释这一被大大提高的能力，对我们解释人类历史的独特性将大有帮助。

我们已经看到，新形式的复杂事物的出现总是包括了大型结构的创造，在这个结构之中，那些原先独立的实体被联合在相互依存的新形式与相互合作的新规则之内。[1] 根据这一提示，我们有望找到朝向人类历史的跃迁，它主要并不表现为作为个体的人类在自然界中的变化，而表现为个体与个体之间相互关联的方式的变化。这就意味着我们应该不仅关注基因、生理学或是早期人类大脑的变化，同样也应该关注我们的祖先相互影响、相互作用的方式的变化。

就像许多其他同种类型的跃迁一样，我们这一物种的出现也是相当突然的，从古生物学的时间范围上看，几乎就是一瞬间发生的事件。这就意味着我们有望找到独一无二的爆发点。在恒星的形成过程中，经过很长一段时间温度上升，直到氢原子开始结合的时候，这个爆发点就形成了。而人类的进化也是如此：经过数百万年进化而来的适应技巧，在跨过某道门槛的时候突然发生了某种转型。怎样来描述这道门槛呢？很明显它与学习能力的提高有关。许多动物，从扁形虫

[1] 梅纳德·史密斯和厄尔什·绍特马里提供了如下的对生物领域的复杂体的新形式的描述：“那些在转变之前有能力独立复制的实体毕竟只能够作为一个较大的整体的一部分进行复制。”（《生命的起源》，第 19 页。）

到蟾蜍，都在学习。但是大多数动物所学的大多数东西随着它们的死
亡也就随之丧失了。当然，某些东西也会被传授下去。黑猩猩妈妈通
过实际行动示范教会它们的孩子如何敲碎坚果或是摸索寻找白蚁，黑
猩猩宝宝可能及时地再教给它们的孩子。但是我们知道还没有一种动
物能够抽象地描述应该做什么——没有一个动物不用示范就能够解释
怎样搜寻白蚁，或是不用走一遍就能描述一条小径，我们当然还知道
没有一个动物能够描述诸如上帝、夸克或是幻觉等抽象的实体。过去 146
与将来也是抽象的，只有现在是能够直接经历的。因此，没有符号语
言的动物也就缺乏人类所具有的刻意去思考过去和想象未来的能力。
这些都是严重的局限性。灵长目动物学家雪莉·斯特鲁姆（Shirley
Strum）曾经多年观察过肯尼亚的一群狒狒，她称它们为“泵房帮”
（Pumphouse Gang）。与其他群体相比，它们是狩猎艺术家，它们通常
每天吃一次肉。但是，它们在一头特定雄狒狒的带领下，狩猎就格外
成功。而一旦这头狒狒死去，它们就无法保存它的能力和知识。[1]

然而，人类的语言允许大脑之间更为精确和有效的知识传递。这就是说，人类能够更为精确地分享信息，创造生态和技术知识的资源共享池，也就是说，对于人类而言，合作带来的好处将逐渐超过竞争带来的好处。[约翰·密尔斯（John Mears）将人类称作“高度网络化的动物”。][2] 此外，每个个体贡献给这个共享池的生态学知识在他或她死后能够长期保存下来。所以知识和技能能够不通过遗传而一代一代地积聚起来，每个个体能利用从许多前辈那儿积累起来的知识。因此人类的与众不同就在于他们能够集体学习。细胞式的思维（集中于个体的思维）很难看到这一点，但是在解释人类的独特性时，我们必须学会不要把黑猩猩个体和人类个体做比较（个体之间差异虽大，但并非

[1] 克雷格·斯坦福：《猎猿：食肉与人类行为的起源》（普林斯顿：普林斯顿大学出版社，1999 年），第 28—29 页。

[2] 约翰·密尔斯：《农业起源的全球透视》，参见迈克尔·阿达斯（Michael Adas）：《古典史中的农业乡村社会》（费城：天普大学出版社，2001 年），第 65 页。关于人类历史中非零和博弈（即在游戏中分享共同成功而不是竞争）的重要性的讨论参见罗伯特·赖特：《非零：人类命运的逻辑》（纽约：兰登书屋，2000 年）。

不能改变），而是要和整个人群做比较。如果我们把人的大脑和黑猩猩的大脑做比较的话，我们是无法理解其间的差异的；只有当我们将黑猩猩个体的大脑与经过许多代、数百万人共同创造的大脑相比较时，我们才会开始领悟其间的差异。

集体知识的可能性改变了一切。麦克迈克尔写道：

> 累积的文化的出现是自然界一桩空前的事件。它产生了类似于复利的效果，允许连续的几代人在文化和技术发展的道路上不断前进。在这条道路上，人类大体上距离其生态根源越来越远。知识、思想和技术的传播代代相传，这给予了人类一种完全空前的能力，凭借这种能力，人类能够在完全陌生的环境中生存并且创造出他们所需和所想的新环境。[1]

147 集体知识赋予人类以历史，因为它意味着随着时间的流逝，人类可资利用的生态技能发生了变化。这个过程具有明确的指向性。随着时间流逝，集体知识的过程确保人类作为一个物种能够更好地从环境中汲取资源，不断提高的生态技能确保随着时间的流逝人口不断增长。对于集体知识的概述当然不能够预言这个过程的精确时间选择或是地理位置，也不能够预言它们可能发展到怎样的地步，更无法预知其确切的结果，但是这样的概述能够告诉我们在巨大的时间范围内人类历史的长期走向。

要感受集体知识的力量，我们只要做如下的想象就可以了：如果我们不得不从零开始学习一切事物，如果我们从家庭或共同体中接受到的东西只不过就是如何获得适宜的社会行为和饮食习惯，而这些多少只是年幼黑猩猩所得到的智力遗产而已，那么我们的生活将会是怎样一种情形。在我们的一生中能够发明我们身边多少种人造的事物（每

[1] 麦克迈克尔：《危险的地球》，第 34 页。

一件都体现着积累的知识）呢？问这样一个问题便足以提醒我们，作为个体的生命在多大程度上依赖于许多代无数人的知识积累。作为个体的人类并不比黑猩猩或是尼安德特人聪明多少，但是作为一个物种，我们拥有巨大的创造性，因为我们的知识在一代人内部或是几代人之间都可以共享。总而言之，集体知识是一种如此有力的适应机制，以至于我们可以认为它在人类历史中所扮演的角色相当于自然选择在其他生物体历史中所扮演的角色。

为什么人类能够集体学习？这是因为人类语言的特殊性。人类的语言比非人类的交流方式更为“开放”。说它在语法上开放，是因为它在语法上的严格规则，使我们从极少数量的语言学要素，比如单词中，产生近乎无限多的含义。它在语义学上也是开放的——就是说，它能够传达范围极为广泛的意义——因为它不仅能够指涉我们面前的东西，而且能够指涉并不在场的实体，甚至是根本不会出现在我们面前的实体。我们能够运用符号，在我们的记忆中储存大量的信息块，然后我们可以用这些由符号组成的信息块构建更大的概念结构，符号使我们能够把具体的东西抽象化——就是说，从我们周边的事物中“蒸馏”出本质来。但是它们也能够指涉别的符号。所以它们能够浓缩和储存大量信息，就像我们称之为钱的符号筹码提供给我们一个存 148
储和交换抽象价值的简洁而有效的方法。[1] 符号语言让我们储存和分享那些千百万人累积起来的信息。总而言之，与前符号的交流方式相比，符号语言是一种有力得多的材料原动力。如泰伦斯·迪肯（Terrence Deacon）所指出的，前符号语言的交流方式“只能通过与所指涉之物存在的部分—整体关系来指涉某种事物，即使二者只是在习惯上相符合而已。尽管大量的对象和关系都可以用非符号表现方式，事实上，任何事物都可以用感官表现，但是非符号的表现方式不能表现抽象的

[1] 德里克·比克顿：《语言和种族》（芝加哥：芝加哥大学出版社，1990 年），第 157 页；引自威廉·卡尔文：《大脑如何思维——智力演化的今昔》（伦敦：菲尼克斯出版社，1998 年），第 82 页。

或者触摸不到的东西”。[1]

如果这种论证是正确的话，那就意味着我们如果想要理解现代人类的进化，就必须先解释符号语言的出现。但是相当重要的一点是，我们必须明确地指出，在这一过程中没有什么事情是必然发生的。与恒星的形成有所不同，只要我们知道重力的作用以及核力的强弱，就能在统计学上预测它的变化，然而生物变化则比较随意，目标也不那么确定，正因为如此，活的生物体要比恒星更加变化多端。最后构成我们这一物种的元素不规则地随意地聚集到了一起，根本没有什么确定性，它们必须以这种特殊方式将自己聚集起来。最晚在 10 万年前，我们这一物种出现之后，人类的数量曾下降到少至 1 万个成年人，这就意味着当时人类就像今天山地猩猩一样几近灭绝。[2] 这个统计不仅提醒我们进化过程的随意性，同时也提醒我们复杂实体的脆弱性。人类在地球上的出现完全是一桩极其偶然的事件。

证据和论证：构造人类进化的故事

创作一个关于人类进化连贯的、看似合理的故事是 20 世纪科学最伟大的成就之一。但是这个故事是怎样构成的？在更进一步研究人类进化的故事之前，我们必须检验一下用于组成这个故事的证据和论点的类型。

化石证据包括祖先物种的骨骼和它们留下的遗物：它们的工具、食物残余，以及它们在骨头或石头上所做的记号。现代古生物学者能够从一块骨头中收集到相当数量的信息。一块下颚骨不仅能够考证出一个物种，牙齿磨损程度能够告诉我们有关该动物通常所吃的食物，
149 这些还能够告诉我们该动物所生活的环境以及它利用环境的方式。一

[1]　泰伦斯·W. 迪肯：《使用符号的种群：语言与脑的联合进化》（哈蒙斯沃思：企鹅出版社，1997 年），第 397 页。

[2]　克里斯·斯特林格和罗宾·麦凯：《走出非洲》（伦敦：凯普出版社，1996 年），第 150 页。

块头骨能够告诉我们一个物种的智力水平。头骨的下部通常能够告诉我们该物种是两足行走还是四足行走：两足动物的脊骨从下面进入头骨，而四足动物的脊骨则是从后面进入头骨。脚趾骨显示了该动物是怎样行走的：如果大脚趾与其他脚趾是分离的（正如大多数的灵长目动物），我们就能确定它的脚仍旧是用来抓而不是专门用于走路的。通常我们只能找到为数不多的骨头。但是一具比较完整的骨骼，比如露西［唐·约翰森（Don Johanson）于 20 世纪 70 年代在埃塞俄比亚发现了她的 40% 的骨骼］则能够告诉我们更多。露西和她附近的遗物大约有 300 万年到 350 万年的历史，它们至少提供了那个时代早期人类的生理学上的详细证据。

人类活动的遗迹也同样重要。最为重要的是石器的发现，部分原因是因为不太耐用的材料——树皮、竹子等等制成的工具很少能够保存下来。用显微镜分析石器的切割边缘能够告诉我们它们切割的是什么；对石头来源的分析可以告诉我们它们的制造者是否主动从其他地方挑选出这些特殊的原材料；复原石器制作遗址中的石片可以告诉我们它们是如何制造的；工具制造的方法能够给予我们关于我们的祖先是如何思考的珍贵线索。对早期人类遗址中其他动物骨骼的分析能够告诉我们，我们的祖先是否吃肉以及他们如何猎获动物。例如，仔细分析骨骼上的切痕，有时会发现人类砍斫的痕迹覆盖在食肉动物的牙齿痕迹上。可以设想，这意味着早期人类是以被其他食肉动物杀死的动物为食的。利用不断发展的现代断代技术，所有这种类型的材料证据都能够或多或少地准确地断定其年代（关于放射性断代技术，参见附录一）。

但是化石记录是零散的。直到最近，我们还根本找不到一个关键时期中的化石，这段时期大约在 400 万年到 700 万年前，当时人亚科原人（通向我们物种的世系）从通向现代黑猩猩的世系分离出来。所以不得不用其他形式的证据来填补这个缺口。最近 10 年里最重要的证据之一是由分子断代法提供的。我们在第 4 章已经看到，很多进化的变化是随机的。这对于并不直接影响物种生存机会的那部分基因组而言更是如此，其中包括大量“垃圾脱氧核糖核酸”以及包含在所有人类细胞线粒体中的脱氧核糖核酸。这部分的基因组的基因变化是“中立的”——它不会影响已经发展了的生物体。垃圾脱氧核糖核酸中的变化因而就像是在洗一大副纸牌。幸运的是，这种随机过程服从于普遍
150 的统计学规律。如果你取一副按顺序排列的新牌，洗若干次牌，统计学家就能够根据这副牌与最初状况之不同的程度到底有多大，从而粗略地估算出洗了多少次牌。牌的数量和洗牌的次数越多，这种估算就越精确可靠。

在一篇最初发表于1967年的文章中，两位在美国工作的生物化学家文森特·萨里奇（Vincent Sarich）和艾伦·威尔逊（Alan Wilson）论证，很多遗传变化皆遵从类似的规则。[1] 因此，如果我们取两个现代物种，计算出它们脱氧核糖核酸序列的差异，我们就能很准确地估算出这两个物种是何时从共同的祖先那里分离出来的。这样，脱氧核糖核酸的进化能够提供某种遗传时钟。这个观点最初受到了嘲笑，部分是因为很多人认为进化就是适应环境，这是自然选择的基本原则，它意味着进化的发生并不是按照在统计学上可预见的方式进行的。尽管如此，如今人们普遍同意，许多变化其实确实是随机的——无论如何，这种断代法所得出的结论与其他类型的证据是非常吻合的。这种基因比较方法现在通常用于理解不同物种之间的关系，尽管仍然存在一些问题。例如，如果它被当作时钟一般精确的话，很明显的是，不是所有的基因变化的发生都伴随着有规则的必然性。但是这些方法在许多方面都是极其宝贵的，特别是在人类进化的研究中。[2]

萨里奇和威尔逊首先告诉我们的是，一般而言，我们与黑猩猩之间的关系要比我们曾经想象的更近。在20世纪70年代，人们普遍认为人和猿的两个发展序列至少在1500万年前，甚至可能3000万年

[1] 与其他许多伟大的科学文章相比，文森特·萨里奇和艾伦·威尔逊的这篇论文题目要缺乏诗意得多，《人类进化的免疫学时间比例》，刊登在1967年12月1日《科学》，第1200—1203页。

[2] “分子分类学”的局限性参见罗杰·卢因：《插图版人类进化》（牛津：布莱克韦尔出版社，1999年，第4版），第41—45页。

前就分离开来了——对于那些并不乐意承认我们与黑猩猩之间亲密的血族关系的人而言，这是一个比较合适的距离。然而，现代人类的脱氧核糖核酸与我们这个现存最近亲属的脱氧核糖核酸的差异只有大约1.6%。这就是说，我们的脱氧核糖核酸有98.4%是与现代黑猩猩一样的。这意味着我们的历史和黑猩猩的历史的所有变异必须根据在我们遗传材料与黑猩猩遗传材料之间的1.6%的差异而做出解释。对哺乳动物遗传变化的速度可以进行比较，这是因为我们知道，大约6500万年前当恐龙趋于灭绝的时候，哺乳动物各物种之间开始迅速分离。但是人类和黑猩猩之间的差别，仅相当于哺乳动物各主要物种之间的差别的10%左右，这意味着人类和黑猩猩是在大约500万年到700万年前相揖别的。这意味着在它们分离之际，有一种动物是现代人类和现代黑猩猩的共同祖先，尽管它有可能看上去与这些至今仍存在的物种有 151
些不同。这段时期里化石记录的缺乏意味着我们对这位祖先几乎一无所知。[1] 但是我们能够确定，这样一种动物确实存在过——否则我们就不会存在！类似的观点认为人类和大猩猩在800万年到1000万年前有着共同的祖先，而人类和猩猩则在1300万年到1600万年前有着共同的祖先。

根据对气候变化和现有动植物的分析，我们也能够知道许多关于我们人亚科原人祖先进化的环境。在过去几百万年里，全球气候为冰川时代不稳定和不可预知的气候变化所主宰（参见第5章）。这些变化改变了动植物的生活环境和外界环境，有利于具有高度适应性和能够利用各类生态龛的更为多样的物种。多面手或者是“长得快的”物种能够更好地适应生态破坏，譬如现代人类，他们可能就是冰川时期的典型产物。[2]

多方面的技术联合起来使我们能够描述人亚科原人的进化以及他们的生存环境，但是要描述他们的行为则要棘手得多。化石能够告诉

[1] 最近对早期人亚科原人遗存的发现意味着古生物学者可能在未来有能力用更多权威的证据来描述这一共同祖先。当然，还存在着诸多值得思索的问题，参见罗杰·卢因：《人类进化》，第84—85页。

[2] 关于环境和人类进化，参见卡尔文的《大脑如何思维》的简明摘要，第69—81页，以及威廉·卡尔文：《思维的上升：冰川时期的气候和智慧的进化》（纽约：矮脚鸡出版社，1991年）。

我们有关生活方式的一些事情，但是为了得到更进一步的了解，我们不得不依赖与其他可能有近似生存方式的物种进行现代的类比方法。从珍·古道尔（Jane Goodall）和黛安·福西（Dian Fossey）开始，最近10年来的研究人员研究了野生类人猿（Great Apes）的生活，关于它们如何生活以及它们的社会关系、性关系和政治关系，[1]现在我们已经有了很多了解。这样的研究能够提示我们早期人类可能是如何生活的，但也有可能会误导我们，因为不同类型的类人猿，甚至同一类型的类人猿的不同群体，也会过着一种完全不同的生活。例如我们最熟悉的普通黑猩猩（*Pan troglodytes*），生活在相互关系非常密切的雄性所统治的共同体中，而其他群体的雌性便加入到这个共同体里面来。雄性黑猩猩构成不同等级，但是这些等级是可以改变的，雌性能够与数个雄性结合，在这种情况下，这些共同体的性关系和政治生活变得相当复杂。大猩猩则恰恰相反，它们通常生活在较小的群体里面，这些群体通常由数位雌性和一或两位雄性所组成。猩猩是最为孤独的，它们只有在配对时才会在一起。所以要确定灵长目社会中具有哪些相似性，从而使我们了解早期人亚科原人的社会，这并不是件容易的事。

同样，其他的类比方法也曾极大影响到人亚科原人进化的研究：与现代“食物采集”社会相类比。[2]人类学者经常提醒古生物学者，现代食物采集社会是非常现代的——无不以某种方式受到了现代社会的影响。所以，将人亚科原人社会或是早期人类社会的学说建立在这些类比基础上，可能是一种冒险。然而，由于现代植物采集社会的技术
152 和社会结构当然要比现代城市共同体的技术和社会结构更加接近于早期人类，人类学家的警告往往被忽视了。现代的研究，如对非洲南部

---

[1] 克雷格·斯坦福最近的两本书：《猎猿》和《重要的他者：猿—人连续统一体和寻求人的本性》（纽约：基本图书出版社，2001年）对这一领域的最近研究成果进行了概述。

[2] 我用了食物采集民族（foragers）这一术语，而不是通常的表达方式狩猎和食物采集民族，因为日益明显的是，在这样的社会里采集植物食物通常更为重要，至少从食物结构来看，要比肉类采集更为重要。这一术语是理查·李在其颇有影响的对桑人（！ Kung San）的研究著作《桑人：一个食物采集社会的男人、妇女和工作》（剑桥：剑桥大学出版社，1979年）；对采集技术的介绍参见艾伦·W.约翰逊（Allen W. Johnson）和蒂莫西·厄尔（Timothy Earle）：《人类社会的进化：从食物采集团体到农耕国家》（斯坦福：斯坦福大学出版社，2000年），第3章。

的桑人（San People）的研究有助于我们构筑一些似乎合理的模式：早期人亚科动物或人类如何狩猎、男女之间的相互联系怎样、他们会玩哪种类型的角力游戏。可能最重要的是，他们提醒我们，相对于现代城市居住者来说看似简单的社会也有其复杂而高度发展的一面。毕竟，在非洲南部或澳大利亚的沙漠，或者是西伯利亚的冻土地带，使用石器时代的工具成功地生活长达数千年之久并非易事。

最后，如今对其他物种如何进化的理解也被用来构建人类如何进化的模式。举例来说，经常可以发现，一个新的物种与它所进化来的物种中不成熟的个体极为相似。这个过程被称作幼态持续。它是通过一种物种中控制生命循环的基因开关的微小改变产生的。这样的变化能够产生第二种和第三种连续性效应，从而引起重大的进化。有人提出，在许多方面，人类较之成年黑猩猩更像幼年的黑猩猩；这种相似性暗示了我们可能是通过某种形式的幼态持续而进化的，而现代黑猩猩则可能保留更多我们成年共同祖先的成分。同样，现代进化论的研究证明，进化的发生通常是一阵阵的。如果由于环境的变化而出现一个新的生态龛，它经常会迅速被大量十分相似的物种所填补（“迅速”在进化过程中往往意味着几十万年甚至几百万年），它们之中大多数可能逐渐灭绝了，只留下一条或两条存活的序列。这个过程被称为适应辐射，大体而言，每个辐射似乎都与某种特殊的生态计谋有关。我们将会看到，在我们的祖先物种中似乎也有若干个适应辐射，我们现在可以认识到，其中每个适应辐射都在最后形成我们人类的进化包上增加了一些新东西。[1]

所有这些类型的证据都被用来构建这个人类如何进化的现代论述。这个论述还远非完美无缺，但是与 10 年前的论述相比，它更加丰富，建立在更多证据的基础之上。

---

[1]　参见罗伯特·弗里：《现代合成的阴影？近 50 年来古人类学研究的选择性观点》，载《进化人类学》第 10 卷，第 1 期（2001 年），第 5—15 页，该文概述了关注于适应辐射的人亚科原人的历史。

灵长目动物和人科的辐射

我已经论证了符号语言的进化标志着通往人类历史的重要门槛。
153 但是，我们的祖先如果不曾拥有能使他们利用符号语言所赐予优势的其他特质的话，符号语言也无法发挥这么大的作用。在所有这些预适应性之中最重要的是社会性、预先存在的语言技能、直立行走和灵巧的双手、食肉与狩猎、长时间的儿童学习期，以及大容量的前脑。在这里，我们将回溯这些偶然的过程，在这些过程中，各种因素进化并且结合成为一个构成我们这个物种的系列特征。

灵长目动物的遗产

我们具备许多以其他灵长目动物命名的特征。[1] 大多数灵长目动物曾经栖居树上。在树上生活的动物必须视觉良好，否则它们就会掉下来。所以，所有的灵长目动物都具有良好的立体视觉。味觉对灵长目动物来说是次要的，不如味觉对于狗那么重要，这也是为什么许多灵长目动物都有小小的嘴和平平的脸。在复杂的、三维的环境里的视觉信息需要经过许多处理，因此大多数灵长目动物拥有相对于它们的身体大小而言相当大的大脑，而且整个灵长目动物都具有一个特征，就是大脑的容量不断增长。较大的大脑通常表明较长的寿命——也许是因为这表明它们更加依赖于学习，而（原则上）年龄越大，学到的越多。在树上生活还需要四肢灵敏，所以大多数灵长目动物都有能够很好地抓握和控制物体的四肢。实际上，这意味着它们的大拇指和大脚趾能够与其他手指和脚趾相对。与居住在陆地上的物种相比，在树上生活还促进了前后肢的分工。尽管许多灵长目动物用前肢或用后肢都能抓住东西，但是它们的后肢趋向于专门用于运动，而前肢则专门用于抓握物体。

人类属于旧大陆（Old World）灵长目动物里特殊的一群，被称为

---

[1] 参见罗杰·卢因：《人类进化》，第 10 章。

人猿总科。包括人和猿——黑猩猩、大猩猩、猩猩和长臂猿——还有它们现在已经灭绝了的祖先。分在这一总科的生物体的最古老化石只超过 2000 万年，这就意味着它们出现在地质学家所称的中新世早期（大约距今 2300 万—520 万年前）。这些遗存属于一种叫作原康修尔猿的物种。[1] 尽管类人动物可能在非洲进化，但是早至 1800 万年前类人动物的遗存同样也在从法国到印度尼西亚的欧亚大陆南部发现。类人动物有很多不同的群体，在一段时间里，它们可能比旧大陆里其他猴类的数量还多。它们的迁移为适应辐射提供了一个典型事例。

化石记录提供的解释并不足以说明，进化技巧就是定义类人动物的最佳方式，尽管不断增长的体型、越来越灵巧的手工操作能力、越 154
来越大的大脑，以及愿意离开树冠等可以算作这些技巧的一部分。所有这些都是我们与现存灵长目总科里的其他成员所共有的特征。

两足直立行走和最早的人亚科原人

人亚科（Homininae）是人科动物（Hominidae）大猿的一个亚科。人亚科原人只包括我们自己的直接祖先。他们的历史开始于 600 万年到 500 万年前从中新世到上新世的过渡时期。这个历史开始于基于分子测定年代技术的认识，即大约 600 万年前，在非洲的某地存在一种动物，它是现代黑猩猩和现代人类的共同祖先。从那以后，经过一系列的适应辐射，大量不同种类的人亚科原人出现了——可能多至 20 或 30 种。30 年前的困难在于找不到任何人亚科动物的遗存，而今天的难点是确定我们目前所知的这些物种中的哪一支沿着这条序列进化到了现代人类。

对一个现代古生物工作者来说，最神圣的任务是要发现黑猩猩和人类的这一共同祖先的遗存。很可能这个物种，或者说与它相近的某个物种已经被发现了。2000 年，由法国和肯尼亚的考古工作者组成的

[1]　罗杰·卢因：《人类进化》，第 55 页。

一支队伍，在内罗毕北部发现了大约600万年前的一种生物遗存，新闻界迅速称其为“千禧年人”。[1] 但是它的真实身份仍然不能确定。它的外貌非常像猿，以至于许多古生物学家在需要区别黑猩猩和人亚科原人之际，更倾向于把它放在黑猩猩一边，而不是人亚科原人一边。对于另一个可能最古老的人亚科原人，卡达巴地猿始祖种（*Ardipithecus ramidus kadabba*），人们也曾提出过类似的批评。2001年7月的《自然》杂志报道，一队美国考古学家在埃塞俄比亚的东非大裂谷发现了该物种的遗存。[2] 这些遗存的年代在580万年到520万年前之间。它们包括一块脚趾骨，它的形状表明这一生物是两足直立行走。目前，大多数古生物学家都同意，人亚科原人同猿的决定性区别在于直立行走：所有已知人亚科原人都是直立行走的，而所有已知的猿都不会直立行走（尽管黑猩猩能够站立很短一段时间）。[3] 所以断定这些早期标本是否真正两足直立行走将是非常关键的。就目前而言，证据是有歧义的。

对这些发现的价值的讨论变得错综复杂，因为事实是尽管有许多
155 学说，但是谁也不能确定为什么这一物种会进化到两足直立行走。[4] 一些人将焦点放在气候变化所起的作用。2000万年前，非洲大陆相对较平坦，其赤道地区甚至还完全为热带雨林所覆盖。但是大概从1500万年前开始，非洲大陆构造板块开始分裂为两半，沿着东非大裂谷的构造活动创造了一连串的高地，峡谷沿着大陆的东部向北部和南部运动。裂谷劈开了地壳，为化石的寻猎者提供了一个愉快的场所。但是能够解释这里存在着人类化石的乃是山脉，因为它们严重影响了东部大陆的降雨，使得这片区域比西部的更加干燥。伊夫·科庞曾经提出，这种干旱将一些物种赶入较少为森林所覆盖的地形中去，在那里，它们

---

[1] 安·吉本斯：《寻找最早的亚科原人》，载《科学》，2002年2月15日，第1214—1219页，这一组物种的学名是原始人图根种。

[2] 约翰尼斯·哈尔·塞拉西（Yohannes Halle Selassie）：《中新世晚期埃塞俄比亚中阿瓦什的亚科原人》，载《自然》，2001年7月12日，第178—181页。

[3] 两足行走并不仅仅局限于人亚科原人，近来在地中海岛屿发现的一个900万年前的类似于猿的生物化石，它似乎就是两足行走的（斯坦福：《猎猿》，第220页）。

[4] 参见罗杰·卢因：《人类进化》第17章“两足动物的起源”。

不得不在树木之间移动较远的距离来寻找它们所习惯的那类食物。这可能鼓励了直立行走姿态的进化，因为黑猩猩指关节行走方式的特性并不适合于长距离跋涉。而对这个看似有希望的理论来说非常不幸的是，最近发现的一些早期人类化石，包括那些卡达巴地猿始祖种的化石都是在几乎为森林所覆盖的环境中被发现的。[1]

两足直立行走可能使得人亚科原人在空旷地区看到更远处潜在的食肉动物。与黑猩猩特有的用指关节行走相比，也可能能效更高，使得早期人亚科原人能够在更大的区域内搜寻食物。在没有遮阴的环境下直立行走也可能减少了皮肤直接暴露于阳光的面积，从而降低了正午烈日的伤害。在各式各样的压力面前，喜欢直立行走的个体具有更强的优势。（最后一条论据也能够解释为什么人亚科原人在进化到某一点的时候，就变得不像其他大猿那么多毛了。）与黑猩猩进行比较是有启发性的，正如科庞指出的，黑猩猩在三种情形下试图站立："看得更远，保护自己或是发动进攻——因为站立起来就可以腾出双手，抛掷石块——还可以为后代携带食物。"[2]

无论是什么原因导致直立行走，化石证据——虽然相当罕见——却依然表明，在 200 万年内，有一些两足行走的物种出现了。其中包括卡达巴地猿始祖种——1994 年在埃塞俄比亚发现了它的遗存——在内的物种，其年代大约为 440 万年前。这些早期人亚科原人物种，不管它们是什么，构成了人亚科原人历史上最初的主要适应辐射，而它们的成功可能和两足直立行走的优势密切相关。

南方古猿 156

另外两种人亚科原人辐射与古生物学家所指的南方古猿属的种联系在一起。

---

[1] 里夫斯、罗斯奈、伊夫·科庞和多米尼克·西莫内：《起源：宇宙、地球和人类》（纽约：阿卡德出版社，1998 年），第 152—156 页（科本斯的章节）；罗杰·卢因：《人类进化》，第 108—109 页。

[2] 里夫斯、罗斯奈、伊夫斯·科庞和多米尼克·西莫内：《起源》，第 156 页（科本斯的章节）。

所有南方古猿都是两足直立行走的。我们是根据骨盆的构造、手臂和腿部的相对长度和脊骨进入颅骨的切入点（从下面而不是从后面）而知道这一点的。现在已知最古老的南方古猿是南方古猿湖畔种，1995 年其遗存发现于在肯尼亚北部的图尔卡纳湖地区（Lake Turkana）。它们的年代测定为距今 420 万年前。[1] 最著名的南方古猿的残片是美国古生物学家唐·约翰逊（Don Johanson）于 20 世纪 70 年代在埃塞俄比亚发现的。他找到了一具两足直立行走女性 40% 的骨架，将她命名为露西（Lucy）（据报道是以甲壳虫乐队的流行歌曲《钻石天空中的露西》命名的）。露西大约有 1.1 米高，尽管附近的其他遗存最高可达 1.5 米。所有这些遗存都距今 370 万年到 300 万年，它们通常被归类为南方古猿阿法种，以它们所被发现的埃塞俄比亚阿法地区（Afar valley）命名。[2] 1998 年，在南非发现了更为完整的南方古猿的骨骼，并且还有头骨。其年代在距今 350 万年到 250 万年间。玛丽·利基（Mary Leakey）发现的著名的拉托利（Laetoli）脚印更为古老，其年代至少在距今 370 万年到 350 万年前。这些脚印是由三个南方古猿留下的，其中两个是紧挨着并排走的，第三个是带队的。他们显然是在通过热火山灰时手搀手走过的。这些令人吃惊的脚印直接证实了其他化石遗存所间接提示的东西：我们所知的最古老的人亚科原人是两足直立行走的。1995 年，在东非大裂谷西边乍得工作的考古工作者发现了一种新的物种的遗存，南方古猿羚羊河种（*Australopithecus bahrelghazali*），生活在距今 300 万到 350 万年前。很明显，在东非大裂谷的两边都曾经生活着南方古猿。20 世纪所发现的数百个南方古猿个体的遗存遍布从埃塞俄比亚到乍得再到南非的很大一块区域。

尽管南方古猿已经两足直立行走，但是解剖学特别是对它们的手的详细研究显示，它们非常适应于栖树生活，它们依然不能像现代人

---

[1] 在这章及下两章里，年代将表示为如考古学家们常用的“距今”。严格地说，“今”在放射测年代技术中往往指的是 20 世纪 50 年代，但这其间的差距可以忽略不计。

[2] 露西的发现使得早期人亚科原人的进化令人着魔，参见唐·约翰逊和詹姆斯·施里夫：《露西的孩子：发现人类的祖先》（哈蒙斯沃思：企鹅出版社，1989 年）。

图 6.2　复原的露西

露西是大约 320 万年前生活在今埃塞俄比亚哈达（Hadar）河谷的南方古猿。她身高约 1.1 米，脑量与现代黑猩猩相同。选自戈兰·布伦哈特（G. Burenhult）5 卷本《图说人类历史》第 1 卷：《最早的人类》（旧金山：哈珀旧金山出版社，1993 年，第 1 版）。维尔登·欧文（Wenldon Owen）私营公司 / 布拉伯克（Bra Bocker）版权所有（1993 年）。哈珀·柯林斯出版社惠允复制

类那样高效行走。更重要的是，它们的脑容量较小，在 380—450 毫升之间。这和现代黑猩猩 300—400 毫升的脑容量以及现代人类平均 1350 毫升的脑容量形成了鲜明对照。人亚科原人发展序列的第一个显著特征不是聪明的头脑而是直立行走（参见图 6.2）。 157

我们有足够的理由认为，我们的世系可以追溯到早期形式的南方古猿。但是同样以一种非常独特的辐射方式出现了另一种群的南方古猿，用古生物学的语言来说，比阿法种南方古猿看上去要“粗壮”得多。它们存在于距今 300 万到 100 万年前之间，有时被划分为一个独 158

立种类：傍人（*Paranthropus*）。它们与众不同和标志其与我们不同的进化序列的地方，就在于它们特别进化出了强壮的颚，能够研磨坚硬的、纤维性的植物食物。因此它们的头骨粗壮，带有夸张的嵴，能够为强有力的咀嚼肌肉提供支撑点。

对于南方古猿的生活方式我们能说些什么呢？如果从它们通常所吃的食物说起，似乎大多数南方古猿主要依靠的是其祖先在森林环境中所吃的那些食物。它们的牙齿适应了研磨坚硬的或纤维性的水果的外壳、树叶和其他植物。然而，它们可能偶尔也吃肉，因为直接的观察表明，现存大多数灵长目动物经常食肉，而且尽可能多地食肉。[1] 它们有时猎取体型较小、较弱的动物（包括其他灵长目动物），有时食用自然死亡或是被其他食肉动物杀死的动物的腐肉。但是大体上，南方古猿是素食动物。

与占据类似生态龛的现代灵长目动物的类比分析表明，南方古猿可能是以小家庭团体的方式生活的，它们集体行走，分别为自己采集食物。没有证据表明它们的语言能力比现代黑猩猩更强。这并不意味着在它们的群体中就没有政治或是交流了。在许多现代灵长目动物的社会中，雌性和雄性可能形成统治阶层并花费大量时间来处理——也可能是思考——集团政治。就像现代的黑猩猩，南方古猿可能通过手势、声音和梳理毛发等活动来进行交流。但是黑猩猩和南方古猿都没有必需的发声器官或是智力，不能精确地传达抽象信息。

对于和现代人类关系相近的灵长目动物社会的研究，则为最早的人亚科原人社会的性质提出了相反的观点。在遗传学上，我们和黑猩猩最为接近，而其中最著名的成员普通黑猩猩（*Pan troglodytes*），以关系相近的雄性黑猩猩为纽带过着群体生活。雄性与它们出生时的群体在一起生活，而雌性则离开它们出生时的群体。但是大多数南方古猿的种并不像黑猩猩，它们似乎是两性异形的（也就是说，雄性要比

[1] 参见斯坦福：《猎猿》。

雌性大得多）。这就意味着南方古猿“社会”在某些方面可能更加接近大猩猩。[1] 在大猩猩那里，雄性体型较大是因为它们需要相互竞争以便占有雌性，这就确保了最大的雄性能够最多地繁殖后代。其结果就是组成一个社会，其中有一个占统治地位的雄性，或许还有另外一个年轻雄性，与若干雌性以及它们的孩子组成最多可达大约 20 个个体的群体一起行动。或许我们应该预想到一个多少介于这些结构之间的世界。它可能是一个比现代黑猩猩群体稍小的世界，关系相近的雄性为 159
统治地位和占有雌性而相互竞争。居于统治地位的雄性也许可以占有数位雌性，但是这种权力并不是独享的。南方古猿也许就是生活在这样一个世界里：雄性为吸引雌性伙伴多少要经常相互竞争。不过，在这个虽然竞争激烈然而关系相近的雄性世界的生殖核心中，如同现在许多灵长目动物一样，仍然存在着由母亲和它们的孩子所组成的更小的但是更近的单元。我们知道，黑猩猩妈妈对自己的孩子有着持久且明显的亲情关系，而雄性则对抚育孩子的工作以及父子关系毫无兴趣。总而言之，几乎没有什么能够表明，南方古猿在生理学或是在生活方式上与今天的猿类有什么根本不同。

使用工具和食肉：能人

对于古人类专家而言，在坦桑尼亚北部的塞伦盖蒂平原（Serengeti Plain）上绵延 50 千米宽的奥杜韦峡谷（Olduvai Gorge），作为东非大裂谷的一部分，乃是一个特殊的地方：这里的发现为我们人类的进化起源于非洲提供了最好的证据。在这里，1960 年乔纳森 · 利基（Jonathan Leakey）——现代人类进化研究的先驱者之一路易斯 · 利基（Louis Leakey）的儿子——发现了一具大约 1.4 米高的人类遗骸。路易斯 · 利基称它属于人类同属（人属），因此命名它为“能人”，或者叫

---

[1]　关于人亚科原人两性异形的重要意义及其论据，参见沃尔特 · 洛特纳格：《两性异形：从比较与进化的视角》，载戈兰 · 布伦哈特编：《图说人类历史》第 1 卷：《最早的人类：人类起源及其至公元前 1 万年的历史》（旧金山：哈珀旧金山出版社，1993 年），第 41 页。

“巧人”（*Homo habilis*）。这使它成为包括现代人在内的人属中最古老的一个成员。

尽管许多人类学家觉得这具遗骸只是属于南方古猿中一种特别纤弱的类型，但有两个因素使利基相信该种更应该是“人”。首先，他发现了能人系统制造和使用石器最早的证据。值得注意的是，在这些活动中所包含的技能显然要比早期人亚科原人的更复杂。其次，能人的脑容量要比南方古猿大得多，在600—800毫升之间。能人似乎是一个会使用工具、学习的动物，就像现代人类一样，因此在大约230万年前这一新种的出现可能标志着人类历史的真正开始。现代人类学家保留了利基的命名法，毫无疑问能人显示出与众不同的特征，其中一些可能是由于始于250万年前的气候变冷变干所导致的生态变化所引起的。例如，能人制造的石器显示了“惯用手”的迹象，暗示大脑有
160 了左右分工；这也可能是提高语言技能的一个必要前提。[1]然而，近期对越来越多的能人的遗骸和遗址的研究表明，能人与现代人类之间在智力能力和生活方式上的鸿沟要比利基所想象的大得多。[2]

对于能人态度发生转变的部分原因是因为对于能人使用工具的迹象，现代的古生物学者没有像利基那样留下深刻的印象。我们现在知道，许多动物都使用某种工具，除了人类之外，黑猩猩比其他动物更会使用工具。例如，我们已经发现黑猩猩会把棍子插入白蚁堆中，然后迅速抽出棍子就能吃到仍然爬在棍子上的白蚁，还有一些黑猩猩甚至会用石头砸开坚果。然而，能人似乎用一种更需要计划和远见的新方法来使用工具。古生物学者把他们的石器以发现大量此类石器的奥杜韦峡谷命名，称之为奥杜韦文化（Oldowan）。这些石器有着十分特殊的形式，
161 在考古学上的记录延续了近200万年，几乎一直到25万年前（参见图6.3）。它们主要由大石块组成，通常是坚硬的玄武岩或是石英岩形成

[1] 伊安・塔特萨尔：《成为人类：进化与人类的独特性》（纽约：哈考特・布赖斯出版社，1998年），第133—134页。

[2] 近来，学界有人提出能人有两个种：脑量和体型都较大的卢多尔夫人和相对较小但颚和牙齿都更为现代的能人（参见罗杰・卢因：《人类进化》，第124页）。

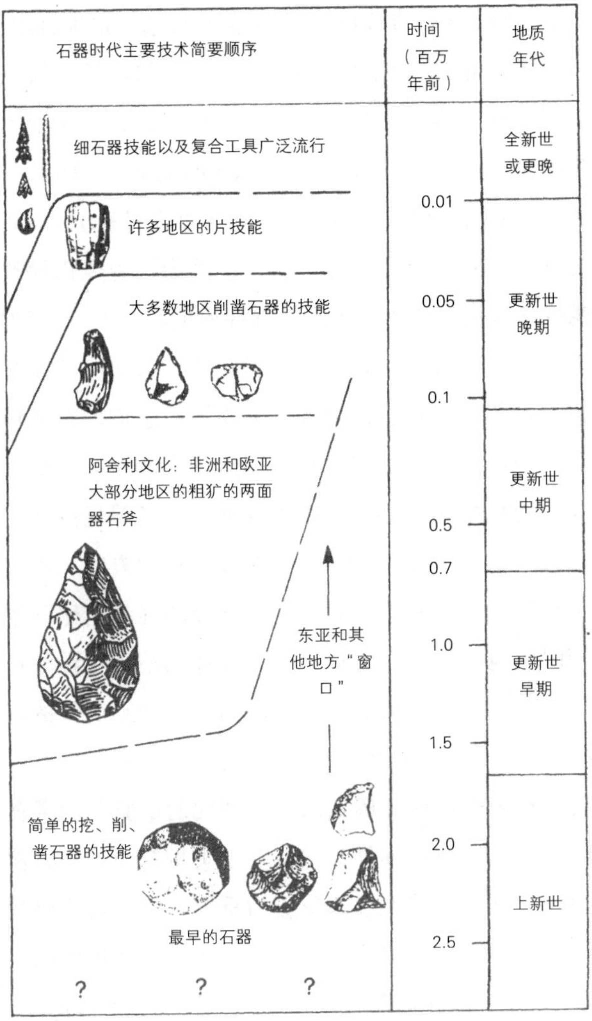

图 6.3　250 万年来石器的进化

选自史蒂文·琼斯（Steven Jones）、罗伯特·马丁（Robert Martin）和戴维·皮尔比姆（David Pilbeam）等编：《剑桥百科全书·人类进化》（剑桥：剑桥大学出版社，1992 年），第 357 页。剑桥大学出版社授权复制

的河里的鹅卵石，用石“锤”打制成小的碎片产生一或两个切割边缘。

制造此类工具需要比黑猩猩制造简单工具更多的计划和经验。现代敲碎石块的试验表明，原始石块需要精心挑选，精确打制。事实上，制造石器所需要的精确技能乃是额前部皮层所特有的，这一部分大脑在人类进化过程中最为显著地发展了。使用工具的进化很可能经过一个被称为鲍德温适应过程（Baldwinian adaptation，以 19 世纪美国一位心理学家的名字命名，他首先系统地描述了这个过程）。这种进化形式似乎将达尔文学说和文化因素结合起来，因为行为变化导致一种动物生活方式的变化，由此产生一种新的选择性的压力，随着时间的流逝，便导致了遗传上的变化。例如，学会了新的行为而能够在寒冷环境中居住的动物，可能最终在遗传上进化毛皮适应它们的新环境（如猛犸或双角犀牛）。在人类中，能够放牧驯化动物的群体经过许多代人最终获得了很高的消化牛奶的能力，因为普遍发生了罕见的突变，延长了
162 成年人消化牛奶的乳糖酶的产生。可能以同样的方式，那些最善于制造和使用工具的人亚科原人获得了自然选择的优势而比其他人拥有更多的后代，因此他们智力上的技能很快合并到整个物种的遗传结构中去了。如果是这样的话，那么工具的使用便是大脑成长的起因，也是其结果，这是一个正反馈过程。

那么石器是用来派什么用处的呢？现代的试验显示了奥杜韦文化期的砍砸器能够成功地打碎骨头或是对木头进行粗加工。但是打制时剥落下来的碎片可能比其中心部分更为重要，因为这些碎片形成小而锋利的薄片，可以用来屠宰和切割。所以我们能够想象能人个体和群体在采集植物时随身携带着小砾石，需要时就从这些砾石上打制一些薄片来用。用显微镜观察这些石器的边缘，我们可以看到奥杜韦文化的石器有多种用途。可能其最重要的作用是用来获得更丰富多样的食物。它们能够用来挖掘植物块茎，舍此别无他途。更重要的是，他们制作的砍砸器和薄片能够用来吓跑来掠夺动物死尸的其他食肉动物，获得大型动物的骨髓，以及切割动物尸体。从能人的牙齿来看，不管

他们是怎样获取肉食的，他们吃的肉食肯定比南方古猿更多。丰富的食物原料可能提供了一些支持更大脑量所需的新陈代谢的能量，如果食肉果然能使肠子缩短，因而减少加工和消化食物所需要的能量，那么情况就更是如此了。食肉可能也导致更复杂的社会生活，最近有证据显示黑猩猩非常珍视肉类，将肉用作一种通货——一种从其他个体获取性、政治和物质好处的交易方式。[1] 简而言之，食用更多的肉可能刺激智力新形式和社会复杂性的产生。

但是我们不能夸大肉在能人食谱中的重要性。我们不再相信，这些灵长目动物就像现代黑猩猩的某些群体一样是经常狩猎的。[2] 对于能人牙齿的研究表明，即使肉类提供给他们特殊的补充食品，他们也主要靠水果和植物食品为生。另外，他们的石器与现代的食物采集民族相比，显然过于简单，这些石器在采集植物和食用腐肉时很管用，而在真正的狩猎中却几乎派不上什么用场。仔细检查能人遗址中发现的骨头上的砍斫痕迹，就可以发现他们切割动物的尸体，但是并不经常杀死动物，因为他们的切割痕迹通常是在别的动物的牙齿痕迹之上。163
他们可能杀死过小动物，但是或许他们以自然死亡或是被其他动物杀死的大型动物腐肉为食。

解剖学的研究同样揭示了能人并不完全是两足直立行走的，他们可能也有一些时间栖息在树上。所以我们可以想象由 5—30 个能人个体组成的群体在白天分散采集植物，就像现代的灵长目动物或是南方古猿，可能到了晚间他们就一起到树上藏身。尽管以腐肉为食对他们更重要，并且在陆地上生活的时间也更长，但是他们更加喜欢类似南方古猿那样的生态龛。

总而言之，并没有明显证据证明，路易斯·利基最早遭遇到的能人存在他所断言的智力和社会复杂性上的突飞猛进。

---

[1]　在《猎猿》里，克雷格·斯坦福通过探索原始社会肉食在营养和社会方面的重要性，提出了一个关于“猎人”假设的修改后的观点。

[2]　有关黑猩猩的狩猎，参见斯坦福：《猎猿》。

更大的脑量和活动范围：匠人和直立人

能人和其他几个种类，包括粗壮型的南方古猿（傍人属）同时居住在东非。事实上，人亚科原人以一种在早期新的适应——譬如直立行走——历史中相当普遍的范型，在其早期历史上显示出了极大的多样性。在能人的同一时期大概还生活着 6 种或者更多的人亚科原人。

大约 180 万年前，在地质学时间范围内由上新世到更新世的跃迁过程中，出现了一种新的人亚科原人，现代人类学家称之为直立人（*Homo erectus*）或是匠人（*Homo ergaster*）。[1] 一个保存十分完好的匠人样本是 1984 年在非洲肯尼亚的尼奥科托姆（Nariokotome）发现的，其年代距今大约 180 万年。这个化石被称为“图尔卡纳男孩”（Turkana Boy），是所有古人类化石中最完整的。图尔卡纳男孩死时仍是个孩子，但是他已经有 1.5 米高和大约 880 毫升的头脑，几乎比大多数能人个体的脑量大了 1/3。[2]

到了 100 万年前，在人类一次更壮观的辐射中，各种直立人 / 匠人取代了其他一切形式的人亚科原人。匠人个体比能人个体高大，并有着更大的脑容量，范围在 850 毫升到 1000 毫升之间。这使他们接近于现代人类的脑容量的标准。还有其他一些标志说明他们明显更接近于现代人类。从大概 150 万年前，他们开始制造一种新类型的石器，被称为阿舍利文化期（Acheulian）手斧，制造这种工具比奥杜韦文化期的工具需要更多成熟的智力因素。打造出来的形状比奥杜韦文化时期
164 的砍砸器更精确、更优美。它们的每一个面都经过打造，形成一个梨形的“斧子”，通常至少有两个切割边缘。有时阿舍利文化的石器用骨锤打造出精美的边缘。一些匠人也学会了使用火。这为他们，特别是穴居生活提供了极好的保护，同时还可以烹饪肉类，使其更为柔软、清洁。不过，即使他们能够使用火，也不是系统性的。例如，没有证

[1] 通常称这一种的非洲样本为匠人，而非洲以外的样本为直立人。文中只有在特别讨论生活在非洲以外的样本时用“直立人”。

[2] 对匠人的简短精彩说明可参见保罗・埃利希：《人类的本性：基因、文化和人类期望》（华盛顿特区：亚伦出版社，2000 年），第 92—96 页。

据证明他们使用炉膛。[1]

匠人的语言能力似乎要比能人强，但是又很难说到底强多少。较大的前脑表明理解和处理符号的能力有所增强，而喉处于喉咙较低位置，使得发音更加容易；因此，与手势交流相比，有声交流的重要性有所增强。但是，依然很少有证据能够直接证明他们拥有在现代人类的化石证据中非常明显的、丰富的符号活动能力，因此看来即使存在某些形式的符号交流，但是还并未在匠人的行为或意识中产生革命性的影响。[2] 史蒂文·米森（Steven Mithen）有个有趣的观点，他说个别匠人可能主要在社交场合中使用他们的语言能力。[3] 没有证据表明语言被用来解决技术问题，因为匠人的阿舍利文化期石斧自从出现后的 100 万年中几乎就没有什么改变。另外，尽管匠人通常所吃的食物中肉类含量要比他们的近亲能人所吃的更多，他们似乎不太可能像现代的食物采集族群那样从事系统的狩猎活动。

这些物种的行为流动性有所增长，其中一个最重要的标志就是，它们是最早迁移出东非，然后又走出了非洲，进入欧亚大陆的人亚科原人。大约在 70 万年前，直立人共同体居住在亚洲南部的部分地区，甚至进入到冰川时代的欧洲。直立人的化石遗存最早于 1891 年在印度尼西亚发现，而以 20 世纪 20 年代今北京郊外周口店山洞的发现最为著名。总而言之，直立人较之能人开发了更宽广的生态龛——既指生态范围上的“宽广”，也指地理范围上的“宽广”。特别是，他们显然已经掌握了在能人所不能适应的气候太冷或是季节性太强的地区生活。

一个物种所获得的生态龛的增长通常是以人口大发展为标志，我们可以合乎情理地假设，随着其所获得的生态龛数量的增长，人亚科原人的数量也随之增长。尽管我们并不知道任何一种早期人亚科原人

---

[1]　约翰·古德斯布洛姆曾提出使用火标志着人类历史中一个最基本的跃迁，参见约翰·古德斯布洛姆：《火与文明》（哈蒙斯沃思：亚伦·莱恩出版社，1992 年）。

[2]　迪肯：《使用符号的种群》，第 358 页。

[3]　史蒂文·米森：《心灵的史前史：寻找艺术、宗教和科学的起源》（伦敦：泰晤士与哈得孙出版社，1996 年），第 179 页及以下。

的数量，但是他们的数量可能与 20 世纪前大猿的数量相似。可能在一段时间里有数万或是好几十万个人亚科原人，当他们迁移到非洲的
165 西部、北部和欧亚大陆南部时，他们的数量就大为增长了。但是即便是直立人，我们也还没有发现其数量长期增长的证据。所以我们不应该夸大其走出非洲的重要性。在欧亚大陆南部，直立人进入的环境较之东非热带草原更具有季节性，但是其他方面十分相似。许多其他哺乳动物包括早期的人猿总科动物在内早就进行过类似的迁移。最后，令人吃惊的是，直立人并没有设法到欧亚大陆北部寒冷的中心地带居住。[1] 也没有证据显示他们越过海洋到达澳大利亚和巴布亚新几内亚。

过去 100 万年中前人类的人亚科原人

在过去 100 万年中，非洲和欧亚大陆各地出现了若干类型的人亚科原人。无论在哪个地方，这些物种的大脑都迅速发展。最终，许多物种的脑容量都达到 1300 毫升，这已使他们归入现代人类脑容量范围之内。从大约 20 万年前开始，在经过很长一段几乎毫无技术变化的时期，一种新的石器制作技术出现了：被称为勒瓦娄哇文化（Levallois）或穆斯特（Mousterian）文化工具。在这些工具中，有一种形似龟壳的石核，它是经过精确计算，只一次就敲掉若干石片而成形的。我们可以假设，一套更丰富的工具总是同新的生态龛的开发联系在一起的。

为什么人亚科原人的大脑会如此迅速成长？要以充分的理由解释大脑成长比看上去要困难得多，因为脑容量大的动物非常稀有。可以论证，现代人类的大脑是我们所知的最复杂的物体。爱德华·威尔逊论证到，人类大脑的进化是地球生命历史的四大转折点之一。[2] 每个人

---

[1] 大卫·克里斯蒂安的《俄罗斯、中亚和蒙古史》第 1 卷：《从史前到蒙古帝国时期的欧亚内陆史》（牛津：布莱克韦尔出版社，1998 年）第 2 章中探究了欧亚大陆北部没有直立人的重要意义。

[2] 爱德华·威尔逊：《论统合：知识的融通》（伦敦：艾伯克斯出版社，1998 年），第 107 页；该书第 6 章对人类大脑的现代理解做了最好的简介。威尔逊指出的另一个转折点是生命的起源、真核细胞的出现和多细胞生物体的出现。

的大脑包含有大约 1000 亿个神经细胞，就和一个普通银河系里的恒星数量一样多。它们相互联结（平均每个神经细胞可能要与 100 个其他神经细胞相联），形成了惊人的复杂网络，包含长达 9.6 万千米的连锁。这样一个结构能够进行平行的运算。这就意味着尽管每一次运算可能比现代计算机速度慢一些，但是在一个特定时刻所能进行的运算数量的总和却要大很多。一台快速的现代计算机可在 1 秒钟内完成 10 亿次运算，而一只苍蝇即使在休息状态中，其大脑能够处理的次数也至少是计算机的 100 倍！[1]当然，要进化成为如此强大的生物计算机必须具备一种很好的达尔文进化论的推动力。

但是尽管这个论证在直观上似乎合理，它仍有一个很严重的问题。166
如果大脑是如此明显“适应性的”，为什么只有少数物种真正进化出一个与其身体相比更大的大脑呢？麻烦在于维持大脑相当昂贵。人类大脑使用的能量是维持一个人全身所需能量的 20%，但是其重量只占到身体重量的 3%。生育一个大头的婴儿也是困难而危险的，对于直立行走的物种来说更是如此，因为直立行走需要一个窄臀而不是宽臀。换句话说，大脑增长是一个前途未卜的进化冒险。所以我们不能仅仅断言，因为具有显而易见的优势所以大脑就会进化，而是必须去寻找更加特殊的解释。

一个可能的解释是大脑为住在开阔空地的物种提供了一种很好的辐射。这个解释并不像它听上去那么轻率。但是还应该有更好、更妙的答案。可能有回馈循环，其中包括鲍德温的进化形式。某个领域（包括遗传上的或行为上的）变化可能会引起其他领域的变化，这就生成了新的选择压力来加强最初的变化。使用工具和大脑容量之间的关系可能就是我们所看到的这样的循环。

第二，社会性与大脑容量互为循环，紧密联系。即使在黑猩猩中，也可以看到准确思考社会关系的能力可以提高个体繁殖的机会。这样

[1]　罗伯特·卢因：《混沌边缘的生命》（伦敦：菲尼克斯出版社，1993 年），第 163 页。

的过程可以建立起相对快速的回馈循环，因为社交能力较强的个体比较频繁地配对，生产较多的后代，而这些后代反过来又拥有了较强的社交和政治的能力。最后，这样的过程能够刺激最能进行复杂的社会性思考的那部分物种的大脑发展。[1]然而，大脑更大也使得生育成为一个更加疼痛和困难的过程。在某些时期，这个问题可以通过改变儿童的发育速度而得以解决。人亚科原人的孩子是在成熟阶段的早期出生的。但是这个解决方案意味着婴儿的自生能力变得越来越差，需要父母更多的抚养。这样就增加了母亲的重要性，母亲被一个男女组成的支持性的社会团体所包围。这种转变是和这样一个事实有关：与许多其他（除了猩猩以外）的大猿不同，人类丧失了发情期；因此，他们即使在不可能怀孕的时候也能够发生性行为。这种性和繁殖的部分分离加强了男女之间的配对关系，由此提高了男性在养育子女中的作用，这个变化也许和人类两性异形的衰退有联系。[2]无论这些复杂过程的细
167 节到底如何（考古学的记录相当含糊，无法确定），人亚科原人随着他们脑容量增加而变得更加社会化。但是正如我们所知，在更大、更复杂的社会共同体中生活需要复杂的社会技能，社会技能最强的个体最容易找到配偶。这种类型的回馈循环——增长的脑容量刺激了社会复杂性的增长，而社会复杂性的增长又鼓励了脑容量的再次扩张——可以解释为什么在人亚科原人进化的某些阶段，人类的大脑（特别是额叶前部皮层）发展得特别迅速。[3]

另一种可能性是，大脑的成长是人亚科原人发展计划中一些微小变化的副产品。正如我们所见，幼态持续——或者物种的进化类似于它们所进化来的物种的幼年形式——的发生是由于主宰发展速度和时间的遗传密码的微小重组所致，因而一个物种除了性成熟之外的大多数

---

[1] 如此的回馈循环在尼古拉斯·汉弗莱的著作中提出过，概述参见卡尔文：《大脑如何思维》，第66—68页。

[2] 参见贾雷德·戴蒙德：《性趣探秘：人类性的进化》（伦敦：威登费尔德和尼科尔森出版社，1997年）；唐纳·J. 哈拉维（Donna J. Haraway）：《类人猿、半机械人和妇女：自然的再发明》（纽约：鲁特罗奇出版社，1991年），第107页，试图解释现代人类社会中女性缺乏明显的发情期的重要性。

[3] 罗伯特·福利：《人类以前的人类》（牛津：布莱克韦尔出版社，1995年），第165—171页。

特征都发展缓慢。于是，成年人类脸部平坦，相对而言毛发较少。黑猩猩也有这些特质，但只是在它们的青年期里。随着年龄的增长，它们口鼻向外突出，并且变得多毛。最重要的是，现代人类保持了典型的黑猩猩幼年时期大脑成长的速度，但是现代人类将这种成长的速度继续维持了更长的时间。这就意味着他们发育出更大的大脑，并且把这种幼年时期快速学习的脚步持续了更长一段时间。以此方式，控制发展过程的基因的小小改变可能对成年的幼态持续物种产生巨大的影响。

最后一种可能性是大脑的迅速成长与比较成熟的语言形式的进化有关。随着工具的使用，语言能力可能与大脑的能力发生了紧密的相互关系，赋予那些拥有较大脑容量的个体一个重要的达尔文进化论的优势。它将以进化回馈循环的方式促进更大脑容量的进化。我们将在下一章更仔细地探讨这一论证。

无论何种原因，我们知道人亚科原人的大脑从 50 万年前开始迅速成长。这些变化可以证明智力能力明显提高，可能也使语言能力明显提高。但是，令人沮丧的是，并没有证据表明，在人亚科原人生活方式中有革命性的变化。这些后期的人亚科原人中最著名的是尼安德特人（Neanderthal）。最早的尼安德特人化石是 1856 年在德国的尼安德河谷发现的。尽管长期以来尼安德特人（学名 *Homo sapiens neanderthalensis*）被划分为与现代人类相同的种，但是最近用尼安德特人化石中残留的脱氧核糖核酸进行的基因测试表明，人类与尼安德特人的进化可能远在 70 万年到 55 万年前就分道扬镳了。[1]

最早出现于考古学记录中的尼安德特人生活在 13 万年前，他们在 168
近至 25000 年的化石记录中消失。他们的脑容量和现代人类一样大，甚至可能比现代人类更大，但是他们的身体要比现代人类更结实、更矮壮。他们显然有狩猎的能力，这种能力使他们能够占据了此前从未有任何早期人亚科原人居住过的冰川时期的地区，例如，现在乌克兰

[1]　埃利希：《人类的本性》，第 96 页。

和俄罗斯南部的部分地区。然而，他们的狩猎方法与现代的食物采集族群，甚至与旧石器时代晚期的人类相比，并不特别有效，也没有形成体系。他们的石器通常被称为穆斯特文化，比起直立人的石器要来得更为复杂，但是比起现代人类的石器则缺乏多样性和精确性。尼安德特人有艺术或是葬礼的迹象，二者都标志着符号交流日益增加（但是证据尚不明确）。同时也几乎没有迹象表明存在更大的社会复杂性。就像早期的人亚科原人，尼安德特人似乎仍主要以简单家庭为单位过着群体生活，这种方式限制了他们相互之间的交流。也没有证据证明尼安德特人对这个星球产生了像现代人类那样重要的影响。

本章小结

这是一个令人沮丧的结论。我们已经看到，在地球的历史中，现代人类的进化是一件革命性的事件。我们也看到，经过几百万年，所有的现代人类的基本要素都聚集了起来。人亚科原人进化出了较大的脑容量，这使得他们增强了行为的适应性，可能符号语言能力也开始加强。他们比其他灵长目动物学会以更复杂的方式使用工具，这使他们有机会获得更丰富的食物。这些变化综合在一起，显然使得直立人比其他相近的种拓展了更为广阔的居住范围。但是并没有清晰的化石记录能够证明，即使距今 25 万年前的晚期人亚科原人物种的行为方式存在任何革命性的变化。我们依然没有离开自然选择的领域，在这个领域，遗传变化超过了文化变化。很难想象人亚科原人早期的种如何能像我们这个种那样改变这个世界。这对于尼安德特人，这个在遗传上与我们惊人地相似的种、有着和我们一样甚至比我们更大的大脑的种而言，情况也是如此。那么，什么是现代人类和人类历史的革命呢？在这一章所描述到的变化以何种方式为他们革命性的生态影响做了铺垫？下一章中将提供一些尝试性的答案。

延伸阅读

169

关于人类进化有许多优秀的大众读物，但是这一领域的变化相当迅速，所以这些读物也更新得很快。其中，罗杰·卢因的《人类进化》（1999 年，第 4 版）是最好的读物之一，而史蒂文·琼斯等人编著的《剑桥百科全书·人类进化》（1992 年）则是一本极佳的参考书。这一领域的两位重要人物，理查德·利基和唐纳德·约翰逊都写过相关主题的著作［利基的《人类起源》（1994 年）；约翰森与艾迪合著的《露西》（1981 年）］。贾雷德·戴蒙德的《第三种黑猩猩》（1991 年）就该领域做了一次出色的概述，保罗·埃利希的《人类的本性》（2000 年）是近期另一次全面的概览。其他全面的概览还包括戈兰·布伦哈特编的《图说人类历史》（5 卷本，1993—1994 年）；布莱恩·费根的《地球上的人们》（2001 年，第 10 版）是一本被广泛使用的教科书；罗伯特·福利的《人类以前的人类》（1995 年）；伊安·塔特萨尔（Ian Tattersall）的《成为人类：进化与人类的独特性》（1998 年）；罗伯特·温克（Robert Wenke）的《史前史的范型：人类的前 3000 年》（1990 年，第 3 版）；以及彼得·博古茨基的《人类社会的起源》（1999 年）。克莱夫·甘布尔的《时钟》（1995 年）是对旧石器时代的最好的全面纵览之一。在意识和思想的进化方面，史蒂文·米森的《头脑的史前史》（1996 年）、泰伦斯·迪肯的《使用符号的种群》（1997 年）、史蒂文·平克的《语言本能》（1994 年）和《心灵如何工作》（1997 年）、威廉·卡尔文的《思维的提升》（1991 年）和《大脑如何思维》（1998 年），以及尼古拉斯·汉弗莱的《心灵的历史》（1992 年）都是很有价值的著作，尽管仍有许多领域需要继续思索。克雷格·斯坦福（Craig Stanford）的《猎猿》（1999 年）和《重要的他者》（2001 年）以敏锐的洞察力提出，现代灵长目动物学必须为人类进化的历史提供怎样的依据。在《非零》（2000 年）中，罗伯特·赖特论述了非零和博弈在人类历史中所起到的重要作用。

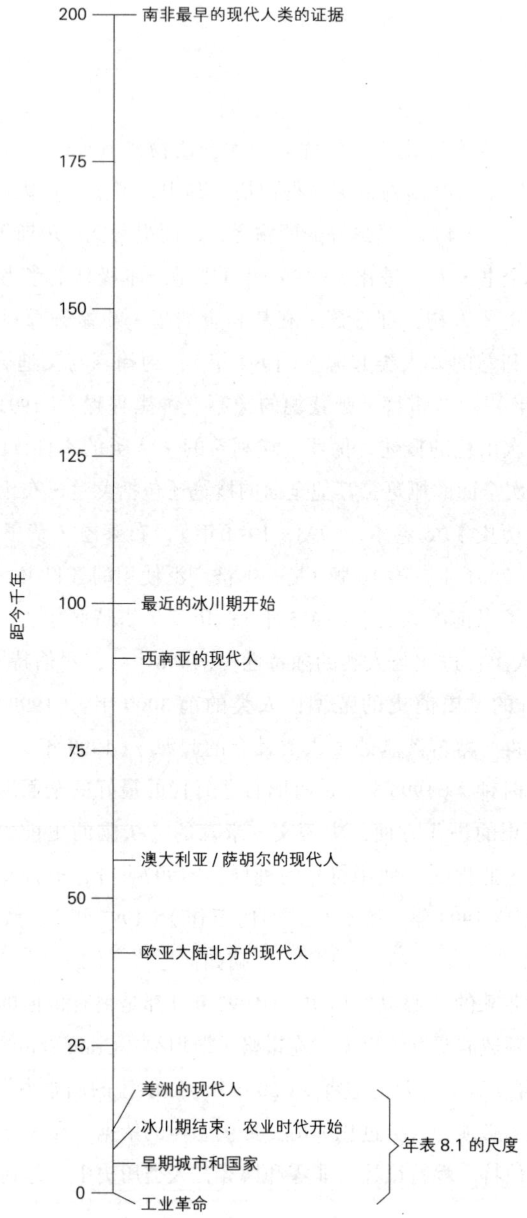

年表 7.1　人类历史的尺度：20 万年

第 7 章

人类历史的起源

人类语言的进化

许多特征对于我们这个物种的独一无二的进化组合有所帮助。但是，前一章曾经论证，最重要的是符号语言的出现，它释放出了人类全新的、强大的集体知识的适应性机制。因此，为了理解人类历史究竟在何时真正开始，我们必须弄清楚人类在什么时候、通过怎样的方式获得了他们使用符号语言的能力。

这是一个迷雾重重的领域，因为语言没有在化石中留下任何直接印记；我们理解人类语言进化过程的努力依赖于化石记录中模棱两可的暗示，通过诸多烦冗的理论拉拉杂杂地表达出来。毫不奇怪，即使在诸如人类语言何时出现这样最基本的问题上，专家们也没有取得一致的意见。亨利·普洛特金（Henry Plotkin）写道：

> 有些人将其定在最近大约 10 万年前左右，还有些人追溯到距今 200 万年以前，而大部分人则认为是在距今 25 万年至 20 万年之间的某个时候。它极可能不是瞬间出现的——如果你把“瞬间”定义为一个奇迹般的突变或是一个不到 1000 年的时间之内……语言很可能经过大约数万年，甚至数十万年的似有还无的阶段之后方才出现。[1]

---

[1] 亨利·普洛特金：《意识的进化：进化心理学入门》（伦敦：企鹅出版社，1977 年），第 248 页。

目前，根据语言学家诺姆·乔姆斯基（Noam Chomsky）的深刻见解，人们通常假设语言和人类其他一些独特的能力一样，有赖于大脑中包含有处理特殊技能程序的特殊“模块”或“器官”的进化。
172 人们论证到，人脑具有极其强大的通用计算能力。但同时它们也拥有专门模块来处理语言及其他多项技能——可能包括社交技能、技术能力以及生态或环境知识。这样的理论很诱人，尤其是在涉及语言时。人类婴儿学习语言的速度和流利程度，与任何一种试错法的学习过程都不一样，也与我们最近的亲戚黑猩猩没有类同之处。在某种意义上说，人类的语言能力似乎硬是被接入了我们的大脑中，而且用进化论的术语说，一定是在相当晚的时候方才接入的。如果是这样，那些关注人亚科原人进化的人们必须设法解释，语言模块是如何进化的。[1]

史蒂文·米森提出，也许是在最近10万年间，由一些曾经互不关联的大脑模块——其中有些在最早的人亚科原人身上已经存在——以一种语言的“大爆炸”方式突然融合在一起了。[2]但这一过程发生的确切情形现在还不清楚。对关于人类大脑的“瑞士军刀”观点也还存在其他困难。人类大脑肯定与类人猿的脑有着重要不同（不仅在容量上），但事实已经证明，要想为与众不同的“语言”模块明确定位是不可能的。语言能力看来是被分配在头脑中的许多不同部位，甚至它们的位置也是因人而异的。语言似乎是大脑的不同部分交互协作网络的产物，而不是一个单独的语言区域的结果。[3]

在《使用符号的物种》一书中，泰伦斯·迪肯为人类语言的进化

---

[1] 史蒂文·米森：《心智的史前史》（伦敦：泰晤士与哈得孙出版社，1996年）一书对有关语言获得的各种理论进行了概括说明，对其论述内容的简单摘要可以参见约翰·梅纳德·史密斯和厄尔什·绍特马里：《生命的起源：从生命诞生到语言起源》（牛津：牛津大学出版社，1999年），第143—145页。关于语言中的模块性，参见史蒂文·平克：《语言本能：语言与意识的新科学》（纽约：企鹅出版社，1994年）。

[2] 史蒂文·米森：《心智的史前史》。

[3] 参见泰伦斯·W.迪肯：《使用符号的物种：语言与脑的联合进化》（哈蒙斯沃思：企鹅出版社，1997年），特别是第10章；史蒂文·平克认为，如果真的存在明显的脑力模块或“器官”，它们看起来可能也更像路上被车轧死的动物而不是我们所熟悉的器官如心脏或肺（《头脑如何工作》，纽约：W. W. 诺顿出版社，1997年，第30页）。

提出了一个不依赖器官特化观念的解释。他从使用符号——人类语言最与众不同的特征开始论证。对外部世界的表述存在三种形式。两种最简单形式依赖于对事件以及事物之间的相似性（迪肯称之为“图像”）或相关性（“索引”）的察觉。[1]图像的相似性使得像细菌般简单的生物体能对所有温暖或明亮的现象做出一种反应，而对寒冷或黑暗做出另一种反应。另一方面，巴甫洛夫（Pavlov）的狗逐渐懂得在进食与铃声之间存在联系是因为这二者总是有规律地同时出现。因此，它们把这两个现象联系在了一起，尽管其间不存在任何图像相似。这两种学习方式都依赖于内在与外在事件的一一对应。然而第三种表现方式——“符号”——不仅涉及外部世界，还涉及所有采集到的图像和索引，所以它们能被用以创造出关于现实的更为复杂的内在地图。

但是符号思维相当精妙。只有将图像和索引两种表述方式置于后台，而心智的其余部分则将相关概念的本质提炼为某种符号形式，符 173
号思维才能得以实现。迪肯认为，“发现符号的困难之处就在于把注意力从具体转到抽象，从毫无关联的记号与对象之间的索引式关联转化为记号之间的有机联系。为了产生记号—记号联系的逻辑，高度的冗余是至关重要的”（第 402 页；散见于第 3 章）。这一智能程序需要大量的计算能力。迪肯的论证清楚描画出了符号思维在成为可能之前所需克服的障碍有多大，而这有助于解释为何符号表述模式显然仅限于脑容量甚大的人类。

然而，光有大的脑容量还不够。符号语言还需要许多其他的智力与生理技能，包括迅速制造和处理符号的手势或声音，以及理解由别人发出的一系列快速的语音符号。在相对较短的数百万年时间中，这样一套连贯又复杂的技能是怎样又是为何一起发展起来的？迪肯的回答是，它们通过一个协同进化的过程而出现，在这过程中，人亚科原

[1]　“类比通过记号与对象之间的相似性来达成，线索通过二者之间的某种物理或时间联系来达成，而符号则无关于记号或对象的任何物理特性，通过某种正式的或仅仅是被承认的联系而达成。”（迪肯：《使用符号的物种》，第 70 页）下文中对出自该书的内容将以附加说明的方式引用。

人在进化中不断从符号交流的初级形式中获益，同时语言本身也在进化，以不断增加的精致和准确而与人亚科原人大脑的不断变化的能力与特性相适应。这样的变化也许包含有某种类型的鲍德温式进化（Baldwinian evolution），即行为上的微小修正可以给那些最熟练掌握这些新行为的个体在繁殖后代方面带来重大好处。而这好处反过来又产生有助于这些技能发展的强大的选择性压力。通过这样的方式，肇始于单纯行为发展的东西最终可能铭刻到了人类的遗传密码和人类语言的深层结构之中。[1] 符号交流的初级形式最早可能是一些微小的行为变化的结果，这些行为变化与我们在实验环境下从现代黑猩猩身上观察到的情形相类似。然而这些新的交流方式一旦相沿成习，便会增加那些出于遗传原因而最能够适应这些交流方式的个体繁殖后代的机会，由此而产生新的选择性压力。

这一讨论表明，可能在很早的时候就迈出了符号语言的最初几步，从而有足够时间完成那些使现代语言成为可能的许多行为和遗传变化的进化。它还表明，迈出最初几步所需要的大脑与现代黑猩猩没有太大的不同。但是在迈出最初几步之后，很可能发生了进化变化，其最明显的特征（至少在化石记录中）是大脑前方的前额皮质的面积及重要
174 性有所增加。最后，只是在人类进化的较晚阶段才出现了有效的符号交流的直接证据。迪肯关于符号交流的极端困难性的叙述表明：一旦迈过门槛，人类交流的质量和特性就可能发生突变——某种符合史蒂文·米森所提出的语言大爆炸的情形。

形成符号语言的最初几步可能包括手势和语音的结合。在实验条件下，尽管黑猩猩使用象征符号的能力十分有限，但它们能够学会象征性地使用示意动作，而南方古猿在语言方面可能和现代的黑猩猩具备同等的能力。[2] 不过，即使能够观察到南方古猿彼此交流的情形，我

[1]　迪肯：《使用符号的物种》，第 322—324、345 页。
[2]　同上书，第 84—92 页。

们可能依然无法确定这是不是真正的"语言"。迪肯解释道：

> 至少可以说，最早的符号系统几乎肯定不是成熟语言。如果今天遇到它们，我们甚至不会承认它们是语言，虽然我们会承认它们和其他物种的交流方式之间存在显著差异。最早的语言形式很可能缺乏我们认为现代语言所具备的那种效率和灵活性……最早的符号学习者可能仍然像现代猿猴那样，通过呼叫–表现（call-and-display）的行为模式来进行大多数的社会交流。符号交流很可能只占社会交流的很小一部分。（第 378 页）

如果这一重构是正确的，则表明南方古猿具备了生活在一个符号王国中的有限能力，这种能力可能使它们产生了一定程度的抽象思维，甚至也许还有一定程度的自我意识。然而，一般来说我们应该认为，南方古猿像其他有大脑的动物一样，生活在一个受到此刻当下的感觉所支配的经验世界里，而不是像现代人那样生活在精神世界里，在精神世界里，我们能够经常猜想不属于现在的情境，包括过去与未来。[1]

对能人头骨的研究证明，他们不仅在脑容量上大于南方古猿，组织结构也是不同的。尤其还存在大脑左右两侧分工的迹象，这在现代人类中表现为"惯用手"。与脑容量的增加一样，这个特征可能反映了对改进的符号能力的有所选择，因为脑的不同部位的功能分化可能提高了人脑同时处理不同类型信息的能力。[2] 迪肯提出，能人和晚期的 175
人亚科原人可能已经掌握了和语言相关联的其他技能：

> 能人与直立人可能已经具备了（比南方古猿）更强的运动控制能力，而且可能还显示出了大约中等程度的喉部下移（因而他们

[1] 关于语言对时间感的影响，参见约翰·麦克龙：《说话的猿》（贝辛斯托克：麦克米兰出版社，1990 年）和《大脑如何工作：精神与意识的入门指南》（伦敦：多林·金德斯利出版社，2002 年），尤其是第 56—58 页。

[2] 迪肯：《使用符号的物种》，第 310—318 页。

> 的声音种类有所增加）。和现代人言语相比，直立人的言语大概多少还不够清晰、缓慢，而能人说话甚至可能更加有限。所以，尽管他们言语的速度、范围或是灵活性都无法与今天相比，但至少还是拥有了现代言语中所具备的辅音特征。（第 358 页）

不过我们不应该夸大这些技能。所有早期人亚科原人都有着相对较高的喉部，这表明他们无法发出和现代人同样范围的声音（尤其是元音）。即使他们说话，也可能是用辅音在其中起支配作用的有限词汇说话。手势或许依然担当着交流的大部分责任。由于缺乏现代人那样迅速、灵敏地运用符号的能力，他们的交流以现代标准来衡量可能还是有限而且迟缓的。最重要的是，我们还不曾在考古证据中发现任何迹象可以显示与集体知识有关的适应能力得到显著提高。

我们开始发现，正是在大约过去的 50 万年间，朝向符号语言的更具决定性的转变，连同适应创造能力的增加一并开始出现。尼安德特人有着与人类同样容量的大脑（参见图 7.1），但对他们头骨底部的研究表明，他们同样没有能力掌握现代人类语言所需要的复杂发音。这一点，再加上目前还没有其他的明确迹象可以表明尼安德特人具有广泛的符号行为，使我们相信，尼安德特人并没有使用一种完全发达的语言形式，尽管他们在冰川期欧亚大陆部分区域的存在显示出他们适应新环境的能力的确有所增强。尽管如此，过去 50 万年间人类的几个特别的种的大脑容量的迅速增长表明，一场急剧的协同进化过程正在发生，在这个过程中，对符号语言而言至关重要的若干独特的能力同时而极其迅速地进化。其中包括喉部下移（这对控制更为复杂的发音而言是不可或缺的）、大脑两半球分工逐渐明晰，以及控制呼吸、迅速准确辨认和分析声音的能力有所提高。[1]

[1] 迪肯：《使用符号的物种》，第 340、353 页。

图 7.1　尼安德特人（智人）与人类的头骨

左边的头骨是尼安德特人［来自拉佛拉希（La Ferrassie）］，右边的是现代人头骨［来自克罗马农（Cro Magnon）］。现代遗传证据表明，人类与尼安德特人的联系比人们曾经以为的要远一些。选自克里斯・斯特林格和克莱夫・甘布尔：《寻找尼安德特人》（伦敦：泰晤士和哈得孙出版社，1993 年），第 185 页

人类历史何时开始？ 176

关于人类——不只是看上去像现代人，而且像现代人那样行动与彼此交流——存在的最早证据是什么时候的？这是历史学家所能提出的一个至关重要的问题，因为它其实是一个关于人类历史起源的问题。

近年来，存在两种相当不同的回答。第一种现在是少数派，但还是有一些学者，如米尔福德・沃尔普夫（Milford Wolpoff）和艾伦・索恩（Alan Thorne）仍然坚决支持它。他们认为，在大约 100 万年的时间里，人类在整个非洲-欧亚大陆缓慢地朝着现代形态进化。因此，在整个非洲-欧亚大陆发现的过去 100 万年间的每一种人亚科原人的遗

存都应当被视作同一个进化的种的样本，他们在不同地区会有所差别，其中一些特征，包括肤色和面部特征，一直保留到了今天。按照这一观点，同一地域的群体持续交配，因此他们仍然是同一个种的组成部
177 分。[1] 如果这一解释是正确的，我们必然得出结论说，人类的历史也许长达 100 万年之久，只是它最独特的特征直到晚近方才变得明显起来。然而，这一研究还存在若干困难。首先，过去百万年间化石遗存的类型繁多，它们覆盖了广大地域，并且存在物种个体长途跋涉的可能性，这些都使得我们很难把这些遗存视为存在同一个进化的种的证明。

第二种观点目前比较流行，它主张现代人类在距今 25 万年到 10 万年之间以一种（比前述那种缓慢进化相比）极其突然的方式出现在非洲的某个地方。[2] 得出这个结论的至关重要的证据来自遗传学，不过与最近的化石发现相一致。现代人类遗传物质的研究表明，我们在遗传方面的变异远远少于邻近的种群大猩猩。这表明人类非常年轻——也许只有 20 万年。如果我们有更长的历史，就会有足够的时间在不同地区内部以及不同地区之间的种群里产生更多的遗传变化。而且，现代人遗传变异大部分出现在非洲，表明这里是人类生活时间最久的地方。那么推测起来，非洲是现代人（智人）最早出现的地方。事实上，这一理论表明，在人类的历史上，至少有一半时间，现代人类只生活在非洲。

这个认为人类的出现是一个相对突发的事件的理论，与我们对进化的典型模式的理解是相当吻合的。就像许多人亚科原人种一样，现代人可能是通过生物学家所熟知的异域性物种形成（allopatric speciation）过程而进化的。当一个种群的成员覆盖了一整片广袤区域时，通常就会有一些小群体脱离开来。他们可能进入一个山谷，越过一座高山或是穿过一条河流，从而与该种群的其他成员相隔绝。如果

---

[1] 克里斯·斯特林格和罗宾·麦凯在《走出非洲》（伦敦：凯普出版社，1996 年）一书中做了精彩的论述（第 48 页及其后）；还可参见艾伦·G. 索恩和米尔福德·H. 沃尔普夫：《人类的多元进化》，载《科学美国人》，1992 年 4 月，第 28—33 页。

[2] 关于这一范式的遗传学证据的讨论，参见路易吉·卢卡·卡瓦利-斯福尔萨和弗朗西斯科·卡瓦利-斯福尔萨：《人类的大散居：差异与进化的历史》，萨拉·索恩译（马萨诸塞，雷丁：艾迪逊威斯利出版社，1995 年）。

他们停止与该种其他成员交配，那么他们很快就会在基因方面产生与上一代种群相背离的变化。如果被隔绝的种群数目很小，新落脚点的生态环境又与原来非常不同，这种变异就会非常迅速，因为自然选择的压力十分强大，而且有利的遗传变异在小团体中能够传播得更加迅速。另外，从纯粹统计学理由看，小种群不大可能完全继承上一代的特征，在这样的群体里，变化会迅速增长（这就是“奠基效应”）。由于这些原因，在上一代种的活动范围边缘生活的小群体中迅速进化出新的种。如果人类也是这样进化的，那么所有的现代人类都是一个生活在距今 20 万年到 10 万年间的非洲离群小团体的后裔。如果这个小团体生活在南非，那么他们就位于旧石器时代中期（20 万—5 万年前）亚人科原人生活范围的边缘地带。178

但这个理论同样也是有问题的，即便其支持者大部分都同意：包括人类语言在内的现代人独有的行为，其证据直到 5 万年前的旧石器时代晚期方才出现。出自欧亚大陆和澳大利亚的考古学证据显示，大约在 5 万年前，人类行为中出现了一些极具决定性的变化。考古学家将其作为现代人类行为迹象标志的主要有四种类型。第一是新的生态学适应，比如进入新的环境。第二是新技术，比如可能已经装柄的小型、精制、有时标准化的石刃，还有对新原料如骨头的使用，这些都提高了进入新环境的人类的能力。第三是更大规模的社会及经济组织的迹象，这些迹象表现为以下几方面的证据：长途交换网络形成、猎取大型动物能力提高、组织与计划能力提高。第四，在某种程度上也最重要，是间接形式的符号活动，例如各种类型的艺术活动，它们应当与符号语言的使用同时出现。根据所有这些类型的证据，许多考古学家与史前史学家提出了“旧石器时代晚期革命”的概念：一次晚近的、非常突然的人类创造性活动的繁荣，它始于距今 5 万年前，标志着人类历史的真正起源。

但是如何解释在现代人类的出现和现代行为的出现之间存在的明显鸿沟呢？这是一个让人焦虑的不解之谜。它引得一些学者推想，关键的改变可能发生在最近 10 万年间人脑的连线方式；如果是这样，人类历史真正开端就要比遗传学证据所表明的时间更晚。然而，最近美国两位古生物学家萨莉·麦克布雷亚蒂（Sally McBrearty）和艾莉森·布鲁克斯（Alison Brooks），主要根据对非洲考古学证据的严密分析，对这些难题提出了一种精彩的解决方案。她们的说明与前一节里关于语言起源的说明正好相吻合，因为它看起来论证了在大约 25 万年前，生物学家所熟悉的那种基因进化的进程是如何转化为历史学家所熟悉的文化进化过程的。下一节将主要以她们关于非洲早期人类史的最新叙述为基础。[1]

在《并非革命的革命》一文中，麦克布雷亚蒂和布鲁克斯指出，
179 在非洲的考古证据中看不到在欧亚大陆和澳大利亚证据中显而易见的突变。她们论证到，在这里，充分的人类行为的迹象早在旧石器时代晚期以前就已出现了，也许最早是在 25 万年之前，不过它的出现是零星而渐进的。关于使用小型刀具——其中有些装了柄——以及磨石和颜料的证据，很早就已出现；其他革新技术——包括捕鱼、采矿、长途货物交换、骨器的使用，以及进入新环境的移民——的证据也比在欧亚大陆出现得早。无论是文化的改变，还是人体骨骼结构的改变，都不曾以“大爆炸”的形式出现；相反，它们是间歇而不规则地发展起来的。

> 非洲没有发生过“人类革命”。相反……新特征是逐步出现的。社会、经济及生存基础的特征要素以不同的速度发生改变，并且在不同时间出现在不同地点。我们描述来自非洲石器时代中期（距今约 5 万年至 25 万年）的证据是为了支持下述论点：在超过 20 万年的时间段内，人类骨骼构造和人类行为都间歇性地从一种陈旧模式转化为更加现代的模式。（第 458 页）

[1] 萨莉·麦克布雷亚蒂和艾莉森·布鲁克斯：《并非革命的革命：现代人类行为起源新释》，载《人类进化研究》第 39 期（2000 年），第 453—563 页。出自该篇文章的引文此后将在正文中以附加说明的方式引用。

出现在非洲的明显现象并非一场旧石器时代晚期的革命，而是一个缓慢地变化过程，这一过程看来反映了遍及许多小团体和广大地域的“共享知识的间歇式扩散”（第 531 页）。她们论证到，如果现代人类生活在小团体里面，并且使这些技能从一个共同体向另外一个共同体发展，那么也可以指望发生类似的情况。

此外，她们还论证到，最早的变化与一种新的人亚科原人的出现恰好在同一时间，该种近来被称为 *Homo helmei*，它们与现代人类的亲缘关系相当近，因此把它们重新划分为属于我们这个种——智人——的成员，是十分必要的。到 13 万年以前，甚至早在 19 万年以前，确定无疑属于智人的遗存在非洲就已经出现了，但在这两个种之间不存在明显的不连续性（第 455 页）。总而言之，她们认为，在非洲，不像在欧亚大陆，遗传学与行为学的证据联合起来为人类如何起源且开始展示出其特有的生态创造力提供了一种条理清晰的说明。

> *H. helmei* 和早期智人都使用石器时代中期技术，因此很清楚，导向现代性的主要的行为变化发生在 25 万—30 万年前的阿舍利文化——石器时代中期，而不是如很多人设想的那样，在 4 万—5 万年前的石器时代中期—晚期。在此，我们已经证明，许多复杂的行为在石器时代中期就已经出现了。这意味着伴随 *H. helmei* 的出
> 现，认知能力有所提高，并且 *H. helmei* 与智人之间存在行为的相 180
> 似性和物种上的密切联系。可以论证，这里所称 *H. helmei* 的种应该更正确地将其归为智人。如果是这样，人类就有着大约 25 万—30 万年的历史，他的起源与石器时代中期技术的出现在时间上相一致。（第 529 页）

如果麦克布雷亚蒂和布鲁克斯是正确的，我们就可以说人类历史在距今 30 万年到 25 万年之间的某个时候始于非洲。

非洲的起源：最初 20 万年

大约 10 万年以前，人类局限于非洲，但在这里，他们创造了新的技术和生活方式并且占领了新环境，包括森林与沙漠。只是在距今约 6 万年之后，人类才真正开始进入从前人亚科原人未曾到达过的区域，包括澳大利亚（需要具备穿越大面积水域的能力）、冰川时代的西伯利亚（需要适应极端严寒环境的能力），以及最终到达美洲。

关于人类在非洲那段最早（也是最长）的历史时期的证据少得可怜。大体而言，我们知道，一旦语言出现，每一个共同体就拥有了属于自己的历史，其中包含丰富的史诗、英雄、灾难，以及胜利。但由于我们不能看见这些历史，因此只能描绘其大趋势，刻意遗忘那些对个体而言关系重大的细节。对此我们无能为力，除了定期进行一些想象方面的努力以记住每一个共同体都的确有过属于它自己的详细历史，它生动而充满活力，正如今天的人们借助文字材料构建起来的任何一种历史一样。

这些概述对于传统所称“史前史”的那一整段人类历史来说，由于缺乏文字资料，所以都是正确的。但它们格外令人信服地适用于最早期的人类历史。在非洲的考古工作比欧洲更少，断代工作很棘手，而且试图根据考古证据来解释行为通常是十分困难的。此外，我们可以预期，在这些早期日子中，集体知识的形成过程必定非常缓慢；我们也不必去寻找引人注目的精湛技术。正如麦克布雷亚蒂和布鲁克斯所指出的：“更新世中晚期的非洲早期现代人类数量还相对较少而且分散，改变只是插曲，而小团体之间的接触也是断断续续的。这种情况导致了一种渐进式的发展，逐渐形成了现代人类的适应性变化。”（第 529 页）

尽管存在这些困难，麦克布雷亚蒂和布鲁克斯还是为 25 万年以
181 前出现在非洲所有被认为是旧石器时代晚期革命的关键变化做出了有力的解释（参见图 7.2）。新行为方式的最早的、最清晰的迹象在于石器技术的变化。其中最为惊人的是距今 25 万年以后与各种形式的直立

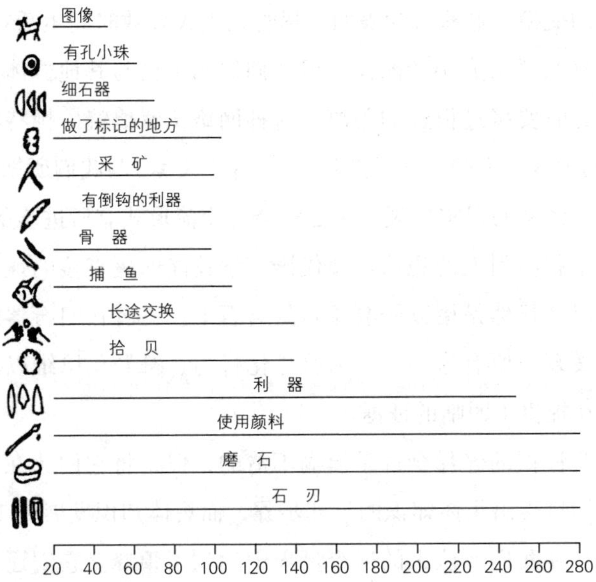

图 7.2　非洲石器时代中期（持续数万年的时间段）的行为创新

授权引自《并非革命的革命：现代人类行为起源新释》，载《人类进化研究》第 39 期（2000 年），第 530 页

人有关的阿舍利石器技术消失了。取而代之的是一些新兴的、更精致的石器工具，有些可能装了柄因而可以用作矛或投掷器，这项革新使得人们能够更安全也更准确地猎杀大型动物。至少在一把早期石刃上，发现了现代人类的猎手用树脂来固定刀刃的痕迹，许多早期石刀的形状适宜于安装刀柄。[1] 另外，还有利用小规模资源，如鱼类和贝类的迹象。这些技术在非洲以外的地区要到距今约 5 万年后才出现。

人类也适应了新的环境，尤其是此前人亚科原人未曾利用的沙漠和森林地区。[2] 新型社会组织和地方“文化”的证据出现在造型风格迥然不同的石制工具上。还有些证据显示了形式复杂、有时距离超过数 182

[1]　麦克布雷亚蒂和布鲁克斯：《并非革命的革命》，第 497 页。

[2]　同上书，第 493—494 页。

百千米的交换。这些行为表明，尽管人类大多数时间生活在家庭里面，这些家庭又联结成小的团体，但他们偶尔也会与其他群体发生友好接触——有时要越过很远的距离。这种网络（罗伯特·赖特将之描述为"巨大的地区性大脑"[1]）的创造标志着（人类）与我们所知道的现存猿类的社会体系的根本决裂。将之解释为交流形式有所进步的间接证据，乃是一个很吸引人的想法。现代语言学技能的更直接的证据出现在装饰物，以及显然是用以研磨颜料的磨石上。二者在旧石器时代晚期之前都有发现。所有这一切，为符号化行为、符号化思维以及符号化语言的存在提供了明晰的证据。

这些证据的碎片全都是模糊不清的，但是将它们放在一起，就有助于我们拼凑出集体知识的早期步骤，而集体知识发展到25万年之后的今天，在我们所认识的这个世界中达到了顶峰。它们还表明，集体知识与能够使用符号语言的新的人亚科原人的出现直接相连。

集体知识的一些规则

符号语言使得人类与其他近支的种有所不同，能够分享信息并共同学习。这种知识的积聚和分享如何能够产生长期的变化，而将人类历史与那些近支的种的历史区分开来呢？在探索人类历史的独特时，我们需要首先关注那些决定集体知识过程的速度和地理的因素。为什么生态革新在一些时期内慢一些而在另一些时期内却快一些呢？为什么在有些地区慢一些而在另一些地区却快一些呢？正如我前文所论证的那样，如果集体知识是人类历史最重要的识别特征，那么我们显然需要对这些问题加以密切关注。

实际上，集体知识的过程就像任何创造过程一样不可预知。但还是有一些普遍规则在一开始就值得注意，因为它们将会表明，哪些变

[1]　罗伯特·赖特：《非零：人类命运的逻辑》（纽约：兰登书屋，2000年），第51页。

化最有可能促进或阻碍具有生态意义的知识积累——这些类型的知识在岁月更替中赋予了人类掌握物质世界的独特能力。两个要素凸显出来：信息集聚的容量和种类，以及信息分享的效率和速度。

第一个关键因素涉及信息网络的规模，或者说是能够分享信息的共同体和个人的数量。[1] 从直观上说，随着交换信息人口的数量和差异 183
增加，信息交换网络潜在的协作优势也有望随之迅速递增。[2] 用图论的模型网络来加以说明，这一规则就比较容易理解。在模型网络中有若干个结点（图论称为顶点；我们所指的就是人或共同体），而整体的智能协作优势则与这些节点之间可能的连线（图论中的边）数量成正比。接下来的算术问题就简单了。两点之间可能的连线数量是 1，三点之间是 3，四点之间是 6；总而言之，如果结点的数量是 n，则连线的总数就是 n×（n−1）/2。在现实中，并非所有的连线都能够实现。但是重要的问题在于，可能的连线数量（以及整个网络潜在的信息协作优势）比结点的数量增长更快，而当结点的数量增加时，两种速率增加之间的差异也随之增大。因此，当网络的规模扩大时，其潜在的智能协作优势增长得更快："数目更大、密度更高的人群等同于更快的技术发展。"[3]

信息集聚的种类可能和容量同样重要。相邻的共同体，生活方式相似，或许能够彼此帮助改良工艺与技能，但他们不大可能引入全新的理念。只有当采取不同生活方式的团体发生重要的接触，本质上全新的信息才有可能被共享。固然，不同的生活方式通常会妨碍接触，但有时候，比如在某些贸易形式中，它们不会起妨碍作用。事实上，

[1] "网络"这个比喻可能在世界历史中被用得最多。威廉·麦克尼尔：《西方的兴起：人类共同体的历史》（芝加哥：芝加哥大学出版社，1963 年）一书认为，不同的人类共同体之间的交互作用是世界历史变化的主要驱动力。在他的最新作品，与约翰·麦克尼尔合著的《人类之网：世界历史概观》（纽约：W. W. 诺顿出版社，2003 年）中，"交互作用网络"的比喻进一步发展完善。

[2] 林恩·马古利斯和多里昂·萨根：《生命是什么？》（伯克利：加利福尼亚大学出版社，1995 年）一书第 8 页对这个术语有精辟的定义："美国建筑师 R. 巴克敏斯特·富勒（1895—1983）用'增效作用'这个词（来自希腊语 synergos，意思是合作）来描述物体各部分协同作用之效果大于各部分单独作用之和。"

[3] 赖特：《非零》，第 52 页；书中第 4 章"看不见的脑"讨论了这样一个普遍准则：增长的人口密度易于促发革新。

凡是在同一信息网络包含不同群体的地方，我们都非常有可能发现那种导致技术与生活方式发生显著变化的集体知识的形成过程。

上述抽象模式表明，描绘信息网络——信息得以在其间交换的地区——的规模和种类是十分重要的。它同样还表明另外一个重要原则：当信息网络的规模与种类增长时，不但会出现新知识的积累，而且会提高新知识积累的速度。在最普遍的层面上，这正是我们从长时段的人类历史中所观察到的情形。

第二个重要因素就是信息交换的效率。确定某个信息交换地区的规模是一回事。但是那个地区交换的速度和规律可能会发生极大的变化。信息交换的效率首先反映了不同共同体之间接触和交换的性质和规律。而这些可能受到社会习俗、地理因素以及交流和运输技术的制
184 约。在同一个信息网络中，集体知识的形成过程在不同地区可能有强有弱；由此我们可以想象，在某些地区比在其他地区信息集聚的种类更多、联系面更广泛。

这些论证提出了一个有用的普遍原则：信息网络的规模、多样性和效率乃是决定生态革新速度的重大因素。在下面数章，我们将通过考察世界不同地区信息网络的规模与种类，以及在这些网络中信息积聚的不同效率，来探寻集体知识形成过程不断变化的协同作用。

在旧石器时代，彼此接触有限的小团体的存在使得生态信息交换进行得非常缓慢。在每个人的一生中，他遇见的人可能不会超过100个，而其一生的大部分时间可能只是在不超过10—30个属于同一家族的团体中度过。在这样的网络中，能够交换的信息显然是有限的，而这些局限性有助于解释旧石器时代的技术变化为何在我们看来是如此缓慢，即使以人亚科原人的标准衡量，这些技术变化其实相当迅速。

其他因素可能也减缓了变化的速度。许多小型共同体构成的社会容易在语言方面表现出巨大差异。在澳大利亚原住民部落中，几十万人可能拥有200种不同语言。虽然这些语言互有联系，但彼此迥异，只有近邻的交流才能毫无困难。在加利福尼亚，直到1750年，尚有至

少 64 种，甚至可能达到 80 种不同语言在使用，而在巴布亚新几内亚，即使今天也还有大约 850 种在使用的语言。[1] 文化差异可能限制了生态及其他类型的信息交换，而相邻群体之间的遥远距离——许多群体都需要一块广阔的领地来养活自己——同样如此。总而言之，新技术和新适应在旧石器时代发展缓慢，这一发现并不让人惊异。而且这些发展变化的出现是有地区性的，因此最早的人类社会很可能是极其多样化的：每个群体都在其相对隔离的环境中进行自己的适应性试验，而技术发现的积聚机会始终十分有限。

旧石器时代的生活方式 185

任何人在试图确定最早的人类如何生活时都必须依靠大量的猜测。对现代狩猎群落的研究表明，他们的生活方式在细节方面彼此差异极大。不过我们还是可以相当有把握地做出一些大略的概括。[2] 化石遗存数量稀少，以及我们对现代狩猎者所做的观察都证实了早期人类的数量很少，而且以小型共同体的方式生活在一起。到底小到何种地步，我们不能确知。不过一种合理的猜测是，在一段时间里，人口数量近似于现代黑猩猩，也许还有明显的上下浮动。

我们之所以断定这些团体规模很小，是因为所有现代食物采集技术都需要一片广袤的地域以养活少量人口。例如在全新世早期的欧洲，食物采集的生活方式可以养活的人口密度为每 10 平方千米 1 人，而早期农业方式在相同面积内可以养活 50—100 人。[3] 我们没有理由认为

---

[1] 关于对语言种类在世界历史进程中减少的概述，参见弗朗西斯・卡尔图宁和阿尔弗雷德・W. 克罗斯比：《语言死亡、语言起源和世界历史》，载《历史学刊》第 6 卷，1995 年第 2 期，第 157—174 页；关于 1750 年加利福尼亚的数据，参见第 159 页；现在的巴布亚新几内亚，参见第 173 页。

[2] 关于对现代食物采集族群的研究能在若干方面帮助我们想象旧石器时代的生活方式以及这种类推法的局限的例证，参见艾伦・W. 约翰逊（Allen W. Johnson）和蒂莫西・厄尔（Timothy Earle）：《人类社会的进化》（斯坦福：斯坦福大学出版社，2000 年），特别是第 2 章和第 3 章。

[3] 科林・伦弗鲁：《考古学与语言：印欧语系起源的谜题》（哈蒙斯沃思：企鹅出版社，1989 年），第 125 页，对于人口密度给出了一个较低的估计；马西莫・利维-巴奇：《简明世界人口史》，卡尔・伊普森译，牛津：布莱克韦尔出版社，1972 年，第 26—27 页，则做出数值略高的估计。

旧石器时代的共同体在这方面会更加有效率。现代食物采集族群大多是迁徙的，每年不同的时间在其领地的不同地带迁移。一般而言他们的饮食在很大程度上依赖于采集食物，包括植物、坚果、块茎，以及各种小动物。另外，他们大多数都猎取大型动物而且非常珍视其肉类，即使捕获它们的机会很不确定；因此，小一些的、更可靠的食物常常构成他们的基本食谱。从事食物采集的生活需要对身边的资源、鸟兽的迁移方式以及特定植物的生命周期拥有广博的知识，因此，低估这些共同体的生态技能将是一个错误。

旧石器时代的人类生活得有多好？若是一个现代城市的居民进入这样的世界，将会发现生活相当艰难，但曾经一度流行的认为食物采集族群的生活本质上是粗陋不堪的假设则是言过其实。很可能情况同样如此，如果一个旧石器时代的西伯利亚人突然被送入 21 世纪，他也会感到今天的生活非常艰苦，即使表现为另外一种方式。在一篇发表于 1972 年的有意挑起争议的文章中，人类学家马歇尔·萨林斯（Marshall Sahlins）把石器时代的世界描绘成“最早的丰裕社会”。他论证到，一个丰裕的社会是“其间所有人的物质需求都能轻易得到满足”。他认为，以某些标准来衡量，石器时代社会比现代工业社会更加符合这一标准。[1] 他指出，富裕可以通过两种途径实现：生产更多的物品以满足更大的欲望；或者，限制对身边物质的欲望（“通往富
186 饶的禅宗之路”）。他利用现代人类学的材料对石器时代的生活经验有所了解，他同意石器时代人类的物质消费水平毫无疑问很低。事实上，居无定所的生活特点本身并不鼓励物品的积累，因为居无定所的生活需要随身携带一个人所需要的各种物品，这就遏制了他积累物质财富的欲望。研究表明，现代的游牧社会可能还运用许多不同手段来控制人口增长，包括延长对孩子的哺乳期（从而抑制排卵）和一些更为野蛮

[1] 马歇尔·萨林斯：《原始的丰裕社会》，载《石器时代经济》（伦敦：塔维斯托克出版社，1972 年），第 1—39 页；引文见第 1 页。

的方式，比如遗弃多余的孩子或是不再适合随同共同体其他成员一起迁移的老人。通过这些方法，食物采集共同体就可以限制自身的需求。

尽管如此，萨林斯论证到，在这些共同体中，正常的消费水平已经超出了满足基本要求所需的水平。食物采集民族能够开发出极为广泛的食物来源，因此除了在极端恶劣的环境下，他们很少遭受严重短缺之苦。而且小型团体的游牧生活还能使之远离规模稍大的定居共同体所特有的疾病。甚至更为惊人的是，人类学家曾试图评估现代食物采集族群为谋生而用于“工作”的时间，结果表明，他们非但无须拼命苦干才能维持生计，其工作量甚至还远远少于现代工业社会中大部分工薪阶层或家政劳动者。对安亨（Arnhem）传统共同体的研究表明，“人们无须努力工作。每个人每天花在获取和烹调食物上的平均时间为 4—5 小时。而且，他们无须连续工作。对生活的需求是断断续续的。当人们获得足以维系一段时间的食物以后，他们就停止工作，因此他们有大量余暇。”[1] 在这里，有着大量我们倾向于称之为“休闲”的时间。研究其他现代食物采集共同体的学者也得出了类似的结论。而且，考虑到现代的食物采集族群均被赶出了物质资源最为丰富的地区，我们几乎不必怀疑，旧石器时代晚期的那些人——如果与现在有所不同的话——花费更少的时间用来工作。已经有很多人试图勾勒从旧石器时代到现代随着社会规模的增加而在工作模式方面发生的变化。概括来说，这些研究表明成年男子与女子的日常平均工作时间，在采集社会中大约为 6 小时，园艺劳动者大约为 6.75 小时，集约化的农民则大约为 9 小时，现代工业城市居民略有回落，大约为 9 小时少一点儿。随着住所更加固定、容纳东西更多，花在“家务”上的全部时间有所 187
增加，但是男子所承担的家务则随着社会规模的扩大而减少。另一方面，随着居家用品开始更多从专业人员那里获得，用于制作及维修居

[1]　萨林斯:《原始的丰裕社会》，第 16 页。

家用品的时间减少了。[1]

总而言之，萨林斯的结论是，石器时代社会是一个丰裕的社会，因为大多数基本需求都能通过最少的压力和努力得到满足。萨林斯的文章可能是有意夸大其词，意在颠覆传统认为人类历史由采集而农耕而工业社会的转型中唯有进步的观念。我们没有什么理由认为，石器时代人类的预期寿命会远远高于30或40岁，而且毫无疑问，许多人死于如今完全可以避免的方式。但是萨林斯所特意强调的基本悖论是无法回避的：人类社会不断增长的“生产能力”所造成的后果是，生活在其中的人们渴望得到更多的东西，但是用于自由享受所有物的空闲时间却变得更少。生产能力的提高养活了更多的人，可是很难证明它们同时也提高了人类的满意程度。人类就整体而言越来越擅长于从环境中攫取资源，但我们不能自动把这种变化与“改善”或是“进步”等量齐观。

最早的人类可能和大多数人亚科原人一样，生活在由10—20个相互关联、共同迁移的成员所组成的家族团体中。家庭乃是一个大多数人一生中的大多数时间都生活在其中的共同体。由于他们（作为人类）彼此交谈，我们也可以相当确信，他们认为那些离自己最近的人是“家人”或“亲属”。所有灵长目动物都在我们可以宽泛地视作“家庭”的团体中过着群居的生活。但是只有随着符号语言的出现，才能分享关于家人和亲属的理念。这意味着亲属意识（不论是基于血缘纽带还是基于社会关系纽带，如婚姻）成为早期人类历史中人类社会网络的基本组织原则。埃里克·沃尔夫（Eric Wolf）在其简单但影响深远的社会结构模型中，认为建立于“亲属秩序”之上的社会构成了人类共同体的主要类型，该类型甚至以多种不同形式一直留存到现代社会。[2]不过家庭群体很少完全隔离地生活，就像现代家庭一样，每一个家庭通

[1] 艾伦·W. 约翰逊和蒂莫西·厄尔：《人类社会的进化》（斯坦福：斯坦福大学出版社，2000年），第14页。

[2] 埃里克·R. 沃尔夫在《欧洲与没有历史的人民》（伯克利：加利福尼亚大学出版社，1982年）第2章中对“血族秩序”、“收取贡赋”和“资本主义”社会模式有所描述；对食物采集生活方式的另一种同样聚焦于血族结构的解说，可参见艾伦·W. 约翰逊和蒂莫西·厄尔的《人类社会的进化》的第一部分“家庭层面的团体”。

常都是一个彼此关联的共同体所形成的网络的一部分，他们定期聚会，特别是当食物供应足以养活大量人口的时候。在这种聚会中（在澳大利亚以舞蹈晚会而知名），小群体可能与至少包括某些近亲在内的其他一些团体交换信息甚至人员。在这些网络中，亲属意识可以确定你是谁，你能够信任谁，你必须提防谁。

许多现代社会的类比研究表明，旧石器时代的亲属意识深深地嵌 188
入了独特的旧石器时代的经济关系里面。我们也许可以通过想象一个社会的万有引力来理解这些关系。人类是极其热心的社会动物，因而每一个人都对其他人温和地发出一种吸引力，因此人类总是作为团体而生活在一起。但是每一个团体也温和地影响着相邻团体的思想、物品和人群。我们已经看到，甚至现代（极具社会性的动物）黑猩猩也以交换例如肉等有价值的物品，来巩固共同体内部的联系。而在人类这里，信息、物品及各种礼物的交换提供了一种社会引力，把家庭等关系密切的团体联结在一起。这些交换不应被视为现代意义上的贸易，而是一种礼物的馈赠。在基督教世界，圣诞节就是这种交换的现代遗留物，礼物本身（想想那些袜子、领结以及廉价香水）并不像它们所象征的社会关系那样重要。在这样的场合下，交换礼物主要是为了维持良好的关系而非出于经济利益。人类学家把这种交换背后的准则称为互惠。[1] 互惠在于通过赠送礼物而建立良好的关系，以此作为对未来的一种保障。罗伯特·赖特引用了对因纽特人生活的一种描述，很好地表达了这个观点：“对（一个因纽特人）来说，存放剩余食品的最佳位置是另一个人的胃。”[2]

互惠的对立面就是复仇。凡是互惠无法避免冲突的地方，个人或家庭就以复仇来回应自己所遭受的不公。毕竟，在小型的、无国家的

[1] 互惠主义的经济学原则在卡尔·波拉尼及其追随者的作品中已经有所探讨，可以参见卡尔·波拉尼、康拉德·M. 阿伦斯伯格、哈利·W. 皮尔逊编：《早期帝国的贸易与市场：历史与理论中的经济》（格伦科：自由出版社，1957 年）。或者，关于对卡尔·波拉尼理论的介绍，参见 S. C. 汉弗莱：《历史学、经济学和人类学：卡尔·波拉尼的著作》，载《史学与理论》第 8 期（1969 年），第 165—212 页。

[2] 赖特：《非零》，第 20 页。

共同体里，如果个人或家庭不强烈地伸张正义，就没有其他人会为他们讨回公道了。人类学家理查德·李报道了一个现代事例，表明死刑在旧石器时代可能意味着什么：

> 特维（Twi）杀死了三个人，其共同体罕见地发动了一次一致行动，于光天化日之下伏击特维并且使他遭到致命的伤害。他躺在地上奄奄一息，所有男人都朝他射毒箭，直到——按照一个消息提供者的说法——“他看上去像一只豪猪”。接下来，他死了以后，所有的女人和男人一起走近他的尸体，用矛戳他，象征性地为他的死亡共同承担责任。[1]

大规模的战争和大规模贸易一样，在旧石器时代可能是很少见的。就绝大多数情况而言，交换礼物（同样包括负面意义的礼物，如暴力与侮辱）依然是个人以及“家庭”的行为。然而，这些交换对人类的
189 生存起到了十分重要的作用：建立起知识、联盟和互助的体系，这一体系包含了众多不同家庭，并且覆盖了广袤的地域。我们还确信，即使在旧石器时代群体性暴力也确曾出现，就像在现代家庭，以及现代的非人类灵长目动物中一样。[2]

虽然我们不能确定，但是人们很可能认为其社会网络延伸到了非人类的世界。符号语言使得人们有可能进行想象并且分享所想象的对象。这样的分享乃是一切宗教思想的基础。对于小团体宗教的现代研究表明，在最早的人类共同体的想象中，整个宇宙是和亲属网络联系在一起的。图腾思想——相信特定的家族或世系与特定的动物相联系，能够以动物的形式再生——反映了一种认为人类与动物世界具有近亲

[1] 理查德·李：《朵贝地区的桑族人》（纽约：霍尔特、莱茵哈特和温斯顿出版社，1984年）；艾伦·W. 约翰逊和蒂莫西·厄尔：《人类社会的进化》，第75页引用。

[2] 艾雷尼厄斯·艾布尔-艾贝斯费尔特：《侵略与战争：它们是作为人类的一部分吗？》，参见戈兰·布伦哈特编：《图说人类历史》第1卷：《最早的人类：人类起源及其至公元前1万年的历史》（圣卢西亚：昆士兰大学出版社，1993年），第26—27页。

关系的观念，而这种观念似乎直到今天还蔓延渗透在小型共同体里。超自然世界可能也一直被视作一个特殊的但是可以进入的王国——几乎就像是一个独立部落的领地，你可以与它的占有者谈判、战斗，或是通婚。这是一个人们在死后肯定可以，甚至在世时就能前往游历的国度。当他们这样做的时候，仪式和亲属的象征提供了一种两界通行证。现代萨满向超自然的存在祈求、讨价还价，甚至"结婚"，以便使之平静下来或确保其带来恩宠。首先，他们要进献食物或以牲祭取悦或安抚神灵，所以互惠的礼物馈赠塑造了人与神的世界之间的关系，同时也塑造了人与人之间的关系。亲属思维与宗教之间的关系甚至在现代宗教中仍然存在，常常把先验存在描绘为父母或是祖先，必须向他们馈赠礼品或是"牺牲"以示尊敬。但是在相对平等的共同体里，诸神的世界似乎也被认为是平等而且是个人主义的。克里斯托弗·蔡斯-邓恩（Christopher Chase-Dunn）和托马斯·D. 霍尔（Thomas D. Hall）叙述了欧洲殖民之前的加利福尼亚北部的情形：

> 在众多的权能和神明之间几乎没有等级之分。许多族群认为是魔法师科约特（Coyote）创造了宇宙。没有哪一个家族或是哪一支世系与神灵或神圣的祖先有特别联系。相反，找出那些将能成为他或她的特别盟友的灵力并且与之建立联系是每一个人自己的事情。一个拥有许多这种"力量"的人更有可能成为萨满，但是每一个人都是自己与神灵的世界建立联系。这种宗教的宇宙学与长者为先或是等级制度的主张是相当抵牾的。[1]

不过，至少在一个方面，旧石器时代关于世界的思想可能与人类历史上晚些时候的典型思想大有不同：它比较具体。人们与之打交道

[1] 克里斯托弗·蔡斯-邓恩和托马斯·D. 霍尔：《兴废更替：世界体系比较研究》（科罗拉多，博尔德：韦斯特维尔出版社，1997 年）。

的不是普遍意义上的“神”，而是这个精灵，或是那种魔力，正如他
190 们的技术也没有普遍化，而是高度具体的，与这群麋鹿或是那片森林，以及那条海岸线有关。就我们的理解而言，这种特性可能就是旧石器时代的宗教及宇宙观为什么总是与某个特定的地域有特别密切联系的原因。[1] 由于旧石器时代的共同体规模相当小，他们关于世界的思想缺乏现代人对普遍性和一般性的特有的关注。只有这些特定的地方才是最要紧的，这些地方是所有那些重要事物的源泉。澳大利亚澳北区的亚拉林（Yarralin）部落的霍布思·达奈亚利（Hobbles Danaiyarri）曾对德博拉·伯德·罗斯（Deborah Bird Rose）说过一句话，从中我们可以抓住几分这种感觉：“一切都来自大地——语言、民族、鸸鹋、袋鼠、青草。这就是法则。”[2]

“扩张化”：旧石器时代晚期的移民及其影响

旧石器时代的族群规模很小，彼此之间的交换很有限，这使得生态知识的积累非常缓慢，以至于人们常常误认为这一时期根本就没有技术革新。事实上，我们虽然不易看到细节，但是仍然可以确信，在旧石器时代共同体内部仍有大量的生态学知识在不断积累。实际上，由现代回溯，我们比当时的人更容易看到，变化确实在发生，因为在回溯既往的过程中凸显出来的变化（这些变化与当时生、死以及其他重要的生活事件正好是相对立的）大多是在很大时间范围内发生的，因而在个人的生命历程中是根本无法被注意到的。[3] 经过数万年时间，人类在非洲的生存环境无论面积还是多样性都有所增加。我们可以有效

---

[1] 托尼·斯温：《陌生人的地盘：澳大利亚原住民史》（剑桥：剑桥大学出版社，1993 年）一书中对位置意识在原住民的宗教和宇宙论思想中所起的支配作用进行了精彩探讨。还可以参见德博拉·伯德·罗斯：《丰饶的土地：澳大利亚原住民的风土观》（堪培拉：澳大利亚传统委员会，1996 年）。笔者谨向提供参考资料的弗兰克·克拉克致以谢意。

[2] 霍布思·达奈亚利语，罗斯在《丰饶的土地》第 9 页引用。

[3] 在米尔恰·伊利亚德虽然难懂但却非常重要的作品《永恒轮回的神话或宇宙和历史》（威拉德·R. 特拉斯克译，纽约：哈珀出版社，1959 年）中，给出了一些关于这些社会如何察知变化的建议。

地使用“扩张化”（extensification）这个刺耳的词汇来描述，与之相互补充的是一个比较熟悉的概念——加强化（intensification）。扩张化是指人类的活动范围虽然有所增加，但是人类共同体的平均规模或密度却未必同时随之提高，因而人类社会的复杂性几乎也没有增加。扩张化包括小型群体逐渐进入通常与他们所离开的地区毗邻而且条件类似的新地区。人类之所以用这种方式迁移，部分原因是他们有这样做的适应机能，而与我们有亲缘关系的物种，如黑猩猩，则缺乏远离它们进化的栖息地的能力。至于迁移的动机可能各有不同，从家族族群的内部冲突到地方性的人口过剩等等。不过关键是要注意到，扩张化并没有改变族群的平均规模，即使会导致人类的活动范围和现代人的整体数量慢慢地扩大。所以，尽管人类面对新的居住地必须经常做出一些微小的调适，在这个过程中他们也的确在各种不同的新环境——从 191
热带森林到北极冻土——中开发了生活所必需的各种新技术，但是集体知识的协同优势并没有显著的增长。

不论其原因何在，也不论以现代眼光来衡量其速度何等缓慢，这些变化在重复许多次之后，经过也许 7000 代到 8000 代人和 25 万年的时间，最终使现代人扩散到了除南极以外的所有大陆居住。现代人类在非洲以外出现的证据始于大约 10 万年前。最早的证据是中东地区大约 10 万年前的现代人类头盖骨。这意味着现代人类与尼安德特人在同一时间生活于中东，至少在这一地区，这两个物种的成员甚至可能曾经相遇。[1] 与更早的人亚科原人一样，现代人发现很容易围绕地中海向东，或者向西，或者向亚洲移民，因为欧亚大陆西南部的环境与非洲极其相似。

人类首次向环境迥异的地方移民，乃是进入萨胡尔（Sahul，包括现在的澳大利亚和巴布亚新几内亚）、冰川时期的西伯利亚大草原，以及欧亚大陆北部的极地苔原（参见地图 7.1 和 7.2）。任何更早的人亚科原人都没有如此移民，所以它们是现代人类生态创造力提高的重要

[1] 这一部分大多参照斯特林格和麦凯的《走出非洲》。

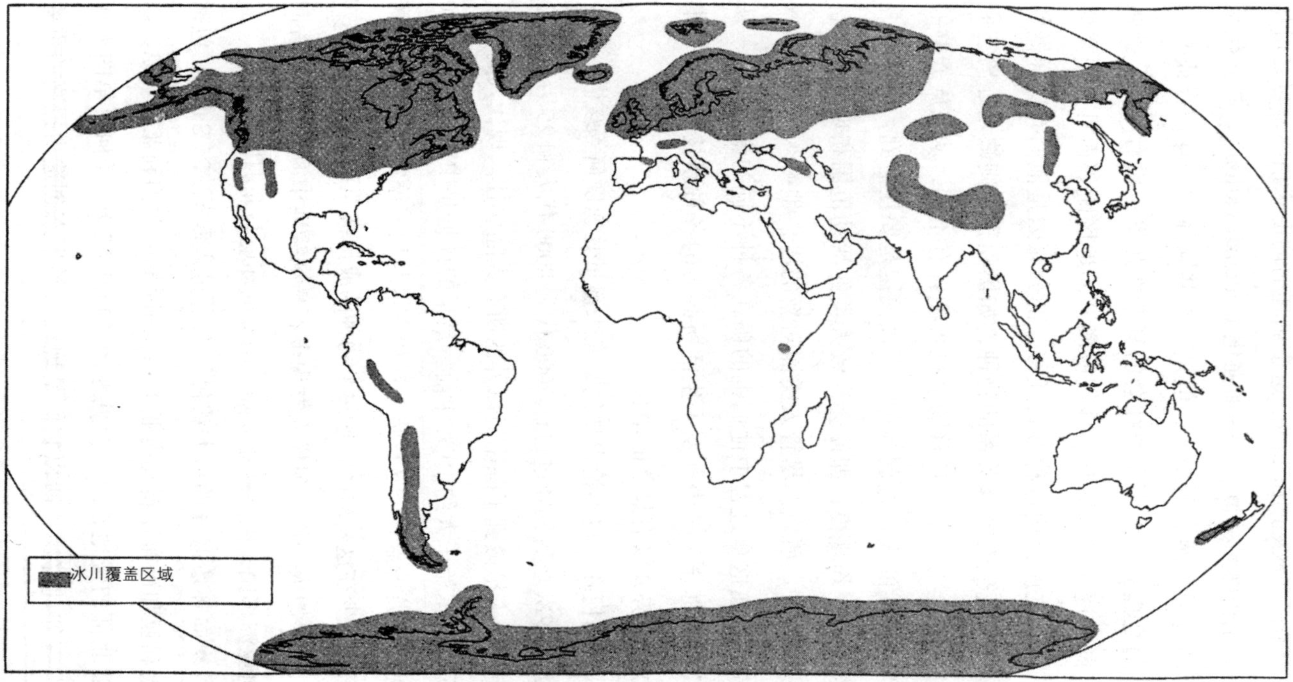

地图 7.1　冰川期冰川作用的区域

资料来源：尼尔 · 罗伯茨：《全新世环境史》第 2 版，牛津：布莱克韦尔出版社，1998 年，第 89 页

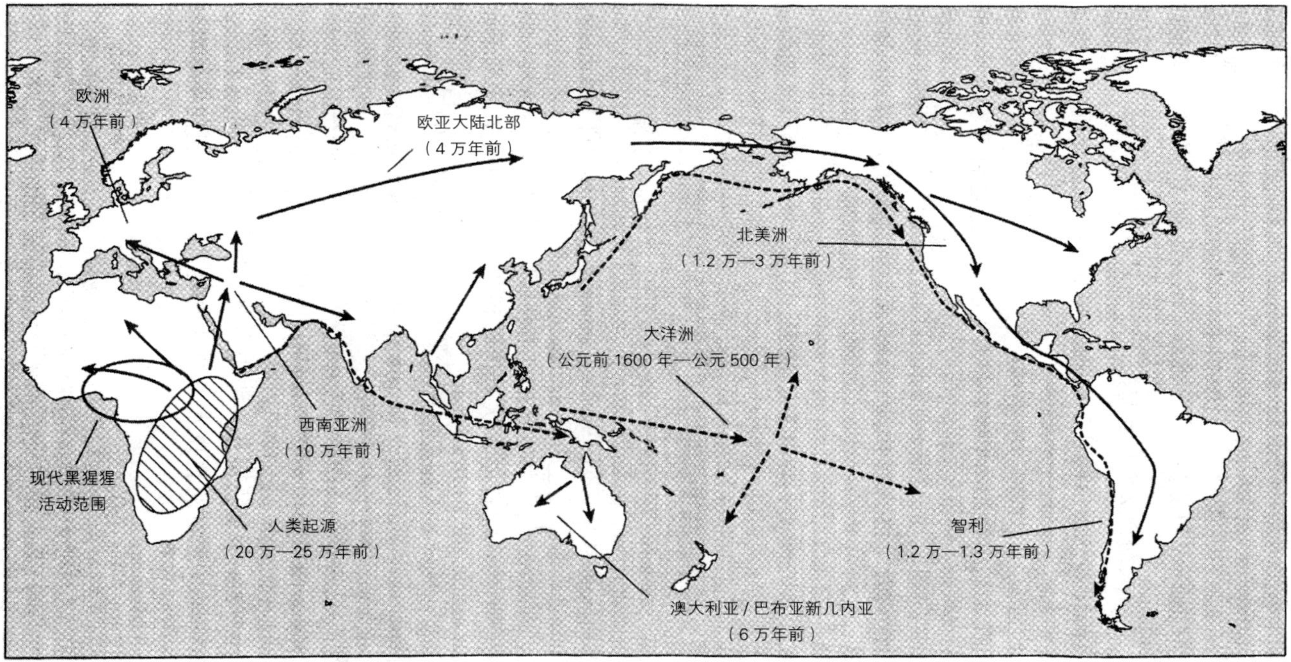

地图 7.2　距今 10 万年前智人的迁移

证据。在更为寒冷的北纬地区居住的艰难困苦，通过现代人由中东向欧洲和欧亚内陆移民所耗费的漫长时间而得以体现。现代人最早出现在这些地区大约是在 4 万年以前。4 万年到 3 万年前，人类出现在乌克兰，然后大约在 2.5 万年前抵达西伯利亚北部某些地区。最后，生活在西伯利亚东部的一些共同体到达美洲——也许是乘船，也许是徒步穿越白令海峡（在当时最后的冰川期较寒冷的时候是裸露的）。我们知道，人类在 1.3 万年以前就已经进入美洲，不过也有迹象显示，他们也许在更早的时候——可能早在 3 万年前——就已到达那里了。

同时，一些人首次开展了意义重大的航海活动——从今天的印度尼西亚到萨胡尔。一直到 20 世纪 60 年代，还没有找到人类于 1 万年前迁移到澳大利亚的有力证据。但是，此后现代人到萨胡尔定居的时间被推前了。人类肯定在 4 万年前就已抵达，可能还要更早。以最新的热释光断代法来检验最近的证据，结果显示澳大利亚北部安亨
194 （Arnhem）地区的马拉孔纳甲（Malakunanja）岩洞早在大约 6 万年前就已有人类居住，而 1974 年在新南威尔士的蒙科（Munko）湖发现的一具骨骼最近被确定为距今 6.8 万年至 5.6 万年。[1] 这些日期非常重要，因为更早的人亚科原人从未迁移到萨胡尔。即使在最后的冰川期海平面低于现在高度的时候，到达萨胡尔也需要至少 65 千米的航程。在其他时候，这一距离至少在 100 千米。任何想要从帝汶岛或苏拉群岛航行到萨胡尔的人都必须是顶尖的水手。而且他们还必须是审慎的策划者，因为偶然漂流到萨胡尔的人口是不会庞大到足以形成长期殖民地的。因此，顺利迁移到萨胡尔需要一些我们从未在任何更早的人亚科原人那里发现过的新技术（参见地图 7.2）。对现代人基因变异的仔细

[1] 克莱夫·甘布尔：《时代行者：全球化殖民的史前史》（哈蒙斯沃思：企鹅出版社，1995 年），第 25 页。关于艾伦·索恩对蒙科湖骨骼的重新断代，参见他的《澳大利亚最古老的人类遗迹：蒙科湖 3 号骨骼的年龄》，载《人类革命杂志》第 36 期，1999 年 6 月，第 591—612 页；理查德·G. 罗伯茨《热释光测年》一文中有这个岩洞的照片和来自其中的一块磨石，参见布伦哈特编：《最早的人类》，第 153、156 页。另参见约翰·马尔瓦尼和约翰·坎明加：《澳大利亚史前史》（悉尼：亚伦和乌温出版社，1999 年），第 130—146 页，他们对早于距今 5 万年的年代说法持怀疑态度（关于马拉孔纳甲岩洞，参见第 140—142 页）。

分析进一步证实了化石记录中明显可见的人类移民的历史。它们表明，东亚与澳大利亚的种群在距今 5 万多年前发生分离，而美洲印第安人与北亚种群的分离则发生在 1.5 万年到 3.5 万年前。[1]

随着人类迁移到这些新环境，他们必须发展新的技术。控制火的能力有所改进，这大概是旧石器时代晚期所有技术进步中最重要的内容之一。我们知道，某些匠人 / 直立人的共同体可能已经开始用火，但是方法很有限。现代人以多种更有效的方式使用火。火被用来取暖、抵御食肉动物的侵害，也用于烹食。这一进步使得加工和利用原本不可食用的食物成为可能：热量软化肉类纤维，破坏植物毒素，后者是从块茎植物到豆类的很多植物物种在进化过程中所形成的一种自我保护。[2] 火还被用来改造整块地界的风貌，这也是狩猎和采集的补充手段。在一篇著名的文章中，澳大利亚考古学家里斯 · 琼斯（Rhys Jones）把这些技术称为“刀耕火种”（fire stick farming）。[3] 刀耕火种的农业故意用火在灌木丛中烧出规则的圆形地带。部分目的是为了防止用可燃物质建造的房屋引发更猛烈、更危险的大火。但是通过清除低矮灌木，刀耕火种的方法也促进了新植物的生长，把那些可被猎取的食草动物吸引了过来。最近的研究显示，人类可能早在 4.5 万年前就已使用了这些技术。[4] 不过，至少在温带地区，它们在此之后就一直连续使用，对整个生物群造成了深远的影响。斯蒂芬 · 派恩（Stephen Pyne）写道：

> 温带地区几乎没有一种植物共同体不受火的选择性影响，而且，由于直立人在整个世界的扩散，火被带到地球上几乎每一片土地上。许多生物群相继让自己适应了火，就像生物群常常适应

[1] 卡瓦利 · 斯福尔萨：《重要的人类散居》，第 123 页。

[2] 保罗 · 埃利希：《人类的本性：基因、文化和人类期望》（华盛顿特区：亚伦出版社，2000 年），第 166 页。

[3] 里斯 · 琼斯：《刀耕火种》，载《澳大利亚自然史》1969 年 9 月，第 224—228 页。

[4] 利 · 戴顿：《归咎于冰川期猎手的物种大灭绝》，载《科学》2001 年 6 月 8 日，第 1819 页。

> 洪水和飓风一样，以至于适应变成了共生。这样的生态系统不仅
195 宽容火，而且经常鼓励使用火，甚至需要火。在许多环境下，火是最有效的分解方式，是决定某些物种相对分布状况的重要选择压力，也是有效的营养循环甚至整个族群循环的方式。[1]

在世界的许多不同地区，在旧石器时代晚期以及比较晚近的时期，都可以找到各种用火的形式。[2] 库克船长在18世纪沿着澳大利亚海岸航行时，看见了灌木丛燃着的烟；麦哲伦看见了火地岛巨大的烟柱。现代人类学研究也揭示了人类在北美用火的漫长历史。[3] 根据I. G. 西蒙斯（I. G. Simmons）的叙述：

> 北艾伯塔的比弗（Beaver）印第安人有一种成熟而精心调试的用火方式。他们有意烧掉田里的某些农作物，使它们作为资源的价值得以最充分的发挥。他们在森林中开辟出空地或者开阔地（“院落”），用火烧的办法加以维护；溪流的青草岸、湿地、小径及田埂（“走廊”）也是用同样的方式创造和养护的，这两类地方都是猎物可能集中或经过的地区。人们也在围绕湖畔和池塘边设置陷阱的地方，以及大片倒伏的枯木覆盖的空地放火，不这样做的话这些资源就无法利用；事实上这些举动很危险，如果在夏天点燃，有可能引起熊熊烈焰，而印第安部落控制着时间和地点，只产生一些地表火。于是“院落”和“走廊”可以沿着火烧之后自然形成的交叉地带完好保存下来，或者他们也可以利用自然形

[1] 斯蒂芬·派恩：《美洲之火：荒地和乡村之火的文化史》（普林斯顿：普林斯顿大学出版社，1982年），第3页。

[2] 尼尔·罗伯茨：《全新世环境史》第2版（牛津：布莱克韦尔出版社，1998年），第112页。罗伯茨引用了P. 梅拉斯的文章《火生态、动物数量和人：对史前时期一些生态联系的研究》，载《史前社会汇编》第42期，1975年，第15—45页。关于澳大利亚的刀耕火种，参见蒂姆·弗兰纳里：《未来食客：澳大拉西亚的土地和民族生态史》（新南威尔士，查茨伍德：里德出版社，1995年），第217—236页。这里颇有争议地提出，火的作用提高是大型食草动物灭绝（此前它们大量地消耗死去的植株）的一个间接后果。

[3] 安德鲁·戈迭：《人类对自然环境的影响》第5版（牛津：布莱克韦尔出版社2000年），第38—41页。

态作为起点，并且保持其原貌。[1]

火的使用是如此普遍，以至于荷兰社会学家约翰·古德斯布洛姆（Johan Goudsblom）认为它形成了人类历史上第一次伟大的技术飞跃。[2]

在比较寒冷的气候里，改进的狩猎技术至关重要，因为虽然可以得到的植物食物比南方稀少，但是在冰川期的俄罗斯以及北美大草原上，有可以猎取的大群食草动物。在东欧地区，技术创造的新形式的证据非常充分。在这个地区，旧石器时代晚期的创新可能包括最早的纺织品及陶器，这些技术一度被认为最早出现在新石器时代。2.8 万年
到 2.4 万年前的摩拉维亚（Moravian）低地遗址表明，烧陶和纺织品可 196
能用以制作网和篮子，以及简单的衣服。[3] 还有证据显示，旧石器时代晚期的东欧，尤其是北部地区，服装方面的进步。在靠近俄罗斯弗拉基米尔（Vladimir）的桑吉尔（Sungir），有一座距今 2.3 万年的墓葬；它包含有一个男孩和一个女孩的遗物，两人都身着串着小珠子的衣服，小珠子的位置表明，这些裘皮制成的衣物精心裁制而且很合身。女孩的墓穴更加精致一些。墓中有超过 5000 颗的珠子，许多象牙矛和其他的象牙饰品。男孩的墓中同样有许多珠子，还有一条用 250 颗雕刻的狐狸牙制成的腰带、一副手镯、一挂垂饰和一尊象牙雕成的猛犸像。许多旧石器时代晚期的遗址还包括骨针。[4]

人类的居住变得更加专门化了。在今乌克兰和俄罗斯西南部的证据尤其令人吃惊，这里的建筑显示出系统性和周密的计划。[5] 而最令

---

[1]　I. G. 西蒙斯：《简明环境史导论》（牛津：布莱克韦尔出版社，1993 年），第 74 页。

[2]　约翰·古德斯布洛姆：《火与文明》（哈蒙斯沃思：亚伦·莱恩出版社，1992 年）。

[3]　彼得·博古茨基：《人类社会的起源》（牛津：布莱克韦尔出版社，1999 年），第 42 页；还有伊丽莎白·韦兰·巴伯：《女性的工作：最初 2 万年：早期岁月的女性、衣服和社会》（纽约：W. W. 诺顿出版社，1994 年），第 2 章。

[4]　理查德·G. 克莱恩：《乌克兰冰川期的狩猎者》（芝加哥：芝加哥大学出版社，1973 年），第 110 页；奥尔加·索弗：《桑吉尔：一座石器时代墓葬遗址》，载布伦哈特编：《最早的人类》，第 138—139 页。

[5]　奥尔加·索弗：《俄罗斯平原上旧石器时代中期到晚期的变迁》，载保罗·梅拉斯和克里斯·斯特林格编：《人类革命》（爱丁堡：爱丁堡大学出版社，1989 年）第 1 卷，第 736 页。

人诧异的是，某些地区的共同体极其有效率地开发当地的资源，以致变得不那么具有居无定所的特征了。关于旧石器时代晚期“村民”的最清晰的证据同样来自乌克兰，奥尔加·索弗（Olga Soffer）研究了那里差不多30个旧石器时代晚期的遗址，其中许多都有猛犸骨和用以存放冻肉的地窖。与此相关联的是其他一些不那么永久的遗址，它们位于远离河谷的高地之上，可能是暂时性的夏季狩猎的营地。最早的以猛犸骨搭建的住所距今约2万年，但是类似的住所在第聂伯河盆地通常靠近河谷地区的许多遗址中都存在。在第聂伯河畔的梅兹里奇（Mezhirich），有大量集中的猛犸骨，还有精心制作的炉膛和许多兽骨或象牙饰品。住所以猛犸骨搭造框架，部分掘入地下，房顶覆有兽皮。这里大约有5处住所，每间80平方米左右，可以容纳10人。比起容易腐烂的木头，猛犸骨是更好的建筑材料，建造者不仅用它们做支架，还用它们做“帐篷的桩脚”。他们把猛犸骨深深打入地面，在上面凿出孔穴，插入木桩。他们还把猛犸骨劈碎，用作燃料。[1]这些定居点很可能是30人左右的小团体的冬季营地，他们每年使用这些定居点可能长达9个月。他们建造这些定居点的仔细程度反映出这些定居点相对比较持久的性质。在科斯坦基（Kostenki）第21号遗址，沿着顿河河岸200米长的地带分布着若干住所，彼此相隔10—15米。一处靠近沼泽地的住所有一块地方用石灰石厚板铺成，目的在于防潮。还有一些看起来具有宗教意义的物品，比如在科斯坦基发现了两具公牛头骨面具。这些遗址可能是举行年度集会或宗教仪式的地方，以便加强相关群体内部的团结。[2]这些冰川时代的村民依靠冻肉块为生，他们把肉存
197 放在地窖里，（食用的时候）以火融解。肉类大多为食草动物，如猛犸和野牛，它们在夏季和秋季最为肥美，这正是人类的狩猎季节。每年

[1]　Z. A. 阿布拉莫夫：《文化适应的两种范式》，载《古迹》第63期（1989年），第789页；罗兰·弗莱彻：《猛犸骨小屋》，载布伦哈特编：《最早的人类》，第134—135页。

[2]　布里安·M. 费根：《从伊登开始的旅程：使人类布满整个世界》（伦敦：泰晤士和哈得孙出版社，1990年），第186页；N.D. 普拉斯洛夫：《旧石器时代晚期俄罗斯平原上对国土环境的适应》，载《古迹》第63期，1989年，第786页。

到了狩猎季节，一些居民就迁移到临时的夏季营地；回来以后就把猎物的肉存放起来，储物的地窖从深度来看是从永久冻土的最顶层开掘的，在短暂的夏季时表层冻土会有所融解。[1]

在这样的环境里生存，既需要社交层面的技能，也需要技术层面的技能。在恶劣的环境下，知识与工具一样至关重要。现代人类学研究表明，知识得到高度重视，它被仔细地编撰并保存在故事、宗教、歌曲、绘画以及舞蹈之中。许多线索暗示我们，在旧石器时代晚期，有许多信息以及多种贵重物品的交换——有时还穿越广袤的领域。这并不意味着此类交换是固定的，但它的确说明信息得到了广泛传播，尽管缓慢而时断时续。在大约 2 万年前最后一次冰川期最寒冷的那段时间里，从比利牛斯山脉到顿河流域之间出现的那些让人震惊的维纳斯雕像，就是这种传播的绝好例证。而更让人惊讶的是，旧石器时代晚期欧洲西南部与蒙古西部的洞穴壁画的类同之处。[2] 在萨胡尔，同样有证据显示物品与思想在广阔的地域得到传播。澳大利亚西部的威尔基・米亚（Wilgie Mia）赭石矿已被开采了数千年，其中运用的技术包括木制脚手架、击碎岩壁的重石，以及一种为挖掘埋在岩石里的赭石而用火烧硬的楔子。矿脉里的红赭石——可能象征着黄金时代某位神明的血——从澳大利亚西部穿越整个大陆而被贩运到遥远的昆士兰。[3]

令早期人类得以进入越来越具有多样性的环境，并迁居到世界主要大陆的技术，说明人类总数有所增加。但是很难估算旧石器时代人

[1] 奥尔加・索弗：《旧石器时代晚期俄罗斯中部草原上所见的强化模式》，载 T. 道格拉斯・普赖斯和詹姆斯・A. 布朗编：《史前狩猎—食物采集民族：文化复杂性的出现》（奥兰多：学院出版社，1985 年），第 243 页；以及索弗：《储存、定栖和旧石器时代欧亚大陆的记录》，载《古迹》第 63 期，1989 年，第 726 页。

[2] 蒂莫西・钱皮恩等：《史前欧洲》（伦敦：学院出版社，1984 年），第 81 页。西伯利亚马尔塔（Mal' ta）和布雷特（Buret'）遗址也曾发现过类似画像；参见 A. P. 奥克拉德尼科夫：《历史破晓时分的亚洲内陆》，载《剑桥早期亚洲内陆史》（剑桥：剑桥大学出版社，1986 年），第 56 页。克莱夫・甘布尔：《欧洲的旧石器时代移民》（剑桥：剑桥大学出版社，1986 年）第 326 页展示了维纳斯雕像发现地的分布情况；还可参见克里斯・斯特林格和克莱夫・甘布尔：《寻找尼安德特人：解决人类起源的谜题》（伦敦：泰晤士与哈得孙出版社，1993 年），第 210 页。

[3] 马尔瓦尼和坎明加：《澳大利亚史前史》，第 28—31 页。

口是如何增加的。大多数计算工作所依赖的无非就是审慎的猜测。而且在一开始就应该承认，这里还有一个危险，即从这些数字得出的任何推论，我们仅仅是再次发现最初的猜想背后的假设。然而，如果这些估算是准确的——即使有很大误差——它们也会提示我们一些清晰而重要的结论。虽然早期人类的数量无疑很小，而且可能上下波动明显，但我们还是发现，在15万年的时间里，人类在非洲之内的活动范围显著扩大了。这种地域上的扩大表明早期人类的总数也有所增长。
198 正如我们在第6章所强调的，遗传学证据显示，现代人的数量在10万年以前的最后冰川期开始的时候，曾经下降到极其危险的程度（也许只有1万个成年人）。[1]然而，某些现代人迁移出非洲——首先进入中东，然后，大约从5万年前开始，进入欧亚大陆的中部和北部地区，以及东亚和澳大利亚——必然意味着自那以后人口的数量有了迅猛的增长。最后冰川期稍晚时期的恶劣环境也许减缓了人口增长，但是人类迁移到全新的环境，如西伯利亚和美洲大陆，则可能在全球范围内正好造成了相反的影响。人口增长的一个间接迹象是旧石器时代晚期定居点的遗址数量有所增加：从黑海北部到北方冰原之间，只发现6处尼安德特人遗址，但是却发现了500多处距今5万年前以来的人类遗址。[2]意大利人口统计学家马西莫·利维-巴奇提出，大约3万年前旧石器时代晚期全球人口为“数十”万，而大约1.2万年前最后的冰川期晚期则为大约600万（参见表6.2和6.3）。[3]

如果我们接受这三个数字——最后的冰川期开始时的1万人，旧石器时代晚期前段的猜测约50万人和另一个猜想的数字，1万年前最后的冰川期结束时大约600万人——我们就能计算出早期人类大致的人口增长率。从表面看，这些数据显示，人类数量在距今10万年到3

---

[1]　斯特林格和麦凯：《走出非洲》，第150页。

[2]　戈兰·布伦哈特：《艺术的诞生》，载《最早的人类》，第100页。

[3]　参见斯特林格和麦凯《走出非洲》第150页引用的数据（关于距今10万年）和利维-巴奇《简明世界人口史》第31页；还有一篇很好的概论，参见托马斯·M. 怀特莫尔等：《被人类行为改造了的地球：过去300年间全球及地区的生物圈变化》（剑桥：剑桥大学出版社，1990年），第25—39页，“长时段人口变化”。

万年期间以每世纪大约 1.006 的系数增长，人口翻番的时间大约为 1.25 万年；从距今 3 万年到 1 万年间，世界人口增长率约为每世纪 1.013，人口翻番大约需要 5600 年。

和其他任何一种大型哺乳动物相比，这些增长率都是相当迅速的。但是以后来人类历史的标准来看，它又相当缓慢。表 6.3 显示，农业时代人口翻番的平均时间减少到了旧石器时代晚期的 1/6。而到近现代，人口翻番的平均时间再次减少，大概是农业时代的 1/8。我们有一种办法可以对这些时代的差异从总体上加以感受：那就是估算平均人口密度。地球表面陆地的总面积（包括南极）大约为 1.48 亿平方千米。用不同时期世界人口的数量除以这个面积数，我们得到一个假想的平均人口密度：距今 1 万年前是每 25 平方千米 1 人；到距今 5000 年前，
同样面积可容纳大约 8 人；距今 2000 年前，大约 42 人；到公元 1800 199
年，大约 160 人；而今天，则为大约 1013 人。这只是一种说明方式，表明自从旧石器时代晚期以来，世界人口已经从 600 万增加到大约 60 亿，增加了 1000 倍。正如本章所证明的那样，这个惊人的变化始于旧石器时代晚期，此时人类首次进入非洲的新地区。

人类对生物圈的影响

虽然在现代人类看来，使这种扩张成为可能的技能也许还很粗糙，但是它们表明，人类对生态的控制能力显著提高。这种提高足以对旧石器时代的环境产生重大影响，刀耕火种就是一个绝好的例证，因为在数千年间定期焚烧地表，看来能够改变大片区域的风貌，此种改变有时是相当彻底的。[1] 在澳大利亚，亲火的物种如桉树在刀耕火种的生产方式下数量成倍增长，而其他物种却衰亡了；由此，在欧洲移民认为是“自然”景观的清一色的澳大利亚桉树其实乃是人类的杰作，就

[1] 关于刀耕火种对澳大利亚和新西兰的影响，弗兰纳里的《未来食客》是一部引人入胜——即使还有争议——的作品。

像18世纪英国风景如画的花园一样。

旧石器时代人类共同体影响其周围环境的另一个重要形式就是导致其他物种灭绝。改进的狩猎技术和火的使用日渐增加，可能都发挥了作用，而人类向新环境的扩散也起到了作用。特别受到威胁的是许多大型物种，或者大型动物：大型哺乳动物、爬虫和鸟类，它们繁殖速度慢，因而更容易造成种群的突然衰落。猛犸、长毛犀牛，以及爱尔兰的巨型麋鹿，在欧亚大陆的北部和中部地区消失了；马、象、大型犰狳，以及树懒，在北美消失了。[1]在澳大利亚，很多种大型的有袋类动物消失了，包括双门齿兽，这是一种高约2米，像树袋熊一样的生物（参见图7.3）。它们看起来是在人类首次到达以后的1万年间消失的。[2]达尔文的合作者阿尔弗雷德·华莱士（Alfred Wallace）早在1876年就注意到，在世界许多地区——从太平洋到欧亚大陆到美洲——都在不同程度地发生物种灭绝的现象："我们生活在一个动物种类不断减少的世界中，其中所有最大的、最凶猛的、最古怪的动物近来都已消失，而对我们来说，这毫无疑问是个更好的世界，因为它们都不见了。不过，一个不可思议、几乎未曾充分研究的事实就是：如此众多的大型哺乳动物突然灭绝，不是仅仅发生在一个地方，而是遍及地球表面的大半陆地。"[3]

长期以来，科学家们一直在争论气候变化和人类的过度捕猎对这些灭绝现象哪个更为重要。二者可能都起了作用，但当我们开始更加
200 准确地确定这些物种灭绝的时间时，证据便增加了：新殖民的地区如西伯利亚、澳大利亚和美洲的主要物种灭绝，与人类的到来在时间上

[1]　最新的化石发现表明，猛犸的一支矮小种在北冰洋与世隔绝的弗兰格尔岛上存活下来，也许直到4500年前（罗伯茨：《全新世环境史》，第86页）。

[2]　戴顿的《归咎于冰川期猎手的物种大灭绝》提供的证据表明，人类早在4.5万年前就已使用刀耕火种技术；另见蒂姆·弗兰纳里：《永远的边界：北美及其民族的生态史》（纽约：大西洋月刊出版社，2001年）第189—191页。

[3]　阿尔弗雷德·华莱士语，弗兰纳里在《未来食客》一书第181页引用。

图 7.3　灭绝（和矮化）了的澳大利亚大型动物的阴影图

左边的人类猎手可以使读者对这些动物的体型产生一些概念。摘自蒂姆·弗兰纳里：《未来食客：澳大拉西亚的土地和民族生态史》，新南威尔士，查茨伍德：里德出版社，1995 年，第 119 页；经彼得·穆雷（Peter Murray）授权使用

相一致。[1] 这些都是物种灭绝情况最严峻的地方。澳大利亚和美洲可能丧失了 70%—80% 的体重在 44 千克以上的哺乳动物；在欧洲，大约 40% 的大型动物消失了，而在非洲仅有大约 14%。[2] 而在最近时期，在太平洋群岛等地的物种也特别容易受到伤害，那里的动物此前没有和人类打交道的经验。目前还没有发现任何迹象表明，在此之前的更新

[1]　参见理查德·G. 罗伯茨、蒂莫西·F. 弗兰纳里、琳达·K. 艾利菲、广结城：《澳大利亚最后的大型动物的新世代：约 46000 年前遍及全洲的大灭绝》，载《科学》，2001 年 6 月 8 日，第 1888—1892 页；约翰·阿尔罗伊：《更新世末期巨型动物大灭绝的多物种过度杀戮仿真》，载《科学》，2001 年 6 月 8 日，第 1893—1896 页。通过对物种灭绝事件的时代更精确的确定，以及使用更复杂的计算机模型来模拟人类对旧石器时代大型物种可能产生的影响，这两篇文章对“早期人类负有很大责任”的论点提出了强有力的支持；如今看来，在澳大利亚，体重 100 千克以上的所有陆地动物都在大约 4.6 万年以前消失了，恰在人类到达之后不久。

[2]　罗伯茨：《全新世环境史》，第 83 页，引自保罗·S. 马丁和理查德·G. 克莱恩编：《四分之一的灭绝》（图森：亚利桑那出版社，1984 年）

世气候发生迅速变化的时期发生过同样迅速的物种灭绝，这个事实也支持了人类活动与物种灭绝有关的主张。不管原因是什么，大多数大型哺乳动物在澳大利亚和美洲的消失将证明影响极其重大。由于消灭了一些可能最终被驯化的物种，在这一广袤地域农业的出现可能被延
201 缓或者阻止了，同样可能还导致这些地区缺失一种重要的潜在能量来源。[1]

旧石器时代物种灭绝的故事有一个悲惨而惊人的结局。在那些由于人类的扩张而被灭绝的物种里，很可能包括保存到最后的一支不属于我们人类的人亚科原人。正如我们所知，尼安德特人有着和现代人类同样大的脑容量，而且他们的创造力足以使他们迁移到从前人亚科原人从未居住过的今俄罗斯和欧洲的寒冷地带。但他们可能因为缺少一种发达的符号语言，所以显然不具备现代人所具有的技术创造力。在中东，现代人与尼安德特人曾经同时存在，而且这一地区的现代人似乎还使用过与毗邻的尼安德特人相类似的工具。但是这两个种使用相类似的工具的方式有所不同。对现代人遗留下来的猎获物骨骼的研究显示，大多数动物是在夏季或冬季被捕获的，而来自尼安德特人遗址的同类证据则表明，捕猎活动整年都在进行。换句话说，现代人的活动范围可能更广，捕猎时更有选择性，而尼安德特人则一年到头都固守在同一个地方。这种微妙的差别可能表明两个种之间更为深刻的差异。现代人更大的流动性表明，他们在不同的群落之间有着更为频繁的接触，而且可能在更广泛的范围内分享信息，而尼安德特人的群落和个体之间都保持着比较隔绝的状态。在现代食物采集共同体中，尤其是在更为寒冷的地区（也许类似于最后冰川期的中东），不同群体之间的信息分享对生存来说可能是至关重要的。同时，自给自足程

---

[1] 关于对这一论题的最新探讨，参见弗兰纳里：《未来食客》，第164—207页，书中强烈主张人类行为的作用；贾雷德·戴蒙德：《枪炮、病菌与钢铁：人类社会的命运》（伦敦，葡萄园出版社，1998年），第46—47页，有力地论述了这些灭绝现象的重要性。关于就出自澳大利亚的论据所提出的对人类过度杀戮论点持怀疑论调的一种解释，还可以参见马尔瓦尼和坎明加：《澳大利亚史前史》，第124—129页。

度较高而机动性较低的群体可能更容易受到突发生态危机的伤害。这样的群体由于狩猎方式效率较低，可能还必须消耗更多的身体能量才能存活下来。这种需求可以解释为什么尼安德特人看上去是如此健壮，他们狩猎更多是依赖个人猛力而不是集体智慧。[1]

随着时间的流逝，现代人分布得更为广泛并且最终进入尼安德特人所占据的地区，这些差异便产生了作用。其中一个地区可能就是法国南部，在最后的冰川期晚期，这里可能是旧石器时代晚期的欧洲人口密度最高的地方（或许这也是此处何以集中了 80% 的欧洲史前壁画的原因）。[2] 在法国，有证据表明尼安德特人的共同体坚持度过了最后冰川期的大部分时间，并且还可能试图从他们的邻居那里借鉴一些新技术，但是几乎没怎么成功。最后的尼安德特人于 2.5 万年到 3 万年前 202
在欧洲西南部的某地消失了。类似的情况很可能也发生在同时期欧亚大陆东端，因为有证据表明，其他人亚科原人种群可能在那里和尼安德特人一样生存到很晚，也许到 5 万年甚至 2.7 万年前才消失。[3]

即使在旧石器时代，现代人精湛的生态技巧具有破坏性和创造性两个方面。旧石器人类的迁移行为、他们的洞穴艺术，以及他们的技能理当赢得我们的尊敬，但是这么多种其他大型动物——包括人亚科原人唯一一支幸存的种群的灭亡，极大地提醒我们，人类历史具有更大杀伤力的一面。

本章小结

最近的研究表明，大约在 25 万年前非洲出现了具备符号语言和集体知识能力的现代人。渐渐地，一个共同体接着一个共同体，人类发

---

[1] 斯特林格和麦凯：《走出非洲》，第 101—104 页。

[2] 布伦哈特：《艺术的诞生》，第 104 页。

[3] 关于有可能在爪哇幸存到距今 5.3 万—2.7 万年的不同于现代人类的人亚科原人，参见理查德 · G. 克莱恩：《人类生涯：人类的生物学与文化起源》第 2 版（芝加哥：芝加哥大学出版社，1999 年），第 395 页；关于尼安德特人在西欧存活到也许距今 3 万年，参见 477 页及以下。

展了新的技术并开始学习在新的环境中生活。大约始于 10 万年前，人类开始走出非洲，进入此前人亚科原人从未到达过的地方，在这些土地上生活需要全新的生态技能。现代人在 6 万年到 4 万年前占据了萨胡尔大陆，大约在 3 万年前占据了冰川期的今俄罗斯，而来自西伯利亚的移民肯定在 1.3 万年前甚至更早就占据了美洲。随着人类的扩张，他们首次开始对生物圈产生重大影响：用火来改变自然风貌，大量捕猎更新世大型动物，乃至使之灭绝。到最后的冰川期结束时，人类占据了除太平洋诸岛屿以外世界上所有可以居住的地方。他们同样也使唯一幸存的另一支人亚科原人走向灭绝。

延伸阅读

人类的早期历史是一个极其复杂的领域，有许多谜团和争议。有几部优秀的综述性读物，包括彼得·博古茨基（Peter Bogucki）的《人类社会的起源》（1999 年）；戈兰·布伦哈特（Göran Burenhult）编的《图说人类历史》（5 卷本，1993—1994 年）；罗杰·卢因的《人类进化》第 4 版（1999 年）；伊安·塔特萨尔的《成为人类》（1998 年）；理查德·克莱恩（Richard Klein）的《人类生涯》（1999 年）；路易吉·卢卡（Luigi Luca）和弗朗西斯科·卡瓦利–斯福尔萨（Francesco Cavalli-Sforza）《人类大散居》（1995 年）；克里斯·斯特林格（Chris Stringer）和罗宾·麦凯（Robin McKie）的《走出非洲》（1996 年），以及罗伯特·温克（Robert J. Wenke）的《史前史的范型：人类的前 3000 年》（1990 年，第 3 版）。本章很多都倚重近期的一篇优秀文章：萨莉·麦克布雷亚蒂和艾莉森·布鲁克斯的《并非革命的革命》（2000 年），但是该文是否能得到普遍认可，现在还不知道。语言的早期历史同样是颇具争议的。目前关于这个问题各种争议的著述有：泰伦斯·迪肯《使用 203
符号的物种》（1997 年），史蒂文·米森《心智的史前史》（1996 年），亨利·普洛特金《意识的进化》（1997 年），约翰·梅纳德·史密斯和厄尔什·绍特马里《生命的起源》（1999 年）和史蒂文·平克（Steven Pinke）的《语言本能》（1994 年）。克莱夫·甘布尔（Clive Gamble）的《时代行者》（1995 年）将关注社会关系和社会网络的变化，这是近期关于旧石器时代历史的最佳综述之一。蒂姆·弗兰纳里的《未来食客》（1995 年）对萨胡尔地区早期人类的生态影响做了极好的阐述，他的另一部近著《永远的边界》（2001 年）论述了北美的生态历史。奥尔加·索弗的著作（参见参考书目中所列文章）是理解俄罗斯冰川时期殖民的基础。史蒂文·琼斯等人编著的《剑桥人类进化百科全书》（1992 年）也对本章的许多细节帮助很大。

第4部

全新世：几个世界

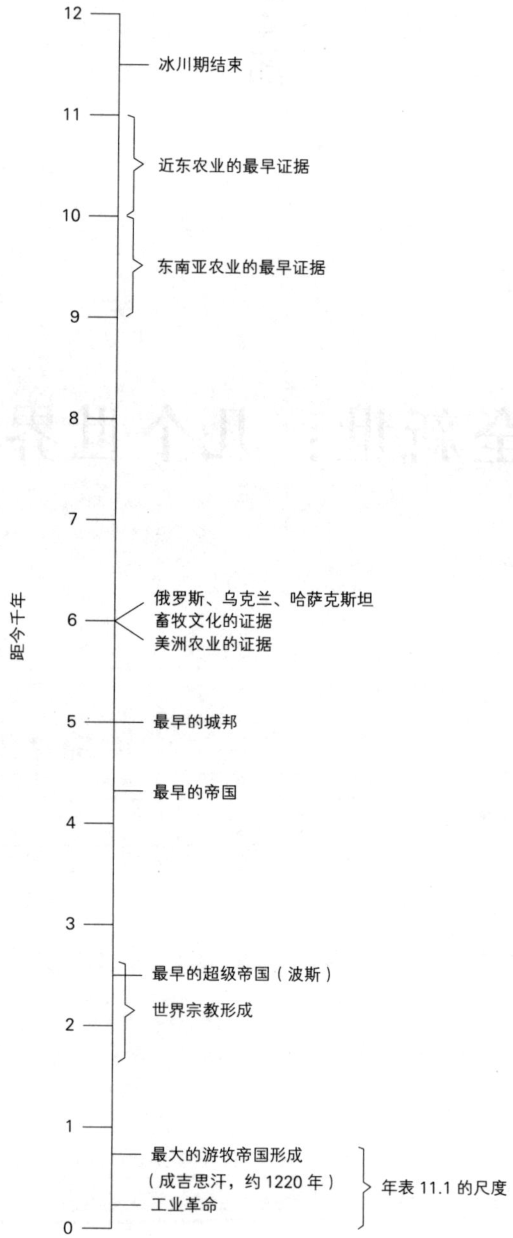

年表 8.1　农耕社会和城市文明的历史：5000 年

第 8 章

集约化和农业的起源

> 农业革命包括食物经济的重新调整，从基于渔猎和食物采集的游牧生活转变为基于农耕和土地的定居生活。尽管农业最初只是对渔猎-采集生存方式的一种补充，但是它最终几乎完全替代了后者。农业革命为了获取可耕地，砍伐和毁损了全球陆地上 1/10 的树木和草地。渔猎-食物采集文明对地球的影响微乎其微，而这种新的农耕文化则彻头彻尾地改变了地球的表面。[1]

从地质学的时间尺度看，在第四纪冰川晚期，也就是在约 11500 年前，更新世结束，全新世开始。大约从这个时候起，历史步入了一个新天地。农业技术由粗放变为集约，人类在发展过程中跨越了一道关键的门槛。在旧石器时代，在向世界各地迁移的过程中，我们人类驾驭新的自然环境的能力不断增强。从全新世早期开始，它采取了集约化的形式：新的技术和生活方式使人类能够从单位面积土地上获取更多的资源。所以，虽然（从编年史角度看）人类历史滥觞于旧石器时代，但是大多数人却生活在最近的 1 万年内（参见图 8.1）。

大体上我们可以把全新世早期的新技术称之为农业。这些技术刺激了人口增长，支持人类在大规模、较集中的我们称之为村庄和城镇

[1] 章首语：引自莱斯特 · R. 布朗：《生态经济：为地球建构的经济学》（纽约：W. W. 诺顿出版社，2001 年），第 93 页。

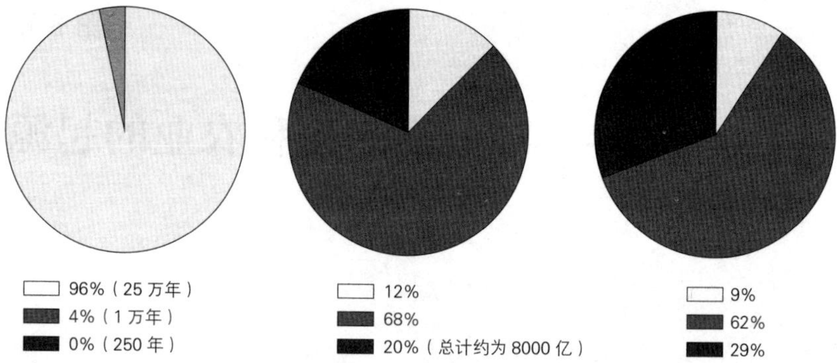

图 8.1　人类三个不同时代的比较

旧石器时代、农耕时代和新现代的比较，按照（a）延续时间（分别为 24000、10000 和 200 年）。（b）每个时代生活的人口数量［据利维—巴奇：《简明世界人口史》（牛津：布莱克韦尔，1992 年），第 31、33 页，自人类出现以来，其人口总数大约为 800 亿］。（c）生活在每个时代的人类数量（据利维-巴奇：《简明世界人口史》，第 31、33 页）

的共同体中生活。人类的居住区更加稠密，既促进了更多的思想交流，
也促进了集体知识的积累，由此加快了技术交流的步伐。不过，更稠
密、更庞大的居住区同时也带来了新的社会和组织问题，要解决这些
问题就要构建新的社会关系和更庞大、更复杂的社会结构。在数千年
208 里，这些变化以不同的速度遍及了世界大部分地区。这是现代人类进
化史上最根本性的变化。

全新世的活力最清楚不过地体现在人口增长上（图 8.2，表 6.2 和
6.3）。我们发现，在欧洲史前史中，在同一个地区，即使最早的农耕
209 方式，其所能养活的人口也要比原先增加大约 50—100 倍。[1] 就是为什
么世界人口增长的曲线图中，在人类由流动的生活方式转向农耕方式
的时期清楚地展现出了一种向上攀升的趋势。当然，我们关于这个时

[1]　关于较低的统计数据，参见科林·伦弗鲁（Colin Renfrew）:《考古学和语言：印欧语言起源之谜》（哈蒙斯沃思：企鹅出版社，1989 年），第 125 页，关于较高的统计数据，则可参见马西莫·利维-巴奇：《简明世界人口史》第 26—27 页。

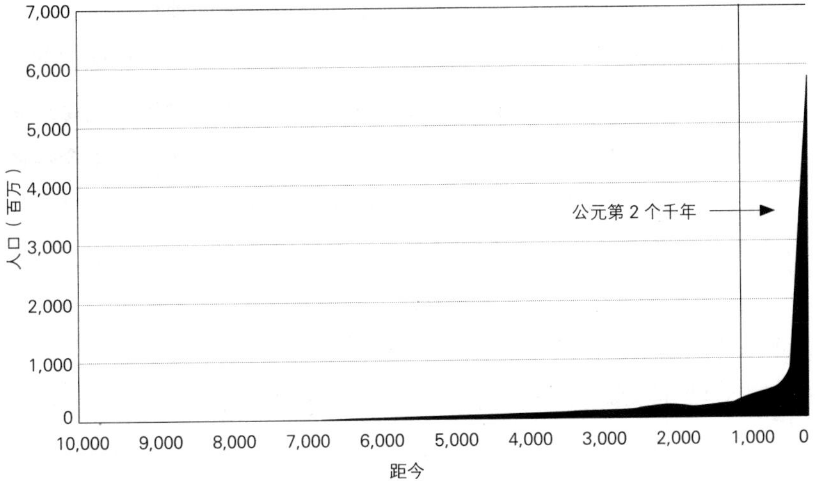

图 8.2　人类的数量，距今 1 万年—当代（根据表 6.2 绘制）

期世界人口的数字是近似的。尽管如此，这一时期居住遗址有所增加，这说明人口增长的速度确实要比更新世快得多。表 6.2 和 6.3 的测算表明，世界人口从 1 万年前的大约 600 万上升到了 5000 年前的 5000 万，就是说在 5000 年里增长了 6—12 倍。[1] 世界人口平均每 1600 年翻一番，而在更新世后期人口平均每 6000 年才能翻一番。这些变化标志着一个人口发展新时代的开始，其特征就是在现代人口增长突飞猛进之前大约 1 万年，世界人口曾长期保持相当高的增长率。 209

20 世纪 30 年代，澳大利亚考古学家 V. 戈登·柴尔德提出，这一系列的变化可以称之为“新石器时代革命”。考古学家第一次以新石器时代来形容其与此前 1 万年就出现的打磨石器时代的差别。不过，柴尔德坚持认为，这个时代的真正标志是农业的出现，这是一个更具革命性的事件。农业为以后人类历史上所有最为重大的发展奠定了基

[1]　J. R. 比拉本（Biraben）：《论人口数量的发展》，载《人口》第 4 卷（1979 年）：第 23 页。

础。今天，许多史前史学家反对柴尔德的观点，因为他们经过进一步考察，发现这些变化是渐进式的。那个时代的人几乎看不出他们曾经历过一场革命。然而，柴尔德的新石器时代或农业革命这些概念还是
210 值得保留。因为从整个人类历史来看，这些变化是迅速的、革命性的（参见表8.1），仅仅在11500年到4000年前这段长达7500年的时间里，以家庭种植业和养殖业为特征的农业共同体至少在世界上三个或许七个完全不同的地区出现。由于农业人口迁徙到新的地区或者因为其他共同体将新技术纳入他们半农业化的生活方式，最早的生活方式在这些“原始”的农业区得以广泛传播。通过人口的流动、当地的创造和再创造，以及许多本地的变化，农耕生活方式在世界大部分地区已有的或新生的交换网络中迅速扩散。

表 8.1　人类历史的时间段

时代名称	大致时间段	重要特征
时代 1：许多世界——	距今 30 万 /25 万—1 万	距今 25 万 /20 万—1 万年 人类最早适应性的技能；许多小型、联系松散的共同体；人口增长并且扩散；人类进入新的环境，在可居住的地方定居；旧石器时代和人类历史的开端
时代 2：几个世界	距今 10000—500 年	集约化和密集的、相互联系的居住点；逐渐增长的适应方式、新型的共同体、逐渐增长的人造环境、逐渐增长的人口；三种分离的世界区，以类似的轨迹、信息交换的不同协同方式制约下的不同速度发展
时代 3：一个世界	500 年前—现在	单一的、全球化体系；不同层次的集体的知识；加速索取资源；控制生物圈的资源；其他生物体灭绝

211 本章集中讨论我所提出的早期农耕时代这一概念。在人类的这段历史时期，农业共同体业已存在，但是还没有出现城市和国家。我们会发现，这一时期的历史发展各地均有所不同。在有些地区，它在10 000 年到 11 000 年前开始，大约在 5000 年到 6000 年前结束，而在另一些地区，这一时期出现得非常晚，甚至到 20 世纪还继续存在。

全新世的人类历史

最后的冰川期的结束

最后的冰川期最寒冷的阶段是在 25 000 年到 18 000 年前。从 18 000 年前开始，气候逐渐变得温暖湿润，尽管有时气候会相当突然地回到冰川期的状态，但为时极短（如在大约 13 000—11 500 年前这段时间）。大约 11 500 年前以来，气候保持了一个温暖的时期，称为典型的间冰期，不过间或会有更温暖或更寒冷的天气。全部有记载的人类历史就发生在全新世的间冰期。

由于气候变暖，覆盖在北美大部分地区以及北欧、斯堪的纳维亚和西伯利亚东部的冰层变薄并且北移。冰层融化，海面上升，海水淹没了世界大部分沿海地区。这一变化在北纬地区最为瞩目，那里的土地从冰层的重压下获得自由，真实地呈现出自己的本来面貌。

气候变化改变了地貌和植被。[1] 森林面积不断扩大，沙漠和冰原地区逐渐缩小。在欧亚大陆和北美冰川时期的寒冷草原地带出现了森林，形成了一些世界上最大的林区。桦木和松树覆盖的速度和范围最快、最远，紧随其后的就是榛木、榆树和橡树等落叶树种。在非洲和南美等更为温暖的地区，一度消失的森林重新出现，形成了面积不亚于北部温带树林的热带雨林。森林所到之处，消灭了草原物种，如冰川时期欧亚和北美草原上的猛犸象、野牛、马等动物群。取代这些动物的有野猪、鹿

[1] 本段文字基于尼尔·罗伯茨的《全新世环境史》第 2 版（牛津：布莱克韦尔出版社，1998 年），第 4 章。

和兔子，还有一系列可食用的新植物，如坚果、浆果、种子、水果和菌类等。对于人类而言，开发利用这些物种比在冰川期北部地区捕猎大型食草动物要艰难得多。但在有些地区，随着气候变暖，这些小型可捕食
212 的物种大量繁殖，因其绝对数量之大而颇具诱惑。在距今 10 000 年到 5500 年前的这段时间里，湿度的增加使现在的撒哈拉大沙漠成为草木繁茂的湖泊山林地区，那里的居民留下了令人叹为观止的岩画，岩画所反映的生活方式，在如今干燥的撒哈拉大沙漠中是难以想象的。

动植物不得不适应气候的变化，人类也是如此。但是，它们的适应方式各有千秋，因而全新世的人类社会就变得更加千姿百态了。

三个世界

在全新世早期，随着海平面升高，联结西伯利亚和阿拉斯加、日本和中国、英国和欧洲，以及大洋洲、巴布亚新几内亚和塔斯马尼亚的大陆桥全部被淹没了。印度尼西亚由原先冰川期亚洲南部的半岛变成了群岛，与大洋洲和巴布亚新几内亚之间的沟壑变得更宽了。随着人类在整个世界范围内栖居，上述地理变化就割断了古代人类之间的联系，将人类分割成为具有不同历史的不同人群。正如罗伯特·赖特所恰如其分地指出的那样："对于文化的进化而言，如今的东半球和西半球成了两个互不相干的皮氏培养皿。"[1]

从来就不存在绝对的隔绝。可能在 4000 年前抵达澳大利亚的野犬，或在最近几个世纪抵达澳大利亚的印度尼西亚海参捕捞者都能证明，澳大利亚从来没有完全与印度尼西亚和亚洲隔绝。巴布亚新几内亚也没有完全与公元前 1600 年前以来陆续移民到印度尼西亚的南太平洋岛人断绝关系。[2] 维京殖民者曾经横跨白令海峡狭窄的沟壑，在纽芬兰岛建立了一个短期的居民点，说明美洲也从未与欧亚大陆完全隔绝。

[1] 罗伯特·赖特：《非零：人类命运的逻辑》（纽约：兰登书屋，2000 年），第 29 页；赖特还相当正确地提出（第 52 页），可以把塔斯马尼亚当成一个完全不同的世界来对待。

[2] 关于东南亚对澳大利亚的影响，参见约瑟芬·弗鲁德（Josephine Flood）：《梦幻时代的考古学》（悉尼：柯林斯，1983 年），第 222—293 页。

此外，南美的甘薯出现在了波利尼西亚，证明在过去的 3000 年里，美洲与太平洋地区各共同体之间必定有一些联系。然而这些联系极为有限，以至于将过去 4000 年全新世期间人类历史设想为在三个不同的世界区——有时还可以加上第四个世界区即太平洋地区——中各自独立发生的，还是有一定道理的。[1] 全新世的世界区主要有：非洲-欧亚世界区，包括非洲和整个欧亚大陆，以及离岸岛屿如不列颠和日本等；美洲世界区，从阿拉斯加到火地岛、加勒比海等离岸岛屿；澳大利亚和巴布亚新几内亚世界区；以及大约 4000 年前以后的太平洋岛屿的人类社会。（参见地图 8.1 和 8.2）

至少原则上说，在每一个世界区里，观念、影响力、技术、语言，甚至某些商品都有可能从这一头传播到另外一头。在巴布亚新几内亚和澳大利亚之间，经过托雷斯海峡的岛屿链，常常发生间接的联系。在澳大利亚，产自西北的名产如珍珠贝等，接力似的穿越了整个大陆， 215
而来自东北最远端约克角的“大包贝壳”被加工制作成用于宗教仪式和巫术的装饰品，远销澳大利亚南部和西部沙漠。[2] 波利尼西亚和密克罗尼西亚群岛定居着一系列相互联系的移民共同体，他们在语言上以及在所谓拉皮塔文化考古遗存上，都表现出了显而易见的相似性。[3] 在非洲-欧亚大陆世界区，撒哈拉沙漠在大约 4000 年前曾是一片无树的大草原，因此撒哈拉沙漠以南的非洲并非像以后那样是一个孤悬的地区。畜牧技术起源于欧亚内陆地区和撒哈拉非洲地区，从欧亚内陆地区穿过欧亚大草原，传播到了西伯利亚东部，也从撒哈拉地区传播到了中东和东非。印欧语系的诸语言传播到了新疆、印度和西欧；亚非

[1] 关于美洲，约翰·基札（John Kicza）评论道：“没有令人信服的证据表明，在哥伦布 1492 年航海之前美洲与外部社会有过任何偶然接触以外的其他联系。”《在接触之前的美洲民族和文明》，载米歇尔·阿达斯主编：《古代和古典历史上的农业和游牧社会》（费城：天普大学出版社，2001 年），第 190、813 页。

[2] 弗鲁德：《梦幻时代的考古学》，第 236—237 页。

[3] 参见本·芬尼（Ben Finney）：《全球的另外三分之一》，载《世界史杂志》第 5 卷，第 2 期（1994 年秋）：第 273—298 页；以及约翰·R. 麦克尼尔：《论鼠和人：太平洋岛屿环境概史》，载《世界史杂志》第 5 卷，第 2 期（1994 年秋）：第 299—349 页；蒂姆·弗兰纳里：《未来食客》（新南威尔士，查茨伍德：里德出版社，1995 年）。

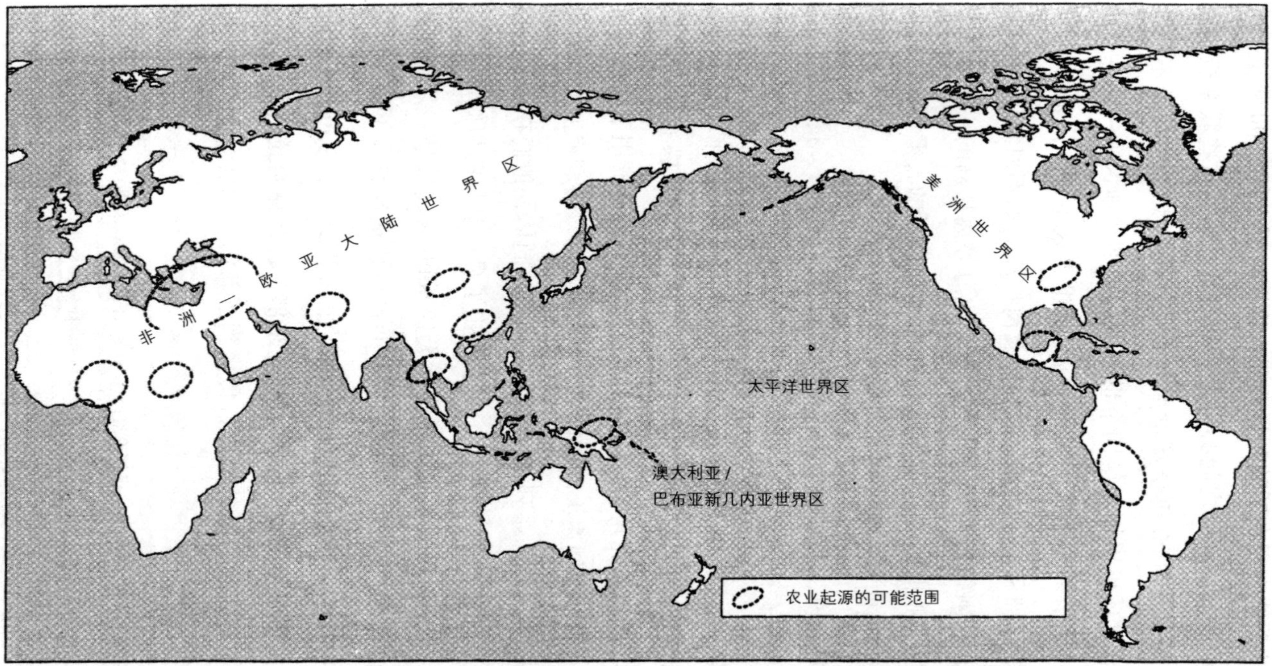

地图 8.1　全新世的世界区

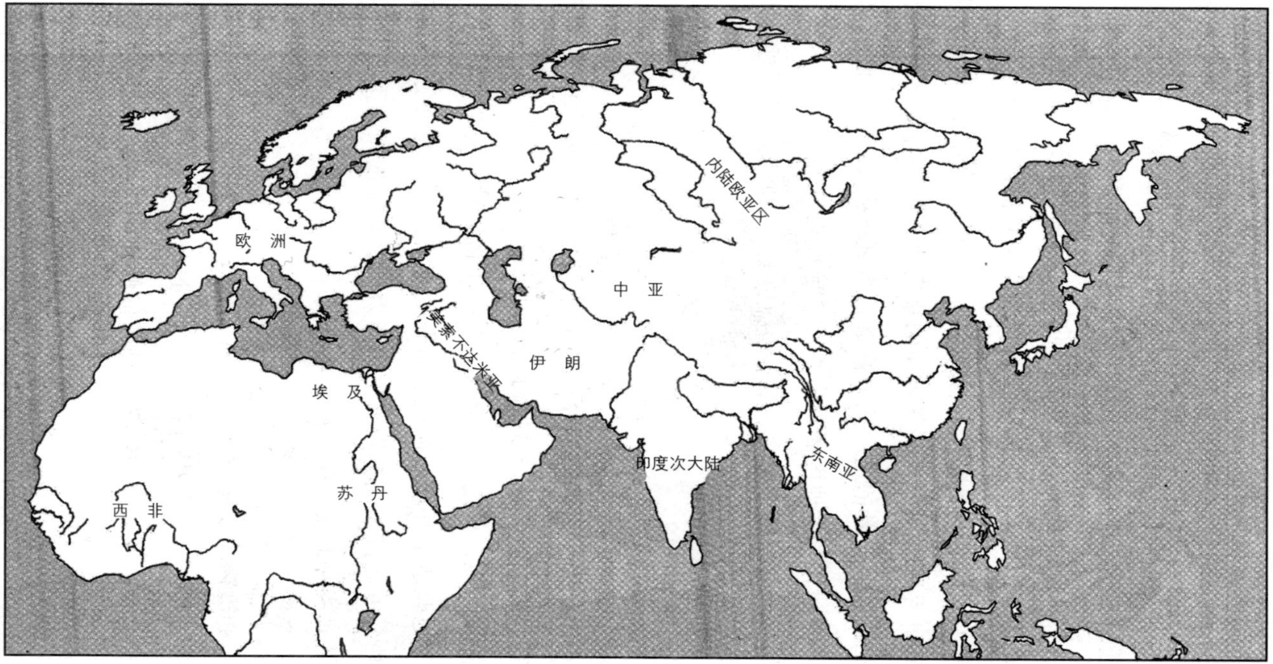

地图 8.2　非洲—欧亚世界区

语系的诸语言传遍了非洲大部分地区，也传入了中东地区；突厥语传遍了蒙古和安纳托利亚地区。正如语言学家约瑟夫·格林伯格（Joseph Greenberg）所言，在美洲，一代又一代的早期移民从阿拉斯加向火地岛迁移，创造出了一个涵盖整个南美和北美大部的语言区。[1]

将上述全新世大部分时期的每个地区视为独立的世界区进行思考是颇为有益的，因为这样做能够帮助我们将普遍特征和地区特征区别开来。这些地区的历史存在着惊人的一致，但是也存在着惊人的差异。所有世界区都发生了某些方面的集约化，世界各地更新世的人类显而易见的持续提升的适应能力都继续得到增强。不过，由于变化的速度不尽相同，每个地区表现出来的适应性也就大相径庭。以下三章的中心任务，就是要解释这些不同的历史上的相似性和差异性。[2]

216 什么是农业？

在全新世早期的各种集约化过程中，农业最为重要。可是，什么是农业呢？与前面一章所讨论的刀耕火种的“农民”一样，农民系统地修整环境，使之有利于那些他们认为最有用的动植物。但是农业却极大地改造了环境，通过早期人工淘汰方式最终改变了他们所喜欢的物种，由此极大地提高了生产能力。农业所依靠的正是被称为驯化的最早的基因工程。

动植物的驯化

驯化是一个共生过程，在这个过程中，一个物种不是仅仅捕获另一种物种，而是保护这个物种并促使其再生产，以便创造一种更加可

[1] 罗伯特·J. 温克：《史前史的范型：人类的前3000年》第3版（纽约：牛津大学出版社，1990年），第208页；并参见约瑟夫·格林伯格和莫利特·鲁伦（Merritt Ruhlen）：《美洲原住民语言的起源》，载《科学的美洲人》，1992年11月，第94页。

[2] 贾雷德·戴蒙德：《枪炮、病菌与钢铁：人类社会的命运》（伦敦：葡萄园出版社，1998年）对于这些世界的比较进行了极为细致的探讨；本节许多观点都得益于戴蒙德的问题和答案。

靠的食物来源。我们已经看到，这种从捕食到共生的进化类型在进化史上是司空见惯的，达尔文主义的逻辑也十分适用于这种现象。因为过度捕猎会杀光所有被捕食的物种，而最有效的捕食者（无论其体型大小）总是有选择地杀死捕食的对象，甚至还要确保被捕食的对象作为一个物种继续存在下去。这两个物种都从这样一种关系中得到好处。捕食动物更有效地掌握了一种重要的食物来源，而被捕食者则找到了一个乐意确保其生存和繁衍的保护者——当然是要付出代价的。如果不是人类驯化了绵羊和玉米，这两个物种都不可能像现在这样丰富多彩。驯化在许多不同的物种里都有发生。例如，蚂蚁多少有点儿像人对待家养的牛一样对待蚜虫，以便获得蜜液。它们用触角敲打被俘获的蚜虫，刺激它生产蜜液。为了得到蜜液，蚂蚁保护蚜虫，确保它们能够繁殖。[1]

在捕食和驯化之间不存在明确的分界。但是在紧密的共生关系中，两个物种在行为和遗传方面都发生了变化，直到一方或者双方没有另外一方就再也不能生存。在人类历史上，遗传变化主要发生在被驯化的物种上。人类固然在遗传上也发生了变化——例如，有些人获得了消化家畜生奶的能力。但是最重要的人类适应性表现在行为和文化上。文化变迁的速度更快，说明为什么人类与人类的共生要比与非人类之间的共生关系的形成迅速得多。

驯化是指在这个共生阶段，至少共生的一方不能靠自己而单独生存下去。就农业而言，这就意味着驯化的动植物没有人类的支持就不能生存或繁殖，而许多人类共同体没有他们所喜欢的驯化的动植物也不能生存下去。驯化的绵羊行走缓慢而且蠢笨，在野生环境下根本无法存活。而现代的玉米，或者印第安玉米，没有人类的帮助也无法繁殖，因为它的种子不能随意抛洒。[2] 布鲁斯・史密斯（Bruce Smith）在

[1]　贾雷德・戴蒙德:《枪炮、病菌与钢铁：人类社会的命运》，第 165 页。

[2]　“某些驯化动物的物种与其野生祖先相比，大脑较小，感觉器官不够发达，因为它们不再需要更大的大脑，更发达的感觉器官，以便像它们的祖先一样逃避捕猎者。”（戴蒙德:《枪炮、病菌与钢铁：人类社会的命运》，第 159 页）

其论述农业起源的一部新著中，将驯化定义为“人类创造的新型动植
物”。[1] 动物新物种的创造，肇始于人类控制动物的繁殖，切断它们与
野生环境的联系。至于驯化植物，则始于收获、种植和除草，因为这
217 些做法可以去除这些驯化的植物与周围相邻植物的遗传联系，使之具
有比起“野生”的表亲更好的起点。在这两种情况下，人类的干预在
野生环境和驯化物种之间设置了一道障碍。这就促使遗传变化迅速发
生，就像不同地区的物种的形成一样，但是在这里促成遗传变化的不
是迁移或者地理变化，乃是在同一物种的不同种群之间设置了障碍的
人类。

一旦人类开始将某一个种群同其相近的种群区分开来，它就能够迅速进化。考古学家熟悉所发生的变化。某些结子的植物，其种子紧紧地集成一簇，比野生的物种更加牢固地附着于茎上，便于人类采集（因而也便于重新栽植）密集的种子；此外，相互疏离的或者松散地附着于茎上的种子，在收获的时候会掉落在地上，因而不大可能重新栽植。由于同样的原因，人工种植的植物，其种子倾向于发展为子大、皮薄。凡是植物在密集种植，争相获取阳光的地方，最先发芽的秧苗才能够存活下来，而这些秧苗很可能皮薄，有着大型内部储藏空间，因而能够在竞争中脱颖而出。最肥大、最能结果的、最先发芽的植物才有可能得到人类的选择加以种植。因此，在寻找驯化证据的时候，古生物学家就去寻找那些比野生植物种类种子更大、皮更薄、密集成簇、更强壮的花序轴（即联结轴）牢牢固着在茎上的种子。驯化的动物也经历了相似的变化，不过比较难以寻找到相关的考古学记录。体型减小是一个共同标志，这可能由于有意选择比较容易驯养和控制的野兽所致，也可能由于在人工繁殖条件下营养较差所致。不同家畜的组成是另外一个标志。驯化的母畜在数量上超过公畜，因为公畜被淘汰得早。驯化的老家畜也可能被淘汰掉。

---

[1] 布鲁斯·D. 史密斯：《农业的出现》（纽约：美国科学文库，1995 年），第 18 页。

农业并不是动植物驯化的同义词。许多社会都采取过有限的驯化形式，或者是植物或者是动物，只是没有靠这些驯化的动植物为生，也没有采取定居的方式而已。虽然游牧民族与农业民族一样依靠家畜为生，但是他们主要依靠驯化的动物而不是植物。而且，游牧民族像食物采集民族一样，通常是在不同地区流动的。与之相对照，农业民族通常利用驯化的植物，也利用驯化的动物，而且它们大多数是定居的。虽然农业民族仍然捕鱼狩猎，但是其共同体维持生命的主要基础来自驯化的动植物。最后，在农业社会里，驯化的植物通常比驯化的 218
动物更为重要。这是由于一条基本的生物学规则所决定的，这条规则就是，处于食物链最底层的生物体能够最有效地转换阳光的能量。在食物链的每一阶段，大约 90%的能量消失掉了，因此，主要依靠植物食品的生活方式的人类一般比主要依靠动物食品的生活方式的人类（例如游牧民族）能够养活更大的密集生活的群体。因此，驯化的植物对于农业革命而言是至关重要的。

正如表 8.2 所示，不同动物、植物物种的驯化在整个全新世都一直持续不断，而且显然分别在世界不同的地区发生着。尽管如此，这些数字只是反映了最早的驯化证据。从驯化到主要依靠农业的生活方式，在某些地区发展很快（如西南亚、中亚和中国），但是在其他地方则发展缓慢——美洲尤其如此，那里最早的动物、植物驯化与最早的主要基于农业的证据之间相差数千年之久。

早期动植物驯化的年代和地理

此外，有一些研究可能将表 8.2 所记载的时间上推数百年，甚至数千年。研究者还会考证出现在被人们遗忘的其他动植物驯化中心。很可能在热带地区还有某些中心存在，尤其在巴布亚新几内亚和印度尼西亚、在亚马孙雨林（那里主要的农作物是木薯、土豆和花生）。在巴布亚新几内亚部分地区，芋头也许早在 9000 年前就已经种植了；在 5000 年到 6000 年前之间，真正的农业社会在该地区砍伐森林，建造永久性村庄，人们完全靠农业为生，以当地（或许是进口）芋头、薯蓣科块茎等物种作为主食。[1]

表 8.2　最早的动植物驯化证据

时间（距今1000年）	西南亚	中亚 / 东亚	非洲	美洲
13—12				狗
12—11	狗、山羊、绵羊			
11—10	二粒 / 单粒小麦、大麦、豌豆和绿豆、猪			
10—9	黑麦、牛			葫芦、南瓜
9—8	亚麻			胡椒、牛油果、豆
8—7	狐尾草、葫芦、狗			玉米、伊拉玛[2]/羊驼
7—6	枣椰、葡萄	荸荠、普通小麦、桑树、稻、水牛	龙爪粟	
6—5	橄榄、驴子	马、牛（瘤牛）、洋葱	油棕、高粱	棉花
5—4	甜瓜、韭葱、橡子	骆驼（大夏型）	山药？豇豆	花生、甘薯
4—3	骆驼（单峰）	大蒜	猫、珍珠、小米	豚鼠、木薯
3—2				土豆、火鸡
2—1				菠萝、烟草

资料来源：尼尔·罗伯茨：《全新世环境史》第2版（牛津：布莱克韦尔出版社,1998年），第136页

一百多年前，弗朗西斯·加尔顿（Francis Galton）写到，驯化动植物的最初几步包含有某种生物学的“面试”。人类可能“面试”了

[1]　弗鲁德：《梦幻时代考古学》，第219页。
[2]　伊拉玛（llama），一种番荔枝属植物。——译者注

无数的捕食物种，但是因为缺少使之成为可靠的驯化植物所必需的主要品质而归于失败。驯化失败的有鹿（过于好动），以及橡实和榛子（营养不高，比谷类和豆类更难储存，但是这两种植物在饥荒的时候仍
可食用）。最早被人类成功驯化的物种也许就是狼。早在旧石器时代 219
晚期，狼就被驯化了，现代所有家养的狗都是这些最早驯化的狼的后代。[1] 但是驯化的狼并没有对以后驯化的物种产生重大影响，那是因为它们没有改变食物采集的生活方式，而是用来帮助猎人。

“新石器时代革命”实际上滥觞于极少量种子植物的驯化。这一变迁的最早证据来自西南亚，亦即将非洲和欧亚大陆连接成为前现代地球
上最大的交换网络的那一条走廊地带。农业出现在最大、最古老的世界 220
区，亦即非洲-欧亚世界区，可能并非偶然。它处在将两个非常不同的地区连接起来的地带也非偶然，因为这类枢纽地区（参见第 10 章更为充分的讨论）乃是大范围生态信息的交换场所。另一个枢纽地区则是将北美和南美连接起来的中美洲地区，在这里，农业也很早就出现了。

非洲-欧亚大陆最早的农业遗址集中在考古学家所称的新月沃地。它主要是一块拱形高原地带，北起现在的以色列、约旦和黎巴嫩，然后沿土耳其和叙利亚边界东移至扎格罗斯山，再沿伊拉克和伊朗边界南行。在距今 11000 年到 9000 年之间，这一地区至少有 8 种植物被驯化。包括绿豆、豌豆、鹰嘴豆、苦巢菜、亚麻和谷类植物——二粒小麦、单粒小麦和大麦。这三种谷类农作物似乎都是在距今 11500 年到 10700 年间的杰里科附近被驯化的，也许那里的共同体曾一度收获到了其野生品种。[2] 在数世纪不到的时间里，这三种谷类植物都发生了与驯化过程有关的各种变化。它们的种子变得更大，它们的轴更加坚固、更能支撑主茎。

绵羊和山羊也许是新月沃地北部那些以前围捕这些动物的共同体成员所驯化的。尽管如此，大体而言，动物似乎比植物的驯化要略微

[1]　最早的狗——亦即驯化的狼——的遗存是在伊拉克发现的，时间在大约公元前 12000—前 10000 年；参见查尔斯 ·B. 海瑟尔（Charles B. Heiser）：《文明的种子：食物史》，新版（马萨诸塞，坎布里奇：哈佛大学出版社，1990 年），第 37 页。

[2]　史密斯：《农业的出现》，第 67、72、85—86 页。

晚一些。实际上，可用作动物饲料的农作物的出现，也许是动物驯化必不可少的前提。猪是在新月沃地北部土耳其和叙利亚交界地区驯化的。[1] 与绵羊和山羊不同，猪与人类争食，因此它们驯化的时间更晚。牛也比绵羊和山羊驯化的时间更晚。牛被驯化的最早的确切证据是距今大约 9300 年。[2] 之所以驯化得晚是因为它们的野生祖先，古代欧洲野牛是一种危险性很大的野兽。（我们知道这点，是因为野生环境下的古代欧洲野牛一直活到了三个世纪前：17 世纪初的波兰还能发现最后的欧洲野牛的踪迹。）不仅如此，就像绵羊和山羊一样，古代欧洲野牛也是群居的。这就意味着只要驯化或者代替它们的头领，就能够控制整个牛群。[3] 对于牛而言，就像绵羊和山羊一样，驯化很快就导致动物的遗传变化，因为不被人类喜欢的性格如易受惊吓和攻击性强的（甚至聪明的！）都被淘汰了。

中国是第二个早期驯化动植物的地区。最近的研究表明，这个过
221 程的发生比我们以前所认为的还要早一些。也许在大约 9500 年到 8800 年前，那些收获野生水稻的食物采集民族就开始在华南的长江一带栽培水稻了。华北黄河流域在 8000 年前开始栽培小米。猪也许是在北方得到驯化的。到距今 8000 年的时候，华北以小米为基础的社会制度和华南以水稻为基础的社会制度都已经确立起来了。

驯化的第三次浪潮发生在距今 6000 年到 4000 年间。非洲类型的小米和高粱至少在 4000 年前的撒哈拉以南的地区得到栽培，也许还要早许多。撒哈拉以南的非洲与新月沃地大不相同的自然环境，以及大不相同的动植物驯化，表明那里很少受到西南亚的影响。

最近的研究表明，美洲动植物驯化的发生比曾经想象的要晚。没有任何地方有确切的证据，能够证明在距今 5500 年之前，有过任何充

---

[1] 史密斯：《农业的出现》，第 57、61、64—65 页。

[2] 关于猪的资料，参见克莱夫·庞廷（Clive Poting）：《绿色世界史》（哈蒙斯沃思：企鹅出版社，1992 年），第 44 页；关于牛的资料，参见海瑟尔：《文明的种子》，第 43 页；温克：《史前史的范型》，第 248 页。

[3] 布里安·M. 法甘：《地球上的人类：世界史前史导论》第 10 版（新泽西，上萨德勒河：普林蒂斯·霍尔出版社，2001 年），第 248 页。

分的动植物驯化。这个年代，是迄今为止在中美洲今墨西哥城西南的特华坎（Tehuacán）河谷所发现的最早栽培玉米样本的年代。玉米是从野生墨西哥蜀黍遗传下来的，它与豆子和各种南瓜一起成为全美洲最重要的栽培作物。南美是美洲唯一驯化动物起到重要作用的地区。在这里，豚鼠、伊拉玛和羊驼至少在大约距今 4000 年前就被驯化了，大约同时被驯化的还有藜谷和土豆。美洲的驯化动物所起作用不大，因为最具潜能的驯化动物马和骆驼早在冰川时代末期可能由于人类的乱捕滥杀而灭绝了。实际上，人类第一次移民到美洲的浪潮到来之际仅有少量驯化动物存活可以部分地说明，美洲早期动植物驯化之前的史前史，与定居农业文化之间存在一道漫长的鸿沟。[1]

在第三个世界区巴布亚新几内亚也有动植物的驯化。在这里，虽然发生较早，但是其影响却比其他世界区为小。

农业虽然初露端倪，但是并没有吞噬之前的一切。实际上，从现代人的观点看，令人吃惊的倒是在本章所述的这一时期里农业竟何以发展得如此缓慢。虽然某些共同体开始主要依赖驯化的动植物为生，成为真正的农业文化民族，但是其他共同体则固守传统的食物采集的生活方式，只是以一两种驯化的动植物作为补充。在巴布亚新几内亚，农业人口与相邻的食物采集民族一直并存到现代。在美洲，动植物的 222
驯化传播缓慢，在驯化了葵花和葫芦的北美东部共同体那里表现得最为明显。在那里，缺乏有潜力的可驯化的动植物可以解释农业为何进展缓慢。虽然农业生活方式到大约 4000 年前的时候已经比南方发达许多，但是狩猎和采集食物仍然持续了大约 3000 年，因为当地驯化的动植物不能提供所需的全部营养。当墨西哥玉米大约在 1800 年以前传播到那个地方时并不能获得高产。直到大约 1100 年以前新的玉米种子以及墨西哥豆子和南瓜能够抵御北方的冬季，那里的农业方才起步。[2]

---

[1]　贾雷德·戴蒙德也令人信服地论证说，这种鸿沟同样反映了真正难得的、有潜力的驯化植物的数量何以稀少；参见《枪炮、病菌与钢铁》，第 8 章和第 9 章。

[2]　史密斯：《农业的出现》，第 59、181、197 页；戴蒙德：《枪炮、病菌与钢铁》，第 150—151 页。

在非洲东北部沿尼罗河一带，一批新月沃地特有的驯化动植物在距今9000年前出现（只有大麦是埃及本地原产）了，但是农业村庄的广为传播却花了将近数千年。在欧洲，动植物的驯化在大约9000年以前开始从新月沃地传播到巴尔干地区和意大利的地中海沿岸和法国。再从那里向北传播到气候和环境都有所不同的温带地区，在那里必须改变驯化的方法才能获得成功。曾经有一段时间，似乎可能追溯到在6000年到8000年前之间农业在整个欧洲传播的清晰的“推进浪潮”。然而，更多的细节研究表明，虽然整个欧洲确实发生过动植物的驯化过程，但是比最初看上去的要缓慢，也不甚成功。农业共同体在易于耕作的黄土地区定居下来了。但是在其他地方，尤其是在次大陆的西北部和东北部，数千年来只产生了有限的影响。当地食物采集的共同体只是采纳了某些农业技术，并且保持与农业共同体的贸易联系，自己并没有真正成为农民。与农业有关的动植物的驯化和农业生活方式仍然只是一种备选的生活方式，或者作为食物采集的补充；在新石器时代的许多地区，食物采集民族和农业民族通过区域的交换网络而联系起来。

同样的范型在其他地方也能够看到，农耕时代早期的农业产生了影响，但是并没有占据统治地位，从乌拉尔山以西的俄罗斯到中亚和墨西哥北部都是如此。

农业的起源

我们如何解释农业的传播呢？[1]

这个问题似乎很容易回答。集体知识的传播确保人类共同体能够
223 不断探索从环境榨取资源的方式，最终他们必然会遭遇到农业。此外，
农业比大多数采集的生活方式更加高产，因此可以假设，农业一旦被

[1]　马克·科恩（Mark Cohen）在《史前时代的食物危机》（纽黑文：耶鲁大学出版社，1977年）第1章里，对于解释农业的传播问题进行了出色的讨论，尽管略微有些过时。

“发明”，就必然迅速传播。最早尝试解释新石器时代革命的学者确实提出了这样的假设，他们将农业视为一种发明，由于其内在的优越性而从一个中心向所有人类传播，并且为他们所采纳。

然而，20 世纪的研究对这种解释提出了两个重大疑问。第一，诚如我们所见，农业事实上并不是从一个中心传播出来的。相反，显然它是在三个世界区的许多不同地方分别出现的。我们如何解释世界上似乎相互之间没有关联的地区何以几乎是自发地出现了这些变化呢？正如马克·科恩强调的：“早期农业最令人吃惊的事实就是，……它居然是一个遍地开花的事件。”[1]

第二，我们再也不能假定食物采集共同体一旦学会了农业技术，就必然会采纳它。实际上，我们也不能明确将农业的出现自动视为进步的标志。诚然，农业比食物采集的生活方式能够养活更多的人口，因此从长远观点看，当农业共同体与食物采集共同体发生冲突的时候，必定能够战胜它。但是许多食物采集共同体甚至在懂得了农业技术之后仍然拒绝采纳农业活动。卡拉哈里沙漠的一个食物采集者告诉现代学者，既然有那么多的蒙刚果（Mongongo）[2] 仁可以吃，为什么还要像农民那样辛勤劳动呢？在澳大利亚最北部地区，尤其在约克角，那里的原住民懂得如何种地，因为北部的岛民就是种地的。但是他们故意不采取农业的生活方式。在俄罗斯和乌克兰，狩猎采集和农夫也是共存的，而且，从六七千年以前农夫进入该地区开始，共存时间长达数千年。[3] 食物采集民族认为，农业只是一个备选的而不是必选的项目。

他们的保守也许具有相当的合理性。从流传至今的遗骸看，早期

[1]　科恩：《史前时代的食物危机》，第 5 页。

[2]　一种大戟科果树，学名 Schinziophyton rautanenii，多生长于南部非洲的沙丘，果仁为卵形，今多用于化妆品和柔润剂。——译者注

[3]　马雷克·兹维列比尔（Marek Zvelebil）：《中石器时代的序幕和新石器时代的革命》，载马雷克·兹维列比尔主编：《转型时期的狩猎者：温带地区的欧亚大陆中石器时代社会及其向农业的转型》（剑桥：剑桥大学出版社），第 11—13 页。

农业产生了新的疾病类型以及新的紧张关系。[1]在温暖的气候里，农民的食物选择比食物采集民族更少，因此他们必然会发生周期性的短缺；食物采集民族转向另外一种食物资源是相当容易的。饥荒是农业革命的一个乖谬的副产品。农业共同体更容易受到在比较大型的定居共同体中流行的老鼠、灰鼠、细菌以及病毒所携带的疾病的影响。甚至更
224 加重要的是，对现代致病细菌的遗传学比较表明，在有家畜驯养的非洲–欧亚大陆，致病细菌很容易从牛、鸡和猪等畜群传播到人类身上。疾病利用了这样一个事实，就是一旦人类在村庄共同体中定居下来务农的时候，他们自己也就变成了畜群。[2]最成功的、长期存活而成为流行病的菌株正是那些使人受到感染却不杀死他们的菌株——如天花和流感等。早期农业共同体中健康衰退的另外一个标志就是——与石器时代的采集社会相比——新石器时代人类骨骼的平均长度似乎更短一些；此外，在早期农业方式出现之后，并没有证据表明人类的期望寿命增加了，儿童死亡率降低了。[3]在这两种类型的社会里，能够成年的儿童不足50%，所谓预期寿命一般不过在25—30岁上下，当然个别也有50—60岁。[4]总之，农业的出现似乎降低而不是提高了人类福祉的标准。约翰·格斯沃思写道：“凡是在人类骨骼保存至今而有可能就这场变化发生前后进行比较的地方，生物考古学家都能够看到，农业转型与营养状况下降，与疾病、夭折、过劳和暴力的增加之间存在联系。”[5]

任何关于农业起源的叙述都必须解释早期农业的编年史，必须解释为什么食物采集共同体一定会采取农业这种明显落后的生活方式。为什么在当时食物采集、捕猎的品种更丰富、体型更大、储藏更方便的动物都比较轻而易举的情况下，人类心甘情愿地采取一种基于辛苦地耕耘、储藏并加工种类极其有限的草种的生活方式呢？

---

[1]　马克·科恩：《健康和文明的兴起》（纽黑文：耶鲁大学，1989年），第112—113、132、139、139页。

[2]　戴蒙德：《枪炮、病菌与钢铁》，第206—210页。

[3]　马克·科恩：《健康和文明的兴起》（纽黑文：耶鲁大学，1989年），第112—113，132、139页。

[4]　同上书，第139页

[5]　约翰·格斯沃思（John Coatsworth）：《人类幸福》，载《美国历史评论》第101卷，第1期（1996年2月），第2页；感谢汤姆·帕桑纳提（Tom Passananti）为我提供这一参考文献。

关于新石器时代革命的“原动力”的解释

现代关于新石器时代革命的解释始于 20 世纪 20 年代。俄国遗传学家 N. I. 瓦维洛夫（Vavilov）曾对驯化植物的现代近缘野生种开展研究，他坚信，凡是这些栽培植物最具有遗传多样性的地方，就是它们的起源地，也许还是最早的栽培地。他考证出了早期农业的八大“种源中心”。瓦维洛夫种源中心的清单与现代类似的清单大同小异，而现代植物研究的原则告诉我们许多关于早期驯化的历史，更加充实了现代古植物学的基础。戈登·柴尔德论证到：气候变化也许为人类的密集居住创造了若干个“绿洲”，在这些地方，人类为了生存就被迫采取集约化的生产方式。大体而言，这一立场尚有其独到之处，不过他最初论证的细节已经不能成立。罗伯特·布莱德伍德（Robert Braidwood）对伊拉克的早期农业首次开展了系统的考古调查，他研究 225
了两座村庄——卡里姆·萨希尔（Karim Shahir）和雅尔末（Jarmo）：前者是食物采集民族的村庄，而后者则是务农的村庄。理查德·麦克内什（Richard MacNeish）是研究美洲早期农业的先驱，他从 20 世纪 40 年代末开始了一系列探险，潜心研究玉米的早期历史。[1]

继这些先驱性研究之后，大量关于农业起源的研究便开始了。我们现在基本上弄清楚了其主要因素，至于这些因素是如何交互作用，我们还不能非常清楚地了解。主要因素有：气候变化；食物采集民族各种形式的集约化；人口增长，在某些地区迫使食物采集民族开发较小的地域，集约化地利用这些地域；共同体之间交换的增长；以及最后一点，动植物的驯化。任何解释都必须包含这些因素的共同作用。下文杂糅了若干种密切相关的模型的观点，以及来自不同地区的材料，尽管这种说明比较适合于我们所称的美索不达米亚和新月沃地的情况。我们将论证，农业的进化是由若干各不相同的阶段构成的，在不同地

[1] 法甘的《地球上的人类》第 232—235 页，就农业起源的不同解释做了扼要的概述。

区的动植物驯化历史上，每一个阶段只是略有一些差别而已。[1]

读者将会看到，与20世纪初那种人定胜天的宏论相比，这里的概述有所不同。相反地，就像《创世记》的故事一样，它描述了诱惑、堕落和驱逐。

文化的预适应和生态学知识

大多数旧石器时代晚期的共同体已经懂得许多农民需要懂得的事情。从技术上讲，他们预适应了农业。我们之所以假定存在这种情况，是因为现代食物采集共同体对于他们环境中的动植物都有所认识。他们知道在哪些条件下他们喜欢的物种能够生长茂盛，知道如何培养他们喜欢的物种，并且促使他们喜欢的物种成长——比如除掉杂草或者其他竞争植物。大多数小型社会懂得种子可以长成植物，或者植物扦插也能成活，人类行为能够刺激或者抑制植物的成长。[2] 唐纳德·O亨利把旧石器时代人类的生态学技术描述为农业出现的“必要”条件。[3]

还可以确定的是，集约化的重要形式似乎出现在与农业几乎或者根本无关的食物采集民族中间。人类学家常常把这些共同体称为“丰裕的食物采集民族”。前一章已经描述了旧石器时代晚期乌克兰令人
226 震惊的猛犸象捕猎者，提到了法国南部密集的人口，他们依靠欧洲冰原南部大量渔猎收获物为生。凡是看到食物采集共同体变得比较具有定居的特征，我们就知道他们正在利用集约化的技术，因为要在一个地方待上一长段时间，他们必须集约化地利用当地的资源。但是这种集约化早在最后的冰川期结束之后不到1000年，就已经变得日益明显了。在所有三大世界区里都出现了某种形式的集约化，在这三大地区里，集约化都导致了某种形式的定居文化（例如，建立固定的或者半

[1] 本文的解释大多归功于布鲁斯·史密斯在《农业的出现》以及唐纳德·O. 亨利（Donald O. Henry）在《从采集到植物栽培：冰川时代晚期的黎凡特》（费城：宾夕法尼亚大学出版社，1989年）两书提到的解释模型。

[2] 科恩：《史前时代的食物危机》，第19页以下。

[3] 亨利：《从采集到植物栽培》，第231页。

固定的居住区)。这一点必须强调，因为人们经常认为，在若干得天独厚的地区产生农业之后，世界的某些地方就停滞不前了。 227

在澳大利亚，尤其是在过去 5000 年中，有大量证据表明存在着集约化的过程。集约化使得人口增长，导致在某些地区出现了定居文化。石器工具在这一时期变得更加多样化了。新的、小型的、精工制作的石器在澳大利亚许多地方出现，包括澳大利亚中部地区的小矛头(澳大利亚没有证据表明有弓箭)，有的矛头制作还极为精美，以至于被当作仪式用品使用，甚至长途贩运到数百公里之外。在其他地方，打制出加固的刀刃，可能安装成数排，制作成诸如“必杀之矛”的兵器，锯齿状的刀锋，确保被刺伤的人几乎丧命。[1] 澳洲野狗，一种半驯化的狗，出现在大约 4000 年以前，非常接近于现在的印度狗，也许是横渡印度洋而来，而不是从印度尼西亚输入的。[2]

新技术意味着新的榨取资源的方法。在澳大利亚的维多利亚省建造了精致的捕捉鳝鱼的围栏，有的还与长达 300 米的水渠相连(参见图 8.3)。约瑟芬·弗鲁德写道: 228

> 围栏横跨石垒的水道或水渠。捕捉鳝鱼的网或篓子挂在通常建构成 V 形石墙的缝隙上面。鳝鱼篓子用树皮条子或辫状的灯芯草编织而成，口子上有柳条圆环。圆锥形的鳝鱼篓子使得人们可以站在围栏的尾部，等鳝鱼游到狭长的篓子尾部时就能够把它们抓住。渔民咬住鳝鱼头的背部，杀死它们。[3]

他们能收获并储藏如此之多的鳝鱼，因而向往过上真正的、相对永久的定居生活(参见图 8.4)。低矮的石头小屋子群落保存至今(有一处群落遗址数量达到了 146 座)，证明早期欧洲旅行者称当地有原住

[1] 弗鲁德:《梦幻时代的考古学》，第 187—190 页。
[2] 同上书，第 195 页。戴蒙德的《枪炮、病菌与钢铁》第 15 章就澳大利亚和巴布亚新几内亚的集约化过程进行了有趣的比较。
[3] 同上书，第 205 页。

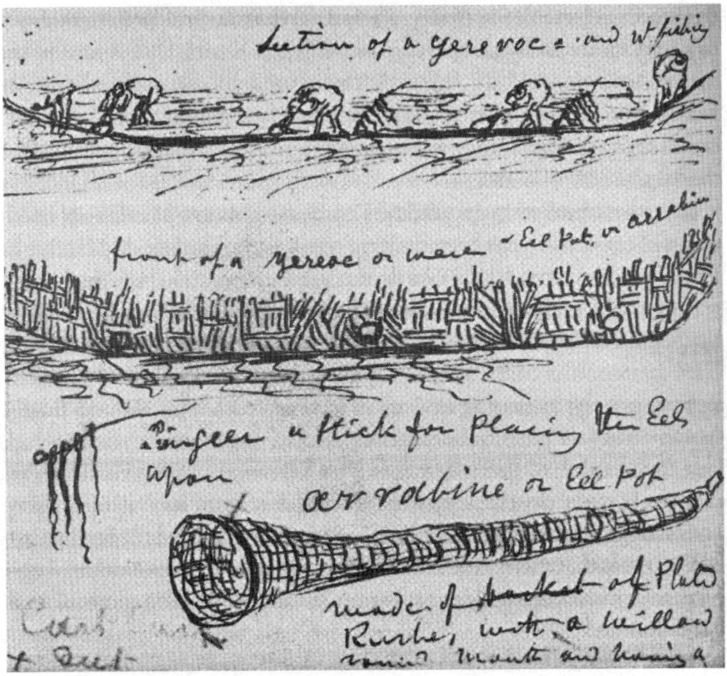

图 8.3　澳大利亚的集约化：捕捉鳝鱼的围栏

1814 年，乔治·奥古斯都·罗宾逊所绘西维多利亚的一种捕捉鳝鱼的篓子和围栏，显示（上图）“围栏或者耶罗克（yeroec）的正面”，以及安置在围栏的孔洞上的“鳝鱼篓子或者阿拉比纳”（arrabine）；（中图）“林吉尔（lingeer）或者挂鳝鱼的棍棒”；以及（下图）“用灯芯草编织的辫状的阿拉比纳或者鳝鱼篓子”。采自约瑟芬·弗鲁德：《梦幻时代的考古学》（悉尼：柯林斯出版社，1983 年），第 206 页；转引自乔治·奥古斯都·罗宾逊（George Augustus Robinson）1814 年的日记，悉尼米歇尔（Mitchell）图书馆惠允使用

民村庄的报告所言不虚。[1] 这些共同体的生活，全靠捕猎从鸸鹋到大袋鼠的许多当地物种，和采集例如薯蓣科雏菊的块茎、蕨类植物以及旋花科植物等蔬菜。

在澳大利亚沿海地区，贝壳鱼钩是一种新发明，使得人们能够获得新的食物资源，促进人口增长。有些共同体收获薯蓣科块茎、水果和谷物的方式表明已经出现了初步的农业。用于收获薯蓣科块茎在当时

[1]　弗鲁德：《梦幻时代的考古学》，第 204—207 页。

图 8.4　澳大利亚的集约化：石头房子

在维多利亚的孔达赫（Condah）湖畔发现 140 多座石头房子。采自约瑟芬・弗鲁德，《梦幻时代的考古学》（悉尼：柯林斯，1983 年），第 207 页；艺术家的印象，戴维・怀特（David White）作，《年代》，29.1.81

（现在又何尝不是）刺激了人口再增长，水果种子特意撒在垃圾堆里，以形成果树林。在澳大利亚中部某些比较贫瘠的地区，欧洲旅行者观察到用石刀收获野生小米并将其储藏在大型谷仓里。某些地方还发现了 15 000 年以前用于轧谷子的石磨，证明这些农活是极其古老的。[1]

到旧石器时代晚期及全新世早期，类似的变化在世界其他许多地区都有发生。在中美洲，有迹象表明，早在 9 000—10 000 年以前，就

[1]　弗鲁德：《梦幻时代的考古学》，第 226—228 页。

已经广泛种植若干种以后成为主食的物种，包括早期类型的玉米、豆类以及南瓜。有些中美洲的沿海地区享有极为丰富的海岸资源，以至于也许早在5000年以前它们就变成了大型的定居地区。[1] 在欧亚大陆西北的波罗的海地区，集约化的迹象也在最后的冰河期晚期出现了。布里安·法甘写道：

> 中石器时代的人类居住在刚刚形成的波罗的海沿岸，他们开发出了一系列令人震惊的捕鱼技术，用投枪、网、叉和栅栏，许多都
> 229 保存在被水浸没的遗址里面。投枪和弓箭绑有小的石、骨或者其他东西制成的倒钩。打磨锋利的工具用于木器制作和加工森林植物。大型的独木舟，有的是挖空整根树干制成，便证明了这点。[2]

这些都是由丰裕的食物采集民族组成的稳定的、大型的定居共同体。他们依靠狩猎、钓鱼和采集植物食品为生。有些波罗的海的定居点十分庞大。考古学家已经发现常年居住的遗址，生活在那里的人数多达100人。有些遗址从大约公元前3000到前1500年就一直有人居住。[3]

在埃及南部和苏丹的尼罗河谷也发现了早期丰裕的食物采集者的证据。阿斯旺附近的共同体早在18 000年以前就开展了大型围捕活动、打鱼（很可能意味着他们有一定程度的定居生活），搭建一层楼的草棚；在附近的一个可溯至大约15 000年之前的遗址里，有一些石刀闪闪发光，表明它们是用来收获野生谷物的。[4] 但是，这一时期最著名的丰裕的食物采集者乃是今天以色列、约旦和叙利亚部分地中海东部沿岸的纳图夫共同体，它们大约距今14 000年以前就出现并且一直延续

---

[1] 温克：《史前史的范型》，第254—256页。
[2] 法甘：《地球上的人类》，第216、218页。
[3] P. M. 多鲁坎诺夫（Dolukhanov），《东欧中石器晚期以及食品生产的转型》，载于兹维勒比尔主编：《转型中的狩猎者》，第216页。
[4] 罗兰·奥利弗（Roland Oliver）：《非洲经验》，第2版（科罗拉多，博尔德：韦斯特维尔，2000年），第35页。

了 2000 多年。沉积物显示，大约 3000 年以前在上约旦河谷曾经繁荣一时的艾因・马拉哈（Ain Malaha）的纳图夫共同体已经有野生的谷物和橡实，还有鱼、乌龟、贝类以及湖鸟等湖上资源，使用渔网或鱼钩捕鱼。[1] 纳图夫共同体还捕猎麋鹿。有着周围如此丰富的资源，纳图夫共同体开始居住的村庄，比当地从前的定居点大六七倍，每个村庄有 150 人。

在所有这些地区，食物采集共同体是新技术的先驱，有的技术还包括了对动植物资源的仔细呵护。有时这些新技术也促使整个共同体变得更加具有定居的性质。这些变化标志着走向农业的重要步骤。

随着人类技术的变化，他们开始对周围的物种产生影响，尤其是那些被集约化开发的物种。例如，食物采集者将那些他们喜欢的植物带回驻地，它们的种子就会形成植物群，为采集者后代消费。这些行为会产生重要的选择性压力，因为随着时间的推移，显然那些滋味甜美的果实就会在人类居住的驻地附近栽培，而野生的种群也许吃上去就不那么“可口”了。[2] 物换星移，这些某种植物种群集约化的人为操纵就导致了重大的遗传变化。

遗传预适应和有潜力的动植物驯化　某些物种比其他物种更加能够响应选择性操纵。实际上，某些有潜力的驯化的动植物似乎就已经 230
预适应了驯化过程。这个事实构成了亨利提出的农业出现的第二个必要条件。此外，正如瓦维洛夫所论证的那样，这些有潜力的驯化动植物的分布有助于我们解释不同地区的驯化的地理和“风格”。在人类“面试”的有驯化潜力的无数野生物种中，只有很小一部分通过了测试，在有的地区根本就没有一个物种通过测试。实际上，动植物是否能够摄取营养、是否容易驯化乃是早期农业地理分布的决定性因素，因而也是以后人类历史发展的一个重要的决定因素。[3] 对于数千万种植

[1]　罗伯茨：《全新世环境史》，第 147—148 页。

[2]　关于这些人类共同体预适应农业的行为，参见戴维・林多斯（David Rindos）奇妙的、哪怕有些难懂的研究成果：《农业的起源：进化的观点》（纽约：学术出版社，1984 年）。

[3]　戴蒙德在《枪炮、病菌与钢铁》第 8 章，论证了这些物种的获得在所起到的重要作用。

物而言，只有数百种成功驯化，而且与为当今世界提供食品的十几种主要农作物相比，它们都是无足轻重的。

人类所寻求的有驯化潜力的植物必须具备耐旱、营养丰富、适应性强，在不同条件下都生长旺盛的品格。动物必须是群居型的、能够大群地、集中地饲养，并且形成社会等级，服从人或者动物首领。现有的驯化动植物特点也许有助于解释早期驯化过程的发展历史。贾雷德·戴蒙德令人信服地论证道，新月沃地有潜力成为驯化的动植物通常种类繁多、有吸引力、容易驯化，这些特点有助于解释为什么农业首先出现在这个地区。此地的主要谷物非常容易驯化，它们与野生状态下的谷物几无变化，这一点足以证明之；野生大麦和小麦丰产、营养丰富，容易收获和种植。相反，玉米的驯化则比较困难；墨西哥蜀黍不得不培养数千年才能够养活大量人口。[1]中美洲在全新世早期大型哺乳动物灭绝以后，由于缺少有驯化潜力的动物使得该地区采纳农业生活方式的时间大为滞后。在那里，只有狗和火鸡被驯化，这两种动物都不像新月沃地的主要驯化动物那样有价值。动物驯化的停滞不前剥夺了美洲农民利用畜力、粪肥以及丰富的蛋白质。在巴布亚新几内亚也是如此，由于当地驯化植物的营养有限，如芋头的蛋白质很少，农业人口的增长受到影响并且限制了它的传播。

有潜力的动植物以及相关的生态学的知识，构成了农业的举足轻
231 重的前提条件。但是这些因素不能解释向充分发展的农业转型的时机和动力。

气候变化、人口压力，以及交换 既然农业是在数千年的范围里，在世界上若干个互不相关的地区出现的，这便激发我们去寻找引发世界不同地区变化的全球性机制。原因可能有二，一为气候变化；一为人口压力。

最后的冰川期的气候变化是突如其来、无法预计的。尽管如此，

[1] 戴蒙德：《枪炮、病菌与钢铁》，第134—138页。

其最大的普遍影响是平均气温提高了。不论这些变化最直接的方向和性质如何，必定刺激了整个世界在文化和遗传方面的变化。随着气候和环境的转化，人类社会不得不尝试新的食品和新技术。这在欧亚草原尤为如此，由于过度捕猎和全球变暖的综合作用，传统的被捕食动物，如曾经在这些地方居住的猛犸象灭绝了。

气候变化还改变了环境。在某些地区，温暖气候增加了动植物食品。亨利论证到，有潜力的驯化植物在最后的冰川期末期之前是极为罕见的，因为在比较寒冷的环境下，水稻、燕麦和玉米被局限在低地地区。然而，随着更为温暖和更为潮湿的气候的扩散，它们变得更为高产并传播到了高地地区。在那些地区，更为温和的环境刺激了它们在一个更长的时段里结种子，因此对人类而言就更为宝贵了。这一论断在新月沃地获得了最有力的证明，在那里，可以通过授粉研究而追溯燕麦的传播轨迹。但是全新世早期更为温暖、潮湿的环境在世界许多地方似乎都增加了如谷物等喜温植物的种植范围和数量。在那些江河、湖泊以及沼泽地等有丰富水资源的地区尤其长势喜人，而不同的生态则形成了动植物食品的多样性。在土耳其东南部，正如杰克 · 哈尔兰（Jack Harlan）在 20 世纪 70 年代所进行的一项实验表明，在现代条件下，甚至在三个星期之内就能收割谷子，足够养活一家人整整一年时间。营养丰富的植物食品的逐渐增加转而吸引了食草动物。最后，此种“伊甸园”也吸引了人类。在资源尤其丰富的地方，食物采集共同体也开始定居下来，这也许是迈向农业的决定性一步。

第二个全球性因素在考古学记录中比较难以考证，但是在讨论农业起源的时候同样难以将其排除出去：那就是人口压力。人口增长 232
非但不会受到当时技术的局限，反而可以迫使农业的技术变迁，埃斯特 · 波色鲁普（Ester Poserup）在其著作中对这个（典型的马尔萨斯式的）观点加以发挥，但马克 · 科恩则竭尽全力去探索其中的可能性究竟有多大，以此解释农业的起源。他的论证大致如此：人口压力刺激了个人与团体向人口不大密集的地区移居。最终的结果便是到全新世早期，人口压力就变得非常分散了，以至于“世界上各个族群被迫在数千年内相继采纳了农业生产方式”。[1] 还有若干个理由使得我们认为，人口压力在最后的冰川期，尤其是非洲–欧亚区有所增加。在例如到冻原地区等严酷环境居住、捕获的大型动物越来越少，以及少量食物的增加，如贝类和种子，这些无不表明人口压力的递增。人类居住遗址的增加也说明了同样的问题。[2] 但是最为重要的是，我们已经看到，在全新世之初，人类已经占据了地球上可以居住的大陆，因此已经消除了扩张化的机遇。凭着旧石器时代食物采集技术，世界上大多数地区的人类已经接近了地球所能够容纳的极限。保罗·拜洛赫（Paul Bairoch）看到，“根据哈桑的估计，在食物的采集和狩猎状况下地球最适宜承载的人口大约在 860 万（560 万居住在热带草原，只有 50 万居住在温带草原）。[3]”

在某些特定地区，气候变化可能加剧了这些压力，因为随着全球气温升高，海平面也抬高了。例如在波斯湾等地，这种变化无疑迫使海岸边上的食物采集者蚕食其相邻的地界。（要检验这一假设，有一个困难，即大多数相关遗址如今都淹没在水下。）旧石器时代迁移的路线也凸显了一些瓶颈地带，那里的人口密度极高。有许多民族不得不经过这些地区而迁移到其他地方。美索不达米亚和尼罗河之间的地区当然就是如此。按照旧石器时代的标准，早在 8 万或 9 万年前，这里的人口密度就相当之高了。中美洲可能构成了另外一个类似瓶颈，而且一条可以居住的狭长的土地可以一直延伸到安第斯山。这一论点是否适用于中国黄河流域或长江流域还很难说，但是即是在这些地方，本
233 地丰富的出产也造成了一些瓶颈，迫使食物采集共同体一直在比较小的范围内生活。

---

[1] 科恩：《史前时代的食物危机》，第 65 页。亦可参见埃斯特·波色鲁普：《农业主张的条件：人口压力下农业变迁的经济学》（芝加哥：阿尔丁，1965 年）。

[2] 同上书，第 85 页。

[3] 保罗·拜洛赫：《城市和经济发展：从历史的黎明时分到当代》，克里斯托弗·布莱德尔（Christopher Braider）翻译（芝加哥：芝加哥大学出版社，1988 年），第 7 页；引自费克里·A. 哈桑（Fekri A. Hassan）：《人口考古学》（纽约：学术出版社，1981 年）。

第三个因素，与人口增长有密切关联，也许同样刺激了人类定居文化的产生：那就是逐渐增加的地区间的交流。在食物采集共同体里，临时采集用于商品交换、仪式交流的食物，而通婚也有广泛的记载。食物采集者到那些能够提高食物生产的地方集中，至少要花费一个星期。下文就描绘了这些集会的场景，转引自 19 世纪一位生活在澳大利亚的维多利亚省的英国牧民的回忆：

> 每一次赶场都要进行大量买卖，全国各地的特产都拿到这里来交易。在特耳朗（Terang）附近一座叫作诺拉特（Noorat）的小山上，就有这样一个人们喜欢的赶场地点，可以进行物物交换。在那个地方，森林大袋鼠很多，那里产的年幼大袋鼠皮用来制作毯子，人们公认比其他地方的都好。基朗（Geelong）来的土著带来了制作斧头的上好的石头，以及黏性甚好的金合欢胶。基朗胶的用途就是修补石斧柄，以及碎裂的矛头，或者涂抹枝条编的篮子，整个西部地区都用这种篮子搬运大型物品。古德伍德（Goodwood）附近的斯普林河（Spring Creek）畔有一座采石场，那里可以开采用于制作石斧的绿岩，而波洛克（Boloke）湖附近的咸水河里可以开采砂岩，制作碾子。在附近的敦克尔特（Dunkeld）有打磨和抛光兵器的黑曜岩或者火山玻璃……海贝……和淡水贝也是交换的物品。[1]

安德鲁·谢拉特（Andrew Sherratt）认为，食物采集共同体之间的贵重物品交换也许增加了区域性交换网络枢纽的人口密度，甚至人们在那些地方长期定居。尤其是在全新世早期位于安纳托利亚和红海之间的黎凡特走廊，这些交换大为增加；它们也许还刺激了那些在水源

[1]　詹姆士·道森（James Dawson）的叙述，转引自约翰·马尔瓦尼和约翰·坎明加：《澳大利亚史前史》（悉尼：亚伦和乌温，1999 年），第 94 页。

充沛的高地地区开发天然谷物的共同体，到那些繁荣的“贸易”路线沿线的低地地区去种植谷物。实际上，他指出，早在20世纪60年代，简·雅各布斯（Jane Jacobs）就论证到，在交换最为频繁的地区很有可能出现像杰里科那样的大型居住区，而简单的农业可能会出现在那些已经形成定居点，然后再形成小型村庄。[1]当然，同样的交换也会刺激早期农业的生态学技术的传播。

因此，在某些地区，地方化繁荣、温和的人口压力，以及逐渐增长的交换都会刺激定居文化的形成。定居的共同体甚至在旧石器时代早期就出现了，但是由于尚未出现动植物的驯化，这些尝试并没有导
234 致永久性定居，也没有导致技术和生活方式的广泛传播。然而，到最后的冰川期晚期，更为丰富的有潜力的动植物驯化，或许还有日益增加的人口压力，确保了那些实验变得更为普遍，更具有重要性，并且更为持久。中东纳图夫文化就为这些发展过程提供了一个很好的例子。

人口增长、集约化和专业化　定居文化虽与农业不同，却很可能是走向农业的一个重要的、并非预先计划的步骤。在中东，纳图夫的人口迅速增长，纳图夫的村庄迅速增加，并且自距今14 000年以来传遍了整个黎凡特东部地区。人口增长几乎肯定是由于定居文化所造成的，甚至在其他地区也是定居文化的原因之一。正如前章所述，多种因素限制了流动的食物采集共同体的人口增长。但是，一旦他们定居下来了，这些对人口的限制因素就会解除。婴儿不需带在身边；谷物食品（特别是煮熟食用的话）可以让孩子更早断奶；产期缩短；女性发育期提前。所有这些因素都将造成那些流动性较少的共同体人口增长。

定居文化还有助于改变定居的食物采集者的技术，以及他们所饲养、种植的动植物的遗传特征。越来越依赖于少数丰富的、易于收获的食物资源，降低了人们对其他大量物种以及在居无定所时期所运用

[1] 安德鲁·谢拉特，《激活大叙事：考古学和长远变化》，载于《欧洲考古学杂志》，第3卷，第1号（1995年）：第20—21页。

技术的熟悉程度。这是新石器时代“非技术化”的表现。但是同样的过程也增加对于某些特别偏爱的物种的专业知识。定居共同体将学会更多关于生命周期、疾病以及少数与其定居生活密切相关的物种的知识。这些知识极大地增加了食物采集者关于他们所采集物种的生态学基本知识，以及如何保护并有效传播这些知识。对这些物种的呵护还会刺激这些驯化植物的遗传变化，因为较差的物种会被淘汰掉。最后，开垦土地，建造永久性住房，将创造出一个理想的环境，那些强壮的植物物种生长茂盛，如果人类定期使用这些物种以便它们的种籽在人类的定居区域附近逐渐集聚，则情况就更是如此了。

斗转星移，定居的食物采集共同体将会发现他们自己的数量增加了，他们对于特殊物种的知识也增加了，而且同样地，这些物种由于更加有益于人类而发生了变化。 235

定居文化的困境　随着定居共同体人口的增加，随着他们变得更为依赖范围有限特别偏爱的物种，以及更为熟练地提高这些物种的产量，回到游牧生活方式的可能性和欲望就消失了。我们将这种情况称之为定居文化的困境。只是经过了几代人，定居的食物采集共同体发现，由于丧失了古老的技艺，由于人口增长降低了每一个共同体的活动范围，于是只好采取定居的生活方式。正如一个新石器时代的马尔萨斯将会断言的那样，人口增长最终令曾经刺激人类一开始采取定居文化的自然资源变得枯竭。相应地，地方气候的周期性恶化可能会降低天然食品的供应数量。在这两种情况下，经过几代人的定居，人类共同体就会感受到各地生态条件的限制，而原先他们开始定居下来的时候还以为当地的资源是取之不尽、用之不竭的。在这个关节点上，选择回到更为游牧的生活方式已不大可能（因为相邻地区也面临着人口过剩），似乎也没有什么吸引力（因为定居的生活方式似乎也是正常的），共同体很少有别的选择，只好更加进一步集约化，更加努力地提高很少几样物种的产量。

这种决定构成了最后决定性的一步，发展出了充分的农业。这些过程在美索不达米亚表现得最为明显。纳图夫共同体在距今 13 000 年和 11 500 年间遭受到一次气候恶化。有迹象表明，当时营养状况恶化了，女性不孕现象加剧，等级差别拉大，所有这些都是对资源危机的回应。[1] 新月沃地的一些共同体，尤其是那些处在比较贫瘠地区的共同体，他们的回应就是回到更为游牧的生活方式。但是在有充沛的水资源、有野生谷物生长的地区，有些共同体就开始更加集约化地生产某些特定食物，如谷物。重要的一步就是在清除其他植物的土壤里种植谷物。与现代采集社会和园艺社会一样，妇女似乎从事大多数农业生产，这表明似乎当时妇女掌握着领先的农业技术，而男子则集中精力远离村庄，从事狩猎和其他活动。[2] 首先，精耕细作可能纯粹是自卫性的步骤，目的是为了在恶劣的环境中生存下来，因为在距今 13 000 年以后，纳图夫人口似乎急剧减少了。尽管如此，这种做法产生了效果，
236 因为很快出现了越来越依靠先后驯化的植物和动物物种为生的共同体。
许多共同体继续将驯化动植物当作传统食物采集的有限补充——但是有些共同体却不是这样的。对于这些共同体而言，驯化动植物提供了一种全新的生活方式。

最早真正务农的村庄出现在大约距今 10 500 年前的西南亚洲。位于今土耳其和叙利亚边界的阿布胡赖拉（Abu Hureyra）村庄表明这种变迁的发生是何等迅速。[3] 在距今大约 10 500 年的时候，当地建造了一座村庄；其窖屋有芦苇屋顶，木头墙壁。居住在窖屋里的人食用谷物，但是也捕猎鹿。每年春天，鹿都会定期到来，大量被杀，鹿肉被储存起来。因此这些共同体既储存肉类也储存谷物。他们精心种植某些谷物，也许还圈养一些野鹿。农业和牲畜在大约距今 10 500 年以后迅速得到发展。这个村庄的人口增长到了大约 300—400 人。大约在 9700 年前，

[1] 亨利：《从采集到农业栽培》，第 49—51 页。

[2] 关于妇女的创造作用，玛格丽特·埃亨贝格在《史前妇女》（诺尔曼：俄克拉荷马大学出版社，1989 年）第 80—85 页进行了论证；亦可参见伊丽莎白·维兰德·巴伯（Elizabeth Wayland Barber）：《妇女劳动：最早的 20000 年——远古时代的妇女、衣物和社会》（纽约：W. W. 诺顿，1994 年），第 3 章。

[3] 法甘：《地球上的人类》，第 257—259 页。

出现了一座新村庄，占地面积更大；居民还是依靠猎鹿为生。但是到大约 9000 年前，在一次可能长达一个世纪的迅速转型过程中，他们变成了农民，以重要的牲畜如绵羊和山羊以及谷类和豆类植物为生。他们用泥砖建造了小型的四方形房屋，有狭窄的弄堂和场院。[1] 到这个时候，类似的村庄出现在了新月沃地的其他许多地方。（参见地图 8.3）

这是对农业起源的普遍解释吗？

这种序列——预适应；然后由于气候变化、人口压力，以及交换的增长刺激了定居文化的产生，接着集约化和进一步的人口增长，最终导致充分的农业——非常适用于新月沃地的情形。但是，它是否适用于其他早期农业地区呢？

人们通常认为，动植物的驯化在美洲要先于定居文化。这也许完全正确，因为游牧的或者半游牧的共同体也可能在驯化玉米等植物的早期阶段起到十分重要的作用。但是最近对美洲动植物驯化时间表的修正表明，在这里，定居文化对导致更为重大转型的各种形式农业的 238
出现同样也是至关重要的。中国的材料很少能够提供确定的结论，但是同样的结果似乎在那里也是完全有可能出现的，而撒哈拉以南的早期农业也是同样的情况。[2] 布鲁斯·史密斯在对最近这个问题进行绝妙的考察中提出：

> 在世界许多地区，导致种子植物的驯化的实验，最终令农业终于在一些共同的条件下出现了。这些实验便是，食物的狩猎-采集（采集者）社会，在湖畔、沼泽或者河边定居下来——这些地方有着丰富的野生资源，以至于这些社会能够建立永久的定居点。因此，一种定居的生活方式，得到了水岸边的丰富的资源支持，

[1]　法甘：《地球上的人类》，第 257 页。
[2]　参见史密斯的讨论：《农业的出现》，第 210—214 页。

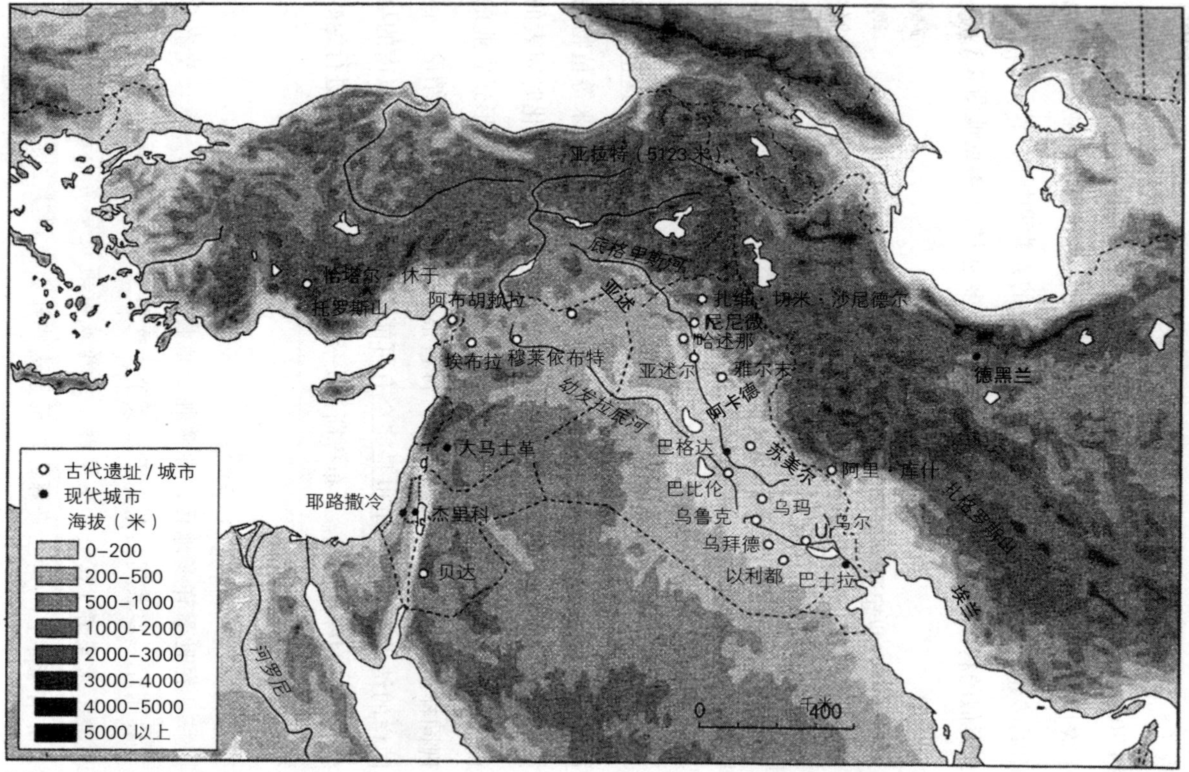

地图 8.3　古代美索不达米亚

似乎在早期的对植物驯化的实验中是一个至关重要的因素。[1]

早期农业生活方式

人们如何在最初的农业共同体中生活的呢？要回答这个问题，我们必须在本章严格按照时间顺序论证的办法，因为早期农业时代的社会并不局限于距今 11 500 和 4000 年之间。在某些地区，例如巴布亚新几内亚的高原地区，这种生活方式一直存在到 20 世纪；在许多地区，包括美洲大部，半定居的共同体一直存在到一两个世纪之前。[2] 但是这个问题至关重要，因为独立的农民共同体广为传播，而且经过了很长一段时期，他们的生活方式和历史构成了一个重要的，然而被人类历史所忽略的篇章。

技术：园艺而非农业

早期农业时代的技术与我们今日所说的农业是两码事。因此，一般我们称之为园艺。大体上说，这些技术与其后的技术相比，并不能提高生产能力，这也就是为什么早期农业共同体的健康从某些方面与食物采集共同体相比非常之差。所谓园艺，人类学家是指人类不采用犁铧和畜力的植物种植技术。在这些社会里，主要的农业工具无非就 239
是锄头或者挖掘的棍棒，用来种植植物种子、清除杂草，避免它们争夺土壤里的营养。

园艺社会在世界上许多地区都存留至今。有些地区的有些庄稼也许更能够适应这些技术，而不是现代形式的耕作农业，但是园艺农业一般而言产量较低。挖掘棒无法翻动坚硬的上层土壤，因此只能在那些肥沃的、容易耕作的土地，比如黄土地上实施园艺农业。除此之外，

---

[1]　史密斯：《农业的出现》，第 213 页。
[2]　关于美洲的半定居农业共同体，参见基札（Kicza），《在接触之前的美洲民族和文明》，载于阿达斯主编：《古代和古典历史上的农业和游牧社会》，尤其是第 212—217 页。

园艺农业通常不使用家畜的农家肥。这些局限性有助于解释为什么早期的农业形式未能传播到许多后来在农业时代广泛耕作的地区。在现代乌克兰，早期的园艺农业在河堤的黄土上种植庄稼，而将河流之间的高地留给了游牧的食物采集者。大多数早期园艺农业者继续狩猎和采集。实际上，直到今天，渔猎和采集仍为园艺农业和耕作农业生活方式的一个重要方面。

村庄共同体

最早的农业时代共同体包括独立的农耕村庄。它们大多各自构成自给自足的社会。在它们之外，没有更高的权威，没有国家或者地区性的酋长，不过交换网络（有时甚为广泛）确实对大多数共同体产生了客观的影响。

就像 20 世纪初的巴布亚新几内亚高原，早期农业时代的村庄在规模上相差较大，从数十人到数千人不等。有些村庄在我们看来简直就像是一个小镇。永久的居住点似乎特别钟爱与流动性较强的社会共同体临时的居住点有所不同的建筑。而游牧的共同体倾向于圆形的“小棚屋”或挡风篱笆，而村庄的建筑则需要持久存在，这通常意味着它们是正方形或者长方形的（然而在中国北方，建筑精良的圆形房屋存在了很长一段时间。至今在西安郊外的半坡遗址上仍可看到这些建筑）。比较永久性的住房要求对家庭成员有所安排，因为它们会提出一个尖锐的问题，谁和谁住在一起。例如，房屋规模和设计表明核心家庭在村庄里有一个明确的规定。可能还会出现一个清晰的“财产”的概念，个人的财产和村庄的集体财产（参见图 8.5）。在早期农业时代结束的时候，某些地区出现了真正的墙壁，我们就能够确定，这些村庄开始拥有了强烈的家族和村庄财产的意识。

那些生活在早期农业时代的族群要比旧石器时代占主导地位的家庭和群体规模更大。在大型酋长制度和国家出现之前，亲族关系肯定仍旧是组成这些共同体的基本原则。尽管如此，亲族思想的本质肯定

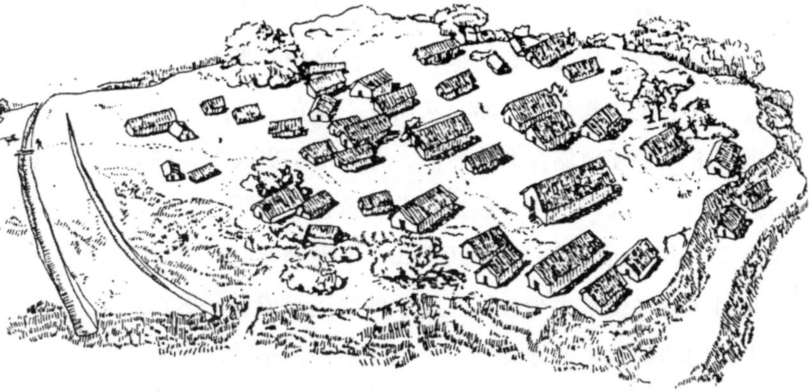

图 8.5　乌克兰的早期农业村庄

公元前第四个千年的克罗米契纳（Kolomiyshchina）村庄复原图。转引自玛丽亚・吉布塔斯（Marija Gimbutas），《女神的文明：古代欧洲世界》，琼・马尔勒（Joan Marler）主编（旧金山：哈珀与罗，1991 年），第 106 页

已经发生了变化，以适应这些农业村庄更大的、组织更为紧密的、更为永久的共同体。核心家庭不得不明确相互之间以及与整个村庄的关系，这便意味着创造了更为精致的某种类似于从事现代村庄社会研究 240
的学者所熟悉的那种亲属关系。因此我们合理地假设，早期农业时代的主要社会结构类似于艾尔曼・瑟维斯（Elman Service）所描述的"部落"，而不是简单的"群体"，后者很少有超过 50 人以上的，通常还少于 50 人。[1] 因为部落可以包含有数百人，所以它们需要用更为精细的方式将个人和家庭之间的关系加以分类。由于每一个人都是从一个祖先传下来的，因此相互之间维系着某种统一性。

等级制度还是平等社会？

虽然在大多数居无定所的食物采集共同体里，个体可以清晰地根

[1]　艾尔曼・R. 瑟维斯：《原始社会的组织：进化观》，第 2 版（纽约：兰顿书屋，1971 年）各处；亦可参见艾伦・W. 约翰逊（Allen W. Johnson）和蒂莫西・厄尔主编的：《人类社会的进化：从采集者团体到农业国家》，第 2 版（斯坦福：斯坦福大学出版社，2000 年），第 32—35 页。

据性别和年龄加以区分，完全可能存在着某种个体的等级制度，但是在食物采集社会的大多数其他各个方面必须是平等的。只要它们居无定所，就不能储藏剩余产品，从而也不能在财富上产生明显差别。农业则要求经常性地储存剩余产品，并且维持更大规模的共同体。由此为财富的集中以及不平等创造了前提条件。实际上，有迹象表明，当食物采集者开始定居，各种新形式的不平等就已经出现了。早期纳图夫共同体也许就是由少数相互关联的家庭组成的。尽管如此，随着纳图夫共同体的规模逐渐增加，更为复杂的关系就出现了，因为对于村
241 民行为的管理以及控制村庄的冲突日趋复杂化。定居的共同体所面临的最主要问题就是个人再也不能随意远走他乡或加入另外一些团体来处置各种冲突。农业将个体和整个族群，同某一块土地更加牢固地联结在了一起，有时迫使它们采取集体行动。因为种种原因，大型共同体发现，为了达到某些目的，有必要选择一些领袖人物。而选择领袖就必然意味着某种形式的等级制度。考古学家发现，甚至在某些纳图夫人的墓葬里，一小部分人有饰物作为陪葬，他们可能地位较高，而大多数人的陪葬品朴实无华。甚至儿童有时候也实行厚葬，这个事实表明高位可以世袭，因此也许存在着等级制的家族体系。

在早期的农业村庄里也存在类似压力。不过在早期农业时代，存在某些限制，阻止这种不平等发展过快。尤其是在某些地区，农业是新兴的，几乎没有资源竞争，因此共同体依旧是平等的。例如在乌克兰的特里波叶（Tripoplye）文化的早期阶段，房屋的大小相差无几，屋内遗留的物体表明并无财产差别。正是这一类的证据导致了生于立陶宛的美国人类学家玛丽亚·吉布塔斯论证到，整个早期农业社会也许存在一个在男子和女子之间、在不同家庭之间相对平等的时期。[1] 可能存在一种根据性别而进行的明确的劳动分工。在大多数农业共同体里，生儿育女对

[1] 玛丽亚·吉布塔斯的观点在《女神的文明：古代欧洲世界》进行了概括，此书系由琼·马尔勒（旧金山：哈珀与罗，1991 年）主编。

维系家庭单位而言是必不可少的；在儿童死亡率甚高但没有避孕措施、实施人工喂养的世界里，这就意味着妇女的生命受到生育和哺育儿童的制约。但是没有理由假设这些性别上的差异意味着系统化的性别不平等。

与其他社会之间的关系

正如我们将会看见，早期农业时代的共同体与食物采集共同体是共存的。他们还与其他农业共同体进行贸易。由此将早期新石器时代不同生活方式的共同体联结成为一个庞大的交换网络。一个庞大的交换体系在中东可以找到最为明显的证据——尤其是在安纳托利亚，那里的早期城镇加泰土丘（Çatal Hüyük）就进行着黑曜岩——一种用于制作锋利刀片的火山玻璃——的贸易。

毫无疑问，这些联系也包含有冲突，早期农业社会之间也会因一些偶然原因发生各种半仪式性的斗争（就像我们现在称之为“体育运 242
动”的半仪式性冲突）。但是这些冲突不大可能是高度组织化或者经常发生，因此不能称之为战争。大多数早期农业时代的共同体并不储藏大量的兵器。当然也没有什么堡垒之类的建筑。甚至在杰里科，最古老的农业村庄，人们一度相信为堡垒的高墙，现在也被认为只是防洪设施而已。

农业的影响

随着农业的出现，人与自然的关系就发生了根本性转变。早在旧石器时代，人类行为就影响到了其他有机体。但是当人类首次从事农业之后，他们就开始改造无生命的环境——土壤、河流以及风景——以便创造新的环境来满足自己的需要。[1] 农业意味着改变自然的进程以满足人类的利益，因此也意味着干预自然的生态循环。通过排除不需

[1]　西蒙斯（I.G. Simmons）:《地球外貌的变化：文化、环境和历史》，第 2 版（牛津：布莱克韦尔，1996 年），第 94 页。

要的物种（野草），农民精心创造了人为的景观，在这个过程中，原本可以恢复土地原貌的生物演替过程被阻止了。土地排除了许多物种，因而被维持在其天然的生产能力之下。反过来，人类偏爱的物种则大为增长，因为它们获得了额外的营养、水分和阳光。但是降低植物覆盖也就增加了土壤的侵蚀度，因为植物的根系能够保持土壤不至于流失，在雨点落到大地上的时候，削弱其大小和动能。[1]而水土流失，加上少量植物的集约化耕作，增加了营养的循环，迫使人类精心保持土地的肥力，或者用农家肥或者草木灰，或者实行轮作，或者休耕期间让土地恢复地力。人类不仅通过驯化的动植物的遗传工程，而且通过猎捕威胁他们或者他们的家畜的动物（如狼），继续改造着周边的有机体。

随着人类开始重新安排他们的环境以便使他们自己生活得更加舒适，他们愈来愈强烈地体验到“自然”与“人类”世界的分离。人类及其环境是一个共同体的观念，在当代食物采集共同体中显然也是存在的，可能在农业社会就已经消失了。而为另外一种异化的观念所取代，这种观念认为，自然世界再好也是对人类漠不关心，再坏也不过是充满敌意而已。

尽管如此，在全新世之初，这些变化仅仅影响到世界的一小部分，
243 而早期的农业技术对于自然环境的影响也是有限的。[2]只有当农业技术得到更为广泛的传播之后，人类对自然世界的影响才开始变得更大了。

本章小结

最后的冰川期的结束，标志着人类历史上一次重要的转折点。随着农业的到来，人类社会开始获得了人口和技术上的动力，从而推动

---

[1] 安德鲁·古迪（Andrew Goudie）：《人类对环境的影响》，第 5 版（牛津：布莱克韦尔，2000 年），第 188 页。一般而言，在自然条件下，每年可形成不到 0.11 毫米，每年消失大约 0.05—2 毫米。在耕种条件下，每年消失大约 5—10 毫米；在放牧条件下，大约每年 1 毫米。因此，人类行为能够迅速破坏数千年以来形成的土壤。

[2] 关于欧洲早期农业有限的生态影响，参见罗伯茨：《全新世环境史》，第 154—158 页。

了最近数千年来的历史变迁。最后的冰川期结束以后的数千年内，农业在世界不同地区出现了。要解释为什么食物采集共同体会从事农业，并非易事，但是各主要的发展阶段，看来还是比较清晰的。大多数所需要的技术已经在食物采集社会中存在了。一些动植物已经预适应了驯化。气候变化促使人们尝试新的技术，形成了一些新的出产丰富的地区，导致了定居文化的产生，而定居文化本身又刺激了当地的人口增长。最后，随着人口增长，定居的共同体不得不或者保持比较传统的游牧生活方式，或者实行更为集约化的生活方式。那些选择第二条道路的共同体创造了最早的真正意义上的农业社会。

尽管如此，早期农业技术的优势并不显著，因而未能迅速而广泛传播。相反，随着迁移到那些适宜于开展园艺农业的地区居住，早期农业时代的共同体发展极为缓慢。在长达数千年的时间内，农业共同体与相邻的食物采集共同体一直共同存在。因此，大多数早期农业时代具有人口增长缓慢（当然是根据现代标准）、有限冲突、有限生态影响等特点。早期农业时代是一个相对和平的世界，由小型的农村共同体组成，周围则是那些继续过着与旧石器时代晚期相类似的食物采集族群的生活方式的共同体。历史学家大多忽视了人类历史上的这个阶段，因此更要记住，这个阶段所延续的时间与以后的时代几乎同样漫长，而以后这个时代，城市、国家和帝国具有重要作用。

延伸阅读

布鲁斯·史密斯,《农业的出现》(1995年),约翰·米尔斯(John Mears),《农业起源的全球观》(2001年)是最近考察农业起源的重要
244 文献。马克·科恩,《史前时代的食物危机》论证了人口压力对于解释农业起源的重要意义;戴维·林多斯,《农业的起源》(1984年)描绘了农业作为一种大规模、无意识的共生过程的发展。贾雷德·戴蒙德在《枪炮、病菌与钢铁》(1998年)一书中强调有潜力的可驯化的动植物驯化的分布,是解释早期农业的时间和地理的关键因素。唐纳德·亨利,《从食物采集到农业》(1989年)详细说明了纳图夫文化及其在早期美索不达米亚农业中所扮演的角色,而理查德·麦克内什(Richard MacNeish)《农业的起源和定居生活》(1992年)则详细考察了美洲的农业起源。戈兰·布伦哈特(Göran Burenhult)主编的《图解人类史》(5卷本,1993—1994年),以及罗伯特·温克的《史前史的范型》(第3版,1990年)对这一阶段的生活方式进行普遍考察;玛丽亚·吉布塔斯的《女神时代的文明》(1991年)对于早期农业社会和性别关系提出了颇有争议的观点,部分观点在玛格丽特·埃亨贝格(Margaret Ehrenberg)的《史前时代的妇女》(1989年)中做了引述。尼尔·罗伯茨《全新世环境史》(1998年)、克莱夫·庞廷(Clive Poting)《绿色世界史》,以及I. G. 西蒙斯的《地球外貌的变化》(1996年),讨论了早期农业对于生态的影响。安德鲁·谢拉特的《激活大叙事:考古学和长远变化》,(1995年)论证了在早期农业起源以及人类历史上交换网络的重要性。约翰·马尔瓦尼和约翰·坎明加(Johan Kamminga)的《澳大利亚史前史》(1983年)和约瑟芬·弗鲁德《梦幻时代的考古学》(1983年),乃是关于全新世早期澳大利亚历史权威的导论性著作。

第 9 章

从对自然的权力到对人类的权力：城市、国家和“文明” 245

社会的复杂结构

在早期宇宙中，引力抓住了原子云，将它们塑造成恒星和银河系。在本章所描述的时代里，我们将会看到，通过某种社会引力，分散的农业共同体是如何形成城市和国家的。随着农业人口集聚在更大的、密度更高的共同体里，不同团体之间的相互交往有所增加，社会压力也随之增加，突然之间，新的结构和新的复杂性便一同出现了，这与恒星的构成过程惊人地相似。与恒星一样，城市和国家重新组合并且为其引力场内部的小型物体提供能量。

由这些变迁而形成的城市化的、国家组织的，以及经常发生战争的共同体，乃是现代历史学家所关注的主要对象。因此，对于历史学家而言，他们太容易遗忘这些共同体与旧石器时代和早期农业时代小规模的、相对非等级制的社会有多么巨大的不同。事实上，大多数人类历史（从编年史角度看）都是处在不知国家权力为何物的阶段。甚至在早期农业时代的村庄里，大多数民众，在大多数时间里，最重要的关系乃是个体的、地方的，以及十分平等主义的关系。大多数家庭都是自给自足的，民众是作为民众而不是某个机构的代表开展相互之间交往的。

后来，大约在5000年前，最早的国家出现了。大约在公元前3100年，美索不达米亚南部出现了小城邦（参见地图9.1）。到公元前3100年，埃及出现了国家，那里有一个地方官员［名美尼斯或者纳尔迈（Menes or Narmer）］将南北方统一起来，建立了第一个埃及人的王朝。国家还出现在其他人口密度增加的地区——大约公元前2000年的印度和中国，以及公元前1000年的中美洲（参见地图9.2）。最早的国家出现标志着个人关系向非人格权力，从对自然的权力向对人类的权力的重大转型。[1]由等级制度、权力以及国家构成的世界我们如今都已耳熟能详。在这个世界里，因其所属的出身、性别和种族集团的不同，个
248 人和共同体之间的财富和权力存在天壤之别。马文·哈里斯（Marvin Harris）描述了平等终结之后的变化。

> 地球上第一次出现了国王、独裁者、大祭司、皇帝、大臣、总统、总督、市长、将军、元帅、警察总监、法官、律师，以及囚犯、地牢、监狱、刑罚和集中营。在国家的监管之下，人类第一次学会了如何鞠躬、奴颜婢膝、下跪叩头。从许多方面看，国家的兴起便是世界从自由向奴役的堕落。[2]

一般而言，国家一般纳入包括其他国家及其偏远地区的大片区域地区里面。我将这些地区描绘为农耕文明。文明常被当作进步的同义词，但我们在这里用这个词并非表达这层含义。虽然在农耕文明和其他类型的人类共同体之间存在明确的区别，但是我不评判任何特定社会的内在价值。我将农耕文明帝国定义为基于农业的大型社会，具备国家的形式以及其他一切必然包含在内的事物（如文字、战争等）。农耕文明这个术语似乎本身就是矛盾的，因为我们将文明（这个术语起

---

[1] 安东尼·吉登斯将针对自然的权力和针对人类的权力，分别成为"分配的"和"权威的"权力。（《对历史唯物主义的当代批判》第2卷：《民族–国家与暴力》（剑桥：政治体制出版社），第7页。

[2] 马文·哈里斯，《原始国家的起源》，载于马文·哈里斯主编的《食人和国王》（纽约：葡萄园，1978年），第102页。

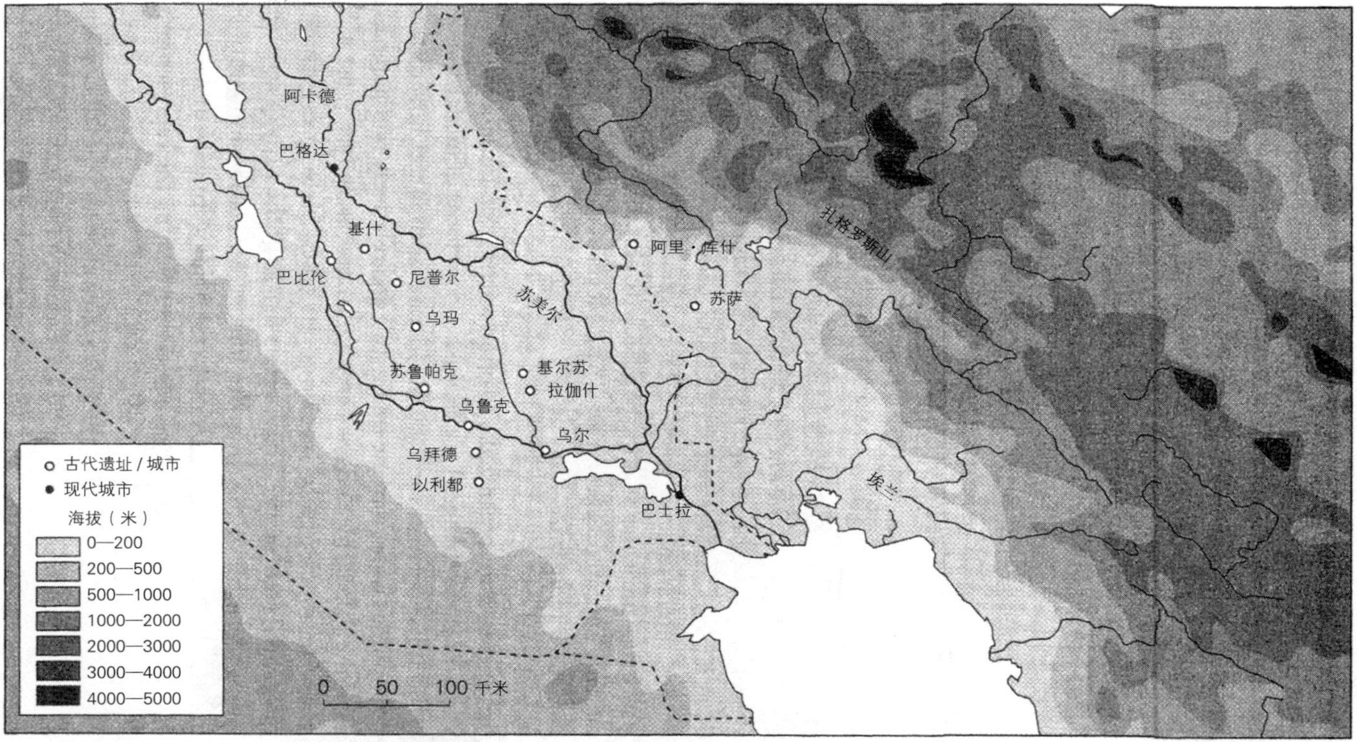
阿卡德
巴格达
基什
巴比伦
尼普尔
乌玛
苏美尔
阿里·库什
苏萨
扎格罗斯山
基尔苏
拉伽什
苏鲁帕克
乌鲁克
乌尔
乌拜德
以利都
巴士拉
埃兰
古代遗址 / 城市
现代城市
海拔（米）
0—200
200—500
500—1000
1000—2000
2000—3000
3000—4000
4000—5000
0
50
100 千米

地图 9.1　古代苏美尔

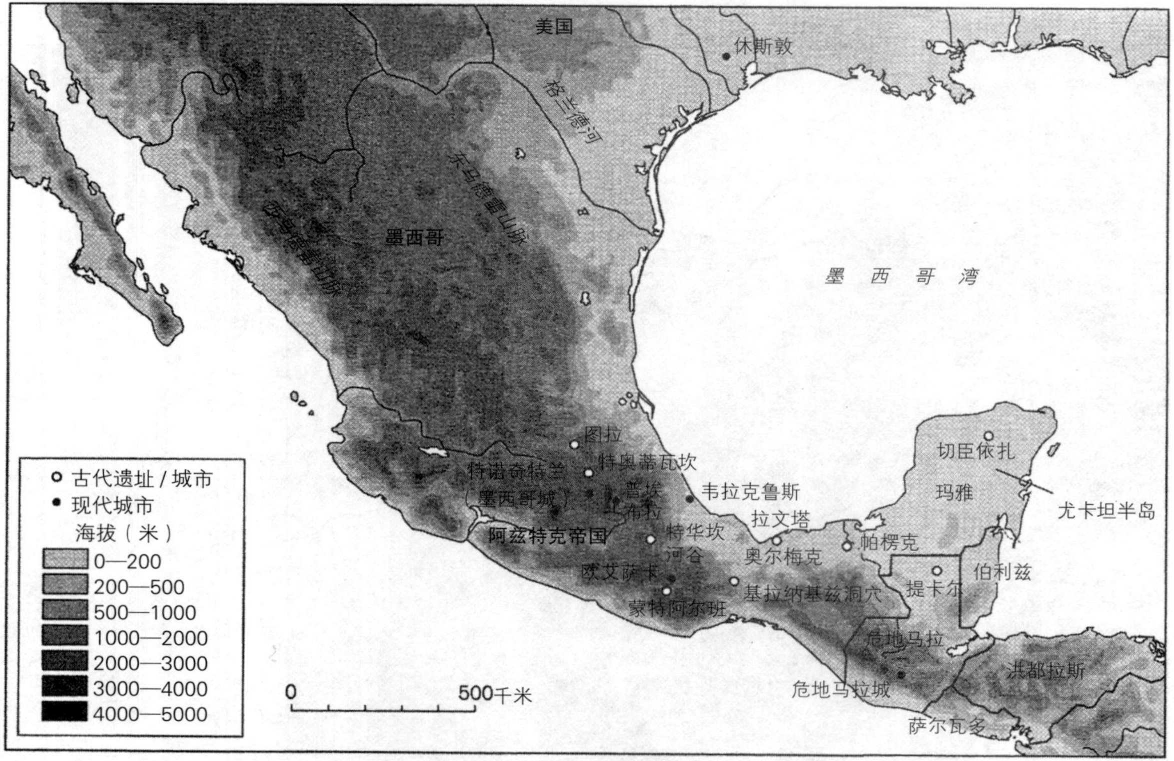
美国
休斯敦
格兰德河
东马德雷山脉
西马德雷山脉
墨西哥
墨西哥湾
图拉
特奥蒂瓦坎
特诺奇特兰
（墨西哥城）
普埃布拉
韦拉克鲁斯
拉文塔
特华坎河谷
阿兹特克帝国
奥尔梅克
帕楞克
欧艾萨卡
基拉纳基兹洞穴
蒙特阿尔班
切臣依扎
玛雅
尤卡坦半岛
提卡尔
伯利兹
危地马拉
危地马拉城
洪都拉斯
萨尔瓦多
古代遗址 / 城市
现代城市
海拔（米）
0—200
200—500
500—1000
1000—2000
2000—3000
3000—4000
4000—5000
0
500千米

地图 9.2　古代中美洲

源于 civis，这个拉丁词的意思是“公民”）与国家和特定的城邦联系起来了。但是农业这个形容词使我们想到所有前现代的城市都依赖城市边缘的农村地区或者更加偏远的村庄。

将城市和国家的出现想象为将曾经独立的实体联合成为更大的实体，就像多细胞有机体的进化过程一样，也许不无裨益。表 9.1 大致提供了这一过程的主要阶段（参见图 9.1）[1] 本章探讨的转型可以视为是由第 4 层级向第 5 层级转变，农耕文明一般而言是在第 5 层级和第 6 层级上组织起来的。

表 9.1　社会组织的规模

层级	社会结构的类型与范围	规模
7	现代全球化体系：涵盖全部以影响力、财富和权力组成等级形态的社会	60 亿
6	世界体系和帝国：涵盖文化上、经济上、有时政治上相互联系的大片地区	数十万到数百万
5	国家 / 民族 / 城市 / 跨氏族的组织：大型的、经济上和军事上强大的体系，数千 - 数十万以上具备国家的或者近似国家的结构	数千到数万
4	文化 / 部落 / 城镇和周边农村：相互联系的生产团体，有时有一个领袖，如“大人”或者“首领”	500—数千
3	再生产团体 / 村庄群：相关的地方组织，其成员经常通婚，在稀疏的亲属和文化上有共同的意识	50—500 人
2	地方的或者独立的团体 / 村庄 / 团队 / 宿营团体：若干个父母系的团体，亲密地在一起生活、迁移	8—50 人
1	父母系的团体：父母和孩子，经常与父亲在一起，共同居住	2—8 人

[1]　最近在艾伦 · W. 约翰逊和蒂莫西 · 厄尔所著《人类社会的进化》（斯坦福：斯坦福大学出版社，2000 年）中，对城市与国家的出现做了一个很好的概述；他们为全部前工业化国家提出了一种类型学，在第 32、36 页有所概括。亦可参见布里安 · M. 法甘《地球上的人类：世界史前史导论》，第 10 版（新泽西，上萨德勒河：普列恩台斯 · 豪尔，2001 年），第 368—385 页。

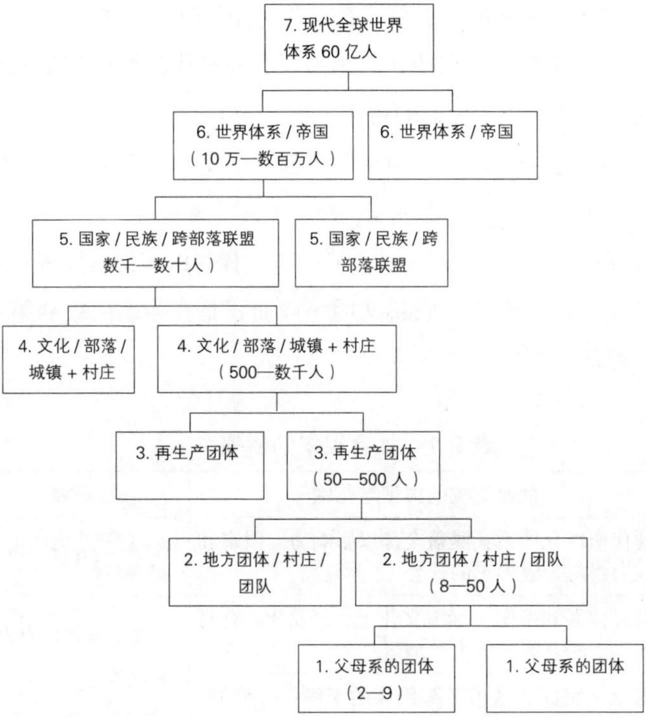

图 9.1 社会组织的规模

图示不同规模的人类社会组织的重要区别

我们如何解释这一重要的转型呢？农业地区人口密度逐渐增加，为最早的城市和国家提供了人口的和物质的原材料，而逐渐增长的拥
249 挤程度（congestion）则提供创造国家的巨大动力。[1] 但是地方共同体是自愿结合在一起的吗，抑或被迫结合在一起的吗？答案也许是两者兼而有之。

“自上而下”论突出了强制因素，将国家视为少数有权有势的人

[1] 人口增长是向复杂社会进化的主要动力，这是约翰逊和厄尔在《人类社会的进化》中的核心观点；例如，“虽然我们将会看到其直接的作用就是激烈的竞争，但是人口的增长对于社会文化的进化过程至关重要，这一点无可怀疑，因为人口增长显然是人类满足自身需求的后果。在任何环境下，人口增长造成了技术的、生产的社会组织以及政治规则等必须解决的问题。我们将会看到这些问题的解决如何产生我们所说的社会文化进化。”（第 2 页）

强加在大多数人头上的组织。这种研究常见于马克思主义的国家理论，主要将国家视为剥削机器。某些个人（主要是农民）不断向大自然索取资源，正如他们的祖先从前所做的那样，这时又有一个统治阶层出现了；他们开始通过操纵影响力、财富和权力的网络而从同类那里索取资源。人类社会变成了一个精英们从中索取所需资源的“生态龛”。社会多层次分化，处在底层的人剥削自然，而处在上层的人则剥削那些剥削自然的人。这些变迁在人类社会内部创造了一个新的“食物 250
链”，其中精英以及他们所剥削的人之间的利益分化无疑部分地解释了复杂社会结构的出现。

但是，就像共生现象一样，剥削从来就不是简单的、毫无疑义的。就像非人类世界的捕食行为一样，它可能多少具有野蛮的形式。正如林恩·马古利斯和多里昂·萨根所观察到的那样，“从长远看，最残酷的捕食者，就像最可怕的致病微生物一样，由于杀害了它们的牺牲品而毁灭了自己。受到抑制的捕食行为——攻击而不杀死或者攻击而缓慢地杀死——乃是进化过程中一再出现的主题。”[1] 在受到抑制的捕食行为的关系中，双方都有可能得到某些东西，剥削也可因为共同的利益而减轻。在早期国家里，包括美索不达米亚、中国和中美洲，剥削可以采取极其野蛮的形式，包括大规模的人祭。但是，正如致病细菌经常进化得不甚具有毒性，从而利用捕食对象而不是杀死它，人间的统治者最终也学会保护被剥削的农民（就像农民保护他们自己的牲畜一样）。通过这种办法，初级生产者就变得依赖于统治他们的精英，就像精英依赖于初级生产者一样。威廉·麦克尼尔将这些新型的关系描述 251
为一种寄生关系：“疾病微生物是人类不得不与之打交道的最重要的微观寄生物。我们唯一具有重要意义的宏观寄生物就是他人，通过暴力的手段，我们能够获得我们的生活必需品而不必自己生产食品和其他

[1]　林恩·马古利斯和多里昂·萨根：《微观世界：微生物进化 40 亿年》（伦敦：亚伦和乌温，1987 年），第 130 页。

消费品。”[1] 精英以及他们所剥削的人不得不顺应出现在人类社会里的新的多层次的“生态”，因为新的结构改变了村庄、家庭和家族的亲密的、古老的结构。

国家形成的“自下而上”论则强调，随着社会变得更加复杂，人们发现需要像国家这样的结构才能够生存下来。这个过程与非人类世界有某些惊人的相似性。在许多物种里，都存在着向更高级的复杂的社会结构转化的历史，虽然在我们最近的近亲大猿那里并不明显。我们看到，单细胞如何首先结合成为松散的结构叠层石或者海绵，最终形成像我们人类这样的多细胞有机体，在这种多细胞有机体中，不同的细胞有着不同的分工，各自都依赖于整个团体平稳运行的功能。多细胞有机体还能够结合成更大的共同体。就像一群羚羊，形成大型的然而单一的群体；有的也能够形成极为复杂的群体。许多群居性昆虫，如蚂蚁、白蚁和蜜蜂，生活在密集的共同体里面，其成员实际上是依赖于更大的整体。它们的环境（就像在现在大城市里面一样）主要是由该物种的其他成员以及它们所创造的结构组成。在最复杂的共同体里面，如白蚁群，个体变得极其专业化，整个共同体要有效地运转，就需要某种形式的交流和协调。个体通过目光、接触以及交换某种称为信息素的化学物进行交流。发展出了某些日常规则以解决拥挤、污染和个体间的冲突。于是等级制度就出现了。

在我们看来，这些共同体与国家极为相似，有自身的种姓制度，有自身控制和训练个体的手段。因此，研究它们的人类自然而然地讨论“蜂后”“工蚁”等。正如路易斯·托马斯写道，蚂蚁“作为一个数量庞大的群体，与人类非常相似。它们种植真菌，像饲养家畜一样饲养蚜虫、组织军队打仗、使用化学喷雾，打乱敌人的阵脚，抓捕奴隶。织工蚁家族多童工，把幼虫当作梭子纺线，将树叶缝制成真菌的

---

[1] 威廉·麦克尼尔：《竞逐富强：公元1000年以来的技术、军事与社会》（牛津：布莱克韦尔，1982年），第VII页。

花园。它们不停地交换信息。它们做各种各样的事情，只是不看电视罢了。”[1] 这些相提并论实际上是怪诞的，但是提高了国家形成的自下而上论的可信度。这些理论将国家视为解决人口密集而拥挤的生活问题的手段。人类还发现，由于他们生活在更大、更复杂的社会共同体里，他们就必须将任务和知识加以分割；这种进步要求新的交流方式，例如帮助人们制定行动时间表的历法、帮助描述个体的义务和财产的文字等。个体更加依赖于一个完整的团体，而在个体交换技巧和资源的过程中，必须以新的方式组织团体。不过，由于团体开始协调千百万个体的技巧和能力，大型的共同体就获得了一种个体所无法比拟的生态力量，不过个体能从这种生态力量中获取不同程度的利益。因而人类形成国家的逻辑颇类似于昆虫群居的形成过程。两者之间的重要差别，正如我们在考察农业出现时所看到的那样，在于人类是文化上的适应，而昆虫则是遗传上的进化。这就解释了为什么复杂的社会结构在人类中间能够迅速发展起来。 252

要充分解释国家权力，就必须将自上而下和自下而上的两种理论结合起来，因为两者事实上是互为补充的。本章的其余部分就是要系统地解释国家权力是怎样出现的，我所指的国家权力就是少数人手中集中了实质上控制着绝大多数的人力和物质的资源。这个定义大有争论的余地（例如实质上一词），但是它有助于我们关注大型权力结构形成的两个重大前提条件：第一，人类的、物质的以及智慧的资源的巨大积累的出现；第二，对这些资源实行新管理和控制方式的出现。

集约化：向自然界索取资源的新方法

转变为新的复杂结构层，意味着开发并管理新的能源。通过更加

[1] 路易斯·托马斯：《作为有机体的社会》（伦敦：维京出版社，1974 年）；转引自 C. 提克尔（C. Tickell），《人类：自杀性的成功？》，载于《人类的影响读本：阅读材料和个案》，安德鲁·古迪主编（牛津：布莱克韦尔，1997 年），第 450 页。

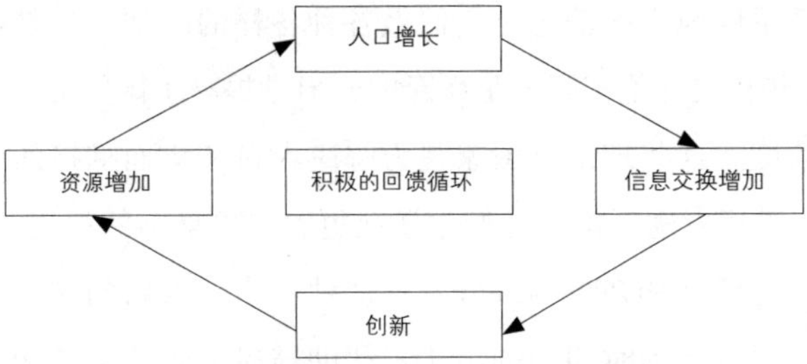

图 9.2 农业和人口的增长：积极的回馈环

集约化的技术而产生新能源（此为本章前半部分主题）。构筑能够管理这些巨大的源源不断的能源流的社会结构是一项复杂的工作，最终产生了我们称之为国家的协调机制（这是本章后半部分的主题）。

向新的复杂结构层的转型经常有赖于积极的回馈机制——一种变
253 迁激发另外一种变迁，再激发第三种变迁，反过来又增强了第一种变迁，如此循环往复。这种因果链在转入更大、更复杂的社会结构过程中起到了重要作用。它将人口、集体知识以及技术创新（参见图 9.2）联结起来。人类共同体的规模和密度逐渐增加，信息和商品交换网络的规模和多样性也随之增加，由此刺激了集体知识的发展。在这些大型网络中可能发生学术上的共同作用，激发新的更为集约化的技术，从而能够养活更大的共同体。[1]这个回馈之环加快了创新和增长的速度，这便解释了为什么农业的出现可以视为人类历史上一次重大转变。以现代标准看，变迁的速度是缓慢的，但是以旧石器时代的标准看则是迅速的——与非人类世界的遗传变化相比更是突飞猛进了。

在农业出现以后的数千年里，在非洲-欧亚大陆和美洲两个世界区发明了若干种新技术，其累积性后果提高了动物驯养的技术。在这里

[1] 约翰逊和厄尔稍微简单地给回馈之环下了一个定义："我们将人口和技术之间的回馈过程视为进化过程的发动机"（《人类社会的进化》，第 14 页）。罗伯特·赖特在《非零：人类命运的逻辑》（纽约：兰登书屋，2000 年），第 4 章，尤其是第 5 页，探索了类似的回馈之环。

我将描述三种比较重要的变迁，大致按照集约化强度自小至大加以排列：林农轮作、“次级产品革命”和灌溉。表 9.2 提供我们不同历史时期，不同程度的集约性对于每公顷土地的食物产量，以及人口密度的 254
深层次影响。

表 9.2　不同时期的能量投入和人口密度

	能量投入 （千兆焦耳／公顷）	食物收获 千兆焦耳／公顷）	人口密度 （千兆焦耳／公顷）
采集	0.001	0.003—0.006	0.01—0.9
游牧社会	0.01	0.03—0.05	0.8—2.7
轮作	0.04—1.5	10.0—25	1—60
传统农业	0.5—2	10—35	100—950
现代农业	5—60	29—100	800—2000

资料来源：I. G. 西蒙斯，《简明环境史导论》（牛津：布莱克韦尔，1993 年），第 37 页

林农轮作

林农轮作又称移耕，是一种半游牧的农业形式，至今仍然得到广泛运用（主要在森林地带）。实际上，正是林农轮作使得早期农民从初步耕作的土地迁移到如欧亚大陆北方的森林地带。林农轮作一般要放火清出一片用于耕作的地带，因此它是将旧石器时代的刀耕火种技术运用于农业时代的新技术。[1]它是一种利用储存在树木里的营养的方式。从事林农轮作的农民砍倒树木或者扒掉一圈树皮，开垦出一片林地，然后他们就烧掉砍倒的树木，在极其肥沃的灰烬中剩下的残枝间种上农作物。在欧洲，新时代早期的耕作者用石斧在林区开辟出空旷地带种植谷物。[2]在新开出的空地里，农作物不仅从砍倒树木的灰烬中得到

[1]　尼尔·罗伯茨：《全新世环境史》第 2 版，（牛津：布莱克韦尔，1998 年），第 112 页。
[2]　安德鲁·古迪：《人类对自然环境的影响》，第 5 版（牛津：布莱克韦尔，2000 年），第 82 页；古迪指出现代在丹麦的实验中使用了一把 4000 年历史的燧石斧头，成功地砍倒了 100 棵树木。

营养，而且不必与其他植物竞争，因此生长繁茂。但是经过三四年后，土地的肥力就耗尽了，必须迁移。在人口较少的地方，整个共同体可以 20—50 年的周期迁移，这样就有足够时间使得每一块土地都能够有所产出。但是随着人口增加，整个周期不可避免会缩短，而空地也变得越来越固定了，这个过程最终形成现代世界所熟悉的无森林的农业景观。通过这种方法，林农轮作最终导致大量森林遭到砍伐。总之，自全新世早期以来，森林就减少了 20%，从大约 50 亿公顷减少到 40
255 亿公顷。不久以前，温带地区的森林减少比热带地区更为严重，前者为 32—35%，而后者为 4—6%，但是今天，热带地区的森林砍伐的速度最快。[1]

“次级产品革命”

在所有的世界区都不同程度地存在着林农轮作。但是集约化的第二种重要方式仅存于非洲-欧亚区，因为它主要依赖利用新的家畜饲养的方式——美洲和澳洲大型动物的消亡使得这些地区几乎不可能形成任何形式的家畜饲养。

随着农民进入东欧和中欧的温带地区，他们不得不使自己的耕作方法适应于更为寒冷和潮湿的气候。安德鲁·谢拉特论证到，在大约公元前 5000—前 3000 年，在耕作方法上出现了若干重大变迁，有助于解决这些难题。[2] 他将这些变迁联系在一起，贴上一个标签“次级产品革命”。新技术创造了一种与家畜的共生现象，由此使得人类能够更加有效地利用他们的家畜。

在早期农业时代，驯化的动物主要当作储藏食物和兽皮来源。虽

[1]　古迪：《人类的影响》，第 52 页。

[2]　安德鲁·谢拉特，《犁铧和游牧：次级产品革命各个方面》，载于《过去的范型：纪念大卫·科拉克文集》，伊安·赫德尔（Ian Hedder）、格林·伊萨克（Glynn Issac）和诺尔曼·哈蒙德（Norman Hammond）主编（剑桥：剑桥大学出版社，1981 年），第 261—305 页；参见他在《东半球对动物的次级开发》（1983 年修订）对该问题的最新论述，载于《史前欧洲的经济和社会：变迁面面观》（普林斯顿：普林斯顿大学出版社，1997 年），第 199—228 页。

然必须养活它们，但对它们只是在宰杀的时候一次性使用。这种低效的利用方式恰好说明，在大多数早期农业时代的共同体里，家畜远不如植物重要。然而，自从大约公元前5000—前4000年以来，部分非洲-欧亚大陆的农业共同体学会了开发家畜的次级产品——特别是它们的乳和毛——因此在这些家畜还活着的时候就充分地利用它们。农民还学会将家畜当作一种新的能源，尤其是它们的牵引力。大型动物如马、骆驼或水牛很快成为唾手可得的最强大的机械能源。这是一种革命性的变迁，其重要性也许可以和最近矿物燃料的革命相提并论，因为它提供了自从人类有效使用火以来最有意义的一种新的力量。役畜的体力可达 500—700 瓦特，而人类最多只有 75 瓦特。[1] 牛或马的牵引力可用于运载人、拖车和耕地。

马耕或牛耕十分重要，因为比挖掘用的棍棒能够更有效地翻地，它们能够翻松更加坚硬的土壤。广泛使用家畜还增加了使用粪便增肥土壤的数量。更有效地利用家畜提高了农民的生产能力，而增加使用 256
粪肥和犁铧耕地则使耕作面积更小、产量更高。由此，新技术使得农业传播到如北欧等难以耕种的黏土地区。

这些变迁还使得人们有可能首次定居在干涸的草原地区，因为它们使得某些群体能够完全靠畜产品养活自己。这些次级产品革命将青草转变为人类可资利用的能源，而将食草动物转化为有效的机械，就像以后工业革命找到新的方法向煤炭索取能源一样。游牧民族利用这些新技术定居在非洲和欧亚草原上原本干涸、不宜耕种的广袤地区。由于最有效地利用干涸的草原地区的办法就是在大片地区放牧牲畜，牧民们就不得不采取游牧或者半游牧的生活方式。我们经常将畜牧文化想象为本质上是游牧的，不过事实上未必如此。早期的畜牧文化可能于大约公元前 4000 年出现在今俄罗斯南方大草原和哈萨克斯坦西

[1] I. G. 西蒙斯：《地球外貌的变化：文化、环境和——历史》，第2版（牛津：布莱克韦尔，1998年），尤其是第 4 章和克里斯蒂安，《丝绸之路还是草原之路？世界史上的丝绸之路》，载于《世界史杂志》第 11 期，第 1 号（2000 年春）：第 1—26 页。

部，但是以后数千年的畜牧文化直到公元前1000年发明并改进马鞍之后，方才真正形成完全逐水草而居的马背畜牧文化。游牧文化在西南亚和东非也有所发展。

次级产品革命是一种扩张方式，因为它使得人类共同体能够定居在以前根本无法定居的地方。但是也是一种集约化的形式，因为它使得人们能够更为密集地居住在一起，因为使用畜力牵引，改善了欧亚大陆的运输网络。从长远看，这个革命使得非洲-欧亚区的交通、商业以及战争发生转型，使之能够更加容易、更加迅速地长途运输商品和士兵，不管是在牛车、马车（大约自公元前2000年起）里还是在马背上。在欧亚地区，畜牧者将中国、印度和美索不达米亚的农耕文明连接成为一个完整的、横跨欧亚的交换体系。这也使得整个地区分享了技术、宗教，甚至疾病。总之，次级产品革命的技术确保了非洲-欧亚区成为地球上最大的分享知识的地区。[1]

我们已经论证过次级产品革命，尤其是犁铧技术的发展在可能在更具等级制的性别关系的演化中起了至关重要的作用。在园艺社会里，
257 正如我们所见，妇女一般从事大多数农业劳动。不过在使用犁铧的农业社会里，农业劳动一般是由男子承担。人们还主张，男性“代替”妇女务农是迈出了性别不平等的重要一步。玛格丽特·埃亨贝格认为，“人类学业已证明，在当今社会里……在耕作农业和父系血统之间存在着相互关联，就像非耕作农业与妇女的广泛参与因而其社会地位较高之间存在同样的相互关联一样。”[2] 不过此说也引起了一些争论。首先，在耕作农业社会里，即使男子花费较多时间务农，妇女一如既往地在生产和再生产中发挥举足轻重的作用。此外，许多共同体从未发生过

[1] 参见大卫·克里斯蒂安：《俄罗斯、中亚和蒙古史》，第一卷：《从史前到蒙古帝国的内陆欧亚史》（牛津：布莱克韦尔，1998年），尤其第4章，和克里斯蒂安，《丝绸之路还是草原之路？》，载于《世界史杂志》第11期，第1号（2000年春）：第1—26页。

[2] 玛格丽特·埃亨贝格：《史前妇女》（诺尔曼：俄克拉荷马大学出版社，1989年），第99页；参见第99—107页，概括讨论了次级产品革命与父系社会之间的关联。亦可参见伊丽莎白·维兰德·巴伯：《妇女劳动：最早的20 000年——远古时代的妇女、衣物和社会》（纽约：W. W. 诺顿，1994年），第97—98页。

次级产品革命的转型。因此我们不可将父系制度与任何一种生活方式或者技术过分紧密地联系在一起。我将在后文论证，制度化的父系关系大致与制度化的等级关系一同产生；它是随着奴隶制度、阶级、纳贡、种姓和国家而一步一步（或者跨越性）地产生的。

灌溉

就像林农轮作一样，某种类型的灌溉在各世界区都存在着，不过
对非洲-欧亚区的影响最大，对美洲的影响略小。在许多温带地区，有
足够的阳光进行光合作用，但是植物生长由于缺乏雨水而受到限制。
灌溉就是利用河流或者沼泽地的水种植农作物的方法，这是最重要的
农业集约化的手段之一，至今仍然不可或缺，不管在美国中西部地区
的乡村花园还是在大型的谷物工厂里都是如此。早期的灌溉方式十分
简单，无非就是开挖一条小渠，将水引入农田而已。在水流充沛的地
方，如美索不达米亚南部的幼发拉底河三角洲，只是让诸多汇入幼发
拉底河的小河绕道而已。由于运用了这些技术，农民们就能够在两条
大河幼发拉底河和底格里斯河形成的肥沃冲积土壤中获得收益。于是，
随着农业共同体的增长以及新的组织形式的出现，灌溉工程也变得更
加精致了；动用数千人力建造大型的、计划周密的水渠网络。在拥有
肥沃土壤的地区，如美索不达米亚平原或者中国的黄河流域，灌溉极 258
大地提高了生产能力，因此灌溉是一切技术创新中最具有革命性的。

灌溉在其他许多地区也有运用。在巴布亚新几内亚，有证据表明，早在 9000 年之前就有灌溉技术。在华南和东南亚部分地区，水稻种植者发明了许多梯田和灌溉技术以提高他们的主要农产品的产量。在中美洲也是如此，成熟的灌溉技术在农业时代得到了进一步完善。在公元前第一个千年，玛雅人利用城市垃圾吸干、填埋沼泽，以便形成高产的、易于耕作的土壤以养活迅速增长的人口。改良的玉米品种也提高了中美洲的粮食产量。尽管如此，并没有激发出次级产品革命，因为没有合适的大型家畜。这对于美洲农业影响深远，也许可以解释为

什么美洲和非洲–欧亚大陆走上了各不相同的历史轨迹。[1]

其他创新

在农业地区还出现了许多其他创新——仅以某些领域为例，如纺织品生产、制陶、建筑和冶金。最早的陶器可能出现在日本的绳纹文化，其年代可以追溯到全新世初期。在美索不达米亚，最早使用陶器的证据来自大约公元前6500年。它用于盛水、烹调以及储存食品。早在公元前3000年，中南美洲就使用陶器。在非洲–欧亚和美洲世界区，陶器制作方法是那些用泥土建造房屋，在炉膛里面或者火上烧煮食物的人们自然开发的。在早期农业时代，世界许多地区就已经冶炼软金属，如黄金、白银和黄铜等，但是主要用于装饰。最早的金属加工工艺的证据出现在大约公元前5500年的美索不达米亚；同样的金属加工工艺以后在美洲地区也出现了。但是可以用于兵器或者工具的硬金属的加工工艺则开发更晚，因为它们的制作工艺要求更高的温度和更有效率的冶炼炉。硬金属用合金制作，如青铜（铜锡合金，有时也是铜砷合金）或铁（如果与碳混合将是最坚硬的金属）。它们仅在非洲–欧亚大陆才有制造。令人惊奇的是此项创新竟不见于其他地方，因为硬金属制作所需工艺与烧制陶器相仿。最早的青铜制作出现在公元前第四个千年的苏美尔，到公元前2000年中国也有了青铜制作。硬金属最早在公元前第二个千年的高加索生产，在公元前第一个千年就传遍了
259 整个非洲–欧亚地区，因此，公元前第一个千年经常被称为铁器时代。钢最早也许于罗马帝国生产。

人口增长

越来越多的农业技术提高了产量，刺激了人口增长。但是人口增

[1] 家畜极为丰富的非洲–欧亚大陆与家畜稀少的美洲之间的鲜明差别的重要意义，在贾雷德·戴蒙德：《枪炮、病菌与钢铁：人类社会的命运》（伦敦：葡萄园，1998年）做了充分探讨，尤其可以参见第18章。

长本身也是集约化的一种形式，因为在前矿物燃料时代人类社会的能源大多来自人类和动物的肌肉力量。凡是在社会结构足以有效地控制和协调大量人口和牲畜行为的地方，人口越多、牛越多便意味着越高的生产能力。[1]

对于在新月沃地发生的这些过程，人们研究得最为透彻，乡村共同体的长期传播可以归因为人口增长。在大约公元前 5000 年，新月沃地的乡村沿着美索不达米亚平原的大河向南传播到平坦的沙漠和灌木地区。在这些干涸的平原上，农夫不得不借助简单灌溉方法更多地利用河水。他们也食用大河出产的鱼类。随着农业共同体的增加、传播、技术改良以及生产能力的提高，它们生产的资源和它们所养活的人口都有所增加。正如我们所见，世界人口在距今 10000 年—5000 年之间，由 600 万增加到了 5000 万。

从最大范围看，积累的趋势是非常明显的。但是记住这一点十分重要，从数十年或者数百年的范围看，积累的过程是混沌的、不稳定的。人口密度在某个地区也许会增加，然后因为气候变化、土地过度开发或者其他原因而降低。正如罗伯特 · 温克（Robert J. Wenke）所言：“早期复杂结构的整个历史，事实上，似乎是一个混乱的‘繁荣或破败’循环，只能从极其长远的整体趋势上才能看出某种复杂性。”[2]

等级制度：财产和权力不平等的出现

更多的提高生产能力的技术，以及更大、更密集的共同体为国家的出现创造了前提条件。

[1] 约翰 · 麦克尼尔指出，甚至最晚在大约公元 1700 年，大约 70%的能源产生于人力［约翰 · R. 麦克尼尔：《太阳底下的新鲜事》（纽约：W. W. 诺顿，2000 年），第 11 页］。

[2] 罗伯特 ·J. 温克：《史前史的范型：人类的前 3000 年》，第 3 版（纽约：牛津大学出版社，1990 年），第 336 页。

不平等出现的证据

随着资源的增加，人类社会不得不首次面对处理剩余产品的任务，剩余产品的控制和分配提出了全新的问题。而且其分配很快就变得不
260 平衡了，由此出现了权力和财富的梯度。剩余产品开始供应享有特权的专业人士（主要是男性）：工匠、商人、武士、祭司、文书以及统治者。

值得注意的是，这些梯度的等级制度是多么地具有讽刺意味。因为与农业革命有关的生产能力的提高，原则上提高了全体社会成员的平均生活标准。而现实却有所不同。水在积累的时候倾向于持平，但是与水不同，在复杂社会里的物质财富却倾向于自我堆积成一个巨大的金字塔形状。本章的一个主要任务就是要就复杂社会的这一奇特然而根本性的特征做出一些解释。但是基本原理是可以直言不讳的。随着人口密集程度的增加，人类就像白蚁一样，发现自己需要组织和协调行动的方式。但是这就意味着要将权力让与组织者，而组织者就利用这个权力为自己获取与他们控制的共同体一样多（有时甚至更多）的利益。一切关于国家形成的自上而下理论都预言了这种不平等的产生。

考古学家有许多办法考证不平等的起源。甚至在最成熟的早期农业时代的共同体里——例如在小亚细亚的加泰土丘，其鼎盛期在大约公元前 6250—公元前 5400 年，黑曜岩贸易横跨许多地区，人口达到 4000—6000 人——在财富方面没有发现存在重大差别。然而，人们的丧葬方式有了细微差别，考古学家认为这种差别是人口密集增加的最初反应：有等级差别的氏族的出现。随着共同体规模的增加，亲属思想和基于此种思想的社会机制达到极限。再也不可能想象由 4000 人组成的共同体是一个家庭。但是也可以通过假设共同体的所有成员都是来自一个共同祖先，以便维持某种松散的亲属意识（这个祖先是神话的还是真有其人并不重要）。一旦发生这样的情况，支配着不同世系的亲属符号逻辑就会将各世系的后代追溯到这个祖先的不同子孙那里，有的世系是长子传下来的，有的是幼子传下来的。通过这种方式，整

个世系可以被设想为老大的世系和老二的世系，就像一个家庭里的成员可以根据长幼排序一样。世系的长幼自然来自亲属的意识形态，因为甚至在最平等的亲属排序的共同体里，人们也是经常根据家庭里的年齿和长幼排序。因此，亲属思想自然预先迫使人们接受年长的氏族里年长的成员的权威。

考古学家认识到，家庭的规模有大有小，拥有的物品多寡不均，这也是不平等的表现。特别物品或者不同类型的衣服暗示着主人有较高的地位。幸福与营养的状况也透露给我们关于等级制度的信息，因 261
为精英群体总是比被他们统治的人生活的要好。因此生物考古学家经常发现，在不同社会群体中不同社会地位成员之间存在差异。正如约翰·哥斯沃思（John Goatsworth）所写的那样：“在古代美索不达米亚人中，贵族统治精英以及武士控制食物，尤其是稀缺的蛋白质……在1800年的英格兰……有名号的贵族成年男性比人口平均身高足足高出12.5厘米。”[1]

同样具有启发意义的是纪念性建筑物的出现。有些巨大的建筑结构，例如巨石阵显然具有实用的功能。它们可能被用作仪式中心，也许是天文观测台。其他建筑，如美索不达米亚和埃及或者中美洲的塔庙和金字塔，则经常举行葬礼，或者也许还是王宫或者神庙，所有这些都表明存在着社会地位较高的个体。这些建筑结构既出现在那些日后形成国家的社会里面，也出现在许多没有发展成国家结构的社会里面。最引人注目的无疑是埃及的金字塔，最早的金字塔建于公元前第三个千年中期。这些建筑的出现表明，随着人类共同体变得更庞大、更复杂，宗教思想也随之发生了变迁。正是随着人类出现尊卑有序的等级制度，精英神灵也开始出现，他们要求给予适当的尊敬。正如社会学家爱弥尔·涂尔干最早提出的，这是因为我们思考宇宙运行的方式反映了我们自己社会运行的方式。对于这些令人敬畏的遥远的神灵

---

[1]　约翰·哥斯沃思，《幸福》，载于《美国历史评论》，第101卷，第1号（1996年2月），第6—7页。

表示尊敬的最佳办法就是为他们建造特别的住所，这些建筑比普通建筑更接近天空，人们在这些建筑里向诸神贡献祭品和赠礼，表示敬畏。凡是纪念性建筑出现的地方，我们都能够确定那里一定存在强有力的领袖和管理者，因为必须有人协调数百乃至上千劳动力的工作。通过这种办法，世俗的和宗教的权力经常结合在一起。领导者希望通过建造这些建筑增强其敬畏感——敬畏诸神的权力，也敬畏直接与强大的诸神以及监管诸神住所的建造的祭司和统治者的崇高。纪念性建筑既是权力的象征，也是权力的工具。

在美索不达米亚，最早的纪念性建筑也许是埃利都（Eridu）的神庙，时间大约在公元前5000年。公元前第四个千年晚期的塔庙建筑极其宏伟，拾级而上，动用了无数劳动力，处处透露出建筑上的精雕细
262 琢。它们为宗教和政治仪式提供了令人敬畏的舞台。在中美洲，最早的金字塔建于公元前第二个千年的奥尔梅克时代。早在公元前2000年，巨冢出现在甚至人口不那么密集的地区，包括欧亚草原，那里只有为数不多的城镇，大多数人是流动的畜牧民。在图瓦（Tuva）的阿尔赞（Arzhan），巨冢可以追溯到公元前8世纪，表明强大的草原领袖能够动用多少财富和人力，这些资源经常都是从相邻的定居共同体那里掠夺来的。阿尔赞坟墓包含有70座墓室，就像车轮的辐辏一样排列；在边长120米的土丘下面埋葬着120匹配鞍的马。[1]正中央埋葬着一名男子或者女子，身穿裘皮，精心修饰。显然他们曾经统治着一个庞大而又强大的部落联盟，因为依附的王公贵族都埋葬在其南面、西面和北面，有的也许作为葬礼的一部分被献为祭品。规模惊人的纪念性建筑还出现在最遥远的农耕文明时代最遥远的共同体——拉帕努伊岛（复活节岛）。在那里，人口不过数千，但是当地首领却竞相建造巨大的雕像。

在人口密集居住的地区，新的共同体开始设置自己的网络，这个网络的结构与土地的自然特征的相关性，与其他居住人群的存在和分

---

[1]　克里斯蒂安：《俄罗斯、中亚和蒙古史》，1：129—31。

布相比更少一些。这和我们今天在居住密集的地区一样。小村庄倾向于大致均匀地分布在大型村庄周围，这些大型村庄则充当了地方交换网络的引力中心。以这种方式出现了等级制的网络，小村庄围绕大村庄，大村庄群落则围绕城镇，而城镇群围绕大城市。甚至较小的城镇经常包含有某些村庄所不具备的机构，如神庙、仓库，也许还是祭司或首领的宅第。在美索不达米亚，有明确的证据表明，在公元前第五个千年的埃利都出现了两个阶层的制度。大型城镇经常达到 1000—3000 人左右，许多城镇拥有各种类型的仪式场所，以及与众不同的仓储区，因此它们具有市场和宗教中心的作用。

甚至更为惊人的不平等的证据在于大规模的冲突和战争。在这里最重要的标志乃是堡垒和随葬兵器的墓地。乌克兰的特里波叶（Tripoplye）文化，最初是早期农业时代典型的人人平等的地区，大约在公元前 4000 年以后，村庄向外扩张，经常选址于易守难攻的地方。在欧亚草原，战争反映了定居的农业共同体与形成中的游牧的畜牧民族的冲突。自公元前第三个千年以来，富有的畜牧文化的随葬品证明，到了这个时期，畜牧民族有时候比那些武器装备略逊一筹的农民公共体还要富裕一些。 263

处在等级制度最底层的乃是奴隶和其他属民。这些男男女女们被他们的主人当作能源库、活的电池和人畜。用机械学术语说，人是将食物转变为能量的高效转换器，因此奴隶经常比家畜更值钱，如果能够负担得起的话。[1] 人类作为一种重要的能源，有助于说明为什么强制劳工在前现代时期普遍存在，就像矿物燃料的存在有助于说明为什么如今奴隶会大规模消失一样。强制劳工和奴隶在农耕文明有多种形式，奴隶或者属民有时也会提高地位，拥有权力和财富。但是大多数被其主人用于储备能量：劳动力就像如今石油一样是一种重要的能源，

[1] 人类可以将大约 18% 的食物转化为能量，而马只有 10%；因此，在奴隶主看来，奴隶是储备能量的绝好手段（约翰 · R. 麦克尼尔：《太阳底下的新鲜事》，第 11—12 页）。

掌握能源意味着掌握人民。为了容易地控制奴隶，奴隶一生下来就与家庭分开。许多奴隶就像家畜一样，人为地使其保持在一种幼稚的依赖状态，以至于就像做了心理的割断手术一样——他们就像孩子一样，孤立无援，易于控制。动物和人类只要使之在经济和心理上依赖他们的主人，就十分容易控制了。

随着等级制度的出现改变了男女的社会角色的定义，等级制度按照性别，以及阶级和职业而确立尊卑。在大多数情况下，男性精英处在占统治地位的等级制度的顶部。为什么等级制度通常就意味着父权制？最简单的假设是，那是因为在人类社会的细胞家庭里面，男性不如女性那样至关重要，这也许可以提供最好的解释。新形式的权力作为劳动分工的一部分而出现在家庭层次以上。权力的代理人乃是在权力、管理、信息收集、战争或者宗教方面的专家。但是那些在家庭（社会最基本的角色）中扮演最不重要的角色的人比较容易充当这些专家的角色。[1] 在没有节育措施、实施人工喂养的社会里，扮演这些角色的当然就只有男性（或者贵族妇女，她们的某些职责可以由其他妇女完成）了。因此，在许多社会里，纺纱织布被视为妇女的工作，不论其产品是供家庭消费还是到市场销售，但是纺纱织布的专家或者全职的纺
264 织工人却很可能是男性。随着劳动分工的越发细致，专业角色，不论在战争、宗教行为或者政府里，一般（并非总是）对男性而不是女性开放，因为男性通常发现自己更容易在地方交换网络里找到自己的位置。而通过这种方式在许多大型农业共同体里就出现了经常由妇女主宰的家庭世界，以及经常由男性主宰的公共领域。

父权制是财富和权力的梯度在性别关系中的一种表现方式，因为许多这些专业化的角色使得男性获得了新型的财富和权力。逐渐增长的权力反过来让男性精英对于性别角色的公共规定施加更大的影响。

[1]　巴伯：《妇女劳动：最早的 20 000 年》第 29—33 页，提出了一个观点，在农业社会里，妇女的角色主要受到了养儿育女需要的限制。

有文字记载的历史首先出现在公共领域，主要是由男子撰写的，这些事实有助于解释为什么许多现代历史作品所依赖的文字作品主要集中在公共领域和男性的活动。而且很有可能男性撰写的作品也使得父权制看上去比它本身要简单得多，在现代学者面前掩盖了所有家庭中进行的各种复杂的幕后协商，掩盖了男性和女性试图回避或者淡化令人压抑的社会习俗的各种方式。

权力和控制的新形势：基于准许的权力

我们如何解释在大型农业共同体里财富和权力的梯度逐渐加剧呢？人类学家已经证明，在小型游牧共同体里，人们一般都会抵制任何个体试图独自掌握凌驾于共同体之上的权力。父权制是如何不顾这种抵制而兴起的呢？

对村社共同体的现代研究以及考古学证据均提示我们，特定的全体或者个体是通过哪些步骤开始控制他人的劳动和资源的。在许多人类共同体里，权力和资源均自愿屈服于受人信任的领袖。我们可以称此为基于准许的权力，或者自下而上的权力。然而，在大型共同体里，领袖们能够使这些不断增加的资源置于他们的控制之下，从而创造出新的权力形式来强制至少一些被他们所统治的人。这是一种强制性的权力，或者自上而下的权力。[1] 两者的区别对应于本章先前所描述的国家形成的自上而下的以及自下而上的理论。实际上，所有国家都依赖于这两种类型的权力，这两种权力也是相互交织在一起的。尽管如此，从基于准许的权力过渡到基于强制的权力，还是有一个清晰的历史的和逻辑的发展过程的。[2]

在没有国家机构的情况下，每一个人都可以诉诸暴力，因此此种

[1] 迈克尔·曼也描述了“分配性”的权力（A 统治 B 的权力）以及“集体性的”权力（基于合作的权力）之间的类似差别；分配性的权力倾向于强制和非法，而集体性的则倾向于自愿和合法，但是实际上这两种权力是重叠的，相互关系也是辩证的。参见曼：《社会权力的源泉》第 1 卷，《自发端到公元 1760 年的权力的历史》（剑桥：剑桥大学出版社，1986 年）。

[2] 曼也提出了相似的观点，只是用语略有不同，“集体权力先于分配权力”（《社会权力的起源》，第 1 卷，第 53 页）。

265 暴力并非控制民众或者资源的可靠方式。但是为什么农村共同体愿意将某些对他们资源和劳力的控制让与受到信任的领袖，还存在许多其他理由。而其中的逻辑与白蚁群的逻辑是一样的。随着共同体的增长，新问题出现了，必须找到集体性的解决方法。农业的、经济的以及宗教的活动必须更加认真地加以协调；内部纷争必须予以制止；与相邻共同体的冲突必须得到调停。有效地处置这些问题经常是生死攸关的，因为一旦失败就意味着饥荒、疾病和战败。但是它们又不能分别通过每一个家庭而得到解决，因此在代表性的权威那里，各个家庭都有自身的利益。总之，共同体中的大多数人可能愿意参与构筑一道简易的公共堤坝，将剩余资源集中在部落或者宗教领袖掌管的水库里。我们可以恰当地将这些早期的权力机构设想为类似最早的灌溉渠道。正如我们所看到的，它们结构简单，由渠道和小型堤坝组成，多少是由整个共同体自愿的合作前提下修造并且得到维持的。

一旦决定寻找一个代表性权威，那就需要选出一个好的领袖。若干因素可能决定如何选择领袖，以及赋予他们何种权力。许多领袖的角色需要从事专门的工作，掌握各种技巧。这说明为什么男性比妇女更多地承担领袖的职责，因为男性在家庭未必不可或缺，而且他有更多机会从事专门的工作。凡是存在长幼尊卑的地方，大族中的长辈可能被选为代表或者管理者，除非他们明显地表现出无能。在内部冲突中，与诸神亲近的、深谙外交手段的或者智慧出众的个人很有可能当选为领袖；在与相邻共同体发生冲突时，则是那些懂得兵法的人可能当选。当危机需要诸神帮助的时候，那些公认为有权利接近神的人，如萨满和祭司，很可能成为领袖。宗教领袖运用这种权威经常得以掌控献为祭品的或者赠与诸神礼物的重要资源。

不过，有时权威获得了认可，是为了回报过去他给与人们的好处，这是对基本的互惠性规则的修正。这就解释了一种在现代人看来有一些古怪的风俗：“大人”（big man）。这一称号真可谓名副其实，因为这个角色是非常专门化的，似乎主要由男性承担。在这一时期的许多共同体中，都出现过某种形式的大人，可能早在史前共同体中就已经存在了。20 世纪初生于波兰的英国人类学家布罗尼斯劳·马林诺斯基在美拉尼西亚对此做过经典性研究。在布干维尔（Bougainville），大人称为姆米（mumi）。姆米非常努力地准备食物，举办一场盛宴。他会骚扰他的亲戚，并且自己辛勤劳作，以生产那些使他获得声望的额外食物，如薯蓣科块茎和猪。一旦他积累了足够的食物，就举办一场盛宴，散尽所有的食物。马文·哈里斯对布干维尔的大人做过研究，他描绘了这场盛宴的情形：“在 1939 年 1 月 10 日举办了一场盛大的宴 266
会，有 1100 人赴宴，做东的姆米名叫苏尼，他分掉了 32 头猪，外加大量的西米仁布丁。然而苏尼和他最亲密的随行者一直饿着肚子。‘我们就要吃掉苏尼的名声了，’这些随行者说。”[1] 从商业角度看，这些行为毫无意义。但是从社会的角度看，却意义重大，因为赠礼创造了义务。在亲属社会里，赠礼相当于商业社会里的投资：出让资源，期待（然而未必如愿以偿地）将来得到更大回报。虽然主办这类盛宴可能会让姆米倾家荡产，但是也赋予他权力，命令那些使之就此承担义务的人为他服务。

人类学家在许多社会里都已经观察到了这些“盛宴”和“散财”之举。最著名的事例是美洲西北太平洋沿岸的印第安共同体，如扣夸特尔人（Kwakiutl）中的冬令筵宴。扣夸特尔人首领积攒了许多毛毯和其他物品，在筵宴聚会期间全部分掉。有时，为首领提供的服务可直接转化为更重要的权力形式，例如，如果他要求那些承担义务的人参与劫掠相邻共同体。而这次劫掠又会得到许多物品进行一次新的分配。

人类学家甚至还认识到，原始社会中存在一种更为重要的权力形式——酋长制。酋长制的定义有时未免随意，谁也没有捕捉到现实世界的细微区别，但是人类学家一般用这个术语来描述握有实权的贵族世系，他们所拥有的权威，遍及许多生活在大约数以千计的较小的村

[1]　哈里斯，《原始国家的起源》，第 106 页。

庄、群体以及氏族。他们的权威一般是基于他们在一个尊卑长幼的世系体系所处的地位，这一地位使得他们能够动用大量资源。根据马林诺斯基的研究，特罗布里恩德岛的酋长统治着许多不同的村庄以及数以千计的臣民。他们经常掠夺其他岛屿，臣民们对酋长唯命是从。马林诺斯基曾亲眼目睹，在酋长现身的时候，整个村子的村民突然俯伏在地，就像“被台风刮倒了似的”。[1]各村庄把薯蓣科块茎送给酋长以完成其亲属义务。通过这种方式，酋长借助亲属的统治，最终控制了比其他任何人都要多的资源。这些薯蓣科块茎通常会在缔结新的合约的盛宴上重新分掉，或用于支付专职人员的费用，例如武士和造独木
267 舟的工匠。酋长制还不是国家，因为它们容易分裂为不同的部落或氏族。尽管如此，酋长手中集中的资源赋予了他们无限的权力，有时酋长能够运用这种权力强制个人或团体不情愿地接受他的权威。

这种类型的权威仍然是有限的、危险的。统治者必须达到他们置身其中的长幼尊卑的亲属制度提出的各种要求，因为在很大程度上，他们也是他们所统治的这些人的公仆。如果不能履行作为领袖的义务，他们很快就会失去影响力，他们的追随者也会四分五裂。人类学家称这类结构为分散性的，因为它们容易分崩离析，从其原先团结一致的状态中解体。

虽然存在这些局限性，基于准许的权力可以确保领袖控制基本的物质的和人力的资源；这个特点基于准许的权力构成了大型的、更加具有持久性权力结构的基础。使得这种权力结构有可能向更加持续性的、更加强制性的权力形式过渡的动力因素，在于出现了更大的、更加集中的人口中心——尤其是最早的城市的出现。

最早的城市

城市（在表 9.1 较低的第五层级上）比乡村更大。在最早的城镇和

---

[1]　马林诺斯基语，转引自哈里斯，《原始国家的起源》，第 109 页。

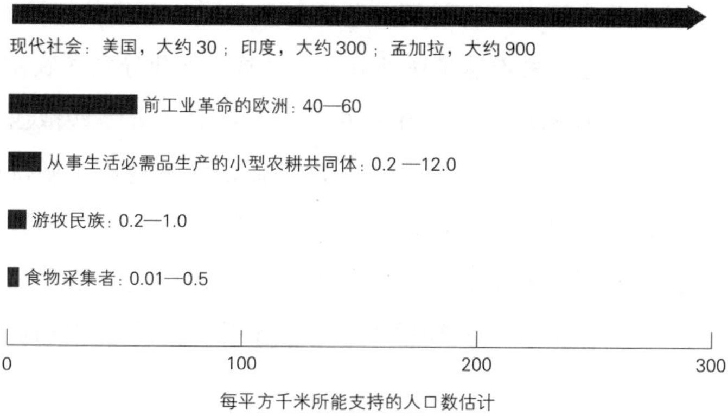

图 9.3　人类历史上的生产能力的诸阶段：不同生活方式的人口密度

数据来自马西莫·利维-巴奇在《简明世界人口史》(牛津：布莱克韦尔，1992 年)第 27 页，卡尔·伊普森(Carl Ipsen)翻译，以及艾伦·W. 约翰逊和蒂莫西·厄尔所著《人类社会的进化：从食物采集到农业国家》(斯坦福：斯坦福大学出版社，2000 年)，第 125 页

城市里，首次出现了完全的人文化环境。在这里，大量人口完全依赖于其他人才能够生存下来，新形式的复杂结构和等级制度出现了。城市存在的基本前提条件在于生产能力达到了新水平，乡村人口不仅能够养活自己，并且有少量不从事农耕的剩余人口(参见图 9.3)。城市的存在是以复杂的劳动分工为前提的，此种分工既有水平的也有垂直的。

最早的城市出现在美索不达米亚。考古学家曾对这个过程详加研究，因此在这里我将描述所发生的一切，然后提出一个问题，这样一个过程究竟具有多大的典型意义。[1] 在底格里斯河和幼发拉底河交汇的三角洲地带，在公元前第四个千年的时候人口迅速增长。增长也许受到了气候变迁的刺激，因为气候在公元前 3500 年左右变得寒冷而且干

[1]　我关于美索不达米亚城市的发展的叙述，主要根据汉斯·约尔格·尼森(Hans Jörg Nissen)：《古代近东早期史》(芝加哥：芝加哥大学出版社，1988 年)，伊丽莎白·鲁采尔(Elizabeth Lutzeier)和肯尼斯·J. 诺斯科特(Northcott)翻译；亦可参见苏珊·波洛克(Susan Pollock)：《古代美索不达米亚：绝非伊甸园》(剑桥：剑桥大学出版社，1999 年)以及 D. T. 波茨(Potts)：《美索不达米亚文明：物质基础》(旖色佳，纽约：康奈尔大学出版社，1997 年)。

燥，正是在此之后，曾经长期是草原和热带稀树草原的撒哈拉变成了干涸的沙漠。在美索不达米亚部分地区，这一变化导致了农耕的退化，但是南方是一片沼泽地区，在一些岛屿上面分布着一些散居的村庄。干燥的气候形成更多适宜定居的土地，而沼泽地变成了肥沃的农田，
268 单凭简单的灌溉技术，就可以一年多收。最重要的农作物是小麦、大麦和枣椰，还有各类蔬菜。家畜甚为重要，大河出产的鱼类也是如此。这里成了“伊甸园”的晚期版本之一，吸引着全新世的食物采集者前来定居。

另外一个有助于解释为什么南部美索不达米亚人口增加的因素是地区交换网络的结构发生变化。安德鲁·谢拉特论证道：

> 在早期乌拜德时期，低地美索不达米亚乃是一片死气沉沉的地方：只是一片烂泥塘。确实有人在那里居住，建造草棚，使用泥刀，但是这里绝非地球上最活跃的地方。究竟发生了什么激动
> 269 人心的事情呢？附近有两个地方：新月沃地的北方穹拱，流通各种宝石、金属和彩陶……波斯湾沿岸地区尚不太出名是因为它许多地方还淹没在河口堆积起来的美索不达米亚烂泥底下，但是波斯湾与今天的海湾国家之间存在着活跃的海上贸易。在这两个地方之间乃是一个弹丸之地——直到这两个地方连接在一起。[1]

谢拉特认为，商人之流沿着大河川流不息，为低地的美索不达米亚提供了机会。随着交换的频繁，原先还是死气沉沉的地方突然之间变成了黑曜岩、金属、陶器以及南方亚热带商品的无远弗届的交换网络的核心地区。在新月沃地和波斯湾两个资源丰富地区之间有了一个

[1]　安德鲁·谢拉特，《激活大叙事：考古学和长远变化》，载于《欧洲考古学杂志》，第3卷，第1号（1995年）：第17页。

“火花隙”。美索不达米亚南方正好处在这个火花隙上位置上。[1] 其增长的人口不完全是当地环境条件，而是延伸到东南亚大部地区的交换网络发生了变化。

也许这两种解释是一回事。土地干涸迫使人口进入更为密集的居住地区，但是创造了一条狭窄的走廊，进行长途交换。这样的情况同样也发生在埃及，随着撒哈拉逐渐干旱，人口和交换变得更为密集，迫使越来越多的人沿着尼罗河居住。[2] 不管何种理由，美索不达米亚南方吸引来了新的定居者，有些人来自那些土地干涸无法耕作的地区。在公元前 3500—公元前 3200 年，以后成为苏美尔的地方成为当时世界上人口最为密集的农业地区。新的定居点很快形成三个或者四个不同阶层的等级分划。在这些等级分划的顶部是一些大型地区中心，包括乌鲁克和尼普尔。

在公元前第四个千年的最后几个世纪里，若干城镇迅速扩展，成为真正的城市——已知最早的城市。早期农业时代的村庄和城镇大多由类似的自给自足的家庭组成，而这些城市有所不同，它们内部有复杂的劳动分工，大多数食物依靠进口。早在公元前第四个千年，乌鲁克就是一个地区中心，也许有 1 万居民，若干座神庙。到公元前 3000 年，它成为一座拥有 5 万人口的城市，修建起了牢固的城墙。用白色泥砖砌成房屋，此类房屋至今仍能看到，狭窄的街道穿行其间。大多数为平房，但是有钱人的房屋经常有两层。在市中心 12 米高的塔庙上面，矗立着“白色神庙”（参见图 9. 4）。

到早期王朝时代（大约公元前 2900—公元前 800 年），在美索不
达米亚南方已经几乎没有小型的居住区了。这个地区几乎全部人口都 270
居住在城市里。人类如此密集的居住方式以前从未有过。显然只有财

[1] 安德鲁·谢拉特，《激活大叙事：考古学和长远变化》，第 19 页：“资源丰富的地区的‘火花隙’的要素对于激发劳动密集型生产而言是必不可少的……在这方面，纺织品是特别有用的，而且总是与城市文化有关系”。这个关于纺织品观点也适用于工业革命。

[2] 克里斯托弗·埃雷特（Christopher Ehret），《苏丹文明》，载于阿达斯主编：《古代和古典历史上的农业和游牧社会》（费城：天普大学出版社，2001 年），第 244—245 页。

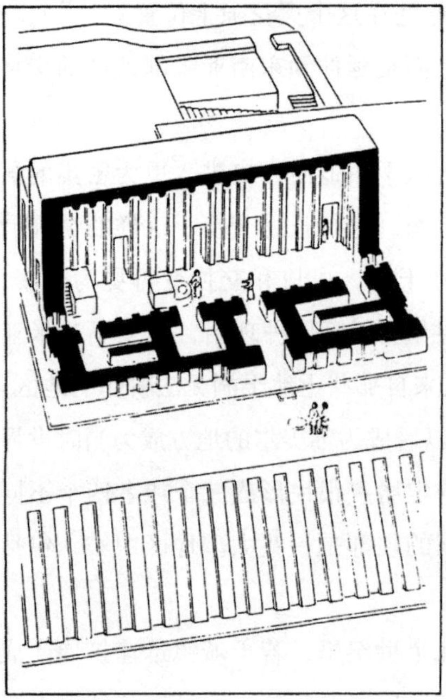

图 9.4 早期纪念性建筑：美索不达米亚南方乌鲁克的“白色神庙”，公元前第四个千年晚期

采自 A. 伯纳德·纳普（Bernard Knapp）所著《古代西亚和埃及的历史和文化》（芝加哥：多耳西，1988 年），第 44 页，转引自海伦·里克洛夫特和理查德·里克洛夫特（Helen and Richard Leacroft），《古代美索不达米亚的建筑》（莱斯特尔：布鲁克汉普顿出版社，1974 年）

富和水土丰沛的三角洲地区才能够养活如此密集的人口。但是为什么有如此之多的村民移居城镇呢？这个地区逐渐扩张的城镇和城市之间战争频仍，村民躲入比较安全的城市避难，白天就到周边的田地里劳作。但是日益严重的干旱也迫使村民移居城镇。

城市就像恒星一样，使周围地区的时空弯曲，吸引着周围村庄和
271 城镇里面的商品、人口和技术。因此它们自动成为交换的重要中心。地区性交换网络需要更为复杂、更为等级化的结构，更多的活动、财富和知识向这些城市汇聚。边远地区日益发现它们的未来是要在这些新的权力和财富的网络里找到一个生态龛。

城市要求产生新的社会组织。汉斯·尼森论证到，随着美索不达米亚南方的逐渐干旱，计划周密、管理认真的灌溉系统对于养活这些

地区的稠密的人口而言是必不可少的。[1] 考古学家已经勾画出尤其处在人口中心的这些密密麻麻的、计划周密的灌溉渠道的体系。对大型灌溉体系的依赖和对保护的需求，迫使农民加强相互之间的合作，加强与城镇的合作，城镇拥有控制和维持他们所依赖的灌溉体系的资源和权力。城镇统治者能够征集劳工挖掘水渠清除淤泥。他们还能够调停在那些依靠大型灌溉体系的共同体之间在用水上不可避免的复杂纠纷。

最早的国家：基于强制的权力

要“解决”这些密集的共同体带来的许多难题，就要建立最早的国家。为什么？我们已经看到，基本的权力结构就像简单堤坝，能够储存少量的剩余资源。然而城市却需要更加强有力的社会堤坝。要管理巨大的财富储备，它们需要像苏美尔城市那样大型的灌溉系统。基于准许的政治实体再也无法处理如此大规模的社会运动了。

为了应对这些变化，城市就变得十分重要了，因为在本质上它就是一个权力的集线器。[2] 一方面，它将原先分散在广大地区以及不同共同体的不同权威和劳动力集中到一个地方；另一方面，这些大型的、密集的共同体的形成需要有新的权力形式，因为随着共同体规模的增长，它们所面临的组织问题更加严重。城市需要特殊的机制以解决争端、组织农民和专业人员交换、修造仓廪以备饥荒、供水排污、构筑堡垒和灌溉水渠、攻城略地和抵御入侵。所幸的是，创造这些需求的经济和人口的发展又将更大的资源置于领袖手中。随着对中央控制的需求的增加，中央权威掌握的资源越来越多。这两个因素共同发生作用，从而解释了为什么随着人口的真正大规模集中居住，或是居住在城市（如美索不达米亚南方）或人口密集的乡村和小城镇（埃及模式）， 272
那里就很有可能出现国家。在人们居住的大多数城市，如美索不达米

[1]　尼森：《古代近东早期史》第 55—61 页，第 67—73 页。

[2]　安东尼·吉登斯：《对历史唯物主义的当代批评》，第 2 版，（巴辛斯托克：麦克米伦，1995 年），第 96 页，在此语境下提到了路易斯·芒福德（Lewis Mumford）的概念，城镇就是权力的容器和集线器。

亚，最早的国家一般为城邦，但是有国界的国家则出现像埃及那样人口不太集中的、资源大范围流通的地方。[1]

国家（表 9.1 第五层级）与部落（第四层级的上半部分）有所不同，主要在于国家有能力系统地、大规模地实行强制。[2] 国家，就像酋长一样，经常主张代表“高级世系”，虽然它与世系的真正关系越来越少。但是，在传统形式的忠诚不再起作用的地方，与酋长不同，国家就会运用它们所掌握的巨大的资源，不惜代价地采取各种强制的手段。

最简单地想象最早的国家形式的方式，就是酋长有足够的资源负担一支军队和一批扈从。马文·哈里斯列举了乌干达本约罗（Bunyoro）族的例子来说明什么是真正的权力，19 世纪的本约罗人受到一个名叫姆卡马（mukama）世袭统治者的统治。[3] 他统治着大约 10 万人，这些人主要靠种植小米和香蕉为生。形式上，姆卡马只不过是一些酋长的头领。就像传统的酋长一样，他被视为一个“大施舍者”以及接受贡赋者。但实际上，他的权力不仅基于亲属的义务，因为他还运用获得的巨大贡赋，组织一支宫廷卫队以及由一批仆役、巫医、乐师等组成的扈从。他携带兵器的侍卫使他能够有权力剥夺个别酋长或者村庄拥有的土地。就像李尔王一样，他带上所有的扈从四处巡游，要求所有酋长和村庄在他们来访的时候款待他们。

这是许多还未进化成为比较科层化的纳税体系的早期国家的模式。这种模式也符合于最早的中国人建立的国家——商。[4] 同样的逻辑在中世纪的罗斯编年史所载的以下文字里也是昭然若揭的。这是关于 10 世纪的弗拉基米尔大公的一段文字：

---

[1] 城邦和有国界的国家之间的区别可以在各种早期国家形成的地区观察得到；布鲁斯·G．特里格尔（Bruce G. Trigger）：《早期文明：古代埃及面面观》（开罗：开罗美国大学出版社，1993 年），第 8—44 页。

[2] 国家未必能够达到合法垄断马克斯·韦伯所言作为国家本质的全部暴力工具，但是这是它的显然所欲达到的目的；吉登斯将国家定义为“一种政治组织（亦即一种能够行使权力的组织），其统治范围是人为划定的，能够动用暴力工具维持统治”（《民族–国家与暴力》，第 20 页）。

[3] 哈里斯，《原始国家的起源》，第 113—115 页。

[4] 芮乐伟·韩森（Valeri Hansen）：《开放的帝国：1600 年前的中国历史》（纽约：W. W. 诺顿，2000 年），第 35 页。

> 有一次……在来宾们酩酊大醉后，（他的扈从）就开始向大公咕哝，抱怨他们受到了不公正的待遇，因为他只准许他们用木勺子而不是银匙吃饭。当弗拉基米尔听到这样的抱怨后，他就下令要为他的扈从打造银匙吃饭，说他用金银换不来一队扈从，但是有了一队扈从就能获得赢取这些财宝的地位，甚至他的祖父和父亲也是靠他的随从寻求财富的。[1]

弗拉基米尔的话只是道出了这一赤裸裸的权力辩证法的一半，实际上，他完全明白，金银必须用来购买能够帮助他取得更多金银的士兵。在拜占庭皇帝康斯坦丁·波尔菲罗根尼图斯（Constantine 273
Porphyrogenitus，公元 913—959 年在位）的作品里，我们找到了一段描写弗拉基米尔的“祖父和父亲”如何在他们的武装扈从或者勇士（’druzhiny）的帮助下获取贡赋的：

> 当十一月到来的时候，他们的首领和全罗斯人迅速离开基辅，开始周游（意思是“绕圈”），也就是到维尔维人（Vervians）、德鲁戈维奇人（Drugovichians）、克里维奇人（Krivichians）和塞维利安人（Sverians）等斯拉夫地区，以及其他向罗斯人纳贡的斯拉夫地区。他们在那里待上整整一个冬天，然后到了四月，第聂伯河解冻时，他们就开始动身回到基辅。[2]

虽然像本约罗的姆卡马和 10 世纪的基辅罗斯那样的国家是由若干个统治者实行统治，他们运用所掌握的资源支付士兵组成的扈从，这些国家显然已经超越了基于准许的权力和系统地依靠强制统治的权力

---

[1] 《俄罗斯大编年史：劳伦提亚本》，塞缪尔·哈萨德·克罗斯（Samuel Hazzard Cross）和奥尔格德·P. 谢波维慈-维佐尔（Olgerd P. Sherbovitz-Wetzor）编译（坎布里奇，麻省：美国中世纪学会，1953 年），第 122 页（公元 994—996 年）。

[2] 康斯坦丁·波尔菲罗根尼图斯：《论帝国的行政》，G . 摩拉维斯科（Moravcsik）编，R. J. H. 杰金斯（Jenkins）翻译，修订本（华盛顿特区：顿巴登橡树拜占庭研究中心，1967 年），1.63。

的区分。尽管如此，它们还是非常的原始，以致许多政治学家根本不愿将它们称为国家，他们更愿意用国家这个术语，称呼统治者创造的特定科层制度和组织化军队的更为精致的社会结构。到这个阶段，这些社会结构开始符合查尔斯·蒂利的国家定义，“在一定的边界范围内，与家庭和亲属团体有所不同、在某些方面对于其他组织发挥显然优势的具有强制作用的组织。这个术语因而包括了城邦、帝国、神权制度以及许许多多的治理形式，但是不包括部落、世系、商号以及教会等。”[1]

但是我们不应过分夸大即使具有大型结构的国家所拥有的权力。虽然它们能够动用暴力，有时还是极端恐怖和惊人的暴力，但是对大多数尤其是居住在乡村地区的人们的日常生活而言，它们的实际控制能力与现代国家相比还是十分微弱的。其中部分原因在于它们掌握的能源十分有限，正如约翰·麦克尼尔所指出的，他们所能控制的能源主要为人力，实际上这就意味着“明朝的皇帝和埃及的法老所能得到的力量还不如现代一个推土机手和坦克手。”[2]部分原因则是前工业化国家的虚弱反映了它们科层化的范围极为有限。事实上，早期国家随时诉诸暴力，在行政事务中广泛动用军队，正好表明其虚弱而不是强
274 大。传统国家往往动用暴力以弥补其行政权力的空虚。[3]安东尼·吉登斯指出，“如果臣民不服从或者反叛，统治者就以刀剑相向，在这层意义上，统治者可以支配其臣民的生命。但是在这个意义上，‘生杀予夺的权力’与控制大量人口日常生活中的生命有所不同，统治者是做不到这一点的。”[4]传统国家甚至连正规军事组织也绝少能够完全控制在自己的手中，也几乎不知道他们的权威何时结束，新的统治者何时掌权。在城市以外，对于地方上处理纳税、诤讼、剿匪问题或者除暴安良的

[1] 查尔斯·蒂利：《强制、资本和欧洲国家，（公元990—1992年）》，修订版（坎布里奇，麻省：布莱克韦尔，1992年），第1—2页。然而我不接受蒂利主张，这些政治实体存在于杰里科或者加泰土丘等早期城市。

[2] 约翰·R.麦克尼尔：《太阳底下的新鲜事》，第12页。

[3] “武力或者威胁使用武力，一般构成传统国家极为重要的基础，因为国家缺少‘直接治理’臣服地区的工具”（吉登斯：《民族-国家与暴力》，第58页）。

[4] 吉登斯：《对历史唯物主义的当代批评》，第104页。

暴力，他们经常束手无策。这些权力乃是由地方精英和亲属集团来行使的。对于大多数个体而言，纠正错误仍然是家庭或者亲属集团的义务，可能还会寻求地方领主或官员的支持。而暴力当然是无所不在的，哪怕在家庭内部也是如此，施暴乃是维护男性和长者的权威。[1]

虽然存在这样那样的局限性，虽然缺少真正的国家对暴力的垄断，早期国家仍然是比酋长制强大得多的社会结构。凡是出现国家的地方，它们都具有相似的特征。这些特征包括专业化和广泛的劳动分工、科层制、会计和文字体系、军队和国家税收制度。

劳动分工　在美索不达米亚南部，公元前第四个千年结束之际，早期农业时代那些自给自足的、相对平等的村庄早已成遥远的往事。至少在长达 2000 年的时间里，农业一直保持很高的生产能力，足以养活非农业人口，如祭司、陶工以及其他专家。全职陶工在公元前第五个千年开始出现印证了分工的逐渐细化。考古发掘出了包括陶轮在内的特殊工具的作坊，证明这一现象的存在。从公元前第四个千年晚期开始，保留了一份记录不同职业的列表，所谓标准职业列表。[2] 其中包括祭司、官吏和许多不同种类的工匠，如银匠、宝石匠、陶工、文士，甚至还有耍蛇人。许多职业似乎还有特殊的行会组织。存在一种复杂的阶级结构，神–国王、贵族、商人、工匠、农民、文士，最后还有奴隶（大多数奴隶都是破产的农民或者游牧民或者战俘）。伦纳德·伍利 275
（Leonard Woolley）在乌尔发掘出土的令人惊讶的坟墓可以追溯到公元前第四个千年，他们宣示着统治者的财富。在墓地里，统治者拥有大量随葬品，显然还有被献祭的人，他们要去服侍死后的统治者。商人乃是城市劳动分工不可或缺的一个组成部分，因为像乌鲁克这样的城市所需要的商品比周围农民所能够提供的还要多。他们还需要宝石、木材和奢侈品，经过航行在底格里斯河与幼发拉底河上的船只，这些

[1] 吉登斯有力地论证了传统国家的虚弱；例如参见：《民族–国家与暴力》，第 57 页，文中他概括了所谓“阶级划分”社会中国家权力的有限性；亦可参见他概括和总结现代法国历史学家论不同层次的乡村暴力的研究（第 60 页）。

[2] 尼森：《古代近东早期史》，第 80 页。

商品得以流通——有的得到统治者的组织，有的则是出自商人所为。处在这个社会群体另一端的乃是贫困阶层的人，奴隶、流浪者、战俘和破产农民。这些团体的存在，从在乌鲁克早期出现了粗制滥造然而批量生产的斜边碗中可以得到证明，这些碗可能是被征募的劳动力吃饭用的。给这种解释提供佐证的还有早期表达吃饭的符号，似乎表现一个人用这些碗将食物倒入这些人的嘴里。[1] 可能正是这些劳工构成的劳动大军修筑堡垒和城墙，保持着灌溉渠道的畅通。

到公元前 3200 年，苏美尔社会就已经达到了一个传统亲属社会所无法想象的规模。社会太大、太复杂，以至于无法将每一个人置于更加精心构造的亲属模式里面。取而代之的是，根据职业、根据出生的城市、根据现代社会学家所称的阶级或种姓所做的新范畴。尽管如此，亲属观念仍然支撑着社会最底层人际关系的基础，因此在早期国家的宗教思想里还保留有亲属观念。统治者经常将自己描绘成为他们臣民的“父母”，而比较重要的神灵，也经常被当成某个特定民族的父亲或者母亲。

科层制、会计和文字　要管理早期国家的巨大资源是一件复杂的行政和会计工作，例如，所有早期国家都要任命掌管所拥有物品清单的官员。需要清点国家储藏的食物和其他资源的大型仓库，这说明为什么在世界不同地区，包括美索不达米亚、埃及、北印度、中国和中美洲，在国家形成的过程中，都分别出现了文字系统。文字最早是作为会计和权力而不是记录说话的方式而出现的。[2]（中国也许有一点儿例外，那里最早的文字似乎与宗教行为而不是会计有关。）[3] 不论文字如何发展，它是一种信息的储存因而也是信息控制的新方式。因为文字使用的不是任意的图像符号，它有可能以口头语言所不具备的精确性储存知识。因此文字固化甚至激活了经验知识，使之避免口传知识所必

---

[1]　尼森：《古代近东早期史》，第 83、84 页（图片）。
[2]　吉登斯强调书写和权力之间的联系，还强调作为信息储藏的书写这个概念。
[3]　韩森：《开放的帝国》，第 17—28 页。

然产生的那种不确定性。但是，它所需要的技巧使之在数千年里一直局
限在精英团体内部，而且局限在那个团体里面的男性。精英和男性因此 276
从这种秘藏信息的能力中获得了最大的利益。将数以百万计的人类积累
起来的知识集中在少数人手里，文字为此提供了一种强有力的手段。

在美索不达米亚南方，早在公元前第八个千年，代表着不同类型商品的陶块就用于表示所有权。到第四个千年，盛行将它们捆绑成一只陶球，又叫布拉依（bullae）。在第四个千年晚期，随着城市的出现，所有者开始使用所谓的圆筒印章，在布拉依上面滚一下，列出商品清单。这样的做法使得布拉依成为多余，很快就用印章在平坦的泥版上面写字了。后来，官吏不再用印章而是芦苇管在泥版上写字。芦苇管用起来就像钢笔一样，在陶版上刻写楔形文字（亦即楔形文字）符号。最初是一种表现对象的简单图画，这些符号很快就变得程式化了（参见图 9.5）。起初，甚至楔形文字也仅仅是罗列清单而已，但是它可以相当有效地成为一种计算方法。乌鲁克保存至今的大多数文字都是收到或者分配的物品清单。

早在公元前 3000 年之前，记录方式变成了一种真正的文字体系，因为用来表示事物和行为的符号慢慢具有了比较抽象的含义描述感情，甚至具有了语法功能或者不同的音节。只有到这个时候文字才超越了会计体系。这些变化的关键乃是画谜原理：就是用现存的符号代表特定的事物，来表达另外一个发音与前一个字相同的字。例如，苏美尔人表示“弓箭”的字发音为 ti。弓箭是很容易画出来的。但是表示比较抽象的思想“生命”的字，发音也是 ti，因此表示弓箭的符号也能够用来表示“生命”。慢慢地符号系统被简化了，在形式上更加接近于现代的中国方块字而不是现代的表音字母。

在埃及，使用象形文字至少始于大约公元前 3100 年前的美尼斯时代。在印度河谷，大约在公元前 2500 年就投入使用了。中国的文字体系至少在公元前 1200 年就已经存在，其所使用的符号至今仍能解读。最早的字母体系在公元前第二个千年的地中海东部的腓尼基发展起来。

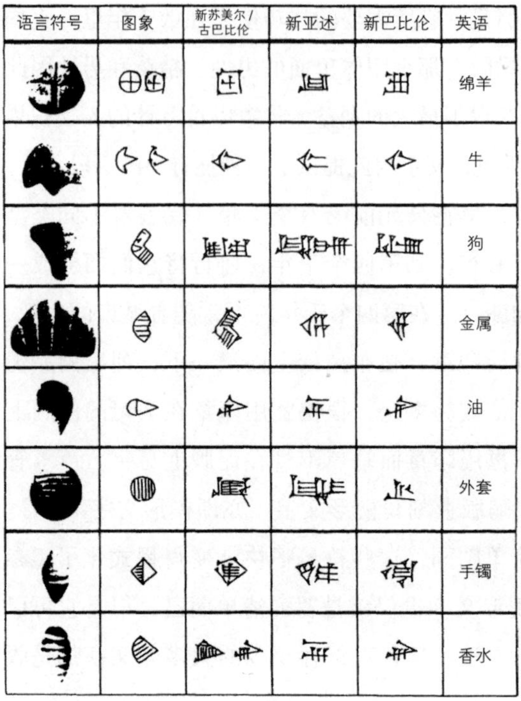

图 9.5 美索不达米亚楔形文字的进化

转引自 A. 伯纳德 · 纳普（Bernard Knapp）所著《古代西亚和埃及的历史和文化》（芝加哥：多耳西，1988 年），第 55 页。美国考古研究所《考古学杂志》惠允刊登

它们假借了埃及的象形文字表示辅音。直到古典希腊时期方才使用元
277 音字母。只有若干字母组成的字母表的创制简化了书写和阅读，第一次使得处在训练有素的、高度专业的文士这个封闭世界以外的人也能够识文断字。虽然有了这种在识文断字方面的民主化，但是它所产生的权力直到最近仍然垄断在精英团体手里。

在中美洲，最早的文字体系出现在大约公元前 600 年的墨西哥南部。最早的文字体系的主要功能是为了保存账单，这一点得到印加王国这一反例的证明，印加王国统治着唯一一个没有文字体系的大型农耕文明，尽管如此，它却有一个庞大的科层制，使用一种基于绳结的会计体系，又称基普（quipu）。不足为奇的是，所有农耕文明都构建了精致的数学和文字体系。它们还发展了另一种主要的工具——历法，任何一个复杂的社会可以利用它来协调数千甚至数百万人的行为，以 278
确保他们及时纳税。早期历法运用了各种早期农业时代社会积累下来的丰富的天文学知识，这在公元前第二个千年偏远的不列颠建造的巨石阵那里就可以看出来。

军队和税收　国家能够实行强制是因为它们能够动员大量的雇佣军或者武装人员。到公元前第四个千年，美索不达米亚南部的大多数定居点都构筑了堡垒，表明战争乃家常便饭。考古的、文字的证据都表明，公元前第三个千年是一个战争频繁的世界。公元前第四个千年河流持续干旱，特别是当时人为使河流改道，导致冲突加剧。大约在早期王朝末期，亦即公元前第三个千年的上半期，幼发拉底河改道从乌鲁克东部流过。乌鲁克由于缺水而迅速衰落，而邻近水渠的乌玛（Umma）和基尔苏［Girsu，拉伽什（Lagash）］却迅速崛起。这些变迁因剧烈的军事冲突所致，因此，出现在公元前第三个千年的最早的文学和编年史主要就是描写这些战争的，也就不足为奇了。

军队使得国家能够调停冲突，更有效地收取税赋。在早期国家里，税赋主要是从农民手中征集食物，用来养活贵族和官吏，或者为贵族房产或者政府工程服徭役的劳动者。[1] 由于具有强制性因素，税赋与前国家的社会取得资源的方法大相径庭。事实上，人类学家埃里克·沃尔夫已经证明，这也许是国家和前国家社会最重要的区别。[2]

“收取贡赋”的社会

在沃尔夫所谓“亲族制”社会里，社会资源大多是在那些贡献者自愿的前提下获取的。一旦国家出现，就总有一种强制性因素，因为

[1]　特里格尔：《早期文明：古代埃及面面观》，第 44 页。
[2]　埃里克·R. 沃尔夫：《欧洲与没有历史的人民》，第 3 章。

资源的取得采取了税赋或者沃尔夫所言的“贡赋”的形式。如此，将有国家的社会视为一种全新的社会组织类型，便有了充分的理由。沃
280 尔夫将“收取贡赋”社会的出现当成人类的社会生活方式和组织形式的一种重大转型。图 9.3 表明，他对主要的“生产方式”的分类是怎样与其他一些常见的社会类型相一致的。社会理论学家安东尼·吉登斯以略微不同的用语表达了详尽的思想：“在阶级社会里（亦即沃尔夫‘收取贡赋’的社会），榨取剩余产品一般是通过威胁或者使用武力的直接方式而实现的。”[1]

表 9.3　主要的技术与生活方式的类型

技术／生活方式	生产方式	特征	流行时代
采集社会	亲属制度	旧石器时代的主要技术使用石制工具，以采集植物为其生活方式；规模小（其组织程度仅及第 3 层，* 但是在某些区域性的文化和跨部落体系中有第 4 层的某些特征	旧石器时代：全世界距今大约 10 000 年；某些地区至今尚存
农业社会（早期农业社会）	亲属制度	农业时代的主要技术基于种植和畜牧；养活小规模的、前国家社会（达到第 4 层）；和……	农业时代：距今约 10000 早期农业时代：距今约 5000 年前，某些地区至今尚存
农业社会（农耕文明）	收取贡赋	大型社会，组织形式为城市和国家（达到第 6 层）；人口增速加快，但周期性发生人口危机；新石器时代典型的生活方式为游牧文化	后农业时代：距今大约 5000—200 年；某些地区出现甚晚
现代社会	资本主义	现代主要技术为现代科学；能够支持全球体系（第 7 层）；前所未有的人口增长	现代：始于大约公元 1750 年

* 参见表 9.1 和图 9.1 关于社会组织的层级图表

[1]　吉登斯：《对历史唯物主义的当代批判》，第 112 页。

本章所描述的因素经过某种程度的组合而相应地出现在世界不同地区的早期国家里：非洲–欧亚地区、美洲，甚至汤加和夏威夷等大型太平洋岛屿。其中包括人口密集，产生复杂的劳动分工，由此提出了新的组织问题，导致解决冲突办法的需求以及战争的日渐增加，刺激人们建造纪念性的建筑以及创制文字。在这里，我们还有一些篇幅再列举一个中美洲的例子。

在中美洲，定居的农耕共同体存在的最早证据可以追溯至大约公元前 2000 年。在安第斯山地区，出现这类共同体的迹象可能略微早一些，在大约公元前 2500 年前。[1] 在此之后，包括纪念性建筑、两到三层的住房等社会复杂性日渐增加的证据迅速出现，到公元前第一个千年便有了最早的国家结构。与西半球一样，集约化和人口增长可以视为其变迁的原动力。早在公元前第二个千年的安第斯山和中美洲，大型墓地或金字塔就与居住区并存。这些地区也许就是许多附近隶属村庄的仪式和市场的中心。它们的出现表明早期酋长制度的存在。

在公元前第二个千年中期，在今墨西哥湾的低地地区出现了奥尔梅克文明。刀耕火种的农业养活了这里的人口，但是在某些地区也有在冲积土壤上的农业活动。就像公元前第四个千年的美索不达米亚一样，奥尔梅克文明由分布广泛的城镇组成。如在拉文塔和圣洛伦佐（La Venta and San Lorenzo）等遗址，建造有大型的仪式中心，有些金字塔高达 33 米。它们原系坟墓，大多数都陪葬有精致的物品，清楚地证明当时存在着巨大的社会和政治差别，也是这些等级制度的贴切符号。建造拉文塔的大型金字塔至少需要 80 万个工作日，需要大约居住周围村庄里的 18 000 人。[2] 奥尔梅克人从 80 千米以外的地方输入大块的汉白玉，可能动用了数以百计的劳力，制作出巨大的、在现代人看来仍然十分 281
美丽的雕像或者头像。某些奥尔梅克遗址曾遭到野蛮的破坏，表明那

[1] 温克：《史前史的范型》，第 480—481 页，第 534 页。
[2] 迈克尔·D. 科伊（Michael D. Coe）：《墨西哥：从奥尔梅克人到阿兹特克人》，第 4 版，（伦敦：泰晤士和赫德孙，1944 年），第 71 页。

里曾经发生过有组织的战争。也有迹象表明那里曾经出现过某种早期的文字形式，很可能奥尔梅克最早创制的文字体系在中美洲得到了发展，其最新的形式直到最近方才被解读出来。有一尊晚期的奥尔梅克雕刻似乎使用了一种与玛雅文化相似的计时系统，表明奥尔梅克文人也许发明了计时体系，然后传播到整个中美洲。[1]最后，还有证据表明，存在广泛的贡赋或者贸易网络，因为从中墨西哥高地进口了大量的黑曜岩。

与美索不达米亚一样，中美洲最早的文明是从水源充沛的沼泽地里发展起来的，但是文明逐渐转型为靠雨水灌溉的农业。在今墨西哥城以南大约 500 千米的瓦哈卡（Oaxaca）河谷，大约于公元前 1300 年，有一片分布着小村庄的地区开始出现大型居住区，有的显然是公共建筑。大约公元前 1000 年以后，这些建筑的规模迅速增加。人口增加了，农业生产由于建造了大型水渠系统而达到很高的集约化程度。有迹象表明，职业化程度有所增加，在制陶等工艺制造业方面尤其如此，交换和市场体系也得到扩展。还有迹象表明，可能存在早期的文字。后来，到公元前 600 年，似乎有清晰的证据表明，国家性的政体出现了，定都于阿尔万山（Monte Alban）。到公元前 400 年，在瓦哈卡河谷至少出现了 7 座小城市，于是该地区看上去有点儿像公元前 4000 年的美索不达米亚。到公元前 200 年，整个河谷地区人口几乎达到 12 万人。在公元 200 年—700 年之间，首都阿尔万山达到鼎盛，人口可能高达 17 000 人。[2]

虽然美洲的农耕文明比美索不达米亚要晚 2000 年，但是这两个地区历史的相似性再一次证明，国家的形成乃是社会的大爆炸，其燃料早在早期农业时代就已经被点燃了。由于农业引入人类的历史而促进了人口增长，使得人类就像白蚁一样，将要面对自身物种密集居住所带来的挑战。虽然各有不同，但是世界不同地区表现出了极大的相似之处——也和白蚁以及其他群居性昆虫一样有着惊人的相似。

[1]　迈克尔·D. 科伊（Michael D. Coe）：《墨西哥：从奥尔梅克人到阿兹特克人》，第 75—76 页。
[2]　法甘：《地球上的人类》，第 540—541 页。

本章小结

全新世早期的技术能量创造了新的技术，产量得到提高，能够养活更大更为密集的居住人群。这些技术包括林农轮作、次级产品革命和灌溉。随着共同体规模增长，它们所要面对的管理难题也逐渐增多，共同体发现必须将管理的权力赋予精英阶层。起初，统治者的治理得 282
到臣民的主动赞同。但是，随着时间的推移，它们需要控制大量的资源；在大型的共同体里，这些资源使得统治者能够创造更具强制性的权力。因此，在公元前第四个千年的时候，最早的城市出现了，同时国家也出现了，这些都没有什么奇怪的。国家标志着新的共同体的诞生，沃尔夫称之为“收取贡赋”的社会。在这些共同体里，精英阶层使用武力或威胁使用武力来掌控剩余的资源。收取贡赋的社会是有文字记载的人类历史上最强大、最常见的共同体。

延伸阅读

本章所述大量利用了汉斯·尼森在《古代近东早期史》(1988 年)中关于苏美尔国家的兴起的研究；我们还从马文·哈里斯的经典论文《原始国家的起源》借鉴了若干个观念。其他概论性的考察可以参考戈兰·布伦哈尔特(Göran Burenhult)主编的丛书《图说人类历史》第 3、4 卷(1994 年)；迈克尔·科伊,《墨西哥》(第 4 版，1994 年)；罗伯特·温克,《史前史的范型》(第 3 版，1990 年)；查尔斯·迈塞尔(Charles Maisels),《文明的出现》(1990 年)，以及布鲁斯·特里格尔，《早期文明》(1993 年)。还有许多论述国家形成的文献。埃尔曼·瑟维斯在《原始社会的组织》(1971 年，第 2 版)中尝试提出某些重要观念，罗伯特·科恩(Robert Cohen)和埃尔曼·瑟维斯在《国家的起源》(1978 年)一书中也做了同样的尝试。艾伦·约翰逊和蒂莫西·厄尔的《人类社会的进化》(2000 年，第 2 版)是最新的概述性作品；该书采取的进化论立场，某些人类学家可能不会赞同。安德鲁·谢拉特的论文《次级产品革命》(1983 年)是关于这场技术革命的最佳论述，而玛格丽特·埃亨贝格的《史前妇女》(1989 年)则讨论了这些变迁对于男女两性劳动分工的某些影响。安那托利·哈扎诺夫(Anatoly Khazanov),《游牧民族和外部世界》(1994 年第 2 版)和托马斯·巴尔费尔德所著的《游牧民族的选择》(1993 年)，则很好地论述了畜牧文化；彼得·戈尔登(Peter Golden)的《欧亚大陆的游牧民族和定居民族》(2001 年)是一篇优秀的导论性的短文。D. T. 波茨的《美索不达米亚文明》(1997 年)是讨论生态问题的一部近著。

第10章

农耕“文明”的长期趋势

农耕文明时代之所以在人类历史的叙事中占有主要地位，部分是因为农耕文明是最早的人类共同体，创制了现代大多数历史研究都以之作为研究基础的文字。因此，我们知道这个时代的许多细节。然而从大历史的时间尺度看，详细描述这个时代的种种细节是不合时宜的。此外，许多优秀的史学著作早已问世。本章只是考察形成农耕文明的某些大的结构和潮流。传统的研究因主要集中在特定的文明或者文化的研究，比较容易忽视这些大潮流。正如罗伯特·赖特所言，世界古代史就像一片文明和民族在兴废更替的模糊景象。但是“如果我们放松自己的眼力，让这些细节变得模糊，那么一幅巨大的图景就落入了我们的视野：世纪转瞬即逝，文明兴衰更替，但是文明达到了鼎盛，其范围和复杂性都有所增加。”[1]

本章考察这段长达4000多年的历史，农耕文明是地球上最为强大的共同体。首先，主要集中考察大范围的结构；其次，我们将讨论这个时期某些比较重要的长期趋势，尤其关注控制自然环境的集体能力的变迁。这些变迁表现在人口增长以及更具生产能力的技术上。本章提出的一个核心问题是，哪些过程构成农耕文明长期集体知识和创新范型，它们又如何在世界上的不同地方发生作用。

[1] 罗伯特·赖特:《非零：人类命运的逻辑》(纽约：兰登书屋，2000年)，第108页。

284 大型结构

这个时代有两个结构性特征脱颖而出。第一，随着城市和国家的出现，人类社会与以往相比变得越来越多样化了。而多样化本身乃是推动集体知识发展的强大动力，因为不同共同体在生态的、技术和组织方面的可能性，推进了将这些技术通过新的方法加以联合起来的潜在协同作用。但是国家也增加了人类相互作用的范围。因为他们比以前所有人类共同体庞大许多。他们的引力场从遥远的地方吸收资源、人民和观念。通过这个过程，农耕文明创造了大型的交换网络。这些可以视为这一时代第二个主要结构特征。与以往任何时代相比，更大范围的、更加变化多端的，以及更具活力的交换网络促进了交换的规模和多样性，也促进了集体知识的潜在协同作用。

各种新型的多样化

尽管似乎要冒过分强调范式的危险，但我们还是要思考这个时代的四种主要社会类型：前三种——食物采集者、单干农民以及游牧民族——没有国家，最后一种——农耕文明——则拥有了国家形式。

食物采集者生存于整个农耕文明时代，居住在小型的、经常流动的共同体里，主要依靠非金属技术。虽然有一些集约化农业，但是澳大利亚直到 200 年之前一直还是只有食物采集者居住。直到几个世纪以前，在北美和南美、西伯利亚的大多数地区，以及非洲部分地区仍然存在着类似的共同体。

在许多地区，自早期农耕时代起，就生活着大量农业人口或者园艺社会，不存在大型权力结构。巴布亚新几内亚大多数人直到最近数十年仍是由这样的社团构成的，他们经常与相邻的农耕者或者食物采集者开展贸易、发动战争，有时也和印度尼西亚商人交易。无国家的农耕共同体，在非洲大部地区、在北美和南美地区也可以发现。在从中国的东北直到德国北部的主要贡赋帝国的边界上也可以发现这些共同体。

凡是生产能力和人口有所增加的地方，农业共同体和农业技术就向人烟稀少的地方传播，为新的农耕文明地区奠定了基础。例如在东欧，从公元第一个千年中期开始，大量讲古斯拉夫语的农民定居在今 285
俄罗斯境内，为最早的俄罗斯国家奠定了人口基础。这些变迁被过于简单地解释为掌握高产技术的人们迁移所导致的。例如，印欧语言从黑海北部的某个地区传播到了地中海、伊朗、中亚和北印度，与农业或者游牧文明传播联系在一起了。同样，班图语从喀麦隆地区传播到中部非洲和南部非洲，也被解释为民族的迁移所致，这些移民因为拥有较为先进的农业技术并且炼铁，因而取代了土生土长的共同体。现在对整个语言群体迁移的解释更为复杂，将它们看成不同过程的产物，语言可以通过贸易或者政治和文化的占领而融入本地人口，同样人口膨胀、技术变迁或者移民也会造成相似的结果。虽然如此，整个语言群体的膨胀显然并不表明各种高产技术——从改良作物，如东欧的黑麦到铁锄和铁犁等先进工具——的缓慢传播。[1]

在这些最惊人的扩张运动中，太平洋形成了一个完整的“世界区”，显然清楚地反映了民族的迁移。但是包括密克罗尼西亚和波利尼西亚诸岛在内的远离大陆的“遥远大洋洲”，在大约 3500 年前拥有造船和航海技术的专业化的海洋文化还没有出现以前，并没有人类在那里定居。这些民族也许来自华南或台湾，华南或台湾可能是所有这些群体所共有的南太平洋语系的家乡。在太平洋，我可以通过名为拉皮塔（Lapita）器皿这种特有的陶器的传播，追寻他们的迁移踪迹。这些迁移过程最远可达复活节岛（拉帕努伊岛），公元 300 年，那里最早就有人定居了；夏威夷岛和（最西面的）马达加斯加岛，最早有人定居均在大约公元 500 年，而新西兰［奥提雅鲁阿（Aotearoa）］，最早有

[1]　最近关于欧亚大陆语言传播的讨论，参见科林·伦弗鲁（Colin Renfrew）：《考古学和语言：印欧语言起源之谜》（哈蒙斯沃思：企鹅出版社，1989 年），以及 J. P. 马洛伊（Mallory）：《印欧语言寻踪：语言、考古学和神话》（伦顿，泰晤士和哈德孙，1989 年）。关于“班图语”在非洲传播诸说的评论，参见扬·瓦希纳（Jan Vasina），《“班图语扩张”新证》，载于《非洲史杂志》第 36 期，第 2 号（1995 年）：第 137—195 页；感谢海科·施密特（Heike Schmidt）为我提供了这个注解。

人定居大约在公元800年或公元1000—1200年间。[1]贾雷德·戴蒙德证明，太平洋岛屿人类社会的进化如何能够证明生态因素对社会发展的影响：在一两千年里，在太平洋出现了一系列不同类型的社会，从技术简单的食物采集社会到夏威夷和汤加具有严格的阶级体系、人口多达30 000—40 000的原始国家。[2]

第三种类型的共同体仅限于非洲-欧亚地区，因它主要依赖使用家畜。在非洲-欧亚的许多比较贫瘠的地区，以及西伯利亚北方部分地区，
286 存在着游牧的和半游牧的畜牧民族，他们放牧牛、羊、马或者驯鹿。与大多数单干农民一样，畜牧民族一般通过战争、贸易以及宗教和技术思想的交流与周边农耕文明建立联系。尤其在欧亚大陆，骑马的畜牧民族给相邻民族造成了严重军事威胁，因为他们拥有在战争中使用马和骆驼的精湛技巧以及流动性。从公元前第一个千年晚期开始，某些畜牧共同体从他们更加富有的定居邻居那里夺取资源，在欧亚大草原上缔造了强大的帝国。这些帝国中，最伟大、最具影响力的无疑是成吉思汗于13世纪所创立的：它是最早一个从太平洋延伸到地中海的政治帝国。

无国家共同体在农耕文明时代扮演极为重要的角色，虽然它们并未留下什么文字记载并且经常为历史学家所忽视。由于处在大型农耕文明之间，它们经常能够将强大的邻居连接成为巨大的交换网络，在非洲-欧亚地区尤其如此。丝绸之路最清晰地诠释了这种机制，[3]形成中的中美洲和秘鲁文明也是由无国家社团连接起来的。农耕文明倾向于地方化，但是不在它们掌控之下的无国家共同体则拥有更加模糊的边界；这些不同类型社会形成了前现代世界的所有交换网络。

---

[1]　贾雷德·戴蒙德：《枪炮、病菌与钢铁：人类社会的命运》（伦敦，葡萄园，1998年），第2章和第8章；本·芬尼（Ben Finney），《全球的另外三分之一》，载于《世界史杂志》，第5期，第2号（1994年秋）：第273—298页；以及约翰·R. 麦克尼尔，《论鼠和人：太平洋岛屿对观环境史》，载于《世界史杂志》第5期，第2号（1994年秋）。蒂姆·弗兰纳里：《未来的饕餮者：澳大利亚的土地和民族生态史》（柴斯武德，N. S. W. 里德，1995年），第164—165页，认为新西兰人类定居时间较晚。

[2]　戴蒙德：《枪炮、病菌与钢铁》，第2章。

[3]　大卫·克里斯蒂安，《丝绸之路还是草原之路？》，载于《世界史杂志》第11期，第1号（2000年春）：第1—26页。

有国家的共同体是这个阶段社会变迁的真正动力。农耕文明与众不同的特点就是它们的规模、居住期间的人口密度以及社会复杂性。以前的共同体在规模和复杂性上根本无法与之相比。早期农耕时代最大的共同体不超过 500 人，多数不足 50 人。与此相对照，甚至最早的城市乌鲁克，最高曾达到 5000 人。众多人口依靠附近乡村社群提供大部分食品和劳力，与美索不达米亚南方大约 13 个城邦建立联系并穿越波斯湾和地中海，甚至远抵北印度和中亚开展贸易。在美索不达米亚南方相互联系的城邦地区人口达几十万。这种密集的人口以及自上而下的交换网络的连接，覆盖了数十万甚至数百万不同类型的共同体并 287
且超出了政治实体的范围，这是农耕文明时代最重要的结构特点。

农耕文明总是包含若干（至少三个）负责管理和开发的社会阶层。最底层是初级生产者，大多为居住在乡村的小农或者从事园艺农业者。这些人居住在类似于早期农耕文明的共同体里面，只是现在有了一个统治者和收取贡赋者组成的等级制度在严密地监视着他们。农村共同体生产食品、织物，以及例如木柴等燃料。它们还为大型工程如灌溉项目、重大建筑项目以及发动战争提供人力和畜力。但是村庄主要出于家庭农业生产的需要而形成的，因此，与其他任何地方相比，男人和女人在这里都是合作伙伴。在这个范围之上，职业角色变得更为重要，男人扮演着不同的、通常是占据主导地位的角色，而且变得更加制度化了。

在村庄之上矗立着地方精英和权力中介——酋长、贵族、官员或者教士。地方权力中介从主要的生产者那里获取资源，但是他们通常不直接干涉下层人民的生活。因此，在农耕文明这里，大量初级生产者和贡赋收取者在社会等级、财富、生活方式以及思维习惯方面形成判然有别的鸿沟。[1] 在地方权力中介之上通常还有至少一个或者更多层

[1] 由于这一存在于大众和精英之间的鸿沟，安东尼·吉登斯称这类社会为社会“阶级划分的社会”；例如参见：《对历史唯物主义的当代批评》，第 2 版，（巴辛斯托克：麦克米伦，1995 年），第 159 页。

次的城市和统治者，他们通过地方权力中介传递给他们的资源养活自己。有时，甚至在这些统治者之上还存在一个统治者——用波斯皇家名号所言，就是“万王之王”（Shah of Shahs）.

因此，甚至在最简单的农耕文明里，许多不同类型的共同体被连接在政治、经济和意识形态的权力之网之中，在这个网络里，精英阶层分配各自所需的资源。资源分配的方式决定着精英和初级生产者的生活方式。这些方法甚至延伸到了作为社会生产基础的家庭组织内部。在这里，虽然在农民家庭生产内部大体是平等的，但是男性经常（多少有些成功地）主张，他有权模仿在家庭生产和村庄的基本单元以外的男性的突出权威。宗教的、文化的和法律的结构经常支撑着这些等级制度的权力主张。

将生产资源从家庭转移到精英的最重要方式就是通过宗教、法律的和武力威胁而共同提出的要求。因为这个原因，埃里克·沃尔夫把农耕文明描述为“收取贡赋”的社会。[1] 礼品赠送是亲族制社会的特点（类似于生物世界的互惠共生现象），而收取贡赋则有所不同，根据定
288 义，乃是一种不平衡的交换。它更加接近于寄生现象，一方所得比另外一方更多并且能将自己的意志强加于另外一方。

但是正如我们所见，即使在贡赋社会里还是存在一种对等或共生现象。基于强制的权力和基于认同的权力，在所有贡赋社会中能够而且确实共存着。初级生产者经常得到贡赋收取者提供的保护和其他服务。在战争期间，村民躲藏在城堡或者城墙后面。在和平时期，城市的市场提供外来商品和各种形式的工作，而城市的圣殿则提供了更加崇高更加强有力的接近诸神的方式。除此之外，贡赋精英的利益之所在就是确保他们的农民拥有足够的土地养活自己，生产剩余产品。在此一般意义上，收取贡赋的统治者和最高领主应当确保大多数农民必须拥有土地的权利。实际上（虽然并非总是在理论上），与现代社会

---

[1] 埃里克·R. 沃尔夫：《欧洲与没有历史的人民》，尤其是第 3 章。

相比，农耕文明的生产资料更能够得到均衡的分配。农耕文明体现了一种复杂的共生现象，并未表现出赤裸裸的剥削——在某种情形下有点儿类似于饲养家畜。我们在第 9 章引用了威廉・麦克尼尔的寄生现象的比喻，它很好地抓住了这种不平衡的微妙之处，对于寄生者而言，如果他们要生存下去，就必须保护他们的宿主，就像人类必须保护他们的家畜、养活他们的奴隶一样。在最近的一篇论文中，麦克尼尔将城市和农村的关系——这种关系处在一切农耕文明的核心——描述为“文明的妥协”。[1]

收取贡赋的关系不仅存在于一国之内，而且存在于相邻的国与国之间，这种关系有的还相当重要。可以将农业帝国想象为一种强国从弱国收取贡赋的贡赋制度。毕竟在生物界寄生现象大到旅鸫，小到细菌，随处可见。就像可怕的慈鲷科突然攻击其他鱼类，撕碎它们的肉，小国家有时组织起危险的军队骚扰庞大的邻国，令后者被迫缴纳贡赋或保护费。以欧亚国家中的游牧民族和中国、波斯以及地中海东部的大国之间的关系为例，人们对此已经做了相当细致的分析。[2]

总之，某些结构不同程度地出现在所有农耕文明之中。其中包括：

・农耕共同体，提供大多数资源。它们大多与精英团体有别，但是 289
它们占人口大多数，生产社会所需大多数的食品、能量以及原材料。

・性别等级制度，支持男性在大多数社会等级制度层次上占据主导地位。

・复杂分工，见于城市和乡镇之间，在城市和社会的等级制度之间。

・城市和乡镇。

・等级制度，存在于国王领导下的官吏、法官和统治者。

・军队，由统治者控制，保护国家不受其他贡赋收取者的侵犯，并

[1] 威廉・麦克尼尔，《传统营养形式的中断》，载于《传统营养形式的中断》（阿姆斯特丹：海特・斯皮尼斯［Het Spinius］，1998 年），第 7—8 页，第 29—53 页；感谢麦克尼尔教授提供这个注解。

[2] 对于这些关系的最佳分析，参见托马斯・巴尔费尔德（Thomas Barfield）：《危险的边疆：游牧帝国与中国》（牛津：布莱克韦尔，1989 年）；以及参见狄宇宙（Nicola di Cosmo），《内亚历史上国家的形成和周期性》，载于《世界史杂志》，第 10 期，第 1 号（1999 年春）：第 1—40 页。

使统治者通过强制手段从他们的臣民或者邻国收取贡赋。

· 有文化的官僚体制，统计并管理资源。

· 交换网络，国家和城市借以获取那些无法强取豪夺的资源。

· 宗教和意识形态体系，经常由国家管理，使得国家结构合法化，经常建造纪念性建筑以及高水准的艺术作品。

· 广袤的边远地带，虽不直接在掌控之下，然而这些地方的资源对于农耕文明成功地发挥作用却是如同生命一般宝贵。这些边远地带可以处在农耕文明内部，也可以是单干农民，或游牧民族或食物采集者居住的地方。

交换网络

与过去相比，在农耕文明时代，交换将更为广袤的地区不同类型的共同体更为有效地联系起来。这些复杂的交换网络乃是农耕文明时代的第二大结构创新。

世界史学家已经日益感受到庞大体系相互作用的重要性，并用世界体系对它们加以分析。这些理论的首倡者伊曼努尔·沃勒斯坦（Immauel Wallerstein）论证到，尤其在现代，不仅必须分析特定的国家和文明，而且必须分析将其联结起来的更大的权力和商业网络，因为这些网络解释了那些仅仅从特定地区的内部历史根本无法解释的特征。沃勒斯坦称这些网络为“世界–体系”，即使它们并不是真正覆盖整个世界，从许多方面看它们只是在部分地区发挥作用。世界–体系是
290 将不同类型共同体联结起来的多层次、多区域的结构，在这些体系里，有些地区比其他地区发挥着更加重要的影响。

沃勒斯坦注重研究在欧洲占主导地位的早期近代社会中资本主义的世界–体系。他论证到，实际上这是历史上第一次出现真正的世界–体系。为了理解欧洲在早期近代社会日益增长的势力，他坚持认为历史学家必须理解欧洲是如何介入并且从这个几乎涵盖了世界各大区域的交流和权力的网络中获益的。继沃勒斯坦引入这个概念之后，其他

作者考察了世界史上早期阶段的相似体系。珍妮特·阿布-卢格霍德（Janet Abu-Lughod）主张，早在 13 世纪就存在一个涵盖欧亚的世界-体系，安德烈·贡德·弗兰克（Andre Gunder Frank）、巴里·吉尔斯（Barry Gills）以及其他学者论证道，区域性的“世界体系”（从一种宽泛的角度看，不加连字符）早在公元前第三个千年就存在了。[1] 克里斯托弗·蔡斯-邓恩（Christopher Chase-Dunn）和托马斯·D. 霍尔（Thomas D. Hall）则更进一步，认为在所有世界地区，甚至在没有国家的地区，也存在着交换体系，它们具备至少某些世界体系的特点。[2]

这些庞大的网络画出了一道外部边界，在边界以内的共同体能够分享信息、技术和适应性。它们因而分享了大范围的集体知识，并且在一段相当长的历史时期决定了创新的速度和范围。这些经过修正的世界体系学说的一个重要洞见就是：存在着各种类型的网络，它们通过不同的方式在不同的范围内发生作用。迈克尔·曼论证道，甚至那些似乎边界十分明确的国家，实际上也能够产生若干种通过不同方式发生作用的不同类型的权力，颇似不同的力场一样。他发现了四种不同的权力和影响力的“网络”：意识形态的、经济的、军事的，以及政治的网络。政治的权力通常局限在公认的国界之内。相反，军事的权力则根据当时具有的后勤和军事技术而超越国界。例如，对于能够派遣一支多大规模的军队深入蒙古草原，它在战场上能够支撑多久而不耗费巨大等问题，中国汉朝的将军们心中都是了如指掌的。意识形态的力量更加具有渗透性，因为在像中国这样的地区，其文化边界是很难划定的，而经济权力甚至更难定于一隅了。因此经济和信息的网络与那些强力控制的网络相比更庞大、更加具有渗透作用。

以这个洞见为基础，蔡斯-邓恩和霍尔提出，存在若干种不同类 291

[1] 珍妮特·阿布-卢格霍德：《欧洲霸权之前：1250—1350 年的世界体系》（纽约：牛津大学出版社，1989 年）；以及安德烈·贡德·弗兰克和巴里·K. 吉尔斯主编：《世界体系：500 年还是 5000 年？》（伦敦：鲁特罗齐，1992 年）。

[2] 克里斯托弗·蔡斯-邓恩和托马斯·D. 霍尔：《兴废更替：世界体系比较研究》（科罗拉多，博尔德：韦斯特维尔，1997 年）。

型的交换网络，它们各自具有不同的范围和特征。他们发现的主要类型有大宗商品的网络、贵重商品的网络、政治／军事网络以及信息网络。[1] 这些网络不同的便利程度决定了它们的不同规模。直到最近，大宗商品，例如谷物，其运输一直相当困难而且花费昂贵，因此一般只作短途运输。军队通常能够走得更远，但因携带辎重而行动缓慢。然而贵重商品如丝绸等因其轻便而能长途贩运，而信息就更加容易流传了。因而信息和贵重商品的交换能够形成最大、最古老的网络。（实际上，贵重商品经常能够比信息走得更远。试想，装饰品多次转手之后，其最初的含义都已经丧失了。）这就是为什么在这里我集中关注信息网络，这个涵盖若干个世界区的最大的交换网络的原因。

大型交换网络具有与众不同的地域性“构造”。也许回到社会引力定律的比喻更加容易理解这个问题。在这个想象的定律之下，人类的共同体对于其他共同体，以及其中的商品、观念和民族总是产生一种吸引力。随着人类共同体的发展，这个规律开始更加强有力地发生作用。大致而言（与牛顿的定律有着惊人的相似之处），共同体之间巨大的引力与共同体的规模以及共同体之间的距离成正比。

在旧石器时代，交换受到局限，范围很小，因为没有一个群体大到足以对其他群体产生巨大吸引力。但随着更大的共同体出现，有些共同体交换商品和信息比其他共同体更为活跃、地域更广，因为大型的共同体能够大范围地吸引资源和民众。凡是有许多大型共同体的地方，信息、商品和人员的交换都是最活跃的。在这些地区，比任何其他地方聚集着更多的观念和产品，因而我们称之为引力中心。它们吸收着来自边远地区的人员、思想和产品。但是它们也对周边密度比较低的地区产生强大的吸引力。为了理解这种影响力是如何发挥的，我

[1] “多元边界的标准的运用将经常导致系统边界层层相套。一般而言，大宗商品将构成最小的区域交互网络。政治／军事交互网络将构成一个更大的由一个以上的大宗商品网络组成的网络，而贵重商品的交换将把更大的包含若干个军事／政治网络的地区联系起来。我们可以看到，信息网络的范围与贵重商品交换的网络规模大致相当：有时更大一些，有时更小一些。”（蔡斯-邓恩和霍尔：《兴废更替》，第 53 页。）

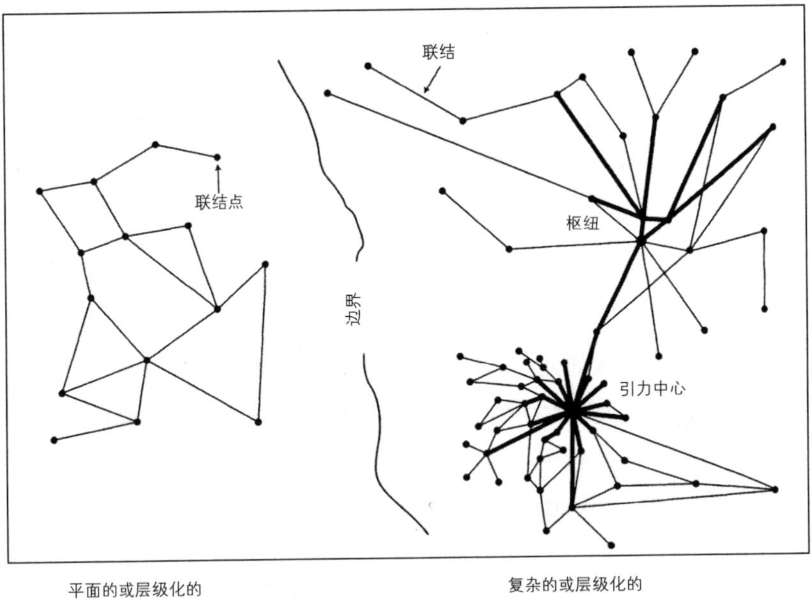

图 10.1　不同类型交换网络的模型

就我们所知，旧石器时代的一切交换网络是“平面的”或者“非层级化的”。亦即地区与地区之间很少存在密度上的差异，在速度和强度上很少，也没有变化。随着集约型农业定居形式的发展，交换网络会越来越复杂，越来越具有层级化，并且出现信息密集交换以至于“集体知识”开始加速增长的地区。因此，全新世的创新的速度比旧石器时代要快得多

们需要想象一个现代的爱因斯坦的引力形式，更大的物体弯曲了周边较小物体的时空，在它的引力场范围捶打并扭曲较小物体的特性和运动。大型城市和国家改变周围地区的社会构造（Topology），有时在这个过程中形成我们所称的枢纽地区。枢纽地区位于各引力场之间。在 292
这些处于若干交叉的不同引力场之间的“引力走廊”或者地区里，枢纽地区感受到来自若干不同中心的引力。枢纽地区密度不论高低，总是一个交通极其繁忙的地区。（参见图 10.1）

只要看一眼世界地图就能立刻发现，美索不达米亚和连接美索不达米亚与埃及的走廊很有可能成为枢纽地区，因为它们将庞大的各不

相同的地区连接起来了。某些地区，如19世纪的欧洲或者阿拔斯王朝统治下的美索不达米亚，能够被视为既是枢纽同时也是引力中心。它们由于所处的位置，由于包含密集的大量的人口而吸引了信息和商品。其他地区，如19世纪晚期的中国，虽是引力中心，但不是枢纽；相反，公元前13世纪的雅典、4000年前的中亚和13世纪的蒙古，可以算作枢纽，但因人口不足，不能成为引力中心。引力中心和枢纽都能够创造众多变迁，因为流经这些地区的巨大交换量，使之成为各地信息积累的储藏室。尽管如此，这两种类型的中心的差别也是相当重要的。引力中心规定了大型交换网络的结构和形式，而枢纽地区则因迅速传播的交换活动而比较无足轻重、比较容易转型。因此，在枢纽地区，重大创新经常至关重要，因为正是在这里它们才能发挥最重要的影响，而引力中心的密度和重力则令引力中心的变化比较缓慢。

交换网络的规模、多样性和复杂性日益增强，为集体知识在庞大的范围内发挥作用提供了动力，它们乃是农耕文明的特定的技术、政治和文化的动力之源。

长期趋势

农耕文明日渐增长的范围和力量

公元前3000年，在美索不达米亚南部以及沿尼罗河出现的农耕文明是绝无仅有的；虽然人口众多，但是仅占当时整个人类的极小一部分。大多数人仍然生活在没有国家的共同体里。4000年以后，公元1000年，农耕文明所能控制的地域，仍只不足地球表面的1/5，但是从其他方面看，它们已经成为占主导地位的共同体。在非洲–欧亚大陆的许多地区和美洲部分地区都能够找到它们的身影。在太平洋地区甚至还存在小型的原始国家。（参见表10.1）

这些农耕文明为什么又如何能够占据主导地位呢？在那些没有足以维持其存在下去的密集人口的地方，农耕文明是不会出现的。因此，农耕文明的传播与农业的传播密切相关，正如我们所看到的，农业的传播有赖于农民能在不同的环境下进行耕耘的农业技术创新。本章第二部分所描述的创新趋势，对于我们认识前半部分所描绘的变迁是十分关键的。这一部分将考察 4000 年间农耕文明传播的主要阶段。

表 10.1　早期农耕文明年表

日期	事件
约公元前 3200 年	苏美尔最早的国家
约公元前 3000 年	埃及最早的国家
约公元前 2500 年	北印度／巴基斯坦最早的国家（公元前第二个千年消亡）
约公元前 2200 年	美索不达米亚最早的区域性国家／帝国
约公元前 2000 年	中国北方（黄河流域）最早的国家
约公元前 1000 年	北印度／恒河国家复兴
约公元前 500 年	东南亚最早的国家
约公元前 500 年	波斯的“第二帝国”
约公元前 500 年	美索不达米亚最早的国家
约公元前 500 年	美索不达米亚最早的区域国家／帝国
约公元 600 年	撒哈拉以南非洲最早的国家
约公元 1400 年	中美洲／南美洲最早的国家

公元前 3000 年，农耕文明仅存在于美索不达米亚和埃及。到公元前 2000 年，埃及南面的苏丹出现了城邦［强大的城邦亚穆（Yam）或 294
者科尔马（Kerma）］，甚至远远传播到了美索不达米亚。在阿卡德的萨尔贡（自大约公元前 2350 年起，他在位 50 年左右）统治期间，我们有初步的证据表明，国家形式进入一个新阶段：出现了一个控制着若干个不同的城邦及其周围偏远地带的国家。[1] 萨尔贡声称每天要养活 5400

[1]　汉斯·约尔格·尼森：《古代近东早期史》（芝加哥：芝加哥大学出版社，1988 年），第 167—168 页。

人，这个数字似乎是指他的随从。[1] 他运用我们所知最早的地面部队击溃了敌对的城邦。然后，他不是仅仅从它们那里收取贡赋，而是拆毁它们的城墙，任命他的儿子为总督（ensis），将它们并入自己的帝国。他还支持贯穿美索不达米亚，远抵中亚和印度河谷，以及贯穿埃及进入撒哈拉非洲的贸易网络。美索不达米亚充当了这些网络的重要枢纽，但是在阿卡德人统治下的人口密度和政权规模也可能使之首次成为区域性交换网络的引力中心。

位于这些传播广泛的交换网络中心，大量财富和信息聚集于此，这究竟意味着什么，从下文关于公元前2000年的阿卡德首都阿加德（Agade）描述中我们可以略知一二：

295 在那些日子里，阿加德的住所装满了黄金，
闪亮的房屋装满了白银，
仓廪中远方带来铜、锡、整块的天青石
连地窖的四周也堆满了……
城墙高耸入云，如同高山，
城门——如同底格里斯河奔腾不息流向大海，
是神圣的因娜娜开启的城门。[2]

到公元前2000年，克里特岛和安纳托利亚的赫梯文明也进入农耕文明。在印度次大陆的西北部沿印度河一带，于公元前第三个千年出现了一个与众不同的农耕文明。与苏美尔文明一样，哈拉帕文明建立在一些城市的财富和权力之上，在干涸冲积平原上的灌溉农业供养着这些城市。哈拉帕文明与中亚和苏美尔有贸易和文化联系，但是其书

[1] 查尔斯·L. 雷德曼（Charles L. Redman），《美索不达米亚最早的城市》，载于《图解人类史》，戈兰·布伦哈尔特主编，第3卷：《古代世界文明：城市和国家的起源》（圣卢西亚：昆士兰大学出版社，1994年），第32页。

[2] 语出一首苏美尔诗歌，S. N. 克莱默（Kramer）翻译，载于《与〈旧约〉相关的古代近东文献》，詹姆士·B. 普里查德（Pritchard），第3版（新泽西，普林斯顿：普林斯顿大学出版社，1969年），第647—648页；A. 伯纳德·纳普所著《古代西亚和埃及的历史和文化》，第87页。阿加德今址不详。

写体系和艺术风格，和埃及一样是非常有特色的。因此，可以合理地将哈拉帕文明视为包括东地中海农耕文明在内的世界体系中若干个区域性枢纽之一。[1] 哈拉帕文明在公元前第二个千年的前半期就中落了。它的倾圮可能是由于来自北方的入侵，也有可能与过度灌溉造成的生态问题，或者在它所建造其上的水系变化有关。

在公元前第二个千年，美索不达米亚文明的引力中心逐渐北移，先为巴比伦，后为亚述。巴比伦的引力使之成为所有早期城市中最大的一座，人口可能超过 20 万。[2] 大约在公元前 1792 年，汉谟拉比在此建立了一个新帝国。《汉谟拉比法典》的 282 条法律条文镌刻在 49 根玄武岩柱子上，提供了最早的法律和科层结构的详细文字证据（参见图 10.2）。与此同时，地中海日益膨胀的贸易网络将美索不达米亚和埃及文明的技术和风格传播到地中海沿岸。这个不断扩张的地区囊括了荷马史诗所提到的爱琴海世界。埃及的贸易网络还向南延伸到了苏丹和撒哈拉以南的非洲地区。由此出现了一个涵盖美索不达米亚、地中海沿岸大部、撒哈拉以南的非洲、中亚和部分印度次大陆的独一无二的交换区域。

这个交换体系的引力中心位于美索不达米亚，但是与埃及、苏丹、中亚和北印度等枢纽地区有所联系，那是非洲-欧亚大陆世界区若干网络中最大的一个，而这个世界区也是地球上最大的一个相互关联的地 296
区。因此，原则上看，我们可以期望非洲-欧亚地区乃为集体知识最集中、创新最迅速的世界区。美索不达米亚处在非洲-欧亚大陆交换网络的枢纽位置，这就可以解释该地区从国家形成的最初时期一直到过去 500 年的重大变迁取代其中心位置为止，如何能在非洲-欧亚历史，乃至于世界历史上起到核心作用。

---

[1] 这是巴里·K. 吉尔斯和安德烈·贡德·弗兰克的观点，《世界体系的循环、危机和霸权的转换，（公元前 1700 年—公元 170 年）》，载于弗兰克和吉尔斯主编：《世界体系》，第 143—199 页，尤其是第 153—155 页。

[2] 保罗·拜洛赫：《城市和经济发展：从历史的黎明时分到当代》，克里斯托弗·布莱德尔（Christopher Braider）翻译（芝加哥：芝加哥大学出版社，1988 年），第 27 页。

图 10.2 《汉谟拉比法典》(公元前18世纪)

汉谟拉比于公元前1792—公元前1750年统治巴比伦。他是第一个有详尽的法律流传至今的统治者。玄武岩柱高达两米，镌刻着他的法律，由1901年法国考古学家发掘出土；今存巴黎卢浮宫。这部分石柱表现了太阳神赐予汉谟拉比象征职权的权杖和指环

297 但是美索不达米亚并非仅有的引力中心，甚至在非洲-欧亚世界区之内也不是引力中心。在公元前第二个千年，农耕文明还出现在了华北黄河流域。考古学和文献证据表明，到公元前1600年，一系列互相争战不休的城邦覆盖了中国的北方和西方，南及长江流域。许多城邦有着富有而强大的统治者，有的还形成了文化的科层制度。在公元前14世纪，安阳成为半传奇性的商朝的主要仪式中心，声称对许多附属城邦拥有权威。现代研究表明，史学家可能夸大了商朝统治者对其他地区的权威，因为只有他们的文献是唯一流传至今的。尽管如此，历代商王统率的军队最高达到13 000人，使用集体生产的武器和国家工场供应的布料。他们还建造了巨大而精致的坟墓，经常实行人祭。从

大约公元前 1050 年—公元前 221 年的周朝最初维持着松散的统一，在此后的许多世纪里，数百个大小不一的王国控制着华北地区；主导这些王国的则是靠近黄河流域的七个“中心国家”，亦即中国所组成的核心集团。在公元前第一个千年之际，华北乃是非洲–欧亚地区内部第二个主要的引力中心。为秦（公元前 221—公元前 207 年）、西汉（公元前 207—公元前 8 年）两朝奠定了人口、技术和行政的基础，传统中华文明的技术、艺术以及学术也建立起来了。

中国这个世界体系与北印度和美索不达米亚的世界体系是完全隔绝的吗？在大约公元前 4000 年出现了逐水草而居的游牧文化，它们介入了延伸到内陆欧亚草原的交换体系，这就意味着在整个农业时代在欧亚大陆各地区之间至少存在着间接的联系。[1] 我们知道语言、技术（例如轮和马车）、生活方式（包括游牧文化的基本技术本身），也许还有制作青铜器的方法、农作物如小麦和大麦（东传）、鸡和黍（西传），在公元前第三个、第二个千年，穿过大草原而得以传播。公元前 2000 年前后在乌浒河文明——这是中亚一系列从事贸易的城邦，它们将苏美尔和中国以及北印度联系起来——出现了新的枢纽地区，表明这些交换在 4000 年前就已经具有十分重要的意义了，因为中亚是外欧亚地区交换的一个天然枢纽。跨欧亚大陆的交换是否足以证明在公元前 2000 年已经存在一个完整的非洲–欧亚大陆体系，目前还有争议。[2] 298
不过我们能够确定，那个时候欧亚大陆任何地区的农耕文明并没有完全相互隔绝。

在公元前第一个千年，非洲–欧亚地区农业帝国的力量和范围有了巨大发展。亚述帝国以美索不达米亚北部为基地，在公元前 10 至公元前 7 世纪在该地区占据主导地位。居鲁士大帝在公元前 6 世纪缔造的阿黑门尼德帝国比任何早期农耕帝国都大。它的位置处在波斯——自

[1] 参见克里斯蒂安，《丝绸之路还是草原之路》。

[2] 参见巴里 · K. 吉尔斯和安德烈 · 贡德 · 弗兰克，《加速的顶峰》，载于弗兰克和吉尔斯主编：《世界体系》，第 81—114 页，尤其是第 86 页以及克里斯蒂安的《丝绸之路还是草原之路？》，因为这两篇文章强调了早期外欧亚大陆的交换的重要性。

非洲经美索不达米亚，东至印度、中亚和中国的交换网络的中心，这便足以解释波斯和美索不达米亚在非洲-欧亚历史上的重要性了。但是波斯大部干旱也足以解释为什么这一地区扮演的角色经常是枢纽中心而不是引力中心。

在这些大帝国的阴影之下，农耕文明传播到了地中海地区，经过埃及进入现在的苏丹和埃塞俄比亚。这些新的农耕文明地区为希腊、迦太基、罗马和苏丹帝国奠定了基础。首先，新出现的农耕文明地区包含了小型的、相互竞争的国家，其中不少既从事贸易也从事征战。但是经过一段时间，这些地方性的枢纽地区也变成了引力中心。亚历山大大帝于公元前 334—前 323 年的惊人征服之举，缔造了一个庞大的但却短命的帝国，囊括了希腊、整个波斯帝国、中亚大部以及北印度大部。亚历山大帝国包含了整个非洲-欧亚地区广泛的交换网络中所有的枢纽地区。随着它的倾圮，浸淫了希腊文化的区域性王朝在波斯、埃及和中亚，以及最西部的意大利、北非纷纷涌现。地中海地区农耕文明的传播为一个在罗马统治下的新的帝国体系奠定了基础。罗马于公元前 241 年征服西西里，并且在布匿战争期间（公元前 264—前 146 年）与迦太基这个第二等枢纽的对决长达一个世纪之久，从此开始了在意大利以外的扩张。罗马帝国在公元 4 世纪分裂之前，其鼎盛时期钳制着地中海大部地区以及欧洲农业地区的这样一个庞大的殖民地。

公元前第一个千年的上半期，部分是在同地中海世界新接触的刺激下，印度次大陆北部，尤其是沿恒河两岸种植稻米的地区农耕文明再一次出现了。在这里出现了一个重要的区域性枢纽，最终形成了一个区域性的引力中心。印度最伟大的帝国孔雀帝国（约公元前 320—公
299 元前 185 年）控制了次大陆的大部分地区；此后数世纪，没有一个统治者能够像阿育王（公元前 268—前 233 年在位）那样控制相当于欧洲那样大小的国土。尽管如此，印度人口密集的文明的出现创造了一个新的引力中心，到公元前第一个千年末，刺激产生了一个贯穿南海的交

换网络。正如琳达·谢弗（Lynda Shaffer）所指出的，印度之出口棉花和砂糖、印度之控制印度尼西亚的黄金和马六甲的香料贸易，以及印度之发达的宗教（尤其是佛教）和数学影响到了从东非到华南这一片广阔的拱形地区。谢弗将这种过程描述为“南方化”，有点儿类似于我们所熟悉的西方化。[1]

公元前第一个千年晚期，在欧亚大陆的东方、南方以及西方的农耕文明之间的联系比以前更加紧密了。有两大进步将欧亚大陆若干引力中心更加紧密地连接成为一个欧亚范围的交换体系。第一个进步是，波斯阿黑门尼德统治者在公元前 6 世纪对中亚施加影响，以及中国政府在公元 1 世纪初征服新疆地区并积极推动与印度、波斯和地中海的贸易以后，丝绸之路的交通迅速繁忙起来。第二个进步是，随着航海者学会如何利用季风，西南亚、印度和东南亚的海上贸易有所扩展。这些变迁导致了贸易商品、宗教和技术的思想，甚至疾病在非洲-欧亚大地的交换都大为增加。在埃及南方的库施（Kush，今苏丹）出现了一个重要的国家，很快强大起来，竟征服了埃及（公元前 712—公元前 664 年），标志着撒哈拉以南的非洲也被纳入了这些庞大的网络里。

在公元第一个千年里，非洲-欧亚网络由地中海（其首都先在罗马后在拜占庭）、美索不达米亚或者波斯（帕提亚帝国、萨珊帝国以及阿拔斯帝国）、印度，以及中国（汉、唐和宋）的农耕文明占据主导。对于这些文明而言，也许最有影响力的当属控制着美索不达米亚和波斯的枢纽的网络——特别是在伊斯兰教时代，当时美索不达米亚再度成为从大三角帆到造纸的商品，从数字零到新作物的技术思想的集散地，并且吸收了非洲-欧亚具有不同地方因素的新宗教观。但是印度次大陆在这些交换中也起到了比通常认识到的更为重要的作用，

[1] 琳达·谢弗，《南方化》，载于《古代和古典历史上的农业和游牧社会》，米歇尔·阿达斯（Michael Adas）主编（费城：天普大学出版社，2001 年），第 308—324 页；最初刊载于《世界史杂志》，第 5 期，第 1 号（1994 年春）：第 1—21 页。

300 在从东非到地中海、经东南亚到中国的重要的海上贸易中起到了中转作用。正如谢弗所认为的那样，伊斯兰世界吸收了地中海世界和印度次大陆的学术和技术传统，而唐、宋历史上许多宗教、商业和技术方面的重大发展，从佛教到数学上使用零的概念到引进占婆稻谷，都可以反映出来自印度的影响。[1] 在此期间，农耕文明传播到了欧亚大陆的四个新地区：华南、东南亚、撒哈拉以南非洲和欧洲。在这些地区，密集的农业人口为新兴的城市和国家、为已有文明的殖民帝国的建立奠定了人口基础。

埃及南部、苏丹人的库施在公元 3 世纪为红海沿岸的埃塞俄比亚人的阿克苏姆所取代，后者控制着连接阿拉伯和撒哈拉以南的非洲大陆、印度和地中海的贸易道路。[2] 在 6 世纪，阿克苏姆皈依了基督教。在西非，撒哈拉干旱的土地开始将地中海和撒哈拉以南的非洲联系起来，就像欧亚草原将地中海世界和中国联系起来一样。早在公元第一个千年初期，骆驼就出现在撒哈拉了，从 3 世纪以来，骑骆驼的游牧民族和商人如图阿雷格（Tuareg）人的祖先就将撒哈拉以南非洲和地中海的贸易网络联为一体，而将西非的黄金和黄铜（有时是奴隶）转运到了北方。这些贸易网络的财富在主要依靠高粱、小米，以及有时稻谷的农民居住地区，引发了大量城市和国家的产生。公元 9 世纪，在一个叫加纳的统治者领导下，在现在的马里和毛里塔尼亚交界处的瓦加杜（Wagadu）帝国形成了一个区域性的枢纽地区。9 世纪中叶，在乍得湖北面形成了贸易帝国卡纳姆（Kanem）。其占据统治地位的王朝萨伊夫（Sayf）存在了 100 年。

通常，凡是在新的农耕文明地区出现之处，很容易看出来自周边引力中心的影响——华北对华南和越南的影响、印度对东南亚的影响、

[1]　谢弗，《南亚化》。

[2]　关于库施和阿克苏姆的历史，参见斯坦利 · M. 布尔斯坦（Stanley M. Burstein）主编：《古代非洲文明：库施和阿克苏姆》（普林斯顿：马库斯 · 维纳尔，1998 年）；并且参见克里斯托弗 · 埃雷特（Christopher Ehret），《苏丹文明》，载于阿达斯主编：《古代和古典历史上的农业和游牧社会》，第 224—274 页。

地中海对美索不达米亚的影响以及美索不达米亚（伊斯兰教时代晚期）对撒哈拉以南非洲的影响，以及罗马和拜占庭对西欧和东欧的影响等。这些影响在华南最为明显，在那里被来自华北的若干王朝长期控制的地区人口有所膨胀。而华北在公元 1 世纪时占全部人口的 3/4，到 1300 年已经不到 1/4。在欧亚大陆的西面也发生了相似的转变，只不过是向北进入欧洲而已。

许多地区继续抵制农耕文明的传播。凡是技术和生态条件不适合于密集居住的地方，传统的共同体就维持得比较长久一些，这在那些 301
农耕文明因为缺少密集的农业人口而未能传播进去的地方表现得尤为明显。[1] 在以后并入莫斯科公国的罗斯，从早期农耕文明以来，仅有包括现在的乌克兰的部分地区实行农耕。该地区苛刻气候条件以及好战游牧民族的存在，妨碍了农业人口达到能够养活城市和国家的密集程度。相反，这里的农业共同体依旧是相互分离的、脆弱的，极易成为希罗多德曾经详细描述的斯基泰人攫取贡赋的对象。后来，从第一个千年中期以来，新的农作物（包括黑麦）和金属犁的使用，同时东欧的人口过剩，导致大量移民涌入欧洲和乌拉尔山之间的地区。如同在西非一样，密集的居住区吸引着外来商人。这些人来自欧亚大草原或者波罗的海沿岸，与中亚和拜占庭开展贸易。他们创造了一些区域国家，最早的有哈扎尔帝国，其首都位于黑海北部。公元 10 世纪出现了一个独特的王朝，将从波罗的海到拜占庭的商路沿线的一些小型城市联系起来，形成了强大的基辅罗斯。由于其早期与中亚和巴格达的贸易联系，基辅罗斯很容易就皈依了伊斯兰教，成为伊斯兰世界的一部分。但是在公元 988 年基辅大公弗拉基米尔（我们在第 9 章已经有所提及）改信东正教，从此以后，罗斯及其后继国家至少在文化上都属于基督教了。

除了公元 1000 年左右维京人企图在纽芬兰定居却功亏一篑外，欧

[1] 我在《俄罗斯、中亚和蒙古史》，第一卷：《从史前到蒙古帝国的内陆欧亚史》（牛津：布莱克韦尔，1998 年）中充分探讨了欧亚草原。

亚大陆和美洲之间在16世纪以前没有任何重大联系，因此将美洲视为一个不同的世界区还是有道理的。[1]尽管如此，在美洲，农耕文明也在传播着，相互之间也在发生着联系，最终创造了不成熟的世界体系。在中美洲，正如我们所见，最早的农耕文明在公元前第二个千年中叶的奥尔梅克人中出现，虽然某些学者论证说，奥尔梅克人并没有建立真正的国家。尽管如此，他们为以后所有的中美洲文明留下了一笔文化传统的遗产。真正的国家到公元前第一个千年中叶时出现了，但是直到公元后第一个千年中叶才在北方的墨西哥地区出现了帝国。特奥蒂瓦坎（Teotihuacán）的历史表明，一旦奠定了合适的基础，大型帝国结构就能够迅速地构建起来。它还提醒我们，早期国家是多么不堪一
302 击。特奥蒂瓦坎大约在进墨西哥城以北50千米，由若干个公元前500年的小村庄组成。自公元前150年起，它迅速成长。三个世纪以后，它有人口大约6万—8万。其成长——就像在6000年前就已经达到了鼎盛的小亚细亚的恰塔尔·休于一样——也许依靠它的黑曜岩贸易，相当于金属时代以前的钢铁。大约到公元500年的时候，特奥蒂瓦坎达到了顶峰，拥有人口10万—20万左右，其纪念性建筑与非洲欧亚大陆的一样高大（参见图10.3）。[2]特奥蒂瓦坎得到周围村镇网络的供养，这些村镇利用灌溉农业和契纳姆帕（chinampa，下文详述）种植农作物。但也依赖涵盖中美洲世界体系的大规模贸易网络进口食品。因此，显然它可以视为一个区域性的枢纽，而与之争锋的乡镇也会切断提供供应的贸易网络，甚至入侵抢掠该城。在它倾圮的50年里，只有几个小村庄保留了下来。殖民时期的一份资料描述了该城的领袖如何携带着“著作、书籍和图画，他们带走了所有的艺术品、金属器皿”落荒

[1] 有些人主张中国新的海军远征可能在公元前第一个千年就横渡太平洋，影响了中美洲的玛雅文化和秘鲁的查文（Chavin）文化，但是证据是间接的而且有循环论证之嫌；参见李露晔（Louise Levathes）：《当中国称霸海上：龙座的宝船队（1405—1433年）》（纽约：西蒙和舒斯特，1994年），第1章，以及李约瑟和鲁桂珍：《跨越太平洋的回音和共振：再次倾听》（新加坡：世界科学，1984年）。

[2] 罗伯特·J. 温克（Robert J. Wenke）：《史前史的范型》，第3版（纽约：牛津大学出版社，1990年），第498页。

图 10.3　特诺奇蒂特兰

特奥蒂瓦坎的大城邦，墨西哥城以外 40 千米，大约在公元 200—650 年繁荣一时。在其顶峰时期，人口可能达到 20 万，系世界最大城市。理所当然也是美洲最大、最强的城市。与中美洲其他许多地方都有联系，其政治传统影响到以后中美洲各国，其中也包括阿兹特克。采自布里安 · M. 法甘，《地球上的人类：世界史前史导论》，第 7 版，（纽约：哈珀 · 柯林斯出版社，1992 年），第 574 页；转引自《墨西哥特诺奇蒂特兰的城市化》，热内 · 米隆（René Millon）主编，第 1 部分，第一卷（奥斯丁：得克萨斯大学出版社，1973 年），热内 · 米隆版权所有

而逃的[1]。

在与玛雅同期的文化中，在尤卡坦半岛到南方的低地出现了若干个区域中心，与特奥蒂瓦坎整个交换网络联系起来。也许是由于人口过多，也许是气候变化破坏了该地农田的肥力，它们几乎在同一时间

[1]　这一叙述转引自约翰 · E. 基札（John E. Kicza），《在接触之前的美洲民族和文明》，载于阿达斯主编：《古代和古典历史上的农业和游牧社会》，第 190 页。

倾圮。自第一个千年后期开始，城市化和国家建设在中墨西哥得到了强化。这些过程最终到15世纪阿兹特克帝国创立时达到顶峰。在阿兹特克首都特诺奇蒂特兰（Tenochtitlán）有大约20万—30万人口，在墨西哥河谷有若干座几乎同样规模的城市。下文是科尔特斯（Cortés）的副官贝尔纳斯·迪亚兹·德尔·卡斯蒂略（Bernal Díaz del Castillo）于1519年第一眼看到特诺兹奇蒂特兰的印象：

> 第二天一早，我们踏上了一条通衢大道，继续向伊兹塔帕拉帕（Iztapalapa）进发。当我们看见各色建造在水面上的城市和村庄，其他建造在干地上的大城，以及通往墨西哥（即特诺奇蒂特兰）的笔直的平坦的通衢，我们简直惊呆了。这些大城和库伊（cues）以及水面上的建筑，皆以石块筑就，就像阿马迪斯（Amadis）故事[1]里的幻境。实际上，我们的一些士兵问，这是不是一场梦啊。这真是非常奇妙的事情，我都不知道如何描述眼前从未听说、从未梦见的这一切。[2]

1500年，大约有200万人住在特诺奇蒂特兰及其附近地区。他们得到高地农业的供养，此种农业方式又名契纳姆帕体系。早期居民住
303 在特诺奇蒂特兰周围沼泽地里，而特诺奇蒂特兰则建筑在水生植物和淤泥堆集而成的土丘上面，周围有柳树“篱笆”环绕。他们疏浚土丘之间的运河，用运河淤泥以及人工肥料肥沃土丘；如果仔细耕耘，一年可以收获7次。这些早期居民还用鱼类和水禽作为补充食物。[3]

在南美洲，最早的农耕文明出现在公元第一个千年，当时人口迅
304 速增长，城市化进程加快。那里出现的第一个大帝国是公元15世纪建

[1] 指《高卢的阿马迪斯》，葡萄牙骑士文学名篇，相传瓦斯科·罗贝拉（Vasco Lobeira）作于14世纪末，讲述了高卢国王佩利恩与布列塔尼公主埃利赛娜所生三个儿子的冒险故事。——译者注

[2] 贝尔纳斯·迪亚兹·德尔·卡斯蒂略：《新西班牙的征服》，J. M. 柯文（Cohen）翻译（哈蒙斯沃思：企鹅出版社，1963年），第214页。

[3] 温克：《史前史的范型》，第515页。

立的印加王国。南美洲的农耕文明与中美洲保持了密切的联系，但这些联系是否足以创造出一个世界体系还有争议。在北美洲，由于在公元第一个千年广泛种植玉米，人口急剧增加；在所谓密西西比文化中开始出现孕育各种新的农耕文明的迹象。在这些文化的中心有巨大的乡镇，高筑的仪式中心有时高达 30 米。卡霍基（Chaokia），在公元 1200 年左右那里有 3 万—4 万人，与埃利都时期的苏美尔人口相当。密西西比共同体可能是大型酋长社会，但是，因为其民众大多居住在小型共同体里，不能算作充分发达的农耕文明。玉米支撑着这个地区的人口增长，因而将该地区视为一个更广泛的美洲交换网络的区域枢纽还是比较合理的，这个交换网络的引力中心就是中美洲和南美洲。

如果将其视为一个区域枢纽，我们就可以说，到公元第二个千年的时候，世界上的农耕文明，通过不断扩张的交换网络相互连接成为了两个主要的世界体系：非洲–欧亚大陆和美洲。就此而言，非洲–欧亚大陆体系历史更为悠久，人口更为密集，力量更为强大。其势力范围在 16 世纪就变得极为清晰了，当时这两个地区最终发生了联系。另外两个世界区都没有产生农耕文明，即使在某些农业地区，包括巴布亚新几内亚、汤加和夏威夷等岛屿，出现了强大的酋长统治，有的已经接近于国家了。

我们大体上可以对于过去 4000 年间农耕文明的扩张进行量化分析。莱因 · 塔加帕拉（Rein Taagepera）试图测量非洲–欧亚大陆不同时期的“帝国体系”所统治地区的范围。他所指的帝国体系就是包括若干个农业国家的大型政治实体。虽然他的定义会排除某些农耕文明，但是仍然提供了为非洲–欧亚大陆农耕文明扩张的一份大致名录。塔加帕拉测算了每个时期国家体系所控制的全部面积，并借这些数据与当今国家体系所控制的面积进行比较。表 10.2 概括了他收集的材料。

表 10.2　非洲–欧亚大陆上的农耕文明

时代	日期	控制的地区以 100 万平方千米计	占今国家面积的百分比
后期农耕 1	公元前第三个千年	0.15（均在西南亚）	0.2
	公元前第二个千年中叶至公元前第一个千年	1—2.5	0.75—2.0
后期农耕 2	约公元前 6 世纪	8	6.0
	约公元前 1 世纪	16	
	公元 1000 年	16	
后期农耕 3	约公元 13 世纪	33（主要为蒙古帝国）	25.0
	约公元 17 世纪	44（此时计入美洲）	33.0
现代	20 世纪	大约 130	100.0

资料来源：威廉·埃克哈特，《文明、帝国和战争的辩证进化》，载于《文明和世界体系：研究世界历史变迁》，斯蒂芬·K. 桑德森（Stephen K. Sanderson）主编（沃尔努特·克里克：埃尔塔米拉出版社：1995 年），第 79—82 页，主要取材于莱因·塔加帕拉，《帝国的规模和延续性：规模的系统化》，载于《社会科学研究》，第 7 卷（1978 年）：第 108—127 页

有三个时代特别突出。第一个时代从公元前第三个千年到公元前第一个千年中叶。在这一时期，农耕文明仅存于非洲–欧亚地区，而它们直接控制了当今国家体系所统治地区的 2%。第二个时代始于公
305 元前第一个千年中叶，当时出现了阿黑门尼德帝国，一直延续到公元 1000 年。到这个时代结束的时候，农耕文明控制了现代国家控制地区的 6%—13%。在这个时期，农耕文明在美洲也有所传播，但是它们所控制的地区比非洲–欧亚大陆农耕文明所控制的面积要小得多。随着蒙古帝国以及过去 500 年欧洲帝国的兴起，在公元 1000 年以后，大帝国的统治面积陡然增长。美洲帝国在公元 1000 年后也有所扩张，但是它们对这种增长的贡献极小。在 1500 年，印加帝国统治了大约 20 万平方千米的疆域，而阿兹特克仅有 2.2 万平方千米。即使将夏威夷和汤加还在襁褓中的国家形式的地区包括进来，对于这些数据也不会造成实

质性的差异。[1]

虽然有着漫长的扩张史，但是仍然应当记住，即使在 17 世纪，也就是 300 年前，国家体系控制的地域还不到 20 世纪国家吞并土地的 1/3。即使它们开始控制了全球交换网络，囊括了世界大多数人口，它们仍然没有以资本主义国家的方式控制世界。

积累、创新和集体知识 306

农耕文明之所以可能广为传播，是由肇始于全新世的连续性的集约化过程造成的。创新的速度因而是这一时期变迁的节奏和性质的重要决定性因素。是什么因素决定了创新的速度呢？哪些领域的创新最剧烈，在农耕文明时期的创新速度究竟有多快呢？

规模本身就是创新的一个源泉，因为逐渐扩大的交换网络的规模产生了新的学术和商业的互相促进。但是更为特殊的是，另外三个因素决定了这一时期创新的节奏和性质：人口增长、国家行为的扩张以及逐渐增长的商业化和城市化。我将分别描述创这三个创新的源泉，即使实际上这三个因素是相互交织在一起的。虽然每个因素都对长期的创新和增长有所贡献，但是从中短期看，其中某些因素也会削弱创新。对于当时的人们而言，这些循环的范型在短时期内通常是最明显的，因此前现代的历史学家就根据循环而不是长期趋势进行思考。正如我们将要看到的，这三个创新之源是含糊的、不确定的，这些特点有助于解释为什么创新在农耕时代比现代要缓慢得多。

作为创新资源的规模 在最一般的层次上，信息网络的规模和多样性，正如这个网络的交换强度，从长远看决定着创新的平均速度。信息交换的数量越多、越具有多样性，那么这样的交换就越有可能产生大大小小的创新。在我们考察的阶段，显然在非洲–欧亚世界区，以

---

[1] 威廉·R. 汤普森（William R. Thompson），《军事强权问题与世界体系中欧亚大陆的崛起》，载于《世界史杂志》第 10 期，第 1 号（1999 年）：第 172 页，转引自莱因·塔加帕拉，《大型政治实体的扩张和集中：审视俄罗斯背景》，载于《国际研究季刊》，第 41 期（1997 年）：第 475—504 页。

及在较小程度上的美洲，信息网络在规模和多样性方面均有所扩张。它们将许多不同类型的社会联系在一起，因而北欧蛮族农民的创新能够迅速传播到地中海，最早在欧亚大草原发展起来的骑马技术传播到了中国和美索不达米亚，而金属制造技术和农作物传播到了整个非洲-欧亚大陆的农耕地区以及边界地区。

在交通运输方面的技术交流也使得创新能够更为迅速和广泛地传播（参见表 10.3 和 10.4）。次级产品的革命对于非洲-欧亚大陆区的交换速度和密度的增长也是至关重要的，就像它早在公元前 4000 年就促
307 使诞生了新形式的运输工具一样。牛、驴和马的轭也刺激了轮式运输的革命。在海上，当欧洲在获得了波利尼西亚航海家的技术后，他们航海的速度、安全性以及准确性无疑大为改进。通衢大道的修建也刺激了从中国到罗马的交通。交通方式的进步与文字和书写方法的改进也有关联。但是某些帝国，包括阿黑门尼德和汉朝组织了长途捷运系统（印加和以后的秘鲁也是如此）。许多社会还构建了基于烽火台的早期预警系统，以便信息有时能够长距离快速传递。

表 10.3　人类历史上的运输革命

时代	近似日期	载人和货物的方式
旧石器时代	距今大约 70 万年前	最早的人亚科原人在非洲迁移
	距今大约 10 万年前	现代人出现在欧亚大陆；最早的现代人迁移出非洲
	距今大约公元前 6 万年前	最早渡海移居澳大拉西亚；最早的海船
农耕时代	大约公元前 4000 年前	畜力运输工具
	大约公元前 3500 年前	轮式运输工具
	大约公元前 1500 年前	波利尼西亚长途海运
近代	公元第一个千年	造船航海技术改进
	大约 19 世纪早期	火车和轮船
	大约 19 世纪晚期	内燃机
	大约 20 世纪早期	空中旅行
	大约 20 世纪中期	太空旅行

表 10.4　人类历史上的信息革命

时代	近似日期	信息运动方式
旧石器时代	旧石器时代，人类历史的开端	现代语言形式；不同群体之间分享信息
	旧石器时代晚期	洞穴画
	旧石器时代晚期以来？	用鼓、灯塔、烟等信号进行远距离交流
农耕时代	大约公元前 3000 年	作为固定信息的文字
	大约公元前 2000 年	字母文字
	农耕文明时代	政府资助的或军事的通信系统
	大约公元 8 世纪以来	木版印刷
近代	大约公元 16 世纪	全球世界体系；世界交通和运输体系
	大约 18 和 19 世纪	印刷用于大众交流：报纸、邮政服务
	19 世纪 30 年代	电报
	19 世纪 80 年代后期	电话
	20 世纪	电子化大众媒体：无线电、电影、电视
	20 世纪晚期	因特网、即时全球信息交流

非洲–欧亚大陆的范围和多样性及其相对先进的交换体系有助于解释为什么在全新世创新速度比其他世界区更快。在这里，交换信息的聚集效应比其他任何地方都大，因此新技术的交换和积累比从前更具有推动作用。但是在美洲，大型农耕文明区域以及广泛的贸易网络也使相似的过程得以发生。信息网络很大，人们得以交换不同地区的生 308
活方式、农作物、技术以及生态；相应地，生态创新加速了交换的密度和速度。文字在这里也是这一过程的一个组成部分，正如建造的公路引人注目一样，但是完全缺乏非洲–欧亚大陆区那样与刺激产品相关的复杂的创新体系。

人口增长　在农业时代早期，人口增长和技术变迁是相互促进的。在农耕文明时代，这种关系仍是创新和积累的一大源泉——尤其是在孤立的畜牧民族或农业地区，他们的共同体产生了许多重要的创新，

309 尤其是在农业以及牲畜的利用方面。

自公元前3000年到大约公元1世纪，世界人口从大约5000万增加到2.5亿（参见表6.2和6.3）。这种增长标志着早期农业时代温和的人口增长速度，表明农耕文明对于人口增长具有重要的但是并非革命性的影响。长期的人口增长趋势制造了平稳增长的假象。但是从几代人或是从若干世纪的范围看，表现为一个循环的范型——也就是有升有降。历史学家已经意识到了这些扩张和衰落的巨大循环，但是对循环的周期性及其原因等问题却颇多争议。在首次发表于1966年的研究成果《朗格多克的农民》中，法国历史学家伊曼努尔·勒华拉杜里（Emmanuel Le Roy Ladurie）追踪了朗格多克地区长达数世纪的繁荣和衰落，以及整个近代早期阶段的法国经济的循环。这些循环影响生活的各个方面：罗伯特·洛佩兹（Robert Lopez）将它们描述为一种“阴晴圆缺似的交替”，不仅可以在“经济领域里看到，而且在几乎每一个生活领域也都可以看到：文学艺术、哲学思想、政治法律无不受其影响，只是程度有所不同而已。”[1] 勒华拉杜里将这些循环描述为“社会结构灵感突发”，此语真是令人过目不忘。[2] 此种循环影响深远，因为它们对农业部门至关重要。凡是在大多数生产方法依靠有机材料和能源的地方，农业产量不仅规定了食品生产，而且规定了服装、住房、能源、生产工具，甚至羊皮卷和纸张。[3] 由于在农业时代，农业是经济增长的主要动力，农业方面的创新速度决定着中期经济、政治甚至文化的循环。随着人口增加，生产增加了，需求增加了，劳动力的供应也增加了。逐渐增加的人口使维持了贸易、更大型的国家、修筑纪念性建筑，以及保护文学艺术的需求持续上升，这些又刺激了文化交流。在这些时期，农耕文明在政治、经济和艺术上都达到了顶峰。因此，经济扩张和集中、城市

[1] 罗伯特·洛佩兹：《中世纪的商业革命（950—1350年）》（新泽西，恩格乌德·克利夫斯：普林蒂斯-霍尔出版社，1971年），第1页。

[2] 伊曼努尔·勒华拉杜里：《朗格多克的农民》，约翰·戴（John Day）翻译（乌班纳：伊利诺伊大学出版社，1974年），第4页。

[3] E. A. 里格利（Wrigley）：《人口和历史》（伦敦：威登费尔德和尼科尔森，1969年），第55—57页。

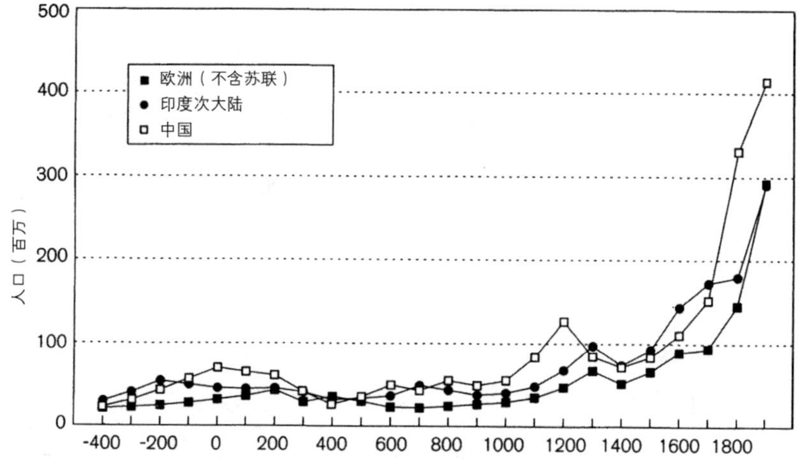

图 10.4　公元前 400—公元 1900 年中国、印度和欧洲的马尔萨斯循环

该图表明，马尔萨斯的人口增长模型，不时为突然下降所打断，这是农耕文明特有的历史。转引自 J. R. 比拉本，《人口数量的进化》，载于《人口》第 34 号（1997 年），第 16 页

化、贸易以及其政治力量都以同样的节奏运动。长期的积累在这些循环之下悄然发生，生活在当时的人们并感觉到。只有从世界历史的长期角度看，每一个循环通常比前一个循环更加上升。

对于一般农耕文明而言，近代早期法国的情况也是一样的。为了 310
对勒华·拉杜里所描述的循环有些感性认识，我们考察一下不同地区农耕文明人口增长的情况也许不无裨益。图 10.4 将 J. R. 比拉本研究的公元前 400—公元 1900 年中国、印度次大陆以及欧洲人口的大致数据用图表加以表示。[1] 很明显，在每一个地区都有一个周期，人口增长了之后就会衰落——有时甚至是剧烈的衰落。我们如何解释这些似乎决定了农耕文明的各地区中期历史的节律呢？虽然它们将人口发展的

[1]　亦可参见托马斯·M. 怀特摩尔（Thomas M. Whitmore）等人所作，《长期人口变迁》，载于《人类行为造成的地球变化：过去 300 年生物圈的全球性和区域性变化》，B. L. 特纳二世（Turner II）等主编（剑桥：剑桥大学出版社，1990 年），第 37 页：“考察某地区长期人口记录揭示了一个共同的增长和衰落的周期。”

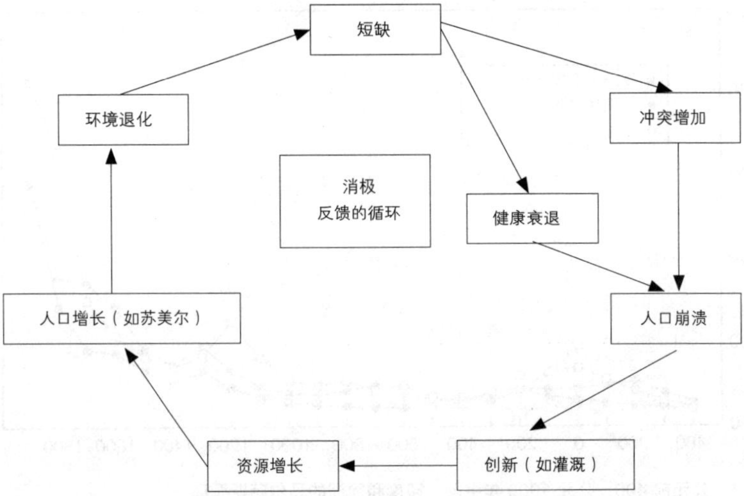

图 10.5　消极反馈的循环：人口、农业和环境

若干种趋势混合在了一起，如收成波动、战争以及商业和国家政治等，但是有一些因素是决定性的：与创新（尤其是农业创新）、人口增长、生态退化、健康衰退以及冲突增加等否定的反馈循环，导致了人口的衰落（参见图 10.5）。

英国人口研究的先驱托马斯·马尔萨斯最早分析了人口增长与现有资源之间的关系。早在 18 世纪末，他就明确指出，从精确的数学上分析，任何物种都是以几何级数增长，就像复利的上升曲线的趋势一
311 样。不过养活每一物种的现有资源一般仅以算术级数增长，表现为一种直线上升的趋势。正如我们在第 5 章最后部分所看到的，这就意味着现有资源限制了人口增长。在自然界，现有资源取决于每一物种的生态龛。但是人类与之不同，因为他们能够不断创新：他们探索、修正、改善，甚至创造出新的生态龛。因此，人口增长仅仅受到一定时期内人类的创新所形成的生态龛的数量和生产能力的限制。每有一次重大的创新，人口增长的上限就会提升一次。每当重大的创新出现，

人口就会爬升，直到打破新的上限。然后，将出现一次暴跌。土地荒芜、饥荒夺去饥民的生命，疾病杀死营养不良者，政府则为争夺稀缺资源发动战争，夺命无数——士兵以及士兵途经的城市乡村里的平民。最后人口在一个新水平上获得稳定。一般而言，创新能够确保每一个循环的水平超过前一个循环，但是创新速度太慢，以至于通常难以确保在每一个循环内，当人口超过现有资源水平时避免最终发生崩溃。

这些节律有一种重要的生态因素，因为人口的崩溃经常是对脆弱 312
的环境过度开发所致，尤其是在人口增长特别依赖灌溉干旱土地的地方。我们在致命的寄生生物过度进化中所看到的是一样的节律。在农耕文明时代，正是这个问题导致整个文明崩溃。在公元前第三个千年，美索不达米亚南部逐渐干旱，加上因为过分的灌溉造成盐碱化，削弱了苏美尔的经济基础。有一个考古学证据，表明盐碱化逐渐加深，那就是居民越来越多地食用大麦，因为大麦比小麦更加耐盐碱。即便如此，最终人口还是崩溃了，从大约公元前 1900 年的 63 万，跌落到公元前 1600 年的 27 万，直到 1000 年以后在阿黑门尼德王朝统治下方才再度回升。[1] 令人悲哀的是，到了美索不达米亚晚期历史（参见图 10.6），同样的情形再度发生了。相似的命运可能也解释了玛雅文明在 8 世纪晚期崩溃的原因（参见地图 10.1）。迈克尔 · D. 科伊评论道：

> 南方低地上的古典玛雅的人口增长可能超过了当地土地所能承受的能力，不论当时使用了怎样的农业技术。有越来越多的证据表明，整个中央地区森林大量砍伐和水土流失，只是由于一些地方有干旱的梯田而得到缓解。总之，人口过度增长以及环境退化的程度，只有如今最贫困的热带地区才能与之媲美。玛雅末日来临必然有其生态根源。[2]

---

[1] I. G . 西蒙斯：《简明环境史导论》（牛津：布莱克韦尔，1993 年），第 13 页。亦可参见怀特莫尔等主编，《长期人口变迁》。

[2] 迈克尔 · D. 科伊：《玛雅》（纽约：普拉杰，1996 年），第 128 页。

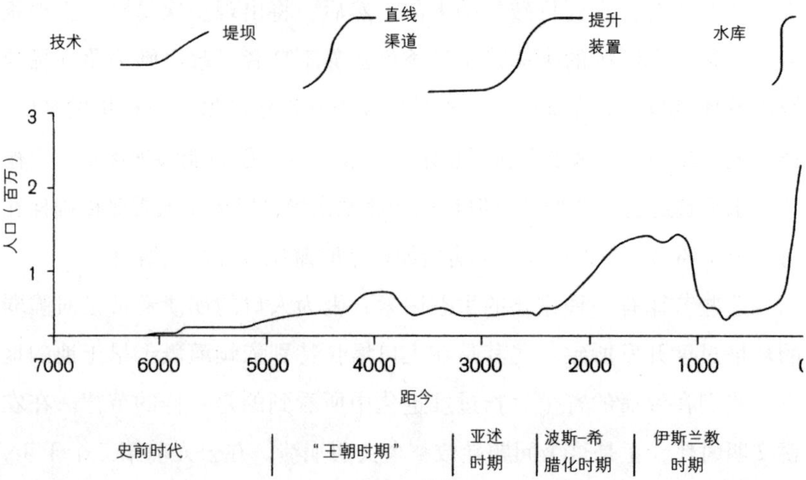

图 10.6　人口和技术变迁：美索不达米亚低地地区的马尔萨斯循环和灌溉技术

选自尼尔·罗伯茨：《全新世环境史》第 2 版（牛津：布莱克韦尔，1998 年）第 175 页，根据 M. J. L. 威格里（Wigley）/M. J. 英格拉姆（Ingram）和 G·法默尔（Farmer）主编：《气候和历史：过去其后及其对人类的影响》（剑桥：剑桥大学出版社，1998 年），第 479—513 页

在所有这些事例中，新技术或者机遇刺激了人口的增长，但是技术和管理的知识都不足以支撑无限的增长。在所有这些事例中创新足以推动增长，但是不能维持或者避免过度开发和生态崩溃。这种特有的缓慢创新模式（用埃里克·琼斯的话说就是“技术偏差”），在人口增长可达到的速度背后起到一种延滞作用，解释了整个农业社会时代的梯度循环。[1] 我称之为马尔萨斯循环。

和环境退化一样，疾病也构成这些循环的一部分。人与疾病之间的复杂关系可以从欧亚大陆最清晰地看出来——也许正如贾雷德·戴蒙德所论证的那样，因为只有在这里人类和家畜亲密地生活在一起，双方交换着致病病原体。[2] 图 6.3 的数据表明，世界人口在公元前

[1]　E. L. 琼斯：《欧洲奇迹：欧亚历史上的环境、经济和地缘政治》，第 2 版（剑桥：剑桥大学出版社，1987 年），第 3 章。

[2]　戴蒙德：《枪炮、病菌与钢铁》，第 11 章，尤其第 212—214 页。

1000—公元前 1 年期间增长极为迅速（这些数据主要以欧亚大陆为主，因而结论仅适用于欧亚地区。）。在公元前 3000—前 1000 年之间，世界人口翻番的时间从农业时代早期的大约 1630 年，减少到了大约 1580 年，但是从公元前 1000 年—前 1 年之间，则减少到了 945 年。这些统计数字强化了其他许多趋势所揭示的印象：在公元前第一个千年至少在非洲–欧亚的大部分地区人口增长迅速。为什么？ 313

威廉・麦克尼尔对欧亚大陆人口增长加快做出了最为精辟的解释。关键在于人类和大大小小各种病原体之间持续变动的关系。“大型病原体”（收取贡赋的国家）学会了以不甚暴力的、比较可预见的方式收取贡赋，而人口增长以及流行病学的交流，使得这一地区与地方病建立了稳定的关系：

> 在公元前第一个千年，三个重要的人口中心地区（中国、印度和地中海），大型的病原体和小型病原体进行自我调节，使得开 315
> 化社会的人口持续增长和地域扩张保持平稳。因此，在基督纪元初年，中国、印度和地中海的文明达到了与更为古老的开化的中东文明一样的规模和人数。[1]

各种政治体系在确定收取贡赋的合适比例方面的经验越来越丰富，而人民（的免疫系统）也越来越能够应付疾病感染。

可悲的是这一论证也解释了事物的另外一面。当以前相互隔绝的地区发生经常性接触的时候，它们便开始传播疾病。这种交换在某些缺乏必要的免疫力的地方造成了破坏性后果。瘟疫和流行病曾经改变或减慢古老的流行病分界线两边的人口增长速度。从现代世界的公元第一个千年，截止到公元 1000 年，世界人口根本没有增长。这种人口的下降趋势是极为重要的，然而被历史学家极大忽视了。以前或许也有过类似的缓慢增长，但是根据现有证据很难判断。在地中海世界

---

[1]　威廉・麦克尼尔：《瘟疫与人》（牛津：布莱克韦尔，1977 年），第 102 页。

地图 10.1　哥伦布之前的美洲世界区

界体系里，我们找到了一些证据，表明在公元前第三个千年以及公元前第二个千年末，有人口崩溃的迹象。麦克尼尔认为，不管这些早期的衰落原因如何，公元第一个千年的停滞是由于沿着欧亚大陆主要交换网络与日俱增的交通所造成的，例如丝绸之路以及连接地中海和东亚、南亚的海路。致病细菌与货物、人员一起在这些道路上通行无阻，造成大量瘟疫反复发作，因为每个地区都会面对一些本地人口缺乏生物或文化抗体的新型疾病。麦克尼尔称此过程为“欧亚大陆世界（ecumenne）的闭合”[1]。

新型疾病对欧亚大陆世界体系的两极中国和地中海的影响为最大，在这两个地区，早期接触极为有限。它们对美索不达米亚和印度的影响较小，这两个地区靠近欧亚交换网络的枢纽，因此比较抗病。麦克尼尔论证到，公元前第一个千年，在每一个人口密集的居住区都与地方性致病细菌形成了比较稳定的关系，这也许解释了为何在那个一千年内人口有比较快的增长；欧亚大陆上两个主要文明地区的致病细菌的交流可以解释为什么公元第一个千年的人口增长缓慢。

枢纽地区的相对免疫性也许从背后支持了公元第一个千年萨珊王 316
朝以及后来的伊斯兰帝国的崛起——这两个王朝分别位于波斯和美索不达米亚的中心地带，支持了北印度的笈多王朝（公元 320—535 年）。但是远东和西方的人民却惨遭不幸。正如麦克尼尔所言，“在公元后的数世纪里……欧洲和中国，欧亚大陆最经受不了疾病攻击的这两个文明，其人口实力就像以后美洲印第安人一样：在新的传染性疾病的肆虐之下不堪一击。”[2] 在以后的两个世纪里瘟疫还是一再发作。

这些极具破坏性的细菌交换对于以后的人口模型影响甚大。它们还影响到了国家的结构，甚至宗教的和学术的历史。例如人口下降肯定影响到了罗马帝国的衰落。在中国，这样的情形并不十分清晰，但

---

[1]　威廉·麦克尼尔：《西方的兴起》（芝加哥：芝加哥大学出版社，1996 年），第 7 章。亦可参见麦克尼尔，《欧亚文明化的疾病的汇流（公元前 500 年—公元 1200 年）》，载于肯尼迪·F. 基普勒（Kiple）主编：《剑桥人类疾病史》（剑桥：剑桥大学出版社，1993 年）。

[2]　威廉·麦克尼尔：《瘟疫与人》，第 111 页。

是有证据表明，在公元2世纪初爆发过包括天花和麻疹的传染病，在汉朝衰落（公元220年）和唐朝兴起（公元618年）之间，帝国及其意识形态的结构都衰落了。[1] 与此同时，美索不达米亚、伊朗以及也许还有北印度的人口则较好地保持坚挺，因此这些地区在公元第一个千年期间繁荣昌盛。14世纪的黑死病标志着致病媒介的交换进入一个新阶段，那时最重要的流行病是腺鼠疫。

还有其他各种阻滞农业时代人口积累的杀手。其中又以饥荒、战争以及城市化最为重要。我们将在以后部分加以考察。

作为积累的源泉的国家 在所控制的地区内，国家和城市是财富强大的集中者，也是积累和创新的巨大源泉，因为统治者的强大在于他们能够掠夺人口和经济资源。此外，城市本身就是思想观念和货物交换的重要枢纽。不过城市和国家也会抑制创新。

317 国家固有兴亡更替，但是从长期的趋势看，最大、最强的国家的范围和力量都有所增长。与此相应的乃是小型的、比较初步的国家体系的增加，它们有着一定的科层体制以及初步的统治范围，这种政治体系经常被称为封建制，或即早期国家。[2] 农耕文明的时代没有一个国家能够像现代国家那样规定他们臣民的日常生活。大多数国家都是通过中介环节实行统治，对于被统治人民的生活知之甚少，也毫无兴趣。然而，国家无疑慢慢明确了其自身的职责，随着收取贡赋不再采取竭泽而渔而是有所收敛的方式，国家能够熟练而有效地运用其权力。

对于国家日益增长的权力有一种间接的衡量方法，那就是那些最大的国家所统治的面积。这个趋势莱因·塔加帕拉曾经做了大致的统计。[3] 表10.5表明存在三个与众不同的时代。

---

[1] 威廉·麦克尼尔：《瘟疫与人》，第116—129页。

[2] 肯尼迪·F. 基普勒，基普勒为自己主编《剑桥人类疾病史》所做的导论，第3页。

[3] 参见亨利·J. M. 查伊森（Henry J. M. Chaessen）以及彼得·斯卡尔尼克（Peter Skalnik）主编：《早期国家》（海牙：牟敦，1978年）。
威廉·埃克哈特的《文明、帝国和战争的辩证进化》，载于《文明和世界体系：研究世界历史变迁》，斯蒂芬·K. 桑德森（Stephen K. Sanderson）主编（沃尔努特·克里克：埃尔塔米拉出版社：1995年）"，第80—81页。埃克哈特的论文主要依靠莱因·塔加帕拉的大量研究，载于《帝国的规模和延续性：规模的系统化》，载于《社会科学研究》第7期（1978年）：第108—127页。

表 10.5　部分国家和帝国的统治面积

时　代	日　期	国家或者帝国	控制地域面积（100 万平方千米）
农业时代晚期 1	公元前第三个千年晚期	阿卡德的萨尔贡，美索不达米亚南部	0.6
	公元前第三个千年晚期	埃及	0.4
	公元前第二个千年晚期	埃及图特摩斯三世（公元前 1490—1463）	1.0
	公元前第二个千年晚期	中国商朝	1.0
农业时代晚期 2	公元前第一个千年中期	伊朗阿黑门尼德王朝（及其继承者）	5.5
	公元前第一个千年后期	印度孔雀王朝	3.0
	公元前第一个千年后期	中国汉朝	6.0
	公元第一个千年早期	地中海罗马帝国	4.0
	公元第一个千年中期	早期伊斯兰帝国	10.0
	公元第一千年后期	内陆欧亚大陆第一突厥帝国	7.5
农业时代晚期 3	公元第二千年中—早期	内陆欧亚大陆蒙古帝国	25.0
近代	大约公元 1500 年	美洲印加和阿兹特克帝国	2.2

资料来源：转引自莱因·塔加帕拉：《帝国的规模和延续性：规模的系统化》，载《社会科学研究》第 7 期（1978 年），第 108—127 页

第一，从大约公元前 3000—前 600 年甚至最大的国家体系控制的疆域还不到 100 万平方千米。最早的帝国体系为阿卡德的萨尔贡所缔造，其面积约为 60 万平方千米，而公元前第三个千年的埃及王朝，萨尔贡最近的竞争对手，在其顶峰时期所控制的面积为 40 万平方千米。萨尔贡帝国所达到的界限，直到公元前第二个千年才被打破，当时埃及法老图特摩斯三世在埃及和美索不达米亚东部缔造了一个短命的帝国，其面积几乎达到了 100 万平方千米。在公元前 13 和公元前 12 世纪，中国的商朝统治的疆域也一样辽阔。 318

第二，在公元前第一个千年中的第六个世纪，阿黑门尼德帝国又创造了一个纪录。在其鼎盛时期，统治着大约550万平方千米的疆域。在以后的200年里，在阿黑门尼德王朝、塞琉古王朝、帕提亚王朝、萨珊王朝以及阿拔斯王朝统治下，波斯一直是控制着面积相仿的诸大帝国的中心。它们在这段时期为帝国的疆域面积确立了一个新的标准。在印度，公元前3世纪，孔雀帝国短暂地统治了大约300万平方千米的疆土。此后的印度帝国，直到公元16世纪莫卧儿帝国创立，一直都没有达到这个面积。到公元前1世纪，中国汉朝开始统治的疆域甚至比波斯还要大（超过了600万平方千米）。亚历山大大帝的帝国比波斯人的帝国更为辽阔，但是也比它更为短命。到公元1世纪，罗马共和国控制的帝国超过400万平方千米。在公元7、8世纪，伊斯兰征服者以美索不达米亚和波斯为基地，创造了一系列帝国，在其解体之前控制着大约1000万平方千米的非洲-欧亚大陆主要枢纽地区。

第三，13世纪的蒙古帝国是一个明显的例外，其在顶峰时期，控制了2500万平方千米的疆土，以后的近代早期的欧洲帝国在17世纪也控制着大约2500万平方千米的疆土，除了这两个明显的例外，大多数传统帝国的疆域在500万—100万平方千米之间。直到现代先进的交通运输技术，加上现代军事技术和官僚体制，才有可能缔造更大的帝国。

在美洲，国家体系也有类似的发展趋势，只是在时间上相差了大
319 约2000年。与公元前第三个千年苏美尔或埃及规模相似的农耕文明出现于公元前第二个千年晚期或者公元前第一个千年早期。阿黑门尼德王朝首次打破的政治界限，直到欧洲人到来的时候才刚刚在美洲达到。在公元1500年，印加统治着大约200万平方千米的疆土，而阿兹特克帝国更小，仅有大约22万平方千米。[1]

宗教思想的变迁反映着国家组织的势力和范围在逐渐增加，因为宗教能够通过推动对国家的忠诚并调节贡赋的交换而巩固国家权力，

[1]　汤普森：《军事强权的问题》，第172页，引自塔加帕拉：《大型政治体的扩张和集中的范型》。

在那些建立了制度化教会的地方尤其如此。农耕文明早期的宗教，就像旧石器时代的宗教一样，其主张和影响力倾向于地方性和区域性。[1]人们期望他们的神，就像家庭成员一样，能够保护某个部落或者城市，消灭他们的敌人。随着首个帝国的建立，地区性的神灵被整合进了更大的、更具有帝国特点的万神殿，但是宗教仍然是地区性事务，与某个地区性的王朝、城市和帝国关系密切。这种关系可以在纳拉姆-辛（Naram-Sin）（大约公元前 2250—前 2220 年），阿卡德萨尔贡之孙的宗教艺术中清楚地看到，他被描绘成为一个统治其他诸神的神。

直到公元前第一个千年方才出现了最早的普世宗教。这些宗教虽然实际上总是与某个特定的王朝或者帝国有关联，但是都宣称拥有普遍真理，崇拜一切强大的神灵。当帝国和交换网络均达到已知世界的边缘并统治着不同信仰体系以及生活方式的人们，普世宗教应运而生，这绝非偶然。最早的普世宗教袄教出现于公元前第一千年中期最大的帝国阿黑门尼德王朝，亦即将非洲-欧亚大陆联结为一个世界体系的贸易路线枢纽，同样也是绝非偶然。实际上，大多数普世宗教均出现于美索不达米亚和印度之间的交换枢纽。包括波斯的袄教和摩尼教、印度的佛教、中国的儒教以及地中海世界的基督教和伊斯兰教。它们的出现说服了德国哲学家卡尔·雅斯贝斯，他在 1949 年出版的一部历史著作中将这一时期命名为“轴心时代”。[2]非洲-欧亚大陆不同地区的联系增加，其中一个重要的迹象就是这些宗教沿着贸易路线传播，佛教、摩尼教和景教沿丝绸之路进入中国。伊斯兰教控制了美索不达米亚的枢纽而获益匪浅，因而传播得更远：西抵西班牙，南至东非，东及中亚和华北，最终深入印度的北部和南部，以及东南亚大部地区。面对伊斯兰教，一度在地中海地区大获成功的基督教，在许多世纪里不得不步步后退。直到公元第二个千年后期方才时来运转。

---

[1] 布鲁斯·G. 特里格尔：《早期文明：古代埃及面面观》（开罗：美国大学开罗出版社，1993 年），第 4 章，关于宗教的讨论是有帮助的。

[2] 参见卡尔·雅斯贝斯：《历史的起源与目标》，迈克尔·布洛克（Michael Bullock）翻译（纽黑文：耶鲁大学出版社，1953 年），第 1 章。

320 收取贡赋的国家，就像人口增长一样，对于积累具有重大的但是矛盾的影响。从积极的方面看，它们极大地促进了创新和积累，增加了它们的权力和效率。就像病毒一样，它们能够或多或少有效地，或多或少野蛮地榨取它们的俘虏。最稳定的国家和最明智的统治者通过轻徭薄赋、维护基础设施、坚持法律和秩序以及鼓励农村人口的增长和农业生产而保护其社会的生产基地。适度的税收以及稳定的统治能够提高农业与工匠的生产。但是通过维护诸如道路和灌溉系统等基础设施来刺激增长，也是至关重要的。在一切欧亚大陆农耕文明的治国方略中反复强调了这些手段的重要性。许多古代作家非常注重渲染并鼓励不要掠夺成性，采取比较可持续性的税收方式。例如，17 世纪的大不里士的穆斯林王公在一部给儿子的书中写道，“你要不断努力改善耕作，治理有道；因为你要懂得这个真理：王国要有军队支持，军队要有黄金支持，而要得到黄金只有发展农业，发展农业要靠公正、平等。因此，你要公正和平等。”[1] 中国宋朝政府以同样的精神，命令其官员在南方推广高产稻谷，改进道路设施，方便稻谷和其他商品输往其他城市。凡是其人口依靠大型灌溉工程的政府都不得不考虑维持这些系统。

国家可以通过许多途径刺激积累。大多数收取贡赋的国家最重视战争，因为征服相邻社会是获取新资源最快捷的途径。因此收取贡赋的国家对于军事创新总是深感兴趣。苏美尔政府开展黄铜和锡的贸易，因为他们需要青铜武器。建造大桥、水渠和防御工事；使用混凝土；利用棘轮、滑轮齿轮等成熟体系，建造弩炮和攻城器械等战争机器，在这些领域里，罗马技术可谓独树一帜。而在修造防御工事（如中国的长城）、大批量生产武器、战争资源的运输以及建造运输食品的运河等领域，汉朝的技术则给人留下深刻印象。

321 统治者常常赞助大型建筑项目，以增强其威望。用于维护并美化

[1] 王公的话转引自克里斯蒂安：《俄罗斯、中亚和蒙古史》，第 1 卷，第 36 页。

罗马都城的技术给人留下了深刻的印象。有人认为，“公元 100 年的罗马，铺设美观的街道，处理污水，供应清水以及防火设施，比 1800 年开化的欧洲首都还要完善。”[1] 就像大型军队的缔造一样，这些项目刺激了贸易，产生了需求，从而增加了积累。强大的国家在炫耀其威严的大型项目上花费无度，包括建造阿黑门尼德首都波斯波利斯那样的城市。这些是用来恐吓臣民和竞争对手的，但是它们也提供了就业机会，吸引了客商和工匠。在追求管理效率方面，国家还推行提高书写能力，虽然仅仅局限于官员内部。可能提高科层体制效率的变迁包括大约公元前 1000 年，腓尼基各城引入字母文字，增加数学和天文学知识，从而使国家能够更好地控制历法和计算。大型的更为有效的科层制度，对于应付自亚述时代投入使用的大型雇佣军也是必不可少的。最后，稳定的政府以及适度的岁入鼓励农民生产更多的剩余产品，也刺激了商人更广泛地从事贸易。

但是，收取贡赋的国家虽然经常鼓励积累，但是也会破坏积累，有时破坏的程度还十分严重。实际上，农耕文明的基本结构令这种现象必然发生。如果初级生产者不能获得土地，那么收取贡赋的精英们便不能存在，因为土地是大多数剩余产品的来源。因此，在大多数农耕文明里，大多数人都能够获得某种形式的土地。这种生产资料的广泛分配限制了财富梯度的加剧，抑制了资源被集中到精英集团手中。这就意味着虽然剩余的财富能够集中到政府和精英的手中，但是土地，农耕文明的基本生产资料却不能。不管精英们如何象征性地主张对土地的所有权，他们必须将大多数土地交给那些在土地上劳作的农民。这一要求限制了他们管理并且监督农业生产的能力。这还解释了为什么贡赋国家在如此初级的科层体制下还能够生存下来：他们将大多数基本生产任务几乎全部交给了乡村家庭组织的技巧和劳动力了。

正如马克思所指出的那样，这些关系解释了为什么收取贡赋的精

[1] 乔尔·莫吉尔：《财富的杠杆：技术创造和经济发展》（纽约：牛津大学出版社，1990 年），第 20 页。

322 英们不得不经常通过抑制创新、抑制生产能力的方式来榨取资源。[1] 如果农民拥有足够的土地养活自己，那么他们就不会屈从于精英们经常需要的大量财富。正是因为这个原因，精英们通常不得不使用武力威胁取得剩余产品。在短期或者中期阶段中，这些威胁，不管适用于收取日常税收还是通过征服而收取新的财富流，都是极为有效的获取资源的方式，因为生产的实际增长发生得太慢，无法引起统治者的兴趣。因而摩西·芬利（Moses Finley）不无夸张地论证道："古时候所谓的经济增长，总是通过对外扩张而取得的。"[2] 在这样的环境下，通常只有那些具有远见卓识或者自信心十足的统治者才会投巨资于那些需要花费数十年才能提高生产能力的项目。面临当前的危机，甚至最胜任的统治者也会变成野蛮的、贪得无厌的掠夺者。那些无能的或者绝望的统治者当然就会使用破坏性的榨取国家收入的手段，甚至当他们或者他们的顾问明知正在竭泽而渔，破坏他们权力基础的时候也不能幸免。俄国历史上的伊凡雷帝就是这种过度榨取而招致危险的一个可怕事例。在他死后，苦心经营了数世纪的强盛的俄罗斯帝国在内战、饥荒、入侵以及人口下降中分崩离析，史称"混乱时期"。伊凡雷帝横征暴敛的政策是导致国家分裂的主要原因，它们把作为一切农耕文明的生产基础的农民逼得家破人亡。

这些农耕文明的基本结构性特点造成了一些重大的后果。首先，收取贡赋社会精英阶层不得不专注于强制和管理而不是生产。大体上看，精英阶层蔑视生产工作，蔑视从事这些工作的人，这个态度使得他们大多数人对构成其财富基础的生产技术一无所知。官员和武士（管

---

[1] 马克思的经典表述如下："在直接劳动者仍然是他自己生活资料生产上必要的生产资料和劳动条件的'所有者'的一切形式内，财产关系必然同时表现为直接的统治和从属的关系，因而直接生产者是作为不自由的人出现的；这种不自由，可以从实行徭役劳动的农奴制减轻到单纯的代役租…… 在这些条件下，要能够为名义上的地主从小农身上榨取剩余劳动，就只有通过超经济的强制，而不管这种强制是采取什么形式。"（马克思：《资本论：政治经济学批判》第 3 卷，大卫·费恩巴赫［David Fernbach］翻译，［哈蒙斯沃思：企鹅出版社，1981 年］，第 926 页）。译文采自《马克思恩格斯全集》第 25 卷，人民出版社 1974 年版，第 890—891 页。——译者注

[2] 摩西·芬利：《希腊罗马世界的帝国》，载《希腊和罗马》第二系列，第 25 卷，第 1 号（1978 年春），第 1 页。G. D. 斯诺克所著《社会的动力：探索全球变迁的资源》（伦敦：鲁特罗齐出版社，1996 年）第 10 章对于征服的"利润"进行了有趣的分析。

理者和胁迫者）规定了精英的而不是工匠、农民或者商人的生活方式。收取贡赋的精英们大多满足于捞取所需要的一切，关注使他们能够持续捞取所需要的一切必不可少的军事和税赋的技巧。一般而言，他们必须成为财富的榨取者而不是财富的生产者，因此治国之道优先于经济考量。[1] 马基雅维利关于这个世界战略战术的描述是极为宝贵的，虽然不无一些讽刺的意味：

> 因此，君主除了战争、军事制度和训练之外，不应该有其他的目标、其他的思想，也不应该把其他事情作为自己的专业。兵法是统治者应有的唯一的专业，它是极为有用的，那些继承王位的君主能够凭此维持他们的统治，而且经常能使普通市民变为统治者……丧失一个国家的第一种办法就是无视兵法；赢得一个国家的第一种办法就是精通兵法。 323

在这样一个世界里，男性精英们深知自己主要应当学会训练胁迫的技巧，而不是学术或者商业行为。因此，在狩猎和比武上花费时间比在账房里花费时间要有用得多。

> 君主永远不要让自己的思想偏离军事训练，在和平年代比在战争时期更要关注这个问题。这些训练既有身体的，也有心灵的。就前者而言，除了把他的人妥善组织起来加以训练之外，他还应该经常外出狩猎，强身健骨，学会一些实用的地理知识：山脉怎样起伏的、峡谷怎样凹陷的、平原怎样展开的。[2]

这种态度使得那些收取贡赋的精英们以一种在今天工业化社会中

---

[1] 利润最大化不是古典时代统治者的中心要务，这是 M. I. 芬利所著《古代的经济》（伦敦：恰图和温都斯，1973 年）中的一个核心主题。

[2] 尼科洛·马基雅维里：《君主论》，乔治·布尔译（哈蒙斯沃思：企鹅出版社，1961 年），第 87 页，88 页。

少见的不知羞耻的精力从事暴力。尼扎姆·穆尔克（Nizam al-Mulk），一位塞尔柱苏丹的维齐尔，他引用了阿拔斯王朝的哈里发马蒙的话，“我有两个侍卫长，他们的职责就是从早到晚砍掉众人的脑袋，绞死众人，斩断他们的手脚，执掌鞭刑，将他们投入大牢。”一位12世纪的法国作家描述了战争的快乐：“我告诉你吧，再也没有比听到双方高叫‘杀了他们！’，听到灌木丛中无主战马嘶鸣、听到人们呼喊‘救命！救命！’，再也没有比看到有人倒下去……死人的两胁插着耀眼的三角旗修饰的长矛，更能够让我吃得好、睡得香、喝得爽的了。”[1]

在某些环境下，精英们也会稍稍远离暴力的训练，而专注于强制管理的手段。在中华帝国——自秦朝（公元前221—前207年）创立第一个统一国家开始，一个庞大的科层体制监管着军队和税吏——强制的行政和法律形式就经常比肉体的强制更能赢得威望，野心勃勃的人花费更多时间在学习而不是狩猎上面。但是他们所学习的乃是统治术而不是农耕或者经商。

与此同时，农民（初级生产者）只要能够生活下去，通常对于提高他们的生产能力毫无兴趣，因为提高产量就更容易被他们的领主榨取。
324 诸如中国这样的长期稳定的政治实体之所以能够兴旺发达，其部分原因在于它们足够富有，足够长期维持可预见的、相对轻的税赋水平，这给农民以更大的支持，让他们进行提高生产能力的创新。[2]但是，即使在那些不甚横征暴敛的国家里的农民，其创新意识也是不强的。一般而言，他们缺少开展新技术实验的金融资源、冒险能力，以及相关培训。

总之，正如乔尔·莫吉尔所言，在那些有工作的人缺乏财富、教育和尊严的地方，在那些富有、受教育的以及想要尊严的人对于生产工作一无所知的地方，是不大可能发生技术创新的。在农耕文明里，

---

[1] 尼扎姆·穆尔克：《治国之书或者为了国王的统治》，休伯特·达克（Hubert Darke）翻译，第2版（伦敦：劳特利齐，1978年），第131—132页；法国作家的话转引自C.沃伦·霍利斯特（C.Warren Hollister）：《欧洲中世纪简史》，第5版（纽约，1982年），第163页。

[2] 王国斌：《转变的中国：历史变迁与欧洲经验的局限》（伊萨卡，纽约：康奈尔大学出版社，1997年），第129页，第134页。

收取贡赋的精英们极大地控制了信息交换的网络，他们对技术思想怀有敌意无疑极大地延缓了生产技术创新的传播。[1] 缓慢的增长速度本身抑制了投资，令这个恶性循环得以实现，因为缓慢的增长速度意味着投资回报只有在很遥远的未来才能够取得，几乎没有什么统治者能够接受这样一个时间跨度。在一个（以现代标准而言）增长缓慢的世界里，投资于增长实在是一个增加岁入的缓慢办法：征服一般是比较有回报的策略。通过这些手段，收取贡赋的国家权力建筑其上的社会和经济的结构延缓了生产技术的创新。

交换、商业和城市化　但是，在农耕文明里，还有另一个创新的动力，那就是商业交换。那些以经商为业的人不得不成为一个驾驭两相情愿的交换体系的行家里手，即使凡是能够逃脱惩罚他也会动用武力。但是武力通常起到的作用不大，因为商业交换发生在强制的权力达不到的地方，因为他们所涉及的商品，那些有强制权力的人并不感兴趣。由于在商业交换中，效率和两相情愿一般比武力更为重要，所以人们普遍认为，商业比纳贡更有可能产生提高效率的创新。

虽然在大多数前现代国家里，纳贡占据交换的主要地位，但是统治者的权力不大能够控制其疆域以外的资源。因此，除非得到入侵的军队的支持，国际商业交换经常是两相情愿的。因此，两相情愿的商业交换一般比统治者控制下交换延伸得更远。人口的增长、农耕文明的传播以及交通工具的改善，凡此种种，从长远来看，都倾向于增加广泛的商业交换的数量和范围。它们反过来又加快了新的军事生产和管理技术，以及在不断扩大的世界体系之内新产品的传播，因为商人通常追求能给他们带来商业利益的创新。（正是在这些压力的推动下，325
导致欧亚大陆西部的国家和商人在公元第一个千年成功地获取了丝绸的秘密）但是商业交换本身也推进了协同作用（synergy），因为不同地区的创新在其新家经常形成新的甚至更为富有成果的结合，由此提

[1]　莫吉尔：《财富的杠杆》，第 175 页。

高了它们的影响力。[1]一个惊人的事例就是因为从大草原的骑术引进农耕文明所造成的军事进步，这个过程使得战争发生了革命性变化。一方面，我们将会看到，不同地区间的交换妨碍了农耕文明的积累过程，主要是因为它们间接地影响到疾病的类型；与此同时，地区间的联系经常被掠夺成性的国家的贪婪所窒息。因此，商业同样能够刺激变迁，但还不能像在现代世界那样强有力地刺激变迁。

大多数纳贡精英蔑视非强制的商业交换以及从事这类交换的人。这种蔑视态度在大多数帝国体系的官方价值观——儒家价值体系、印度的种姓制度、罗马人对待商人的态度，以及在大多数农业国家商人的普遍的低下社会地位——中都有明显的表现。尽管如此，从长远看，交换体系在整个农耕文明里得到了发展；随着它们的发展，商业和实业家手中的财富数量，最终这个集团的影响力也都与日俱增了。

随着交换网络的延伸，以及长途交换的频繁发生，枢纽地区由于越来越多的信息和财富流经此地而获得更具有战略性的重要地位。因为城市依赖于商业，所以城市化间接地提供了实现这些趋势的手段。欧亚大陆城市化的历史与我们已经看到的模型（参见表10.6）是相符合的。在这里，在公元前第一个千年的时候人们跨过了一个重要门槛。[2]在公元前第三个千年，也许至少有8座居民达3万人的城市。它们都位于美索不达米亚和埃及的枢纽地区，总计人数达到24万。到公元前1200年，同等规模的城市可能有16座，人口总计50万，不过这些城市现在遍布于东地中海、北印度和中国。在公元前650年，仍然有20座同等规模的城市存在，总人数不足100万。但是到公元前430年，城市数量超过
326 了50座，到公元100年达到70座，其总人口分别达到290万和520万。公元第一个千年的人口下降意味着这是公元第二个千年城市的数量达到

[1] 这种共同作用类似于，但不等同于亚当·斯密将其与逐渐增长的交换相联系的那种类型的增长；斯密集中研讨的是从逐渐增长的专业化所产生的生产能力，而这种生产能力反过来形成更大的市场。

[2] 本段落所用日期，转引自斯蒂芬·K. 桑德森（Stephen K. Sanderson），《扩张中的世界商业化：世界体系与文明的关系》，载于桑德森主编：《文明和世界体系》，第267页。

高位。在公元 1000 年，人民和城镇都没有公元元年的时候多。

表 10.6　非洲-欧亚大陆城市化的长期趋势

时期	城市数量	最大城市规模	最大城市总人口
公元前 2250 年	8	约 30 000	240 000
公元前 1600 年	13	24 000—100 000	459 000
公元前 1200 年	16	24 000—50 000	499 000
公元前 650 年	20	30 000—120 000	894 000
公元前 430 年	51	30 000—200 000	2 877 000
公元 100 年	75	30 000—450 000	5 181 000
公元 500 年	47	40 000—400 000	3 892 000
公元 800 年	56	40 000—700 000	5 237 000
公元 1000 年	70	40 000—450 000	5 629 000
公元 1300 年	75	40 000—432 000	6 224 000
公元 1500	75	45 000—672 000	7 454 000

资料来源：斯蒂芬·K. 桑德森，《扩张中的世界商业化：世界体系与文明的关系》，载于桑德森主编：《文明和世界体系：世界历史变迁研究》（加利福尼亚，瓦尔努特溪：阿尔塔米拉出版社，1995 年），第 267 页；根据特尔提乌斯·钱德勒（Tertius Chandler），《城市发展 4000 年：历史统计》（纽约勒威斯顿：圣大卫大学出版社，1987 年），第 460—478 页

城市化和国家行为直接或者间接地刺激了农耕文明时期各种领域的贸易。美索不达米亚、埃及和中国最早的政府积极地参与组织和管理必需品和奢侈品的交换。到公元前第三个千年中叶，政府和神庙大量从事贸易，用金银记帐，甚至有时还放贷（取息）或者开展银行业务。一般而言，凡是在纳贡手段不能有效施展的地方市场交换就会繁荣一时。[1] 因此，凡是在武力不可企及的地方，国家就必须通过贸易取得那些珍贵商品或者战略物资。对于这些情形，威廉·麦克尼尔指出，

[1]　安东尼·吉登斯受到德国社会学家马克斯·韦伯思想的启发，将经济交换定义为“任何非强制性的协议，提供现有的或者未来的用途以给予代替另外一种用途或者反过来其他人给予我们的用途”［《民族-国家和暴力》，《对历史唯物主义的当代批判》第 2 卷（剑桥：剑桥大学出版社，1993 年）］，第 123—124 页。

“统治者和有权势的人不得不学会与拥有这些商品的人多少平等地打交道，用外交的手段和方法来取代强迫命令。”[1] 但是军事扩张，就其野蛮性而言，也能够为商业和学术交流提供特殊的强有力的刺激。例如，
327 阿黑门尼德王朝和希腊化王朝的征服者们鼓励商业和学术交流，从中亚深入到印度，并深入到西地中海。在东方，汉朝和唐朝的扩张在中国内部起到了催化作用。这些交换留下的学术残余就形成了波斯、印度、中国以及地中海世界的文化传统。[2]

地方的贸易网络，因其规模小而不会引起纳贡领主的兴趣，小商贩或者市场上的商人或者农民在处理小交换方面比政府官僚更加得心应手。因而甚至在最早的农耕文明中也存在着竞争性的市场。同样也存在着商人，即使在最早的国家里他们总是与政府关系密切，而且拥有政府高官的职务和地位。[3] 到公元前第二个千年早期，埃尔巴（Elba）和马里（Mari）等城市表明在美索不达米亚存在着独立的贸易公司，不过它们的贸易可能受到政府的监管或者许可。[4]

到公元前第二个千年，商业在某些地区已经十分活跃了，为小型城邦提供重要的经济基础，甚至超过了纳贡。这类国家的早期城邦乃是北叙利亚的埃尔巴，该城邦在萨尔贡时代盛极一时。埃尔巴著名的楔形文字文献，包含贸易和国家从事贸易的详细叙述，终于在 1974 年被发现。安纳托利亚中部的贸易城邦迦尼什［Kanesh，今库尔特佩（Kül Tepe）］也提供了早在公元前第二个千年的市场、价格和信用体系方面的详细证据。[5] 更加熟悉的事例乃是公元前第二个千年的上半叶坐

---

[1] 威廉·麦克尼尔：《竞逐富强：公元 1000 年以来的技术、军事与社会》（牛津：布莱克韦尔，1982 年），第 5 页。

[2] 关于希腊化时代的概述，参见斯坦利·M. 布尔斯坦（Stanley M. Burstein），《世界史上的希腊化时代》，载于阿达斯主编：《古代和古典时期的农业和牧业社会》主编（剑桥：布莱克韦尔，1982 年），第 5 页。

[3] 玛利亚·欧根尼亚·乌波特（Mariá Eugenia Aubert）：《腓尼基人和西方：政治、殖民地和贸易》，玛利·图尔顿（Mary Turton）翻译（剑桥：剑桥大学出版社），第 85—87 页；转引自斯诺克斯（Snooks）：《社会的动力学》，第 345 页。

[4] 威廉·麦克尼尔：《竞逐富强》，第 22—23 页，提到公元前 1800 年安纳托利亚的楔形文字包含有使用驴子组成商队的贩锡商人的书信。

[5] 纳普：《古代西亚和埃及的历史和文化》，第 141—143 页。

落在克里特岛上的米诺安，它控制着整个地中海农业地区的贸易网络。在中亚地区，早在公元前第二个千年初期就在所谓乌浒河文明中出现了繁荣的贸易城市。后期以贸易为基础的政治实体的事例包括自公元前大约 1400 年起继承了米诺安的贸易网络的迈锡尼希腊人；今黎巴嫩境内的推罗和西顿等腓尼基城市，以及早在公元前第一个千年的古希腊。还包括东非、印度海岸以及东南亚的许多城市。地中海世界的贸易城邦建立了殖民地网络，希腊人大致沿着遍布岛屿的北部海岸，而腓尼基人则主要沿着南部海岸。腓尼基最重要的殖民地乃是迦太基（今突尼斯境内），推罗于公元前 814 年建立。

非洲–欧亚大陆的贸易网络在公元前 1000 年以后迅速扩展。在欧
亚大陆西部，诸如白银等商品自公元前第三个千年起就已经初步充当 328
了货币的功能，而在中国，贝壳和布帛自公元前第二个千年中叶就用作同样的用途。[1] 但是将价值印在其上的真正货币，最早出现在公元前第一个千年初期。公元前 7 世纪货币就在安纳托利亚流通了；也许在同一时期，中国华北也同样如此；到公元前 4 世纪，在欧亚大陆的所有主要的农耕文明都使用了货币。这一创新极大地简化了商业交换。同样具有重大意义的还有，在公元前第一个千年中叶，经由海上和陆路的欧亚大陆东部、南部和西部之间出现了活跃的商业交换。[2] 起初，国家在鼓励沿着这些商路的贸易以及保护本国商人方面起到至关重要的作用。在中国的汉朝，这种行动尤为引人注目，公元前 2 世纪晚期，在汉武帝率领下，中国政府以巨大代价，一直扩张到了中亚。然而，携带商品的实际任务一般还是要由商人来完成，他们通常在游牧民族或者地方海军力量的保护下，一队又一队地将商品从非洲–欧亚大陆的这一头运输到另一头。

正如任何一本经济学教科书都会解释的那样，在商人自由地从商

[1] 纳普：《古代西亚和埃及的历史和文化》，第 95，142 页；芮乐伟·韩森（Valeri Hansen）：《开放的帝国》（纽约：W. W. 诺顿，2000 年），第 92 页。

[2] 克里斯蒂安，《丝绸之路还是草原之路？》。

品流通过程中取得利润的竞争市场中，商业行为能够刺激创新。在竞争的环境下，赤裸裸的强制是要出局的，降价经常是对手的竞争手段，因此商人一般都会竭力保持低价而获得最大效率。而他们常常懂得如何降价，因为他们人脉甚广，能够迅速得知新的有效经营的方法。正是由于商业行为遵循了这样一些基本规则，因此能够在真正具备竞争的市场上，在商业行为相对不受纳贡精英——他们对于取得财富而不是生产财富更加感兴趣——把持市场的地方，鼓励各种降价的创新，提高生产水平。

在这方面，农耕文明中有两类地区能够脱颖而出。在农耕文明的边缘地区以及轻徭薄赋的地区，农民能够持续地从提高生产能力的创新中获得利益，因为他们可以储备所生产的剩余产品。在古典时代北欧“蛮族”的土地上，乡村生产者比在罗马帝国有更大的独立性，他们发现值得从事各种试验。实际上，许多新技术最早出现在这些共同体里。例如，罗马作家将“珐琅、有辐辏的轮子、肥皂、改良的农业种植以及先进的铁器制造技术的发明”都归功于凯尔特人。[1] 而在东欧
329 地区，黑麦的引入使得人们定居在东欧和乌拉尔山之间的土地上，那里本不适宜于种植地中海或者西欧的农作物。如哥特人等的农业共同体有时发现特别是沿着腐朽的罗马帝国边界，抢掠和贸易相结合也会带来不菲的收益。但是即使在农业国家里的农民，在能够获得土地而不必缴纳苛捐杂税时，他们对于提高生产能力也是很有兴趣的。在前现代时期中国农业令人震惊的高产出肯定与轻徭薄赋（因为中国政府通常不像同时期欧洲国家那样穷兵黩武），与拥有土地的农民比率较高的事实可能有某种关联。[2]

商业使生产能力潜力得以发挥的第二类地区，就是那些位于区域性贸易体系枢纽附近的小型纳贡国家。正因为其国家较小，从纳贡得

[1]　莫吉尔：《财富的杠杆》，第 26 页。
[2]　王国斌：《转变的中国》，第 45—46 页。

到的国家收入数量也有限。但是如果这些国家位于具有发达的贸易网络的帝国体系附近，那么它们的统治者就能够与当地商人一起合作从商业中获得额外的国家收入。在这些地区，市场更有可能具有真正的竞争性，因为小型国家比那些大型的纳贡国家更少有机会依靠纯粹的纳贡收入养活自己。实际上，在农耕文明时代，创新的真正发动机经常是位于区域交换网络枢纽的附近的小型国家或者城邦。此外，如果这些国家存在于周围国家紧张对立的地区，寻求商业和纳贡的混合收入的压力就更大了。而且那些商业上成功的国家有时也会设法开发巨大的财富和信息之流。通过这种办法，例如古代雅典或者现代化早期的日内瓦或威尼斯等小型国家虽然内部资源匮乏，有时仍能成为主要的强国。

正如安东尼·吉登斯所指出的，在农耕文明时代，小型的商业化国家比并不总是表现为孤立的实体而是整个体系中的一部分，与大型纳贡国家的政治实体相比，在这些通常高度竞争的国家里，商人享有更高的社会地位。[1] 这些地区更有可能成为尤其是在商业方法、运输以及战争方面的创新先锋。最早的字母文字是腓尼基文，现代数学和经 330
典作战方阵大多归功于希腊城邦，中亚伊斯兰教的贸易城市不遗余力地保存古典世界的技术和科学知识，或者现代商业技术归功于文艺复兴时期的意大利城邦，也就不足为奇了。[2]

城市化和商业化刺激了各种不同类型的积累：财富的、观念的、新技术的以及行为方式的积累。但是日益发达的商业行为就像国家一样也会削弱增长，尤其是传染性疾病。大多数前资本主义的城市都是些不健康、不宜居住的地方。城市肮脏、拥挤不堪，为致病细菌提供了适宜的环境，城市居民一般比农村居民的预期寿命更短。直到 20 世纪，城市在社会就像银河系里的黑洞，将远方的剩余人口吸入并毁灭

---

[1]　吉登斯：《民族-国家和暴力》，第 40—41 页，第 79—81 页。

[2]　关于古希腊人对兵法的贡献，威廉·麦克尼尔写道：“古地中海世界武器发展的主要阶段在于竞争中的统治者将商业原则运用于军事机动性的那几个世纪里，这决非偶然。”（《竞逐富强》，第 70 页）

掉。因此城市化本身抑制了人口增长，城市发展得越快，其抑制作用就越大。正如我们所看到的，不断扩展的贸易网络由于刺激了疾病的传播，也发挥了同样的作用，只是范围要大得多。因此，我们不能将城市和贸易的传播当作理所当然的增长手段，虽然它们确实常常作为日渐发展的创新的指标。

最后，在整个农耕文明时代，商业行为刺激创新的机会常常为强大的纳贡国家的国家收入方法所窒息。虽然纳贡国家一般宽容并在一定条件下鼓励商业行为，但是它们贪婪成性的手段和诉诸武力的意愿，对于贸易发展的所必需的自由而言始终是一个威胁。因此，在纳贡的手段和商人的手段之间长期存在一种冲突；只要纳贡精英把持着政治制度，那么这种冲突就会限制商业行为发挥其提高生产能力的潜力。

创新速度

我们已经看到，人口增长、国家权力的增长以及商业化的增长，无不促进了农耕文明时代的创新。但是每一个因素也会抑制积累。这种矛盾的范型有助于解释农耕文明时代某些重要的基本特征。首先，虽然存在着新的创新源泉，但是长期的人口增长率与早期农业时代相比并没有惊人的区别。贪得无厌的纳贡国家以及新疾病的负面影响抵消了人口增长、国家权力以及商业扩张等更为积极的影响。其次，整个时代的创新速度是缓慢的。当然许多领域都不乏创新的事实，从科
331 层制的管理，到文字、战争、交通和冶金术等。此外，日渐增长的商业确保了诸如青铜或铁器的制造、马术或者战车能够在整个非洲-欧亚大陆广泛传播。尽管如此，在整整 4000 年时间里，令人震惊的是创新是多么有限，尤其是在生产技术——耕作和管理——方面。最后，正是这种缓慢增长的范型解释了为什么马尔萨斯的增长和衰落的循环似乎为一切农耕文明所特有。从整体上看，在人类历史的这一阶段里，重大的新技术与现有技术的微小改良——例如次级产品革命的技术——相比，对于积累的贡献要小得多。

本章小结

农耕文明在现代历史学的叙述中占据了主导。自从大约于 5000 年前出现以来，它们就缓慢地扩张并且变得更为强大。虽然它们并非一枝独秀——它们与其他没有组成国家的许多不同类型的共同体共同分享着这个世界——但是它们最终成为世界上人口最多最强大的社会组织。它们的规模，以及在农耕文明内部和各文明之间进行交换的范围以及活跃程度都使得创新在整个时期得到继续推进。创新的主要动力促发了人口增长、国家行为以及逐渐增长的商业行为和城市化。但是每一种动力也会降低创新的速度。随着地区之间人口的联系加强，它们传播疾病，有时带来严重的流行病，削弱了国力，导致地区性的衰落。纳贡国家主要靠强制性地榨取资源，经常模棱两可地甚至敌意地对待商业活动。不过商业活动本身是创新的一个最重要动力。城市也是信息和商业交换的场所，但是它们不健康的环境延缓了人口增长并且传播疾病。通过所有这些方式，农耕文明的行为既刺激又减缓了创新。这些矛盾的影响造成了矛盾的后果：虽然农耕文明时代的历史有各种不同类型的创新，但是没有一种创新能够赶上人口增长的节奏。332
正因如此，整个时代的历史变迁就受到了马尔萨斯循环的制约——人口的、商业的以及经济的长期增长之后必然伴随着衰落，接着又是一轮增长。

延伸阅读

农耕文明时代乃是众多学术研究的对象，但是令人震惊的是很少有学术研究关注大趋势。相关的著作包括莱因·塔加帕拉的论文和斯蒂芬·K. 桑德森、安德烈·贡德·弗兰克和巴里·基尔斯所著关于世界体系的论文，以及本书书目中所列克里斯托弗·蔡斯–邓恩和托马斯·霍尔的专著。如今还有许多关于世界史的优秀著作，其中许多集中研究公元前 3000 年到公元前 1500 年这段时期。最好的作品有杰里·本特利（Jerry Bently）和赫伯特·齐格勒（Herbert Ziegler）的《传统和相遇》（两卷本，第二版，2003 年）；理查德·布里耶（Richard Bulliet）等《地球及其居民》（1997 年）；以及霍华德·斯波德科（Howard Spodek），《世界的历史》（第 2 版，2001 年）。还有一些很好的概述性的著作，参见威廉·麦克尼尔的经典研究《西方的兴起》（1963 年）以及戈兰·布伦哈特（Göran Burenhult）主编的丛书《图说人类历史》第 3、4 卷（1994 年）。迈克尔·曼的《社会权力的源泉》（1986 年）概述了国家权力的历史，而特尔提乌斯·钱德勒的《城市发展 4000 年：历史统计》（1987 年）概述了城市化的过程。最后，历史社会学家，如安东尼·吉登斯［特别参见《对历史唯物主义的当代批判》（第二版，1995 年）及其第 2 卷《民族–国家和暴力》（1985 年）］以及迈克尔·曼都对本章讨论的某些主题有所研究。

第5部

近代：一个世界

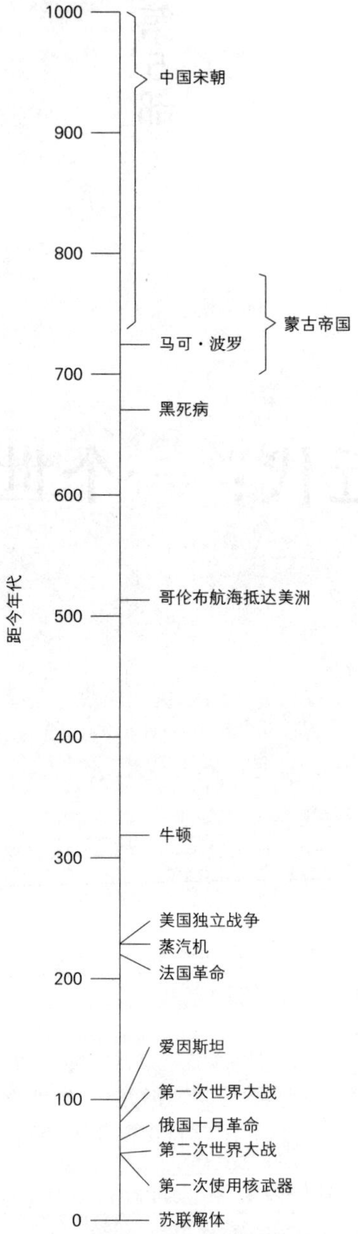
1000
900
800
700
600
500
400
300
200
100
0
距今年代
中国宋朝
蒙古帝国
马可·波罗
黑死病
哥伦布航海抵达美洲
牛顿
美国独立战争
蒸汽机
法国革命
爱因斯坦
第一次世界大战
俄国十月革命
第二次世界大战
第一次使用核武器
苏联解体

年表 11.1　现代的尺度

第 11 章

渐行渐近的现代化 335

在过去 1000 年里，特别是在过去 300 年里，人类历史发生了前所未有的更迅速、更实质的转型。人类跨越了一道全新的门槛，步入了一个全新的社会。安东尼·吉登斯写道："在最多不超过 300 年的时间范围内，其变迁之神速、剧烈、范围之广是任何之前的历史变迁都难以与之相比的。因现代化的降临而建立起来的社会秩序……不仅加速了以前的发展趋势。从某些特定的、重要的方面看，那完全是一个崭新的世界。"[1] 变迁不全在人类本身，由于人类对生物圈产生了全新的影响，这种变迁对于整个地球而言也是意义非凡的。[2]

由于我们置身于此种转型之中，很难清楚而客观地看到其特点。因此，在描述这种转型时我有意贴上了一个含糊的标签——"现代革命"。

置身于现代性前夜的世界

为了把握现代革命的规模和意义，我们想象进行一次跨越时空的世界之旅，回到第二个千年开头的几百年，也许是不无裨益的。

在《欧洲与没有历史的人民》（1982 年）中，埃里克·沃尔夫带

---

[1] 安东尼·吉登斯：《民族–国家与暴力》，《对历史唯物主义的当代批评》的第 2 卷（剑桥：政治群体出版社，1985 年），第 33 页。

[2] 此种转型对地球的影响，约翰·R. 麦克尼尔做了令人信服的论证，参见所著《太阳底下的新鲜事》。

领他的读者做了一次公元1400年的世界之旅。[1]这种概述使我们想起，甚至到了那么晚的时候，世界上有多少地区尚未被整合进农耕文明。虽然农耕文明坚定不移地蚕食着孤立的农民、游牧民族，甚至食物采集民族，公元1000年的农耕文明所控制的土地仍然不及现代国家
336 的15%。因此我们必不可把现代国家对过去500年间无国家人类共同体的破坏归罪于农耕时代。实际上，无国家共同体，包括北欧或者中国东北地区的农民或者蒙古和斯基泰草原上的游牧民族，对于强大的农业帝国仍然构成强大的军事挑战。与此同时，不同类型的共同体之间的关系更多是通过交换而不是冲突建立起来的。游牧民族用马匹和皮革交换城市生产的丝绸或酒类；西伯利亚骑兵用海象皮和其他皮草换取金属制品；中美洲和热带非洲丛林里的园艺社会贩卖黄金、皮革、豹皮和奴隶，以换取城市制造的各种物品。相反，从中国到罗马的国家则需要草原上的马匹和雇佣军；他们的商人或者穿越大草原或者穿越森林地带从事贸易。在美洲也是如此，各城市不得不与沿着连接城市和遥远的丛林共同体的商路，与无国家结构的共同体所控制的地区或者穿行于这些地区从事贸易。

分析性的范畴促使我们把每一种生活方式都看作自成一体的世界，但是正如沃尔夫所坚持认为的那样，情况绝非如此，"在公元1400年的世界，每个地方的人口都存在着相互联系。将自身定义为具有独特文化的人群相互之间总是通过血缘或者仪式关系而联系在一起；国家的对外扩张将其他民族融合成为一个更具包容性的政治组织；精英集团的此消彼长攫取了控制农业人口的权力，建立新的政治的和象征的秩序。"[2]

农耕文明的精英们一般将那些生活在其边界之外的人们（许多人也生活在边界之内）视为"蛮族"。蛮族共同体包括食物采集民族、游牧民族、园艺社会以及孤立的农民，他们常刀耕火种，狩猎并采集其

[1] 埃里克·沃尔夫：《欧洲与没有历史的人民》，第24—72页。公元1000年的类似的世界之旅，参加约翰·曼（John Mann）所著《1000年的世界地图》（剑桥，麻省：哈佛大学出版社，1999年）。

[2] 沃尔夫：《欧洲与没有历史的人民》，第71页。

副食品。在这些将世界连接起来的网络中穿梭往返的就是各种类型的商人——有的野蛮粗俗，有的损人利己，也有的公平买卖。大多数人生活在很小的共同体里面。在这里，血缘比国家权力还强大。对于那些构成农耕文明的大多数人口和资源的村民其实也是如此。当然，对于地主和税吏的压榨、往来军队经常带来的死亡、疾病或者奴役，村民不会视而不见。但是在大多数家庭的大多数时间里，家庭、亲属和邻居组成的地方性共同体才是有价值的。

在远离农耕文明地区的广袤的边疆地区生活着由村落组织起来的农民共同体，通常接受有亲属关系的领导人。这些共同体有的已经处 337
在了国家的边缘。亚马孙盆地的大多数地区就居住着一些小型园艺共同体，他们也从事狩猎和采集。在北美，沿着密西西比河一带，农民生活在人口众多的共同体内，其构成颇类似于国家。有些地方的密西西比文化遗址，比如靠近圣路易斯的卡霍基（Cahokia），人口达到 30 000 以上。卡霍基是一个庞大的政治和仪式中心，由大约 100 多个土丘组成。密西西比文化一直延续到 16 世纪，不过像卡霍基这样的遗址大多早已衰落，而欧洲人带来的欧亚大陆的疾病则消灭了剩下的共同体。但是我们有一个见证人留下了记载，这个人叫普拉兹的勒帕耶（Le Page du Pratz），他在密西西比河谷的纳谢（Natchez）部落有过一段短期生活。正如布里安·法甘所概括的那样，“他生活在一个严格分层的社会里——有贵族和贫民之分，有一个被称为伟大太阳的首领——其成员住在由九座房屋、一座神庙组成的村子里，该村位于一座土丘顶上。普拉兹见证了伟大太阳的葬礼，他的妻子、亲戚以及仆人吃下迷幻药，然后抱成一团要为他殉葬”。[1]

在西非和中非也可以发现一些较大规模的共同体。如现在的津巴布韦境内某些地区或现在的加纳北部地区，自公元 1000 年，也许甚

[1]　布里安·M. 法甘：《地球上的人类：世界史前史导论》，第 10 版（上桑德河，新泽西：普伦蒂斯–霍尔 2001），第 362 页。

至更早，高密度的人口和广泛的贸易网络就支撑起了国家系统。西非国家主要依靠对专营黄金的贸易网络的控制，这个贸易网络穿过撒哈拉沙漠，北抵地中海沿岸现在的摩洛哥地区，或者埃及和伊斯兰世界。中非和东非的国家与沿海城市有贸易往来，穆斯林将他们在那里的货物（主要是黄金和奴隶）运输到伊斯兰世界、南亚和东南亚。14 世纪的中国船队在太监郑和率领下到达非洲东海岸。但是，即使这些远征可以称之为新，也只不过是因它们取代了古代贸易网络的中间商。中国早在公元 7 世纪就有非洲奴隶了，正如沃尔夫所论，“到 1119 年，据说广州的大多数有钱人都蓄有黑奴。”[1]

北欧也为周边农耕文明提供奴隶，直到第一个千年的后期，欧洲大部居住的仍为无政府状态下的农民。这些地区虽然缺乏农业帝国的大规模常备军，但是对于他们“开化”的邻居而言却是危机四伏的。
338 特别是周围的农耕文明的财富总是令人竞相垂涎。哥特入侵者于 5、6 世纪在罗马帝国的遗址上建立了一系列王国，而早在公元 4 世纪满族的祖先就在中国北方建立了若干个国家并建立了中国的最后一个王朝——清（1644—1911）。这些冲突导致国家结构传播到了现有的农耕文明边界之外。在公元第一个千年中期，国家开始在整个北欧出现。在东欧，农业人口迅速扩张并向今天的乌克兰和俄罗斯移民；因此到公元第一个千年末，国家开始遍及整个东欧。

在新世界也是如此，农耕文明经常遭受周围“野蛮人”的威胁。在中美洲，许多大型城市，包括特奥蒂瓦坎和图拉（Tula）都曾遭到已经有文化和贸易联系的北方共同体的毁灭性入侵。阿兹特克人的功名堪与哥特人相媲美。阿兹特克人的祖先最早称作墨西卡（Mexica），来自园艺农业者或者食物采集共同体，在今墨西哥谷地以北，他们的世界在很多方面受到中墨西哥文化传统影响。阿兹特克人迁移进墨西哥谷地，在那里各城邦的夹缝中寻求生存之地。在 14 世纪，他们开始充

[1]　沃尔夫：《欧洲与没有历史的人民》，第 42 页。

当雇佣军；到 1428 年，他们打败了他们的主人，创立了自己的王朝。[1] 在东南亚和大部地区以及中国不断扩张的边界，大范围的无国家农业共同体也是盛极一时。在美拉尼西亚和波利尼西亚诸岛上还能够找到这类共同体中最与世隔绝的类型。

在非洲–欧亚大陆，存在着另外一种重要类型的边民：他们居住在农业文化和游牧文化地区之间。畜牧民生活在极其干燥的地带，完全不适宜于养活高密度的农业人口。这些地区从蒙古一直延伸到中亚大草原和伊朗，经美索不达米亚和撒哈拉，自南面进入东非。[2] 主要基于马、山羊、绵羊和骆驼的畜牧文化是整个干涸的欧亚草原和沙漠上传播最为广泛的一种生活方式。骆驼畜牧文化在阿拉伯和撒哈拉沙漠的中心地带尤为重要。中部和东部非洲大多地区主要居住着牧牛的大型畜牧民族共同体。畜牧共同体一般由亲族群体构成氏族（clan）、部落，以及较大规模的部落联盟。在和平时期，畜牧民族以数百个家庭结成小群体，沿着固定线路行进。他们或者在每一个新的宿营地支搭帐篷，或者在流动的住房里面远行。有个希腊作家叫伪希波克拉底的，描述 339
了 2000 多年前黑海以北的斯基泰人使用的这种牛车："轻型牛车有四个轮子，不过也有六轮的，它们覆以毛毡。打造得就像房子一样，有的分成两间，有的分成三间，防雨、防雪、防风。牛车由两到三头无角公牛拖拽，因为寒冷，所以牛无角。妇女就住在这些牛车里面，而男子则骑在马背上，他们身后跟着畜群，公牛或者马。"[3]

畜牧民族所到之处都会对周边的共同体发生影响，因为他们的生产能力有限而流动性极强，迫使他们与相邻的农业或者园艺民族开展贸易，而他们尚武的品格又意味着抢掠经常比贸易更能获得丰厚的利

[1] 迈克尔 · D. 科伊：《墨西哥：从奥尔梅克人到阿兹特克人》，第 4 版，（伦敦：泰晤士和赫德孙，1944 年），第 158 页。

[2] 关于游牧文化，托马斯 · J. 巴尔费尔德的《另类的游牧民族》（恩格乌德 · 克利夫斯，新泽西：普林蒂斯–霍尔，1993 年）以及安纳托利 · M. 哈扎诺夫（Anatoly M. Khazanov）的《游牧民族和外部世界》，朱利娅 · 克鲁肯登（Julia Crookenden）翻译，第 2 版（麦迪逊：威斯康星大学出版社，1994 年），都做了极好的论述。

[3] 伪希波克拉底，《空气、水、土地》，转引自 G. E. R. 劳埃德（Lloyd）、J. 查德威克（Chadwick）和 W. N. 曼（Mann）翻译并作序的《希波克拉底作品集》（哈蒙斯沃思：企鹅出版社，1978），第 163 页。

润。他们的抢掠导致了相似的反入侵策略，导致了防卫墙的构筑，从华北一直延伸到中亚和巴尔干地区。[1] 内陆中亚草原上骑马的游牧民族可能早在公元前第二个千年就构成了强大的军事同盟。由于草原能够养活的人口极少，这些同盟唯有设法从相邻的农耕文明那里攫取大量财富才能够比较长期地维持其结构，因而最强大的畜牧民族的军队会出没在商路附近或者紧邻农业民族的边境线上。这类同盟的组成有的可以冠之以国家的名称，虽然与农业世界的国家有所不同。他们不是畜牧、农业或者贸易的产物，而是这些不同生活方式交织在一起的混合物。[2] 成吉思汗缔造的游牧帝国最为著名。蒙古帝国创立于13世纪，经过一系列比亚历山大大帝还要辉煌、漫长的远征，控制了所有内陆欧亚草原、伊朗大部和整个中国。这是第一个延伸到所有欧亚主要地区的政治体系。

农耕文明与畜牧民族的交界处也许是一切边境中最为活跃、最为复杂的。在这些交界处，不同技术、不同生活方式的共同体经常交流观念、货物和民族，这时我们就能够看到也许比世界上其他地方更为强有力的智力作用。频繁的交流使得这些交界处成为整个非洲-欧亚世界创新的强大动力源。包括骑马、冶金和战争在内的新技术，以及从萨满教到佛教、伊斯兰教和基督教的宗教思想，通过这些交流而传播。也使得疾病、基因和语言得以流传。印欧语言也许是从现在的俄罗斯
340 某地，由畜牧的移民带到了中国、印度、美索不达米亚和欧洲。各农耕文明的军队里也经常含有大草原来的骑兵分队。有时游牧民族，从帕提亚人到塞尔柱人到蒙古人，他们的领袖在边境成功地建立了王朝，然后推进到城市的中心地带。

在西伯利亚大部、北冰洋沿岸、部分非洲地区、北美大部、南美

[1]　参见大卫·克里斯蒂安：《俄罗斯、中亚和蒙古史》，第1卷，《从史前时期到蒙古帝国的内陆欧亚》（牛津：布莱克威尔，1998年）

[2]　克里斯蒂安：《俄罗斯、中亚和蒙古史》，第1卷，第85—94页，第149—157页；狄宇宙（Nicola di Cosmmo），《中亚史上国家的形成和消长》，载于《世界史杂志》，第10卷，（1999年）第1号，第1—40页。

南部和亚马孙盆地，以及整个澳大利亚都可以找到以亲属关系为基础的小型的、不甚强大的共同体。它们之间的生活方式差别甚大，不可能进行任何合适的概括。在这里必须就其中一个群体做一些文字描述。

汉蒂–曼西人（Khanty and Mansi）住在乌拉尔山以东的西西伯利亚。他们所操的语言与今芬兰语和匈牙利语有一种疏远的联系。当 17 世纪俄罗斯商人和士兵进入他们境内的时候，他们的人口约为 16 000 人。（当时的俄罗斯人口大约为 1000 万，令人联想到在食物采集文明和农耕文明之间的巨大差别）。根据俄罗斯旅行家的叙述，汉蒂–曼西人主要以渔猎为生。但是他们也从相邻的民族借鉴各种技艺。某些南方氏族种植大麦，放牧牛马，而某些北方氏族则饲养驯鹿，与他们周围的萨莫耶德人（Samoyed）一样。他们的外袍是用驯鹿和麋鹿的皮革制成，不过有的氏族也用羽毛和鱼皮制衣。在南方，甚至有用植物纤维纺布制衣。大多数汉蒂–曼西人住在半永久性的帐篷里过冬；夏天到来的时候，他们迁移到猎场和渔场，住在桦树皮帐篷里。他们天热的时候乘着桦树皮制作的小划子顺流而下，而在冬天则改用鱼皮的小划子。俄罗斯人发现，他们虽然人数很少，却是强大的军事对手，因为他们使用金属盔甲、长弓和铁矛。

下面的叙述来自 1675 年一个俄罗斯公使关于他们生活方式的记载。正如我们从所有农耕文明的使用文字的旅行家的叙述中所知道的那样，从这段文字中我们可以了解到作者本人的态度，以及所描绘的对象，两者是一样的多：

> 各种奥斯亚克人（Ostyaks，即汉蒂人）捕鱼甚多。有些人吃生鱼，其他人则晒鱼干或者煮食，但是他们不知道盐也不知道面包，只吃鱼和一种夏天采集的白色根茎苏萨克（susak）。他们不能吃面包，如果面包吃了个饱，就会死掉。他们的住地是毡包，他们捕鱼，不只是为了采集食品，也为了用鱼皮制衣，还有靴子
> 和帽子，他们用鱼的肌肉缝制这些用品。他们使用木制轻舟，可以 341

载五六人，甚至更多。他们总是携带弓箭，随时准备战斗。他们有许多妻子——想要多少就有多少，所以就有许多妻子。[1]

就像汉蒂-曼西人一样，许多食物采集共同体与更大的共同体联系密切，与他们交换各种技艺和货物。有的交换体系延续了数千年。例如北极产品海象皮和珍贵皮毛的贸易将西伯利亚的食物采集共同体与西面和南面的农业共同体或游牧共同体，甚至间接地与更加南面城市建立起了联系。在南美洲，安第斯山西坡的大量农业居民与东坡的无国家共同体开展贸易，或者经过转手贸易体系，获得羽毛、古柯叶和美洲虎皮。甚至南美洲西部某些农作物，如甘薯和花生也是从亚马孙盆地的热带雨林运输来的。[2]这些贸易使当地首领能够建立前所未有的政治体系。18世纪在北美和加拿大南部形成的军事联盟就是建立在从欧洲进口武器和酒类而换取当地皮毛的基础之上的。但是虽然起初这些交换可能是平等的，但是长此以往对本地的共同体则是危险的。对皮毛的贪欲令俄国深入西伯利亚，也令法国和英国的商人深入北美和加拿大，给无数他们与之贸易的食物采集和园艺农业的共同体带来悲惨的后果。

甚至最偏远的共同体也经常与农业共同体发生某种联系，或者进行小规模的动物养殖和植物培育。沿着澳大利亚西北海岸，在最近几个世纪里，苏拉威西的商人成群结队地定期探访那里的共同体，带去玻璃、陶器、烟草和金属用品，换回昂贵的海参。再把它们当作美食和壮阳药转卖到东南亚和中国。

通过这种或者其他多种方式，在农耕文明内部或者边界线上的农民的、畜牧的以及食物采集植物的共同体有助于形成各自的历史。但

---

[1]　这位公使的文字转引自特伦斯·阿姆斯特朗（Terence Armstrong）：《俄罗斯的北方居民》（剑桥：剑桥大学出版社，1965），第36页；参见詹姆斯·福赛斯（James Forsyth）出色的西伯利亚史著作，《西伯利亚各民族史：俄罗斯北方的亚洲殖民地（1581—1990）》（剑桥：剑桥大学出版社，1992年），尤其是第10—16页。

[2]　沃尔夫：《欧洲与没有历史的人民》，第65页。

是对于农业时代的大多数时期而言，农耕文明和其他共同体之间力量的均衡不像现代那样稳定。在公元 1000 年，整个人类居住的世界上所能够发现的生态和文化上的差异乃是现代革命的一个主要牺牲品。 342

现代革命

前文所描绘的世界有许多特征已经存在了数千年——不过其中大多数到公元 2000 年的时候已经消失。20 世纪初的世界与七八百年前的世界是全然不同的。实际上，现代革命造成的转型无远弗届，以至于难以想象出哪里还有有生命的地区没有被改变了的。下文我们罗列了某些比较重要的变化的细目。

人口增长

人口增长的速度极快，从图 11.1 就可领略一番。1960 年，有人曾

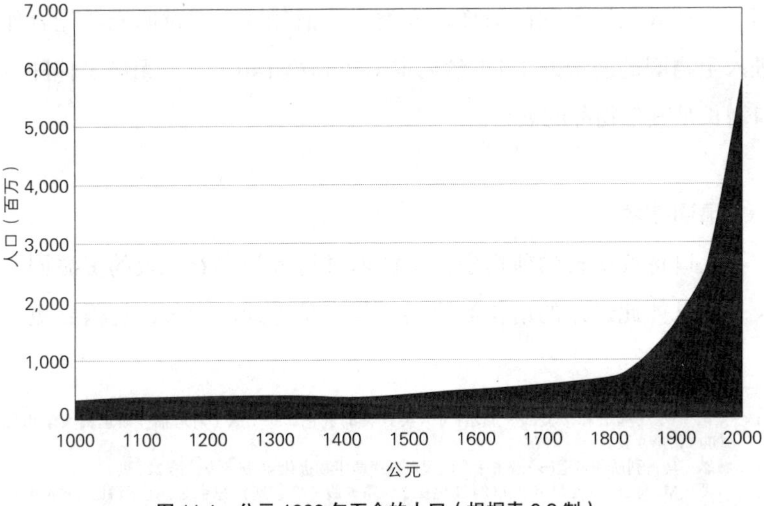

图 11.1　公元 1000 年至今的人口（根据表 6.2 制）

试图对过去2000年全球人口的数学趋势进行统计，结论是人口数量将在2026年11月1日达到无限。[1]这个（以“末日等式”著称的）统计令人想到，这种增长率不可能是永远如此保持下去的。公元1000年，世界人口稳定在2.5亿。20世纪末，人口增长了24倍，达到60亿。大多数的增长发生在第二个千年的后半期。1500年，世界人口大约在4.6亿；1800年，9.5亿，或者10亿；到1900年，刚刚到16亿。1800年以前的800年，人口增加了大约4倍，而1800年以后的200年，人口增加了6倍。因此，世界人口翻番的时间急剧缩短，尤其是在过去两个世纪（参见表6.3）。正如表11.1所示，在过去的两个世纪里，全世界人口都在增长。

人类繁荣昌盛，如图11.1所示，将可能在21世纪达到顶峰。即使如此，这是一个具有全球意义的现象，因为它影响到了整个生物圈。正如林恩·马古利斯和多里昂·萨根所言，人类已经变得像“哺乳类的杂草到处蔓延”。[2]卡罗·奇波拉（Carlo Cipolla）评论道，“一个生343物学家，从长远的实践观察最近人类增长的图表，会说他的印象就好像看到人体受到某种感染性疾病的突袭而出现一条增长的曲线一样。”[3]我们人类作为大型物种，获得了前所未有的能力而使地球资源为己所用。正如我们所看到的那样，人类目前消耗掉了通过阳光与光合作用进入生物圈的能量的1/4（参见本书边码第140页）。无怪乎伴随着人口增长是其他物种的衰亡。

精通技术

人口持续增长的前提条件是能够维持人类穿衣吃饭的资源同步增长。但是如此迅速的增长需要的不仅仅是土地的增长，还需要更高的

---

[1]　艾伦·W. 约翰逊和蒂莫西·厄尔：《人类社会的进化》第2版（斯坦福：斯坦福大学出版社，2000），第9页。

[2]　林恩·马古利斯和多里昂·萨根：《微观世界：微生物进化40亿年》，第228页。

[3]　卡罗·M. 奇波拉：《世界人口的进化史》，第6版（哈蒙斯沃思：企鹅出版社，1974年），第114—115页。

生产力，这便意味着生态的、技术的创新也要与日俱增。因此，人口的快速增长必然伴随着技术令人眼花缭乱的翻新（实际上，唯有如此有可能使人口增长）。在过去 200 年里，创新再也不是孤立的、偶然的，而是普遍的、无所不在的。没有迹象表明这种创新的大爆发何时终结。相反，在 20 世纪后期，创新的速度比从前任何时候都快。

新技术实质性地增进了医护知识，由此使孩子和成人都活得更长，直接影响了人口的发展趋势。但是其间接的影响更大，因为它们极大地提高了工农业生产力。农业生产力迈出了决定性的一步，就是一小 346
批人生活在土地上就能够养活一大批人（参见图 9.3）。而在工业生产方面变化甚至更大。正如戴维·兰德斯（David Landes）在一部影响深远的论述工业革命史的著作中所写的那样：

> 生产力的进步在某些部门取得了巨大成就——例如牵引和纺纱（请比较一下马匹和巨大的蒸汽机）。在其他领域取得的成就只是因为相比较而言才不那么引人注目：纺织、铸铁或者制鞋业。而在有的领域，相对而言确实变化较小：男子花在剃须上的时间与 18 世纪几乎相同。[1]

纺织业或许是前现代世界里第二重要的消费品生产部门，传统印度手工纺纱工每纺 100 磅棉花需用 50 000 小时；18 世纪英国发明的机器将这个数字降低到了 18 世纪 90 年代的 300 小时，19 世纪 30 年代的 135 小时。[2] 新技术还改变了交通和信息的交换方式，使现代交换网络的工作速度比以前任何时候都更快、更有效率、覆盖面更广。在 18 世纪信息的传输速度最快不过是马拉邮车或者船舶的速度，而今电话和网络可以使世界各地的数百万人进行即时交流（参见图 10.3 和表 10.4）。

---

[1] 戴维·兰德斯：《被解缚的普罗米修斯：西欧 1750 年至今的技术变迁和工业发展》（伦敦：剑桥大学出版社，1969 年），第 6 页。

[2] 乔尔·莫吉尔：《财富的杠杆：技术创造和经济发展》（纽约：牛津大学出版社，1990 年），第 99 页。

表 11.1 世界各地的人口（公元前 400—公元 2000 年）

年份	地区（百万）												总计
	中国	印度次大陆	西南亚	日本	亚洲其他地区	欧洲	苏联	北非	撒哈拉以南非洲	北美	中南美洲	大洋洲	
公元前 400 年	19	30	42	1	3	19	13	10	7	1	7	1	153
公元前 300 年	30	42	47	1	3	22	13	12	8	1	7	1	187
公元前 200 年	40	55	52	1	4	25	14	14	9	2	8	1	225
公元前 100 年	55	50	50	1	4	28	13	14	10	2	9	1	237
公元元年	70	46	47	2	5	31	12	14	12	2	10	1	252
公元 100 年	65	45	46	2	5	37	12	15	13	2	9	1	252
公元 200 年	60	45	46	2	5	44	13	16	14	2	9	1	257
公元 300 年	42	40	45	3	6	30	13	14	16	2	10	1	222
公元 400 年	25	32	45	4	7	36	12	13	18	2	11	1	206
公元 500 年	32	33	41	5	8	30	11	11	20	2	13	1	207
公元 600 年	49	37	32	5	11	22	11	7	17	2	14	1	208
公元 700 年	44	50	25	4	12	22	10	6	15	2	15	1	206

续表

年份	地区（百万）											总计
	中国	印度次大陆	西南亚	日本	亚洲其他地区	欧洲	苏联	北非	撒哈拉以南非洲	北美	中南美洲	大洋洲	
公元 800 年	56	43	29	4	14	25	10	9	16	2	15	1	224
公元 900 年	48	38	33	4	16	28	11	8	20	2	13	1	222
公元 1000 年	56	40	33	4	19	30	13	9	30	2	16	1	253
公元 1100 年	83	48	28	5	24	35	15	8	30	2	19	2	299
公元 1200 年	124	69	27	7	31	49	17	8	40	3	23	2	400
公元 1300 年	83	100	21	10	29	70	16	8	60	3	29	2	431
公元 1400 年	70	74	19	9	29	52	13	8	60	3	36	2	375
公元 1500 年	84	95	23	10	33	67	17	9	78	3	39	3	461
公元 1600 年	110	145	30	11	42	89	22	9	104	3	10	3	578
公元 1700 年	150	175	30	25	53	95	30	10	97	2	10	3	680
公元 1800 年	330	180	28	25	68	146	49	10	92	5	19	2	954
公元 1900 年	415	290	38	45	115	295	127	43	95	90	75	6	1 634
公元 2000 年	1 262	1 327	181	127	680	514	290	151	659	313	516	30	6 057

也许最重要的是，新技术使人类作为一个物种能够跨越生态领域去获得以前从未能够获得的，远比植物、动物和其他人类所提供的更多能源。人类社会再也不需要主要依靠人类的和动物的肌肉或者木柴、风力和水力满足其能量的需要。人类不是使用这些最近才从太阳中取得的能源，而是开始挖掘远古时代太阳储藏在煤、石油和天然气中的能源，因此也可以说，我们这是在谈论“矿物燃料革命”。学会如何使用煤和石油产生蒸汽动力或者电力相当于发现了好几个新大陆为人类所利用。正如安东尼·里格利（Anthony Wrigley）所论证的那样，英国1820年仅从煤得到的能源就相当于从比整个英国牧场和耕地加在一起还要大的土地上用传统的技术所获得的能源。[1] 大体而言，
347 人类社会能源的使用量在19世纪就增加了5倍，20世纪再度增加了16倍。甚至就个人而言，能源的使用量在20世纪也增加了5倍。[2] 约翰·麦克尼尔（John McNeill）认为，“我们自1900年以来开发的能量也许比1900年以前人类开发的总能量还要多。”[3]（参见表6.1）总之，矿物燃料革命带来了滚滚财源，人类的能源也许增加了100倍，能够将谷物运输到世界上几乎每一个地方——这种计划原先几乎是不可想象的，因为缺少必要的技术，能耗也不允许这样做。曾几何时，至少在工业化程度较高的国家，能源似乎多少是随心所欲的。在这层意义上，现代革命就像人类历史上其他时期得到一种新资源，其丰富程度令人一时觉得似乎是取之不尽、用之不绝似的。就像人们刚刚进入美洲、澳大利亚或者新西兰的时候会觉得土地、猎场和其他资源一样似乎绝对是无穷的，就像刚刚大规模使用水灌溉农田的时候会觉得水是无穷的，或者欧洲人16世纪以后重新进入美洲和澳大拉西亚（Australasia）的时候会觉得土地和其他资源一样是无穷的，同样，在蒸汽、煤和石油时代，也会觉得矿物燃料是取之不尽的，实际上也是

[1] E. A. 里格利（E. A. Wrigley）：《连续性、偶然性和变化：英国工业革命的特点》（剑桥：剑桥大学出版社，1988年），第54—55页。
[2] 约翰·R. 麦克尼尔：《太阳底下的新鲜事》，第14—15页；参见第6章。
[3] 同上书，第15页。

免费的。新资源的大量发现经常会刺激人们短视的利用方式，这在今古大抵相同。

与日俱增的政治、军事力量

与这些人口和技术变化相关联的乃是社会、政治和军事组织的深刻变化。现代经济生产了巨大的资源，并且掌握在少数人手里，这意味着现代国家比前现代国家所处置的能源要多得多，而且它们必须防止财富的大起大落，迎接更为复杂的有组织的挑战。就像水库一样，国家的规模、强盛与复杂必须与背后支撑国家的资源总量相当。自从法国大革命以来，全世界的国家都获得了规范其国民日常生活的能力，其方法在从前较早时期是根本无法想象的。事实上，现代国家将其国民网罗在一个法律和行政统治的牢固圈套里面的能力之强，足以解释为什么它们不像农耕文明那样经常诉诸恐怖主义的统治手段。但是除了它们具有的这些新力量之外，现代国家还能够在前所未有范围内滥用暴力，因为武器生产极为迅速——其速度之快，如果人类有意为之，就能够在数小时内摧毁自己以及大部分生物圈。

生活方式的转型 348

个人生活也发生了改变。在农业时代后期，大多数家庭住在乡村，从事小型农业。如今，许多地方的小农场已经不复存在，就算依稀尚存，也是日薄西山了。在国家带来的痛苦中幸存下来的少数食物采集民族，如今通常生活在边缘地区；他们迟早会被整合进现代经济和法律体系，而丧失其传统的文化和经济结构。畜牧民族也已经变得边缘化了。仅仅在数百年内，现代革命就摧毁掉了已经繁荣了数千年的生活方式。

典型的现代家庭，不是如同大部分历史上的大多数人那样做工，也就是靠土地生活，生产自己需要的食品，而是生活在都市的环境里，通过某种形式的有偿工作取得收入，购买他人生产的食品。1980 年，在比较工业化的经济体中约65%、全球约38%人口住在城镇；也许在21世纪初，全球城市化的水平或许将会超过象征性的50%的临界点。[1]在城镇里，家庭仍然是消费单位，但不再是生产的基本单位以及开展社交活动的基本组织。亲属网络被国家控制的网络所取代。此外，新的避孕方法、新的儿童抚养手段以及新的教育和公共福利，导致性别角色的重新定位。

生活的意义和本质都改变了。在富裕地区，更好的医疗条件延长了人类的寿命。20世纪末，富裕社会的平均期望寿命也许比典型的繁荣昌盛的农业社会高出一倍，比石器时代社会高出三倍。2000年，在布基纳法索出生的孩子可以期望活到44—45岁，在印度出生的孩子可以期望活到62—63岁，在美国出生的孩子可以期望活到70—80岁（参见表14.4）。富裕社会里的现代人可以达到从前一切早期社会中所无法想象的水平。而另一方面，按照许多标准，现代人工作比早期社会的农民和食物采集民族更辛苦。随着现代意义的钟表计时的出现，他们的工作节奏不再属于他们自己了。[2]此外，他们并不清楚究竟在为谁而工作。在自给自足的农业家庭以及食物采集的共同体里，人们清楚知道自己工作的“意义”何在，因为工作与生活直接相关，这两者之间的联系对于高度专业化的现代工商业的工作者而言就不那
349 么直截了当了。无论如何，亲属网络和传统社会角色的衰亡，把人们在许多传统社会里赋予他们目标和地位的明确规定的自我认同感给剥夺掉了。人口的巨大流动性，不管是奴隶贸易、大规模移民还是被迫的流离失所，把父辈、祖父辈对共同体的情感全部从这些人那里剥夺掉了。

就整体而言，在最工业化的国家里，个人关系在今天已经不那么

---

[1] 保罗·拜洛赫：《城市和经济发展：从历史的黎明时分到当代》（芝加哥：芝加哥大学出版社，1988年），第513页。

[2] 关于钟表计时的兴起，在诺伯特·埃利亚斯（Norbert Elias）著、埃德蒙·约福克特（Edmund Jephcott）翻译的《时间论》（牛津：布莱克韦尔，1992年）中做了极好的分析；埃利亚斯论证到，为了协调相互依赖的日益复杂的网络是现代时间计划的直接和普遍使用的最基本的动因。

具有暴力性了。例如在英国，现代谋杀率仅为 800 年前的 1/10，300 年前的 1/2。谋杀率之所以发生递减是因为大多数现代国家解除了国民的武装，垄断了暴力的使用权。查尔斯·蒂利（Charles Tilly）写道："市民循序渐进地被解除了武装：在叛乱结束时候大规模收缴武器、禁止决斗、控制武器制造、实行私人武器许可证制度、约束当众炫耀武力。"[1] 但是，尽管在整体上已不那么崇尚暴力，现代都市共同体的个人关系仍然缺乏传统社会所具有的那种亲密性和持续性。个人关系日益变得随意、匿名和转瞬即逝。这些变化也许有助于解释现代生活为什么没有对价值和意义的明确感受，这正是现代生活的品质所发生的微妙、无序的变化，19 世纪的法国社会学家埃弥儿·涂尔干称其为"失范"。

德国社会学家诺伯特·埃利亚斯论证说，随着为市场所强化的现代工作形式和时间训练，这些变化已经深入我们的心智，构成了在人际关系、饮食习惯以及性观念等方面的行为方式。他证明现代世界的"情感经济"是怎样在闲散的外部限制与紧张的内部限制的共同作用下形成的："直接起因于武器和身体力量之威胁所导致的强制逐渐消失……而那些导致对自我约束的情感（感受或情绪）的依赖性逐渐增长"。[2] 新的行为约束的内在化似乎与新的时间概念有密切联系。随着人口的增长，随着城镇居住人口比例的更大增长，日常活动的时间表是为了更好地适应他人的行为而不是自己的身体、四季的更替和昼夜轮换的天然节律。现代日历和钟表与日俱增的影响力以及诸如国际时间变更线和以格林尼治时间（建立于 1884 年）为基准的各地时区的出现，是这些变化的最佳证明，因为日历和钟表所测度的不是生物或心理时间而是社会时间。因此它们所测度的乃是人类的行为和态度所 350

[1] 查尔斯·蒂利：《强制、资本和欧洲国家（公元 990—1992 年）》，修订版（剑桥，麻省：布莱克韦尔，1992 年），第 69 页；正如蒂利所指出的，对于现代国家垄断暴力工具而言，美国至今仍是部分例外（第 68 页）。

[2] 诺伯特·埃利亚斯：《文明的进程》，第 1 卷，《言谈举止的历史》，埃德蒙·约福克特翻译（纽约：万神殿出版社，1978 年），第 186 页。

必须适应的社会的而不是自然的生态学领域——这种生态学的主要因素是他人创造出来的。现代革命还令消费者获得更多改变人类心智的物品，戴维·考特莱特（David Courtwright）称之为“心理行为的革命”。[1]这些物品有鸦片、咖啡、茶和糖，它们有时能够帮助人们缓解现代生活的压力和约束。

新的思维模式

现代社会特有的科学思维模式既产生了信心，也产生了广为传播的异化。现代科学给人类带来了前所未有的统治自然的力量。但是自然科学的世界是一个被各种毫无生机的力量所统治的宇宙，与大多数生活在前现代社会的人们生活其中的丰富多彩的精神世界大相径庭。古代神祇被驱逐出去，而科学的世界为非人格的科学规律所控制。重力和热力学第二定律如今统治着神鬼统治的地域。科学知识没有大多数前现代知识体系的特殊性和地域感，因为它要建立各种适用于一切社会、一切时代的普遍原则。[2]这样的知识体系不能提供传统宗教的情感慰藉和伦理指导，即使能够帮助我们制约物质的环境。一个制约物质世界的知识体系正是我们所需要的。没有这样的体系，我们就不可能养活 60 亿人口。

加速度

这些转型的速度本身有一个与众不同的特征，因为变化速度在逐渐加快。实际上，这种变化是决定性的，它迫使我们不能像对待其他革命那样对待现代革命。与农业的转型不同，现代革命实际上是同时发生的，持续的时间不超过两三个世纪。而且发生在全球化的世界里面，创新的传播速度甚快，以至于没有为各地自身的现代化留下任何空

[1] 戴维·考特莱特：《习惯的力量：毒品和现代世界的形成》（坎布里奇，麻省：哈佛大学出版社，2002 年）。

[2] 关于地域感，参见托尼·斯旺（Tony Swain）在《陌生人的地域：澳大利亚原住民的历史》（剑桥：剑桥大学出版社，1993 年）有丰富的令人浮想联翩的叙述。

间。在这样的速度之下，决定性的飞跃只能发生一次。这种单一性给那些率先实现现代化的地区以极大优势，使得大多数其他共同体只会 351
觉得现代性是一种外部强加给自己的新范式，是一种几乎无法控制的粗暴的社会大爆发。变化的快速传播解释了为什么现代革命所发生的形式受到世界的一部分，也就是欧洲文化的强烈影响。不过，这种决定性飞跃如果不是最早发生在欧洲，那么它肯定很快也会在世界其他地方发生。

关于现代性的诸种理论

我们如何能够解释这些令人吃惊的转型呢？关于现代革命的性质或者它的动因，迄今尚未取得一致意见。一个世纪的细致研究产生了大量关于尤其是欧洲和美洲现代历史的信息，但是关于现代性的产生还没有一种理论被普遍接受。除了缺乏一致的意见以及汗牛充栋的信息所造成的种种困难以外，还有一个事实，那就是我们仍然生活在现代革命之中。我们不知道它的整个范围何在，也许在未来几个世纪之后才会弄清楚，从公元 2000 年转型才刚刚开始。甚至我们对现代革命下一个最宽泛的定义，这定义也许仍然会造成极大的误导。

像目前这样一本书不能“解决”现代化问题。但是我们不得不试图从大历史的范围，从 21 世纪初期的观点，来看一看这场革命究竟是怎么一回事。如果以下的论证有任何与众不同，那就是我们将现代革命置于人类甚至地球历史的大范围内加以考察，而不是仅仅将它当作最近几个世纪尤其是在世界某个地区所发生的问题。它的视野因而是全球性的——这个特点将使我们的论证与其他大量叙事有所不同。关于现代革命的叙事经常是从一个（通常欲语还休）的假设开始的，这个假设就是现代化是由欧洲社会创造出来的，因此，这便意味着解释现代化就是要考察欧洲的历史。不幸的是，当我们为检验这些论证是否真正有效而进行比较分析的时候，就会发现所谓欧洲“例外论”的假设是令人沮丧的。[1] 正如我所论证的，如果现代化是一个全球现象，那么欧洲中心论的研究就必然会误导我们。最近，对于世界历史感兴趣的历史学家试图把现代化看作一个全球性问题，要求进行全球性的解释。[2] 下文所述并不忽视欧洲以及大西洋世界在现代革命中所起的特殊作用，但是我们要在世界史的范围内加以论述，并且聚焦在问题的全球性方面。

352 **人口增长和创新速度**

为了澄清试图解释现代革命所面临的某些问题，我将做一次方法论的冒险，从人口增长入手。我将论证，如果能够解释在过去两个世纪里惊人的人口爆炸，我们就能够解释现代革命的其他许多方面了。但是对人口增长的解释很快导致我们提出创新的问题。人口快速持续增长必然意味着创新速度的递增。因此创新速度的变化必然是解释现代革命的一个关键。正如乔尔·莫吉尔所论，“技术的变化……说明了持续的增长。不是经济增长所造成的，而是造成了经济增长。”[3]

于是问题就要解释何以会有如此急剧的全球创新。我们已经看到，迅速增长的创新在某种意义上表现在集体知识的概念上，所以现代革命实际上表现为过去 200 年集体知识形成速度的急剧变化。正如丹尼尔·赫德里克（Daniel Hedrick）写到的：“知识既是经济增长的动因，也是经济增长的后果，在过去 200 年里，信息工业是技术变化速度增加的主要动因。[4]”我们已经看到，从前世界上不同地区的某种手段促

[1] 最近有一些历史学家进行了一些必要的比较研究：参见王国斌的《转变的中国：历史变迁与欧洲经验的局限》（伊萨卡，纽约：康奈尔大学出版社，1997 年）、彭慕兰（Kenneth Pomeranz）的《大分流：欧洲、中国及现代世界经济的发展》（普林斯顿：普林斯顿大学出版社，2000）以及安德烈·贡德·弗兰克在《白银资本：重视经济全球化中的东方》（伯克利：加利福尼亚大学出版社，1998 年）的出色研究。亦可参见罗伯特·B. 马克斯（Robert B. Marks）在《现代世界的起源：全球的、生态的述说》（兰哈姆，MD：罗曼和里特费尔德，2002 年）对于这些论战所做的概述。

[2] 这些关于现代化的论战在克雷格·洛克哈德（Craig Lockard）的《全球历史学家和巨大的分歧》，载于《世界史学报》，第 17 卷，第 1 号（2000 秋）：第 17 页，第 32—34 页做了一个扼要的概括。

[3] 乔尔·莫吉尔：《财富的杠杆》，第 148 页。

[4] 丹尼尔·赫德里克，《技术变化》，载于《人类行为造成的地球变化：过去 300 年生物圈的全球性和区域性变化》，B. L. 特纳二世等主编（剑桥：剑桥大学出版社，1990 年），第 59 页。

进或者延缓了创新，其中最重要的就是交换网络的规模和方式以及在这个网络中交换的力度。这些手段还包括人口增长本身，人口增长不仅扩大了交换网络的规模，而且多少温和地推动了人口密度较大地区生产力的提高。在农耕文明时代，国家和商业交流乃是创新的新源泉。但是它们也会妨碍增长，因为人口增加社会压力，导致疾病传播。最终这些压力即使综合在一起发生作用也根本不能产生足够迅速的创新速度来适应潜在的人口增长速度。因而周期性的灾荒和马尔萨斯式的循环决定了在农耕文明时代的历史的基本节奏。

过去 200 年中创新的最惊人特点就是，至少在某些时间里，生产力水平迅速而持续增长，以至于能够与人口增长保持同步，有时甚至还超过人口增长的速度。事实上，正如我们以后还会看到的，现代历史的巨大节奏，不是受到由于生产力不足而造成的马尔萨斯循环的制约，而是受到由生产过剩所造成的商业循环的制约。当然，确有许多 353
有时甚至是毁灭性的灾荒发生，但是在全球范围内，食品生产与人口增长基本保持了同步，这正是人口增长何以如此迅速的原因所在。食品生产如此，其他领域产品的生产也是如此，从衣物和住房到消费品到能源和武器，莫不如此。因此我们就要解释，集体知识、创新速度以及生产力水平的全球性同步增长是如何可能的。

某些可能的原动力

我们可以把已有对现代革命进行解释中提出的一些有关原动力的选项逐一加以梳理。关于现代革命的学术争论的丰富传统，给我们提供了若干个颇有说服力的选项。[1]通常这些原动力将欧洲推入现代世界，但是原则上，它们也同样适用于全球范围。

人口论　人口理论［经常与伊斯特·波斯鲁普（Ester Boserup）的

[1]　在 J.L. 安德森（Anderson）所著《关于长时段经济变迁的解释》（巴辛斯托克：麦克米伦，1991 年）中对于各种增长理论有一个很精彩的概述；亦可参见莫吉尔《财富的杠杆》，第 7 章（“理解技术进步”）的概述。

工作联系在一起］，主要是用人口压力来解释创新的增长。[1]我们看到，人口增长产生的压力改变了整个农业时代。诚然，当人口增长与逐渐增长的商业化过程共同发生作用时，它有时能够增加劳动力供给、增加需求，从而成为一种刺激力量。例如在18世纪的英国，木材用作燃料、住房和制造业的需求增加，造成乱砍滥伐，反过来形成压力，要去寻找更好的方法使用其他替代燃料。英国工业革命时期一些重大发明，包括燃煤蒸汽机和使用煤炭而非木材冶铁的方法，可以说正是对这种压力的回应。

尽管如此，对于现代世界创新增长的突然加速，人口压力只能解释其中一部分原因。问题是人口压力经常未能产生必要的创新，因此人们不是挨饿就是将就着过。毕竟英国不是唯一缺少木材的国家——在其他地方，例如中国，[2]这个问题可能糟糕。需求并非总是发明之母。

地理论　地理论则主要利用特殊的地理因素来解释创新速度的增
354 加。例如，在工业革命时期，英国之所以用煤替代木材是因为那种燃料蕴藏丰富，开采方便。在E. A. 里格利笔下，这些观察被用于支持这样的观点，即强调以"偶然"的地理因素来解释欧洲在现代革命中所起的作用。[3]这些理论家指出，世界的某些地区人口众多，生产力和商业化水平高；所以或许偶然的地理位置，诸如煤的蕴藏地点或者美洲相对较近，最能够解释欧洲与例如19和20世纪的中国不同的发展轨迹。

这类地理因素无疑是重要的，而且它们在下文的说明中也是很重要的，但是由于它们本身并不能说明什么问题，只是因为它们早就存在那里了。变化的机会并不确保变化一定会发生。实际上，英国的冶铁工在亚伯拉罕·达尔比（Abraham Darby）于18世纪向他们示范如何炼焦之前几乎两个世纪就试图开始使用煤了。正如莫吉尔所论证的

---

[1]　例如参见，伊斯特·波斯鲁普：《人口与技术》（牛津：布莱克韦尔，1981年）。

[2]　可是中国木材短缺不像英国那样严重；参见彭慕兰：《大分流》，第220—236页。

[3]　在里格利的《连续性、偶然性和变化》，以及彭慕兰的《大分流》中都特别强调煤的重要性；地理因素参见E. L. 琼斯（Jones）影响深远的研究著作，《欧洲奇迹：欧亚历史上环境、经济和地缘政治》，第2版（剑桥：剑桥大学出版社，1987年），以及《反复发生的增长：世界史上的经济变化》（牛津：克来雷顿，1988年）。

那样，这类地理因素可以形成变化，但是它们根本上不能成为变化的原因。[1] 我们必须解释，为什么诸如煤的开采这类地理因素会突然开始被有效地利用，这种想法促使我们在现代工业社会学术的、经济的或者社会的历史中寻找与众不同的因素。

观念论　第三类理论可以称之为观念论。它们论证到，创新的速度受到不同思维方式影响。此类理论中最简单的一种，就是把现代革命解释为出现了持续不断的新发明浪潮。T. S. 阿什顿（Ashton）在概括这个问题的典型的学院式研究时，对于这种研究方法做了漫画式的描写，“大约在 1760 年有一波小机械横扫了欧洲”。[2] 当然，在简单的意义上，这些理论是正确的。创新的数量增长着，每一种发明创造都有助于普遍提高生产力。但是这类研究即使包括阿什顿本人的论述[3] 在内的非常成熟的成果也会引起争论，它们不能解释为什么创新速度居然会如此之高、为什么会出现那么多的创造发明、为什么对于更多的生产或者提高效益的技术和物质技能那么兴趣盎然，以及为什么总是在彼时彼地。

精致的观念论者假设，思维方式和思维态度发生的深刻变化，刺激了新的商业和技术方法的产生。这种研究思路（其始作俑者后来至少部分撤回了他的观点）中最著名的例证就是马克斯·韦伯关于新教思想与资本主义之间联系的论著，该书发表于 1904—1905 年。他论证到，与天主教有所不同，新教形成了一种努力工作、储蓄和理性思考的新伦理，促使实业家以一种新的方式勤俭节约和努力创新。[4] 但是这些理 355
论是很难站住脚的。宗教不是铁板一块：就像一切思想体系一样，它们是复合型的、多元化的、可塑的，足以适应许多不同的环境。在不

[1]　莫吉尔：《财富的杠杆》，第 162 页。
[2]　参见加里·霍克（Gary Hawke）《工业革命再解释》，载于帕特里克·奥布赖恩（Patrick O’Brien）和罗兰·基诺（Roland Quinault）主编《工业革命和英国社会（1760—1830）》（剑桥：剑桥大学出版社，1993 年），第 55 页。所引 T. S. 阿什顿的原话。
[3]　参见阿什顿：《工业革命，1763—1830》（伦敦：牛津大学出版社，1948 年）。
[4]　马克斯·韦伯：《新教伦理与资本主义精神》，塔尔科特·帕森斯译，（1930 年；纽约：斯科利纳斯重印，1958 年）。

同的历史时期，佛教、伊斯兰教、儒教甚至天主教都至少部分鼓励某些韦伯生拉硬扯到新教和资本主义里面去的道德品质。（部分对于实业家而言的）“自由”经常被认为是创新的一个重要动因，也是“科学兴起”的一个重要动因。但是对于这些论证而言，问题是要解释这些特殊的因素为什么以及怎样突然变得如此突出呢。[1] 即使最精致的观念论者也难以解释在人类历史上为什么会发生如此之大的立场变化。如果是新教导致了科学或者理性思考或者现代化，那么又是什么导致新教产生的呢？立场的变化当然是对创新速度的提高作了部分解释，但是它们只不过是某种更为深刻原因的表现而已，而不是造成这种变化的唯一动力。

商业论 第四类理论着重强调商业交换的作用。经济史家研究了追溯到至少亚当·斯密著作的传统，突出了逐渐扩张的商业交换的作用。斯密论证到，创新的速度与商业化水平直接相关。他在《国富论》第一章写道：“劳动生产力的最大提高以及生产中技能、熟巧和判断力的进一步完善看来都是分工的结果。”换言之，逐渐增加的分工提高了生产力。但是斯密解释逐渐增加的分工本身是由于市场兴起造成的。他在第二章开篇写道，“给人类带来许许多多好处的劳动分工并不是源于一个能预见到分工将能带来普遍富裕的人类智能的产物，它是人类天性中的一种倾向的必然结果，尽管这个过程是缓慢而渐进的。当然人类天性中的这种倾向并没有预见到会有如此之大的实用性。这种倾向就是要求物物交换，以物易物，相互交易。”[2] 随着交换网络的扩大，廉价的外来商品将会降低本地商品生产者比较昂贵的价格，迫使他们或者做更加细致的分工，以便组织更加有效的生产，或者着重其他他们能够更加有效生产的产品。正是通过这种办法，庞大的交换网络确

---

[1] 最近玛格丽特·雅各布就观念是现代革命的重要推动力的论证，重新加以细致的研究，参见所著《科学文化与工业化西方的形成》（纽约：牛津大学出版社，1997 年）。我在第 12 章援用了雅各布的论证。

[2] 亚当·斯密：《国富论》，第 5 版，埃德温·坎南（Edwin Cannan）编（纽约：现代书屋，1937 年），第 1 页，第 3 页。

图 11.2　18 世纪的大头针工厂

亚当·斯密曾用这种大头针工厂作为例子，说明劳工分工的优势。选自乔尔·莫吉尔的《财富的杠杆：技术创造和经济发展》（牛津：牛津大学出版社，1992 年），第 78 页：原图载热内-安托万·菲尔肖·德·雷姆尔（René-Antoine Ferchault de Réaumur）：《大头针制作法》（1762 年）

保了最有生产效率的方法很快地被投入实际运用。除此之外，凡是在市场规模庞大的地方，人们能够进行更为细致的分工，因为他们有足够消费者购买他们专门的产品（参见图 11.2）。《国富论》第三章解释 356 了市场与劳动分工，用了一个标题："劳动分工受市场大小的限制"。换句话说，逐渐增加的交换网络刺激了分工，而分工又刺激了生产技术的创新——这种增长的类型我们称之为斯密式的。[1]

正如前一章所论，在贸易网络的扩张、日益细化的分工以及日益增长的创新速度之间显而易见存在深刻的联系。大致而言，商业行为（亦即通过相对两相情愿而非强买强卖的方式的交换形成的岁入）所激发出来的创新要比收取贡赋（亦即以威胁手段为主形成的岁入）为多，因为所产生的商业收入是在高效率状态中形成的，而武力威胁是无法产生这种效率的。但是我们已经看到，这条规律也有许多例外；收取

[1]　参见莫吉尔：《财富的杠杆》，第 5 页："贸易促进经济增长可以称之为斯密式的增长。"

贡赋者有时会对高效率的创新深感兴趣，而商人也未必心甘情愿地放弃武力。此外，大多数前现代国家表明，作为一条普遍规律，在农耕文明里，收取贡赋所形成的财富比商业交换更多，所形成的权力更大。这种差别有助于我们理解乍一看好像是一团迷雾的东西：虽然商业网
357 络与农耕文明同样历史悠久，但是它们对创新的作用在过去两三百年之前是极为有限的。那么，为什么到了现代贸易会突然变得如此重要呢？是否贸易达到了一个重要关头了呢？如果是，我们能否对此加以描述呢？或者说，在这种重要性中，还有没有其他因素突然加入进来了呢？为了解释现代化，我们必须解释市场在最近数百年里如何以及为什么会扮演重要的角色。

有一种众所周知的研究理路（经常与现代化的商业论有关）论证到，欧洲通常是商业化的，欧洲市场通常也是充满活力的。这一类论证的困难在于最近的研究也表明，早在18世纪末，商业化，甚至整个生产力，在中国、日本、北印度以及欧洲都大致相当，不过只有大西洋地区的创新速度在19世纪开始迅速增长。最近，安德烈·贡德·弗兰克研究指出，亚洲经济拥有庞大人口，直到1750年甚至1800年都是最大、最有生产效率的经济。实际上，他主张中国人均收入到1800年一直高于欧洲。[1]

社会结构论　尽管如此，贬低欧洲例外论的做法造成了极大的困难，难以解释19世纪以来这些地区与众不同的发展轨迹。自卡尔·马克思时代以来就有一个起到很大作用的答案，那就是，即使从斯密的观点看西欧并没有自1800年起就脱颖而出；从制度和社会的观点看，欧洲也是令人刮目相看的。这个观点就是典型的第五种研究理路，解释了创新速度何以突飞猛进。社会结构论认为，不同的社会结构通过各种不同的方式影响了创新速度。大体而言，他们试图解释商业促进

[1]　弗兰克：《白银资本》第173页，第166页。关于中国生产力水平，亦可参见彭慕兰《大分流》，以及王国斌的《转变的中国》。关于论证欧洲经济从15世纪以来的优越性的不同观点，参见安格斯·麦迪逊（Angus Maddison）：《世界经济：千年观》（巴黎：OECD, 2001年）。

生产的能力是如何随着强大的社会团体依赖于商业而不是其他不同类型的贡物交换而发生变化的。在前几章里，我引用过这一类论证来证明为什么在亲族社会里创新速度十分低下，为什么纳贡国家的结构固然刺激了创新，但不是野心太大就是犹豫不决。以社会结构解释现代化必须证明，新的社会结构的出现会给创新带来强有力的刺激。这些理论应主要归功于马克思，他诉诸一种“资本主义”特有的社会结构。马克思在《资本论》中以极其正式的论证方法论证，资本主义特有的 358
普遍交换极大地促进了一种全新的、特别强大的技术发明，他对这种增长做了极为详尽的分析。后来埃里克·沃尔夫对马克思的“生产方式”的框架加以修正而做了简明扼要的论述。[1]

马克思的思想如今已不再时髦，事实上有些人宣称已经被 20 世纪 80 年代社会主义国家的垮台“驳倒”了，而且其中许多内容今天理所当然已经过时。然而，就像安东尼·吉登斯一样，我相信马克思对资本主义的分析“仍然是试图处理 18 世纪以来横扫世界的大量转型的必不可少的核心思想”。[2] 在马克思的著作里，每一种“生产方式”都会形成一种社会，其中一定的生活方式和技术与一定的社会结构相互关联。我们已经运用了埃里克·沃尔夫的亲族社会和收取贡赋的生产模式。在这里，我们必须更加近距离地考察资本主义的生产方式。作为一理想类型，它有三种主要因素：(1)一个由实业家或“资本家”所组成的统治阶级，他们拥有生产资料（即资本），并用这些生产资料生产商业利润以维持他们的精英生活方式；(2)一个由人民所组成的阶级，与农民不同，他们没有从事生产的财产，只能通过出卖劳动力以维持生计，因此成为工资收入者或者“无产阶级”；以及(3)一个竞争市场通过市场力量而不是法律或人身强迫制约的商业交换将两者联

[1] 参见沃尔夫：《欧洲与没有历史的人民》，第 3 章。

[2] 安东尼·吉登斯：《对历史唯物主义的当代批判》，第 2 版（巴辛斯托克：麦克米伦，1995 年），第 1 页。我引用的这段文字不仅与吉登斯对马克思的批判相符节，而且与他想拯救他认为马克思仍然有价值的地方相符节。费尔南德·布罗代尔也论证说，如果加以解冻并且更加变通的细致的方式加以研究，马克思关于社会的模型对于历史学家而言仍然是有价值的；参见布罗代尔，《历史和社会科学》，载于《论历史》，沙拉·马修翻译（芝加哥：芝加哥大学出版社，1980 年），第 51 页。

系在一起。在一个理想的资本主义世界里，精英集团主要是由资本家构成的，其余的人则主要构成无产阶级，大多数的交换都是通过市场实现的。

确切地说，在这个世界里的财富分配比收取贡赋的世界还要不平衡，因为大多数无产阶级不直接拥有像土地这样的生产资料。一般而言，财富的这种巨大落差正好说明了资本主义引人注目的动力，正如太阳和围绕它的空间之间巨大的温差促使了地球产生的复杂过程。资本主义极大的不平等，有助于解释为什么资源主要不再是像收取贡赋的社会那样通过使用（或者威胁使用）肉体暴力而转移的。相反，国家动用武力主要是为了维持法律和所有权的结构，以保护财产集中在某些人手里。正是这种巨大的反差推动了财富有效地进入资本主义社会，同样也矛盾地解释了为什么现代国家必须比收取贡赋的世界要大得多、复杂得多。

为什么这样的结构能够刺激创新呢？主要的论点在于，社会的主要阶级发现自己处在一个迫使他们要不断地、无休止地有所创新的环境里。就像生态变化促使物种在环境剧烈变化例如在冰川时期迅速进
359 化一样，资本主义新的持续不断的社会生态变迁，迫使人类的一切阶级不断寻找更多的有生产效率的工作方式。通过这种途径，资本主义的社会结构导致了人类行为的新进化，推动了人类以革命的方式开发自身的创造力。

至此，马克思的论证与正统的经济学家开始有所不同。在实业家、竞争的市场以及雇佣劳动者构成的世界里，实业家和雇佣劳动者都必须从市场购买创新产品以维持生计。实业家不得不这样做是因为在竞争激烈的市场上，最成功的长远策略就是不断降低产品价格和销售价格，而要实施这样的战略就要在生产、运输和管理中引入各种降低价格的创新。就像人类诞生以前的进化一样，这个过程是无休止的，因为竞争者会迅速成功地复制这些创新，使得实业家的创新变得普遍化、经常化和高速化。

雇佣劳动者也不得不主动寻求改进生产的办法。作为劳动力的出

卖者，他们要与其他雇佣劳动者竞争。为了找到购买他们劳动力的买主，雇佣劳动者必须提供比他们潜在的竞争者更加具有生产效率而价格低廉的劳动。在这里，竞争的棘轮效应确保了劳动的生产效能逐步推进。这些规则解释了一个奇特的悖论，也就是列夫·托尔斯泰所称的资本主义“经济的鞭子”——失业的威胁——远比奴隶和苦役鞭子还要有效得多。奴隶主不能让他们的奴隶和苦役饿死，不过也无意让他们生活得更好。这样的制度不能激发劳动者的创造性。然而资本主义的雇主并不占有他们的工人，不需要保护他们免于饥寒交迫。事实上，他们普遍将失业或者贫困看作对工人勤奋工作的一种有益鞭策。所以工人就有义务确保他们的劳动有足够的生产效率，足以让雇主来购买。通过这样的方法，经济的鞭子能够刺激真正的甚至创造性的自我节制，而管家的鞭笞只会产生不情愿的服从。资本主义产生了一条纪律，以一种从前收取贡赋的社会特有的直截了当的、野蛮的方法所无法具备的力量触及了雇佣劳动者的理智、心灵以及身体。仿佛是资本主义的结构迫使人们在大脑里面安装新的软件。或者，用一个不大严格的比喻，仿佛是资本主义的结构把全新的动力和意义［或者用理查德·道金斯（Richard Dawkins）的话说，“文化基因”］注入了人们 360
的头脑里去了。[1]

这是一种创新永不止息的社会的模型，因为社会的两大主要阶级发现自己都被绑在了提高生产效能这个无情的踏车上面。现代化的社会结构理论意味着如果我们能够解释现代社会如何以及为什么开始符合这样一种理想的模型，我们就能够着手解释现代革命了。

但是，在这里，还是存在困难。最近的研究表明，似乎难以将资本主义的欧洲和非资本主义的中国和印度区分开来。在东亚大部分地

[1] 丹尼尔·C. 丹尼特（Daniel C. Dennett）：《意识详解》（伦敦：企鹅出版社，1993 年），第 204 页，提到文化基因是一种实体，入侵人的大脑，很像寄生虫。理查德·道金斯在《自私的基因》（牛津：牛津大学出版社，1976 年）第 1 版，套用了这个术语，指任何理智的或文化的信息可以通过模仿从一个人转移到另外一个人那里。“文化基因”的思想被广泛运用以至于在苏珊·布莱克莫尔（Susan Blackmore）《文化基因的机器》（牛津：牛津大学出版社，1999 年）中看出它的局限性。

区，雇佣劳动和资本主义生产方式都十分普遍。实际上，彭慕兰和王国斌的充分研究已经证明，中国和西欧的资本主义发展十分接近，以至于不可能简单地用欧洲的资本主义水平更高来解释工业革命。[1] 事实上，两者的相似性之大以至于两位作者留给我们的印象表明，就现代历史上至关重要的加速增长这个问题而言，其动力似乎只有一些偶然的差别，诸如煤的分布等。

在下面两章里，我将试图继续对现代的创新速度做出解释，这种解释产生了上述许多理论，不过还可以再加上一个。

交换网络的规模和协同作用　我在第 7 章曾经论证，在普遍范围内，创新速度是信息网络的规模和差异所造成的。换言之，相互作用的规模和种类可能是改变创新速度的强有力的决定因素。在第 12、13 章里，我将论证，在现代社会的早期阶段，信息交换的规模，甚至更重要的是信息交换的种类突然增加，可能极大地刺激了集体知识的增加，尤其是在这些交换最集中、差异最大的枢纽地区。但是我将把这种假设综合进过去学术著作中用于论证现代化之原动力的各种论证中去。首先，我将总体上描述某些导致创新速度加快的因素。其次，我将解释为什么创新速度的提高会首先明显出现在欧洲。预先概括性考察一下这个论证也许不无裨益。

对于创新速度提高的全球性解释

361 **积累**　尤其是在非洲–欧亚地区，过去数千年的积累已经形成了好几个地区，在这些地区发生的创新在农耕文明时代收取贡赋的社会结构里已经尽可能地传播得很远了。到 18 世纪，这些地区有中国、日本、部分印度和部分西欧地区。[2]

交换网络的扩大　16 世纪以来创造的全球性交换体系突然地并且

[1] 彭慕兰:《大分流》；王国斌:《转变的中国》。
[2] 关于这个积累过程的论证，参见彭慕兰:《大分流》。

是决定性地引爆了集体知识和商业化的全球化过程。扩大了的信息交换网络开启了新的创新可能性，有助于冲击世界人口高度集中地区技术的上限。由于这样的变化，所交换的信息的数量和种类剧增，传播的速度剧增，导致全世界各社会所能汲取的知识库产生惊人的增长。增长的商业交换提升了商业行为，由此也加速了从斯密和马克思关于现代化的论述所常见的创新过程。

关于欧洲在现代化革命中的决定性作用

一种关于交换的新地志学　少数社会在地理上得益于集体知识的全球性突然增加。信息交换的全球体系的出现，改变了大规模交换网络的地志学。一度处在亚非交换网络边缘的欧亚板块的大西洋沿岸，突然发现自己处在一个全新的全球化交换体系的中心。欧洲，接着是北美大西洋沿岸成为第一个新世界体系的中心，即使这个体系的重心在以后很长一段时间内仍在印度和中国。交换的数量仍以东亚为最多，直到 19 世纪，但是大量的思想、货品、财富以及技术开始在欧洲和大西洋地区流动。[1] 这种地志学的重组令西欧在商业上和学术上都获得了一笔意外之财。与此同时，在数千年来一直作为欧亚交流中心的美索 362
不达米亚突然发现自己已经不在这个新的全球交流体系的中心了。在全球交换网络中的这些急剧变化给欧洲带来了巨大优势。[2] 由是观之，现代化不是某种开始于欧洲而传播到世界的其他地方；相反，它是全球化过程的产物，这一全球化过程使得以大西洋为界的国家扮演了一个全新的角色。

欧洲的预适应　但是为什么欧洲能够如此完美地利用这些预想不

[1]　这个新中心的经济史的最佳论述仍为拉尔夫·戴维（Ralph David）的《大西洋经济的兴起》（伊萨卡，纽约：康奈尔大学出版社，1973 年）。

[2]　与马克思一样，安德鲁·谢拉特（Andrew Sherratt）强调全球交换的地志学变化的经济学意义：“资本集中在这样一个巨大汇聚点上，其节点链接通往各大陆的道路，可以在机械、劳动力培训以及大片的居住区进行投资，形成新的附加值的制造业”［谢拉特，《激活大叙事：考古学和长远变化》，载于《欧洲考古学杂志》，第 3 卷，第 1 号（1995 年）：第 21 页］。这些论证是重要的也是众所周知的，但是新的信息网络在帮助解释变化的创新速度方面也许同样重要。

到的优势呢？因为欧洲本身处在这个新出现的世界体系和高度商业化的中心。欧洲的优势不仅是一种地理学上的幸运问题。相反，西欧社会在十分重要的意义上预适应了利用新的全球化交换体系所创造的机遇。西欧许多地区社会的、政治的以及经济的结构帮助欧洲利用了与全球交换网络一同出现的新交换体系，而正是在这一点上我将回到大家比较熟悉的关于欧洲历史某些重要特征的论证上来。正如王国斌在对中国和西欧的早期现代化阶段进行重要的比较研究时所指出的那样，“欧洲政治经济学并没有创造工业化，欧洲政治经济学也没有故意设计一套方案去推行工业化。相反，欧洲政治经济学创造了一套制度，一旦工业化出现就能推动它发展。”[1]

本章小结

在过去的两三百年里，世界已经发生了转型。运用本章所描述的策略来解释这种转变将是下面两章的任务。我将集中精力于人口增长，希望通过成功地解释现代社会令人震惊的人口增长，帮助我们澄清现代化的许多方面。这样的论述将会解释人类为什么以及如何学会从自然环境攫取巨大的资源以养活数以亿计的人口。这就意味着要解释现代世界所特有的创新和生产能力的惊人增长。

关于创新的革命性增长这个对现代革命至关重要的问题，有各种各样的解释。每种解释都着重于说明某个不同的原动力——人口压力、地理因素、变化的观念、市场和交换网络的扩张、社会结构的变化等
363 等。在以下数章对于现代化的解释中将用到这些因素，但是主要关注的是关于交换网络的地志学变迁以及社会结构的变迁。我将论证，一个全球交换网络的出现极大地刺激了全世界的商业活动和生态学创新。全球信息网络中的信息交换范围的扩大，极大地提高了生态创新的速

[1] 王国斌：《转变的中国》，第 151 页。

度，而增长的商业交换则加快了斯密和马克思所说的现代化创新。在全球化体系中，欧洲迅速成为一个新的枢纽地区，因而得天独厚地利用了这个新全球体系所创造的巨大商业机遇。但是我还将论证，欧洲的社会和经济制度有助于它利用在新全球化交换网络中所处的有利位置。

延伸阅读

J. L. 安德森（Anderson）《关于长时段经济变迁的解释》（1991 年）是一部有用著作，介绍了各种理论文献。最近的重要作品有，安东尼·吉登斯，《历史唯物主义比较批判》（第 2 版，1995 年）；乔尔·莫吉尔，《财富的杠杆》（1990 年）以及 E. A. 里格利，《连续性、机遇和变化》（1988 年）和《民族、城市和财富》（1987 年）。E. L. 琼斯（Jones）的《欧洲奇迹》（1987 年）和《增长再现》（1988 年）堪称经典，引发了大量关于现代世界的讨论。安德烈·贡德·弗兰克的《白银资本》（1998 年）、彭慕兰的《大分流》（2000）以及王国斌的《转变的中国》（1997 年）有力地提醒我们，1800 年以前欧洲的落后和衰落，因而将现代化追溯到欧洲中世纪的各种流行一时的理论都贬值了。这些著作证明，现代革命乃是全球进程的产物。玛格丽特·雅各布的《科学革命的文化意义》（1998）对于强调科学革命在解释欧洲现代化兴起的重要性，具有很大影响力；查尔斯·蒂利，《强制、资本和欧洲国家（公元 990—1992 年）》（1992 年修订本）对欧洲国际体系做了最为充分概述。埃里克·沃尔夫的《欧洲与没有历史的人民》（1982 年）让我们想到那些没有国家结构的民族在现代历史上所扮演的角色。除了这些著作之外，还有大量文献涉及到“现代世界的兴起”的各个方面，我们在最后两章列出了其中一部分。

第 12 章

364

全球化、商业化和创新

> 阿尔亨的土著称他们看到的第一批欧洲人为巴兰达（Balanda），这是印度尼西亚人称呼欧洲人的用语，起源于“荷兰人”（Hollander），当时对荷兰人（Dutch）的称呼。[1]

本章将考察公元 1000—1700 年的世界史，当时已经产生了某些变化，为现代革命预备了道路。我们将首先集中于全球化进程，证明交换网络的规模扩大——16 世纪较慢，以后逐渐加快——是如何为信息和产品，如何为创新提供新的可能性的。我们将论证 16 世纪形成了一个真正的全球化交换网络，极大地扩充了信息和商业交换的范围、意义和多样化。全新世时代不同的世界区走到了一起，标志着人类历史上一个革命性的时刻。

其次，本章将描述全球交换的地志学变迁。随着交换网络的地理变迁，信息流和财富流进入了新的信道。这些后果对于西欧尤为重要，西欧从前处在非洲-欧亚世界交流的边缘，如今突然发现自己处在人类首个全球交换系统的枢纽位置。这些在交换网络的范围和地理方面的变化为现代革命打下了理智的和商业的基础并且决定了其地理分布。

思考一下三种不同的解释标尺也许不无裨益。首先，在一定意义

[1] 本章开篇词：引自蒂姆·弗拉纳里：《未来食客：澳大拉西亚的土地和民族生态》，第 334 页。

上现代革命过去是、现在仍然是一个全球性进程；如果对此没有一个正确评价，就不能正确理解现代革命。其理智的、物质的和商业的原材料来自世界各地。将两个世界区——非洲-欧亚区和美洲区——联系起来而产生的创造性的协同作用达到了一个新的水平，这也许是并且仍然是现代世界变迁的唯一杠杆。现代革命带来的后果也是全球性的， 365
既有创造性的一面，也有毁灭性的一面。在某种形式上，其影响很快在全世界都感觉到了。

但是不同世界区的现代化经验各不相同，需要认识到各自的差异性，这就要求第二种解释的层面。不同的世界区走到一起来了，对于原住民（不论是人类自身还是非人类的）而言都是一个残酷的毁灭性的过程。在非洲-欧亚区的不同地方，以后在"新欧洲"的不同地方，如美洲、澳大利亚和太平洋地区，就非洲-欧亚民族移民到其他三个区所创造的新社会而言，其优势的形成是极不均衡的。在某种意义上，非洲-欧亚区的历史确保了当其民族遭遇到其他世界区的社会时，非洲-欧亚区的社会总是占据上风。

我们已经看到造成这种霸权的某些原因。有的与非洲-欧亚家畜的存在有关。用于运输和拖拽的家畜，通过延伸并加快在最大的、最多样化的世界区里的交换速度，使得其优势得到更大显现。无远弗届的充满活力的交换网络有助于解释非洲-欧亚社会享有的技术优势。但是动物驯化也将疾病传播给动物的拥有者，因此，人畜共居以及由此带来的高效的交换体系，使得非洲-欧亚比其他世界区的人口更加容易受到疾病的拖累。[1]这在非洲-欧亚地区的征服过程中比先进的军事技术更加管用。例如天花，正如克罗斯比写道，"在白人帝国主义向海外推进中所起的作用和火药一样重要——也许比后者更重要，因为原住民可以先用滑膛

[1] 关于非洲-欧亚人口及其引领的动物、植物和虫类所享有的生态优势，参见阿尔弗雷德·W. 克罗斯比：《生态扩张主义：欧洲 900—1900 年的生物扩张》（剑桥：剑桥大学出版社，1986 年）的出色研究。

枪再用来复枪抵抗入侵者，但是天花却很少站在原住民一边投入战斗。”[1]

可是甚至在巨大的非洲-欧亚世界区内部，现代革命的优势也是飘忽不定的、分布不均的，这就是我们需要用第三种区域性的研究尺度进行观察了。如果我们认为现代革命是第一个全球体系的新的理智的、商业的协同作用的产物，那么一开始我们自然会觉得现代化的理智的、商业的原材料应该优先在这个已经建立起来的交换枢纽和引力中心积累起来，也许就在地中海世界或者美索不达米亚或者北印度或者中国。
366 事实上也许这样的情况也有个别发生。在本章所论及的时期，这些地区的增长率，甚至创新率本身都相当高而且一直维持了下来。[2] 但是尽管所有这些古老的区域中心是由这个全球交换网决定的，但是现代革命的全部力量与重要性却出现在了其他地方。作为现代化象征的创新之异军突起首先是在非洲-欧亚世界区的边缘地区变得明显起来，这个地区直到公元第一个千年时仍未被整合进不断扩张的农耕文明。甚至到了 1176 年，现代化的预适应意义在这个地区也不那么明显，当时亚当 · 斯密评论道，“中国比欧洲任何一个地方都更加富有。”[3]

要对现代革命做一个恰到好处的解释，就必须从各种不同层面上解释它究竟是如何起源的。正如伊斯兰教学者马歇尔 · 霍奇森（Marshall Hodgson）在 1967 年首次发表的一篇论文中说：

> 正如农耕水平的文明在一个或者几个地方出现，然后再传播到全球更多地方，新的现代生活类型并不是在上述民族各个地方同时产生的，而是首先产生于某个特定的地方——西欧，然后再向其余地方传播。不是说那个产生新的生活方式的条件仅仅存在于西方。正如最早的都市的、文学的生活，没有许多大大小小的

[1] 克罗斯比:《生态扩张主义》，第 200 页。

[2] 例如，参见彭慕兰:《大分流》；安德烈 · 贡德 · 弗兰克在《白银资本》；以及王国斌:《转变的中国》。

[3] 亚当 · 斯密，转引自弗兰克《白银资本》，第 13 页。

> 社会习俗和发明达到一定积累程度是不可能的一样，伟大的现代文化的聚集也是以所有上述几个东半球民族的贡献为前提的。不仅是大量必不可少的发明和发现——早期大多数基础性的发明不在西方。同样必不可少的还有相对密集的、城市化的人口区域，通过跨区域的巨大的商业网络联系在一起在东半球逐渐形成了一个庞大的世界市场，正是在这个市场里欧洲才能找到它的运气，欧洲的想象力才能够得到充分发挥。[1]

如今霍奇森写下这些文字后已经 30 年过去了，甚至可以更加清楚地看到，究竟在怎样的程度上我们可以说现代革命是全球化进程的产物，即使它的全部意义最初是在非洲–欧亚世界区的西方边界显现出来的。

我们在前面几章中已经看到，交换网络的规模、变化和强度可以成为创新的主导因素，而在较小规模上，人口增长、国家行为以及商 367
业扩张也是比较重要的。所有这些因素均受到马尔萨斯循环的影响，这个循环是大多数农耕文明的特点。商业的、政治的以及信息的交换网络在人口膨胀时代扩张最为迅速，它们经常在人口衰落时也会萎缩。在扩张阶段，交换范围的增加、人口增长、国家行为以及商业行为都会产生创新。在工业革命之前的 1000 年里，有两次大的马尔萨斯循环在整个非洲–欧亚世界区——间接地在其他地区——的历史形成中起到了至关重要的作用（参见图 10.4）。第一次循环始于第一个千年后半期的人口复兴，大体上到 14 世纪中期黑死病时结束。第二次始于黑死病以后，结束于 17 世纪的一次人口缓慢衰落。

---

[1] 马歇尔·霍奇森，《伟大的西方变化》，载于所著《世界史再思考：论欧洲、伊斯兰教和世界史》，埃德蒙·伯克三世（Edmund Burke Ⅲ）编（剑桥：剑桥大学出版社，1993 年），第 47 页。

后古典时期的马尔萨斯循环：14 世纪之前

扩张阶段

马尔萨斯循环更容易在人口增长的节律（参见表 11.1 和图 10.4）中看出。在所有马尔萨斯循环里，可能找出某些使人口得以增长到一个新水平的重要创新。后古典时期的循环部分是与农业技术进步联系在一起的，例如欧洲引进的重型马拉犁铧、新农作物，如黑麦或者新种稻子（在政府行为鼓励下，虽然稻种是由农民改良的），以及设计更完美的水利灌溉系统。在中国、欧洲北部以及伊斯兰世界，农作方法在 8—12 世纪之间发生了革命。在其他地方，人口增长刺激了殖民化运动。实际上，在那些曾为古典时代的边疆地区，如中亚、北欧和东欧以及中国南部等发展最迅速。在中国，60%的人口住在黄河俯瞰之下的北方；250 年后，只有 40%人口住在这里，而华南成了中华帝国的人口中心。[1]

就西部而言，在我们现在称为欧洲的边疆地区，随着曾经被认为荒地的土地开始种植，内部的殖民化使人口中心北移。在英格兰，沼泽地、林地和灌木丛在 12 和 13 世纪得到开垦。阿萨 · 布里格斯（Asa
368 Briggs）注意到，“例如达特摩尔的‘荒地’得到开垦。威尔特郡（Wiltshire）和多塞特（Dorset）的梅尔（Mere）……的山坡开始种植植物；苏塞克斯的巴特尔修道院僧侣沿着绵延的海堤围垦灌木丛。到 13 世纪末，开垦的土地比 12 世纪之前任何时期开垦的都要多。”[2] 沿着欧洲西北海岸，殖民者及其地主从莱茵河到卢瓦尔河沿岸的沼泽和湿地开展围垦，开始了将尼德兰改造为一项伟大的国家艺术的进程。在东欧，大量大多不见于史载的农民移民运动自 6 世纪以来奠定了最早的俄罗斯国家的人口基础。

---

[1] 芮乐伟 · 韩森（Valerie Hansen）：《开放的帝国：1600 年前的中国历史》（纽约：W. W. 诺顿，2000 年），第 263 页。

[2] 阿萨 · 布里格斯：《英国社会史》，第 2 版，（哈蒙斯沃思：企鹅出版社，1987 年），第 263 页。

人口增长刺激了城市化。在公元1000—1300年间的欧洲和俄罗斯，人数超过 2 万的城市数量从 43 座增加到 103 座。[1] 伊斯兰世界的城市也是繁荣一时。在 9 世纪，阿拔斯王朝的首都巴格达人口可能达到 250 万。但即使在伊斯兰世界的边缘地带，咸海畔的花刺子模，那些联结西伯利亚的林地、草原以及南方未城市化地区贸易线路的中心地带的城镇也相当繁荣。花刺子模显示了大多数现代城市所特有的文化和道德败坏的高度混合。阿拉伯地理学家穆卡达希（al-Muqaddasi）写道，其首城柯提（Kath）有一座无与伦比的清真寺和一座王宫，那里的穆安津在整个阿拔斯王朝统治时期都以"声音妙曼、声情并茂、风度翩翩、学识渊博"闻名。不过，"城里河水泛滥，居民们都迁移到（越来越）远离河岸的地方去了。城里有许多废弃的排水沟，大路上到处污水横流。居民们把街道当成厕所，从粪坑里捞污物，装袋后运到大田里。由于充斥着大量污物，外地人只能在白天到大街上行走。"[2]

中国的城市也十分发达，尤其在比较商业化的南方。到 12 世纪，中国可能已经是"世界上最城市化的社会"，城市化水平或许已经达到了 10%。[3] 杭州（马可 · 波罗称之为"行在"）当时可能是世界上最大的都城，至少有 100 万居民。各色人等聚居在一起：工人阶级居住的郊区有拥挤的多层住房；侨民聚居区有基督徒、犹太教徒和突厥人；一个巨大的穆斯林居住区有许多外商；富有的南区住着政府官员和腰缠万贯的商人。[4] 在这个城市里进行各种贸易，从谢和耐列出的行会名录中可以领略一二。用珍妮特 · 阿布-卢格霍德的话说，其中有"珠宝、金饰匠、制胶工、古董商人、卖蟹的、卖橄榄的、卖 369

[1] 保罗 · 拜洛赫《城市和经济发展：从历史的黎明时分到当代》，克里斯托弗 · 布莱德尔翻译（芝加哥：芝加哥大学出版社，1988 年），第 159 页。

[2] 穆卡达希，转引自 W. 巴尔托德（Barthold）：《蒙古人侵之前的突厥斯坦》，第 4 版，T. 米诺尔斯基（Minorsky）翻译、C. E. 博斯沃思（Boshworth）编（伦敦：E. J. W. 吉布纪念会，1977 诺），第 103—104 页。

[3] 伊懋可（Mark Elvin）：《中国过去的范型》（斯坦福：斯坦福大学出版社，1973 年），第 177 页。

[4] 珍妮特 · 阿布-卢格霍德：《欧洲霸权之前：1250—1350 年的世界体系》（纽约：牛津大学出版社，1989 年），第 337—339 页。

蜂蜜或姜的、医生、算命的、清洁工、澡堂老板以及……兑钱的。"[1] 此时的中国已经拥有世界上最大的城市。[2]

城市化刺激了当地的以及国际的商业。整个自上而下的市场形成了。在最低层面，市场仍然采取以货易货，正如 12 世纪的中国人所描述那样：

包茶裹盐作小市，
鸡鸣犬吠东西邻。
卖薪博米鱼换酒，
几处青帘抚醉叟。[3]

但是地区的和国际的市场同样发达。在公元 1000 年的西北欧洲，人们多为自给自足的农民；在更南面的地方，即使在例如意大利等古老的城市地区也是如此，大多数产品出自乡村。然而早在第二个千年初期，随着人口和城市的扩张，贸易和商业网络也有所增加。香槟地区著名集市将佛兰德地区和古代意大利和地中海的贸易网联结起来。在欧洲，贸易和城市的扩张如此惊人，以至于历史学家罗伯特·洛佩兹（Robert Lopez）称这种"中世纪商业革命"是现代史上的一个重大转折点。另一位历史学家卡洛·奇波拉则认为，"欧洲 10 世纪和 12 世纪城市的兴起，标志着西方历史的一个转折点——职是之故，也是整个世界史的转折点。"[4] 这些评论表达了欧洲变化的速度，不过他们低估了非洲–欧亚大陆其他地方的变化的规模和重要性。

这种商业化在整个非洲–欧亚区都具有重要意义，这一点从存在

[1] 阿布–卢格霍德：《欧洲霸权之前》，第 331 页，提到谢和耐的《蒙古入侵前夕中国的日常生活（1250—1276）》。H. M. 赖特翻译（伦敦：亚伦和乌温，1962），第 87 页。

[2] 伊懋可：《中国过去的范型》，第 177 页。

[3] 这首诗转引自伊懋可：《中国过去的范型》，第 169 页。译者：此诗系南宋词人周密（1232—1298）作，收入《草窗韵语》。

[4] 卡罗·奇波拉：《工业革命之前：欧洲社会和经济（1000—1700）》，第 2 版（伦敦：马土恩，1981 年），第 143 页。亦可参见罗伯特·S. 洛佩兹：《中世纪商业革命（950—1350）》（恩格乌德·克利夫斯，新泽西：普林蒂斯–霍尔出版社，1971 年）。

一个统一而牢固的兴旺发达的跨地区贸易体系上就可以看出来。13 世纪的世界体系——珍妮特·阿布-卢格霍德对此进行了影响深远的研究——将中国、东南亚、印度次大陆、伊斯兰世界、中亚、非洲撒哈拉以南部分地区、地中海以及欧洲连接成了一个商业网络，从事的贸易超过了古典时代。[1] 正如托马斯·埃尔森（Thomas Allsen）所证明的，无数政治的、文化的以及技术的信息在这些网络里像货物和疾病一样川流不息。[2] 游牧民族充当了这些体系的保护者、向导以及有时是商人的角色。这个由穆斯林主导的商业和文化网络，伊本·白图泰在回忆 370
录中做了生动描写。他是一位摩洛哥学者，于 1325—1355 年间，从摩洛哥出发行至麦加、欧亚大草原、印度、中国。[3] 在蒙古人统治下，跨欧贸易体系甚至更加活跃，因为蒙古人在他们统治的地方积极保护贸易。虽然陆路网络从各个方面刺激了整个欧亚贸易网交换，海路也许更为重要——尤其是连接中国、印度和伊斯兰世界的海上贸易。欧洲商业早熟的一个象征，就是商人在这些体系中扮演了相当积极的角色。到了 10 世纪，从格陵兰岛（甚至纽芬兰）到巴格达和中亚都可以发现维京商人和定居者。早在 14 世纪，意大利商人（沿着马可·波罗的足迹）经常在地中海和中国之间穿梭往返，以至于出版了导游书为他们的旅途提供帮助。但是他们不是什么独行客。亚美尼亚和犹太商人在跨欧亚交流中也扮演了至关重要的作用。[4] 基督教、祆教、佛教、摩尼教和伊斯兰教等各大宗教也沿着这条非洲-欧亚贸易网络自由自在地传播。与之同行的还有疾病。最后，自东至西，腹股沟淋巴结炎也蔓延开来了。即使这种疾病终结了后古典时期的扩张，它的传播本身就说明了非洲-欧亚交流的范围和强度。

---

[1] 阿布-卢格霍德：《欧洲霸权之前》。

[2] 托马斯·T. 埃尔森的新著：《蒙古时代欧洲的文化和征服》（剑桥：剑桥大学出版社，2001 年），该书重点研究了 12 世纪和 14 世纪早期中国和波斯伊儿汗王朝的交流。

[3] 伊本·白图泰游记在罗斯·E. 邓恩（Ross E. Dunn）的经典研究：《伊本·白图泰的冒险：一位 14 世纪的穆斯林旅行家》（伯克利：加利福尼亚大学出版社，1985 年）有很好的描述。

[4] 关于这些贸易网络及其所依赖的商人网络的经典研究，乃是菲利普·柯廷（Philip Curtin）的《世界上的跨文化贸易》（剑桥：剑桥大学出版社，1985 年）。

这些网络的枢纽依然位于伊斯兰世界，因此伊斯兰教在这个时期有所扩张就没有什么可以吃惊的。在公元1000年以前的数世纪里，就在非洲-欧亚交流网络萨珊王朝和伊斯兰教帝国中明显扮演了重要角色。在其历史的第一个千年里，控制这个地区的伊斯兰文明鼓励思想、商品和技术在非洲-欧亚不同地区的交流，由此刺激了人口的增长以及商业和信息网的协同作用。正如安德烈·沃森（Andrew Watson）已经证明的那样，伊斯兰教的扩张持续不断，部分是由于早期国家对创新尤其是在农业方面的创新的开放。[1] 在好几个世纪里，伊斯兰世界的农民进口并学会了种植大量新式农作物——有果树、蔬菜和谷物，还有纤维植物、辛辣调味品和麻醉品——我们也许可以称之为阿拔斯王朝的交换，就像以后我们所称哥伦布大交换一样。许多新的农作物来自印度、非洲或东南亚。而且由于信息就像农作物和技术一样汇聚到
371 伊斯兰世界，伊斯兰世界也成为欧亚科学和商业的中心。正是在这里，而不是在欧洲，古典地中海哲学和科学的最大成就为未来而得以保存。在公元1000年，无可怀疑非洲-欧亚四墺既宅的枢纽位于伊斯兰世界，伊斯兰的扩张持续了整个后古典时代的马尔萨斯循环。到公元1500年，伊斯兰教国家包括地中海世界最强大的帝国奥斯曼帝国、波斯的萨法维帝国，以及从菲律宾到东南亚、南亚到撒哈拉以南非洲一系列国家。

但是，虽然非洲-欧亚的交换网络的枢纽在西南亚洲，但是它们的引力中心却在印度和中国。经过东地中海的交换可能更加多样化并且来自一个更大的地区，但是最大的交换量却仅见于东亚。欧洲商人被吸引到了亚洲，尤其是中国，因为在那里可以找到一个由世界上最多人口和最具活力的市场动力所维系的最大市场。东亚经济历史没有像欧洲那样得到广泛研究，而且自18世纪以来，亚洲经济史的模式基本上受到了静态的“亚细亚”的经济和社会的想象所局限。实际情况与

[1] 安德鲁·M. 沃森：《早期伊斯兰世界的农业创新：农作物和农业技术的传播（700—1100年）》（剑桥：剑桥大学出版社，1983年）。

此不同。[1] 不仅亚洲经济是世界上最大的，而且它们有世界上最高水准的商业化程度，在社会各个层面上以及最高水准的生产能力，不论在乡村还是在城市都是如此。

实际上，正如第 1 章所言，琳达 · 谢弗曾经论证，这一时期世界史的主要地理特点可以用“南方化”来概括。[2] 她提出，南方化类似于最近的西方化，始于纺织品生产、冶金、天文学、医学和航海等方面的技术和商业的创新，这一切皆以印度和东南亚为先锋。在公元 9 世纪，有一位穆斯林作家贾希兹（al Jahiz）写道：

> 就印度人而言，他们是天文学、数学……以及医学的领军；只有他们拥有后者的秘密，并且将这些秘密运用于各种形式的医疗手段。他们有雕塑和人物绘画的技艺。他们有象棋的游戏，这是最高贵的游戏，而且比其他游戏更加需要判断力和智力。他们锻造吉达（Keda）剑而且用于实战。他们有美妙的音乐……他们拥有能够表达各种数不胜数的语言发音的文字，他们有大量诗歌、大量长篇论文和深刻理解力的哲学和文学……他们完备的司法制度和得体的风俗习惯使他们能够发明别针、软木塞、牙签、衣服折裥以及染发
> 剂……他们发明了解药（*firk*），在服用毒药后能够用解药使之丧失 372
> 毒性，也是辨认星相的科学的发明者，后来世界其他地方都纷纷沿用。当阿丹从天园降下，他就直接来到他们的土地上。[3]

印度次大陆开始并保留的创新传播到东南亚和中国，然后传播到伊斯兰世界，为古典时期的马尔萨斯循环提供了巨大的动力。谢弗指

[1]　参见王国斌：《转变的中国》。

[2]　琳达 · 谢弗，《南方化》，载于《古代和古典时期的农业和牧业社会》，米歇尔 · 阿达斯主编（费城：天普大学出版社，2001 年），第 308—324 页；最初发表于《世界史杂志》第 5 卷第 1 号（1994 年春），第 1—21 页。

[3]　贾希兹，转引自谢弗尔，《南方化》，第 312 页。亦可参见詹姆斯 · E. 麦克里兰三世（James E. McClellan III）和哈罗德 · 多恩（Harold Dorn）的《世界史上的科学和技术导论》（巴尔的摩：约翰 · 霍普金斯大学出版社，1999 年），第 145—154 页。

出，“到 2000 年南方化过程创造了一个繁荣的南方，从中国到穆斯林地中海世界”。[1]

商业化及其影响

后古典时期的马尔萨斯循环期间非洲–欧亚市场的扩张，使得商业以及从事商业活动的人们获得了一种他们从前根本无法享有的文化的、政治的重要地位。我们已经看到商人在一切农耕文明中所扮演的重要角色，但是他们通常是上层阶级中次要的有时甚至是遭到藐视的那个阶层。尽管如此，随着农耕文明的贸易网络经过数千年的扩张，大量的财富也随之集中到了商人的手中，而且那些支配商业财富或者以此为生的人数量也随之增长。到古典时期的马尔萨斯循环结束时，在大多数地中海和伊斯兰世界、印度次大陆和中国，商人形成了一个重要的、富有的、与众不同的社会范畴。在某些地区和国家，例如意大利或尼德兰的城邦以及东南亚，商人在一些小国家里占统治地位。

这些国家的税收越来越依靠商业，导致了立场观点、国家结构以及政策方面的变化。我们已经看到，与主要商业体系关系密切的政体不得不更多地依靠商业税收而不是贡赋税收。在欧洲，后古典的马尔萨斯循环结束后小国林立，因为在这里（与地中海东部、北印度和中国不同）再也没有出现过一个庞大的贡赋税收的帝国继承古典时期主宰一切的大帝国。就像部分南亚和东南亚一样，欧洲发展成了由许多小的高度竞争的国家。它们的规模还不够向其收取大量的贡赋；激烈的
373 竞争抬高了生活价格；邻近商路则便于收取商业税收。在这些条件下，税收的商业资源就不再是一个令人困惑的权宜之计：它们不仅在财政上拯救了许多小国，而且形成了它们的经济和政治结构，甚至它们的价值和社会的组成部分。

---

[1]　谢弗，《南方化》，第 316 页。

富有进取心的商业城邦群出现在意大利和西南欧洲，尤其在佛兰德和汉萨同盟中有许多小城市——它们经营皮毛与大西洋和波罗的海鱼类。因为这些国家过度依靠贸易，它们的统治者经常与商人结成联盟；有时候它们的统治者就是商人。这些国家以全部的政治和军事力量支持商业行为，致力于将贡赋和商业交流混合使用，凡是能动武之处就动武，但凡必要便大要商业手段。托马斯·布雷迪（Thomas Brady）发现，在意大利，"这个由商人和土地拥有者所统治的国家……在公元 1000 年以后很快就兴起了。比萨、热那亚和威尼斯领先一步，但是整个中欧很快就遍地开花了，从托斯卡尼到佛兰德斯，从布拉班特（Brabant）到立窝尼亚（Livonia），商人们不仅供应武器——在整个欧洲都是如此——而且端坐在政府部门宣布战争，有时候还亲自披挂上阵。"[1] 这些贸易的政治组织偶尔甚至强大到在军事上打败强大的收取贡赋的政治组织，就像 1500 年以前雅典城邦（分别在公元前 490 年和公元前 480 年）在马拉松和萨拉米斯打败波斯帝国一样。1176 年，在莱尼亚诺（Legnano），北意大利的一个公社联盟打败了德意志皇帝腓特烈·巴巴罗萨，而从帝国的统治下解放出来。巴巴罗萨的一个叔叔解释了这一奇特的现象："在意大利的公社里，他们并不蔑视将骑士的腰带或者荣誉地位授予地位低下的青年人，甚至授予丑恶的器械制造者，而其他民族却将这些人视为瘟疫，禁止他们进入比较令人尊敬的高贵的社会阶层。"[2]

这些军事上强大的商业国家反映了一条长期而有效的规则，那就是，随着商业网的扩张，转移到他们手中的财富增加，同样商人精英的潜在影响也与日俱增，他们有时会不仅在商业上，而且在战争中都能够挑战周边的收取贡赋的精英。现代革命的一个重大标志就是，那些经济建立在商业交换而不是较为传统的收取贡赋行为——如对土地

[1] 托马斯·布雷迪，《商人帝国的兴起（1400—1700 年）：欧洲的变调》，载于《商人帝国的政治经济学：国家权力与世界贸易（1350—1750 年）》，詹姆斯·特雷西（James Tracy）（剑桥：剑桥大学出版社，1991 年），第 150 页。

[2] 巴巴罗萨叔叔的话转引自奇波拉：《工业革命以前》，第 148 页。

征税——基础上的国家，它们的军事和经济影响力上升了。但是直到19世纪情况才变得昭然若揭——随着越来越多的财富在国际商业网中运转，这些国家便动用武力，最终令那些甚至最强大的收取贡赋的国家都黯然失色，而且是在那些帝国的土地上。

374 **宋朝一次流产的工业革命？**

中国就提供了一个饶有趣味的例证，即使在强大的收取贡赋的帝国内部商业化也具有潜在影响。到公元前1000年，商业活动遍及中国大部地区，甚至土地也可以买卖。到那个千年的中期，一个强大的独立的商人阶层出现在了春秋晚期的文学经典，包括孔子（大约公元前551—前479年）的著作里。到了汉初，商人满足了统治者和贵族的需要，小商人在省城中心做买卖，而小贩们则到村庄做买卖，由此将村庄同商业网联系起来。汉朝的都城长安（今西安）面积大约在34平方千米，比同时代的罗马大得多，后者仅13平方千米。[1] 在较大的城镇里，根据汉代史学家司马迁（他在公元前2世纪末著书立说）所言，可以买到“酒类、熟食、丝绸、麻布、染料、皮革、裘皮、漆器、铜铁器。”[2] 有一份同一时期的文献表明，与众不同的富有的商人阶层越来越明显了，而且透露出商人一般不为传统贵族所认可的气氛：

> 而商贾大者积贮倍息，小者坐列贩卖，操其奇赢，日游都市，乘上之急，所卖必倍。故其男不耕耘，女不蚕织，衣必文采，食必粱肉；亡农夫之苦，有阡陌之得。因其富厚，交通王侯，力过吏势，以利相倾。[3]

逐渐增长的商业活动提供了新的国家税收形式，最终对国家体系

[1]　韩森：《开放的帝国》，第35页。
[2]　司马迁，转引自伊懋可：《中国过去的范型》，第164页。
[3]　公元前2世纪初的晁错语，转引自伊懋可：《中国过去的范型》，第64页。

施加微妙然而重大的影响。但是要改变那些轻易能够获得传统税收，如土地税的国家，尤其是像汉朝那样掌握大片土地的收取贡赋的庞大帝国却是不大可能的。尽管如此，凡是传统的税收方法失去效力的地方，商业化就能够改变哪怕最强大的收取贡赋的国家。在中国的后古典马尔萨斯循环时期就可以清楚地看到这一点。随着公元 3 世纪初汉朝的解体，在经历了长期衰落后，中国于隋（公元 589—617 年）、唐 375
（公元 618—906 年）时期重新统一。在唐朝统治下，强大的中央集权和相对有序的政府，使得城市人口和商业活动尤其在南方有可能迅速增加。而唐朝对待外来的影响，不管是宗教（这是中国佛教的辉煌时期）还是贸易都极其开放。但是唐朝并不十分支持私人的商业行为。他们的税收主要来自土地，直到安禄山叛乱（公元 755—763 年）为止，他们以无可匹敌的高效率征收土地税。因而不需要商业税，对此也不感兴趣。相应地，唐朝的大部分时期对海内外的商业和商业行为抱有传统的蔑视态度。例如，不允许商人参加科举考试。

然而，宋朝（公元 960—1276 年）统治者长期积弱。唐朝亡于 10 世纪，中国北方大部落入契丹（辽）王朝之手。公元 1125 年，宋朝对北方仅剩的控制权易手给了女真（金）王朝。宋被迫迁移到商业化观念较强的南方，由开封迁都至杭州。面对北方连续不断的军事挑衅，没有在统一中国范围内的巨额税收，而且置身于中国南方的商业化环境内，南宋统治者开始宽厚地对待商业活动以及从事商业活动的人的重大影响。在 12 世纪，他们甚至许可成功的商人买官鬻爵，而马可·波罗得知，宋朝皇帝邀请富有的商人到宫廷里来，这在唐朝是根本不可能的。[1] 这种态度的转变是由于严酷的国家财政现实所导致的。到 13 世纪中叶，宋朝税收的 20% 来自对外贸易，而 200 年前仅为 2%。[2] 无

---

[1] S. A. M. 埃德西德（Adshead）：《世界史范围的中国》，第 2 版（巴辛斯托克：麦克米伦，1995 年），第 17 页。

[2] 阿尔奇巴尔德·R. 刘易斯（Archibald R. Lewis）：《游牧民族和十字军东征（公元 1000—1360 年）》（布鲁明顿：印第安纳大学出版社，1991 年），第 109、130、161 页。王国斌认为，在宋朝统治时期，商业税收可能超过整个政府税收一半以上（《转变的中国》，第 95 页）。

怪乎南宋开始积极推动商业活动和技术创新。在唐朝统治下，广州是唯一允许从事外贸的港口，而宋朝开放的港口则达到了7个。南宋还有非常发达的帆船制造业，促进了此类贸易。他们使用罗盘和艉柱舵，还有水密舱壁和特别的浮力舱。[1]国内贸易也很繁荣，尤其是在南方，那里人口众多，与东南亚和日本的贸易迅速发展。为了支持货币统一，宋朝大量铸币；到1080年，他们大约每年铸造600万贯钱币（或者大
376 约每人200枚），而唐朝每年发行的铸币不超过10万到20万贯（大约每人10枚）。[2]

我们已经看到，商业交换比纳贡交换更有可能产生提高效率的创新，因为后者的强制压抑了效率。但凡国家宽厚地对待商业行为，营造支持商业的政治和法律环境，就可以合理地期待开启创新的迹象出现。理论上的预期似乎在宋朝历史上化为现实，因为虽然宋朝政治积弱，但引领了一个增长和创新的时代。

到11世纪中期，中国分成三大政权，宋、北部和东北部的契丹人的辽、西北党项人的西夏。这个分治时期拉开了一个异乎寻常的技术创新时期的序幕，是漫长的南方化过程的顶峰。首先，宋朝经济的农业基础发生了一场革命。伊懋可认为，

> 农业革命……包含四个方面。（1）因为新知识而学会更有效地预备土地，改良或者引入新工具，更广泛地使用粪肥、河泥和石灰作为肥料。（2）引进高产或者抗旱品种，或者早熟品种，以便在同一块土地上每年收获两次。（3）水压技术和前所未有的错综复杂的灌溉网络的建设提高了效率。（4）商业化可能增加了农作物品种，不仅是基本的食用谷物，而且有效利用了各种天赋的资源。[3]

---

[1] 关于中国的造船术，参见阿诺德·佩西（Arnold Pacey）：《世界文明中的技术》（剑桥，麻省：麻省理工学院出版社，1990年），第65—66页。

[2] 韩森：《开放的帝国》，第266页。

[3] 伊懋可：《中国过去的范型》，第118页。阿布-卢格霍德的《欧洲霸权之前》，第10章对于宋朝的经济增长有极好的描述。

实际上，他得出的结论是，到 13 世纪，中国很可能拥有了除印度外，世界上最多产的农业部门。

政府的支持刺激了其他经济领域里的创新。政府和官员广泛使用活字印刷传播技术知识，确保探矿、武器、耕作、医药和工程技术迅速传播。煤和木炭用于制铁。官方统计表明，到 1078 年，铁产量每年达到了 11.3 万公吨，大约相当于每人 1.4 千克。这一生产水平大约是唐朝产量的 6 倍，而欧洲直到 18 世纪才赶上这一产量。[1] 大约在同一 377
时期，两个政府的武器库每年生产多达 3.2 万副 13 种不同规格的盔甲。黄铜生产急剧增长，以至于今天格陵兰岛的冰川表明这一时期的大气污染曾大为增加。[2] 火药技术在宋朝也是遥遥领先，但是它们的爆炸特性却为他们的北方竞争对手女真人在 1221 年的战争中首次利用。[3] 到 11 世纪，发明了一种缫丝机——已知世界上第一次尝试机械化纺织生产。在商业方法上也有重大创新（参见图 12.1）。早在 11 世纪政府甚至开始支持发行纸币。[4]

这一时期的创新不纯粹是中国人自己的。它反映了政府和精英们逐渐愿意利用新的生产和商业思想，而不管它们来自何处。许多中国的创新基于来自非洲-欧亚体系中其他地区积累的知识集聚。例如，维系南方人口繁荣的新稻种是从越南进口的。许多其他技术是从印度和伊斯兰世界进口的。水压技术在伊斯兰世界尤其发达，灌溉有数千年历史，而机器纺织术在印度也是高度发达的。李约瑟对中国技术的研究突出了中国技术的活力，但是，忽视非洲-欧亚世界体系其他地区地 378
方发明的技术也是不明智的。[5]

尽管如此，宋朝的创新速度还是独一无二的。实际上，宋朝的商业化和创新的范围十分惊人，以至于令人想到中世纪的中国已经走到

[1] 韩森：《开放的帝国》，第 264 页。
[2] 约翰·R. 麦克尼尔：《太阳底下的新鲜事》（纽约：W. W. 诺顿，2000），第 56 页；麦克尼尔补充到，其他这类前工业的急剧增长是公元前第一个千年黄铜铸币引进地中海以后发生的。
[3] 佩西：《世界文明中的技术》，第 24—26 页。
[4] 汉森：《开放的帝国》，第 266—267 页，第 270—271 页。
[5] 参见李约瑟：《中国科学技术史》，第 7 卷（剑桥：剑桥大学出版社，1954—2003 年）。

图 12.1　中国宋朝的商业活动
北京故宫博物院惠允使用

了工业革命的边缘。但是即使有过一场革命，但它并没有维持很久，因此不能使整个世界发生革命性变化。有三个主要原因未能使变化广为传播。第一，宋朝的统治者支持商业和企业是暂时的；第二，中国处在非洲-欧亚交换网络的边缘而不是中心，这就降低了其技术创新传播到其他地区的速度；第三，世界体系在整体上还不够大，或者说还不够一体化，不能确保中国的创新迅速影响到其他地区。

在中国，一个充满竞争的国家体系原非常态。根深蒂固的政治和文化统一性，以及完整的交流体系，使中国早晚会重新得到统一，而宋朝的商业和技术的创新也会被再度用来支持强大的统一王朝。事实上，这个过程在1279年忽必烈汗征服中国南方后完成了。重新统一后，鼓励国家商业化的三个条件中的两个（规模小、强大对手）已不复存在，而第三个（靠近富有的贸易体系）只是持续得稍微长久一些。中国不再是一个脆弱的，由几个竞争的、从任何可能的资源获取国家税收的国家所组成的地区。在元、明统治时期，政府税收又回到了更为传统的贡赋资源上，如农业税等。[1] 统一中国的巨大规模意味着商业税收竞争不过更为传统的税收资源。在以后数百年里，这一庞大体系的巨大惯性使之从传统国家税收的转型，比由小型的、竞争的国家所组成的地区更加复杂和艰难。

在 15 世纪，中国政府几乎完全脱离了世界贸易网络，即使许多臣民不顾阻碍继续从事贸易。宋朝的航海传统一直延续到 15 世纪。实际上，在 1405—1433 年间，一个穆斯林太监郑和率领由 60 艘船、4 万名士兵组成的舰队七下西洋（参见图 12.2）。[2] 他们到达锡兰、麦加和东非，也许还到了北澳大利亚地区。但是这些并不是出于贸易使命，政府在背后提供支持，不是寻求商业税收，而是宣示对中国的象征性臣服。此举因国赀所费靡多，无怪乎难以为继。终于，明朝政府决定将货币投放在防御脆弱的北方边界，再无兴趣进行这些昂贵的远征了。数十年内政府就禁止了一切中国海运，虽然意志坚定的中国商人总是有办法绕开这些禁令。

削弱宋朝经济革命影响力的第二个因素乃是中国的地理位置处在 380
非洲–欧亚交换网的边缘。虽然在中国的交换量极大，但是中国的交换网络延伸得并不遥远，不能像伊斯兰教的心脏地区以及美索不达米亚那样交换网络的枢纽地区那样，传递各种不同的信息和货物。中国的创新当然对其他地方产生过影响：许多发明创造，包括使用活字印刷、纸币（以及造纸术）、使用火药等都传播到了西方，在那里产生了革命性影响。此外，中国巨大的商业动量吸引商人通过陆路和海路到东方来。但是这些发展在中国以外几乎没有留下直接痕迹。

第三个并且与前一个因素有关的因素，乃是非洲–欧亚网络的松散联合以及与其他世界区的网络相隔绝。其他地方采纳中国创新的缓慢程度，表明世界性的工业革命既不存在于中国，也不存在于世界其他

[1] 王国斌:《转变的中国》, 第 31 页。
[2] 关于这几次航海非常流行的叙述，参见李露晔:《当中国称霸海上：龙座的宝船队（1405—1433 年）》。

图 12.2　15 世纪中国和欧洲的造船业

大船是中国海军统领郑和所用船的复制品。1405—1433 年间，郑和 7 次率领多达 60 艘船，4 万名士兵的中国船队，远航到东南亚、印度和东非，所到之处都带着惊人精确的海图。他最大的船至少 5 倍于哥伦布的圣塔·玛丽娅号，还有水密内舱。哥伦布要在郑和航海之后 50 年才环航世界。他的舰队没有中国人船队那样技术精良，也不知道要到哪里去。尽管如此，哥伦布的船操纵更加灵活，也许更适合于对陌生大海的探险。承蒙北京文物出版社惠允复制此图

地方。货物、思想、财富的交换仍然受到自公元前第一个千年起就几乎没有变化的交通手段的限制。信息交流有限性的一个标志就是，中世纪的欧洲对中国几乎一无所知，中国也不熟悉非洲-欧亚地区的西部，两者可谓等量齐观。

总之，在后古典时期马尔萨斯循环期间，非洲-欧亚的交换网络虽不及现代那样联系紧密，但是比之前更具有统一性，在各主要农耕文明中，商业活动盛极一时。创新比在古典时期传播得更为迅速，尤其是在宋朝统治下曾出现过一个惊人的增长时代。而这个时代的创新，就像从前的时代一样，起因于国家统治者与商人精英结成紧密的联盟，从而联结成广为传播的商业和信息的交流网络。

现代初期的马尔萨斯循环：从公元 14 世纪到 17 世纪

第一个全球交换网络

14 世纪，在经历了与黑死病相关的长期萧条之后，整个非洲–欧亚地区的人口再次上升。人口增长又一次促进了商业和城市化。前一次循环形成的商业网，在 14 世纪后期和 15 世纪前期已被破坏殆尽，到 16 世纪早期得到复兴——但是现在它们延伸得更远了。这些如今主要 381
通过海洋建立的联系，欧洲商人从中起到了重要作用。欧洲商人和航海家的活动通常得到政府的支持，最终导致这一时期一个最重要的突破：首次出现了全球性网络。16 世纪早期大西洋两岸的连接是一个具有真正世界史意义的事件，大多数现代历史学家，尤其是那些遵循马克思传统的历史学家认为这是过去 1000 年中具有决定意义的事件，绝非偶然。正如马克思本人所言："世界贸易和世界市场在 16 世纪解开了资本的近代生活史。"[1]

最早出现于 16 世纪的交换体系将非洲–欧亚、美洲、撒哈拉以南非洲以及最后美拉尼西亚、澳大利亚和波利尼西亚的市场联结成为第一个真正的世界体系。[2] 新的体系的规模几乎两倍于任何从前的体系，包含更多的货物和资源。新体系的规模和其中发生的交换规模意味着比从前世界历史更多的财富在流动。如今在国际交换体系中流动的巨额财富令世界最大的财富储藏库和最小的储藏库之间的梯度变得更大，增加了掌控这些财富交换的商人和金融家的影响力。富人和穷人之间逐渐拉大的鸿沟令各种商业流动充满活力，而在新的全球体系中积累

[1]　卡尔 · 马克思：《资本论：政治经济学批判》，第 1 卷，本 · 福克斯（Ben Fowks）翻译（哈蒙斯沃思：企鹅出版社，1976 年），第二部，第 247 页（首段）。世界市场的诞生对于现代社会的出现是至关重要的观念是马克思主义历史观的核心。参见伊曼努尔 · 沃勒斯坦，"世界–体系"，载于《马克思思想词典》，汤姆 · 博托莫尔（Tom Bottomore）编，第 2 版（牛津：布莱克韦尔，1991 年），第 590—591 页。

[2]　正如丹尼斯 · O. 弗林（Dennis O. Flynn）和阿尔多诺 · 吉拉尔德（Artunro Giráldez）所指出的，严格地讲，交换的全球体系直到 1571 年方才真正形成，在这一年，美洲和马尼拉的正常贸易开始了，将太平洋两岸联结起来了。参见弗林和吉拉尔德斯，《白银的循环：18 世纪全球经济的统一》，载于《世界史杂志》，第 13 卷，第 2 号（2002 年秋）：第 393 页。

起来的经济“电压”给商业的发动机以前所未有的动力。西班牙从美洲掠得的白银给欧洲和世界商业注入活力，因为它在欧洲畅通无阻，或者经菲律宾转移到印度，然后再到中国。中国对白银的需求（纸币和铜币贬值、乡村普遍商业化、税收的货币化使然）更是刺激了全球的白银贸易。[1]

其他交换也十分重要。由于非洲-欧亚和美洲世界体系的联结而使农作物、技术、民族甚至致病病毒大肆蔓延，这在阿尔弗雷德·克罗斯比的《哥伦布大交换》（1972 年）中做了详细的描述。疾病流传对所有较小的世界区是一个毁灭性过程。到 1500 年，疾病在非洲-欧亚地区人口密集的居住区流传提高了整个地区的免疫力。但是这种抗病力并没有发生在美洲或者其他澳大拉西亚或太平洋地区的一些比较与世
382 隔绝的族群里。例如，欧洲人在 16 世纪到达美洲时带去了疾病，美洲人主要死于欧亚的疾病而不是其他原因。[2]

我们的数字只是不无依据的猜测，但是在中美洲和秘鲁等人口较为密集的居住区，16 世纪人口的下降是一场真正的灾难：人口下降大约 70%，而在美洲的人口整体下降了 50%—70%。[3] 同时代的人，在各自分水线两边都感受到了疾病交流的不平衡性。正如在尤卡坦的一位当地美洲人说，在欧洲人到来之前，“那时没有什么疾病；他们那时没有骨头疼痛，他们那时没有高烧；他们那时没有天花（参见图 12.3）；

[1] 关于白银流通的介绍，参见丹尼斯·O. 弗福林和阿尔多诺·吉拉尔德撰写的两篇论文：《口含“银匙”：1571 年世界贸易的起源》，载于《世界史杂志》第 6 卷，第 2 期（1995 年秋）：第 201—221 页，以及《白银的循环》。

[2] 例如，参见马西莫·李维-巴奇在《简明世界人口史》（牛津：布莱克韦尔，1992 年）第 55—56 页对跨越各大世界区的疾病传播的概述。此书由卡尔·伊普森（Carl Ipsen）翻译。

[3] 根据安格斯·麦迪逊的统计数字，载于《世界经济千年史》（巴黎，联合国教科文组织，2001 年）第 235 页。关于前哥伦布时期的人口数字因而关于 16 世纪相对衰落，有很多的争论。人口衰落的估计仅在墨西哥一地在 15%—90% 之间。表 11.1 的数字引自 J. R. 比拉本的《论人类数量的发展》，载于《人口》第 4 卷（1979 年）：第 16 页）表明拉美人口（北美除外）在 1500—1600 年间衰落了 75%，从大约 3900 万降至 1000 万。根据安格斯·麦迪逊比较保守的统计，拉美人口衰落了大约 50%，从大约 1750 万减至 860 万；伍德罗·波拉（Woodrow Borah）和谢尔本·F. 库克（Sherburne F. Cook）旧的统计数字载于《中墨西哥在西班牙入侵前夕的人口》（伯克利：加利福尼亚大学出版社，1963 年），表明 1500 年的人口也许高达一亿，而衰落可能达到 90%。参见麦迪森《世界经济》第 233-236 页、马西莫·李维-巴奇：《简明世界人口史》，第 50—56 页的讨论。我感谢布鲁斯·卡斯特曼（Bruce Castleman）提供相关的参考书。

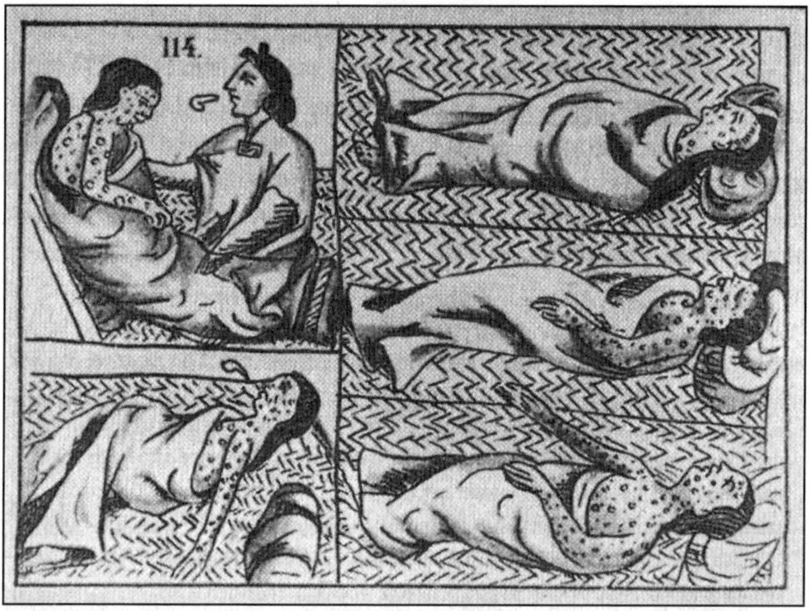

图 12.3　16 世纪阿兹特克的天花受害者

采自 16 世纪西班牙的“新西班牙”的历史。转引自阿尔弗雷德·克罗斯比的《生态扩张主义：欧洲 900—1900 年的生物扩张》（剑桥：剑桥大学出版社，1986 年）图版 9：转引自《新西班牙帝国史》，第 4 卷，第 12 部，Lam. Cliii，图版 114。哈佛大学皮博迪考古与民族学博物馆惠允使用

他们那时没有胸口灼热；他们那时没有肺痨；他们那时没有腹部疼痛；他们那时没有头疼脑热。那时候人的道路是有秩序的。外国人一来就全都变了。”[1] 英国殖民者 1585 年在罗阿诺克岛（Roanoke）看到了同样的情形，只是从流行病学的另外一面来看待这事而已。托马斯·哈里奥特（Thomas Hariot），一位殖民地的考察者，在造访了当地村庄之后写道：

[1]　本地的美洲人的话转引自阿尔弗雷德·克罗斯比：《哥伦布大交换：1492 年以后的生物影响和文化冲击》（康涅狄格，韦斯特伯特：格林伍德出版社，1972 年），第 36 页。

在离开这些城镇之后的数天内，有人开始很快死去，而且许多人简直死得快极了；有的城镇20人，有的40人，有的60人，有的120人，实际上数字十分之高……这疾病十分奇特，以至于他们不知道叫什么，也不知道如何治疗；根据这个国家最年长的人讲，以前从未发生过。[1]

当欧洲人移民到澳大拉西亚和太平洋，那里的人口也遭受同样惨痛的经历。撒哈拉以南非洲通常得以幸免，因为他们一直以来是广义的非洲-欧亚网络的一部分；无论如何，他们甚至居住在比大多数欧亚人还要危险的充满细菌的环境里面。在其他地方，欧亚疾病赶走了当地的居民，使得欧亚移民的定居更为容易，以至于最后将小型世界区的大片土地变为欧亚殖民地，上面满是欧亚农作物、牲畜和疾病。[2]

正当欧亚大陆驯化的动植物的输入改变了美洲的经济、社会结构以及交换网络之际，美洲驯化的动植物的输入同样改变了非洲-欧亚地区。从美洲引入了玉米、大豆、花生、各类西红柿、甘薯（casava）、木薯（tapioca）、西葫芦、番瓜、木瓜、番石榴、牛油果、菠萝、土豆、红辣椒和可可。[3] 木薯已经成为非洲-欧亚许多热带地区的大宗产
383 品，而玉米和土豆也是许多温带地区的大宗产品。自从16世纪葡萄牙人输入了美洲的农作物后，中国采纳的速度比在非洲-欧亚地区其他任何地方都迅速。[4] 甘薯早在16世纪60年代就开始种植，中国种植的农作物超过1/3原产地在美洲。[5] 因为这些农作物可以在那些常见农作物生长不好的地方种植，美洲的农作物有效地扩大了耕种面积，因而使得非洲-欧亚地区在16世纪的人口有得以增长。

---

[1] 托马斯·哈里奥特语，转引自克罗斯比：《哥伦布大交换》，第40—41页［转引自戴维·B. 奎因（David B. Quinn）编：《罗阿诺克岛旅行记，1584—1590》两卷本（伦敦）：哈克鲁特学会，1955年］，第1卷，第387页。

[2] 克罗斯比在《生态扩张主义》里把这种定居过程描述为“新欧洲”的诞生。

[3] 克罗斯比：《哥伦布大交换》，第170页。

[4] 同上书，第199页。

[5] 弗兰克：《白银资本》，第60页。

增长与创新的范型

在这一时期产生的巨大的财富和信息流深深影响了整个世界的国家和社会。在美洲，最初的影响是迅速而毁灭性的。全球的整合造成 384
了数百万人的死亡以及传统帝国、国家、文化和宗教的终结。欧洲人每进入一个地方，从毛里求斯到夏威夷，这种情况就会重复一次。

在非洲–欧亚地区造成的后果较轻微，而速度也比想象的更慢。但是在非洲–欧亚地区的许多地方，当然也是在人口密度较大的核心地区，新的扩大的交流网、人口增长、国家行为以及商业化刺激了增长和创新。正如乔尔·莫吉尔所言：

> 发现的时代……乃是曝光效应的时代，在这个时代，技术变化采取的方式主要是，观察外来的技术和农作物并且从别的地方将它们移植进来。富于进取心的欧洲人采纳了美洲的农作物，而将牲畜、小麦和葡萄输入新世界。此外，他们还将非欧洲的植物从美洲移植到非洲、亚洲，或者非洲和亚洲移植到美洲，从事大量可以称为生态学的套利行为。例如他们把香蕉、砂糖、稻米引入美洲，又将木薯（又称 manioc）移植到非洲，最终成为那里许多地方的大宗生产的农作物。[1]

人口增长部分是因为是欧洲、中国和非洲采用了美洲农作物这种“创新”所致。这些新农作物的耕种在整体上要求一系列小型的农业创新，包括不同类型的作物轮作法、耕地和灌溉法。在中国，新作物尤为重要，因为它们可以在不适宜种植稻谷的地方播种；它们也给非洲带来了巨大变化。[2] 但是在航海和战船（为 16 世纪统一的世界体系的诞生提供了技术资源）、采矿技术、战术和商业方法方面也有重大发展。

---

[1]　乔尔·莫吉尔：《财富的杠杆：技术创造和经济发展》（纽约：牛津大学出版社，1990 年），第 70 页。
[2]　克罗斯比：《哥伦布大交换》，第 185 页，第 199—201 页。

尽管如此，创新的速度在某种程度上并不那么引人注目；任何地方的创新都没有达到工业革命的水平。甚至在欧洲，全球世界体系的出现产生最大影响的地方，第二个千年中期的技术创新——在战术、造船、建筑以及冶金之外的领域——也是惊人的缓慢。[1] 总之，正如彼得·斯特恩斯（Peter Stearns）所注意到的那样：

> （1770 年的）西方技术和生产方法依然固守农业社会的基本传统，尤其仰仗人力和畜力。农业本身自从 14 世纪以来在方法上几乎毫无变化。制造业虽然有重要的新技术，仍然必须将技巧和手
> 385 工工具结合起来，通常在很小的作坊里进行。西方对新的制造业发展机遇的最重要回应就是极大地发展了乡村（家庭）生产，尤其是纺织和小型的金属货物。[2]

在非洲-欧亚地区，新的全球交流网络的大范围影响是细微的、间接的。在所有核心区域，人口有所增长，商业行为有所扩大。中国在 1400—1700 年间的人口由大约 7000 万增加到 1.5 亿。印度同期人口由 7400 万增加到 1.75 亿，而欧洲则由 5200 万增加到 9500 万（参见图 11.1）。根据最近统计，亚洲人口增长比欧洲快，一直持续到 18 世纪，但是亚洲占世界总人口的 66%，而生产出的产品其价值占全世界的 80%。[3] 历史学家通常断言东亚的人口增长率可能导致这个地区更大的贫困，但是这种断言是错误的。相反，正如安德烈·贡德·弗兰克所论证的那样，似乎亚洲人直到 1750 年或者 1800 年在世界经济和体系中的优势，不仅表现在人口和生产，而且表现在生产效率、竞争性和贸易上，总之，表现在资本形成上。此外，与后来的欧洲神话不同，亚洲人拥有技术并发展了与之相称的经济和金融机构。因此，现代世

---

[1] 关于创新的速度，参见莫吉尔：《财富的杠杆》，第 4 章。

[2] 彼得·N. 斯特恩斯：《世界史上的工业革命》（博尔德，科罗拉多：韦斯特维尔出版社，1993 年），第 18 页。

[3] 弗兰克：《白银资本》，第 168，172 页。

界体系中积累和权力的“中心”在这几个世纪里并没有多大变化。尤其是中国、日本和印度一路领先，而东南亚和西亚紧随其后。[1]

实际上，正如前文所述，甚至 18 世纪晚期的欧洲观察家如亚当·斯密也认识到亚洲经济的统治地位。而且欧洲在技术方面并不占有主导。菲利普·柯廷写道，在 17 世纪，

> 世界史的“欧洲时代”的黎明还没有到来。印度经济仍然比欧洲更具有生产效率。甚至 17 世纪的印度或中国的人均生产率可能也比欧洲高——虽然根据现在标准是很低的。欧洲的技术领先仍然只是表现在有限的领域，如海运等，16 世纪到 17 世纪的航船设计非常发达。还有，欧洲进口亚洲制品而不是相反。[2]

整个这一时期亚洲的白银顺差，也表明亚洲处在正在出现的世界贸易体系的中心位置。这些变化不仅是表面的：商业活动对社会的各个层面产生了积极的影响。在中国，政府开始以纸币收税而不是 16 世纪的那种方式，这是一个明显的标志，表明甚至在乡村的商业变化达 386 到了何等程度。正如彭慕兰所证明的那样，白糖的消耗量或者布料或者其他非必需品等的指标，以及预期寿命等统计，都表明在 18 世纪中国和欧洲的生活水平是不相上下的。[3]

根据所有这些指标，近代马尔萨斯循环早期的扩张时期——虽然交换网络规模大为增加——仍然温和地刺激了某种程度的创新，但不是现代社会所具备的那种高水平创新。我们因此可以期望，世界大部地区都陷入了某种形式的马尔萨斯衰落。在 17 世纪的非洲-欧亚大部地区增长的速度放缓，虽然不像上一个循环结束时的急剧衰落。不久以后，在世界许多地区又恢复了增长，即使在印度和中国到了 19 世纪

---

[1]　弗兰克：《白银资本》，第 66 页。
[2]　柯廷：《跨文化贸易》，第 149 页。
[3]　彭慕兰：《大分流》，尤其是第 1，2 和第 3 章。

出现停滞。最晚到1800年，亚当·斯密和马尔萨斯这样的观察家仍有理由认为，我们看到的在农耕文明发生作用的马尔萨斯循环范型是经济生活的永恒特征。[1] 某些现代研究者论证到，要是没有一两个像英国煤矿储备那样的偶然因素，他们的情况也会差不了多少。[2]

尽管如此，在近代的马尔萨斯循环早期，还有其他的变化为19世纪的决定性的发展预备了道路。

商业化对贡赋社会的影响

以社会结构论的模式对创新的研究表明，当各社会部门紧密综合进一个商业网络里，因而各社会部门都受到效率和生产率的影响，确保在竞争的商业环境里获得成功，这时我们可以预期发生迅速的创新。我们前一章所描述的马克思主义模式的简化版提到了关注日渐增长的商业化在两个领域里发生影响的重要意义：首先，商人精英日益增长的影响和权力；其次，（占到农耕文明人口大多数的）乡村人口卷入到了各种商业行为，直到最后，债务和征地使他们全部脱离了土地，成为雇佣劳动者，生活完全受到商业网络的制约。

387 传统马克思主义对这些问题曾经做过许多研究，证明在非洲-欧亚的大多数中心地区，这个过程发生的速度很快。商人和市场即使在最初传统的农业社会中其功能也是至关重要的。不甚商业化的国家，如波兰和俄国，积极支持商业活动，只要有可能就进行殖民扩张，尤其是进入到潜在获利的地区，如西伯利亚盛产皮毛的地区。通过这些方式，由各种亲族社会占领的世界大部地区被拖入了商业交换的网络里，经常深刻地影响了它们的生活方式。[3]

随着国家收入逐渐依赖商业资源，削弱了从封建税和土地税得到传统贡赋收入的意义，甚至迫使大型贡赋国家也对商业行为发生兴趣，

[1] 王国斌：《转变的中国》，第17页。
[2] 彭慕兰：《大分流》中也有相似的论证。
[3] 埃里克·沃尔夫在《欧洲与没有历史的人民》（伯克利：加利福尼亚大学，1982年）中描述了商业交换如何在北美皮毛交易中进行的。

上述变化就能够改造国家。就像许多传统国家一样，俄国人垄断了大多数有利可图的贸易，包括贵金属和皮毛贸易。但是在 17 世纪，他们开始探索从国内贸易课税并且收取盐，特别是伏特加的销售税。这些税收是颇具心机的，因为在大多数农民都是自给自足的国家，这些商品都不是可以在家庭作坊里生产出来的，因此必须购买。盐是保存食品所必需的，而伏特加很快就成为农村的宗教和社交仪式不可或缺的组成部分。1724 年，酒类销售税已经占到了政府国家岁入的 11％；到 19 世纪初，伏特加税构成国家岁入独一无二的最大源泉，占政府全部收入的 30％—40％。[1] 随着商业税收日趋重要，俄国政府虽然对商人充满敌意，但仍不得不与其达成交易。在 19 世纪 50 年代的某些时候，政府担心不能对那些缴纳酒类税的经营农场的商人开出有吸引力的条件，它就有可能破产。由于俄罗斯帝国直到 19 世纪在许多方面仍为典型的贡赋社会，其国家收入转变的事例是特别令人震惊的。

商业化就像它影响到城镇和国家一样，也影响到了农村地区。事实上，在公元第二个千年的中叶，在非洲-欧亚各大文明中几乎没有几个农村地区的农民是不从事某种类型的商业行为的。在所有这些文明里，人口数量的庞大以及增长都极为依赖赚取工资收入的劳动力。中国乡村早就商业化了。伊懋可注意到，早在公元 1000 年的中国宋朝，与市场逐渐增加的联系使得中国农民进入了适应性强的、理性的、追求利益的小企业主的阶层。农村发展出了更广泛的职业，山坡上的树 388
木成长起来，供造船业之用，供逐渐扩大的城市建造房屋。蔬果生产供应城市消费。压榨各种油料以供餐饮、照明、防水，制作发膏和入药。砂糖精制化、晶体化，用作保鲜剂。鱼类在池塘和水库里面放养，以至于培育鱼苗成为一项很好的生意……种植桑叶本身就是一项获利丰厚的职业，还有特别的桑树苗市场。农民还制作漆器和铁制工具。[2]

[1]　大卫 · 克里斯蒂安：《生命之水：解放前夕的伏特加和俄罗斯社会》（牛津：克来雷顿，1990 年），第 33，384—388 页。

[2]　伊懋可：《中国过去的范型》，第 167 页。

但是在中国，正如在非洲-欧亚大部，这些过程是有限的。虽然卷入许多这类的商业行为，各地农民仍然拒绝割断与土地的最后联系，而且政府提高传统的土地税，支持他们的这种抗拒。王国斌指出，在18世纪的中国，“许多农民拥有至少某些财产，有的还出租土地。实际上所有土地都是在家庭生产的水平上进行生产的；地主扩大他们直接生产的基础以回应市场机遇，这种情况很少发生。”[1] 传统农民经常在道德上恪守一条古老的原则，就是他们对土地拥有权利；他们相信土
389 地不像许多袋稻米一样可以买卖。这些观念在许多农村地区一直保持到20世纪。在俄国，直到1906年，在一份支持新成立的杜马中农民代表的请愿书中，起义的农民士兵仍坚持认为：

> 在我们看来，土地是上帝的，土地应当是免费的，谁也无权购买、出售或者抵押；买地的权利只对富人有利，对穷人却是糟糕透顶……我们士兵是穷人，退役之后我们没钱买地，每一个农民都绝对需要土地……土地是上帝的，土地不是谁的，土地是免费的——在上帝自由的土地上辛勤劳作的，是上帝的劳工，而不是绅士和富农雇佣的劳工。[2]

虽然中国农村在18世纪就已经高度商业化了，但是对土地的所有权结构和控制限制了大多数人卷入商业网。而根据传统马克思主义的理论模式，这些局限性必然限制了创新的长期增长速度。

商业的态度和实践已经深深地进入农村生活，甚至影响到了某些最传统的贡赋帝国的政府活动，但是它们并没有削弱传统农业社会所特有的权力和生产结构。

---

[1] 王国斌：《转变的中国》，第45页。

[2] 这份请愿书转引自约翰·布什内尔（John Bushnell）的《哪里有压迫哪里就有反抗：1905—1906年革命中的俄国士兵》（布鲁明顿：印第安纳大学出版社，1985年），第180页。

新的全球地志学：欧洲角色的变化

在西欧，社会、政治和经济结构的商业化比其他非洲-欧亚地区都更彻底，欧洲社会比其他中心地区更年轻、更具可塑性；它们的国家比较小，对于国际商业压力比较敏感；它们对商业性更开放，原因我们以后再讨论；也许最重要的是，全球交换网络的地志学变化确保了现代马尔萨斯循环初期，欧洲大量的、多样化的和高密度的信息和商业交换比其他任何地方都要巨大。

全球交换的地志学变化

全球交换网络的诞生极大地影响到了欧洲，因为与之俱来的是全球交换的地志学的重新布局。就整体而言，非洲-欧亚地区交换体系的结构相对稳定了数千年，枢纽地区在地中海东部、北印度和中亚；自从公元前第一个千年，引力中心东移到北印度和中国这些定居人口密
度较高的地方。但是随着非洲-欧亚和美洲世界区的联结，西欧和整个 390
大西洋沿岸就突然成为新的枢纽地区，成为联结非洲-欧亚区和美洲区交换流的中心，一度处在非洲-欧亚区边缘突然变成迄今为止最大的一个交换中心的最重要枢纽。即使全球交换体系的引力中心直到 1800 年仍然位于远东，而交换的多样性却出现在西欧新的枢纽地区。

这个事实造成了重大的后果，尤其是对于欧洲的未来而言更是如此。这在某种程度上具有偶然性。欧洲恰好处在能从这个全球交换网络获益的有利位置。数千年来一直处在非洲 - 欧洲交换网络边缘的欧洲到了 16 世纪突然幸运地发现自己处在历史上最大的、最变化莫测的全球交换的枢纽。由于位置的调整而处在新的全球网络中心，令整个地区的生活发生了革命性的变化。现在经过欧洲的交换比之前所有这类流动都更为巨大。16—19 世纪的白银从美洲流向欧洲、伊斯兰世界直到远东，只是欧洲作为中介商所具有的重要作用的一个范例而

已。[1] 显然，我们不需要用欧洲例外论来解释欧洲在现代世界所扮演的重要角色，就像我们不需要把城市文明在苏美尔的滥觞当成该地区例外论的象征一样。正如安德鲁·谢拉特所指出的：

> 西欧只是由于新世界的发现和大西洋链的建立而一跤跌倒在这个角色上面而已。因此，社会的或者经济的成熟，与地区发展方式之间没有什么先决关系；从地方观点看，变化经常是随意的、不可预言的。世界体系的扩大及其形态和联系，迫使某些地区进入一个一时间看上去并不合适扮演的新角色。[2]

正如在 4000 年前的苏美尔，交换规模的剧增以及交换网络突如其来的重置，刺激了这个原本死水一潭的地方进行全新的投资。[3]

但是我们不应当过多强调偶然性，因为欧洲的战略位置不完全是
391 偶发的。非洲-欧亚其他地区本来也会建造并资助商业船队进行环球航行，也许这些船队与郑和指挥的明朝船队极其相似。如果他们果真这么做了，那么，将会是他们而不是大西洋圈成为新的全球体系的枢纽。实际上，一个枢纽和引力中心在中国叠加的世界，也许会发生一场甚至比我们所知其枢纽和中心长期位于世界不同地方的更迅速、更无序的现代革命。新体系的地志学并不纯粹由地理所决定的，欧洲变成了新全球交换体系的枢纽，部分是因为它已经预适应了这样一个角色。

西欧社会通过两种方式为在这个于 16 世纪出现的新全球商业体系中生存下去做好的准备。首先，它们是年轻而易于变革的国家。在西欧出现国家只是过去 1500 年间的事情。到那时，强大的、成功的国家在美索不达米亚已经存在了 3000 年了，而在中国也已经存在 2000 年了。这些庞大的、收取贡赋的国家的成功标志着它们的政治和军事结

---

[1]　关于欧洲扮演的中间商的角色，参见弗兰克的《白银资本》。

[2]　安德鲁·谢拉特：《重新激活宏大叙事：考古学和长期变化》，载于《欧洲考古学》，第 3 卷，第 1 号（1995 年）：第 13 页。

[3]　谢拉特：《重新激活宏大叙事》，第 129 页。

构、阶级联盟及其价值观适应了农业时代的社会和政治的生态。相反，欧洲年轻的政治组织则进化成为一个比较商业化的世界。它们政府的结构和传统、特有的阶级联盟和立场，及其战争传统已经适应了这种很不相同的社会政治环境。当然，不同的欧洲国家也存在着惊人的差别，查尔斯·蒂利的《强制、资本和欧洲国家（公元 990—1992 年）》（修订本，1992 年）做了极好的描述。尽管如此，基本的规律仍然是：地中海以北的欧洲国家体系（以及在更大程度上新的美洲殖民国家）在一个比传统时代更商业化的世界里发展出了它们的基本结构和立场。

其次，我们在前文（第 10 章）曾经提到，欧洲国家体系具有的一些特点，共同刺激了精英更加宽容地对待商业行为。西欧有别于美索不达米亚和中国，在古典时期统治该地区的帝国崩溃之后，就再也没有出现过新的收取贡赋的帝国。神圣罗马帝国对于这个角色是心有余而力不足。因此，西欧在后古典的马尔萨斯循环期间出现了许多小国家，相互之间竞争不断，而且靠近地中海世界主要贸易通道。这是一个似曾相识的组织。[1] 在有限的商业化时期，正如古希腊城邦的鼎盛时期，这些因素创造了具有惊人的商业和军事优势的政体。它们的商人在 392
整个已知世界里旅行，而且，正如前文所述，它们的军队有时甚至能够挑战庞大的收取贡赋的帝国，就像希腊城邦在马拉松和萨拉米斯战役中驱逐波斯人那样。但是它们不能指望永远取代帝国。在 18 世纪商业化程度高得多的世界里，国家和地区之间类似的差异证明更加重要。

这两个因素解释了为什么西欧社会已经很好地适应了一个高度商业化的经济的、政治的和军事的现实。更重要的是，它们有助于解释 15 世纪以来欧洲贸易体系竞争激烈甚至到残酷的重商主义。在黑死病之后的扩张阶段，欧洲国家卷入了一场生死之争，以便在扩大的欧亚贸易网带来的商业利润中分一杯羹。甚至最传统的国家，诸如将穆斯

[1] 克里斯托弗·蔡斯–邓恩和托马斯·D. 霍尔也探讨了农耕文明长期历史的上“半边缘地区”所扮演的角色；参见蔡斯–邓恩和霍尔：《兴废更替：世界体系比较研究》（博尔德，科罗拉多：韦斯特维尔出版社，1997 年），第 5 章。

林赶出西班牙的军事政体或者路易十四统治下强大的法国也明白商业税收的重要性。西班牙王室在其鼎盛时期十分依赖商业税收和贷款，而17世纪的法国依赖大量新的消费税和商业税。[1]日渐增加的商业行为，政府的利益和支持有助于促使欧洲改进船舶设计和航海术、纺织工艺（纺织品是大多数前现代经济中第二大经济部门）、水闸，甚至也许还有印刷。它们是伊比利亚征服大西洋贸易网络以及接着征服美洲农耕文明的间接因素。[2]从美洲攫取的巨大财富——而巨大的商业的、政治的、军事的力量可以这些收入为基础，就像西班牙和葡萄牙的例子所明确证明的那样——强化了富于进取心的重商主义，这成为现代欧洲的一个标志。这种国家权力依附于商业税收的复杂情况也解释了为什么欧洲的船只到16世纪就已经遍布世界各地了。

因此，欧洲发现自己处在了全球贸易体系的中心。一个高度竞争的世界以及商业化国家在大西洋沿岸的出现，确保了大西洋最终充当
393 起桥梁作用。实际上，脆弱的、非常短暂的桥梁已经由维京航海者在前一个马尔萨斯循环建造起来了，他们预示了以后几个世纪里欧洲国家富于进取心的扩张主义。

全球交换网络对欧洲的影响

欧洲的战略位置肯定令欧洲受到这个新全球体系变化的影响比世界任何其他地方都更加重大。信息交换经常在世界近代史的叙述中经常被忽视。可是，正如我在前几章所论证的那样，总体而言，在不同共同体之间信息交换的数量和多样化是创新速度的一个决定性因素。早期近代欧洲发现自己被新的信息所吞没。在新交换体系的中心，欧洲最早接受大量关于新世界以及非洲-欧亚大陆其他地区的知识。欧洲变成了某种新地理和文化的全部知识的情报交换所。因此，正是在这

[1]　王国斌：《转变的中国》，第129页。
[2]　关于欧洲在中世纪的创新，参见莫吉尔：《财富的杠杆》，第31—56页。

里，通过首个全球交换网络而川流不息的新信息洪流最早地、极大地影响了知识分子的生活和行为。

对大量新信息的吸收消化改变了欧洲知识分子的生活。玛格丽·雅各布写道，16、17 世纪日积月累的“游记文学”“令长期以来尤其是被教职人员认为至高无上的宗教习俗的绝对价值受到质疑”。[1] 随着信息交换场所的扩大，随着印刷出版物流通更为迅速，传统知识体系所宣扬的真理面临前所未有的考验，不得不摆脱许多狭隘的地方观念。正如安德鲁·谢拉特最近在一篇强调在人文历史中广泛交流之作用的论文中所写的那样，“‘学术进化’……主要包括适合于越来越多人群的思维模式的出现……这种改变表现在最近 500 年科学的成长，以及它争取接受文化自由的标准方面。”[2] 这种对新信息和知识的吸收最好地解释了为什么对现实的传统解释持激进的怀疑论态度处在现代科学计划的中心，早在 16 世纪的欧洲就已经十分明显了。17 世纪以来，欧洲“自然哲学家”就知道他们正在处理急剧扩张的信息，许多都会破坏传统关于现实的描述。史蒂文·夏平（Steven Shapin）观察到，“仅仅
就是这个原因，以有限知识为基础的哲学框架很可能都是错误百出的， 394
而例如通过发现新大陆的航海活动而得到拓展的人类经验，则极大地推动了早期近代对传统哲学的怀疑主义的潮流”。[3] 怀疑各种知识的基础、寻找更多的宇宙结论（牛顿的万有引力原理便是例子），以及更加精确的测试过程（例如伽利略所使用的方法）可以视为逐渐显现的全球信息交换网中知识体系的检验框架日益扩大之后所造成的后果。

全球交换网络对于欧洲的社会、政治和经济结构的影响我们是耳熟能详的，同样也是意义重大的。欧洲商人和支持他们的统治者获得了极大而且迅速的回报。西班牙士兵征服了中美洲和秘鲁的农业中心，而葡萄牙、法国、荷兰和英国的远征军开始纷纷向美洲以前无国家的

[1] 玛格丽特·雅各布：《科学革命的文化意义》（费城：天普大学出版社，1988 年），第 79—80 页。
[2] 谢拉特，《重新激活宏大叙事》，第 25 页。
[3] 史蒂文·夏平：《科学革命》（芝加哥：芝加哥大学出版社，1996 年），第 79—80 页。

农民和食物采集民族居住的地区殖民。美洲白银的横财维持了16世纪的西班牙强权。实际上，西班牙如此依赖美洲白银，以至到17世纪白银供应中断，它的商业和政治影响力就一落千丈了。美洲白银也帮助了通常得到政府支持的欧洲商人通过战争或者购买的办法进入亚洲富裕的贸易网。正如安德烈·贡德·弗兰克所提出的，在这段时期，他们用海盗般的方式打破了南亚和东南亚商业网的大门，与三个世纪以前蒙古军队控制丝绸之路上的贸易路线一样。[1]欧洲商人现在开始取代13世纪蒙古人在世界体系中扮演的重要角色，但是他们却是在更大的新的全球贸易体系中扮演这样的角色。

这些活动的回报刺激了商业精英和国家之间建立以前曾经尝试构建的联盟。极度依靠商业税收形成了国家特别的结构和与众不同的政治。首先，在这种政治组织里，商人通常享有较高地位；在有的国家，如威尼斯或者荷兰，他们就是国家。其次，国家既然依靠商业税收，就不得不支持商业行为，因此极其热情地保护商人的权力，与大型的、更为传统的农业大国有所不同。最后，这种环境甚至对于统治精英的立场也会产生某种微妙影响，刺激他们不仅不断地思考如何攫取税收的办法，而且思考如何积累新的工商业财富。17世纪欧洲国家的重商
395 政策——如英国的航海法，保护英国殖民地的英国商人——证明了新的政府立场以及由这些变化而采取的行动。还能说明这些潮流的是，滥觞于15世纪威尼斯的专利法在整个欧洲如今突飞猛进。政府还建立了科学协会或者提供奖金以推动创新。（最著名的奖金严格说来属于下一章论述的内容。1714年，英国政府设立了一份奖金，鼓励制作一种仪表，它应坚固可靠，可带到船上供水手测量经度。直到1762年约翰·哈里森方才赢得了这笔奖金）。[2]

---

[1] 弗兰克：《白银资本》，第256页："蒙古人和欧洲人结构上的类似性就在于两者都是处在（半）边缘或者偏远地区的民族，他们受到'中心'的地区和经济的吸引，并且侵入这些地区，主要就是东亚，其次是西亚。"

[2] 这个故事是达瓦·索贝尔（Dava Sobel）在《经度：一个孤独天才解决他所处时代最大难题的真实故事》（纽约：沃尔克，1995年）。关于欧洲国家在技术创新方面的作用，亦可参见莫吉尔《财富的杠杆》，第78—79页。

随着时间的推移，商业化改变了传统的收取贡赋的精英。这些转型很可能发生在精英们的收入因商业收入而大量增加的时候。英国羊毛贸易提供了一个经典范例，因为它引诱土地拥有者赶走佃户，以绵羊取而代之，尤其是在16世纪因为王室解体有新土地可以选购的时候。在英格兰，传统的收取贡赋的贵族日益投身于商业或者为佛兰德的市场提供羊毛，或者投资海外贸易和走私（例如弗朗西斯·德雷克爵士和约翰·霍金斯的远征），或者与商人联姻。在一直维持到早期近代的贵族特权的繁文缛节背后，我们还要看到贵族的个人和性质的缓慢变化。在整个西欧，贵族的名分不知不觉从收取贡赋者转移到从事商业和拥有企业的土地拥有者身上。许多贵族，例如法国司法专家查尔斯·卢瓦索（Charles Loyseau）都坚信，在这整个时期“一切收益不是肮脏的就是自私的，与贵族精神背道而驰，贵族合适的角色就是收取租金。”[1] 但实际上，这种作为一个收取贡赋阶层的贵族的理想化形象正在逐渐变得不合时宜。审查一下他们的账簿我们就会发现，许多贵族正在慢慢变成资本家，尽管得知这样的情况，他们自己也会吓一大跳。与此同时，商人通过联姻、购买贵族头衔（尤其是在法国），或者与那些热心开发其熟悉的金融和商业知识的贵族建立合作伙伴而把贵族“商业化了”。贵族如果拒绝更加富于创业精神，或者拒绝与帮助他们这样做的商人联盟，他们必定一败涂地。在19世纪的俄国文学里，这种失败的经典象征包括斯捷潘·奥勃朗斯基（安娜·卡列尼娜的兄弟）和契诃夫《樱桃园》中的郎涅夫斯基夫人。

商人与政府的结盟最终形成了一种共生现象。许多政府以前就与商人紧密共事，有的在其机构中就有商人的影子，但是如今这种合作 396
开始甚至在比较大型的国家里也发生了，而且范围遍及全球。在某些情况下，商人开始被结合进政府部门。最为极端的就是荷兰，那里的

[1] 查尔斯·卢瓦索：《论社会等级》（1613 年），转引自亨利·卡门（Henry Kamen）：《欧洲社会（1500—1700 年）》（伦敦：哈钦森，1984 年），第 99 页。

商人就是政府；另一种极端情况就如西班牙和俄国，传统政府仅仅偶尔依靠商人获得贷款或开展重大商业活动。居间的是英法两国，商人和各种商业活动逐渐整合进政府机构。[1]

政府与商人共生现象的最引人注目的后果就是战争的高度商业化，最终使商业国家在与收取贡赋的帝国的竞争中获得战争和商业两方面的成功。欧洲内部激烈的竞争环境不仅使欧洲国家商业化，也使战争商业化了。这种状况在美洲白银流的支撑下导致军事技术的革命，使得战争的破坏性和战争费用都达到了一个新水平。查尔斯·蒂利论证到，在欧洲，国家的形成就是为了战争的需要。[2]正如早期苏美尔和许多其他相互竞争的小规模或者中等规模国家的地区性体系，战争屡见不鲜。因此预备战争和动员必要的士兵、兵器和粮秣是政府的中心任务。这些体系的军事后果，在耶稣会士艾儒略与一中国友人的对话中也有反映，这个中国人问道，"国王既多，战争能免乎？"艾儒略答到，诸王彼此联姻，而且教皇的权威也足以维持和平。实际上，他的中国朋友是完全正确的：艾儒略的对话恰好发生在三十年战争期间。[3]中国本身提供了一个有趣的对照，因为在17世纪中叶，满洲人为推翻明朝，一时间战事连绵不断。在这些战争中，由在华欧洲人根据奥托曼和南亚的设计，以中国规格精心制作的大炮和滑膛枪发挥了重要作用。但是一旦清王朝建立统治，军事创新就再度延缓下来，中国和欧洲军事技术的鸿沟迅速拉大，导致19世纪的中国不堪一击。[4]

不过，虽然战争的基本类型还是古老的，但是在欧洲国家动员战
397 争的方式与众不同。蒂利注意到，15世纪前，战争动员是通过我们所知道的广泛收取贡赋进行的："部落、封建税收、城市民兵以及习惯形成的武装力量在战争中起到了至关重要的作用，而王室则从他们能够

[1]　查尔斯·蒂利：《强制、资本和欧洲国家（公元990—1992年）》，修订本（坎布里奇，麻省：布莱克韦尔，1992年），第30页；全书论证了这三种现代国家形成的方式。

[2]　同上书，第14页和第3章。

[3]　艾儒略的对话转引自蒂利：《强制、资本和欧洲国家（公元990—1992年）》，第128页。

[4]　狄宇宙：《欧洲技术和满族势力：关于17世纪中国"军事革命"的思考》，2000年奥斯陆国际历史科学大会上递交的论文。

控制的土地和人员收取贡赋或者租金作为所需要的资本。”[1]然而，自 15 世纪到 18 世纪初，国家依靠从资本家那里贷款，购买或者雇佣军队的办法越来越普遍了。通过这种办法，军事胜利逐渐成为衡量商业成功的尺度。早在 1502 年，罗伯特·德·巴尔沙克（Robert de Balsac），一位意大利老兵，在对战争进行一番研究之后评论道，“最重要的是，要赢得战争就要为这一事业提供足够多的金钱。”[2] 在以后的 100 年里，新财富的涌入极大地提高了欧洲延续数百年的军备竞赛的赌注。

向更为商业化的战争方法的转变部分反映了欧洲国家的商业化本质。但是同样重要的是以火药革命著称的军事技术的根本性变化。[3] 其技术的根源遍及整个非洲-欧亚体系。中国人在宋朝实验了火药，也许是受到在燃烧装置（这种装置创造出了希腊火）中使用石油的拜占庭技术的知识影响，这种知识经过阿拉伯人的中介传播到东南亚，再传播到中国。火药的爆炸性质最早于 1221 年为金人所利用，他们是宋朝的北方对手。[4] 但是只有在欧洲这种技术方才得到充分的发展。早在 15 世纪，攻城加农炮就开始使战争革命化了，因为它要求建造更为复杂和昂贵的堡垒。机动的攻城加农炮将这些花费传播得更远。16 世纪可拆卸式滑膛枪的频繁使用改变了步兵战术，令训练和纪律达到一个全新水准。战船上装置加农炮同样也改变了海战战术。陆军和海军装备费用的提高对于那些能够最迅速地筹集资金、府库充足的国家——也就是那些高度商业化的国家，如荷兰等——甚为有利。但是甚至传统国家，如俄国也开始寻求更为商业化的国家收入资源，以支付军事改革。伊凡雷帝在 16 世纪即开始首倡俄国伏特加专卖，到 19 世纪，它已成为俄罗斯国家最重要的收入来源之一，支付了大多数防务开支。[5]

[1]　蒂利：《强制、资本和欧洲国家（公元 990—1992 年）》，第 29 页。

[2]　罗伯特·德·巴尔沙克语转引自蒂利：《强制、资本和欧洲国家（公元 990—1992 年）》，第 84 页。

[3]　参见杰弗里·帕克（Geoffery Parker）：《军事革命：军事创新和西方的崛起，1500—1800 年》，第 2 版（剑桥：剑桥大学出版社，1996 年），以及威廉·麦克尼尔：《竞逐富强：公元 1000 年以来的技术、军事与社会》（牛津：布莱克韦尔，1982 年）。

[4]　伊懋可：《中国过去的范型》，第 47 页。

[5]　克里斯蒂安：《活水》，第 5，383，385 页；18 世纪晚期，从伏特加获取的税收一般占到防务开支的 50%—60%；19 世纪大约平均占到防务预算的 70%。

学者们大多同意，商业行为深刻影响到了早期欧洲。至于在欧洲
398 乡村的影响如何则莫衷一是。在传统的史书里，西欧乡村一直被视为极具资本主义特色的，因此与例如中国或者印度的乡村完全不同。最近的研究迫使我们对于这样的结论有所调整，因为我们已经认识到甚至在东亚，农村地区的商业化程度到底有多深。尽管如此，仍然可能至少在某些欧洲（尤其是英国）的农村地区，乡村的商业化比东亚的商业化更为进步，开始改变传统对土地的拥有和控制的方式并且打破确保农民得到土地的传统结构。

在欧洲其他地方，商业在乡村是极其容易获得立足点的。从外面城市来的首饰或者生活必需品如盐等早就出现在乡村市场上了，即使那只不过是一种物物交换的贸易方式而已。不过这种贸易不可能使乡村生活方式发生革命。更重要的是要迫使农民寻找给薪的劳动作为农耕的补充。多种压力驱使欧洲的农民，就像东亚的农民一样进入市场来补充他们的农业活动。这类压力可以转化为国家税收。人口压力因丰产土地短缺，也会造成同样后果。在欧洲许多地方，后古典时期的马尔萨斯循环的人口增长意味着到 13 世纪，也许一半农民家庭缺少足够土地，不寻找某些给薪的工作就无法养活自己。凯瑟琳娜 · 利斯（Catharina Lis）和雨果 · 绍利（Hugo Soly）在研究工业化时期的欧洲过程中指出：

> 在皮卡迪，大约有 300 年时间……13 % 的人口是由失地穷人和乞丐构成的，他们居住在村外的小木屋里，靠支薪工作度日；33 % 的人口只有一小块土地，很可能被迫出卖他们的劳动力以勉强维持生计；……36 % 的人口是穷人，没有牛马拉犁，但是一般能够成功地出卖劳动力；……16 % 拥有足够的财产避免任何困难；而……3 % 的人口统治其他所有人。[1]

[1] 凯瑟琳娜 · 利斯和雨果 · 绍利：《贫困和前工业化欧洲的资本主义》（詹姆斯 · 库南翻译）（大西洋高地，新泽西州：人文科学出版社，1979 年），第 15 页。

土地出产不足以养活家人，不足以支付国家、地主以及其他（包括教会）的义务，于是农民就有几种不同选择。他们可在当地市场上以比较有利的价格出售农产品，尽管在这里他们经常面临更大的生产商的竞争。他们可以从当地的贷款人借钱，利息较高时，这经常是进入金钱世界的最危险做法。他们还可以从事家庭商业活动，如纺织等。这些现在被称为原工业化的过程可以创造一些地区，在这些地区里，其乡村收入主要来自家庭工业行为。玛克辛·伯格（Maxine Berg）关于论述 17 世纪后期斯塔福德郡（Staffordshire）家庭工业的叙述，可使我们对多样化的家庭工业有一个大致的概念： 399

> 在尼德伍德林地（Needlewood Forest）有木料车削、木工和箍桶工，南斯塔福德郡有煤业，在坎诺克·蔡斯（Cannock Chase）还有铁和金属制品，包括锁、门把手、纽扣、鞍具和针，煤业和铁。在西北的金威尔林地（Kinvel Forest）有大镰刀匠和锋利工具的制造者，在斯塔福德郡和伍斯特郡（Worcestershire）交界处的斯陶尔布里奇（Stourbridge）有玻璃工。西北的波尔夏姆（Bursham）有陶器工厂，东北有铁石矿。整个乡村则遍布着皮革和纺织，加工大麻、亚麻和羊毛。[1]

她还补充说，在 1629 年的埃塞克斯（Essex）已有 40 000—50 000 人以制衣业为生，以至于他们“除非连续工作，每周领取工资，否则就不能维持生活，”一场商业危机立刻就会造成数以千计的人陷入贫困。[2] 家长可以送一些家庭成员外出挣工资，或者在乡村，或者到城里去。最后，在这条悠长的滑滑的斜坡的底部，有的工人发现他们必须彻底放弃土地，作为雇佣劳动者谋生。

---

[1] 玛克辛·伯格：《制造业时代（1700—1820 年）：不列颠的工业、创新和工作》，第 2 版（伦敦：鲁特罗奇，1994 年），第 98—99 页。

[2] 伯格：《制造业时代（1700—1820 年）》，第 99 页；转引自凯斯·赖特森（Keith Wrightson）：《英国社会（1580—1680 年）》（伦敦：哈钦森，1982 年），第 139 页。

这种策略如今在农耕文明的各个地区，凡是农民遭受到大商业的、国家税收的或者人口压力的地方都可以见到。每一份工作增加了家庭预算的现金含量，或者更加促使他们商业化。农民发现自己不情愿地进入了资本主义世界。在这里，对于17世纪法国社会史上的这一过程进行一番描述：

> 面对自己所拥有的谷物与满足生活的最低需要之间巨大的和长期的不平衡，大多数农民不得不诉诸临时措施。他们出租一些多余的土地以弥补自身所需。他们每逢夏忙时节就去一些大农场
> 400 打工。他们不辞劳苦地耕耘果园，在附近的市场售卖蔬果。有一头瘦弱的母牛提供奶品。在布瓦锡（Beauvasis）很少有猪，因为它们与人类争食。草场上有四五只鸡，一些绵羊与集体的牲口一同放养在牧场上，这也就是普通农民家庭所能够养得起的。加上在冬季纺纱织布取得的不多收入，每年基本上尚能弥补亏空。收成不好，农民就交不起税了。这时候，他们就不得不借粮食。这些债务早晚会使他们丧失最后一部分土地。土地贫瘠和负债累累，农民就会面临失去他们在共同体中享有的优厚地位，陷入无地穷人阶层的危险。[1]

随着农民和地主进入企业活动网络，这两个集团发现他们与土地的关系发生了变化。对于精英集团而言，他们的收入来自日益增长的商业资源，在农产品数量不断市场化的环境下，以土地养活农民就变得不再那么至关紧要了。因为地主如今已经有了不必依赖于农民的耕作作为收入来源，他们能够用绵羊代替农民而生活下去，就像16世纪英国的极端情形那样。由于这些变化，国家、地主，甚至某些比较富

[1] 乔治・胡珀特（George Huppert）：《黑死病以后：早期现代欧洲的社会史》（布鲁明顿：印第安纳大学出版社，1986年），第72页。

裕的农民开始将土地视为商业利润来源，而不只是生产资料。在某些国家，如英国，政府鼓励土地商业化，取消或者买断对土地的古老权利或者剥夺那些只在习俗上拥有土地权利的佃户。在那里，通过圈地运动而剥夺农民对土地的传统所有权，一举摧毁了传统的农业制度。而在其他地方，农民有时因为更为令人烦恼的压力，如税收、债务、歉收以及土地短缺而慢慢地脱离了土地。有时，正如在大革命前的法国，他们对土地的权利得到了保护，但是商业压力使他们为了生存不得不变成小业主。还有些地方，随着商业化渗透到乡村，土地变成了商品，农民变成了工资收入者或小业主。通过这种办法，资本主义开始弥漫到了乡村生活的每一个角落。

土地的商业化使财富的梯度拉得更大了，因为它开始破坏农耕文明耕者有其田的基本规则。马克思用来描述这一变化的比喻是触目惊心的。他称之为资本主义的“原始积累”，与前几章描述的更为简单的积累形式不同，这是一种社会“电解作用”，就像发生在汽车蓄电 401
池里的电能积累一样。在这里，潜在的电力因一个离子的吸引走向电池负极而另外一个离子走向正极而产生的。[1] 在原始积累期间，财产和财富流向资产阶级，而丧失财产就产生了一个无产阶级。尤其是在早期阶段，这是一个令人痛苦的损人利己的过程；原始资本主义就像任何新生的掠夺者（如最早的、最简单的收取贡赋者）一样最关心的是毁灭而不是保护猎捕对象。[2] 然而，正如马克思所论证的那样，因这种社会电解作用而产生的日渐增长的潜在能量恰好解释了资本主义制度的发展活力。将农民从土地上赶出去，就决定性地、一劳永逸地迫使他们从事雇佣劳动。作为雇佣工人，他们发现自己要与其他雇佣工人竞争，而作为传统的农民，他们的主要任务就只是活下去。作为雇佣工

[1] 大卫·克里斯蒂安：《原始积累和原始积累者：马克思的一个糟糕比喻》，载于《科学与社会》第 54 卷，第 2 号（1990 年夏季号）：第 72 页。

[2] 在《资本论》中，马克思写道：“因此，在一极是财富的积累，同时在另一极，即在把自己的产品作为资本来生产的阶级方面，是贫困、劳动折磨、受奴役、无知、粗野和道德堕落的积累。”（译文采自《马克思恩格斯全集》第 23 卷，人民出版社 1972 年版，第 708 页；引自第 25 章，“资本主义的原始积累”。——译者注）

人，他们为低效率付出的代价就是被解雇或者可能变得一无所有，而作为农民，他们只是陷于贫困，因为还拥有一块土地可以养活自己。因此，正如马克思所主张的那样，把农民逐离土地是为了创造一个使大量人口都像商人一样关注效率和生产效益问题的世界。就像商人一样，他们必须从事买卖（因为他们不再生产只为养活自己的食品和衣物），而且就像商人一样，他们不得不更加勤奋地工作，只是为了在一个充满竞争的世界里活下去。马克思用“绝对剩余价值”的概念来解释资本主义早期历史上有增无减的工作负担。最近简·德·弗里斯（Jan De Vries）论证到，至少在欧洲，在18、19世纪“工业（Industrial）革命”之前还有一个“勤勉（industrious）革命”。[1]

仍然不明确的是，与非洲-欧亚地区的其他地方相比，这些过程在西欧更加超前一步。可以说到17世纪，大多数农民均参与市场活动，而大多数人实际上遭受土地被侵占的地区就只有西欧，尤其是英国。尽管如此，正如最近的研究所表明的那样，这些差别不足以判断说西欧或“英国”现在是“资本主义”，而比如说中国还不是“资本主义”。

一个成熟到了足以转型的世界？

这是一个令人感到沮丧的结论。一个突然形成的全球交换网络改变了世界上许多地方的经济和社会制度。虽然其他世界区人口遭受灭顶之灾，但是这个网络将增加的财富集中到了比较商业化的非洲-欧亚地区。非洲-欧亚地区和美洲结合成为一个全球交换体系，因此到1700
402 年，世界比数世纪之前其他任何时候都变得更加商业化了。在某些地区，社会结构比以前更加接近于资本主义的理想经济模式。农业生产者与小业主或某种类型的雇工活动发生千丝万缕的联系，商业行为打

[1] 马克思在《资本论》第一卷，第一部生动地描述了“绝对剩余价值”的影响；亦可参见简·德·弗里斯，《工业革命和勤勉革命》，载于《经济史杂志》第54卷，第2号（1994年6月号）：第249—270页。

破了村村之间老死不相往来的传统。此外，处在农耕文明核心区域以外的世界其他许多地方也被一网打尽，纳入创业活动的网络中去了。这些地方包括北美、南美和西伯利亚等有人居住的地区，还有非洲的一些重要地区；到 18 世纪末，还包括太平洋和澳大拉西亚大部地区。此外，与前一时期一样，交换网络的扩张、人口和商业行为的增长推动了某些经济部门，包括商业、矿产和战争，以及较小的但是非常重要的农业创新（如新作物的引进）。最后，也许是最重要的，现代体系的巨大规模效应通过贸易量的增加，通过从一个地区来的新产品和新观念刺激世界体系的另外一部分的范围扩大，扩大了商业和学术的协同作用。在这个巨大的全球范围内，商业化不仅得到强化，而且更进一步推动了社会、政治和经济的发展。人们不禁会想，全世界已经跨过了马克思所定义的资本主义的门槛："使用价值足够积累，这种积累不仅要为再生产或保存活动能力所必需的产品或价值的生产提供物的条件，而且要为吸收剩余劳动提供物的条件，为提供剩余劳动提供客观材料。"[1]

在一个全球交换体系网络突然出现的刺激下各种交换的数量、种类以及强度大为增加的条件下，现代世界体系已经踏入了现代化门槛——但是还没有跨过去。还有许多重要方面使得 1700 年的世界仍然处在前现代和前资本主义的阶段。农业的生产效率如果还没有达到足够高的水平，以至于大多数农业生产者脱离农业生产，那么现代化是不可想象的。然而，到 18 世纪初（不过到这个世纪末，情况发生了巨大的变化），世界上还没有一个地区已经明确地跨过了这个门槛。英国与其他地区一样，只是有一个唯一的例外，因为到 17 世纪末，英国相对企业化的地主阶级掌握着 70—75%的可耕地，40%的人口已不再是农业工人了。[2]

---

[1] 卡尔·马克思：《政治经济学批判导论》，马丁·尼古拉翻译（哈蒙斯沃思：企鹅出版社，1973 年），第 463 页。（译文采自《马克思恩格斯全集》第 46 卷（上册），人民出版社 1979 年版，第 461 页。——译者注）

[2] 关于 1688 年被雇佣人数的百分比，参见 N. E. R. 克拉夫特：《工业革命时期英国经济的增长》（牛津：克来雷顿，1985 年），第 13—14 页；关于地主的测算，参见利斯和绍利：《贫困和资本主义》，第 100 页。

403 但是这些数字还证明，大约有一半人口仍是某种从事农业的雇工，3/4的人口住在大大小小的乡村庄里。[1]甚至英国仍然主要是一个农业国家，就像以前4000年的一切收取贡赋的社会一样，直到1759年，仍有大约50%的人口从事农业。[2]正如彼得·马赛厄斯（Peter Mathias）观察到的，“经济上最大的一只飞轮仍然是土地，最丰厚的财源仍然是土地产出的租金、利润和工资，土地是最大的雇主。工业在很大程度上直接或者间接地依靠农业的丰收取得其原材料。英国乡村的酿酒工、磨坊主、皮革工、肥皂匠、纺织工甚至铁匠都在支撑着农业或者得到农业的支撑”[3]。在别的地方，变化就更加不明显了；比如在法国，大约85%的人口仍然是农民，大约13%的人口为城镇居民，大约1%是贵族。[4]

18世纪以前经济变化的有限性解释了早期现代化阶段某些令人吃惊的方面：以现代化标准衡量，创新速度一直缓慢。如果1700年有一个外星人造访地球，很难探测到现代社会的两大特点：欧洲的主导地位和日益加快的创新。

本章小结

在两个马尔萨斯循环——第一个循环在14世纪之前，第二个在14—17世纪——期间，在农耕文明的主要地区有一个持续性的速度逐渐加快的资本积累过程。所有这些核心地区的商业化也有很大的增长，尤其是在16世纪一个全球交换网出现之后。在某些地区，如中国的宋朝或16世纪以来的欧洲，商业化产生了与商业形式的财富而不是贡赋形式的财富相结盟的政体。总之，在某些地区开始出现我们所称的资本主义国家，而且世界市场作为一个整体变得更大、更一体化。

[1]　彼得·马赛厄斯：《最早的工业国家：英国经济史（1700—1914年）》，第2版（伦敦：马土恩，1983年），第26页。

[2]　克拉夫特：《英国经济的增长》，第13—14页。

[3]　马赛厄斯：《最早的工业国家》，第29页。

[4]　胡珀特：《黑死病以后》，第59页。

尽管如此，在这一时期并没有发生革命性变化。在 18 世纪，把正在出现的世界体系的主要政治结构描述为贡赋的而不是资本主义的，仍然是恰当的。虽然许多地区的商业化水平很高，但是最强大的政府的立场、经济和社会的政策仍然是传统的。也许这种与过去的连续性 404
最清楚的象征就是亚洲仍然是世界体系的中心——这个事实直到最近历史学家才有了清楚的认识。

甚至在商业化彻底打破了政治结构的欧洲，它对农村地区的商品生产方式的影响也是有限的。虽然资本主义结构主导了贸易体系，形成了主要国家政体，但是还没有主导生产过程。正如查尔斯·蒂利所写道的那样，“实际上，在全部历史上，资本家主要是作为商人、企业家以及金融家那样工作，而不是直接的生产组织者”[1]——这种评论一直到 1700 年都是正确的。资本主义正在改变商业，但是它还没有改变大规模的生产方法。生产的基本单位仍然是家庭：农场里的农民家庭或者家庭作坊，以及城镇中的工匠家庭。虽然工资对于他们而言变得十分重要，但是这些人还不是按劳取酬的工人。因此商业方法和态度还没有对生产领域产生很大影响，生产领域仍然是小规模的、传统的。欧洲的社会结构在许多方面仍然是传统的，这一点尤其可以从农业和农民为主导这一点看得一清二楚。

因此，在 18 世纪的全球世界体系里，传统的收取贡赋的结构依然占主导。然而，这个体系的所有地区由于知识和资源，尤其是商业资源的长期积累而高度商业化了。此外，在某些地区，尤其在欧洲，资本主义结构仍然足够强大，以至于主导了国家结构和政府体制，而某些新兴资本主义国家结构足够强大，以至于在军事上能够挑战主要的收取贡赋国家。这种联合——一个高度商业化的世界体系，以及某些政治结构正在转型的地区——为迅速创造一个完全由资本主义强力推动的世界体系奠定了基础。

---

[1] 蒂利：《强制、资本和欧洲国家（公元 990—1992 年）》，第 17 页。

延伸阅读

关于过去1000年的世界史的文献数量浩繁、内容丰富，但是在一些重要问题上并没有取得多少一致。关于中国宋朝经济增长，伊懋可《中国过去的范型》(1973年)为我们提供了最好的论述。罗伯特·洛佩兹则在《中世纪的商业革命(950—1350年)》(1971年)中为我们提供了一个中世纪欧洲扩张及其意义的欧洲中心论的叙述，可以将此书看作
405 对卡罗·奇波拉的《工业革命之前》(第2版，1981年)的补充。埃里克·琼斯出版了《欧洲奇迹》(第2版,1987年)以及《反复发生的增长》(1988年)，引发了新一轮关于导致现代化全球化过程的争论。这些招来很多回应的最新研究贬低了欧洲的作用而突出了东亚在现代化时期之前的高水平生产能力以及高级的生活水平。这个层面的最新研究有珍妮特·阿布-卢格霍德(《欧洲霸权之前》1989年)以及安德烈·贡德·弗兰克(《白银资本》1998年)，彭慕兰(《大分流》2000年)，以及王国斌(《转变的中国》1997年)。阿尔弗雷德·克罗斯比在强调非洲-欧亚大陆以及美洲大陆之间或者两个大陆内部之间生态学变化研究甚力，出版了《哥伦布大交换》(1972年)以及《生态扩张主义》(1986年)。威廉·麦克尼尔的研究(《竞逐富强》1982年)和杰弗里·帕克(《军事革命》，第2版，1996年)探讨了早期现代的军事革命，而查尔斯·蒂利的《强制、资本和欧洲国家(公元990—1992年)》(修订本，1992年)则为我们提供了大量关于过去一个千年的欧洲国家形成的最好的单卷本著述。

第 13 章

现代世界的诞生 406

在过去 250 年里，现代革命改变了世界。表 13.1 和表 13.2 以及图 13.1，对这一时期的工业生产进行了一些比较。它们所表达的最重要的一件事情就是全球工业生产几乎增长了 100 倍。当然，这些数据非常粗糙：粗略的统计正如“工业潜力”的定义一样并不可靠，而且没有把所有国家包括进去。尽管如此，我们从这些图表中所能得出的一般结论却是清楚的，即使将某些细节加以重大修正也不会改变这些结论。

就大历史的范围而言，这些图表所表现出来的重大变化看上去是全球性的、瞬间的。但是为了正确理解这些数据，我们必须使用更小一点儿的透镜，研究世界不同地区转型的形式和时间表。从一两个世纪的时间尺度来看，转型表现出一个清楚的序列。而这个序列是十分重要的，因为它对现代革命的形式和影响是决定性的。那些处在一个新全球交换网络中心的地区最先体验到了创新的高速度以及现代化所特有的巨大动能之流。到 19 世纪晚期，它们在工业方面的领头作用赋予其在经济上、政治上以及军事上的优势，使之在全世界现代性的特点和形式上打上自己的烙印。

转型首先在西欧变得明显起来。在一个世纪内，它使欧洲的增长速度，以及欧洲的社会和政治结构发生了一场革命。这些变化根本改变了欧洲在全球世界体系中的角色。1750 年英国、德意志、法国和意 409
大利仅占全球工业生产的 11%，而到 1880 年，它们几乎占到了 40%。

表 13.1 总工业潜力，1750—1980 年

	1750	1800	1830	1860	1880	1900	1913	1928	1938	1953	1963	1973	1980
发达国家	34	47	73	143	253	481	863	1259	1562	2870	4699	8432	9718
英国	2	6	18	45	73	100	127	135	181	258	330	462	441
德国	4	5	7	11	27	71	138	158	214	180	330	550	590
法国	5	6	10	18	25	37	57	82	74	98	194	328	362
意大利	3	4	4	6	8	14	23	37	46	71	150	258	319
俄罗斯 / 苏联	6	8	10	16	25	48	77	72	152	328	760	1345	1630
美国		1	5	16	47	128	298	533	528	1373	1804	3089	3475
日本	5	5	5	6	8	13	25	45	88	88	264	819	1001
第三世界	93	99	112	83	67	60	70	98	122	200	439	927	1323
中国	42	49	55	44	40	34	33	46	52	71	178	369	553
印度 / 巴基斯坦	31	29	33	19	9	9	13	26	40	52	91	194	254
世界	127	146	185	226	320	541	933	1357	1684	3070	5138	9359	11041

资料来源：丹尼尔·赫德里克（Daniel Headrick），《技术变化》，载于《人类行为造成的地球变化：过去 300 年生物圈的全球和区域性变化》，B. L. 特纳二世（Turner II）（剑桥：剑桥大学出版社，1990 年），第 58 页；基于保罗·拜洛赫，《1705—1980 年国际工业化水平》，载于《欧洲经济史杂志》第 11 期（1982 年）：第 292、299 页

注：这些数据包括手工业和工业制造。数据取整数，以每三年的年度数据为准，1913 年、1928 年和 1938 年除外。由于取整数的误差，在“世界”这一栏里的数据与“发达国家”和“发展中国家”一栏里的总计数据会有误差。在这几栏里的数据也没有列入相关国家

表 13.2　总工业潜能，1750—1980 年，占全球总数的百分比

	1750	1800	1830	1860	1880	1900	1913	1928	1938	1953	1963	1973	1980
发达国家	26.8	32.0	39.7	63.3	79.1	88.9	92.5	92.8	92.8	93.5	91.5	90.1	88.0
英国	1.6	4.1	9.8	19.9	22.8	18.5	13.6	10.0	10.7	8.4	6.4	4.9	4.0
德国	3.2	3.4	3.8	4.9	8.4	13.1	14.8	11.7	12.7	5.9	6.4	5.9	5.3
法国	3.9	4.1	5.4	8.0	7.8	6.8	6.1	6.0	4.4	3.2	3.8	3.5	3.3
意大利	2.4	2.7	2.2	2.7	2.5	2.6	2.5	2.7	2.7	2.3	2.9	2.8	2.9
俄罗斯 / 苏联	4.7	5.4	5.4	7.1	7.8	8.9	8.3	5.3	9.0	10.7	14.8	14.4	14.8
美国		0.7	2.7	7.1	14.7	23.7	31.9	39.3	31.4	44.7	35.1	33.0	31.5
日本	3.9	3.4	2.7	2.7	2.5	2.4	2.7	3.3	5.2	2.9	5.1	8.8	9.1
第三世界	73.2	67.3	60.9	36.7	20.9	11.1	7.5	7.2	7.2	6.5	8.5	9.9	12.0
中国	33.1	33.3	29.9	19.5	12.5	6.3	3.5	3.4	3.1	2.3	3.5	3.9	5.0
印度 / 巴基斯坦	24.4	19.7	17.9	8.4	2.8	1.7	1.4	1.9	2.4	1.7	1.8	2.1	2.3
世界	100	100	100	100	100	100	100	100	100	100	100	100	100

资料来源：表 13.1

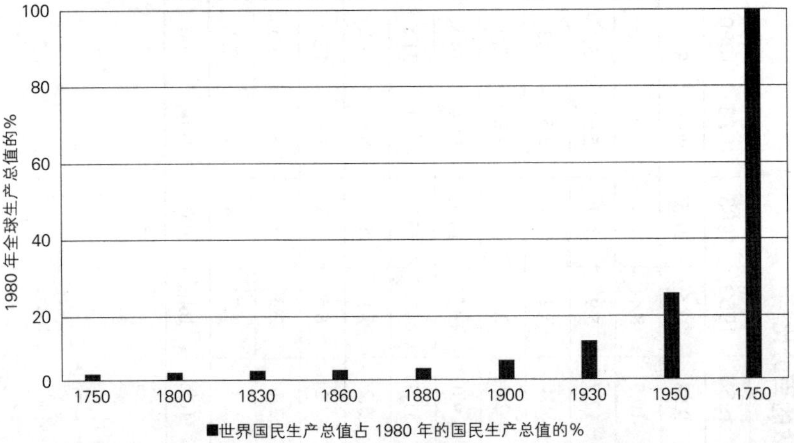

图 13.1　1750—1980 年全球工业生产潜力（根据表 13.2 绘制）

从整体上看，今天的"发达国家"在 1750 年占全球生产的 27%，1860 年占 63%，1953 年占 94%。英国明显地在工业化的第一个世纪里扮演着领先的角色。1750 年，英国占全球生产的 2%；1880 年，达到 20%以上。

工业力量平衡的改变使军事和政治力量的平衡发生了一场革命。到 1800 年，欧洲列强控制了全球大约 35%的土地；到 1914 年，它们控制了大约 84%的全球土地。[1] 列强的人口平衡也在改变，只是不大明显而已。表 11.1 的数据表明，在 1000—1800 年间，欧洲占全世界人口的比例在 12%—14%之间（14 世纪暂时增长到了 14%）。然后在 1900 年，其人口比例上升到 18%，20 世纪末又下降到大约 9%。这些数据低估了欧洲人口的重要性，因为它们忽视了数百万离开欧洲到美洲和澳大拉西亚地区定居的人口。

---

[1]　丹尼尔·赫德里克：《帝国的工具：19 世纪的技术和欧洲帝国主义》（纽约：牛津大学出版社，1981 年），第 3 页。

在 19 世纪的大多数时期，工业化似乎是一个欧洲现象。然而到 20
世纪，随着生产开始在大西洋经济的中心地区以外蓬勃兴起，工业化
就表现为全球性的了。随着欧洲和大西洋社会的人口、经济和军事力 410
量的增长，其他地区的政府认识到它们要模仿欧洲的经济、政治和军事的成功。由于他们的努力，也由于世界经济和文化的一体化，欧洲的现代化模式就被强加给了世界其他地区。这些变化的速度和范围使得单独的区域工业革命，就像新石器时代单独的区域性转型一样完全没有了可能。实际上，欧洲的现代化模式为全球现代化提供了一个模板，就像领先的农业地区的技术提供了模板一样，在农业时代早期区域交换网络中得到复制。今天全世界的商业人士都穿西装而不是长袍，英语成为商业和外交的世界语言就绝非偶然了。

为什么转型首先发生在欧洲？为什么欧洲的转型没有像宋朝的经济革命那样夭折呢？在工业化的最初一个世纪里，局限于欧洲和美洲的现代化轨迹究竟是怎样的？早期转型的主要特点何在？这些问题正是本章所要解决的。

由于最初走向现代化的一些变迁具有重大意义，本章余下部分将集中在西欧和北大西洋的中心地区。为清楚明白起见，我们将现代革命区为三个方面：经济变迁、政治变迁以及文化变迁。实际上，这些变迁只是以惊人的速度发生的同一个相互关联的复杂转型的不同侧面而已。

英国经济革命

由于经济史学家把注意力放在经济变迁的细节上面（帕特里克·奥布赖恩称之为历史学上的“点彩派”），许多人就质疑“工业革命”这个概念，就像考古学家质疑“新石器革命”一样。近而观之，虽然细节毕现，却看不出更大的范型。但是从世界史的大范围看，就不会遗漏经济变迁的革命性本质。在最近的研究中，奥布赖恩写道：

> 当我们就 18 世纪上半叶和 19 世纪上半叶进行比较时，我们对当时经济变迁速度的衡量，不管是已经构建起来的还是重新构
> 411 建的，所有迹象都表明，这两个特定时期截然不同的证据是不可动摇的。无论在英国（还是欧洲和美洲的其他地方），资本积累的持续性的程度是前所未有的。总之，在 1750—1850 年间，英国经济保持了长期的增速，这在历史上是独一无二的，在国际上也是引人注目的。[1]

在讨论工业革命的早期阶段时，我将重点放在英国。这并不是说英国是一个典型：相反，它的领先正好说明是一个非典型。[2] 正如奥布赖恩和卡格拉·凯德尔（Caglar Keyder）所论证的那样，法国现代化道路，虽有别于英国，但是从任何客观标准看决不“落后”。法国农民支撑的时间更久一些，甚至在法国大革命后其地位还得到了巩固，因此进入 19 世纪，法国农业比英国农业更为传统，其社会结构也许更为不平等。但是，这两个国家在 1780—1914 年间生产的长期增长却无甚差异。[3] 其实在创新速度上也不相上下。许多战略性的技术突破都不是英国的而是“西方的”。其中包括蒸汽机设计的早期开发、法国发明的雅克纺织机、使用先进的数字编码技术控制机械（1801 年）、美国发明的棉花轧花机（1793 年）、在法国首先发明的新式漂白过程（1784 年）、瓷器（迈森，1708 年）、玻璃制造和造纸的新技术、航空技术的滥觞、两位造纸工人蒙戈尔菲耶（Montgofier）兄弟在法国的西南的安东奈伊（Antonnay）首次进行的可操控飞行（1783 年）。尽管如此，

[1] 帕特里克·奥布赖恩，《工业革命的现代概念导论》，载于《工业革命与英国社会》，帕特里克·奥布赖恩与罗兰·基诺主编（剑桥：剑桥大学出版社，1993 年），第 2 页；关于他提出的“点彩派”，参见第 5 页。亦可参见王国斌：《转变的中国——历史变迁与欧洲经验的局限》（伊萨卡，纽约：康奈尔大学，1997 年），第 279 页：“在贬低工业革命造成的断裂方面付出了诸多努力。但是世界上物质的发展前景在 1780—1880 年间发生了巨大的逆转。前一个世纪并不存在这种变迁。”

[2] 英国的领先正好是一个非典型，这是亚历山大·格申克隆（Alexander Geschenkron）在《从历史的观点看经济落后：论文集》（坎布里奇，马萨诸塞：哈佛大学出版社，1962 年）一书率先就工业革命所做的比较研究提供给我们的信息。

[3] 帕特里克·奥布赖恩和卡格拉·凯德尔：《1780—1914 年英国和法国的经济增长：进入 20 世纪的两条道路》（伦敦：亚伦和乌温，1978 年），第 196 页。

英国的经济转型是研究最多的地区（参见图 13.3）。也是这些转型首次在同时代的社会中变得最为明显的地区。早在 1837 年，法国革命家布朗基用工业革命这个术语表明英国发生的经济转型非常具有革命意义，就像法国大革命带来的更为明显的政治和社会变迁一样。[1] 因此，英国仍然是观察腾飞的瞬间以及区域意义的最佳场所。

表 13.3　英国 1700—1831 年经济增长的测算

年份	国民生产增长率		人均国民生产增长率	
	国民生产（每年%）	隐式倍增时间（年）	人均国民生产（每年%）	隐式倍增时间（年）
1700—1760	0.69	100	0.31	223
1760—1780	0.70	99	0.01	6931
1780—1801	1.32	53	0.35	198
1801—1831	1.97	36	0.52	134

资料来源：N. F. R. 克拉夫特，《工业革命时期英国经济的增长》（牛津：克莱雷顿，1985 年）。第 45 页

注解："国民生产"是将农业、工业和服务业结合在一起所做的测算

不幸的是，布朗基的术语夸大了工业变迁的重要性。在英国，工业生产方式的变迁只是三重经济革命的一部分。第一重，随着资本主义体系特有的社会阶层和经济交换的出现，发生经济行为的社会和政治结构相应发生转型。第二重，农业部门发生转型，农业生产的主要 412
目标是获取利润，而不是养家糊口。虽然农业技术的变迁并不像工业方面那么惊人，但是它们的实际影响更大，至少在 19 世纪早期之前的情况是这样。N. F. R. 克拉夫特的统计表明，在 18 世纪大部分时间里，农业生产至少与工业生产发展速度相当，有时还更快一些。[2] 第三，基于商业化和使用新能源（例如煤和蒸汽）的全新生产方法使许多英国制

[1] 加里・霍克（Cary Hwake），《工业革命再解释》，载于奥布赖恩和卡格拉・凯德尔：《英国和法国的经济成长》，第 54 页。

[2] N. F. R. 克拉夫特：《工业革命时期英国经济的增长》（牛津：克莱雷顿，1985 年），第 115 页。

造部门的规模和产能发生了革命，棉花、煤炭和铁器的生产尤其如此。此种产能的大幅提高，多因各种汲取矿物燃料中古代太阳能的巨大储备的技术所致。

社会背景

就像非洲–欧亚大陆的许多地区，18 世纪的英国已高度商业化。但是在两个方面——政府和农村社会的结构——更是如此。政府和精英的支持有助于解释为什么至少在工业革命的早期阶段，英国企业家能够如此有效运用包括在其他地方发明的新技术。[1]

18 世纪英国在全球交换网络中的战略地位当然与其正好处在一个新的全球体系中心的地理位置不无关系。地利之便确保英国政府对商
413 业发生极大兴趣。但是正如我们所见，英国政府也已经预适应了这样的转型。英国的高度商业化很大一部分依靠连续几届英国政府在贵族和商人支持下持之以恒地、大胆有为地投资金融和军事，以保护英国的海外商业利益。[2] 政府有很充分的理由支持国内外的商业行为，因为到 18 世纪大多数国家税收来自关税和货物税。通过建立英格兰银行，支持海外扩张，它保护了自己利益以及庞大的具有影响力的商业精英的利益。这与中国明朝形成了惊人的对照——明朝政府贬低商业，拒绝外贸。但是这两个社会的地理位置的对照也是十分鲜明的：一个现在处在全球交易网的中心，另一个却处在巨大而古老的亚全球交换网的边缘。

商业行为使得英国乡村发生转型。甚至在都铎王朝和斯图亚特王朝的英国，失地农民工也许构成人口的 25%—30%。[3] 在 17 世纪 50 年代，有一个英国作家坚持认为“英国堂区有 1/4 的居民生活悲惨，

[1]　关于其他地方发明的新技术的事例，参见乔尔·莫吉尔《财富的杠杆：技术创造和经济发展》（纽约：牛津大学出版社，1990 年），第 100—109 页。

[2]　参见帕特里克·奥布赖恩，《工业革命的政治前提》，载于奥布赖恩和基诺主编的：《工业革命与英国社会》，第 125—155 页。

[3]　凯瑟琳娜·利斯和雨果·绍利：《贫困和前工业化欧洲的资本主义》（詹姆斯·库南翻译）（大西洋高地，新泽西州：人文科学出版社，1979 年），第 108 页。

（收获季节之外）他们无从维持生计。”最近基于英国统计学家格里高利·金（Gregory King）的先驱性统计研究表明，在 1688 年，大约有 40%的人口是“雇农和穷人”或者“打工者和不住家的仆役”，他们连糊口的钱也赚不够。[1] 这些人大多无一分地，而有地者亦不足维持生计，沦为（马克思所言）无产阶级。许多人迁移到了城镇去，其数量增加极快。到 1700 年，英国 10%的人口居住在伦敦。在那里，居住条件在很多方面还不如乡村（死亡率极高——据格里高利·金研究，达 42‰），但是至少有机会找到工作。[2]

18 世纪早期英国经济中最重要的部门是哪个？现代统计表明，37%的国民收入来自农业，20%来自工业，16%来自商业，20%来自租赁和服务业，而政府的收入构成剩余的 7%。换言之，英国大约一半收入来自工业、商业或者租赁和服务。[3] 随着也许一半人口主要依靠工资收入而不是农耕维持生计，而一个商业行为产生超过 50%的国民收入的国民经济，英国社会开始进一步适应资本主义而不是传统的收取贡赋社会的理想模式。适应增长的社会结构预示着创新将在此种环境下盛极一时，而这正是我们所看到的。

农业

重商的立场和方法向前现代社会最重要部门农业的传播也许是最具重要意义的。在 18—19 世纪，资本主义方法开始令英国农业发生转型。这个事实极为重要，因为农业仍然是英国经济的引擎，正如其在传统的农耕文明中一样。在 18 世纪早期，它仍然是英国最大的生产部门，负责全国大多数的食品、衣料和原材料。在 17—18 世纪，土地拥有者的社会结构发生变化，刺激了技术的转型，虽然这种转型按照现

---

[1] 英国作家的话，转引自凯瑟琳娜·利斯和雨果·绍利：《贫困和前工业化欧洲的资本主义》，第 108 页；基于格里高利·金的统计的研究，转引自克拉夫特：《工业革命时期英国经济的增长》，第 13 页。

[2] 数据根据格里高利·金，利斯和绍利在《贫困和资本主义》第 11 页中做了概括。

[3] 克拉夫特：《工业革命时期英国经济的增长》，第 13，16 页。

代标准是缓慢的，但是从世界史的范围看却是革命性的。

在大多数农耕文明里，农业的主要功能是养活在土地上劳作的人们。然而在英国，大约两个世纪以来，越来越多的土地集中到了大土地所有者手中，对于这些人而言，土地是利润而不是维持生计的来源。与此同时，越来越多的小农被赶离土地或者被剥夺牧场、草场和林地的传统使用权。自16世纪以来，政府通过批准圈地——此举使得地主无视对于土地的传统权利——而周期性地鼓励这些变迁，从而产生连成一片的、封闭的土地。也许英国一半土地在18世纪中叶就被圈定，到18世纪晚期，主要通过议会的立法使这一过程基本完成。英国农民因而消失了，英国变成了第一个没有农民阶级而得以繁荣起来的大型社会。

对于大多数乡村居民而言，这些变化是灾难性的。再也不能依靠土地为自己生产，农村家庭发现自己只能完全听任飘忽不定的、靠不住的雇佣市场的摆布。W. G. 霍斯金斯（Hoskins）描述了莱斯特郡的维格斯顿·玛格纳（Wigston Magna），一个英国乡村的变迁，农业“进步”带来了金钱，但是并没有带来财富：

> 整个村庄的家庭经济发生剧变。农民再也不能从物质、土地，自己的乡村和强壮的臂膀的资源获取生活必需品。自给自足的农民
> 415 转型为花钱者，因为他所需要的一切现在都在商店里面了。在16世纪虽然必不可少但是仅起到边缘作用的金钱，现在成了维持生活必不可少的东西。农民的节俭变成了商业的节俭。现在每一个小时的工作都有金钱–价值，失业成为悲剧，因为那些雇佣工人再无一分土地让他可以回去的。他的伊丽莎白主人间歇性地需要金钱，而他却几乎每天都需要金钱，当然一年中每个星期也是如此。[1]

[1]　W. G. 霍斯金斯：《中世纪农民：一个莱斯特郡的村庄的经济社会史》（伦敦：麦克米伦，1965年），第269页；转引自玛克辛·伯格：《制造的年代（1700—1820年）：英国的工业、创新和工作》第2版（伦敦：劳特利奇，1994年），第85页。

在维格斯顿·玛格纳看来，1765 年的圈地法是一场灾难。小土地拥有者在大约 60 年间都消失了，成了农业工人或者编织机操作工或者穷人。[1]

随着农民财产的丧失，他们以前的地主则富裕起来，中等规模的农场一般也多了起来。在英格兰中南部地区，超过 100 公顷的农场比例从 17 世纪初的大约 12%增加到两个世纪之后的大约 57%。[2] 这些数字表明不平等的梯度在工业革命时期是多么迅速地加大。在大多数农耕文明里，大多数人能够获得一块耕地；实际上，农业生产的低速度确保人们能够得到土地，因为社会不得不把大多数劳动力分配给食物的生产。但是现在土地集中在了少数人手里。所有权形式的改变使得农业生产的经济革命化了。因为那些在大片土地上耕作的人不可能吃掉他们所有的出产，他们必须为了利润而耕种。土地拥有规模的增长因而为英国农业商业化间接提供了一条途径。

这种大范围的商业化改变了对土地的立场和方法。为了从圈地上获得利润，地主不得不为市场生产，或者交给商业化的“农夫”——也就是佃农，他能够为市场生产，然后从利润中分出一部分交租。这两种办法都将农业变成了商业而不是谋生手段。但是第二种方法有利于让贵族土地所有者与捞取钱财的粗俗商业保持温和的距离，即使他们还是喜欢利润。艾瑞克·霍布斯鲍姆得出结论说：“虽然我们没有可靠的数据，但是很清楚，到 1750 年英国土地所有者的特有结构已经显现出来了：数千个土地所有者把他们的土地出租给数万名佃农，而他们则与数十万名农业工人、仆人或者大多数时间出卖劳动力的破产的地主一起经营土地。”[3]

土地控制手段的变迁使农业技术发生了革命。商业农场主不得不 416
为竞争的市场进行生产，因为他们不得不进行大量生产、有效生产。

[1]　阿萨·布里吉斯：《英国社会史》，第 2 版（哈蒙斯沃思：企鹅出版社，1987 年），第 206 页。
[2]　伯格：《制造的年代（1700—1820 年）》。第 80 页。
[3]　霍布斯鲍姆：《工业与帝国》（哈蒙斯沃思：企鹅出版社，1969 年），第 28—29 页。

但是他们比农民更能取得资本以便投资于更有效率的生产方法。最后，在圈地运动之后，他们一般能够得到大片土地，运用小农生产所不及的现代农耕方法从事规模经济。确实，大多数在17、18世纪引入的技术不是最新的；在这一阶段，有效弥补现有技术的不足才是当务之急。实际上，直到19世纪农业机械和人工肥料才开始改变现代农业的技术。在此之前，大多数产业农场主引入的方法，自中世纪以来就十分熟悉了的，许多已经在欧洲不同地区使用了。英国的新意不过是使用这些技术的人为数众多，他们有钱投资并有效地使用这些技术。

英国农场主从中世纪开始就从低地国家借鉴了领先的方法，经常称之为“新耕作法”。这些综合农作和牲口饲养的新方法确有增产、减少休耕地数量的效果。许多农场主开始计划种植休耕地作物，如红花草或者芜菁。芜菁提供牛饲料，增加牲口数，而更多的牲口提供更多的粪肥。豆科植物能够有效地固氮，有助于恢复地力。因而新的作物轮耕法增加了单位面积土地上农作物和牲口的数量。但是还有许多其他变化——包括灌溉形式的改良、土地的重新开垦以及更加系统的牲口饲养方法——所有这些都在商业化的农业生产大量低价商品的需求刺激之下完成的。

417 随着这些变化开始变得更加广泛，英国农业生产的效率提高了，而农业工人的比例却下降了。随着农业雇工份额的下降，农业对国民收入的贡献在1700—1800年间保持在大约37%。[1]英国农业的全部产出在1700—1850年间增加了3倍，而男性劳力从事农业的比例却从61%（1700年）下降到29%（1840年）。据估计到1840年，英国的每一个男性农业工人生产大约1750万卡路里热量，相比之下法国为1170万，其他欧洲国家就更低了。[2]表13.4表明某些农作物的产量。

---

[1]　克拉夫特:《工业革命时期英国经济的增长》，第62—63页。
[2]　同上书，第62，121页。

表 13.4　英国 1700—1850 年主要农作物产量

	1700	1750	1800	1850
农作物				
谷物（蒲式耳）	65	88	131	181
肉类（磅）	370	665	888	1356
羊毛（磅）	40	60	90	120
奶酪（磅）	61	84	112	157
1815 年的批发价格（英镑）				
谷物和土豆	19	25	37	56
畜牧产品	21	34	51	79
总计	40	59	88	135

资料来源：玛克辛·伯格，《制造的年代（1700–1820 年）：英国的工业、创新和工作》，第 2 版（伦敦：劳特里奇，1994 年），第 81 页，引用了 R. C. 亚伦，《农业和工业革命》，载于《农业革命和工业革命（1700 年）》，罗德里克·弗鲁德（Roderick Floud）和唐纳德·迈克洛斯基（Donald McCloskey）主编，第 2 版（剑桥：剑桥大学出版社，1994 年），1：109 页

注解："谷物"包括小麦、黑麦、大麦、燕麦、大豆和豌豆、畜用棉籽和燕麦。"畜牧产品"包括肉类、奶制品、奶酪、皮革和农场售出的草料

18 世纪英国农业生产效益的不断增加具有极为深远的意义。首先，它有可能使人口迅速增长。克拉夫特的统计表明，在 18 世纪，生产效率的增加之快足以支持马尔萨斯所观察到的人口快速增长，但是在 19 世纪，生产效率增加得更快，因而避免了从爱尔兰到印度、巴基斯坦和中国的其他许多国家曾经遭受的马尔萨斯危机。[1] 在英国，增长的人口扩大了农业产品的市场，刺激了进一步的投资，把更多的劳动力释放到了非农业的经济部门。

为什么有那么多商业资本被吸引到了土地上面呢？一个答案是人口的增长以及维持温饱的农业生产的衰落，促进了农村产品的内部市场。那些失地者不得不去购买食品，不管他们多么穷困。因此农场主一般能够依靠一个不断扩张的农产品市场。这些过程创造了一个全新

[1]　克拉夫特认为 18 世纪年生产效率增长系数为 0.2%—0.3%，到 1801—1830 年增加到了 0.7%，以及 1831—1860 年的 1.0%（《工业革命时期英国经济的增长》，第 2、76—77 页，第 81 页）。

的市场——一个销售廉价消费品的巨大市场。这样的市场在一个只生产维持温饱的农民构成的社会里几乎不可能有任何重大的发展，正是这个事实限制了前工业世界的农业商业化。像北京、巴格达或帝国时代的罗马那样的城市需要大量的食品供应，许多精英家庭也是如此，
418 他们需要奢侈品也需要生活必需品。但是在这些巨型城市之外，大多数人都是自己养活自己。大多数人完全依靠市场获得生活必需品的社会的出现是一个全新的现象，它极大地刺激了大量消费品的商业化生产。

尤其是变迁极为迅速，因为在英国，就像其他一些欧洲国家一样，农村产品的外部市场在18世纪增长十分迅速。主要是殖民地市场，受到颇具商业头脑的政府的保护（有时不惜花费巨额成本）。在英国，殖民扩张以及1651年、1660年的航海法为英国产品提供了巨大的受到保护的市场。西印度尤其重要，因为其经济作物（自17世纪中叶以来主要集中在砂糖）意味着他们不得不进口所有所需要的食品。这就是英国所处的全球交换网络的位置对于商业化行为的巨大刺激之一。

工业

既然所谓失地雇佣工人数量激增，统治精英越来越依靠商业税收，农业部门高度商业化，以及顺利通达增长的世界市场，一个令人惊讶的事实就是，像改造农业一样改造工业为什么需要花费那么长的时间。之所以延迟的原因之一就是建立一个工厂或者购买一台蒸汽机，与投资“改良”农业或者更新畜牧业相比，需要一个更高层次的投资。因此，大多数工业生产在18世纪末19世纪初的英国仍然是传统型的。大多数生产仍然是在手工作坊里面进行，其规模与4000年前之无甚区别，或者利用农民家庭的劳力在家里纺纱织布。实际上，有一段时间工业革命实际上刺激了小规模生产。第二个延迟的原因也许是在一个仍然由农村占主导地位的世界里，对工业产品的需求比对农产品的需求更低。

然而，对利润的追求终于使工业发生了转型，就像使农业发生转

型一样。难以确定前现代世界特有的创新的涓涓细流是在什么时候变
成滔滔江河的。在 17 世纪和 18 世纪早期，欧洲工业生产有了不少创
新。但是很难证明英国的创新速度在 18 世纪中叶以前比其他地方更
快。在 1709 年，在木材成本（1500—1760 年间增加了 10 倍，而价格 419
总体仅增加 5 倍）持续上扬的情况下，亚伯拉罕·达尔比（Abraham
Darby）在施罗普郡（Shropshire）的克尔布鲁克达尔（Coalbrookdale）
开始试验在吹炉中使用焦炭制铁。[1] 这项技术早在 11 世纪的中国就已
经投入使用了，但是没有证据表明达尔比从中国的实践直接借鉴了这
项技术。[2] 实际上，他的方法并不十分高效，而且在 18 世纪 60 年代得
到改进之前也没有广为传播。但是他们确实降低了成本，提高了产量，
1784 年亨利·考特（Henry Cort）采用搅炼法也是如此。总之，英国的
铁生产在 18 世纪增长了 10 倍。[3]

另外一项技术发明的重大意义直到后来才变得明显，那就是使用蒸汽泵将水从矿井里面吸出来。大气压力是一种潜在的机械动力资源的观念，其历史可以追溯到 16 世纪，在中国和欧洲可能都非常熟悉。[4] 法国发明家丹尼·帕潘（Denis Papin）于 1679 年就已经弄清楚地大气压力的科学理论，首次证明蒸汽作为一种机械动力具有潜在用途。托马斯·萨弗里（Thomas Savery）1698 年制作了一台工作蒸汽泵；其引擎运用压缩蒸汽形成的真空吸水。托马斯·纽康门（Thomas Newcomen）在 1717 年制作了改良型机器。因为效率低，用一个滚筒重复加热和冷却产生动力，所以未能推广。它还需要大量耗煤，因此最早的工业蒸汽机总是位于大型煤矿附近，那里能源充足而价廉。它们在那些地方提高了产能，尤其是那些容易周期性暴发洪水的煤矿。1742 年，在克尔布鲁克达尔的达尔比铁工厂里，蒸汽机首次投入使用，

[1] 詹姆斯·E. 麦克里兰三世（James E. McClellan III）和哈罗德·多恩（Harold Dorn）的《世界史上的科学和技术导论》,（巴尔的摩：约翰·霍普金斯大学出版社，1999 年），第 279 页。

[2] 阿诺德·佩西（Arnold Pacey）:《世界文明中的技术》（剑桥，麻省：麻省理工学院出版社，1990 年），第 113 页。

[3] 麦克里兰和多恩:《科学和技术》，第 280—281 页。

[4] 莫吉尔:《财富的杠杆》，第 84—85 页。

不是用于唧水而是用于吹炉的风箱。到18世纪中叶，欧洲和美洲许多地方的企业都在使用纽康门的蒸汽机。

纺织生产者试验新技术，以便适应前现代经济的第二大生产部门日益增长的需要。1702年在德比开设了一家工厂，使用荷兰一种特殊的以水轮为动力的捻丝机。1718年，一位新厂主托马斯·隆贝（Thomas Lombe）窃取了意大利技术，开设了一座改进型工厂，这是早期工业间谍的一个典型事例。到18世纪30年代，棉麻生产也在试图使用类似的工厂以及纺织机械，其中还包括1733年发明的飞梭。政
420 府自18世纪30年代以来通过禁止进口棉花纺织品支持创新。在18世纪70年代和80年代，三种新机器开始改变棉纺技术：理查德·阿克莱特（Richard Arkwright）的水力织布机，詹姆斯·哈格里夫斯（James Hargreaves）的珍妮纺织机，以及萨缪尔·克朗普顿（Samuel Crompton）的纺纱用走锭精纺机——珍妮机的改进型。[1]它们都极大地提高了产量，但是最初它们主要用于家庭工业。在1780年以后的20年里，这些创新以及其他创新使棉布织品价格降低了85%，棉布在欧洲首次成为大宗消费品，不再是昂贵的进口货。[2]

阿克莱特首次制造了大型水力织布机，以水轮驱动并进行工厂化生产。他的机器并不要求工厂的组织，但是工厂却赋予雇主更大的纪律和质量控制权。这使人联想到这一时期的主要变迁是管理和技术两个方面的。在前工业化世界，大多数非农业生产是通过家庭或者小作坊组织起来的。生产企业由小团队组成，有时候通过亲属联系起来的，他们在一起工作，经常干着相似的工作；有一段时间这些企业由于工业革命的早期发明，例如珍妮机而有所增加。工厂则是更大的、更无名化的生产单位，像军队而不是家庭。它通常需要更为复杂的劳动分工、技能以及权威。工厂的逐渐传播与技术变迁有某种关联：劳动力

[1] 关于这些纺织机的更多的细节描述，参见莫吉尔：《财富的杠杆》，第96—98页。
[2] 同上书，第111页。

集中在一起工作可以充分地利用大量原动力。但是工厂的形式也赋予企业家某种权力，规定工艺流程，降低成本，提高效率。毕竟一个一个招募来的雇佣劳动力不能指望他们表现得像一家人在家里工作一样团结。因此工厂的推广在很大程度上与加强工作纪律有关，它与技术革新同步进行。[1] 这种方法是既要控制工人，也要控制机器。工业革命的管理技术也根源于全球世界体系。对于大众的纪律约束以 16 世纪以来欧洲军队以及美洲庄园主的奴隶为先导。[2] 但是其他管理手段例如通过考试选拔行政人员则最初来自中国。

我们迄今描述的变迁可以说明，至少在纺织、煤炭和冶铁等重要部门，技术和管理两方面创新的动力十分强劲。但这并不是说在非洲-欧亚大陆的世界体系，如在中国、印度和巴基斯坦、伊斯兰世界或者欧洲其他地方就没有类似的发展。英国工业革命的发生，乃是蒸汽机、
机器改良以及工厂管理三者共同导致的。 421

詹姆斯·瓦特在 18 世纪 60 年代多次改进蒸汽机。首先，他将冷凝器和汽缸分离，消除了热能丧失的主要根源，使得他的机器消耗的燃料大为降低。其次，瓦特的机器不是利用压缩蒸汽形成的半真空所产生的大气压力（纽康门的蒸汽机就是如此），而是直接利用蒸汽本身的巨大力量去推动活塞（参见图 13.2）。种种改进使得蒸汽机更加经济、动力更强大、更具有适应性。到 1790 年，纺轮也用蒸汽机而不是人力或者水力来推动了。到 1800 年，一台动力驱动的走锭精纺机可达 200—300 名纺织工的产量。蒸汽机的改良标志着人类数千年来在动力使用上的重大发展。6000 年前，人类首次学会了利用其他动物的拖拽力，或许在 5000 年前，首次学会系统地、大规模地利用同类的力量，此后在生产基本必需品方面的动力资源没有任何变化。随着蒸汽动力，然后是电力或者石油的引入，人类社会终于开始发掘储藏在无机世界

[1] 参见安东尼·吉登斯：《对历史唯物主义的当代批判》，第 2 版（巴辛斯托克：麦克米伦，1995 年），第 124—125 页关于工厂制度的讨论。

[2] 马克思和韦伯都评论了现代军队对于工业体系的重要性。它是为现代工厂体系做准备，吉登斯也注意到了这点（《对历史唯物主义的当代批判》，第 125 页）。

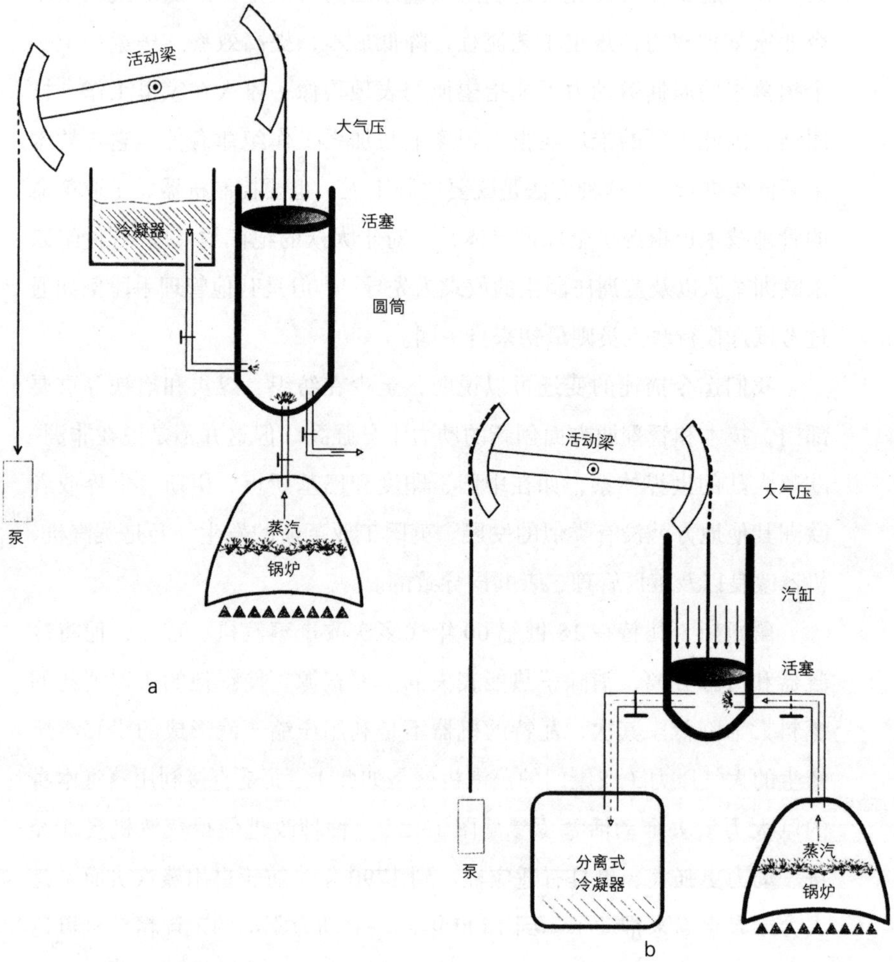

图 13.2　18 世纪英国蒸汽机的改进

a. 首次用于 1712 年的纽康门“大气引擎”，蒸汽被泵入气缸，喷入一股冷水，蒸汽收缩，形成真空将活塞吸入，带动泵。按照后来的标准，这个装置非常低效，主要是因为气缸被轮番加热和冷却。因而消耗大量的煤，只有在有充沛和廉价的煤可供使用的矿区才算经济。b. 1769 年詹姆斯 · 瓦特获得专利的改良蒸汽机。在几次改进中，他将冷凝器和气缸分离，以便气缸保持连续的压力。他还开始利用蒸汽的压力，而不是蒸汽收缩形成的真空。瓦特的发动机提高了燃料效率，有可能离开煤矿使用蒸汽发动机。转引自詹姆斯 · E. 麦克里兰三世和哈罗德 · 多恩的《世界史上的科学和技术导论》（巴尔的摩：约翰 · 霍普金斯大学出版社，1999 年），第 282 页，图 13.1；第 284 页，图 13.2，1999 年霍普金斯大学出版社版权所有。蒙霍普金斯大学惠允复制

里的巨大能量。（早期最重要的一个例子就是火药，但这主要是破坏性的而不是生产性的技术）。每一次变化都开辟了一个人类可资利用的全新的生态市场。

改良的蒸汽机迅速提高了在几个重要工业部门的生产效率。它们还要在生产组织的方式上有所变化，为了降低成本不得不使用多台机器，这样，家庭工业就不能望其项背了。它们在工厂里最有效地运行，多少也能够进行连续性的监督，而人的工作无非就是看管机器——修理损坏的零件、提供原材料以及保持其平稳运转。随着蒸汽机的广泛流行，它们成为消耗煤和铁的大户。它们的生产因而刺激了煤矿和铁的生产，也刺激了工程技术的开发。在短短几十年的时间里，它们使得陆路运输方式发生了革命。利用蒸汽动力旅行的想法酝酿了好几十年（实际上，法国 18 世纪 60 年代就发明了第一台蒸汽机车），但是最早的蒸汽发动机过于庞大。1802 年，在克尔布鲁克达尔由理查德・特里维西克（Richard Trevithick）设计了一台体积较小的高压蒸汽机，制作了第一台实用蒸汽动力机车。这台机车被当作快捷运煤的机械马使用。在以后的 30 年里，铁路和引擎的质量都有所发展。最早设计运载 423
乘客和煤的斯托克顿和达灵顿铁路公司于 1825 年成立了。

我们在分析这一系列创新的时候，值得注意的第一件事情就是，虽然它们影响重大，但是它们的发展却是逐渐增加的。英国发明家依靠的是大量传统技艺以及融汇在全球世界体系的观念网络中的技术知识。托马斯・隆贝的“捻丝”机器，其渊源可以从意大利追溯到中世纪的中国。关于棉花的商业潜能反映了 17 世纪以来印度纺织品出口的重要性，而染布技术更要归功于印度、波斯和土耳其的方法。[1] 在《蒸汽机诞生前史》一文中，研究中国科技的史学家李约瑟（Josephy Needlman）认为：蒸汽机的祖先在中国、希腊，也在欧洲，并且总结

[1]　佩西：《世界文明中的技术》（剑桥，麻省：麻省理工学院出版社，1990 年），第 106 页，第 117—119 页

道："没有哪个人可称为'蒸汽机之父'，也没有哪个文明可称为'蒸汽机之父'"。[1] 第一次工业革命的技术是非洲–欧亚大陆的，甚至是全
424 球的，只是它们提高生产效率的潜能首先是在英格兰得到体现罢了。

表 13.5　英国 1770—1831 年工业产生的价值

部门	产品	1770	1801	1831
纺织	棉花	0.6	9.2	25.3
	羊毛	7.0	10.2	15.9
	麻	1.9	2.6	5.0
	丝绸	1.0	2.0	5.8
煤和金属	煤	0.9	2.7	7.9
	铁	1.5	4.0	7.6
	铜	0.2	0.9	0.8
建筑	住房	2.4	9.3	26.5
消费品	啤酒	1.3	2.5	5.2
	皮革[1]	5.1	8.4	9.8
	肥皂	0.3	0.8	1.2
	蜡烛	0.5	1.0	1.2
	纸	0.1	0.6	0.8
总计		22.8	54.2	113.0

资料来源：玛克辛·伯格，《制造的时代（1700—1820 年）：英国的工业、创新和工作》，第 2 版，（伦敦：劳特利奇，1994 年），第 38 页 [2]

此外，工业和农业一样，早期工业革命所需要的技术更多地依靠传统工匠的熟练程度，而不是新的重大的技术方法。许多先行者都是操作工人而不是科学家或者理论家。彼得·马赛厄斯指出：

[1]　李约瑟：《中西方的文书和工匠》（剑桥：剑桥大学出版社，1970 年），第 202 页；转引自乔治·巴沙拉（George Basalla）：《技术进步》（剑桥：剑桥大学出版社，1988 年），第 40 页。

[2]　原文作 Lather（泡沫），疑误。——译者注

> 总的来说，创新并不是实用科学的具体应用，也不是国家教育体系的产物……大多数创新是灵感突发的业余爱好者或者出色的工匠的产物，这些工匠被训练成了钟表匠、磨坊设计师、铁匠或者在伯明翰从事贸易……他们主要是当地人士，有实践经验，直接负责某一个具体问题。直到 19 世纪中叶，这种传统仍然在英国制造业占据统治地位。1851 年，水晶宫，一个以铸铁和玻璃建造的奇迹，外形就像 19 世纪的火车站一样，却是出自德文郡公爵的一位头号园丁的想法，就不是偶然的。他熟知花房的样子。[1]

这并不是说发明和改进新技术的任务不费吹灰之力，也不是说科学与此无关，而是说现存的技术知识达到了一定程度，就有可能取得这些进展。[2]

对于此种创新浪潮的第二种解释乃是商业性的和社会性的。由于全球交换网络的变迁以及精英的极大商业化，英国的企业家处在扩张中的商业网络的主要十字路口，控制着庞大的、受到保护的印度、巴基斯坦和北美市场，因而他们能够开发像棉花这样在英国所没有的原材料。他们还能够在庞大的受到保护的市场上销售，这个市场正在迅速发展，因而能够吸收由于新的机器而剧增的产品。但是随着英国阶级结构发生重大变革，越来越多的人脱离了依靠农村维持生存的经济方式，变成了城市的工资收入者，英国的国内市场也在迅速增长。在一个全球化世界体系里迅速扩张的市场以及高度的商业竞争刺激了创新，尤其是在供应大众化市场的商品生产，例如纺织品（参见表 13.5）方面的创新。在这种刺激下付诸行动的不仅有著名的发明家，还有数以千计的白铁匠和管理人员，他们在这些重大突破中获得了商业成功。

---

[1] 彼得·马赛厄斯：《最早的工业国家：英国经济史（1700—1914 年）》，第 2 版（伦敦：马土恩，1983 年），第 124—125 页；并且参见麦克里兰和多恩的《科学和技术》，第 287—289 页。

[2] 玛格丽特·雅各布在《科学、文化和工业化西方的形成》一书中正确地强调了科学知识广泛传播的间接意义（纽约：牛津大学出版社，1997 年）；莫吉尔则强调某些特定蒸汽机的创造性（《财富的杠杆》，第 50—51 页）。

促成工业革命的各项发明乃是高度商业化的社会对于新商业挑战和机
425 会的反应。艾瑞克·霍布斯鲍姆概括了需求的作用：

> 在系统的、进取的政府帮助之下，出口提供了活力并且——通过棉织品——形成了工业的“主导部门”。它们还促进了海运业的重大发展。家庭市场为普遍的工业经济提供了一个广泛的基础，(通过城市化)而为改进内陆运输提供动力，也为煤炭工业和某些重要的技术创新提供了强大动力。政府为商人和制造业提供了系统支持，也为技术创新和资本商品工业的发展提供了某种不可忽视的动力。[1]

尽管如此，18 世纪英国和欧洲创新速度与日俱增的根本原因在于，在一个由日益增长的全球资本主义的竞争力量所构成的世界里，存在着某种极大的创新压力。商业压力的重要性在某些发明家的动机中至
426 为明显。例如詹姆斯·瓦特在他的自传中写到，他对制造“价廉物美”的机器深感兴趣。[2]18 世纪欧洲的创新数量之高乃是更好的证据。随着工业化进程中在其他地方的创新压力也有所增加，在所有工业化地区的创新速度也就随之提高。这表明在西欧出现了一种创新文化——也就是一种激励企业家主动寻求并利用高效率新技术的社会氛围。这便最强有力地说明工业革命既面向商业也面向社会结构。

法国的政治革命

伴随经济革命而来的是政治革命。国家的权力和范围在 17—18 世纪逐渐地、在 19 世纪迅速地增长，它们所掌握的资源也越来越多。因

[1] 霍布斯鲍姆：《工业与帝国》，第 50—51 页。
[2] 詹姆斯·瓦特语，转引自莫吉尔：《财富的杠杆》，第 87 页。

此，它们与被统治人民之间的关系也就发生了变化。如今政治制度之于过去那些收取贡赋的大帝国，就像那些大帝国之于被它们取代的酋长和“大人”的政治制度一样。查尔斯·蒂利强调了这一点：

> 在过去的 1000 年里，欧洲国家经历了一种特殊的发展：从黄蜂到火车头。它们长期关注战争，把大多数行为留给其他社会组织去做，只要这些组织按时上缴贡赋。收取贡赋的国家与它们的继承者相比，虽然残暴，但是其程度还算温和；它们只是叮咬，但不敲骨吸髓。随着时间的推移，国家——甚至那些资本密集型的国家采取行动、行使权力，并且承担义务，听命于那些支持它们的资本。这些火车头行驶在由市民支撑的轨道上，靠一个市民机构维持其运转。离开这样的轨道，战争的引擎根本无法开动。[1]

欧洲的国家权力数世纪以来一直在增长，部分原因是富于商业进取心的国家有大量的资源可以支配，部分原因是对国家税收以及有组织的火药革命的需求所做的回应。[2]但是这些变迁虽说在 17、18 世纪的“绝对主义”中达到了顶峰，也不过奋起直追而已。相比中国或者伊斯兰世界这样庞大的帝国，公元 1000 年的欧洲国家只不过是一触即溃的蕞尔小国罢了。激烈的军事竞争，由于火药的发明而愈演愈烈，最终消灭了那些小型的、不具生存能力的国家。那些幸存下来的国家经历了一个骚动不安的青春期，它们吸取了许多经验教训，学会了许多那些大型农业帝国早已掌握的治国之道。然而，与奥斯曼或者中国 427
相比较，即使欧洲的绝对主义国家的权力和范围亦毫无惊人之处。

法国大革命后一段时期的变迁乃是国家权力直接触及其大多数臣民的生活。正如蒂利指出的：

---

[1] 参见查尔斯·蒂利：《强制、资本和欧洲国家（公元 990—1992 年）》，修订版（坎布里奇，麻省：布莱克韦尔，1992 年），第 96 页。

[2] 参见查尔斯·蒂利，“战争如何造就国家，国家如何造就战争，”《强制、资本和欧洲国家（公元 990—1992 年）》，第 3 章。

> 在 1750 年后的民族化和专门化时代，国家开始激进地从几乎普遍的间接统治制度，转向直接统治的制度：直接干预地方社区、家庭生活以及生产企业。随着统治者从招募雇佣军转到招募自己的国民，随着日益通过税收支持 18 世纪战争的庞大军事力量，它们开始直接与社区、家庭和企业发生联系，扫除了这一过程中自发的中介。[1]

从大革命的法国可以清楚地看出这种变迁，主要是因为大革命本身扫除了许多旧制度的中介权威。但是变迁也是为白手起家建立一支军队的需要所驱动。反过来，法国军队的征服也将新的政府运作方法（以及十进制）传遍欧洲其他地方。

战争的管理对于这些变迁至关重要。早期近代欧洲国家主要依靠雇佣军，自从法国大革命以后，国家开始直接参与招募、组织和筹集资金支持国家军队。因此，随着国家的组织和税收的作用迅速扩张，它们发现不得不应对一些全新的难题（例如可能的招募人员的健康和教育）。[2] 所有这些压力迫使政府收集更多关于人口和经济的信息。到 19 世纪后期，国家开始对公共健康发生兴趣，支持公共教育体系。政治的意识形态以及对法国大革命政府选举政治的信奉也迫使它们对全民战争以及法律和秩序负责。由公民组成的军队在一定程度上将民族性的意识转变成一种重要的合法化机制，促使国家主动支持民族主义思潮，支持那些构建民族主义的史学家和作家。

选举政治迫使国家考虑更广泛的人口众多的部门，它们这样做至少
428 部分是要表现自己是代表“人民”的。令许多传统论者吃惊的是，只要
民主政治运用得当，就会强化而不是削弱国家。选举还使政府获得关于它们所统治人口的立场和态度转变的最新信息，从而在一定程度上限制

[1] 蒂利：《强制、资本和欧洲国家（公元 990—1992 年）》，第 103—104 页。
[2] 同上书，第 106—107 页。

了官员以及其他社会中介将上达统治者的民意过滤掉。不管其直接的形式如何，收集——或者用吉登斯的话说，“监管”[1]——信息的新方法，对于统治者在复杂的新现代政治环境下取得成功而言是至关重要的。

警察是这些变迁中特别重要的方面，因为它是现代国家开始真正垄断强制工具的垄断过程之一。在旧制度的法国，国家很少关心警察事务，通常由地方权威处理；在极端的情况下也会使用军队。在 1790 年末，法国政府首创了一个科层制的警察组织，在处置犯罪和叛乱方面起到预防性的而不只是反应性的作用。最初归约瑟·富歇领导，他原先是雅各宾派，现在是警察大臣。正如蒂利所总结的，“到富歇时代，法国已经变成了世界上最近似的警察管理的国家”。[2]

通过这些办法，法国成为典型的现代国家的先锋：一个庞大的科层组织，有规模、有权力、有财富，还有管辖范围。这种现代政治革命既是经济革命的原因也是其结果。资本主义如要获得其全部的动力，那么一个有效率的、具有商业化头脑的国家是必不可少的，就这一点而言，它是原因。现代财富梯度的扩大前所未有地把更多的财富放在了少数人手中，保存这些大量资源之流需要比农耕时代更大、更精心修建的水库。总之，国家不得不强大到足以保护有钱人和企业家。吉登斯评论道：

> 私有财产，正如马克思一贯表述的那样，它的另一方面是大量个人不再掌握生产工具……雇佣工人的“自由”不可否认乃是早期大规模建立资本主义企业的重要方面。没有法律的强制机器的中央化，这一过程是否能够实现，或者作为资本的私有财产的权利是否能够牢固建立起来，都是成问题的。[3]

---

[1]　安东尼·吉登斯：《对历史唯物主义的当代批判》以及《民族–国家和暴力》（剑桥：政治体制出版社，1985 年）相关文字。吉登斯是从米歇尔·福柯那里借鉴了监管这个术语。

[2]　蒂利：《强制、资本和欧洲国家（公元 990—1992 年）》，第 110 页。

[3]　吉登斯：《民族–国家和暴力》，第 152 页。

捍卫正在出现的财富梯度的工作从生活的许多方面展开。在英国，它促使通过圈地法、捍卫王室森林（正如 E. P. 汤普森所生动描述的那
429 样），小偷小摸入狱、放逐甚至处死，以及保护企业家权利免受工业暴力侵犯（汤普森也很好地研究了这个主题）。[1] 但是这种情况也同样发生在其他领域。例如，现代货币体系的建构，没有一个拥有相当税收和管理资源的强大国家的存在，以及对法律和法院的有效控制是不可想象的。

另一方面，现代国家也是现代经济转型的产物。正如最初国家的出现部分是为了应对管理和组织民众与资源在城市大量集中所带来的挑战，现代国家至少部分原因是为了应对工业经济产生的巨大财富所带来的全新挑战和可能性。现代国家掌握的巨大资源应当有新的管理手段，即使国家觉得不需要管理和调节那些带来增长的商业组织。但是现代国家也从新技术，尤其是军事技术获益匪浅。新的通信形式改变了军队和装备的运动，而新的制造方法不仅转变了武器生产而且转变了武器的性质。美国内战是现代化时期第一场真正的工业化战争。与此同时，通信方式的改善以及更高的识字率提高了国家处理实现有效统治所必需的大量信息的能力。随着现代国家越来越依靠技术以及现代经济所产生的庞大税收，它们不得不学习如何以最佳方式通过调节干预和规范企业行为的平衡来刺激增长。正如卡尔·波兰尼（Karl Polanyi）在对现代性的经典研究中所阐述的那样，以为现代国家比前现代国家较少实行干预主义的信念广为流传，实际上是一种误导。大体而言，现代国家比传统农业国家更广泛、更有效地进行干预，但是它们也更意识到过分干预某些经济行为的领域也会遏制生产效率。[2]

在过去两个世纪里，与这些概述相比还有许多例外。许多现代国家从未刻意严格管制其公民，而其他一些国家则发现很难为具有独立

---

[1] 保护王家森林免于偷猎是 E. P. 汤普森的《辉格党和狩猎法：黑色法令的起源》（伦敦：亚伦和乌温出版社，1975 年）的主题，而保护企业家的财产权免于劳工激进主义则是其《英国工人阶级的形成》（伦敦：维克托·哥兰茨出版社，1968 年）一书的主题。

[2] 卡尔·波兰尼：《大转变：我们时代的政治经济起源》（波士顿：灯塔出版社，1957 年）。

生存能力的资本主义经济设置一个框框。但是对于那些许多已经经历了这些转型的国家的公民而言，上述做法的社会后果是两方面的。一方面，现代国家以从前无法设想的而且经常在收取贡赋国家似乎认为 430
不可取的方式管制其公民生活。国家要求儿童离开父母接受强制教育，要求取得个人生活的详细信息，其范围从收入多少一直到他们的宗教信仰、详细规定我们应当怎样做及不应当怎样做。此外，在这些要求背后还有可怕的警察力量撑腰。现代国家取代了以前由家庭、地方社区负责的教育、经济以及治安的功能。通过这些方式，我们的生活所受到的管制远比从前为多。就像多细胞有机体的神经中枢一样，现代国家管制个人的生活，因为比前现代国家更大、更加相互依存的社区，没有某种中央的协调作用就不能存在下去。

另一方面，大多数现代国家通过公开讨论，通过普通市民当选官员的选举制度，培养公民参与政策的制定和贯彻。通过这些方式，现代国家鼓励公民将自己视为积极分子而不是臣民。现代政府还为自己的权力设置明确的界限，因为它们知道它们所掌握财富的多寡取决于能否避免过分干预企业行为。虽然它们掌握的权力比前现代国家更大，却更加克制地动用这些权力。此外，现代国家还担当了许多行为只有它们才能担当的行为。它们提供基础设施、警戒、从教育到公共健康护理的各种服务，还要维持一个令资本主义经济繁荣昌盛的法律和行政体系。

现代国家的管制权力导致某些批评家将其描述为“极权主义的”，但是它努力包容并培育其公民，这就解释了为什么许多人仍然视之为解放和自由的同盟和捍卫者。许多现代政治生活就是不断协调现代国家行为维持管制和支持之间的平衡。

文化革命

从前的农民进城、日益关注技术创新、政府推广教育以及大众传媒的推广，乃是现代文化生活的重要变迁。

而最重要的变迁也许是推广大众教育和普及识字。正如我们所见，识文断字乃是为了处理最早国家繁重的管理工作应运而生的。但是在
431 农耕时代大部分时期，识文断字是精英人士的特权，是大多数普通民众无缘置喙的权力形式。现代国家以全新方式对待其公民，要求广大民众本身介入现代社会的管理工作，尽管也许此种介入是无关大局的。而大众介入生产与管理的重要前提就是识字。这一文化革命的影响极为深远。例如，普及识字由于削弱了传统的、经常是巫术性思维形式的权威性，开始了一个“祛魅”的过程。通过这种办法，大众教育有助于推广一种不同的世界观——即使不是对现代科学的热情的理解，至少也是对现实不科学的图景表示怀疑。

这些进步伴随着对高级文化的性质以及对知识的态度发生了深刻变化，同时又受到后者的影响。通常现代人对待知识的态度是竞争性的，有点儿类似于市场。在农耕文明里，大多数人依赖口传信息，知识主要掌握在某些特定教师的权威手里。教育由传授传统的技艺以及传统的知识体系所构成。凡是识字得到普及之处，知识就变得更为抽象，更为非个人化，而抽象的知识就开始独立于某些特定教师的尊严。此外，社会也变得越来越商业化了，检验传统知识的习惯变得越来越普遍，这在古典时代的希腊、阿拔斯王朝的波斯、宋朝的中国以及早期欧洲都可以看到此种现象。欧洲检验知识的方法在历史上也是有先例可援的，苏格拉底哲学的辩证传统在伊斯兰世界广为传播，一些重大争论就在经学院里获得解决。[1]通过文艺复兴，列奥纳多·达·芬奇或者克里斯托弗·哥伦布等思想家发现，像学术贩子一样从一个宫殿到另一个宫殿叫卖他们的观念是非常自然的事情。[2]

观念现身于市场，在市场里求得生存之地，不是因为某个特定教师的权威，而是因为它们找到了那些已经检验过其质量的买家，市场

[1] 参见约翰·梅尔森（John Merson）在《通往世外桃源之路：正在形成现代世界的东西方》（弗兰契森林，新南威尔士：儿童与会员，1989 年）一书第 83 页以下，对经学院中学术交流的生动叙述。

[2] 梅尔森全文引用了达·芬奇致米兰大公的一封信，信中罗列了他不得不销售的各种类型的军事发明（《通往世外桃源之路》，第 70 页）。

成了现代科学的实验基地。虽然科学对生产方式的影响仍然是有限的，但是科学思维已经存在于不论在思想政治方面还是在贸易方面逐渐为市场力量所主导的世界里了。正如玛格丽特·雅各布所论证的：“到18 世纪末、19 世纪初，科学知识已经极大地渗透到有文化的英国人思维中去了，而且……这种知识直接贡献于工业化过程，创造出了一个如今我们生活其间的世界。”[1] 但是观念市场，就像商品市场一样，如今已经全球化了；如印刷等新技术确保了新观念更为迅速、更大范围地 432
传播。自 19 世纪德国公司首倡建立实验室以提高其生产效率和利润以来，科学便与企业行为相结合。到 19 世纪末，科学研究在创新过程中起到了主导作用，如果继续依靠个别企业家和工匠的技能与熟练程度，则科技创新本身必然会逐渐消失。

科学与现代文化紧密相联，还可以反映出另外一个更加微妙的变化。雇佣劳动者与传统养家糊口的农民有所不同，在他们的生活世界中，占主导地位的不是某个特定的看得见摸得着、有名有姓的、可以向他诉苦的地主或者统治者。现代世界是由更大、更为非个人的力量所统治的，从匿名的科层制度到“通货膨胀”“法制”等抽象概念等等，不一而足。抽象的力量取代了地主、刽子手以及监工行使强制的职能，在这里出现一个同样由抽象力量统治的宇宙观也就没有什么惊人的了。在一个更加商业而不是强制的世界里，也许上帝的形象就会消失在万有引力的中性面具后面。

第二次和第三次浪潮

最近的研究开始强调早期工业革命的局限性。在英国，农业、棉花、冶金以及其他一些制造业的生产能力极大增加，但是在 19 世纪 30 年代以前，其经济增长在整体上并不特别快。英国最初的工业创新影

[1]　雅各布：《科学革命的文化意义》，第 221 页。

响到了某些特定部门，但是在19世纪中叶之前，其他一些部门几无变化（参见表13.5）。虽然英国农业生产能力有所提高，但是直到19世纪30年代，食品生产一直略微落后于人口增长。[1]而19世纪70年代英国经济增长出现了下降，表明英国工业革命自身的动力十分有限。如果它恰好像中国宋朝的工业革命时期那样处在世界贸易体系的边缘，那么它的影响力可能就更为有限，而且在一个世纪之内就会归于失败。

但是英国与中国宋朝有所不同，它处在迄今存在的最大、最具活力的交换网络的中心，整个世界也更为统一、更为商业化。此外，工
433 业革命证明了自身的活力，因为交通和通信——如铁路、轮船、自行车和现代印刷术，以及电话电报——的发明从整体上加速了信息交换，尤其是新技术的交流。乔尔·莫吉尔注意到，“技术本身更容易流动：移民的思想、远销国外的机器以及技术图书杂志等都使得技术信息从一个国家传输到另一个国家。更大的流动性也意味着国际和地区间更大的竞争。从日本到土耳其，那些仍然不受技术变迁影响的社会就会发觉自己落后了，发觉受到了威胁，因为距离越来越不能保护它们。”[2]通信技术的改进使得那些降低成本提高利润的创新很快被北大西洋其他已经商业化的地方所采用。结果形成传遍整个世界的连锁反应，而不是地区性的创新要到一两个世纪之后才慢慢走遍世界。

工业化的区域类型发生极大的变化。正如亚历山大·格申克隆在20世纪60年代所指出的，变化的先后顺序本身是很重要的。[3]到19世纪早期，许多外来的观察家越来越意识到英国正在发生的变化。自此以后，工业化必然成为一种更加有意识的过程，更加依赖于有意识、有计划的政府干预（这个过程在20世纪的指令性经济中达到顶峰）。有可能从英国借鉴技术，而政府也逐渐推动发展。到19世纪末，政府和大银行主动控制了工业变迁。但是现存的基金、政府结构以及地理

[1] 克拉夫特：《工业革命时期英国经济的增长》，第98页。
[2] 莫吉尔：《财富的杠杆》，第134—135页。
[3] 格申克隆：《从历史的观点看经济落后》。

位置也起了很大作用。正当工业生产处在英国、比利时、德国以及捷克斯洛伐克等早期变迁中心的时候，一个庞大的、现代工业部门在法国、尼德兰以及瑞典得到了发展。尽管如此，19 世纪经济增长的速度总体上在这些地区还是令人印象深刻的。

如果我们关注比较广泛的图景，就能够发现一连串、一系列的工业化“浪潮”，每一次浪潮都由不同的技术以及不同的动力中心所构成。[1] 第一次浪潮发生在 18 世纪末，其影响几乎没有超出英国以外。尤其是蒸汽技术要到 19 世纪中叶才发挥重大影响。19 世纪 20—30 年代，比利时、瑞士、法国、德国和美国发生了真正的工业革命。到 19 世纪 70 年代，这些地区开创了新的工业，如化工（尤其是染料和人造化肥生产）、电力、钢铁制造业等，丹尼尔·黑德里克称之为第三次浪潮。工业革命如今迅速传遍了整个大西洋经济，实际上，许多技术的发展， 434
例如电力的利用有赖于这个枢纽地区——包括巴尔干、德国、斯堪的纳维亚、法国、英国以及美国在内——许多不同的领先发明。

将科学系统运用于生产，德国工业家在这方面敢为人先，而美国则在农业的工业化、来复枪等枪械部件的互换，以及内战期间战争工业化方面领先一步。到 1900 年，美国的商品制造业超过英国，德国则紧随其后：美国担负起全世界 24%的商品生产，而英国为 19%，德国为 13%（参见表 13.2）。美国和德国还在两种新的、多细胞的工业组织方式方面遥遥领先：全国性公司，将以前许多互不相关的从原材料生产到制造、批发、零售企业的工作纵向整合起来，而多元分工合作则将以前不同生产部门横向整合起来。[2] 第二次、第三次浪潮在 19 世纪后期共同创造了一段长期繁荣，直到 20 世纪下半叶。

以海啸般的巨大变迁，第二次、第三次工业化浪潮将现代革命

[1] 关于工业化的极好的、短小精悍的概括，参见丹尼尔·赫德里克的《技术变化》，载于《人类行为造成的地球变化：过去 300 年生物圈的全球性和区域性变化》，B. L. 特纳二世等主编（剑桥：剑桥大学出版社，1990 年），第 55—67 页。

[2] 关于不同的现代生产单位的类型，参见理查德·巴尔夫（Richard Barff），《多国合作与新国际劳动分工》，载于《全球变迁的地理学：重绘 20 世纪末的世界地图》，R. J. 约翰斯顿、彼得·L. 泰勒和米歇尔·L. 瓦特主编（牛津：布莱克韦尔，1995 年），第 51 页。

带到了世界其他地方，具有更大的毁灭性影响。正如全球化的第一阶段摧毁了美洲传统社会，这次新一轮全球化全面破坏了大西洋沿岸工业化中心以外的一切传统的政治、社会和经济体系。随着工业化中心地区生产效率提高以及英国机器生产的棉布等商品价格降低，其他地区的工业生产者的生计遭到欧洲进口商品的破坏。在进入全球市场时，小型生产者发现自己要与那些掌握最先进技术的大型联合公司竞争，从长远看，谁将丧失竞争力是不容置疑的。凡是有力量开展如此竞争的地方，如印度和巴基斯坦，欧洲强权都会通过设置关税壁垒以及迫使较小强国或者殖民地接受欧洲的进口产品而加快这一过程。在这个计划中，一支新兴的工业化军队以及现代化、大批量生产的武器
435 与更为快捷的运输系统，如轮船和铁路等，其所具有的力量是决定性的——其决定性程度之高以至于欧洲能够甚至在19世纪末印度次大陆在遭受可怕饥荒时期仍然从印度进口谷物。[1] 甚至中国曾经自给自足的经济随着大西洋经济日益增长的引力扭曲了世界贸易而不得不屈服。英国在1842年威胁切断供应北方谷物的大运河的第一次鸦片战争后，中国一开始接受的欧洲进口产品就是鸦片。在以后的60年里，工业化的欧洲列强开始在政治和经济上控制中国，就像英国控制莫卧儿王朝的印度一样。在19世纪的最后20年内，欧洲国家直接对非洲大部实行帝国统治。欧洲的经济和政治的殖民地代表了19世纪最残酷无情的资本主义形式。

19世纪晚期的转型创造了一个两极分化的世界，一边是工业化世界，一边是非工业化世界。同一个过程使得大西洋社会更为富有，却使得世界其他地方破产；原先在国家内部随着传统农业倾圮而加大的不平等梯度，现在变成了地区与地区之间，国家与国家之间的不平等梯度。随着经济和军事势力平衡的转变，中国从1800年占世界工业生产

[1] 例如，参见迈克·戴维（Mike David）：《维多利亚时代后期的大屠杀：厄尔尼诺饥荒以及第三世界的形成》（伦敦：维尔索，2001年），第51页。

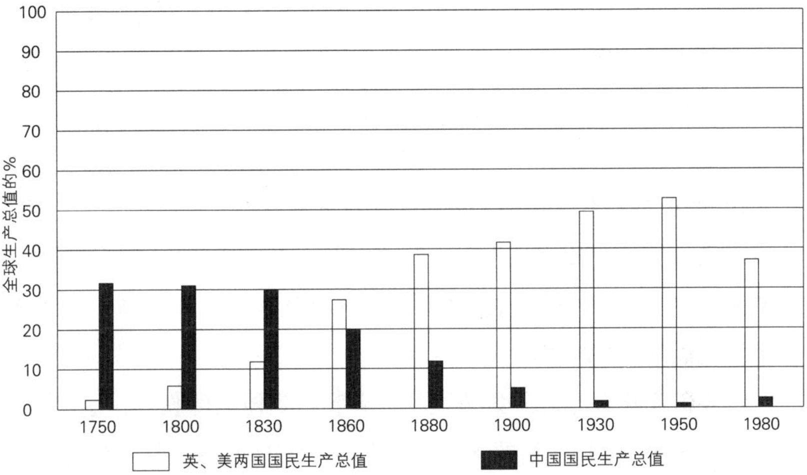

图 13.3 “西方的兴起”：1750—1980 年中国和英国／美国的工业潜能占全球总量的百分比（根据表 13.2 绘制）

的总量 33%跌落到 1900 年的 6%以及 1950 年的 2%；印度和巴基斯坦则由 1800 年的 20%跌落到 1900 年的 2%。20 世纪的术语第三世界在 1750 年时是毫无意义的，当时今天的第三世界国家占全球工业生产的 75%；到 20 世纪末，已不到 15%了。第三世界的工业生产在 19 世纪下半叶破产了，全部生产由 1860 年的 37%下降到 1880 年的 21%，以及 20 世纪上半叶大多数时间里的 7%（参见表 13.3 和图 13.3）。

20 世纪国际景观上人们所熟悉的“第一”和“第三”世界之间的鸿沟，最早出现在 19 世纪。迈克·戴维写道：

> 当巴士底被攻占的时候，在世界各主要社会内部自上而下的阶级分化并非表现为不同社会之间收入的巨大差别。例如一个法国无套裤汉和一个德干农夫的生活标准，与他们同各自的统治者之间的天壤之别相比，两者差别并不太大。然而，到维多利亚统治后期，国家与国家之间的不平等和阶级与阶级之间的不平等一

> 436 样深刻，人类不可挽回地被区分开来。《国际歌》呼吁他们起来的有名的“饥寒交迫的奴隶”，乃是与电灯、马克沁机枪和“科学”法西斯主义同时的维多利亚后期的现代发明。[1]

19 世纪 70 年代末的饥荒波及了全球赤道及亚赤道地区，乃是现代世界历史上的一个分水岭，因为欧洲帝国主义破坏性的经济和社会后果增强了传统的、与厄尔尼诺有关的干旱的影响，由此造成了 15 世纪以来某些最严重的饥荒。[2]

随着工业化核心之外的传统统治者意识到他们的脆弱，他们开始
437 想是否不得不将他们统治的领域工业化。可是从何做起呢？前面几章得出的结论表明，他们面临的难题是政治的、文化的和经济的。赶上北大西洋中心地区的创新速度意味着要改变政治体系和文化体系以及经济结构，以便创造一个组织精良的资本主义社会。这必然是一个精心打造的痛苦的政治工程——特别是对于比较保守的沙皇俄国那样的传统政府而言更是如此，沙皇俄国保持了传统收取贡赋帝国的许多反商业观念。最后，传统政府不得不向新的工业世界让步，但是不论采取何种形式的让步，对于这些政府现有的支持基础而言都是威胁，并且会削弱它们的稳定。在 19 世纪末 20 世纪初，两个高度传统的政府，其社会已经略有一些商业化，开始了由国家引导的工业化运动。日本的明治政府提高了工业化速度，获得极大成功，而沙皇政府却没有；只好由斯大林的社会主义政府尝试开展一场自相矛盾的没有企业家参与的工业化运动。虽然斯大林主义的工业化运动在早期取得了成功，但是其最终的失败说明没有一个竞争的市场环境，创新是非常难以为继的。[3] 其他曾经是强大的地区——包括伊斯兰世界、印度和巴基斯坦以及中国——经过不够彻底的改革，增强了在经济上或者有时军事上对欧洲的依赖。

---

[1] 迈克·戴维:《维多利亚时代后期的大屠杀》，第 16 页，以及第 3 章。

[2] 同上书，第 115 页以及相关文字。

[3] 我在拙作《帝国的与苏维埃的俄罗斯：权力、特权和现代化变迁》(巴辛斯托克：麦克米伦，1997 年)做了充分的论证。

本章小结

西欧率先在 18 世纪和 19 世纪早期跨过了现代化门槛。发生了三
方面相互联系的变迁：经济的、政治的和文化的。英格兰的工业革命
（主要是用于表现经济变迁的用语）已经得到最为深入的研究，这些变
迁最早在这个国家发生。英格兰的社会结构与 18 世纪资本主义的模
式极为符合，雇佣劳动者阶层增长迅速，政府则与商业利益结盟。英
国资本主义的创新能力首先表现在农业部门，有商业头脑的地主通过
大规模引进改良技术提高农业生产效率。工业突破紧随其后，在那些
能够取得矿物能源的大型工厂使用蒸汽动力乃是一个重大创新。财富
日增、管理市场经济以及保护新形式财富的需要对政府提出了新挑战，
政府必须以新的方式提供资源和政治支持。这些变迁从 18 世纪后期以
来改变法国政府的革命性变迁中可以最清晰地看出来。政府首次延伸
到其众多臣民的个人日常生活，关注他们的教育、健康和立场。这一 438
时期最重要的文化变迁可能就是注重对世界开展科学研究。虽然科学
态度在 20 世纪通过大众教育而广为传播之前并没有广泛影响到普罗大
众，但它们在工业革命的创新中起到重要作用。科学影响在 19 世纪的
第二次、第三次创新浪潮中获得更大的重要性。随着英国创新速度减
缓，科学革命蔓延到了西欧和北美。在工业化中心之外，现代革命在
早期阶段大多是破坏性的。在 19 世纪末，世界不同地区财富的差异，
首次与一国之内的财富差异一样严重，已经运转千年的传统结构被破
坏了，令那些仍然依靠它们生活的人陷于困顿。

延伸阅读

关于工业革命的文献甚多。经典的研究仍然不失其价值，尽管某些细节已经过时，其中包括霍布斯鲍姆的《工业和帝国》(1969年)、戴维·兰德斯的《被解缚的普罗米修斯：西欧1750年至今的技术变迁和工业发展》(1969年)。近著有玛克辛·伯格的《制造的时代，1700—1820年》(第2版，1994年)；帕特·哈德逊(Pat Hudson的《工业革命》(1992年)以及E. A. 里格利的《连续性、偶然性和变化》(1988年)。N. F. R. 克拉夫特的《英国的经济增长》(1985年)是一份经济学调研报告。玛格丽特·雅各布的《科学文化与西方工业的形成》(1997年)是一部探讨工业化与科学出现之间关系的经典研究。对于全球范围内工业化所做的一份极好的调研乃是彼得·斯特恩的《世界史上的工业革命》(1993年)。在《英国和法国的经济增长，1780—1914年》(1978年)一书中，帕特里克·奥布赖恩和卡格拉·凯德尔比较了现代化的两种不同道路。彭慕兰的《大分流》(2000年)、王国斌的《变化的中国》(1997年)以及安德烈·贡德·弗兰克的《白银资本》(1998年)，论证了中国在许多方面像西欧一样，甚至到18世纪晚期与工业化仅咫尺之遥。乔尔·莫吉尔的《财富的杠杆》(1990年)与詹姆士·麦克里兰三世和哈罗德·多恩的《世界史上的科学与技术》(1999)，考察了技术发展。查尔斯·蒂利的《强制、资本和欧洲国家(公元990—1992年)》(修订
439 本，1992年)，在论述某些与工业革命相关的政治变迁时极其出色。彼得·马赛厄斯和约翰·戴维主编的《第一次工业革命》(1989年)是一部讨论欧洲工业革命的论文集。迈克·戴维的《维多利亚时代后期的大屠杀》(2001年)在论述现代革命给工业中心以外的世界带来的毁灭性后果方面堪称无与伦比。克里斯·贝利(Chris Bayley)的《现代世界的诞生》(2003年)是一本出色的论述“漫长的”19世纪的全球历史，强调战争和国家建设之间的联系。

第 14 章

20 世纪的巨大加速度 440

如果我必须概括 20 世纪，
我会说它实现了人类所想象的
最大希望，毁灭了一切幻想和理想。[1]

加速度

20 世纪离我们实在是太近了，以至于我们自认为能够理解它。但是在某种程度上，它比本书所讨论的任何其他阶段都难以把握。从大历史的观点看，20 世纪也许是人类各发展阶段中最难以看清楚的。我们不知道有哪些事物可以坚持数世纪而进入未来。在艾瑞克·霍布斯鲍姆论述“转瞬即逝的”20 世纪的杰作《极端的年代》（1994 年）中，赫然耸立的事件有：第一次世界大战、大萧条、共产主义的实验、去殖民化以及尤其是第二次世界大战后的长期繁荣。但是就大历史而言，20 世纪的其他方面也脱颖而出。最令人吃惊的是人类与自然的关系发生了惊人的变化。在一部论述 20 世纪环境史的新著中，约翰·麦克尼尔论证道，“人类种族不经意间在地球上进行了一场巨大的毫无控制的实

[1] 开篇词：耶胡迪·梅纽因（Yehudi Menuhin）语，转引自 E. J. 霍布斯鲍姆：《极端的年代》（伦敦：维登费尔德和尼科尔森，1994 年），第 2 页，复转引自焦万纳·博尔杰塞（Giovanna Borgese）：*Mi pare un secolo: Ritrati e parole di centosei protagonisti del Novecento*（都灵：1992 年）。

验。我相信，到时候这将会成为 20 世纪历史的最重要的一面，甚至比第二次世界大战、共产主义运动、普及识字、民主的传播或者妇女解放还重要”。[1]

本章将关注 20 世纪变迁的速度和规模的极大提高。直到 20 世纪现代革命方才充分显露其自身的意义。变迁速度提升极快，变迁后果波及全球，以至于这个阶段标志人类历史、人类与其他物种以及人类
441 与地球的关系真正进入了一个全新阶段。实际上，我们说 20 世纪标志着整个生物圈历史上的一个重大时刻。

从宇宙学的角度看，变迁主要是以数百万年计，甚至数亿年计。生物世界的自然选择起到决定作用，重大变化发生的范围是在数千年或者数百万年间。人类历史上的变迁日益受到文化影响，速度就加快了。在旧石器时代，重大变迁需要数千年才能发生。农业时代，由于人口数量的推动，变迁的时间大为缩短，整个农业社会只需要一千年，而农耕文明则还可以缩短一半。现代革命的巨大动能再一次加快了全球变迁的速度。时间本身似乎在 20 世纪被压缩了。

从空中旅行到互联网的现代交通和通信形式，使我们的空间感也发生了革命。并非只有望远镜能够延伸到宇宙的边缘以及时间的开端。在人类社会范围之内，信息和金钱能够几乎在全球同步转移，而人们的旅行只是略慢一点儿而已。集体知识如今遍布世界，但是所需时间则犹如私人之间的对话。罗伯特·赖特发现：“看不见的社会头脑时有时无然而持续不断地将各种意向相互结合，最终形成一个更大的头脑，这是历史的核心主题。这一过程——构建一个全球性大脑——我们今天亲眼目睹达到了登峰造极的地步，带来各种破坏性的然而最终一体化的后果。”[2] 空间也像时间一样被压缩了。流行病学家 D. J. 布拉德雷（Bradley）勾勒了他家族四代男性的“一生旅行轨迹”，生动地说明这

[1]　约翰·R. 麦克尼尔：《太阳底下的新鲜事》。
[2]　罗伯特·赖特：《非零：人类命运的逻辑》，第 51 页。

些变迁对于个人的生命体验来说意味着什么。他的曾祖父一生的旅行轨迹包含在一个每边长仅 40 千米的正方形里。在以后三代人的每一代人中，这个正方形分别大约扩大了 10 倍。他祖父一生旅行轨迹的正方形每边长为 400 千米，他的父亲为 4000 千米，而布拉德雷本人的足迹遍及全球。[1]

1940 年德国文化批评家瓦尔特・本雅明为我们提供了一幅人类社会在 20 世纪经受的疾风暴雨般变迁的令人难忘的图景：

> 有一幅克利（Klee）的画，名“新天使”（*Angelus Novus*），
> 表现一位天使仿佛要摆脱他所沉思的对象。他的眼睛注视着，他 442
> 的嘴巴张开着，他的翅膀伸展着。这就是人们所描绘的历史的天使。他的脸朝向过去。我们沉思一连串重大事件，他却只看到一场大灾难，残片在不停地飘落，他把它收拢到自己的脚下。天使原本想留住，唤醒那死去的，修补那被打碎的。但是天堂刮起一阵狂风，狂风猛吹天使的翅膀，天使竟再也无法收拢他的翅膀。这狂风不可抵挡，把他吹向他所背对的未来，他面前的废墟堆得如天一般高了。这狂风我们就叫它进步。[2]

正如艾瑞克・霍布斯鲍姆所论证的，这种疾风暴雨般的变迁已经威胁要割断我们与过去的联系，以至于它竟然改变了我们对历史的思考本身。[3]

从许多重要的尺度衡量，20 世纪发生的变迁比以前人类历史所有阶段发生的变迁都要多。本章所论仅涵盖一个世纪，而同样论述农耕

---

[1]　D. J. 布拉德雷，转引自安德鲁・克利夫（Andrew Cliff）和彼得・哈吉特（Peter Haggett），《全球变迁对于疾病的意义》，载于《全球变迁的地理学：重绘 20 世纪末的世界地图》，R. J. 约翰斯顿、彼得・L. 泰勒和米歇尔・L. 瓦特主编（牛津：布莱克韦尔，1995 年），第 206—223 页，材料载于第 207 页；图表载于第 208 页。

[2]　瓦尔特・本雅明：《历史哲学论纲》，载于《本雅明文选》，汉娜・阿伦特（Hannah Arendt）编辑，哈里・佐恩（Harry Zohn）翻译（伦敦：乔纳森・凯普，1970 年），第 9 篇，第 259—260 页。

[3]　霍布斯鲍姆说，“切断一代人与一代人之间的联系，也就是过去与现在的联系。”（《极端的年代》，第 15 页）

文明时代的章节（第 10 章）却跨越了 4000 年，这个事实仅仅是现代社会所发动的转型范围之大的一个指数。

为了描述这些变迁，从人口增长开始还是能够说明问题的，因为不管其他因素，如新技术和新的社会组织形式究竟发生怎样的影响，每一次人口增长都不可避免对地球资源提出新的要求（参见图 14.1）。[1] 在 1900 年，世界人口维持在 16 亿。一个世纪后竟翻了近两番，达到将近 60 亿。人类首次达到 10 亿人口，用了将近 10 万年时间，而另外 5 个 10 亿仅仅用了一个世纪。在这个世纪里，人口翻番的时间，在上半世纪需要 80 年，而到下半世纪却只需 40 年就足够了。

人类社会的变迁

20 世纪的创新浪潮

技术变迁的加速是转型的主要催化剂。首先，技术变迁有可能养活如此庞大的人口。农业的充分商业化到 18 世纪已经出现在了西北欧，但是农业生产最重要的增长却发生在 20 世纪。在 1900—2000 年间，世界上种植庄稼的土地增加了 3 倍，而整个谷物收获增加了 4 倍，从
443 4 亿吨增加到近 20 亿吨。[2] 20 世纪的农业产出比人口增长更快。食品生产的增长部分依赖于推广使用一种旧技术，即灌溉以及在世界不同地区连续交换农作物，如玉米和大豆的种子。但是新技术也十分重要。尤其重要的是使用人工肥料以及新的农作物育种法，其中又以各种高产和杂交谷类最为重要。

除农业外，20 世纪最重要的技术变迁如同潮水一般涌来，其影响

[1] 罗伯特 · W. 凯茨（Robert W. Kates），B. L. 特纳二世（Turner II）以及威廉 · C. 克拉克（William C. Clark），《大转型》，载于《人类行为造成的地球变化：过去 300 年生物圈的全球性和区域性变化》，B. L. 特纳二世等主编（剑桥：剑桥大学出版社，1990 年），第 11 页。

[2] 本段资料基于莱斯特 · R. 布朗（Lester R. Brown）等主编：《1999 年的世界状况：世界观察研究所关于朝向可持续社会的进步的报告》（伦敦：全球概览出版社，1999 年），第 115—116 页。

和规模都超过了 19 世纪。[1] 创新的第四次浪潮肇始于 19 世纪末，几乎持续了整个 20 世纪上半叶。安装在轿车、卡车、坦克还是飞机上的内燃机都是一种至关重要的新技术，而石油则是犹如生命般重要的能源，虽然其他矿物燃料（煤和天然气）也举足轻重。在这个阶段，以工业化程度最高的国家为基地的大型、多元分工的联合公司开始突破其所从诞生的国家的框架转而成为跨国公司，在不同国家进行生产。[2] 跨国公司的出现是工业化程度最高的国家占主导地位的表现之一。在这段时 444
期，工业化在地理上缓慢地传播着，但是那些已经开始工业化的地区，那里的生产能力领先于世界其他地区。保罗·拜洛赫的结论（参见表 13.1 和表 13.2）表明，在工业化核心地区之外相对和绝对的工业生产，从 19 世纪中叶到 20 世纪中叶一直下跌了近一个世纪。

表 14.1　1900—2000 年的世界人口

年代	人口（10 亿）
1900	1.634
1910	1.746
1920	1.857
1930	2.036
1940	2.267
1950	2.515
1960	3.019
1970	3.698
1980	4.450
1990	5.292
2000	6.100

资料来源：马西莫·利维 - 巴奇，《简明世界人口史》（牛津：布莱克韦尔，1992 年）第 147 页；1910 年的数字有所改动；2000 年的数字采自莱斯特·R. 布朗的《生态经济：为地球建构的经济学》（纽约：W. W. 诺顿，2001 年），第 212 页

[1]　在这里，我一直遵照丹尼尔·R. 赫德里克，《技术变化》中的阶段划分法，该文载于特纳二世等主编的《人类行为为造成的地球变化》，第 55—67 页。

[2]　理查德·巴尔夫：《跨国公司与新国际劳动分工》，载于约翰斯顿、泰勒和瓦特主编的《全球变迁的地理学：重绘 20 世纪末的世界地图》，第 51 页。

第二次世界大战后，第五次创新浪潮以原子能和电子技术为主导。电子技术提高了许多其他技术的效率。但是因为它们还极大地降低了使用、获得和处理信息的价格，因而提高了集体知识传播的速度和效率，并使集体知识如今能够传遍全球而不是局限于地方。这一浪潮令从前几次浪潮未曾触及的许多地区极大地提高了工业生产，尤其是在拉美、东亚以及西南亚。它还见证了跨国公司的财富和影响力的增加。尤其是在比较工业化的地区——世界经济的动力之源——战后的繁荣似乎在 20 世纪 70 年代和 80 年代降低了速度。

接着在第六次浪潮中，经济增长再一次得到提速。这一浪潮直到现在的 21 世纪初仍是汹涌澎湃。其主导技术就是电子技术和遗传学，而其早期最惊人的影响就是将世界各部分比从前更加紧密地联系在一起了。曼努埃尔·卡斯特尔斯（Manuel Castells）论证到，20 世纪最后 20 年资本主义的历史发展到了一个他称之为“信息时代”的新阶段。[1] 他主张，在这个阶段的信息流是获取利润的关键；个人与企业的界限被抹杀了，因为生产和服务通过不断改变企业联盟或者网络而组织起来，许多企业将其工作分包给个人或者小型公司。信息的控制和运动也许变成了唯一一个最大的工业部门。[2] 全球的信息和财富的流动变得如此之快，毫不在乎传统的界限，以至于它们模糊了国家与国家、企业与企业之间的界限。在 2000 年，许多跨国公司的市场价值与许多大国等值，而这些大型联合企业都是与通信相关（参见表 14.2）的。

445 **表 14.2　按照市场价值排列的经济体（2000 年 1 月）**

排位	政治单元	公司	价值（10 亿美元）
1	美国		15013
2	日本		4224

---

[1] 曼努埃尔·卡斯特尔斯的论证，见于其三卷本巨著《信息时代：经济、社会和文化》（牛津：布莱克韦尔）：第 1 卷，《网络社会的兴起》（1996 年）；第 2 卷《身份的力量》（1997 年）；以及第 3 卷《千年的终结》（1998 年）。

[2] 赫德里克：《技术变化》，第 59 页。

续表

排位	政治单元	公司	价值（10 亿美元）
3	英国		2775
4	法国		1304
5	德国		1229
6	加拿大		695
7	瑞士		662
8	荷兰		618
9	意大利		610
10		微软（美）	546
11	中国香港		536
12		通用电器（美）	498
13	澳大利亚		424
14	西班牙		390
15		思科系统（美）	355
16	中国台湾		339
17	瑞典		318
18		英特尔（美）	305
19		埃克森-美孚（美）	295
20		沃尔玛（美）	289
21	韩国		285
22	芬兰		276
23		日本航空（日）	274
24		美国在线-时代华纳	289[1]
25	南非		232
26		诺基亚（芬兰）	218
27	希腊		217
28		德国电气（德）	218
29		IBM（美）	213
30	巴西		194

资料来源：《悉尼晨报》，2000 年 1 月 15 日[1]

[1]　原文如此，疑误。——译者注

总之，第五次和第六次创新浪潮所维持的生产繁荣时期，比 19 世纪末 20 世纪初要长久许多。在 1900—1950 年间，全球经济的所有产出从 2 万亿美元增加到了 5 万亿美元。在接下去的 50 年里，则增长到了
446 29 万亿美元。这些数字表明，全球生产在 20 世纪几乎增加了 20 倍。仅在 1995—1998 年三年里的增长，据估计就超过 1900 年前 1 万年的增长。[1]

创新：消费资本主义和新生活方式

变迁的积极一面是工业化程度最高的地区惊人的财富。这些地区的大量人口享受高档的、水平不断提高的物质生活。在 19 世纪，资本主义的批评者们看到了它制造贫困的能力，却低估了它创造物质财富的能力。有些人确实欣赏其生产潜力（如罗莎·卢森堡），他们论证到，资本主义异乎寻常的动力恰好证明了它的衰落。它生产得越多，就越难找到购买者。在人类早期历史，匮乏是人民和政府所面临的根本问题，而现在的主要问题竟是如何应对丰富。（马克思称这是一个“实现”的问题——通过出售而实现利润）。然而。从 19 世纪末以来，资本主义经济找到了一个解决办法，不再把工人仅仅当成工厂的要素，而是当成倾销他们所生产的数量庞大的产品的潜在市场。正如病毒为了免于被食而进化一样，资本主义也（以一种马克思主义似乎并未预见到的动机）学会保护，甚至恳求它的无产阶级与之形成一种新的、不那么失衡的共生关系。这种动力就产生了 20 世纪的消费资本主义。其重要特点就是要求大多数人应当为了整体利益而消费掉源源不断生产出来的各种商品。为了确保巨大的消费市场，不得不提高工资，消费品必须具有市场竞争力，过时的勤俭节约精神，那种在人类历史上大多数社群共同体中占主流地位的经济伦理必须抛弃。这些变迁肇始于 19 世纪，但是直到 20 世纪 20 年代在美国引起普遍关注时，现代消费资本主义才真正成了气候。某些早期对消费资本主义的批评——如辛克莱

---

[1]　布朗等：《1999 年的世界状况》，第 10 页图表。

尔·刘易斯 1922 年的小说《巴比特》——也在 20 世纪初也随之出现了。

当然，对于政府而言，处置这些剩余产品是一个比消除贫困这个大多数早期国家的中心任务还要棘手的难题。具有极大生产能力的现代资本主义社会经济制度为处在社会底层的阶级提供了令甚至早期历史阶段王公贵族都感到心满意足的生活水平，从而得以消除他们的敌 447
意。通过这种方式，消费资本主义改变了传统的政治难题，使现代精英有可能通过大规模的小恩小惠而获得忠诚。正是这种变迁，解释了在世界大多数高度工业化地区自由主义的资本主义何以能够存在下去而且具有强大的适应性。

消费资本主义改变了历史变迁的节奏。农业世界受到马尔萨斯循环的制约，因为人口增长总是超过其生产能力。在 19 世纪 70 年代的“大萧条”期间，首次表现出经济增长由于生产过剩以及生产不足的共同作用而衰退。那些生产能力高速增长的制造部门发现市场太小了，根本无法消化它们的商品。在以后数十年间，人们清楚地发现，在一个生产能力不断增长的世界里，寻找（或者创造）市场的问题就像在以前在农业时代生产不足的问题一样决定着经济行为的节律。因此，现代社会是由一种不同（一般而言更短的）周期行为的循环所决定的，我们知道，这就是所谓的商业循环。如何应对这个循环，在商业化程度最高的国家中的企业家、政府和消费者创造了许多新的行为方式。首先，许多政府和企业家相应地要求保护本国市场，并且在殖民地开辟受到保护的市场，从而提高生产效率的水平。但是这证明乃是一种自我保护策略，不仅会滋生出许多不可忍受的军事冲突，而且将 19 世纪的工业增长大量提供动力的巨大的世界市场分割得支离破碎。经过长期观察，约翰·梅纳德·凯恩斯（John Maynard Keynes）以及其他学者认识到，要避免周期性的衰落，就要维护和支持现有的市场而不是垄断它们。因此 20 世纪消费资本主义极为关注如何开辟和扩大市场。这一变迁有助于解释为什么会发生一场伦理革命，这场伦理革命使消费成为一种基本美德，就像在前资本主义世界节俭是一种基本美德一样。也解释了为什么会出现一个由广告商组成的新的教士阶层，他们在电视上现身说法，喋喋不休地为消费进行辩护。

这些变迁的受益者享受到了前所未有的物质繁荣和全新的自由生活。在富裕国家里，医学发展增进了健康，消除了许多曾经不可避免的肉体痛苦。实际上，生活方式有了极其重大的变化，以至于能够对人类身体产生重大的革命性影响。在美国的研究表明，20 世纪末，人们不仅比他们一个世纪以前的前辈更加高大而且骨骼也更加紧密。营
448 养和医护设备的改善以及更为休闲的生活方式，对我们人类这个物种产生的压力也许比我们所认识到的更大一些。[1]

人际关系也发生了转型。虽然人对人的暴力仍然居高不下，但是现代社会对于这类行为嗤之以鼻；与传统的贡赋社会相比，大多数人更加能够不受暴力的威胁，在贡赋社会里，肉体的强制是一种比较被接受的统治形式。民主的政治结构虽说败笔多多，但是也为个人提供了前所未有的法律保障。过去为了维系精英的特权而对信息加以管制，现在也因为大众教育的普及而有所放松。尤其令人吃惊的是，那些限制了妇女获得各种机会的传统性别角色慢慢被打破了。避孕以及较少依靠体力的新型的雇佣方式，使得妇女能够从事许多家务以外那些在传统社会为男性所垄断的工作。因此，虽然在大多数最工业化经济的大多数部门里，妇女的工资和晋升速度仍旧落后于男性，但是从较发达国家的长远趋势看，妇女的受教育程度和工作机会有了重大改善。1990 年，工业化国家里接受中等教育和高等教育的男女一样多，每 100 名男性有偿就业，就有大约 80 名女性就业。相比之下，全世界每 100 名男性接受中等教育和高等教育，却只有 80 名女性接受中等教育，65 名女性接受高等教育；每 100 名男性的有偿就业，仅有大约 60 名女性就业。[2]

---

[1] 这些对于人体变化的观察，援引了诺克斯维尔的田纳西大学的理查德·扬茨和李·梅多斯·扬茨（Richard and Lee Meadows Jantz）的工作成果，转引自 J. J. 斯坦堡（Stambaugh），“研究表明，人体自 1800 年以来已经发生改变”，载于《圣迭戈联合先驱报》，2001 年 12 月 22 日。

[2] 苏珊·克里斯托弗森（Susan Christopherson），《全球经济中妇女状况的变化》，载于泰勒和瓦特主编:《全球变迁的地理学》，第 202 页。关于妇女状况的扼要考察，参见霍布斯鲍姆:《极端的年代》，第 310—319 页。

富裕国家在 20 世纪取得的巨大收获表明现代革命具有惊人的创造性。而这种创新又为世界其他地方描绘了一幅前景更加美好的未来，令人心旌摇动。

资本主义的矛盾：不平等和贫困

虽然 20 世纪有那么多引人注目的积极的变迁，但是对于许多人而言，现代革命的许多方面并不是那么温文尔雅的。原则上，现代社会逐渐增加的生产能力第一次有可能建设一个各社会部门摆脱物质贫困和压迫的社会。这正是社会主义的远大理想。但是大多数社会主义者都明白，虽然资本主义为这样一个社会创造了物质条件，但是资本主义的基本结构本质上是不平等的。生产的动力这个看似资本主义的最大长处，乃是受到掌握生产资料的不平等分配所推动的。资本主义似乎需要财富分配的巨大梯度才能生存和繁荣。马克思论证到，这个 449
制度没有对生产资料的拥有者和非拥有者的适当组合就不能运转。他的结论似乎意味着，只要存在资本主义，不平等就会与日俱增。社会主义认为，这就是说，为了建设一个具有高度生产能力所产生的利润能够为社会各部门所有人共同拥有的社会，就必须推翻资本主义本身。但是社会主义社会能够具备资本主义的高度生产能力吗？一个比较平等的社会能够达到资本主义那样高水平的生产力，而社会主义希望最终靠着这样的生产能力来建设一个没有贫困的世界？ 20 世纪要对这些令人烦恼的问题做出某些回答。

20 世纪的发展证明社会主义对资本主义的许多批判是正确的。那些产生 20 世纪极大的物质丰富的力量也加剧了国家内部以及国与国之间的不平等。财富逐渐累积在几个巨大水库里，令无数贫困的山谷相形见绌。资本主义证明有能力生产丰富的物质财富，但是，迄今它已证明不能平等地、人道地、可持续地分配全球财富。

虽然我们衡量这些不平等的尝试是粗略的、近似的，但是仍然清楚表明某些趋势。全球人均收入表明，该指标从 1900 年的 1500 美元增加到1998年的6600美元。在此同一阶段里，全球预期寿命——生活幸福的最重要指标，从大约35岁增加到大约66岁。[1] 这些都是意义重大的成就，但是正如表14.3和表14.4所示，它们的分布却是不均衡的。美国2000年国民人均收入大约为34 100美元（而最高收入国家平均27 680美元），但是巴西的国民人均收入大约为3580美元，而中国（200年前的经济超级大国）仅为840美元，印度（另一个前经济巨人）和布基纳法索则分别为450美元和210美元。而比率则使这些差异变得更加惊人（参见表14.3）。这些数字表明布基纳法索的国民人均收入不到最高收入国家平均值的1%，而印度和整个撒哈拉以南非洲仅及平均值的1.5%。当然预期寿命统计的比率不那么极端，现代医疗知识提高了全世界的预期寿命。尽管如此，统计数字清楚表明相对贫困缩短了寿命（参见表14.4）。

表14.3　2000年国民人均收入

国家或地区	收入（美元）
世界	5170
美国	34100
高收入国家平均值	27680
布基纳法索	210
撒哈拉以南非洲	470
印度	450
中国	840
巴西	3580
拉丁美洲和加勒比海地区	3670

资料来源：世界发展指数（华盛顿特区：世界银行，2002年），表1.1《经济规模》，第18—20页

[1]　布朗等：《1999年的世界状况》，第10页。

表 14.4　2000 年期望寿命

国家或地区	期望寿命（岁）	
	男子	女子
世界	65	69
美国	74	80
高收入国家平均值	75	81
布基纳法索	44	45
撒哈拉以南非洲	46	47
印度	62	63
中国	69	72
巴西	64	72
拉丁美洲和加勒比海地区	67	74

资料来源：世界发展指数（华盛顿特区：世界银行，2002 年），表 1.5《发展中的妇女》，第 32—34 页

在 20 世纪的最后 10 年，财富鸿沟似乎拉大了。1960 年，世界上 451
20%最富有的人赚取的收入为 20%最贫穷的人的 30 倍；1991 年则陡增到了 61 倍。[1] 南非和撒哈拉以南非洲的情况尤为糟糕。在 20 世纪 70 年代初，非洲粮食生产尚能自给，甚至还出口余粮。因此到 90 年代，如将南非排除不计，整个撒哈拉以南非洲 4.5 亿人口的国内生产总值比人口仅为 1100 万的比利时还少，这就令人大为吃惊了。[2]

这些统计数字令人想到，对于数百万人而言，现代化导致了更为恶劣的生活条件。成年人感染艾滋病的数量在富裕国家一直保持在 1%以下，因为他们拥有医疗和教育资源，因而能够采取必要的预防措施。与之形成鲜明对照的是，在 20 世纪 90 年代中期，津巴布韦 26%的成年人 HIV（人类免疫缺陷病毒）呈阳性，博茨瓦纳、纳米比亚、斯威士

[1]　莱斯特·R. 布朗等：《1995 年的世界状况：世界观察研究所关于朝向可持续社会的进步的报告》（伦敦：全球概览出版社，1995 年），第 176 页。
[2]　保罗·肯尼迪（Paul Kennedy）：《为 21 世纪做准备》，（伦敦：丰塔纳，1994 年），第 215 页。

兰和赞比亚的水平也大致相当。[1] 食品短缺提供了一个惊人的指标。饥荒不过其最极端的表现形式，通常短缺意味着可悲的慢性营养不良所导致的寿命缩短。正如保罗·哈里森（Paul Harrison）写道："第三世界营养不良的日常现实乃是……成年人勉强度日、身心俱疲、容易生病。儿童常常不是死于经常挨饿，而是死于饿着肚子带病工作，但是更多幸存下来的人却已经奄奄一息了"。[2] 在 20 世纪 90 年代后期，估计大约有 8 亿人口（约占全世界人口 14%）营养不良，而 12 亿人（大约占全世界人口 20%）不能获得清洁和安全的饮用水。[3] 表 14.5 概括了 1994 年的人口和经济指标。

表 14.5　1994 年全球部分人口和经济指数

地区	人口（百万）	自然增长（%／年）	出生率（‰）	死亡率（‰）	期望寿命（出生时）	人均 GDP（1992 年，美元）
世界	5607	1.6	25	9	65	4 340
比较发达	1164	0.3	12	10	75	16 610
欠发达	4443	1.9	28	9	63	950
非洲	700	2.9	42	13	55	650
亚洲	3392	1.7	25	8	64	1 820
拉丁美洲和加勒比海地区	470	2.0	27	7	68	2 710
欧洲	728	0.1	12	11	73	11 990
北美	290	0.7	16	9	76	22 840
大洋洲	28	1.2	20	8	73	13 040

资料来源：艾伦·芬德利（Allen Findlay），《人口危机：马尔萨斯幽灵？》载于《全球变迁的地理学：重绘 20 世纪末的世界地图》，R. J. 约翰斯通、彼得·J. 泰勒和迈克尔·J. 沃茨（牛津：布莱克韦尔，1995 年），据《1994 年世界人口资料表》绘制，华盛顿特区人口资料局编

[1] 布朗等：《1999 年的世界状况》，第 10 页。

[2] 保罗·哈里森：《深入第三世界：解剖贫困》第 2 版，（哈蒙斯沃思：企鹅出版社，1981 年），第 11 页。

[3] 布朗等：《1999 年的世界状况》，第 12 页。

传统生活方式遭到破坏

以上图表中的这些数字不仅反映了与富裕国家的差距，还说明传统生活方式遭到了破坏——其所建立的安全网络如传统善会和常平仓（emergency granaries）等特别机构也遭到了破坏。从表 13.2 可以看出，那些在 20 世纪中叶尚未工业化的国家，其生产能力的持续衰落十分明显，而衰落的生产能力又拆散了所有传统的安全网络。18 世纪英国农民面临的圈地运动的命运今天则因为人口压力、债务或者战争而重演。关于城市化的统计数字间接为这种变迁提供了指数。1800 年，世界人口 97%生活在少于 2 万人的聚居区内；到 20 世纪中叶，这个数字降低 453
到了大约 75%；到 1980 年，大约 60%；2000 年，人类历史上首次高于 2 万人的聚居区和居住在小型社区的人数终于平分秋色。[1]在 1800 年，英国和比利时是世界上仅有的农民和渔民人口不到总人口 20%的国家。如今，世界上以农耕为主要生活方式的地区仅存三个——撒哈拉以南非洲、南亚和东南亚，以及中国——在这些地区的许多社区，农民也几乎看不见了。艾瑞克·霍布斯鲍姆论证道，“20 世纪下半叶最戏剧化、最具深远影响的社会变迁，将我们永远断绝与过去世界相联系的变迁就是农民生活的消亡。”[2]

统计数字是描述这些变迁的最赤裸裸途径，而下文的描述则在一定意义上表明，这些变迁对于家庭和个体意味着什么。我们摘录了保罗·哈里森于 20 世纪 80 年代对位于科特迪瓦、加纳和汤加以北的布基纳法索的一位家长所进行的访谈。与萨赫勒（Sahel）大部分地区一样，布基纳法索的农业主要基于林农轮作。居民开垦数十年没有耕作的土地，砍倒树木，放火烧荒。在覆满灰烬的土地上种植农作物：小米和高粱充作口粮，棉花和花生用于出售。在一两年之内肥力通常较高，然后很快降低，以至于社群必须迁移，开垦一块新地。这种方法

---

[1] “98CD 不列颠百科全书：多媒体版”（芝加哥：不列颠百科全书，百科全书中心，1994—1997 年），“都市化”条。

[2] 霍布斯鲍姆：《极端的年代》，第 289 页；更为概括性的论述，参见第 289—291 页。

能养活的人数很少，理由是明显的：在一定时间内，大多数土地都撂荒了。但是最近几年，人口压力迫使农民加快林农轮作，在土地尚未恢复肥力之前就进行耕作。终于，过度使用土地不可逆转地破坏了土地本身。

保罗·哈里森见到一位年龄 60 岁、名叫穆穆尼（Moumouni）的农民，对他进行了访谈，穆穆尼经历了撒哈拉沙漠南部边界上的传统庄稼地遭开发危机破坏的几个阶段。

> 穆穆尼还记得，当他还是一个孩子时，他父亲的居住区只有12个人。现在有 34 个，另有 5 名年轻人离开家乡到科特迪瓦去打工。村里的土地由族长各按所需进行分配……不过村里传统的土地根本没有增加过……需要额外的土地就通常从休耕的 5/6 土地中
> 454 划拨。在过去的几十年里，休耕期就慢慢变得越来越短了，现在就只有五六年的时间，而至少需要12年耗尽的地力才能得到恢复。

穆穆尼把他的土地指给哈里森看。

> 即使靠近居住区的土地看上去也很贫瘠，乱石掺杂，尘土飞扬，毫无肥力。这还是唯一用一头驴和几头山羊施农家肥的土地。在住房半径 50 米之外的土地里，就是一片暗红色土地，十分坚硬。前一年开垦过，但是产量极低。穆穆尼说今年那里也长不出东西来。[1]

这些困难波及全国范围。1988 年布基纳法索“种植、牲畜和木柴因土地退化而造成的损失”大约相当于全国生产总值的 8.8%。[2]

传统食物采集者的生活在 20 世纪也同样受到严重打击。但是奇

[1] 保罗·哈里森：《深入第三世界：解剖贫困》，第 67 页。
[2] 布朗等：《1995 年的世界状况》，第 12 页。

怪的是他们的变迁并不那么彻底，虽然在规模和资源方面，食物采集者社群和资本主义国家之间有着天壤之别。实际上这种差异本身就解释许多社群有强大的能力守住自己的过去。当他们的土地需要用于居住或者采矿，他们就被野蛮地、毫不客气地迁移到其他地方；在其他情况下，他们经常可以相安无事。他们与现代社会的军事冲突经常采取游击战或者小规模军事冲突。冲突是真实的，而且常有多国直接卷入冲突，就如美国的印第安人战争，以及从澳大利亚到西伯利亚的其他许多亲属制社群之间的战争。但是每当战争结束，亲属制的社群经常能够从那些榨取他们甚多的社会获得利益。因此，从一定意义上看，他们幸存了下来，对于现代社会有所贡献，相比农耕文明中的农民社群，他们保存了更多的过去。现代世界从那些比资本主义生活方式长久许多的生活方式学习到不少东西。

传统贡赋帝国遭到破坏

现代资本主义还破坏了农耕文明时期庞大的政治结构。在农耕文明占据主导的著名的贡赋帝国转瞬之间就消失了。1793 年，当马戛尔 455
尼受乔治三世委派以特使身份使华，要求平等的外交代表和贸易权利，他的请求遭到乾隆皇帝的拒绝，乾隆认为英国“远在重洋”。然而皇帝道贺乔治三世的“恭顺之诚”，派遣“使臣”，鼓励他今后继续表示恭顺，“以保义而有邦，共享太平之福乐”。[1] 这些倨傲的态度，一个世纪后，欧洲自己也将向全世界表露无遗。在当时，他们似乎非常现实；毕竟欧洲当时能够生产的东西中国几乎都能生产，而且更好、更便宜，因此欧洲人不得不拿银子购买大量中国商品。

然而，不久以后，英国商人发现中国消费者还想要别的什么——印度产的鸦片，此物在中国严禁销售。英国商人起初进行非法买卖，19 世纪 40 年代以其坚船利炮，在所谓鸦片战争期间迫使中国政府允许

[1]　徐中约：《现代中国的兴起》，第 2 版（坎布里奇，麻省：哈佛大学出版社，1975 年），第 213 页。

这种遗患无穷的新型贸易。1839年，中国地方官在广州迫使英国商船交出鸦片，予以销毁。中国官员林则徐写信给维多利亚女王，说："闻该国禁食鸦片甚严，是固明知鸦片之危害也，既不使为害于该国，则他国尚不可移害，况中国乎？"[1]英国首相巴麦尊勋爵宣称，问题的实质是自由贸易而不是鸦片，就派遣一支舰队封锁广州，与中国兵船发生冲突。在以后的两年里，英国舰船攻击了其他港口。最后他们控制了长江流域的城市，而北京正需要从这些地方沿大运河获得粮食供应，这就迫使中国人在1842年做出让步。中国军队和海军技术自马可·波罗以来几乎毫无变化，与英国人的装备不可同日而语。工业化拉开的技术和生产水平的鸿沟，终于令中华帝国在20世纪初崩溃了。到20世纪末，符合埃里克·沃尔夫的"贡赋国家"的经济和政治结构的国家已经荡然无存，即使它们在两个世纪之前还在世界上占据主导地位。

正当古代贡赋帝国迅速消亡成为过去两个世纪令人瞩目的特性，另外一个特征却不为人所注意：许多传统贡赋世界的特性保留在20世纪主要的社会主义国家里了。[2]在革命运动的领导下，共产党相继在俄
456 罗斯和中国掌权。但是它们的意识形态既是反资本主义的，也是反独裁的。这个特性有助于解释为什么此种意识形态会感染某些社会，在这些社会中，精英分子强烈地感受到资本主义对他们传统的尊严和文化造成的极大冲击。斯大林在20世纪30年代集体化期间激烈反对资本主义，这表明苏联不得不在没有资本主义创新推动的条件下与主要的工业化列强竞争。苏共中央委员会通过控制经济和学术交流，阻断了商业和学术的传播这一资本主义的生命线，而新闻检查制度则破坏了市场经济中产生的无数小发明的集体知识网络。中国在1949年之后学习苏联模式。市场的力量遭到压制只能诉诸利用税收和类似于主要贡赋帝国的社会经济组织等传统手段——再加上从电话到坦克的20世

[1] 此位官员的话转引自阿诺德·佩西：《世界文明中的技术》（剑桥，麻省：麻省理工学院出版社，1990年），第143页。亦可参见戴维·T. 考特莱特（Courtwright）：《习惯的力量：毒品和现代世界的形成》，第31—36页。

[2] 我在《帝国的与苏维埃的俄罗斯：权力、特权和现代化变迁》对这个问题做了论证。

纪的现代技术手段获取各种资源。社会主义国家的计划经济调动资源的能力高过提高生产力的能力。最近的测算表明，在斯大林主义的第三个五年计划期间效率水平的提高对生产增长的贡献率不超过 24%，也许低至只有 2%。苏联时期大多数工业化成就的驱动力依靠的正是资本、原材料和劳动力大规模、高度控制的调动而实现的。[1] 苏联政府决心迎头赶上其资本主义对手的工业化军事实力，连苏联劳动力和资源也得跟进。

有时——尤其是在 20 世纪 30 年代，资本主义世界本身陷入了危机，在 50 年代再次陷入危机——这些新型的、国家控制的社会结构似乎焕发出了一种赶超资本主义的动力。他们在企业家方面的匮乏，通过系统的高水平的教育、引进现代化技术以及国家大规模、有组织、不遗余力、坚定不移地利用现代交通技术而得到弥补。但是创新乏力，这种曾经让农耕文明时代的创新缓慢下来的同样特性，使他们的生产水平、创新以及军事实力最终还是落后于他们的资本主义竞争对手。建设时期铺张浪费的顽症难以改变，而苏维埃的指令性经济从不设法从资源消耗型增长转化为资源经济型增长；最后出现了资源短缺。按照米哈伊尔·戈尔巴乔夫的理解，苏联的垮台就在于经济和技术竞争的失败。从长远看，动员力不能弥补创新之乏力： 457

> 在某些阶段——尤其是 20 世纪 70 年代——发生了某些初看上去令人费解的事情。这个国家开始丧失动能……形成了某种影响社会和经济发展的“刹车装置”。而所有这些发生在科学和技术革命为经济发展和社会进步开辟了新的前程之际。某些奇怪的事情发生了：强有力的机器的巨大飞轮还在旋转，而连接飞轮和工作面的传输装置却在打滑，传输带太松了。

---

[1] 罗伯特·刘易斯（Robert Lewis），《苏维埃技术和经济的转型》，载于《1913—1945 年苏联经济的转型》，R.W. 戴维斯（Davies）、马克·哈里森（Mark Harrison）以及 S. G. 维特克洛夫特（Wheatcroft）主编（剑桥：剑桥大学出版社，1994 年），第 182—197 页；此信息引自，第 194 页（参见图 41，第 310 页）。

> 在分析这种情形时，我们首先发现经济增长速度放缓。在这个国家的最后 15 年里，国民收入增长率下滑将近一半，到 20 世纪 80 年代下降到经济近乎停滞不前的地步。一个曾经很快接近世界发达地区的国家开始从一个领域又一个领域黯然退出。此外，在生产效率、产品质量、科技发展、高技术产品以及高技术运用方面的距离开始拉大，对我们极为不利。[1]

戈尔巴乔夫试图通过放松计划部门对经济和社会的控制，引入一种新的动力，从而避免整个体系瓦解。20 世纪 90 年代，俄罗斯不得不开始重建资本主义，几乎是从头干起。

中国面临同样的挑战，但是它走了一条不同的道路。透过其外表，中国正在变成一个市场经济国家，采用了各种苏联领导人决不接受的方式，因为中国的市场经济因素和习惯没有像在苏联那样被彻底消灭。社会主义时代的经验表明，抛弃资本主义不一定能够解决资本主义制造的难题。20 世纪的社会主义社会未能赶超资本主义这个对手的生产力，但是资本主义也未能消除极大的不平等。

冲突

一个如此不稳定的、不平等的梯度日增的世界陷入各种冲突，是不足为奇的。过去 100 年经历的暴力冲突比人类史上任何一个世纪都多。人员和物资因为战争而遭受损失的规模反映了军队和武器的“生产力”以及投战争的军队和人力在现代逐渐增长。威廉·埃克哈特
458 （William Eckhardt）粗略统计，在截至公元 1500 年的战争中，大约有 370 万人死于战争。

他估计，16 世纪有 160 万人死于战争；17 世纪和 18 世纪分别有

[1] 米哈伊尔·戈尔巴乔夫:《改革：关于我们国家和世界的新思维》（纽约：哈珀与罗出版社，1987 年），第 18—19 页。

610 万人和 700 万；19 世纪为 1940 万人。在 20 世纪，战争死亡人数达到 1.097 亿人，几乎相当于 1900 年以前所有战争中死亡的人数（参见表 14.6）。[1] 仅第二次世界大战死亡人数就达到了 5350 万。同样，如果现在不是（有幸？）避免了核战争，它所造成的人员伤亡也是引人注目的。但是核战争无时无刻不在准备之中。截止到 1986 年，几乎有 7000 个核弹头，其爆炸相当于 180 亿吨 TNT 炸药——地球上平均每人分得 3.6 吨。[2] 一旦投入使用，这些武器将造成一场灾难，其规模及其后果颇类似于白垩纪晚期那场灭绝了大多数大型恐龙物种的毁灭性事件。

表 14.6　1500—1999 年与战争相关的死亡人数

年份	战争死亡（百万）	每 1000 人死亡数
1500—1599	1.6	3.2
1600—1699	6.1	11.2
1700—1799	7.0	9.7
1800—1899	19.4	16.2
1900—1999	109.7	44.4

资料来源：莱斯特・R. 布朗等，《1999 年的世界状况：世界观察研究所关于朝向可持续社会的进步的报告》（伦敦：全球概览出版社，1999 年），第 153 页；转引自威廉・埃克哈特，《自公元前 3000 年以来与战争相关的死亡》，载于《和平倡议杂志》22，第 4 号（1991 年 12 月）：437—443，以及鲁斯・莱格・希瓦德（Ruth Leger Sivad），《1996 年世界军事与社会支出》（华盛顿特区：世界的优先权，1996 年）

小型战争也会造成与世界大战和冷战一样的伤亡。从 1900 年到 20 世纪 80 年代中期发生过大约 275 次战争。[3] 在 1945—2000 年之间，有 9 次超过 100 万人死亡的地区性战争；在这些战争中，平民伤亡超过了战斗人员伤亡。朝鲜战争和越南战争造成的人员伤亡分别占到总人口的 10% 和 13%。[4] 冷战结束后，发生的变迁从长远看具有非常重大的影响。

[1]　亦可参见查尔斯・蒂利：《强制、资本和欧洲国家（公元 990—1992 年）》修订本（坎布里奇，麻省：布莱克韦尔，1992 年），第 73 页的图表，反映了欧洲国家的战争伤亡人数。

[2]　布朗等：《1999 年的世界状况》，第 154—155 页。

[3]　蒂利：《强制、资本和欧洲国家》，第 67 页。

[4]　布朗等：《1999 年的世界状况》，第 155—156 页。

在 20 世纪 90 年代，全球军备下降了大约 40%，各种武器储备也有所下降。（2001 年 9 月 11 日纽约和华盛顿遭受恐怖袭击之后发动的“反
459 恐战争”也许改变了这种倾向。）战争变得更加具有地区性质，逐渐发生在数国之内，或者在国家和各种游击队之间，这种变化表明战争范围缩小了（虽然对那些卷入战争的人而言恐怖丝毫没有降低）。[1] 这些数字表明，战争的特点发生变化，冲突的数量却并没有降低。波及全球的巨变带来的紧张和错位将令冲突更具地方性，而且现代武器装备将令地区性冲突继续造成巨大的痛苦。

人与生物圈的关系发生变迁

20 世纪人类社会的规模及其生产（与破坏）力的程度使得现代革命对环境的影响不仅是区域性的而且是全球性的。这就是为什么大多数环境对于人类影响的重要指数“在过去 300 年同样呈现为几何级数增长。”[2]

关于人类对环境的影响，大致可以通过人类社会对能源的需求变化加以粗略统计（参见表 6.1）。这些数字清楚表明整个人类的能源消耗在 20 世纪增加了许多倍。在 20 世纪末，人类消耗的全部能量为新石器时代初期的 60 000—90 000 倍。由于这些变化，人类社会在 20 世纪成为影响整个生物圈的主要因素。正如我们已经看到的，全球土地的“净初级生产力”（net primary productivity）的分配测算表明，其中 25%，甚至可能高达 40% 为我们人类所吸收（参见第 140 页）。

由于生物圈的资源有限，人类以此种规模利用能源、资源以及空间不可避免降低了其他物种对资源的利用。生物多样性的衰退是不可避免的后果。人类与家畜、兔子、山羊和野草等结伴而行，毁灭或者

[1]　布朗等：《1999 年的世界状况》，第 159，163 页。
[2]　约翰·F. 理查德，“编辑前言”，载于特纳二世等主编：《人类行为造成的地球变化》，第 21 页。

侵占其他物种的栖息地，降低了生物的多样性。1966 年，大约 20% 的脊椎动物面临绝种的危险。[1] 正如理查德·利基（Richard Leakey）所论证的那样，现代生物灭绝的规模证明可以与古生物学家所知道的另外五次灭绝事件相媲美，在这些灭绝事件中，至少 65% 的海洋物种消失了。[2]

我们将会有足够的资源在一个可以接受的水平上养活我们人类这个物种吗？在一个世纪的时间里让 120 亿人吃饱是轻而易举的事情吗？有没有可能依靠生物医学的新技术确保食品生产继续保持 20 世纪那样 460
的快速增长呢？与此同时，我们有充分理由认为我们正在接近某种重要的极限。我们靠农田、牧场和渔场养活自己。牧场再也无法增加许多，而现有土地许多已经严重退化。而且人们一致认为渔业也不会有很大发展。与此同时，农业产量非常依赖增加灌溉；自从 1950 年以来，可灌溉土地从 9400 万公顷增加到 2.6 亿公顷，现在提供我们全部食品生产的 40%。[3] 然而在许多地区，柴油动力水泵的使用导致地下水位下降，其后果表明，在这方面的扩张空间也是有限的。从生态学上讲，现在的情况是，数百万年以来构造形成的地下水库正在数十年间被抽空。

资源的过度利用只是人类影响生物圈的一个方面，浪费则是另一方面。人类造成污染之严重的最强有力证明在于，我们也许会根本改变地球的大气层。莱斯特·布朗论证道："农业革命改变了地球的表面，工业革命则改变了大气层。"[4] 地球表面温度依赖在地球大气层内捕捉到的阳光量以及释放或反射到空间去的阳光量的不确定平衡。火星由于没有大气层，很少能获得太阳的能量，因此异常寒冷，没有生命。金星因有一个具有温室效应的二氧化碳大气层，温度高达 450℃，异常酷热，生命也无法生存。决定有多少太阳能保留在我们地球表面的重

[1] 莱斯特·布朗等：《1998—1999 年致命的迹象：构筑我们未来的倾向》（伦敦：全球概览出版社，1998 年），第 128 页。
[2] 海洋有机体为这些变迁提供了最充分的因而也是最直接的证据；参见理查德·利基和罗杰·卢因：《第六次生物灭绝：生物类型与人类的未来》（纽约：达布迪，1995 年），第 45 页。
[3] 布朗等：《1999 年的世界状况》，第 116—117 页，第 123 页。
[4] 莱斯特·布朗：《生态经济：为地球建构的经济学》（纽约：W. W. 诺顿，2001 年），第 93 页。

要（虽然不是唯一的）因素乃是大气层的二氧化碳。最后一次冰川期的平均气温大约比现在低 9℃，大气中二氧化碳浓度大约在 190—200ppm（百万分率）。到 1800 年，二氧化碳的水平提高到 280ppm。当时工业革命开始大规模利用煤炭和石油等无机燃料，极大地增加了排放入大气层的二氧化碳数量。现在二氧化碳的水平已经达到了大约 350 ppm，是冰川期的两倍。如果继续保持排放二氧化碳的话，到 2150 年，它们就可能再一次翻番，在 550—600 ppm 之间。数千万年前的石炭纪储存在树木里面然后掩埋在泥土中的碳在数十年间被回放进了大气层。一般要经历数百万年间的部分碳循环在若干个层面上被加快了。自然过
461 程不能如此快速吸收碳。

这种爆炸式碳排放实际上究竟意味着什么还不太清楚。大家一致认为会导致气候变缓，全球温度已经比 20 世纪初更温暖。气候变暖在某些地区会增加生产能力，当然也会产生某些或好或坏的全球性影响。平均气温似乎至少上升了 20 年，造成不同寻常的干热时期，也造成了不同的气候类型。到 2050 年气温增加 2.5℃（这是比较温和的估计）等同于最后冰川时期的全部变迁。水的体积扩张将导致海平面上升，冰帽将会融化，这对世界低洼地区——太平洋岛国、荷兰、孟加拉以及其他地区将会造成悲剧性后果。气候变暖也会影响到现存物种，其中某些物种对于人类而言至关重要的。水稻不耐高温，因此随着气候变暖，产量将会有所下降。[1]

也许最值得忧虑的是，全球变暖的不可预测性。气象学家明白，气候系统就像其他许多混沌系统一样容易发生突如其来的、急剧的变化。它们在一定时间内的变化是缓慢的、可预告的，然后就变得不稳定，毫无征兆地转变为另外一种新的状态。最后冰川期的结束就具有这种突然变化的特点。如果今日气候变暖的规模也有相似之处，我们

[1] 保罗·肯尼迪:《为 21 世纪做准备》，第 112 页。在 2001 年，太平洋岛国图瓦卢的居民由于海平面上升决定背井离乡。

就不能排除全球气候会发生某种突如其来的质的变化——这种情况可能在一个人的一生范围内发生。

生物多样性的衰减以及碳排放的增加是人类造成影响的最重要指标。《世界状况》年报的前项目主任莱斯特 · 布朗写到，在 20 世纪末，人类行为的大多数危险影响显然表现在六大领域：饮用水、牧场、海洋鱼类、森林、生物多样性以及全球大气。[1] 最后三大领域对大多数人而言是间接的，因此更容易受到忽视，前三个领域受到的影响比较明显，而且从多方面限制了对于人类养活逐渐增长的人口的能力。难以获得饮用水威胁了数以百万计的人口的健康，阻碍了灌溉农业的增长潜能。此外，对于鱼类和牧场的利用似乎达到了最高水平。[2]

20 世纪 90 年代初在人类对环境影响的大规模统计中，罗伯特 · W. 凯茨、特纳二世以及威廉 · C. 克拉克做了一个有意思的尝试，衡量在若干不同范围里的人类对环境的影响。他们选取 10 种基本的衡量人类对环境影响的指标，测算公元前 1 万年到 1985 年之间的整体性影响，然后试图确定每一种变化在什么时候分别达到 25%、50% 以及最 462
后 75%；这些数字都罗列在表 14.7 里。最快捷的理解此表意义的办法就是要观察每一种影响在什么时候达到其在 1985 年水平的 50%。对于 7 个变量而言，在 1945—1985 年的 40 年间发生的变化比之前 10000 年更多。[3] 至于剩下的三个变量——森林消失、脊椎动物灭绝以及大气层碳排放——所有变化的 50% 都发生在 20 世纪中叶以后。表 6.1 告诉我们人类使用能源的类似历史。从编年史角度看，20 世纪仅为历史的一个小片段，但是其所见证的转型的规模却超过了过去全部的人类历史。

[1]　布朗等：《1999 年的世界状况》，第 11 页。
[2]　同上书，第 116 页。
[3]　凯茨、特纳和克拉克，《大转型》，第 12 页。

表 14.7 公元前 1 万年至 20 世纪 80 年代中期人类引发的环境变迁

转型的类型	四分位值（与 1985 年相比）		
	25%	50%	75%
森林消失的地区	1700	1850	1915
陆地脊椎动物的多样性	1790	1880	1910
取水量	1925	1955	1975
人口规模	1850	1950	1970
碳释放	1815	1920	1960
硫释放	1940	1960	1970
磷释放	1955	1975	1980
氮释放	1970	1975	1980
铅释放	1920	1950	1965
四氯化碳生产	1950	1960	1970

资料来源：罗伯特·W. 凯茨、B. L. 特纳二世和威廉·C. 克拉克，《大转型》，载于《人类行为造成的地球变化：过去 300 年生物圈的全球性和区域性变化》，B·L·特纳二世等主编（剑桥：剑桥大学出版社，1990 年），第 7 页

在 20 世纪的进程中，人类造成的变迁如此重大、如此迅速、如此
463 广泛，以至于迫使我们再一次将人类历史视为生物圈历史的一个综合的组成部分。本章收集的统计数字使我们对于变迁的范围和速度留下了某种印象。但是它们不能让我们看清任何长远后果，而只是给我们留下一个印象，好像什么庞大的东西在做高速运动。也许这正是我们简短地考察 20 世纪历史中最令人忧虑的事情——我们担心这就像低速运动的交通事故。变迁能够持续加速而不对人类社会以及整个生物圈造成危险后果吗？作为现代革命的另一面的惊人的创造性将会导致与自然环境的比较稳定、比较可持续的关系吗？下一章将从几个不同的尺度考察未来的可能性，其实就是要从考察这些问题开始。

本章小结

20 世纪发生的变迁无论从何种角度看都比此前人类历史上的变迁更为剧烈。随着现代革命大踏步前进，生产力突飞猛进；工业化枢纽地区的生活水平扶摇直上，因为政府和商业机构开始将其民众在物质上的满意程度视为一个繁荣的资本主义社会的关键。但是在枢纽地区以外，现代革命的影响大抵上是破坏性的。在这些地方，传统的生活方式以及建筑其上的安全感，正如统治这些地区的国家一样几乎被破坏殆尽。20 世纪中叶的社会主义国家寻求赶超资本主义的经济和军事成就，同时力图避免资本主义不可避免的不平等。但是它们既没有赶上它们的对手，也没有创造另一种吸引人的社会制度。同样引人注目的是人类对于生物圈的影响比任何时代都更加迅速地增加。在 21 世纪初，人类社会开始对于整个生物圈产生影响，有越来越明确的证据表明，人类开始生活在可持续界限的边缘。20 世纪历史的变迁加速和范围拓展也许是最令人吃惊的，（对于同时代人而言）也是最令人恐怖的。如今人对生物圈的影响以及对于其他人的影响是十分重大的，以至于 20 世纪的变迁将会是这个星球历史上十分突出的现象。

延伸阅读

约翰·R. 麦克尼尔的《太阳底下的新鲜事》(2000 年)和艾瑞克·霍
布斯鲍姆的《极端的年代》(1994 年)提供了相互参照的导论：前者集
464 中于生态问题，后者集中于一般的历史主题。曼努埃尔·卡斯特尔斯的
《信息时代：经济、社会和文化》(3 卷本，1996—1998 年)是一种颇
具野心的尝试，欲就 20 世纪末的变迁进行理论概括。B. L. 特纳二世等
主编的《人类行为造成的地球变化》(1990 年)试图将人类对环境的影
响加以量化，而莱斯特·布朗等主编的每年一卷的《世界状况》(1984
年—)则提供了生态学统计数字。戴维·赫尔德(David Held)的《全
球变迁》(1999 年)对全球化做了面面俱到的讨论，而保罗·哈里森的
《深入第三世界》(1992 年)对第三世界的生活现状提出了许多深刻见
解。保罗·肯尼迪的《为 21 世纪做准备》(1994 年)则考察了许多长期
趋势。

第6部

未来面面观

第 15 章

467 # 未来

本书是从宏观的结构以及广袤的时间尺度开始的。但是它的焦点却逐渐缩小——最初是一个星球，然后是一个物种，最后是这个物种历史上的一个世纪。现在我们在展望未来的时候必须再回到原先的时空范围。

思考未来

> 我们所处的情形完全就像在黑夜里驾驶一辆汽车，高速行驶在高低不平、沟沟坎坎的地界，不远处还有峭壁悬崖。即便是微弱和闪烁不定的照明灯光，也能够帮助我们避免最糟糕的后果。[1]

讨论未来也许有些愚蠢。毕竟未来不可预言。

不仅因为我们的知识不够。某些 19 世纪科学家相信现实世界是决定论的、可以预言的。他们认为如果我们对于周围每一个事物的位置

---

[1] 章首词：默里·盖尔-曼（Murray Gell-Mann）：《朝向更加可持续的世界转型》，载约里克·布卢门菲尔德（Yorick Blumenfeld）编：《未来掠影：20 位著名思想家论明日世界》（伦敦：泰晤士和哈得孙出版社，1999 年），第 79、471 页；保罗·哈里森：《第三次革命：人口、环境和可持续世界》（伦敦：企鹅出版社，1993 年），第 149 页；柏拉图：《克利蒂亚斯篇》111-A-D，转引自哈里森：《第三次革命》，第 115 页。

和运动有足够的知识，我们就能明确地预言未来。现在清楚了，情况并非如此。量子物理学表明，现实的本质就是不可预言的。从最小的层次看，现实总有不甚明确的地方。似乎我们总是不能明确地测定亚原子粒子的运动。似乎它们在某种意义上从时间和空间上被抹去了似的，因而我们所能做的就是测度它在某个特定时间和空间上的可能性。
这种类型的不可预言我们经常描述为混沌，因为混沌理论表明，数以 468
亿计的微小的不确定性能够通过漫长的因果链而逐渐累积起来，以至于在人类所生活的大范围历史上创造大范围的不可预言性。在 20 世纪 90 年代，初步的数学证明发现，混沌的行为方式还不仅是出于无知或者不确定性：它就是事物的本来面目。即使变迁是按照明确的、决定论的规则而发生，我们也根本不能以足够的准确性知道变迁的起点，从而精确地预告未来的动向。因此，即使现实是决定论的，也未必能够预言未来。

但是还有第二种不确定性。理解了一种特定事物如何工作，也许无助于我们预言当它与其他事物结合在一个更大的系统里面之后它的行为方式。即使不同因素相互作用的系统似乎是按照某种必然的法则
发生作用的，我们也不能通过了解它们的各组成部分如何工作，而简 469
单地推演出此种作用如何发生。了解氢气和氧气并不增加我们更多关于由两者结合形成的水的知识。[1] 理查德・索莱（Richard Solé）和布赖恩・古德温（Brian Goodwin）评论道：“由于混沌性，初始条件的敏感性使得对其动力学难以做出预言；由于突变性，观察者一般不可能根据对其部分和相互作用来理解非线性系统的行为方式。[2]

我们已经看到，这两种类型的不可预言性在进化和人类历史上起到的作用。多种可能的未来与同样自然选择和文化变迁的规律都是可以与其相协调的。因此在某种程度上，变迁的最终结果总是开放的。

---

[1]　此例以及在这两种不可预言的差别，均引自理查德・索莱和布赖恩・古德温：《生命的迹象》，第 20 页。

[2]　索莱和古德温：《生命的迹象》，第 20 页。

图 15.1　从月亮上看地球升起

这张著名的照片于 1968 年 12 月摄于阿波罗 8 号宇宙飞船。这成为我们逐渐意识到人类的统一性和脆弱性的有力象征。威廉·安德斯（William Anders）当时是执行此次飞行的三名宇航员之一，可能实际上就是他拍摄了这张照片。1998 年，他在一次采访中说："从月亮看地球，看到的各种景象都会导致人类、其政治领袖、环境领袖以及公民认识到，我们真的拥挤在一个晶莹透彻的小星球上，我们应当善待它，也应当善待我们自己，否则我们就不能长久地待在这里。"正如弗雷德·施皮尔所指出的那样，地球升起的图片还提供了人类描述现实的脆弱性的反讽式象征，因为究竟是谁、什么时候拍摄的这张照片，三名宇航员的说法实际上是自相矛盾的。[弗雷德·施皮尔，《阿波罗 8 号地球升起照片》，2000，http: //www.i20.uva.Nl/inhoud/gig/Apollo%208%20US. pdf（accesed April 2003）]。该照片获美国宇航局惠允使用

过去和未来之间存在真正的差别，这就使得预言成为一种危险的游戏。彼得·斯特恩斯列出了某些美国在 20 世纪所做的惊人的失败的预言，提醒我们预言是多么的危险："超声波闹钟发出电脉冲直接进入大脑，叫醒你起床（1955 年）；电子大脑决定谁跟谁结婚，缔结美满婚姻（1952 年）；只有 10%的人需要工作，其余的人领工钱却不工作（1966 年和现在）；在不到数十年的时间里，传染病和心脏病都会消失（又是

1966 年，显然这一年是乐观的技术专家年）。”[1] 因为这些原因，历史学家一般都完全拒绝思考未来。R. G. 柯林伍德（Collinwood）曾严肃地写道：“历史学家的工作就是要知道过去而不是未来，不管什么时候历史学家宣称能够在未来还没有发生之前就决定未来，我们就会肯定知道，历史的基本观念搞错了。”[2]

我们虽然要小心谨慎，但是不能完全拒绝尝试预言未来的挑战。至少有两种情形我们能够而且必须尝试预告。首先，当我们在探讨那些缓慢的或简单变迁的实体时。存在不同层级的开放性结局，因为即使混沌一般而言其不可预言性也是局限在一定范围里的。因而在某些过程、在某些范围内，变迁是足够简单的、容易预见的。这是从前决定论者认为一切变迁所具有的那些变迁类型。例如，化学家一般能够准确预见一定量的简单化学品在一定温度下混合会造成怎样的结果。这并不意味着预言是一件容易的事情，但是如果我们非常认真地思考，有时候我们做出预言还是有可能的。我们发射一颗炮弹，炮弹轨迹大致上是可以预测的；对于射手而言，应当掌握弹道数学，因为这将决定战斗成败。决定论思维在变迁比较缓慢的时候也是极为有效的。对 470
于这些过程而言，此刻似乎是在延伸，一直达到我们所思考的未来。一次呼吸的起伏可能持续不过一两秒钟，但是沧海变桑田却要几百万年。因此，我们多少可以确切地说，珠穆朗玛峰在未来 1000 年的时间里仍然会耸立在那里。

当我们要处理某些复杂过程，其后果对于我们至关重要并且我们还能够对其施加某种影响的时候，也值得我们去认真思考未来。购买哪只股票、投注哪匹赛马，就是很好的例证。这些都不是决定论过程，因此，我们不能像枪手预言其弹道一样确切地做出预言。但它们的解

---

[1]　彼得·N. 斯特恩斯：《第三个千禧年，21 世纪：未来展望》（博尔德，科罗拉多：西景出版社，1996 年），第 158 页。

[2]　R. C. 柯林伍德：《历史的观念》（纽约：牛津大学出版社，1956 年），第 54 页；转引自约翰·刘易斯·加迪斯（John Lewis Gaddis）：《历史的景观：历史学家如何描绘过去》（牛津：牛津学出版社，2002 年），第 58 页。

决绝非完全开放的。如果结局果真是随意的，那么尝试预言就是徒劳无功；掷硬币就是最合乎理性的决定方式。但是，在我们关注的系统中只要有哪怕一点点的可预测性，也值得我们去认真思考未来将会怎样——我们身边不乏这类情形。在处理这类情形的时候，预言就成了一个百分比的游戏。那些仔细思考各种类型的可能变迁的人们经过一段时间就会发现，与那些根本不做任何努力的人们相比，他们的预测多少有一些成功。有些赌博确实赢了钱。在此情形下，为预测付出的努力确实重要而且相当重要。动物必须不断预测发现某个特定地方躲藏着危险的捕食者的可能性。那些预测成功的动物就存活下来，不成功的就被淘汰了；通过这种方式，大多数物种的基因遗传里就植入了这种预测的技能。我们一直需要做出一些重大选择，即使这些选择的结果既非决定论也非完全随意的。因此，毋庸惊奇，全部人类社会的许多职业都是以预测为基础的——想想看，星相家、股票经纪人、职业赌徒、气象预报员，还有……政治家。

做出这两类预测，并且尽可能做出预测，乃是动物一贯的做法，不管是捕食的老鹰还是购买股票的投资者。实际上，没有预测就没有行动。对预测有正确的认识，那么它就像呼吸一样不可或缺。

从大历史的尺度思考未来，我们会面临着这两种类型的预测。本章将开始讨论大约 100 年以后的近期未来。在这个尺度内，变迁是复杂的、不稳定的，但是我们没有理由认为它是任意的。此外，我们必须在这个尺度内进行预测，因为我们的预测将影响到我们的行为，而我们的行为又将影响到我们孩子以及孩子的孩子的生活。因此，尝试预测下一个世纪的状况是一个十分重要的工作。在“中期未来”，也
471 就是数百年到数千年过程中，要真正预测我们人类这个物种是几乎不可能的。我们对这个时间尺度很难发生影响，而且未来存在诸多可能性。我们所能预言的极为有限，以至于不值得做很多努力。然而我们转而考察遥远的未来，转而考察更大的时间尺度和更大的对象，例如整个星球或者银河系甚至整个宇宙的时候，预言又变得比较容易了。

这是因为在这些尺度里，我们是在研究比较缓慢、比较可预测的变迁，因此，决定论思维再度进入这个范围。即使在这里也没有什么确定性可言，但是可能性的范围缩小了。

近期未来

“事情发展得很慢，我们起先都没有注意到。”让-玛丽解释道，“在一开始生病的时候，你不知道它会伤人。只是到你不会走路的时候你才意识到自己真的生病了。当我们看见土地干涸了，我们才知道需要做一些什么。但是我们不知道怎样去做。”[让-玛丽·萨瓦多哥（Jean-Marie Sawadogo，55 岁，住在布基纳法索首都瓦加杜古附近的一家之长）]

我们现在称之为斐利乌斯（Pheleus）平原（柏拉图的阿提卡家乡）的地方曾经一度为肥沃的土壤所覆盖，山上林木繁茂，至今还残存一些遗迹。我们现在有的山坡只能养蜂。但是不久以前人们还能砍伐树木，适合于建造大量建筑屋顶，木材漂流工还有活儿干。当时还有许多人工种植的高大乔木可供野兽栖息，土地每年都从“来自宙斯的水”获益，而不是像今天这样任雨水冲过贫瘠的大地流入海洋。丰富的养分为土壤所吸收，储存在地层里。地势高的地区吸纳湿气，渗入山谷，因而各地都有丰富的泉水和河流。直到今天还能看见泉水旁边遗留的圣地。与从前的土地相比，现在剩下的就像一具久病缠身的骷髅。肥沃的柔软的土地已经被带走了。只剩下这个地区的一个骨架。

一个世纪的尺度是策略性的，因为它将是由我们现在还在世的人一起参与完成的，还将影响到我们的孩子一辈和孙子一辈。如果我们还想将这个世界传递到我们后代手中，那么我们必须在这个尺度内认真思考。此外，20 世纪日益加速的转型使我们要是不去按照这样的尺

472 度思考未来，那么在社会上和政治上就都是极其不负责任的，因为事物会很快发生变迁。除此之外，在这个尺度内，政治意愿和创造性与预测一样具有重大意义。因此我们的预测本身就会创造未来。我们必须离开现代的创造故事一会儿，让我们都去做其下一篇章的集体作者。

但是在这个尺度内的预测是极其困难的，就像预测天气而不是预测一颗导弹的轨道一样。为了更好地进行这个百分比的游戏，我们必须首先回顾前几章所述的若干大趋势，因为就像地质学过程一样，这些趋势很可能影响到至少不远的将来。不过，我们同样也必须认识到这些趋势可能也会改变方向，或者出现突然的、随意的逆转。我们需要训练我们的思维方式，以便我们对未来的描述接近事实。现在出现了一门学科叫未来学，最早是为了预测第二次世界大战期间的技术发展，现在则试图展示未来的景观，主要集中于研究技术、军事产品［赫尔曼·卡恩（Herman Kahn）1966 年的著作，《论热核战争》］以及生态的影响［正如多内拉·梅多斯（Donella Meadows）和她在麻省理工学院的同事在 1972 年所著《增长的极限》］。[1] 但是，某些模式不可不谓老到，但是构建这些模型的人，从股票经纪人到气象学家都知道他们最大的希望就是比他们对手的猜测的百分比略微高一点儿。因此，真正未来学的基本规则是（1）寻找最主要的趋势，分析它们的走势；（2）构建模型，说明不同的趋势如何相互作用；（3）警惕各种相反的趋势或者其他因素，防止它们可能篡改或阻碍长期趋势和简单模式所启发的预测。除此之外，我们所能做的就是要做好准备，很可能我们的许多预测都会落空。这倒不见得是对未来学提出太多要求，但是预测总比无所事事要好，就像在跑道边研究赛马体形总比抛硬币要好。从长远看，如果你研究体形，那么到头来赚的钱就会更多。

---

[1] 参见约里克·布卢门菲尔德为自己主编的《未来掠影》所做的导论，第 7—23 页。亦可参见赫尔曼·卡恩：《论热核战争》（普林斯顿：普林斯顿大学出版社，1960 年），以及多内拉·H. 梅多斯等主编《增长的极限：向罗马俱乐部研究项目提交的关于人类困境的报告》（纽约：大学书店，1972 年）。最近关于某些我们面临的可怕可能性的讨论，参见马丁·里斯：《我们最后的日子：科学家警告，恐怖、错误和环境灾难如何在 21 世纪威胁人类的未来——论地球及其他》（纽约：基本图书，2003 年）。

我们在前一章描述的某些趋势，包括变迁本身提速加快，是令人担忧的。克莱夫·庞廷在其名著《绿色世界史》（1992 年）[1] 中一直为这些焦虑所困扰。在该书第一章里，庞廷讲述了全部人类历史的一个惊人的寓言，那是从拉帕努伊岛，一个地球上遥远的地方的历史上得到的一个寓言。该岛位于太平洋，智利以西 3500 千米；离它最近的有人居住的地方是皮特卡恩岛，距离它的西面有 2000 千米。西方人又称之为复活节岛，因为第一次遇到该岛的欧洲人是 1722 年复活节那天一艘艾伦娜号荷兰船上的水手。艾伦娜的船员在该岛发现了 3000 人，住在简陋的小屋子或者洞穴里。他们似乎不断为争夺岛上稀有的食物资源而争战。总之，似乎那是一个极为贫瘠的地方。然而造访者也发现 473
了大约 600 多尊石像，每尊都高达 6 米以上。这些石像精雕细琢，十分美丽，许多头顶上还有发髻（Topknot，有的重达 10 吨）。雕刻、运输和安装这些雕像肯定需要极为熟练的技术和管理能力，但是没有迹象表明在 18 世纪复活节岛上的居民懂得这些技巧。此外，很难理解在如此贫瘠的环境下如何能够养活一个从事如此重大工程的社会。在 18 世纪，岛上仅有一种野生树木，一种野生灌木。（野生树木到 20 世纪已经灭绝，但是后来从保存该树种的瑞典植物园中重新引种。）唯一的动物食品似乎只有鸡，因为岛上居民没有船，无法捕鱼。

运用现代技术，例如研究花粉遗存，帮助考古学家重构古代环境地貌，我们部分解开了复活节岛之谜，一个悲哀的故事从此得以披露。人类移居复活节岛发生在全新世时代人类向太平洋，也就是第四世界区的最后阶段。（或许还有更早来自南美的居民，但是尚未得到证明。）大约 1500 年以前，有二三十位船民来到该岛定居，他们来自马尔奎萨斯（Marquesas）岛，也就是今天的法属波利尼西亚。复活节岛面积小，资源有限，要在岛上殖民并非易事。该岛长仅 22.5 千米，宽不过 11 千米。没有原产的哺乳动物，周围海域的鱼群也很有限。定居者带来了

[1]　克莱夫·庞廷:《绿色世界史》。

鸡、鼠。他们不久发现，他们习惯食用的农作物，如薯蓣科块茎、芋头、香蕉和椰子等，只有甘薯一种能够在岛上生长茂盛。因此鸡和甘薯就成为他们的基本食物。好消息是靠这些基本食物生活无须花费太多的精力。该岛森林茂盛，有肥沃的火山灰。

过了一段时间，人口增加了，一些各自独立的村庄出现了，遍布于整个岛上。村庄和村庄首领之间的竞争曾经采取战争方式，但是也有很现代的方式：竞相建造纪念性建筑。早在公元 700 年，村民们开始建造巨大的石头庭院或叫奥胡斯（*ahus*），树起了雕像。它们可能是
474 纪念活着的或者死去的地方首领，因为有的还有坟墓。类似的纪念物在波利尼西亚各地也有发现，但是都没有复活节岛那样高大。随着这些社会的繁荣，经济的和政治的贵族制度形成了，岛民的管理和技术水平也提高了。许多奥胡斯似乎与星星结成了某种关系，这表明他们懂得天文学知识，可以推断他们是海洋民族的后代。这些岛民甚至创造了某种简单的文字。

考古学家要解答的谜团主要是，这些雕像是如何运输并安置到位的。似乎它们是放在树干做的滚木上运送来的。到大约 500 年前，岛上居民增加到了大约 7000 人，村庄之间的竞争十分激烈。建造和运输越来越多的雕像意味着越来越多的树木遭到砍伐——直到最后一棵树木被砍倒。社会很快就崩溃了。岛上的采石场还遗留一些未完成的雕像，其火山岩才雕琢到一半，显然这场灾难是不期而至的。森林消失造成了破坏性后果，因为木材不仅用于运送雕像，而且用于建造渔船和房屋，织网织布（取自构树纤维），用于烹调和取暖的燃料。人们再也不能捕鱼、制衣、造屋，他们的食物也断绝了，开始住在山洞或茅棚里。森林消失还导致土壤遭受侵蚀，地力和作物产量都下降了。鸡成了菜谱中的头等美味。人们落得为鸡营造石头堡垒而费尽心机，他们畸形地捍卫鸡舍，甚至不惜为之流血打仗。因为动物蛋白缺乏而吃人的情况时有发生。由于不再围绕建造雕像举行仪式，政治结构也被摧毁了。实际上古老的传统彻底消亡了，以至于两个世纪后，居民们

已经不知道岛上的过去以及雕像的意义了。总之，在政治和经济竞争的驱动下，人口增长和资源消耗，从而导致环境和社会的突然崩溃。

这个故事最为可怕的一面是岛民及其领袖肯定是目睹了这一切的发生。他们肯定知道，他们砍掉最后一批树木的时候，他们正在毁灭他们自己的未来，毁灭他们儿孙的未来。但是他们还是把树砍倒了。在我们思考人类历史的更大的轨迹时，拉帕努伊岛是否是一个合适的比喻呢？毕竟在一定时期的迅速变迁造成了环境退化，不论是因为石器时代巨型土壤动物的灭绝，还是因为公元前 3000 年美索不达米亚地 475
区或者 1000 年前玛雅土地过度灌溉所导致的，都是人类历史上一再发生的主题。

前一章所描述的趋势与拉帕努伊岛历史有着令人堪忧的相似之处。随着全球不平等的加剧，资源消耗的数量直线上升，以支撑现代资本主义社会的巨大等级结构。现代社会有自己的竞争性纪念物。从水到树木的资源消耗的速度比再生的速度更快；从塑料到碳排放的垃圾随意处置的速度比它们能够为生态循环所吸收的速度更快。然而人口持续增长，全世界的政治家都在论证必须保持经济持续增长，甚至要加速增长，以便能够减低贫困国家的贫困程度，保持富裕国家的生活水平。但是增长实际上是可持续的吗？如果现在的消费水平已经达到了一个危险的程度，那么世界上全部人口都要达到像富裕的工业国家那样消耗资源、生产垃圾的速度，这种观念是极其可怕的。甘地早在 1928 年就认识到了这个问题，他写道：“神禁止印度步西方的后尘走工业化道路……如果一个 3 亿人口的国家进行类似的经济开发，就会像蝗虫一样掠夺整个世界。”[1] 尽管如此，资本主义，当今世界经济发展的主力军，就是靠着增长而繁荣昌盛起来的；掌握最大权势的政界、商界领袖回应地方选民提出的各种短期项目和计划的要求，就像拉帕努伊岛上建造雕像的首领一样。与在拉帕努伊岛上一样，我们似乎没

[1]　甘地语，转引自约翰 · R. 麦克尼尔：《太阳底下的新鲜事》，第 330 页。

有能力制止威胁我们子孙辈未来的过程。

但也许我们能比复活节岛居民做得更好一些。[1]之所以如此希望，其中最重要的理由就是现在的集体知识可以在大范围内比以前更有效地发挥作用。如果存在着有待为人类和整个生物圈解决问题的办法，那么现代人类的全球信息网络就肯定能够找到它们。这些网络曾经提供各种技术手段，有助于我们按照我们所希望的那样重塑生物圈，而现代电子驱动的集体知识网络也将有助于我们认识到我们日益增长的生态力量的危险性。大体言之，挑战是明白无误的。为了避免全球重蹈复活节岛的灾难，我们必须找到更加可持续的生存之道。我们必须用一个能够养活我们数世纪而不是数十年的速度使用水、树木、能源以及原材料；我们必须让我们产生的垃圾数量能够被安全地吸收而不破坏我们的环境和周边的生物。我们能做到这些吗？

如果人口继续以20世纪末的速度增长，那就毫无希望了。在这里，
476 虽然我们有理由抱乐观态度，因为世界人口增长似乎正在放缓，不仅富裕国家如此，就是相对贫困的国家也是如此。人口变化是非常明显的。在大多数农耕时代，人口增长率取决于高出生率和高死亡率，这就使父母尽量多生孩子，因为他们知道有的孩子在未成年时就会死去。在当今富裕国家人口增长受到一个迥然不同的规则所制约，即它取决于低出生率和低死亡率以及逐渐改善的福利服务。越来越多的孩子存活下来，人们期望更加长寿，但是由于孩子不再是养老的唯一资源，就不需要生孩子作为一种长期保险。因此，出生率降低了，人口增长也下降了——在某些国家甚至为零。最近数十年以及数世纪人口迅速增长是处在两个极端的中间所致，一方面死亡率下降（由于更好的医疗条件和食品生产），一方面出生率居高不下。下一个世纪稳定全球人口的关键在于降低那些出生率最高的贫困国家的人口出生率。要达到

[1]　莱斯特·R. 布朗最近在全面思考构造一个可持续发展经济方面做了很好尝试，参见所著《生态经济：为地球建构的经济学》（纽约：W. W. 诺顿，2001年）；亦可参见盖尔-曼的短论，《朝向一个更加可持续性的社会的转型》，第61—79页。

这样的结果需要具备若干因素，其中可能包括日益增加的财富、城市化、提高儿童健康水平，以及改善教育，尤其是改善第三世界的妇女（在避孕和健康方面）的教育。投资改善贫困国家的健康护理和妇女教育的水平，对于将来数十年的出生率具有十分重要的影响。出生率在许多贫困国家已经大大下降，因此下一个世纪全球出生率极有可能稳定下来。到 1998 年，33 个国家的人出生率为零。[1] 最为乐观的预测表明，全球人口将稳定在 90 亿—100 亿。多为 30 亿—40 亿人口提供食品、服装和住房将是一个巨大挑战，尤其是大多数人将出生在最不能提供这些基本保障的国家里，但是由于 20 世纪富裕国家的食品生产迅速增长，而且能够获得大量资源，要解决这个问题也不是没有可能的。图 15.2 中的数字表明下一个世纪人口增长的情况。

能源消耗同样也能够保持稳定吗？要做到这一点，我们必须采取两个步骤，这两个步骤都要从小事做起。首先是要从使用天然资源转到使用再生资源。其次是要更多依靠可持续无污染的能源供应。我们
已经具备了利用太阳能、风能以及氢电池的必要技术，虽然在当今（并 477
不考虑不同能源环境耗费的）全球市场上还不能与仍在为现代革命提供动力的矿物燃料进行商业竞争。但是，由于在 20 世纪末的电子技术革命，我们已经拥有各种廉价的信息交换技术。原则上，我们已经拥有建设可持续的全球经济而不极大降低富裕国家生活水平所需要的各种技术。但是，正如我们在拉帕努伊岛上所见，最困难的问题看来是在政治和教育方面，而不是在技术方面。

政治问题实际上是巨大的。在这些问题上拥有决策权的政界和商界领袖完全只考虑定区域的或经济上的利益集团，政治过程只考虑很短的时间尺度内的事情，不能有效地处理全球性的生态和社会问题。
478 他们得到了富裕国家大量人口的支持，抗拒改变现状，对于这些人而

[1]　莱斯特 · R. 布朗和詹妮弗 · 米切尔（Jannifer Michell），《构筑一种新经济》，载于布朗等主编的《1998 年的世界状况：世界观察研究所关于朝向可持续社会的进步的报告》（伦敦：全球概览出版社，1998 年），第 174 页。

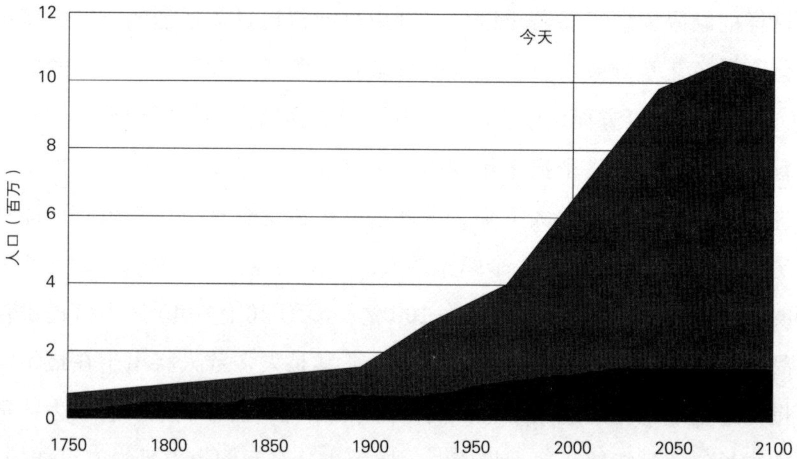

图 15.2　1750—2100 年，现代“马尔萨斯循环”？

该图包含对发展中国家和发达国家未来人口增长的估计。如今，大多数人口学家一致同意最近两个世纪人口急剧增长将有所放缓，世界人口应在 2100 年达到稳定。但是，正如此图所示，在一定时期内，在那些最无力养活大量人口的地区，人口仍将继续增长。采自保罗・肯尼迪，《为 21 世纪做准备》（伦敦：丰塔纳，1994 年），第 23 页

言，生态危机仍然是遥远的不确定的威胁，而不是已经降临到许多贫困国家的大灾难。除此之外，资本主义本身就是依靠持续增长而生存的。这是不是意味着必须推翻资本主义呢？可悲的是，20 世纪的共产主义革命表明，推翻资本主义是一场极具破坏性的计划，绝无可能创造出显然平等和具有生态意识的社会。

但是同样在政治方面的某些迹象也带来了希望。一个积极的迹象就是，生态问题及其与社会经济问题的相互关联性，这种新的全球意识迅速崛起。20 年以前，几乎没有政府设立处理环境问题的部门——如今大多数政府以及选择它们的选民都严肃地关注这些问题。“地球峰会”——1992 年在里约热内卢召开的联合国环境与发展会议——是一个走向可持续性发展的重要的象征性姿态，会议达成一个共同协议，即富裕国家必须帮助贫困国家通过“环境无害的”方式谋求发展。这是首次在国际上达成协议，提出增长必须与可持续性达成平衡。在这

里至少取得了修辞学的胜利。10 年以后，在约翰内斯堡召开了第二次会议。

也有一些国际合作的事例，尤其是在一些比较容易达成一致的问题上。越来越多的证据表明，在 20 世纪 70 年代，臭氧层因为使用全氯氟烃产品（CFCs）而变薄。[1] 此类产品广泛用于冰箱、空调，以及清洁剂和溶剂。1977 年，一些发达国家促使联合国环境规划署（UNEP）考虑这个问题，在当年召开的一个会议上采纳了一项全球行动计划。当时既没有人严肃认真对待这个问题，也没有采取行动，一部分原因是科学证据还不明确。20 世纪 80 年代初，占整个排放量 30% 的美国在减少使用全氯氟烃产品方面领先一步，一部分原因是找到了替代品，一部分原因是国内环境游说的压力。但是其他一些国家——包括一些欧共体国家，它们占整个排放量 40%——却反对相关规定。一些发展中国家，包括中国和印度，也抵制该项规定，因为它们正计划增加全氯氟烃产品的生产。显然，没有这些当前的或者潜在的主要生产国合作，这样一个国际协议是没有意义的。某些贫困国家主张，它们需要国际资助以帮助它们摆脱对全氯氟烃产品的依赖。在 20 世纪 80 年代中期，科学证据变得更加明确了，一些“领袖国家”推动一项包含关 479
于这个问题的特定的、具有约束性的条款的国际公约。1985 年，《保护臭氧层维也纳协议》签署，但是它只不过要求国际监测全氯氟烃产品排放。此后，1987 年，联合国环境规划署召开蒙特利尔会议，在包括美国在内的主要国家的压力下，经过与内部分裂进行斗争、与卓越的谈判对手交锋，欧共体同意到 1999 年削减 50% 的排放量。《关于消耗臭氧层物质的蒙特利尔议定书》允许发展中国家在一定时间内增加生产，但是为最终排放设置了上限。不幸的是，美国和日本的否决使得帮助发展中国家调整生产的资金无法到位。然而数月之后，新的科

[1] 加雷思·波特（Gareth Poter）、珍妮特·韦尔什·布朗（Janet Welsh Brown）和帕梅拉·S. 查赛克（Pamela S. Chasek）：《全球环境政治学》，第 3 版（博尔德，科罗拉多：西景出版社，2000 年），第 87—93 页。

学发现，包括在南极洲上空发现巨大臭氧层空洞，令这个问题变得更为急迫。到 1999 年 5 月，有 80 个国家出来支持到 2000 年彻底消除全氯氟烃产品。1990 年，设立了一个基金会帮助发展中国家调整生产，32 个工业化国家为该项基金贡献了 10 亿美元。这些协议仍然有空子可钻，但是整体上它们是极为成功的。全氯氟烃产品的生产从 1986 年的大约 110 万吨下降到 1996 年的 16 万吨，有明显证据表明臭氧层的空洞有收缩迹象。

对臭氧危机的反映表明，国际合作是有可能的。国家就像个人一样，有时候也能走到一起解决共同问题。凡是在问题严重性有了非常明确证据的地方，就能够非常迅速和有效地组织合作，即使它只是威胁到局部的地区利益。现有的国际合作机制还刚刚蹒跚学步，却在危机中已经发挥了作用。应对臭氧层变薄不是国际有效合作的唯一事例，正如莱斯特·布朗所指出的，“例如欧洲的空气污染由于 1979 年的跨境空气污染条约而急剧下降。全球全氯氟烃的排放自 1987 年关于消耗臭氧层物质议定书及其修正案签订后，即从 1988 年的峰值下降了 60%。在 1990 年《濒危野生动植物种国际贸易公约》约束下，象牙贸易遭到禁止，非洲猎杀大象的行为随之骤减。”[1]

但是仍存在一个更为深刻的问题。我们已经看到资本主义是现代世界创新的动力，资本主义经济所依赖的正是日益增长的产品和销售。增长与可持续是不可兼容的吗？答案是不明确的，但是我们有理由认
480 为，资本主义可设法与至少像可持续发展的某些初级阶段共存。第一，资本主义需要增长的是利润而不是生产——而利润是可以通过多种途径实现的，其中有些是能够与可持续经济相协调的。原则上，资源循环利用或者信息和服务的销售比商品销售与开发自然资源能同样有效地产生利润。如果政府对非可持续性生产方式稍微增加税收，投资就

[1]　莱斯特·R. 布朗等:《1995 年的世界状况：世界观察研究所关于向一个可持续社会发展的报告》(伦敦：全球概览出版社，1995 年），第 172 页。

很快会转向更具有可持续性的行为，从那里获取大量利润。资本主义和可持续性之间不存在根本矛盾。市场是可以操控的，自从约翰·梅纳德·凯恩斯在 20 世纪 30 年代提出这个观点后，政府就已经了然于心了。有一些最有效的方法操控市场，包括通过税收和补贴改变成本，引导经济行为朝向一个新的方向。正如布朗有力论证的那样，当代资本主义之所以会破坏生态，部分原因是它无从计算其生态成本。例如现代财会方法不能准确统计森林在防洪、吸收过量二氧化碳、水土保持以及生物多样性方面所提供的服务。因而运用税收和补贴的手段将这些成本计入经济交易在原则上是完全可行的。实际上，政府如今在日常工作中已经开始运用这些机制了。政府如何管控市场，使之走向比较可持续发展的方向，其中一个明显例证就是在矿物燃料的使用上引入税收机制——也许通过降低所得税加以补偿。这些税收能够改变当前在矿物燃料和较少破坏性能源资源如风能和燃料电池之间的利润平衡，因为在市场经济中，价格的信号灯能够迅速改变数百万消费者和生产者的行为方式。

但是采取这些行动的政治意愿是否存在呢？如果要让答案成为“是”，那么必须发生两件事：那些在现代世界的掌权者看到生态危机已经变得十分明显（一旦危机无疑达到严重和巨大的地步，政府就会迅速应对），以及，尤其在富裕国家里，大众的态度必须有所改变。态度决定一切。持续不断的生产总归是一件好事，这个流传甚广的信念正是改革的障碍之一。只要我们仍用消费资本主义——就是永无止境地消费更好的商品——所教导的方式去理解所谓的美好生活，那么这种信念就不会消退。改变对于美好生活的定义也许是迈向与环境保持更加可持续关系的重要一步。

其他的重大挑战既是伦理的也是政治的。现代世界的巨大不平等是可以容忍的吗？它们难道不会造成最终使用我们已经掌握的毁灭性军事技术的冲突吗？毕竟，现代世界的信息网络能够传播太阳能电池的知识，同样也能够传播制造核武器和生化武器的知识。因此有足够 481

的理由认为，在以后的数十年间，越来越多的国家将会拥有毁灭性武器，而像基地组织那样的恐怖组织，其数量也将持续上升。在这里很难做出预测，因为政治变化取决于个人的决策和行为。富裕国家的政府是否认为，减少全球贫困能够增加它们的安全呢？也许不大明显的但是决非无足轻重的力量将促使政治家着手处理最贫穷国家的贫困问题。资本主义经济需要市场，我们已经看到消费资本主义这个制度的初级阶段判然有别，其生产能力之大，以至于必须向马克思称之为无产阶级的劳动者、依附阶层推销产品。同样的压力肯定最终也会导致提高甚至在最贫困国家里依附阶层的生活水平。通过这种方式，全球资本主义就将采取较少掠夺式的方式，提高工业化中心以外的人们的生活水平。因此，如果一个成熟的世界资本主义体系能够避免甘地提出警告并且加以反对的全球过度消费的危险性，那么，即使相对不平等依然增长，在其他许多国家的依附阶层的生活水平在下一个世纪能够得到提高，产生新的市场并减少全球政治军事冲突也是大有希望的。采取如此行动固可降低全球最凄惨的贫困现象，但是，只要资本主义仍然是经济变迁的主导形式，则总体上的不平等必然继续存在。

中期未来：下一个世纪和下一个千年

当我们思考更加遥远的未来，例如下一个千年或两千年时，历史变迁的开放性就会击败我们。彼得·斯特恩斯正确地将“千年预报”描述为“不切实际的想法”。[1] 在这个尺度里，各种可能的未来迅速增殖，以至于任何事情都属于猜测。除此之外，千年的尺度与百年的尺
482 度有所不同，在这个尺度里我们塑造未来的能力几乎微不足道，因此我们预测的压力就小了许多。

不难想象一场核战争或生化战争，或者生态灾难或者也许甚至巨

[1] 斯特恩斯：《第三个千禧年，21 世纪》，第 74 页。

大小行星碰撞所带来的灾难景象。如果是由人类的行为造成的，那么这些结局对于人类历史而言或许表明，我们这个物种因为冒进而自毁，我们如今所认为的进步实际上正是终结的开始。伊卡洛斯（Icarus）[1] 便是对人类野心和创造性的恰如其分的隐喻。同样也很容易想象乌托邦的景象，即大多数现代世界的问题都被解决了——人类学会了建构生态上可持续的经济，不同群体和地区之间的不平等大致消除，人类巧夺天工的技术被运用于为全世界人类提供更美好的生活而不是越来越多的物质产品。这样的结局倒是证明那些把历史视为进步过程的人是正确的。

但是处在两者之间的景象是最有可能的，但也是最难以想象的。在这里我们所能做的，就是考察某些造就了现代世界的大趋势，并且假定它们还将继续造就未来。

如果当前人口趋势维持一个世纪或者更长时间，那么人口增长将会戛然而止；人口数量将保持稳定甚至下降，而平均年龄有所提高。但是另外一个趋势，技术发明却并无放缓迹象。未来很可能出现一个技术停滞不前的时代，但是现在技术创造的大爆炸似乎将继续保持几个世纪。稳定的人口以及信息技术、遗传工程以及新能源（也许还有氢聚变）控制的加速创新意味着生产能力的日益提高，不仅确保一直提高的人口最低生活标准，而且能够提高每一个人的生活水平。过去 5000 年社会和经济的大趋势表明，几乎没有希望降低社会和政治的不平等。相反，表明财富的梯度反而将有所加大，最弱者和最强者的差别将会增加。但是正如我们所见，过去一个世纪的消费资本主义表明，那些生活在这个梯度最底层的人，他们的生活水平也会有所提高，只不过是因为穷人为数众多，能够为资本主义经济提供宝贵的市场，而随着人口趋稳而生产能力有增无减，资本主义经济需求新消费者的努

---

[1] 伊卡洛斯，希腊神话人物之一。伊卡洛斯是代达罗斯的儿子，代达罗斯为他做了一对人工翅膀，逃离克里特，由于离太阳太近，粘翅膀用的蜡熔化而掉进了爱琴海。——译者注

力将会变得更加疯狂。

483 如果自然环境的限制没有摧毁资本主义的世界体系的话——相反，如果资本主义设法找到了新的市场而将产品销售给穷人，就像销售给富人一样，在生态可持续生产中寻求利润，并且进行信息服务而非物质产品的交易——那么我们就能够预见，现在我们只是看到萌芽的技术在未来将造成怎样的转型。生物技术可以创造新的食品、衣料并且供应一个 100 亿—120 亿人口的世界。还可以使越来越多的人更加长寿健康。纳米技术和新型的更快速的微电子技术可能会让我们身边充满大大小小的智能机器人，他们的行为方式与人类的智能几无分别。与此同时，新能源会使我们获得更多能量。最后，俄罗斯学校教师齐奥尔科夫斯基（Konstantin Tsiokovsky）曾经预想的空间技术已经使得人类在 1961 年 4 月 12 日离开地球，1969 年 6 月 21 日首次登陆其他天体，而这些空间技术最终将导致人类移民史进入一个新阶段。在这个阶段，当今世界网络将会被再次撕破，并且形成几个区域网络。这些想法并不是科幻小说，因为我们知道，500 年前谁也料想不到将北美这个食物采集者和小规模农业社会转型成为一个超级大国的变迁是多么迅速和意义重大。

向其他世界殖民也许可从月球、周边的行星以及其他小行星的工业开发开始。然后继续到太阳系内的其他星球定居。在一个世纪之内对小行星进行工业开发，以及开始向火星殖民都是可行的。而更加值得思考（在理论上也更加复杂）的乃是将火星“地球化”——也就是改变火星的大气层和温度，使之适宜于地球人类和生物有机体居住。[1] 已经制定了好几种类似的计划，但是它们预期的变化将会持续 1000 年才能实现。如果它们获得成功，人类就将学会如何将“驯化”所有星球，就像他们驯化大型食草动物一样。如果人类果真向其他行星大量

[1] 尼科斯·普兰佐斯（Nikos Prantzos）：《我们的宇宙未来：人类在宇宙中的命运》（剑桥：剑桥大学出版社，2000 年），第 56，73 页；关于将火星地球化的计划，参见第 75—80 页。

移民，那么本书迄今所描绘的人类历史只不过是某个发生在地球以外的历史篇章中的第一章。在某种程度上，向另外一个星球移民将会令人想起石器时代的重大移民运动，当时好几个我们这样的物种大量进入非洲的其他地区，然后进入尚未开发的澳大利亚、西伯利亚以及美洲。或许更好的比喻是向太平洋殖民的重要航海活动。但是，到我们地球之外继续生活将要求人类聚集各种技术智慧。未来移民将不得不 484
在也许是完全人工环境里创造一种全新的生活方式。如同复活节岛上的居民一样，他们不一定获得成功。甚至在最近的天体月球上，他们将居住在一片荒芜的沙漠里，在完全的黑暗天空下承受可怕的极端温度的考验。

到我们的太阳系之外旅行是另外一个问题，由于距离实在太过遥远，而且爱因斯坦的规律是任何事物的运动都不能比光更快。[1] 光要用 4 年时间才能够抵达最近的恒星半人马座比邻星，而要旅行到银河系中心则需 30 000 光年。目前我们不知道如何建造一艘速度仅及光速 1/10 的宇宙飞船，而这个速度是适合人在一生中能够往返地球的最低速度。而且甚至最乐观的提议也不能预言在今后几个世纪里就可以进行这样的旅行。像波利尼西亚殖民者那样并不指望返回家乡的殖民之旅也许比较现实。这些人就可以搭乘更大、更慢的太空飞行器，用数百年时间到达他们的目的地。与波利尼西亚人不同的是，“太空方舟”将成为永久的家园，比他们途中巧遇的星球更舒适、更有吸引力（参见图 15.3）。与我们今天的宇宙航行，登陆我们不能控制其运动的天然星球不同，未来的人类能够在可操控的人造星球上旅行。在这种情形下，人类的未来将不是向数千个其他星球殖民，而是创造数千个甚至数百万个太空方舟，定期降落到附近的星球补充燃料和原材料。人们预计，接连不断的星际殖民浪潮，以相对较慢的速度，用数百万年时间到达我们自己银河系最遥远的地方；我们现有的知识还几乎无法使

---

[1] 关于星际旅行，参见普兰佐斯：《我们的宇宙未来》，第 2 章。

图 15.3　太空殖民的设计是人类在宇宙中的未来吗?

从今以后二三世纪中大多数人类将如此生活下去吗？人类将重复旧石器时代史诗般的移民活动，只是现在是在太阳系范围进行吗？此图是根据普林斯顿物理学家杰拉德·K. 奥尼尔（Gerard K. O'Neil）在 20 世纪 70 年代和 80 年代设想的为探索太阳系而进行空间殖民活动的设想绘制。每个圆筒 30 千米长，容纳数千人或者上万人。每三条地带（“国家”？）将享受殖民地“一天”中三分之一的阳光。采自尼科斯·普兰佐斯，《我们的宇宙未来：人类在宇宙中的命运》（剑桥：剑桥大学出版社，2000 年），第 42 页

我们预想到其他银河系的旅行方式。

如果人类开始太阳系之外的旅行，人类社会就会分裂成几个不同的世界，就像太平洋上的许多世界一样，各有自己的历史，因为相互之间的联系是断断续续的、缓慢的。阿瑟·C. 克拉克认为，“有限的光速将不可避免地再一次从时间和空间上将人类割裂。我们有共同的远祖，他们居住在与我们相隔遥远、无法企及的地方，因为我们正在向

一个比我们所能够梦想的更大的宇宙前进。”[1] 如果分裂时间足够漫长，在历史上大多数时期曾经将人类联系在一起的网络就会被拆散。文化网络将首先扯断，但是接着还有规定了作为独特物种的现代人的基因纽带将会变弱，并在某个临界点上断裂。人类就像加拉帕戈斯岛上的 485
雀鸟一样进化成无数各不相同的种类，每一种都适应于某个特定的环境。

进化变异不可避免，不管人类是否殖民其他世界。很少有哺乳类延续数百万年而不进化为另外一个物种的。人类作为新物种，拥有成千上万年甚至数百万年的未来。但是现代基因技术能够很快使人类开始有意识地操纵其自身的基因结构。随着 20 世纪末人类基因组的解码，我们已经知道人类构造的蓝图，即使我们还不知道这份蓝图的不同部 486
分相互作用的方式。很有可能在今后数世纪中，人类将开始设计自己的身体，而不需要等待漫长的自然选择发生作用。[2] 我们把这些人想象成我们自己或者我们的后代还有任何意义吗？

这些后代会遇到其他智慧的、联结成网络的生物吗？我们有充分理由认为不会，至少在我们的银河系中不会。对于围绕附近恒星运行的行星进行观察，以及对那些我们曾经认为不可能存活的恶劣环境——如海洋内的火山口或者岩石深处的冰点以下的地区——中的生命有机体的观察表明，至少在行星和恒星存在的地方，生命是常见的现象。此外，在地球上生命形式首次出现的速度表明，只要条件合适，生命将很快形成。但是能够像人类那样分享信息的智慧生命形式可能是绝无仅有的。在地球上，进化成联结成网络的、大脑容量的生物用了将近 40 亿年，而且是一件偶然发生的事情，本来还要花费更长的时间；导致大脑容量的进化路径似乎十分狭窄。因此，不能肯定经过漫长时间的进化就会形成任何像我们这样的物种。此外，即使智慧的、

[1]　阿瑟・C. 克拉克，转引自布卢门菲尔德主编：《未来掠影》所做的导论，第 19 页。

[2]　布赖恩・斯塔布福德（Brian Stableford）和戴维・朗福德（Dvid Langford）在《第三个千禧年：公元 2000—3000 年的世界史》（伦敦：希德威克和杰克逊，1985 年）这部创作于 20 世纪 80 年代中期的关于未来眼花缭乱的历史著作里，探索了基因工程某些可能性，令人颇感兴趣。

分享信息的生物是常见的现象，没有任何清晰的证据表明它们的存在，这本身就令人十分困惑。1950 年物理学家恩里科·费米访问洛斯阿拉莫斯（Los Alamos）国家实验室，以一个简单的问题提出了这种观点："但是他们在哪里呢？"如果这些物种是常见的，那么就应该有许多智慧的、联结成网络的社群，他们的技术要比我们先进许多，我们应该接收到他们中间的某些物种发出的某些信号。[1] 如果人类能够到达其他相邻恒星的行星，他们也许会像横渡太平洋的波利尼西亚旅行者那样，发现并没有像他们那样复杂的、熟练掌握技术的生物。

但是至此我们就进入纯粹的猜想，就像我们猜测任何关于 1000 年的时间跨度内人类社会性质那样，我们只能猜想而已。如果我们还记得恐龙作为一个种群，似乎在 6500 万年前因为一次小行星造成的生态瞬间而毁灭前曾经似乎繁荣一时，我们就能够提醒自己这些观念只能是猜想性质的。

远期未来：太阳系、银河系以及宇宙的未来

奇怪的是，在最大的时间尺度内模糊性反而消失了，因为天文学家与历史学家相比，他们研究的对象更大、更简单，这些对象在漫长
487 的阶段变化十分缓慢。天文学家确信，关于行星和恒星，甚至宇宙本身会发生什么事情他们有很好的想法。

生物圈的最后命运取决于地球和太阳的演化。虽然这些都是巨大的体系，但是它们比生物圈或者人类社会更简单，因此它们未来的演化是可以预测的。我们的太阳处在生命周期的中期，还将有 40 亿年左右的生命。但是地球上的生命将在太阳死去之前全部灭绝。当太阳进入老年时将会更热，最终令地球表面更热，生物圈会进化，以减缓这

---

[1] 普兰佐斯：《我们的宇宙未来》，第 162—169 页；正如普兰佐斯所指出的（第 164 页），费米的问题早在 18 世纪已经由法国科学家丰特奈尔（Fontenelle）提出来了。关于宇宙其他地方存在智慧的比较乐观的评估，参见阿尔曼·德尔塞默：《我们的宇宙起源：从大爆炸到生命和智慧的出现》（剑桥：剑桥大学出版社，1998 年），第 236—244 页。

些变化造成的影响，但是最终地球上那些仍然存活的有机生命将丧失选择的机会。在 30 亿年的时间里，地球将吸收太阳的热量，就像如今金星那样；海洋将沸腾，产生的蒸汽将促使全球变热。地球将变得无法居住。[1] 最后它将像今天的月亮那样一片荒芜。

太阳燃烧掉全部氢，就将变得不稳定。它将从表面喷射物质，将膨胀到地球如今所在的位置。然而太阳密度和引力的减少也将把地球推向更远的轨道，也许 6000 万千米以外。尼科斯·普兰佐斯描述了从地球上观察到的景象："如果有一个观察者还能够生活在温度接近 2000℃的地球表面炽热的炉膛里，他将看见与但丁笔下的地狱相类似的景象。太阳将会占据整个天空的 3/4。"[2] 如果有谁看见太阳吞噬地球，他们可能是来自太阳系以外的访客；那时，木星和土星的卫星——木卫二和土卫六会变得可以居住。然后太阳会再度收缩，因为它开始燃烧内部的氦，但是仅持续一亿年。当氦燃烧完毕，太阳将会再度不稳定，开始产生氧气和碳。在这个阶段，即使外层行星也不能居住了。然后，太阳中心的燃烧将最终熄灭并收缩成为一颗白矮星——一种密度极高、极热的星体，由于没有内部的热动力，将在一个比它聚变时期长好几倍的晚年逐渐变冷、变暗。

银河系中数千亿颗恒星不会注意到它的死去——不过也许它们应当注意到，因为它将为银河系的未来提供一个小小的不祥的征兆。恒星所能生产的物质 90%已经耗尽，因此恒星的形成时代已经走向尾声。从今以后的数百亿年中，将不再形成恒星，然后，当现有的恒星开始死亡的时候，光明将会减弱并消失。在一个寒冷、黑暗的宇宙里，能量的梯度将不再增加到足以创造复杂星体的地步；宇宙将变得越来越简单，第二热力学定律将越来越有效地展示其昏暗的权威。但是这不 488
会很快发生，也不会逆向发生：较小的恒星就像曾经强大的游击军队

[1]　普兰佐斯：《我们的宇宙未来》，第 209 页以下。
[2]　同上书，第 214 页。

的残余分子那样，其寿命比现有的宇宙年龄长好几倍。然后，再过数万亿年，甚至这些小恒星也会再度变暗，就像它们早年那样。但是此刻的宇宙就像一个垃圾场，充满冷却的、黑暗的物质，如褐矮星、死亡的行星、小行星、中子星以及黑洞等。[1]

接下去还会发生什么呢？我们不能断定，但是我们知道一些片爪只鳞。未来主要取决于推动宇宙分离的膨胀和将宇宙聚拢的重力平衡。如果有足够的密度／能量减慢宇宙膨胀以至于停止，那么也许数万亿年之后，它就会开始收缩。收缩并非如同人们曾经想象的那样是一个逆向的膨胀阶段。甚至有一段时期人们假设一次新的大爆炸之后出现“大挤压”（Big Crunches）这种活力再现的宇宙场景，有些人将其视为现代版本的宇宙循环论，就像玛雅人心中的宇宙一样。[2] 这些观念激励着天文学家试图详细地统计宇宙物质／能量的量。一开始，似乎物质的量很少，不足以停止宇宙膨胀，但是逐渐弄清楚了，我们还有无数看不见的宇宙物质／能量。随着各种间接的方法用于估算暗物质的量，似乎引力和膨胀极微妙地达成了平衡，这表明宇宙最后的命运还不清楚。然而，到 20 世纪 90 年代，所谓真空能量的发现为这些争论提出了一个解决办法——其中部分原因是因为真空能量自身能够说明消失的物质／能量，还有部分原因是它似乎确保了宇宙膨胀不会变慢，而是加速，因为真空能量似乎在缓慢地提高宇宙膨胀的速度。

目前，大多数天体物理学家相信，宇宙将持续地、永远地膨胀下去。用他们的行话说，就是它是“开放”而不是“关闭”的。随着宇宙越来越大，银河系的空间还会增加，宇宙在变弱的过程中将变得越来越简单、寒冷和孤独。美好时光将一去不返。随着热物体和冷物体
489 之间的温差降低，熵就会增加，令复杂实体的形成更加困难，不过继

[1] 普兰佐斯：《我们的宇宙未来》，第 225—229 页。

[2] 宇宙创造周而复始的观念最早是物理学家约翰·惠勒（John Wheeler）提出的；参见肯·克罗斯韦尔（Ken Croswell）：《天体的炼金术》（牛津：牛津大学出版社，1996 年），第 216 页；斯蒂芬·霍金满脑子在想，时间之矢随着宇宙热力学第二定律的逆转在宇宙收缩阶段也会逆转，但是后来放弃了这种想法，认为是错误的；参见《时间简史：从大爆炸到黑洞》（纽约：矮脚鸡出版社，1988 年），第 150—151 页。

续膨胀的宇宙将使自己无法彻底达到热力学动力平衡。随着宇宙进入老年，光只能来自太空中为数不多的突然爆发，那是由于冷物质团偶然碰撞而形成一些新星。这些孤独的发光的灯塔将发现自己身处一个巨大的银河坟场，周围是数十亿颗恒星尸体。引力将推动某些星体进入空间，在那里每一个星体都将孤独地忍受炼狱的煎熬，因为它将一直旅行下去，与任何其他物体距离越来越远，最终消亡在自己的宇宙里面。那些仍然待在从前银河系里的恒星尸体将在引力作用下聚集在一起，最后形成巨大的黑洞。黑洞外的其他任何物质都会消失，如果（像某些现代理论所想象的那样）甚至质子也不是永恒的。也许从宇宙大爆炸之后 10^{30} 年，宇宙将成为一个黑暗的、寒冷的地方，只有黑洞和飘零的亚原子粒子充斥其间，它们相互之间的距离以光年计。

但是斯蒂芬·霍金在20世纪70年代证明，甚至黑洞也会丧失能量，在经过无数难以想象的时期之后消失。它们因量子蒸发而导致的死亡将持续一段时期，比所有以前经历时间还要长10多亿倍，与这段漫长时期相比，10亿年相当于海滩上的一粒沙子（参见表15.1）。普兰佐斯认为，按照这个比例，黑洞开始统治宇宙之前的 10^{30} 年，“看上去甚至比今天我们看普朗克时间还要短！”[1]黑洞背后还会留下一些什么吗？绝无仅有：保罗·戴维想象那是“一盘难以设想的稀汤，由数量逐渐减少的光子、核子以及电子和正电子组成，它们逐渐地、缓慢地远离对方。就我们所知，再也不会发生更进一步的物理过程了。没有任何重大事件打扰这个宇宙的凄惨贫瘠，这个宇宙气数已尽，终将直面永生的宇宙——也许永死是一个比较确切的描述。”[2]

[1] 普兰佐斯：《我们的宇宙未来》，第263页。
[2] 保罗·戴维：《最后三分钟》（伦敦，菲尼克斯，1995年），第98—99页。

表 15.1　开放的宇宙未来年表

大爆炸以来的时间（年）	重大事件
10^{14}	大多数恒星都死亡了；主宰宇宙的是冷物质、黑矮星、中子星、死亡的行星和小行星，以及星际黑洞；随着宇宙的膨胀，幸存下来的物质都是相互分离的。
10^{20}	许多物体都飘离星系；那些残留的物体塌陷到星系的黑洞里面。
10^{32}	质子大多毁坏，留下一个由能量、轻子和黑洞组成的宇宙。
10^{66}—10^{106}	星际和恒星黑洞蒸发。
10^{1500}	经过量子“通道”，剩下的物质转变为铁。
10^{1076}	剩下的物质转变为中子物质，然后变为黑洞，蒸发。

资料来源：选自尼科斯·普兰佐斯《我们宇宙的未来：人类在宇宙中的命运》（剑桥：剑桥大学出版社，2000 年），第 263 页

设想存在一个目睹最后黑洞面临死亡之烦恼的观察者，对于他而言，本书所考察的数十亿年不过是时间在开始时的一次创造性的耀眼闪光，是巨大的混沌的能量挑战第二宇宙热力学定律并且将构成我们世界的稀奇古怪的复杂实体的大杂烩联合在一起的那一刹那。在这春光乍现之际，在尚未冷却变黑之前，宇宙的创造性正在大爆发。而至少在一个无名的银河系里出现了一个联结成网络的、智慧的物种，能够把宇宙当作一个整体进行思考并且重构它的过去。[1]

我们不禁要想，这道创造性的闪光是为人类特意安排的——也许
490 这就是宇宙从虚无中创造出来的终极理由。现代科学绝没有为这样一种人类中心论的信仰提供充足理由。相反，看来我们只是宇宙在其漫长生命中最年轻、精力最旺盛、最具生育能力的阶段上一个比较稀奇古怪的创造。虽然我们不再将自己视为宇宙的中心，或者其存在的终极原因，但是对于许多人而言，这种想法仍然是非常崇高的。

---

[1]　宇宙之春的想象借鉴了阿瑟·C. 克拉克：《未来概说》（1962 年），转引自普兰佐斯：《我们的宇宙未来》，第 225 页。

本章小结

预测未来是要冒风险的，因为宇宙在本质上不可预测。但是在某些情况下我们必须有此一试。我们必须认真思考下一个世纪，因为我们今天所做的，可能对生活在下一世纪的人们产生重要影响。如果我们的预测不那么离谱，并且根据这些预测采取合乎理智的行动，那么我们就能够避免灾难。这些灾难或许会采取多种形式不期而至，包括严重的生态退化和由于所得资源的巨大不平等而导致的军事冲突。这两个问题是相互关联的，而在理智的安排下，也有可能推动人类世界与环境建立更具可持续性的关系，创造一种提高穷人生活条件的全球经济，即使这种经济对于富人不无偏见。从数世纪的尺度来看，可能性迅速增加以至于不大值得做出预测的努力。但是，尤其是在技术方面的一些大趋势，可能提示我们未来的某些特征。人类可能迁移到太 491
阳系的行星或者月亮上去，也许甚至到更远的地方；他们可能精确地控制基因过程。但是，任何特定的预测都有可能因为不论是人为的还是地质学的或者小行星碰撞等天文现象所导致的始料未及的危机而发生偏差。从宇宙学的尺度看，我们的预测又再次变得更加有信心了。太阳和太阳系将在 40 亿年以后消亡，但是宇宙将存在很久。最近有证据表明，宇宙膨胀将永远持续下去。即便如此，我们也能够根据现代基础物理学和天文学过程的理解，来描述宇宙在膨胀过程中如何消亡。从不可想象的遥远的未来观点看，当宇宙被压缩到稀薄的光子和亚原子的时候，本书所涵盖的 130 亿年似乎只是春宵一刻罢了。

延伸阅读

彼得·斯特恩斯的《第三个千禧年，21世纪》(1996年)讨论了未来学的历史，而约里克·布卢门菲尔德的《未来掠影》(1999年)，收集了一部分关于未来学的论文。关于未来生态，某些比较容易找到的有莱斯特·布朗的《生态经济》(2001年)[不过布约恩·龙伯格(Bjørn Lomborg)在《怀疑论的环保主义者》(2001年)中、保罗·肯尼迪在《为21世纪做准备》(1994年)从统计学上对该书提出严厉批评]。有许多小说描写了中期未来。布赖恩·斯塔布福德和戴维·朗福德在《第三个千年》(1985年)对于下一个千年的"历史"做了令人心驰神往的、比较乐观的描绘，而沃尔特·米勒(Walter Miller)的《莱博维茨颂歌》(1959年)则是冷战达到顶峰时期创作的，书中描绘了人类的创造性和理性导致周期性核战争大屠杀。从更大尺度看，科学又一次进入了预测的视野。尼科斯·普兰佐斯，《我们的宇宙未来》(2000年)讨论了空间旅行的可能性，探讨了最遥远的宇宙未来，而保罗·戴维的《最后三分钟》(1995年)也是如此。

附录一

断代技术、编年史和年表

现代宇宙创造的神话故事，就像任何故事一样，其核心内容就是有一个年表。现代年表是怎样编制的呢？我们怎样开始理解它的各种不同的时间尺度呢？

编制一份现代年表

现代宇宙创造故事的最惊人特征就是它充满信心地描述了人类存在以前数十亿年发生的事件。许多编年史的细节只是在过去数十年间进行了集中的讨论，因此本书所讲述故事的背后的年表，有很多部分是新出现的。如何编制呢？

凡有文字记载的地方，断代就不是一个难题，现代史学家主要是依靠文字记载来叙述过去的。但是当我们处理文字历史所不能涵盖的更大的历史跨度时，情况就有所不同了。甚至在 50 年之前，要编制这样一份年表也比现在更为困难。在 20 世纪中叶以前，关于遥远过去的确切知识似乎是不可能的。我们也许能够确定事件的相对顺序（如特定的岩石层叠的先后顺序），但是似乎没有办法确定绝对时间。

在基督教世界，直到 19 世纪《圣经》一直被视为确定远古时间的重要资源。推算宇宙创造的时间就是将所有《圣经》中一代又一代人的年份相加。这种计算方法表明，上帝创造地球是在大约 6000 年前。

494 在17世纪，正如本书第1章所言，有位英国学者得出结论，认为人类是在公元前4004年10月23日上午9：00整被创造出来的。但是即使在17世纪，对地质学稍有兴趣的学者也认识到，地球肯定要比这个年龄更古老。例如，他们在高山地区发现的化石似乎是古代鱼类的遗存，这表明他们所处的高山是从海平面抬升上来的。学者们认为，沧海桑田的变化肯定超过了6000年。到19世纪，地质学家已经习惯了更大的时间尺度的想法，他们非常熟练地确定相对时间。他们说得出哪一层岩石是最早层积下来的，他们拥有的知识能够将化石按照时间先后序列排列，从而描述进化历史的几个大致阶段。但还是没有确切的方法精确地断代。威廉·汤普森［William Tompson，即开尔文勋爵（Lord Kelvin）］试图确定地球的年龄，此举影响深远。他在19世纪60年代论证到，地球存在不到一亿年，至少也有2000万年，他假定地球和太阳曾经是熔融物质的球体，逐渐冷却达到现在这个温度。为了推算它们的年龄，开尔文勋爵计算这个冷却过程到底要花多少时间。他这样做是错误的，因为他还不能理解放射现象，这种现象能够维持这两个星体内部的热量（尽管各自的方式有所不同）。实际上，正是通过对放射现象的认识最终才有可能确定现代宇宙创造过程的准确时间。[1]

放射性断代技术运用各种放射性物质，包括许多通常比较稳定的化学元素如碳的一个特点。[2]许多放射性元素的原子核包含大量质子和中子。由于质子具有正电荷，在电学上相互排斥；在一个原子核内挤进的质子越多，则排斥力越大。最后，这些排斥力能削弱将核子聚合在一起的强大力量；因为这个原因，大原子核就比小原子核更脆弱。但是即使再小的原子核在某些组态下也是不稳定的。放射性元素的原

[1]　关于现代断代技术的全面考察，参见阿尔曼·戴尔塞姆：《我们的宇宙起源：从大爆炸到生命和智慧的出现》（剑桥：剑桥大学出版社，1998年），第285页；尼尔·罗伯茨：《全新世环境史》第2版，（牛津：布莱克韦尔，1998年），第2章；以及尼格尔·考尔德（Nigel Calder）：《时间尺度：第四维的地图》（伦敦：查托和温达斯，1983年）。

[2]　同位素具有相同数量的质子但是中子数量不同。例如，C^{14}是不稳定的，而C^{13}和C^{12}则是稳定的，但是都有6个质子（这个事实就将它们都定义为碳原子）；C^{12}和C^{13}分别占所有碳原子的98.9%和1.1%，而C^{14}仅有微量存在。

子核会周期性分离。它们排斥数量小的质子和中子，有时排斥一个电子或者正电子，于是就形成不同的元素。这个过程就称为放射性衰变，它会一直继续下去直到原来的物质经过一步步的放射过程而发生嬗变，最后成为稳定的如铅等元素。这种衰变的发生具有统计学规律，虽然我们不能预测一个特定的原子核会在什么时候分裂（正如我们不能预测抛硬币的某个特定的结果一样），但是我们能够精确地了解许多放射性事件的特性。因此我们能够测算大量物质是如何衰变的。这个衰变的速率一般以半衰期计算。例如 U^{238}（最常见的铀同位素）的半衰期约为 45 亿年，略少于地球的年龄。这就意味着如果我们从（也许在超新星上）一块新组成的 U^{238} 开始计算，那么到 45. 6 亿年以后就会有一半的铀衰变为其他元素。（地球上如此之多的铀似乎已经有 45.6 亿岁，这 495
个事实使我们有理由认为，就在我们太阳系形成之际，在银河系里曾经爆发过一颗超新星）放射性元素的半衰期各不相同。例如，C^{14}（一种稀有的碳同位素）的半衰期为 5715 年，因此考古学家用它断定发生在最多为 4 万年以前的事件。[1] 对于更早事件的断代，就很少有天然的 C^{14} 遗留下来供我们进行精确的分析，因此需要使用其他的办法。

放射性衰变的统计规律使我们能够计算某个包含有放射性物质的东西是在什么时候形成的。通过这种办法，我们就能够说，例如地球是在 45.6 亿年前形成的，或者说寒武纪在距今 5.7 亿到 5.1 亿年之间。技术上的细节虽然复杂，但是原理却是简单的。如果你拿到一块放射性物质，你就能够测量它分裂为其他元素的比例有多少，根据这个数字你还能推算这块物质存在有多久。在这种计算方法中总有一些不可靠性存在，但是甚至可靠性的程度也能够精确地计算出来。放射性断代法的原理首先是美国人维拉德·李比（Willlard Libby）在 20 世纪 50 年代提出的。从那时起，此项技术有了极大发展。因而从 20 世纪中叶开始，考古学家、地质学家、古生物学家以及天文学家都能够精确计

[1]　关于 C^{14} 断代法发展全面考察，参见罗伯特：《全新世环境史》，第 11—25 页。

算我们星球和太阳系在遥远的过去所发生的许多重要事件的绝对准确时间。放射性断代技术为我们现代年表提供了重要的年代。

分子断代法是一种较新的技术，首创于20世纪80年代，主要用于确定两个相关物种之间的进化距离（参见第6章）。通过比较两个有机体相似的基因物质（如DNA），然后测算两个样本之间的差异。许多这类测算表明基因变化在统计学上都是随机的，因此，就像放射性物质的分裂一样，此种方法可以用作某种时钟。科学家首次使用分子
496 钟来决定人猿何时相揖别的，他们得出的结论令人震惊，居然是在短短700万年之前。这个时间迅速被古生物学家所接受，大大加强了这种技术的可信度，现在已经用于其他重要过程的研究，如断定人类向世界不同地区迁移的时间。

大爆炸提出了自身的编年史问题。埃德温·哈勃证明宇宙正在膨胀，他还证明，计算膨胀的时间在原则上是有可能的。为了进行这种计算，他首先必须确定星系之间的距离以及它们分离的速度。这两项任务都十分艰巨，而且由于在时间过程中膨胀速度在引力和（最近研究所表明的）某种"真空能量"的影响之下会发生变化从而使问题变得更加复杂。哈勃最早尝试计算的膨胀速度（哈勃常数）表明宇宙只有20亿年——显然这个数字是不可能的，因为地球本身被认为有45亿年。现代测算将宇宙的起源定于130亿年以前。这个日子（正好）与已知最古老的恒星（大约120亿年）的年龄相近，与任何较古老的放射性年代相一致。最近研究表明，威尔金森微波各向异性探测器（WMAP）给出了宇宙大爆炸的精确时间是在137亿年以前。同样的研究还表明，最古老的恒星在此后2亿年就开始发光了，因此，最古老的恒星年龄与宇宙年龄本身非常接近也就不足为惊奇的。

理解大时间尺度

把握现代宇宙诞生神话的时间尺度对于那些不习惯使用大时间尺

度的人而言是极其困难的。但是这种困难并非为现代宇宙诞生故事所独有。某些印度教和佛教的编年史家谈论宇宙历史甚至比现代科学还要夸张。

> 世尊曰：……比丘！譬如有纵一由旬，广一由旬，高一由旬，而无空隙、无龟裂，坚困之大岩山。[若]有人每终百岁，以迦尸衣一拂之，比丘！其大岩山，依此方法而灭尽至终，劫犹未尽。比丘！劫乃如是长久。比丘！如是长久之劫，轮回多劫，轮回比百劫多，轮回比千劫多，轮回更比百千劫多。[1]

要真正理解现代宇宙创造神话的时间尺度，我们需要努力发挥类似的想象。本附录包含若干年表，可以帮助读者更加熟悉现代宇宙创 497
造神话的时间尺度。

本书前几部表示的时间都与当今有联系。例如，宇宙也许是在130亿年之前创造的，而地球是在46亿之前创造的，而最早的多细胞或有机体的证据出现在6亿年前，最早的人亚科原人（双足灵长目动物，现代人就是由其传下来的）的骨骼的证据出现在400万年前（不过最近的发现又将其前推到了大约600万年前）。随着我们接近人类的历史时代，我们就更加正式地使用这个体系了，采用了考古学家的断代术语BP(距今)。严格说来，这样的断代法，如果按照放射性断代法，应计算作“1950年前”。对于所有大约5000年前以来的断代（一般而言，自第9章以后），我就用比较熟悉的体系公元前（BCE）以及公元（CE），亦即传统的基督教断代体系（BC和AD）。将“距今”的年代转化为公元前，只要减去2000年。如距今5000年就是公元前3000年。

[1] 三界智长老（Nyantiloka）：《佛教词典：佛教术语和教义手册》第3版（斯里兰卡，科伦坡：弗里文，1972年），“劫波”条。岩石磨损的比喻似乎广为流传，因为在同样的标题下，格林兄弟讲述了一个日耳曼故事，包含以下文字：“在遥远的波美尔拉尼亚，有一座金刚山，一小时长，一小时宽，一小时高。每过一百年就有一只小鸟飞到山上磨它的喙。当整座山被磨掉之后，永恒的第一秒就过去了。”（译文从元亨寺版南传《相应部》——译者注）

下面我们将概述创造现代宇宙诞生的故事，有三种不同的编年史可以帮助读者不断追踪本书所涉及庞大的编年时间尺度。有 8 份散见于本书的年表也可以帮助使读者熟悉这个故事的不同时间尺度。

核心故事

下文所述概括了本书所讲述的故事。

130 亿（13 000 000 000）年前什么也没有。甚至连虚空也没有。时间不存在，空间不存在。在这虚无中，发生了一次爆炸，在一刹那间，某种事物存在了。早期宇宙极热——一团灼热的能量和物质之云，比太阳的核心还要热。在万亿分之一秒的时间内，它膨胀得比光速还快，从一个原子变为银河系。然后宇宙膨胀的速度减慢，但是仍继续膨胀直到今天。随着宇宙的膨胀，其温度也逐渐下降。大约在 30 万年后，它已足够冷，形成氢原子和氦原子。在大约 10 亿年内，巨大的氢原子和氦原子云团开始聚集，然后在引力作用下塌陷。接着，这些云
498 团中心温度上升，原子融合在一起就像一颗巨大的氢弹，最早的恒星开始发光。数千亿颗恒星聚集成一个我们称之为银河系的共同体。早期宇宙几乎就是由氢、氦元素组成，但是在恒星内部以及巨大恒星的残酷的死亡痛苦中，新的元素诞生了。经过一段时间，更加复杂的元素出现在了星际空间。我们的太阳大约在 45 亿年前从包含许多新元素的气体和物质中形成。几乎与太阳同时形成的还有太阳系，它是由太阳遗留下来的残余物质形成的。

早期地球险象环生，陨星轰炸，温度奇高，大多处于熔融状态。然而经过 10 亿年，地球开始冷却，雨水降落到地表，形成早期海洋。到 35 亿年前，发生了复杂的化学反应，也许在深海的火山口附近，创造了简单的生命形式。在接下去的 35 亿年时间里，这些简单的、单细胞有机物逐渐分化，通过自然选择而进化。很早的时候，有些学会了通过光合作用而从太阳那里吸收能量。随着其他有机物开始通过光合

作用摄取养料，阳光就成了地球生命的主要“电池”。由于太阳提供能量，生命有机物在海洋中传播，并最终延伸到了陆地上，形成相互联系的生命网，深深地影响到了大气层、陆地和海洋。从大约 6 亿年前开始出现更大的有机物，每个都是由数十亿单个细胞组成。只是在 25 万年前，人类这个物种从猿猴的共同祖先经过同样不可预测的自然选择过程进化而来。

虽然其他动物也同时在进化，但是人类似乎通常善于从周围环境获取资源。这个优势使他们具备了精确地分享信息和观念的能力，其精确性之高其他动物无法望其项背。经过一段时间，他们的知识逐渐积累，每一代人都能够在前一代人基础上构建自己的知识体系。由于学会在不同环境里生活，起先在非洲，接着在欧亚大陆、澳大利亚，最后在太平洋上的无数岛屿，人类的数量增长了。这些全球性的迁移花费了数万年。终于从一万年前开始，世界上一部分地区的人类非常成功地控制了他们的环境以至于他们能从一定的土地上生产更多产品。利用我们现在所称的农业技术，他们开始居住在小型村社里。随着人口的增加，村社的数量和规模也随之增加，大约到 5000 年前，最早的城市出现了。这些庞大的、稠密的居住区需要建构新的、复杂的规范，以便避免争端，协调许多居住在相邻区域中的人们的行为。由此出现 499
了最早的国家，一些有权有势的个体抱团规范整个社群的行为。为了争夺资源和权力，社群内部以及社群之间会发生冲突。但是社群之间也交流信息，因而整个人类所掌握的技术继续保持增长。经过数千年的发展，人类社会的规模、范围以及人口数量都有所扩展，终于大多数人生活在建立于国家基础之上的社会里，有城市也有某种形式的农业。在人口和技能增加的同时，他们对生物圈——亦即地球上其他有机体社群——的影响也增加了。在有些地区，人类行为的影响，例如灌溉或者毁林证明具有极大的毁灭性，以至于当地环境再也无法养活大量人类，整个文明就崩溃了。

随着交通运输技术的进步，越来越多的社群相互之间建立了联系。

大约 500 年前，这些变迁首次将所有地区的人类连接起来了。对于许多社群而言，走到一起来是灾难性的；它带来征服、疾病和掠夺，有时甚至极其残酷无情。但是区域社群的融合有助于新技术的突破为全世界所共享。在过去两个世纪里，从掌握蒸汽动力开始的新技术已经使人类社会能够获取储藏在矿物燃料如煤和石油中的大量能源。人口以前所未有的速度增加，管理巨大的社群，处置相互间冲突的问题则要求创造更强大、更复杂的国家体系。如今，人口的数量极大，人类对生物圈的影响极大，以至于我们真正面临破坏我们的环境和家园的危险。这种破坏会导致人类文明的崩溃，也会给其他有机体带来灾难性后果。与此同时，人类分享知识的能力如今也比从前更大了，从而可能由于我们对生态的爱好而创造出新技术和新方法来组织人类社会，使我们逢凶化吉。

整个时间的编年史

第一份编年史列出了一些（近似的）日期。它们涵盖了文中讨论过的重大变迁和转型。

500 **我们太阳出现以前的宇宙历史（从 130 亿年到 45 亿年前）**

· 大约 130 亿年前：大爆炸、宇宙诞生；宇宙膨胀到银河系的规模；在以后数秒内发生的许多重大事件；在第一秒内出现质子和电子。

· 大约 30 万年后：宇宙冷却近数千摄氏度，电子为质子所捕获，形成最早（电荷为中性）的原子，即氢原子和氦原子；宇宙背景射线（CBR）随着在电荷呈中性的宇宙而释放出来（1964 年检测到 CBR 导致人们普遍接受宇宙起源的大爆炸理论）。

· 大约在大爆炸后 10 亿年后：在引力作用下，氢原子与氦原子结合，在巨大的气体星团中心，最早的恒星开始发光；数十亿颗恒星聚集成为银河系；形成新元素，或者在恒星内部（所有的元素到有 26 颗质子的铁元素为止）或者在无数将要消失的超新星（所有元素到有 92 颗质子的铀为止）的爆炸。

· 大约在 46 亿年前：从包含有其他恒星的残余物的星尘云中形成太阳、地球以及太阳系。

地球和地球生命的历史（从 45 亿年前）

· 大约 35 亿年前：地球上最早的生命有机体出现；DNA 成为复制的基础，并依然存在于每一种生物的每一个细胞里（通过近乎完美的自我复制而繁殖；变化和进化之所以可能是因为复制并不绝对完美，当不完美的复制设法存在下去的时候，它们的后代最终就会成为一个新物种）；早期生命包括原核生物，差不多就是几条 DNA 漂浮在一个受到保护的容器又称细胞里面；光合作用的细胞利用太阳能并产生氧气。

· 大约 25 亿年前：从光合作用的有机体产生的自由氧气开始与大气层交换。

· 大约 15 亿年前：最早的复杂细胞生物或者真核生物出现，其细胞核包含有 DNA 和复杂内在细胞器（所有复杂的生命形式都是从真核细胞进化而来）；多组细胞开始聚集成大型群体，而形成最早的多细胞生物；通过交配而繁殖，两个不完全相同的有机体交换 DNA，形成与其父母不同的新生物，于是变化的速度渐次加快。

· 大约 6 亿年前：最早的大型、多细胞生物化石出现于寒武纪；在大气层上方的氧气里形成臭氧层，使陆地上的生命更容易进化，因为 501
它保护地表不受太阳紫外线伤害，但是不会阻挡太阳的热和光；生命传播到陆地和空中，同时大海里的生命也得以增殖和多样化。

· 大约 6500 万年前：恐龙灭绝，也许是小行星的影响，其后果就像一场核战争；哺乳动物取代恐龙成为陆地大型动物；最早的灵长目似乎住在树上，哺乳，脑容量更大，双足行走，直立。

人类历史的旧石器时代（从 700 万—大约 10000 年前）

· 大约 700 万年前：最早的人亚科原人从猿进化而来，特点是双足行走。

· 大约 400 万年前：南方古猿出现。

· 大约 200 万—150 万年前：能人，我们人类的成员出现。

· 大约 180 万年前：直立人开始发展。

· 大约 100 万年前：直立人的成员迁移到欧亚大陆南部。

· 大约 25 万年前：最早的现代人——智人出现，可能发展出完整的语言。

· 大约 10 万年前：现代人移入中东，可能在那里他们遇到了尼安德特人。

· 大约 6 万年前：现代人最早在萨胡尔 / 澳大利亚殖民。

· 大约 2.5 万年前：现代人移入西伯利亚；尼安德特人——唯一遗存下来的非人亚科原人灭绝。

· 大约 1.3 万年前：最早的人类横渡白令海峡在美洲大陆殖民。

人类历史的全新世时代（过去的 1 万年）

· 大约 1 万—5000 年前：最后的冰川期结束；食物采集技术广泛使用，某些定居社会出现，早期农业形式出现；人口开始迅速增长；早期复合型社会和等级化的迹象出现，因为大型社群需要新的、更为复杂的组织形式。

· 大约 5000 年前：最早的城市、国家和农耕文明出现；强大的社会精英通过收取贡赋而控制资源；这些精英策划战争，建造大型崇拜性、纪念性建筑；文字发明；农耕文明传播，成为人口众多、权力巨大的人类共同体。

502 **近代（过去的 500 年到未来）**

· 大约 500 年前：非洲-欧亚大陆和美洲连为一体，形成地球上最大的“世界区”；最早的全球交换体系诞生。

· 大约 200 年前：西方出现最早的资本主义社会；工业革命开发矿物燃料；欧洲国家拥有巨大的权力、财富以及影响力；欧洲帝国主义占领全世界。

· 大约 100 年前：工业革命开始更广泛传播；主要资本主义国家爆发冲突；共产主义奋起反击。

· 大约 50 年前：第一次使用核武器（人类学会了使用在宇宙起源时的爆炸力，陷于毁灭自身以及整个生物圈的危险之中）。

· 大约在未来 40 亿—50 亿以后：太阳开始死亡。

· 未来数十亿年以后：宇宙将毁灭并进入一种毫无特征的平衡状态。

以 13 年衡量 130 亿年

第二份编年史还是涵盖了 130 亿年。然而，它打破了现代宇宙学的时间尺度，以 10 年为一个系数，将 130 亿年缩短为 13 年。这样就容易把握在不同类型的时间尺度的重要差异。

我们太阳系之前的历史：从 13 年到大约 4.5 年以前

· 大爆炸发生于 13 年以前。

· 最早的恒星和银河系出现在大约 12 年以前。

· 太阳和太阳系出现在 4.5 年以前。

地球和地球生命的历史：从 4 年到大约 3 星期之前

· 最早的生命有机体出现在 4 年前。

· 最早的多细胞有机体出现在大约 7 个月之前。

· 泛古陆大约形成于 3 个月前。

· 恐龙受到陨星影响而灭绝大约在 3 星期之前；哺乳动物兴起。

旧石器时代人类历史：从 3 天前到 6 分钟以前

· 最早的人亚科原人在非洲进化，大约在 3 天前。

· 最早的智人在非洲进化，大约在 50 分钟以前。

· 人类最早到达巴布亚新几内亚 / 澳大利亚，大约在 26 分钟以前。

· 人类最早到达美洲，大约在 6 分钟以前。

全新世的人类历史：从 6 分钟以前到 15 秒以前 503

· 最早的农业共同体繁荣，大约在 5 分钟以前。

· 最早的有文字记载的城市出现在大约 3 分钟以前。

· 中国、波斯、印度和地中海古典文明，以及最早的美洲农耕文明出现在大约 1 分钟以前。

· 蒙古帝国短期统一欧亚大陆，大约在 24 秒以前。

现代：过去的 15 秒

· 人类共同体连接成为一个“世界体系”，大约在 15 秒以前。

· 工业革命在欧洲传播，大约在 6 秒以前。

· 第一次世界大战爆发，大约在 2 秒以前。

· 人口达到 50 亿，然后 60 亿；首次使用原子武器；人类登月；电子革命发生，所有这一切都发生在最后一秒之内。

因此，在 13 年结束的时候，宇宙存在了 13 年，而地球还不到 5 年。复杂的、多细胞有机体存在 7 个月，人亚科原人存在仅 3 天，而我们智人只存在了 50 分钟。农业社会只存在 5 分钟，而整个有文字记载的文明存在了 3 分钟。而在今日主导世界的现代工业革命只存在了 6 秒。

地质学时间尺度

第三份年表地质学家是熟悉的。它就是地质学年表。你无疑偶尔会接触到它，因此值得掌握它的主要特点。表 1A 就是一份这样的年表，只是比较简单的版本。各种版本的日期略有不同，毋庸为此担心；关键是要把握大场景。

表 1A 地质学时间尺度

地质年代	纪	起始时间（距今）	重大事件
冥古代		46 亿年	太阳系形成；月亮；熔融的液态和“分化”；最古老的岩石，早期大气层
太古代		40 亿年	最早的生命；原核生物
原生代		25 亿年	氧气增加；真核生物
	埃迪卡拉纪	5.9 亿年	最早的多细胞有机体
古生代	寒武纪	5.7 亿年	最早的带有贝壳的有机体
	奥陶纪	5.1 亿年	最早的珊瑚、脊椎动物
	志留纪	4.39 亿年	最早的多骨鱼类、最早的树
	泥盆纪	4.09 亿年	最早的鲨鱼、两栖动物
	石炭纪	3.63 亿年	最早的爬行动物、有翼昆虫；煤形成
	二叠纪	2.9 亿年	生物大灭绝
中生代	三叠纪	2.5 亿年	最早的恐龙、蜥蜴、哺乳动物
	侏罗纪	2.08 亿年	最早的鸟类
	白垩纪	1.46 亿年	最早的开花植物、有袋类动物
新生代（第三纪）	古新世	6500 万年	小行星影响；恐龙灭绝；哺乳动物和开花植物的传播；最早的灵长目
	始新世	5700 万年	最早的猿人
	渐新世	3600 万年	早期类人动物
	中新世	2300 万年	人科动物与猿类分离
	上新世	520 万年	南方古猿、能人
（第四纪）	更新世	160 万年	直立人、现代人
	全新世	1 万年	后冰川时代人类历史

附录二

505 # 混沌和秩序

在本附录里，我将论证，在一些本书讨论的不同时间尺度中有一些反复出现的对象。虽然对于理解本书观点并无重大帮助，但是本附录将澄清某些细节，也许有助于读者更加清晰地看到，在现代宇宙诞生故事的各个不同部分之间的某些关联。

就许多不同时间尺度内出现的各种范型而言，最重要的乃是模式本身的存在。[1] 不论我们从哪一个模式去观察，我们看到的是有组织的结构或制度。我们并不观察那些微不足道的事物，它们就像一种宇宙静电似的；最简单、重复出现的模式最后也会淡出。我们关注的是那些将结构和多样性统一起来的复杂模式。也就是从无序的、极为简单的背景中凸现出来的、有自身历史的模式。如果历史的变迁有普遍规律，那么人们关注的就是这些模式创造和进化方式。

我们看到复杂结构，部分原因是我们就处在这个复杂结构里面。一切生命有机体为了生存考虑就必须勘测它们的环境。它们必须能够

---

[1] 关于范型的论证主要受到最近两种尝试的影响，它们都要将大历史许多不同的范型统一起来：弗雷德·施皮尔：《大历史的结构：从大爆炸到今天》(阿姆斯特丹：阿姆斯特丹大学出版社，1996年)以及埃里克·J. 蔡森：《宇宙进化：自然中复杂性的兴起》(坎布里奇，麻省：哈佛大学出版社，2001年)。而这些尝试很大程度上要归功于埃尔温·薛定谔(Erwin Schrödinger)：《什么是生命？》，载于《什么是生命？生物细胞的物理学方面》；以及《心与物》《自传素描》(剑桥：剑桥大学出版社，1992年)(1994年第1版)。关于复杂性的出现，亦可参见伊利亚·普里高津(Ilya Progogine)和伊莎贝拉·斯滕格(Isabelle Stengers)：《从混沌到有序：人与自然的新对话》(伦敦：海曼,1984年)；保罗·大卫：《宇宙蓝图》(伦敦：乌尔文，1989年)；理查德·索莱和布赖恩·古德温：《生命的迹象：复杂性如何渗透进生物学》(纽约：基本图书，2000年)；斯图亚特·考夫曼(Stuart Kauffman)：《在宇宙的家园里：研究复杂性的规律》(伦敦：维京出版社,1995年)；以及罗杰·卢因：《复杂性：混沌边缘的生命》(伦敦：菲尼克斯，1993年)。

侦查四时的变化、太阳和月亮的运行、被掠食者和掠食者。因此，它们必须成为侦查的模式，查找环境中的点滴事物如何形成更大的、可预测的形态。人类也在不断区分环境中具有结构的部分和不具有结构的部分。我们对于恒星的兴趣必然胜过恒星之间近于空无的空间。我们还学会了如何追踪许多我们感官无法直接感受的模式，例如深层时间（deep time）的模式。秩序和混沌造就了我们理解我们所处世界的一切尝试。

但是我们所侦查的模式确实存在，而它们的存在是一个巨大的宇 506
宙之谜。为什么会存在那样一种秩序呢？究竟是什么使得有序结构得以创造并且进化？创造无序似乎比创造有序更加容易。想象手中有一副牌。我们随意洗牌，几乎不会出现有序的排列——比如一把前后相续的红桃。就算真的出现，再洗几次牌就会消失。但是当我们把宇宙当成一个整体的时候，在许多不同的尺度——从绵延数百万光年的银河系星团，到人类社会的复杂结构，再到将夸克关闭在我们所称的质子和中子的亚原子粒子更为延续的模式里，都可以找到复杂的、可延续的模式。

在解释复杂的可延续模式这个难题时，许多宗教主张，例如像我们人类这样的复杂实体是由一个智慧创造者或者神创造的，以此解答这个难题。对于现代科学而言，这根本称不上解答，因为它只是进一步提出了一个难题，这个神又是如何被创造出来的呢。我们能够不引进一个引发更多问题的假说而解释复杂性吗？目前尚不存在令人满意的答案，以下文字只是涉猎某些现代的解决办法。

有一件事情是明确的：创造和维持模式需要做功。一副牌的无序状态比有序状态要多得多。宇宙似乎也是这样做功的，它天然倾向于无序和混沌。创造和维系某个模式需要针对抗宇宙之天然趋向于无序而做功；这就意味着促使不大可能的事情发生并且使它不断发生。

因此，要理解模式意味着要理解能量是如何做功的。在 19 世纪，法国工程师萨迪·加尔诺（Sadi Carnot）在研究蒸汽机的能效时得出一个结论，能量从来不会消失；它只是改变了存在方式。例如，热产生蒸汽，蒸汽压力产生推动蒸汽机的机械动能，能量本身是守恒的。能量守恒定律被称为第一热力学定律。第二热力学定律似乎与之矛盾：在一个密闭的系统（宇宙看上去就是这样一个系统）里，自由能或者能够做功的能量经过一段时间在数量上倾向于递减。瀑布从高处落下，驱动叶轮，因为叶轮上方的水被提到了一个高度，用于提高它的能量
507 （这能量是太阳提供的，太阳使水蒸气蒸发，将其抬高到云层）随着水流向大海而回归到水那里。到水流入大海后，它就不再做功，因为海平面的所有水拥有大致相同的能量；达到了热力学平衡状态。有用的或者自由的能量，也就是能够做功的能量需要有一个梯度、斜坡，也就是某种差别。第二定律似乎表明，经过一个漫长时期，在一个封闭的系统里，所有差别都会消亡；在这样的过程中，能做功、创造并维持复杂实体的自由能数量一直在递减。这似乎意味着，随着倾向于热力平衡状态，整个宇宙最终将变得越来越有秩序。在 19 世纪，这种令人压抑的观念被描述为宇宙的“热死亡”。鲁道夫·克劳修斯（Rudolf Clausius）给大量增加的无用能量贴上一个标签，叫作“熵”。从极长的一段时间看，熵似乎必然递增，复杂性必然消亡。[1] 最终，一切都将必然变成背景噪音。第二定律显然暗示，宇宙中的一切正坐在一部朝向混沌状态的电梯里。

这些就是现代物理学家的基本观念，但是它们提出了两个更深刻的问题。第一，秩序本身如何可能？为什么我们不是存在于一个第二定律已彻底完成其致死使命的无序宇宙里？宇宙肇始于自由能的储备吗？一切有秩序的实体都一直是依靠自由能的储备吗？如果是这样，能量的资本从何而来，需要多久才会消耗完呢？某种事物（某人？）必

---

[1] “熵：对无用能量数量的定义，在一个封闭系统里，熵永远也不会消失”［阿尔曼·戴尔塞姆语：《我们宇宙的起源：从大爆炸到生命和智慧的出现》（剑桥：剑桥大学出版社，1998 年），第 299—300 页］。然而，最近发现宇宙膨胀的速度 正在增加，不利于上述观念，正如我在本附录中将要论证的那样，如果膨胀本身就是对熵的否定，或者说负熵的话；参见尼科斯·普兰佐斯：《我们宇宙的未来：人类在宇宙中的命运》（剑桥：剑桥大学出版社，2000 年），第 XI，241—242 页。

须在宇宙的初期做了大量的功，以创造梯度以及创造并维持我们周围所见到的模式。[1] 如果这不是造物主上帝做的功，那么又是谁做的呢？自由能的终极来源（因而也就是秩序）仍然是现代宇宙学的一个不解之谜，因为，我们所能说的就是早期宇宙是完全均质的。

早期宇宙显然密度极高、温度极热，处在一种热力学平衡状态之中。但是随着膨胀而逐渐变冷，随着变冷，它的对称被打破。最早的差别产生了，最早的温度和压力的梯度产生了。起初，似乎在电磁力和引力之类的力几乎无甚差别。它们似乎在一个几乎温度无限高、密度无限大的宇宙的巨大能量作用下混合在一起。然而，随着宇宙变冷，各自有差别的力都采取了自己特有的形式。例如，在大约大爆炸 30 万年之后，电磁场力极微弱，以至于不能将电子和质子束缚在一个原子里。但是经过一段时间，宇宙冷却到一定的温度，电荷开始塑造现代 508
物理学和化学所研究的原子结构。到了这个时候，物质和能量也开始变得具有重大的区别了。

随着宇宙的膨胀，最初微小的差别增加了，每一种力开始以不同方式发生作用。引力在大范围内发生作用，并且形成宇宙的巨大结构。由于物质运动缓慢而且沉重，引力就将它们驱赶到一起，这比将运动迅速而轻盈的能量赶到一起要容易许多。因此，随着物质和能量的分离，引力开始做功，将物质形成大型的、复杂的结构，而除非在极端的状态下，如黑洞附近，在多数情况下能量摆脱它的影响。首先，引力将氢和氦聚集在一起形成巨大的云层。然后开始将每一块云吹拂成为越来越小的空间，直到中心的压力和温度增加。当核心达到大约 1000 万℃时候开始聚变反应，恒星发光了。所有恒星核心的聚变反应反制了引力的破坏力量，达成了某种宇宙停战协定，成为每一颗行星的基础。行星一旦创造出来，就提供稳定的、长期的能量差别，源源

[1] 关于最近秩序如何可能的讨论，参见罗杰·彭罗斯（Roger Panrose）：《皇帝的新脑：论电脑、心灵以及物理学定律》（伦敦：葡萄园，1900 年）；蔡森：《宇宙进化》；以及马丁·里德斯（Martin Reeds）：《只有六个数字：宇宙形成的深层力量》（纽约：基本图书，2000 年），普兰佐斯：《我们的宇宙未来》，第 239—242 页。

不断地供应自由能或曰负熵的储备。恒星创造了稳定地点，散落在冷却的早期宇宙里，就像面团上的葡萄干一样。如今，宇宙背景射线仅为绝对零度之上几度——这就是宇宙的基本温度。但是在恒星的核心部位一定非常之热，足以熔化一切——而在大型恒星里，它们的温度高达 1000 万℃。在接近这些热点的地方，复杂实体利用恒星和周围空间的巨大温差开始形成，就像地球上的早期生命是在深海火山口边形成的一样。正如保罗·戴维所言，“在远非平衡的开放系统里，物质和能量倾向于寻求越来越高水平的组织和复杂性。”[1]

在地球上，太阳和周围空间的温差提供了创造包括我们在内的大多数复杂形式所需要的自由能；创造太阳系早期历史的能量驱动着地球上的热力电池，推动地层板块构造。这些差别使得能量得以流动，而能量流动又使得模式得以产生。经过一定时间，模式的可能性使得许多不同的模式出现。

按照这样的思路推论，使得早期宇宙冷却和多样化的宇宙膨胀是一切温度和压力的差别的最终根源，因此也是创造秩序所需要的自由
509 能的最终根源。我们可以做与此稍微不同的论证。在宇宙起源的那一刻，宇宙是极小的并且是同质的，以至于几乎不可能出现无序状态；就像一副牌只有一张牌。宇宙膨胀为无序创造了巨大空间以及新的可能性，而随着宇宙继续膨胀，可能性也随之增加。作为一般规律，系统越大，熵的可能性也就越大；正如我们继续做一个比喻，一副牌的张数越多，无序状态的可能性也就随之增加。[2] 因此，第二热力学定律表明熵总是在增加，而宇宙膨胀似乎确保在热力学电梯通往绝对无序状态的途中总会有更多的台阶插进来。凡是造成宇宙膨胀的，在某种意义上也就是秩序和模式的源泉。

在第一个问题——解释任何一种秩序如何可能——得到解答之后，

[1] 戴维：《宇宙蓝图》，第 119 页。
[2] 普兰佐斯：《我们宇宙的未来》，第 241 页。

第二个问题仍然存在。复杂实体又如何出现的呢，一旦出现，又如何维持自身直到我们注意到（或者成为我们）呢？反讽之处在于，熵增加的倾向——也就是朝向无序的动力——本身就可以成为创造秩序的动力。它通过创造无序而创造秩序。用诗歌的语言表述，就是我们能够将不断增加的熵想象为宇宙向原初的热力学状态回归；许多创世神话都类似描写了原初的统一性分裂，而各分裂部分又试图回归其原初状态。在柏拉图《会饮篇》论及男女之爱的一种解释，诸神把一个“阴阳人”一分为二，成为两个不同的生物，他们试图重新结合，由此创造了未来的人类。趋向无序的动力似乎又创造了新形式的有序，就像水从高处坠落溅起无数向上跃起的水滴，又像河流能够形成旋涡，少量水流能够阻挡了大水流。

从一个局部范围、短时期来看，复杂实体由于创造了秩序而似乎颠倒了第二热力学定律的作用。但是从它们获得自由能的更大环境看，它们显然由于加快了自由能向无用的热形式的转化，实际上增加了熵。因此，在某种程度上，复杂性实际上是热力学第二定律通过一种狡猾方式更有效地实现通向无序宇宙的凄惨的终点。[1]伊利亚·普里高津和伊莎贝拉·斯滕格用耗散这个奇特的术语来描述这里的复杂结构。[2]复杂结构所做的就是处理巨大的能量之流，在这个过程中，耗散大量的自由能，以此增加熵的总量。虽然从一时一地看它们似乎降低了熵， 510
但是事实上它们比简单结构更加有效地产生了熵，令第二定律更加容易发挥其致死的作用。

尽管如此，创造秩序并非易事。在某种程度上，重要的能量之流需要通过产生增加秩序的容器而集中和聚集起来。复杂现象要求连续不断的能量吞吐量以帮助它们登上熵的冷面无情的下行电梯。因此稳

[1]　这种复杂性的观点是罗德·斯温森（Rod Swenson）提出的，林恩·马古利斯和多利恩·萨根在《什么是生命？》（伯克利：加利福尼亚大学出版社，1995 年），第 16 页对其做了概述。亦可参见戴尔塞姆：《我们宇宙的起源》，第 300 页：“生命有机体由于它们能够将无用的能量排除到外在世界而能够消除它们的熵吗？”

[2]　参见普里高津和斯滕格：《从混沌到有序》。

定差别的存在以保证提供源源不断的能量，例如来自邻近恒星的不同温度和压力，乃是复杂现象一个不可或缺的前提条件。是否存在某种主动寻求复杂性的机制，目前尚不清楚。是差别和不平衡的存在主动驱使物质和能量走向复杂性吗？或者它们只是产生复杂性的可能性？复杂性像自然选择一样发生作用吗，通过结构的随机产生，而一旦出现，就仅仅因为它们能很好地适应环境就随遇而安吗？或者第二定律通过自身的一种迂回的宇宙学的狡猾手段来创造复杂性吗？

不管秩序的根源何在，它的产生，不论在太阳上还是在股票交易所里，都需要创造一种能够流通并操控巨大的能量流而不使之流失的结构。这是一种非常难以掌握的诀窍。正是这种困难解释了为什么有序实体是脆弱的、少见的，为什么它们能够比简单实体更容易从背景里凸显出来。大致上说，一个现象越是复杂，它就必须让更多的能量流进流出，也更加容易瓦解。因此我们可以期待，随着实体变得越来越复杂，它们也许就会变得更加不稳定、短命和稀有。也许甚至增加一丁点儿的复杂性，就会极大地增加其脆弱性，因而增加其稀有性。就现存所有复杂的化学元素而言，只有很少一些组成了有生命的有机体；就所有生命有机体而言，甚至更少的一部分形成了人类这样有智慧、连成网络的物种。（表 4.1 为这一概述提供了某些证据）但是，显然，如果不是依赖随意的变化而偶然产生这些结构，我们就能够找到倾向于主动创造这些结构的规律，那么复杂实体出现的可能性也会大大增加。只是到目前为止，我们还不知道是否有这样的规律存在，虽然研究此种复杂性的科学正在试图寻找这些规律。

我们能够做的就是要描述复杂结构出现的某些方式。基本的规律是，复杂性乃是一步一步出现的，将已经存在的模式连接为更大的、
511 更复杂的不同规模的复杂模式。一旦达到这一目标，某些模式似乎就将各组成部分封闭在一种比它们所由创造的简单机制更加稳定、更加具有延续性的新的排列组合里面。这些过程创造了我们在宇宙中所观察到的不同层次的复杂性，因为在每一个范围里，新的构造和变化的

规则似乎发生作用。我们称其为突生属性，因为它们似乎并不起源于原先各组成部分的属性；相反，它们显然是随着各组成部分组合成一个更大结构之后出现的。宇宙（universe）一词由 8 个字母组成，但是该词的意义不能从认得组成该词的字母而推演出来。其意义是一种突生属性。在化学中也是如此，水的属性不能通过描述氢和氧如何作用来解释，可是水是由氢氧元素结合而成的。只有在氢、氧原子结合成水分子时其属性方才显现出来。[1]这些规律在不同尺度、不同复杂性上发生作用的无数方式，为现代知识的不同学科提供研究主题。每门学科都研究某个层次上的复杂性——从粒子物理学到化学、生物学、生态学和历史学——的形成规律。

我们自己就是复杂生物，我们从个人的经验知道，要爬上那台下行的电梯、抗拒宇宙滑向无序是何等的困难，因此我们免不了对其他似乎也在做同样事情的实体深感兴趣。因此，这个主题——虽然存在第二热力学定律，但仍能实现秩序，没准正是在它暗中相助下实现的——交织在本书所述故事的各个篇章里。混沌和复杂性的无尽的华尔兹为本书提供了一个统一观念。

[1] 宇宙这个词的例子是休伯特・里夫斯、若埃尔・德・洛斯奈、伊夫・科庞和多米尼克・西莫内所著：《起源：宇宙、地球和人类》（纽约：阿卡德出版社，1998 年），第 35 页，提出的，里夫斯比较了早期宇宙的“原始浓汤”和字母表汤；水的粒子引自索莱和古德温的《生命的迹象》第 13 页。

附录三

大历史是什么？*

> 那些先研究各地区的地图，再去精准地研究整个宇宙及其各部分之间的相互关系，以及各部分与整体的关系的人是误入了歧途，同样，那些认为能够先理解特殊的历史，才能判断普遍的历史以及所有时代的状况和先后顺序，仿佛它们就那样摊开在书桌上一样的人，也是犯了同样的错误。[1]

大历史代表着一种尝试，就像 E. O. 威尔逊（Wilson）所言乃是一种“统合”，旨在回归到对现实的统一的理解，以取代那种统治了现代教育和学术的碎片化的认识。[2]此种追求契合的目标看似新鲜，实则相当古老。而现代形式的大历史也不过25年时间。所以《大历史杂志》可以提供一个理想的机会，好让我们盘点一下存货。

本文是关于该研究领域的个人观点。它将大历史视为一种古老课题的现代形式。我所受的是历史学家的训练，所以我的叙述聚焦在大历史和历史学科之间的关系。它要反思在英语世界训练的历史学家的视野，聚焦在大历史和以英语为母语的历史研究的关系。但不仅限于

---

* 本书以“What is Big History”为题发表于国际大历史协会（International Big History Association）创办的《大历史学刊》（*Journal of Big History*）2017 年第 1 期。经作者大卫 · 克里斯蒂安和杂志主编洛厄尔 · 古斯塔夫森（Lowell Gustafson）援权使用，特此致谢。

[1] 让 · 博丹（Jean Bodin），16 世纪，转引自克雷格 · 本杰明（Craig Benjamin），《起始和终了》，载于马尔尼 · 休斯-沃林顿（Marnie Hughes-Warrinton）主编：《世界史的新进展》（纽约：帕尔格雷夫麦克米兰，2005），第 95 页。

[2] E. O. 威尔逊，《论统合：知识的融通》（伦敦：阿巴库斯，1998）。

以英语为母语的历史研究，因为我所讨论的问题在其他历史研究中有其副本和共鸣。我也不聚焦于一般所理解的处在学术圈内的历史研究，因为大历史认为人类历史是范围广得多的过去的一部分，它包括生物学家、古生物学家、生态学家和宇宙学家研究的各种各样的过去。将不同的视角和范围与不同的学科联系起来，试图理解当今世界的深刻根源，大历史就能够改变我们对于“历史”的认识。

然而，为了充分把握这个充满活力的新的研究、学术和教学领域的丰富性和范围，我们最终需要大历史学家的视角在其他许多学科中都得到训练。我希望本文可以鼓励这些领域里的学者提出他们关于大历史的独特视角。

20 世纪历史的发展

历史学家会认出来，我的论文题目来自一部经典的历史著作，大多数以英语为母语的研究生都曾研读过它。它由英国史学家 E. H. 卡尔（Carr）写于 1961 年，他是苏联史专家。卡尔的书源于 1961 年在剑桥的一次演讲，这个演讲是为了纪念历史学家乔治·麦考莱·屈威廉（George Macauley Trevelyan），和卡尔不同，他认为历史学就是一门文学，迥异于科学。作为一名俄国史专家，卡尔坚持马克思主义立场，认为历史学必须视为科学的一个分支。在我 20 世纪 70 年代初步入俄国史领域时，这个观念影响了我对历史的思考。

在《历史是什么？》一书中，卡尔回溯了 20 世纪 20 年代英国历史学科的发展。在某个层面上，他研究的这段历史是一种摆脱许多 19 世纪历史思想家过度自信的唯心主义、实证主义，甚至普遍主义的持续的潮流，朝向日益增长的碎片化和怀疑论发展。他一开始就引用《剑桥近代史》主编阿克顿勋爵关于 19 世纪 90 年代过度自信的历史研究。阿克顿认为《剑桥近代史》是“记载……19 世纪传递给世人的完满知识……唯一一次机会……”。他还补充道：“我们这一代人不能获得终极的历史（但是）……所有的信息现在都具备了，每一个问题都有解决的方案。"[1]阿克顿的历史观是自信的、实证主义的、乐观主义的，它假设历史是增加人类普遍知识的大课题的一部分。他对历史的视野也甚宽广。他认为历史学家应当致力于某种"普遍史"的研究，他似乎认为这个短语的意思，不是一种大历史的早期形式，而是更接近于现代的"世界史"或者"全球史"。阿克顿将普遍历史定义为"不同于各国史的整合"。[2]

20世纪初英国史学界发生了一次深刻转型，卡尔写到，当时，这门学科变得比较脆弱，也比较不那么自信了。这些变化也是影响到从人文科学到自然科学的大多数学术研究的巨大变化的一部分，随着具体化和专业化将学术研究破碎成为更小的组成部分，每一个部分都提供其针孔世界观。具体化提供了一种强有力的研究策略，但是它切断了各种知识领域和古代的联系，并使它们相互孤立。一个单一的知识世界，不管统一在诸如基督教这样的宗教的宇宙观，还是统一在科学研究下面——这也是亚历山大·冯·洪堡试图写一部以"宇宙论"为名的科学的普遍历史背后的愿景——的观念被放弃了。[3]在诸如历史学等人文学科里，本来就缺乏达尔文、麦克斯韦尔和爱因斯坦时代那种自然科学特有的统一范式的观念，而具体化也削弱了阿克顿的自信的认识论的现实主义。[4]

卡尔注意到了其中的一些变化，他引用1957年在阿克顿过度自信的宣言发表以后半个多世纪的乔治·克拉克为《剑桥近代史》第二版所写的导论。在提到阿克顿希望出现一个"终极的历史"后，克拉克写道：

[1] E. H. 卡尔，《历史是什么？》（哈蒙兹沃思：企鹅，1954），7。初版于1961年，基于1961年在剑桥乔治·麦考莱·屈威廉讲座的演讲。

[2] 卡尔，《历史是什么？》，第5页。

[3] 关于洪堡是一个超前的大历史学家，参见弗雷德·施皮尔（Fred Spier），《大历史与人类的未来》，第2版（莫尔登，麻省，和牛津威利-布莱克韦尔，2015），和安德烈亚·沃尔夫（Andrea Wulf），《自然的发明：亚历山大·冯·洪堡，失去的科学英雄》（伦敦：约翰·默里，2015）。

[4] 范式和前范式的学科的区分，是由一部首版于1962年，只比卡尔的著作晚一年的著作引入的：托马斯·库恩，《科学革命的结构》，第2版（芝加哥：芝加哥大学出版社，1970）。

> 后来一代的历史学家并不期望出现这样一种前景。他们期待他们的著作被一次又一次超越。……探索似乎是无止境的，一些耐不住性子的学者庇荫于怀疑论，或至少庇荫于这样一个教理：既然所有历史判断都涉及个人和观点，那么人皆优秀，就没有什么历史真理的“客观性”了。[1]

对诸如历史等学科现实主义或理性主义信心之丧失，扩大了科学和人文科学“两种文化”的分歧，1959 年 C. P. 斯诺（Snow）在一次演讲中对此表示担忧[2]。在英语国家，这种分歧尤其严重，因为和大多数其他学术语言不同，英语将“科学”限定在自然科学范围内。到了卡尔时代，历史研究既在历史研究的“科学”特性，又在仍在支持自然科学研究的现实主义认识论上双双丧失了信心。

怀疑论和学术研究的碎片化碾碎了历史研究价值的信心，削弱了历史能更好地帮助我们理解现在，从而赋予我们力量的古老希望。随着历史学家越来越与其他学科相分离，甚至相互之间也发生分离，他们关于过去以及历史学的性质和目标的见解变得越来越碎片化了。此种逐渐增强的碎片化的意识，类似于涂尔干所说的“失范”在学术上的表现，即丧失了统一性和意义感，卡尔把这种观念在一个脚注里面称之为“个人的状况和……社会相分离”[3]。学术上的失范起因于学者越来越和其他学者相分离，又和一个统一的世界知识相分离。一种力量稍微缓解了越来越严重的学术上的疏离感，那就是民族主义。虽然本质上是部落主义的，自 19 世纪以来就繁荣一时的民族史为那些和民族史编纂传统合作的历史学家提供了某种统一感。

卡尔自己的立场介乎阿克顿坚定的科学现实主义和克拉克犹豫的相对主义之间。他出色地探讨了作为真理的历史和作为我们讲述的过

---

[1] 卡尔，《历史是什么？》，第 7—8 页。
[2] 斯诺，《两种文化和科学革命》（剑桥：剑桥大学出版社，1959）。
[3] 卡尔，《历史是什么？》，第 32 页。

去的历史之间复杂的辩证关系。他认真地对待真理和科学，因为他相信历史和一般科学、真理一样自有其目的：赋予我们力量。它提高我们对现在的认识，从而赋予我们力量。它将现在投射到过去的地图上以达成此目的："历史学家的作用既不是爱过去，也不是把自己从过去解放出来，而是要掌握并且理解它，把它当作理解现在的钥匙。"[1]这就是说历史学家画的地图必须是好的地图，就像好的科学一样，它们必须能让我们更好地了解现实世界。所以卡尔和马克思一样，是一个哲学的现实主义者，认为人文科学和自然科学并没有分歧。"科学家、社会科学家，以及历史学家都是在从事同一种研究的不同分支：研究人及其环境、研究人对其环境的影响，以及他的环境对人的影响。研究的目标是一样的：提高人类对其环境的认知并且掌握这个环境。"[2]

另一方面，卡尔比阿克顿等清楚地认识到，过去并不只是等待被发现，不是"鱼贩子台板上的鱼"[3]。历史由历史学家创作的关于过去的故事组成，随着我们的世界和我们的目的改变，我们如何创作故事的方式也会发生改变。我们需要严谨的观察以获得关于过去的真理，但是在讲过去的故事的时候，我们还需要有说书人的技巧，包括卡尔所说的"充满想象的理解力"、理解和突出那些生活在过去的人。[4]在这方面，卡尔深受英国伟大历史学家 R. G. 柯林伍德的影响，不过他警告说，强调历史学家的移情作用，如果走得太远，就会导致怀疑论。[5]

对卡尔思想特别有影响的是马克思在科学和行为主义之间的辩证平衡。但是马克思坚持认为，存在一个客观的未来。但是要创造某种过去，则是一种创新工作，我们如何研究它，取决于我们是谁，以及我们写作和研究所处的时代。这就是马克思在《路易·波拿巴的雾月十八日》中所写的一段名言：

---

[1] 卡尔，《历史是什么？》，第 26 页。
[2] 同上书，第 84 页。
[3] 同上书，第 23 页。
[4] 同上书，第 24 页。
[5] 柯林伍德的著作，和卡尔一样，是我们那一代研究生的主食。柯林伍德最重要的著作是《历史的观念》，修订版编辑，扬·范·杜森（Jan Van der Dussen）（牛津和纽约：牛津大学出版社，1994 年）。

> 人们自己创造自己的历史，但是他们并不是随心所欲地创造，并不是在他们自己选定的条件下创造，而是在直接碰到的、既定的、从过去承继下来的条件下创造。一切已死的先辈们的传统，像梦魇一样纠缠着活人的头脑。[1]

历史学家也是在创造历史，但是他们是“在直接碰到的、既定的、从过去承继下来的条件下创造”。他们创造的过去固然取决于他们写作的时间和地点，但是他们所构想的关于过去的故事，反过来会影响到未来的历史学家研究的过去。作为一个行动主义者，马克思非常清楚我们如何描述过去的重要性，因为我们的叙述会影响到未来。实际上，他希望他对资本主义发展的解释将会对未来产生深刻的影响，而实际上，他确实做到了。

和马克思一样，卡尔也理解作为真理的历史和作为故事的历史之间复杂而微妙的平衡。他在一段许多攻读历史的研究生所熟悉的文字中写道：历史是“在历史学家和事实之间不断互动的一个过程，是现在与过去之间永无止境的一种对话”[2]。历史就像记忆，不是召回过去，而是要创造它。

但是，什么是过去？卡尔甚至比阿克顿还要投身于扩大历史研究的范围。他首先是一个研究俄罗斯的历史学家，热心展现那些为说英语的历史学家所忽视的历史的重要性。他赞赏李约瑟，坚持主张中国史以及欧洲之外世界其他地区历史的重要性。

但是，卡尔所理解的过去虽然宽泛，但不够深刻。他对人类的史前史或生物圈和宇宙的历史不感兴趣。这着实令人吃惊，因为他对马克思有兴趣，而马克思则是将历史看成包含一切科学在内的知识体。实际上马克思和洪堡一样，是一个超前的大历史学家。但是卡尔在一

[1]　转引自罗伯特·C. 塔克尔主编，《马克思恩格斯选读》，第 2 版（纽约和伦敦：诺顿，1978 年），第 595 页。
[2]　卡尔，《历史是什么？》，第 30 页。

个学术碎片化的时代著书立说，宇宙史的观念并不在他的视线范围之内，也不在任何他那一代说英语的历史学家的视线范围之内。奇怪的是，它倒是在苏联，这个卡尔撰写最多的国家的历史学家的视线范围内，因为苏联的马克思传统确保了“宇宙的”或者“一般”的历史观念始终包含在马克思的思想里面。这就是为什么如今存在一个在安德烈·科罗塔耶夫（Andrey Korotayev）和列奥尼德·格里宁（Leonid Grinin）领导下兴盛一时的大历史俄罗斯学派。

2001年，戴维·卡纳迪尼（David Cannadine）将卡尔著作出版40周年的会议论文主编成一本论文集，名为《如今历史是什么？》。[1]卡尔的著述问世之后发生了许多变化。历史学科在内容和方法论上甚至变得更加碎片化、更加没有自信了。马克思或洪堡或H. G. 韦尔斯的普遍主义的观点似乎消失殆尽，只留下民族史这种唯一的缩减版了。卡纳迪尼的著作中写到了许多明显的变化，反映了战后大学生、历史学家和历史分支学科的繁荣。这是一种世界性现象，因而类似的趋势在许多不同的修史传统中也可以发现，只是各有不同而已。

既然卡纳迪尼的书不是关于某个单一的历史学科，自然有众多学者参与其中。更多的历史学家和更多的学者似乎意味着关于历史学科的内容、意义和目的，有着更多的各不相同的观念。每一章都是不同类型的历史，所以有些章节呼吁：“如今什么是社会史？”和“如今什么是文化史？”。“如今什么是妇女史？”“如今什么是环境史？”的阙如令人吃惊，不过卡纳迪尼坚持认为，他的书恰好反映了少数分支学科进入了当时还处于分裂之中的历史研究。

碎片化是由于对该学科的客观性和科学性的日渐增长的怀疑论所造成的。固然，大多数历史学家仍然继续以一种精力充沛的、现实主义的经验论去研究细节问题，以至于有人讽刺这门学科只不过是一个事实的目录。但是，随着问题范围的扩大，历史学家的信心似乎减弱

[1]　戴维·卡纳迪尼主编，《如今历史是什么？》（巴辛斯托克：帕尔格雷夫麦克米伦，2002年）。

了，只有很少的人能够对历史研究是一个更加系统的知识或者意义的部分想法感到满意。历史学家越来越游离于其他学科（经济史的衰退就是这个过程的一个令人吃惊的例子），甚至相互之间也是分离的，任何关于历史的性质和目标的一致认识似乎都已烟消云散。理查德·伊文思（Richard Evans）注意到，后现代时期聚焦于历史学家创造性的主观作用，聚焦于作为说书人的历史学家。这个研究路径表现在海登·怀特（Hayden White）1973 年的经典著作《元历史：19 世纪欧洲的历史想象》，此书几乎完全聚焦于历史研究的文学方面，而不是它所主张的真理。历史研究似乎分裂成为关于过去的多元的、无数的故事，每一个故事都代表一个特殊的视角，没有一个人对于它所主张的历史真相抱有信心。对让-弗朗索瓦·利奥塔所认为的那种作为后现代思想主要特点的宏大叙事或者元叙事，历史学家似乎抱有深深的怀疑。

可是……虽然在 2000 年卡纳迪尼著作的这个地震测量仪上几乎看不见震动，一种新形式的普遍史的观念已经在历史研究的边缘地带震响了。世界史在美国盛极一时，有着健全的学术机构和一份成功的杂志（《世界史杂志》），越来越多的大学和学院也在讲授这门课程。但是有些学者开始的冒险大大地超越了世界史。他们开始探索一种可以囊括整个过去的真正意义上的普遍史，其中包括生物圈和整个宇宙的各个部分。到 2001 年，“大历史”这门课我已经开设了 12 年，但是我只是朝着同样方向前进的一个小而充满活力的学术社团中的一分子。埃里克·蔡森（Eric Chaisson）讲授宇航员版的大历史已长达 20 年，而弗雷德·施皮尔（Fred Spier）和约翰·古德斯布洛姆（Johan Goudsblom）在阿姆斯特丹、约翰·米尔斯（John Mears）在达拉斯、辛西娅·斯托克斯·布朗（Cynthia Stokes Brown）在圣拉法叶、汤姆·格里菲斯（Tom Griffiths）和格雷姆·戴维森（Graeme Davidson）在墨尔本等等地方，都在讲授大历史。大历史潜入了正在寻求另一种发展方向的历史学科。

如今，卡纳迪尼的著作出版 15 年之后，大历史仍然是边缘化的，但是它开始动摇历史学科了。[1]出现了一批学术著作，证明可以以严格而清晰的风格撰写大历史，可以产生关于过去的新的甚至创造性的洞见。[2]大历史已经成功地主要在英语世界里的几所大学开课，甚至那些不开课的历史系也经常在其修史座谈会上讨论大历史。还有好几个大历史的大型在线公开课（MOOCs, Massive Open Online Courses）。还有一个大历史学会（IBHA）已经举办了三届大型会议，现在又创办了一份杂志。麦考瑞大学创办了一个大历史研究所，组织过两场研讨会。大历史甚至通过“大历史计划”（Big History Project），在百余所中学讲授，这是2011年比尔·盖茨发起并资助的一个主要面向美国和澳大利亚的中学的免费在线课程。

数十年前还是一种似乎过时的、不现实的、执拗的历史研究路径，现在开始看上去成了一门强大的、严格的甚至创造性的现代学术门类，能够将历史的研究和教学同其他人文主义和科学范围内的学科联系在一起。

为什么要回到普遍史？

发生了什么？

历史学科本身发生了某些重大变化。总是有一些学者，如H. G. 韦尔斯或者阿诺德·汤因比，他们一直活跃地坚持一种更宏大的理解过去的视角。但是，通过产生一种数量繁多的新的历史研究成果，涉及前辈历史学家所忽略的主题、地区和时代，一些具体研究也为一种更加宽泛的历史观奠定了基础。费利普·菲尔南德斯–阿梅斯托（Felipe

[1] 一个有趣的例子是古尔迪·阿尔米塔基和戴维·阿尔米塔基（Guldi and David Armitage）的《历史学宣言》（剑桥：剑桥大学出版社，2014年），对当代历史研究的短期论（short-termism）提出了严厉的批评。

[2] 初步看来这些著作包括埃里克·蔡森的《宇宙进化：自然中复杂性的兴起》（剑桥，马萨诸塞州：哈佛大学出版社，2001）、大卫·克里斯蒂安的《时间地图》（伯克利，加利福尼亚：加利福尼亚大学出版社，第2版，2011年）、弗雷德·施皮尔的《大历史与人类的未来》（第2版，马尔登，马萨诸塞州：威利–布莱克韦尔，2015年）、辛西娅·斯托克斯·布朗的《大历史：从大爆炸到今日》（第2版，纽约：新出版社，2012年）、一部大学教材，大卫·克里斯蒂安、辛西娅·斯托克斯·布朗和克雷格·本杰明，《大历史：虚无与万物之间》（纽约：麦格劳–希尔，2014年）；论文集有罗柏安（Barry Rodrigue）、列奥尼德·格里宁和安德烈·科罗塔耶夫主编的，《从大爆炸到银河文明：大历史文集》，第1卷（德里：普利姆斯书社，2015年）；麦考瑞大学大历史研究所出版的一部精美的图片集，《大历史》（伦敦：DK书社，2016年）。

Fernadez-Armesto），一位兴趣广泛的世界史学家在卡纳迪尼著作的一章，恰如其分地写道：

> 历史学家在失去水分的土地上，犁沟挖得越深、越窄，等到犁沟垮塌，他们就被埋葬在自己的枯燥无味里面了。可是另一方面，只要他们爬出自己的犁沟，就会有更多的领域去探索，有许多丰富的新工作去完成，从而改变人们的视角，拓展比较的框架。[1]

尽管如此，在向普遍史回归的同时，在历史学科以外发生了许多变化，特别是在自然科学领域，总是比人文学科更加友好地对待统合的观念。[2] 量子力学家埃尔温·薛定谔在“二战”结束后不久出版的一本关于生命本质的著作中就已经预见到了学术统一的新形式：

> 我们从先辈那里继承了对于统一的、无所不包的知识的强烈渴望。最高学府之名令我们想到，自古以来一直延续数世纪的普遍性的知识才是能得满分的……我们清晰地感受到，我们现在能够开始获得可靠的材料将所有已知的知识焊接在一起……[3]

在自然科学里，正如人文科学一样，具体的学术研究在数十年间产生了大量的新信息和新观念。同样重要的是新的统一范式的观念的出现。最重要的是大爆炸的宇宙学、板块构造理论和现代综合进化论（Darwinian Synthesis）。新的范式在卡尔著书立说的时候几乎闻所未闻。1953 年在卡尔工作的剑桥大学发现了 DNA（脱氧核糖核酸），但是这个发现的全部重要性只是在之后的一二十年才变得显而易见。将大爆炸宇宙学和板块构造理论联系起来的新发现还要再过几年才出现。可

---

[1]　卡纳迪尼主编，《如今历史是什么？》，第 149 页。

[2]　本部分内容是对我发表于《历史与理论》，泰晤士卷，49（2010 年 12 月），第 5—26 页的论文《普遍史的回归》的论证所做的概括和补充。

[3]　埃尔温·薛定谔，《生命是什么？》，第 57 页。

是到了1970年，新的范式已经激发了知识的新整合的希望，至少在自然科学领域。有些科学家开始讨论“大统一理论”。

特别令人吃惊的是新的科学范式本质上是历史学的。牛顿的静力学已经随风飘去，被一个按照历史的和进化的原则运行的宇宙所代替。卡尔意识到了这种自然科学的“历史性转变”及其对历史研究的重要性，不过他的洞见在此后的大约50年里被大多数历史学家忽视了。他写道，科学：

> 经历了异常深刻的革命……赖尔（Lyell）对于地质学、达尔文对于生物学的研究现在用于天文学的研究，天文学已经成为宇宙如何产生的科学……历史学家有了一些理由，可以比100年前的历史学家在自然科学更有宾至如归的感觉。[1]

在英语世界里，大爆炸宇宙学激发了如多里昂·萨根（Dorion Sagan）等天文学家详细叙述宇宙的历史，而板块构造理论激发了古地质学家如普雷斯顿·克罗德（Preston Cloud）等撰写地球新史。[2]可见许多科学家也身陷和历史学家一样复杂的境地——试图从过去留给现在的偶然线索，重构一种已经消亡的过去。自然科学的历史学转向使得科学家的方法接近于历史学家的。地球生命的起源和俄国革命的对照实验都是不可能的。相反，许多科学的学科看起来面临着和历史学家同样的方法论问题：尽可能多地采集线索——从古代的星光到锆石晶体，到三叶虫——用它们重构貌似真实的甚至有意义的关于过去的叙述。这个领域历史学家是熟悉的。卡尔·波普尔钟情的强证伪性几乎不可适用，而且其他历史学家熟悉的比较模糊的技巧，例如基于一

[1] 卡尔，《历史是什么？》，第57页。

[2] 卡尔·萨根电视系列片，《宇宙》于1980年首播；普雷斯顿·克罗德的《宇宙、地球和人：宇宙简史》（纽黑文：耶鲁大学，1978年）仅比它早两年；苏联已经有了一个兴盛的“生物圈”历史的传统，以伟大的地质学家弗拉基米尔·维尔纳斯基（Vladimir Vernadsky）为先驱，他曾出版《生物圈》（纽约：斯普林格出版社，1998）等著作。

个特定领域里的长期相似性的范型——认知和直觉，在自然科学里都获得了越来越多的统合。[1]

放射性断代技术的发展，对于现代宇宙史的出现尤为重要的是，它能够为远古历史提供一种确切的年代基础。[2] H. G. 韦尔斯于第一次世界大战结束之后不久即试图创作一部普遍史，他的早期历史部分是站不住脚的，因为他承认，他的所有确切的日期都依靠有文字的记载，他无法提供第一次奥林匹克运动会（公元前 776 年）之前的记载。[3]19 世纪的地质学家已经知道如何通过研究古代岩层构建相对的编年史，但是谁也说不清寒武纪的生命大爆发是在何时发生的，或者地球是在何时形成的。这些都随着 20 世纪 50 年代放射性断代技术的出现而彻底改变。1953 年，克莱尔·帕特森（Clair Patterson）利用铀的半衰期测量出地球有 45.6 亿年。他的这个日期沿用至今。当卡尔在 1961 年著书立说之际，放射性断代法才刚刚开始改变古生物学家和史前历史学家的思维。1962 年，在南昆士兰的坎尼弗岩洞，约翰·马尔瓦尼（John Mulvaney）用放射性技术证明人类在冰河时代晚期之前开始在澳大利亚定居，在以后的数十年间，人类在澳大利亚最早定居的年代往回推算了 5 万，也许 6 万年。[4] 正如科林·伦弗鲁（Colin Renfrew）写道：

> ……放射性断代法的发展，……令世界各地史前史的编年史得以建立。此外，这是一种没有任何关于文化发展或关系之假设

---

[1]　约翰·齐曼（John Ziman）的《真科学：是什么、意味着什么》（剑桥：剑桥大学出版社，2000 年）对现代科学的真正的而不是理想化的方法论，做了非常细致的描述。

[2]　参见大卫·克里斯蒂安，《历史、复杂性和编年史革命》（Historia, complejidad y revolución cronmétrica），载于 *Revista de Occidente*，2008 年 4 月，第 323 期，第 27—57 页，以及大卫·克里斯蒂安，《编年史革命以后的历史和科学》，载于史蒂文·J. 迪克（Steven J. Dick）和马克·L. 卢皮塞拉（Mark L. Lupisella）主编，《宇宙和文化：从宇宙背景看文化进化》（NASA，2009 年），第 441—462 页；并参见多格·麦克杜格尔（Doug Macdougall），《自然的钟：科学家如何测量万物的年代》（伯克利：加利福尼亚大学出版社，2008 年）。

[3]　H. G. 韦尔斯，《世界史纲：生物和人类的简明史》，第 3 版，（纽约：麦克米兰，1921 年），第 1102 页。

[4]　约翰·马尔瓦尼和约翰·卡明加（Johan Kamminga），《澳大利亚史前史》（悉尼：艾伦 & 乌温，1999 年），第 1—2 页。

> 的编年史，能够运用于无文字社会，就像运用于有书面文字的社会一样完美。史前史在编年史上不再是非历史的了。[1]

最终，放射性和其他断代法有可能建构回溯至宇宙起源的严格的编年史。首次可能根据一个可靠的宇宙编年史而讲述宇宙的历史。

有些变化确实可以从戴维·卡纳迪尼论文集中看出来。在该书的最后一章，菲利普·费尔南德斯·阿尔梅斯托论证道，历史的范围拓展了，越来越具体化，现在则需要将自然科学包含进来："历史再也不能将自己局限于'两种文化'中的一种。人类显然是动物连续统的一部分。"[2]在1998年，伟大的历史学家威廉·麦克尼尔论证道，历史学家应当将人类的历史置于生物圈甚至整个宇宙的历史之中：

> 看来人类实际上属于宇宙，分享其不稳定的、进化的特点……人类所发生的以及星球所发生的看来都是一个巨大的、进化的故事，具有自发出现的复杂性的特点，这种复杂性在从最小的夸克到银河系，从长碳链到生命有机体，从生物圈到人类生活、劳动其中的有意义的符号世界的每一个组织层面产生新的行为方式……[3]

麦克尼尔在其晚年，对于大历史观念的兴趣与日俱增，将它视为其广泛的历史观的一种自然延伸。正如其子约翰·麦克尼尔所言："(除孙子之外)是令其最感到激动的事情。"[4]

大历史是什么?

那么，大历史是什么?

在本文最后我想探讨什么是大历史、大历史会是什么样的等若干

---

[1] 科林·伦弗鲁，《史前史：人类心灵的形成》(伦敦：韦登菲尔德和尼克尔森，2007年)，第41页。
[2] 卡纳迪尼，《如今什么是历史？》，第153页。
[3] 威廉·麦克尼尔，《历史和科学世界观》，载于《历史与理论》,37，第1卷(1998)：第12—13页。
[4] 《起源》(国际大历史学会)，VI. 08 (2016)，7。

彼此关联的描述。这些都是个人的思考，有些是猜测性的。但是我希望它们能够引起甚至那些不会像我一样被它们说服的人的兴趣。我希望它们会引起关于大历史及其特点的广泛讨论。我的思想在结构上比较松散，大体以卡尔历史辩证法的“真理”为一端，以“说故事”为另一端这样一个范围。

大历史的目标，和其他各种善知识一样，是要帮助我们认识我们所生存的世界，从而赋予我们力量。大历史帮助我们认识我们的世界，从而赋予我们力量。就像各种形式的历史一样，大历史主要是通过将现在投射到过去而赋予我们力量，帮助我们更好地了解今日世界如何成为现在这个样子。这种关于历史的目的的宣称假设存在关于知识的一种现实主义的或者自然主义的认识。作为一种进化的生物，我们以某种成功方式和我们周边的事物打交道，这种成功是以我们（就像一切生命有机体一样）能够获得关于周边事物的有限的然而真实的认识为前提的。虽然意识到知识的有限性，大历史，就像一般科学一样，反对极端形式的怀疑论或相对主义。它和善的知识一样，建立在同样现实主义和自然主义的基础之上，而且有着同样获得力量的终极目标。

大历史是普遍的。但是如果对过去的认识确实能够赋予我们力量，那么难道不应该试图去认识全部的过去吗？大历史和其他历史研究相区别的最具决定性的因素是它试图把过去当成一个整体去认识。它渴望对历史形成普遍的理解。大历史对于具体的历史研究毫无敌意。相反，它完全要依靠丰富的具体的研究。但是它试图将具体研究的成果整合到一个更大的、统一的景观里面，正像数百万幅地方地图联结成一幅世界地图一样。这些充满雄心的目标意味着大历史要在构成20世纪学术诸多学术研究的知识碎片的浪潮中搏击。大历史旨在统合，旨在亚历山大·冯·洪堡曾说的“那种疯狂的热情……要在一本书中道尽整个物质世界”。

许多有趣的结论从大历史雄心勃勃的普遍主义中涌出。大历史不承认任何历史知识的学术障碍。它预先假定存在一个全范围的以历史为导向的学科，它们都和同一个目标相关：要重构我们这个世界如何发展到今天的历史。实际上，我时常在想，在未来的某个时候是否能够看到重新安排大学的校园，不是将科学置于一端，将人文科学置于另一端，而是你将发现一个致力于“历史科学”的区域，在这个区域里，天文学家、古生物学家、进化论生物学家、核物理学家和历史学家能够并肩工作。

大历史的这种志在普遍史的灵感意味着它将包含所有能够产生可能的、精确的、以证据为基础的关于过去的论述的各种知识领域。这就意味着，目前而言，它要明智地在大爆炸以后发生的一切——亦即可以用许多证据重构的过去与任何先于大爆炸的事物之间画一条线，后面这个区域，虽然有大量的有趣的猜测，但是到现在为止还不是一个清楚的以证据为基础的故事。当然，这是可能发生变化的，大历史的故事本身将有所扩展，也许会将那些支持多重宇宙论或弦理论的证据整合进来。随着生物学家探讨地球生命的起源，或者天文学家寻找周边星系的生命，或者物理学家和心理学家开始窥见到意识的“核心”问题，或者历史学家更好地理解了宗教和科学在人类历史的多元尺度上的作用，类似的变化也许会在大历史故事的其他部分发生。

凭着这些条件，大历史旨在综合理解历史，绘制一幅学术上的关于过去的世界地图。就像一幅世界地图，大历史的故事可以帮助我们不仅看见过去各主要国家和海洋，而且看见将不同的学术大陆、地域和岛屿连接成为一个单一知识世界的环节和协同。大历史的广泛视角还能够激发我们在多元尺度里面运动，从宇宙本身的尺度，到人类的尺度，再到个体细胞的尺度，其中每一秒都会发生数以百万计的精确校准的反应。大历史鼓励我们将时间和空间的小点连接起来，寻找截然不同的实体、学科和尺度之间的协同。诸如安德烈·科罗塔耶夫等俄罗斯学者已经积极投身于寻找多元尺度的复杂进化的数学模型这个任务上了。

通过聚焦于将不同学科连接起来的观念，大历史能够帮助我们克服20世纪在学术研究，尤其是在人文科学研究中日渐极端的怀疑论特征。在涂尔干手中，“失范”的观念是指缺少清晰的位置感或意义感，在这种学术上无家可归的状况中，世界本身几乎无法理解，个人感到极大的疏离，以至于要去自杀。20世纪学术的极端碎片化固然允许一个学科又一个学科的学术进步，但是它做到这点，所付出的代价是学科和学科之间的相互疏离，限制更大的、统一的景观的产生，也限制了在学科之间相互进行真理的检验。尤其是在人文学科，学术上的疏离造成学术形式的失范，击破了人们坚持主张创造意义或者更多从总体上去把握现实的信心。20世纪晚期如此之多的学者们所共同信仰的后现代主义者的怀疑论是对过度自信的实证主义的一种纠正。但是，发挥到极致，就会创造一种深深的无助感，既有学术上的，也有伦理上的。有些人认为，这无异于一种学术上的自杀。

以应有的科学性的稳重态度，大历史回到试图将现实的地图拼接为一个整体的古老课题。通过移除学科之间的分区，大历史能够有助于在专家性学术和大型的、范式的观念之间重建一种更加平稳的关系。

大历史是协同性的、合作性的。大历史的故事是组装而成的，就像一块硕大的镶嵌图，用许多不同国家、时代和学科的小瓷砖拼接而成。一切学术研究都是协同性的。但是大历史这一异乎寻常的领域将协同置于这门新学科的核心。丰富而可靠的大历史不是个别学者心灵的产物，而是数百万心灵的联手创造。

撰写大历史所需要的极致的学术协同使我们重新思考专门知识的含义究竟是什么。专业化造成一种看法，如果你将研究领域变得足够狭窄，学者个体就能够完全掌握这个领域。他们就变成了专家。这种观点太过天真了，因为甚至最狭窄的专家也要引用他们研究领域以外的洞见和范式。但是大历史的范围极其广泛，这就意味着尽管它建立在专家的洞见之上，但是它也要求许多在今天碎片化的知识世界里不受重视的其他学术技艺。大历史首先要求一种能够把握许多不同学科的学术研究然后将其连接起来的能力。它需要宽度，也需要深度，要有一双犀利的眼睛，能够找到学科之间未能预料的协同之处。它还需要一种协调多学科的不同频率的能力。大历史学家将不得不成为跨学科的翻译家，能够感受到对于不同学科使用的类似概念、词汇和方法之间的微妙区别。他们还将问一些深刻的跨学科的问题。有没有一些观念能够在多学科的领域里同样适用，从宇宙学到生物学到历史学，诸如弗雷德·施皮尔所描述的“统治”（rigimes）和“金凤花条件”（Goldilocks conditions），或者在埃里克·蔡森书中的核心概念“自由能密度”（free energy density）的等级？在物理学具有强大作用的熵理论能否启发我们对人类历史的认识？今日纳米生物学家正在探索中的原子层面上的分子机器是不是意味着以一种新的方式分配今日世界的能量流？[1]有没有一种普遍机制（也许某种形式的普遍的达尔文主义？）用以解释尽管存在第二热力学原理，但是还会持续出现复杂实体？

通过不仅聚焦于现代学术的零星岛屿，而且聚焦于它们之间的相互联系，大历史能够提供一种新的跨学科思维和研究的框架。熟悉大历史的世界历史地图的研究者将自然地在其具体学科以外寻找有用的观念和方法。随着越来越多的问题，从气候变化到癌症研究到金融危机等都有赖于多学科的发现和洞见，跨学科研究将变得尤为重要。每一种学科内部的研究取得成功都说明了为什么越来越多的有趣而重要问题现在都处于学科之间。

大历史这门年轻的学科也证明学术协同是我们人类（*Homo sapiens*）的一种与众不同的特征，虽然许多进化特征将我们定义为一个物种，但是我们的技术创造性似乎被语言这样一种极强大的进化形式所规定，使得我们可以用如此准确的、如此大规模的方式进行观念和洞见的交流，以至于它们能够使得集体记忆逐渐积累。我们知道，没有任何一个其他物种能够将这种习得的知识积累起来，跨越无数代人，以便有更多代人能够不仅认识不同的事物，而且认识比前几代人更多

[1] 彼得·M. 霍夫曼（Peter M. Hoffmann），《生命的棘齿：分子机器从混沌中抽取秩序》（纽约：基本图书，2012年），极好地探讨了分子机器如何利用个体分子偶然创造的“分子风暴”使细胞的化学作用得以运转，以及为什么这样做的时候不会违背第二热力学定理，因为它依靠额外的自由能的资源，主要是储存能量的分子三磷酸腺甙（ATP）。

的事物。这种差异证明是颇具创造性的。跨越无数代人的数百万个体的知识积累解释了我们对于这个生物圈的资源和能量流的日益增长的控制权。这种逐渐增长的趋势已经形成了人类的大部分历史，并且在今天达到一个高峰，使我们拥有了唯一的最强大的改变我们生物圈的力量。在我本人的著作中，我已经描述了我们分享和积累"集体知识"的独一无二的能力。它使我们人类不仅逐渐控制环境的能量流和资源，而且对我们居住其中的世界和宇宙的认识逐渐增加。现代科学如同现代宗教和文学一样，都是在共同的知识网络中辛勤劳作的数百万个体的创造。只是在一个世纪之内，人类心灵的范围，或者如同维尔纳斯基所称的"人类圈"（Noösphere）已经变成了一种全球变化的力量。[1]

我个人相信，"集体知识"的观念提供了一种能够表达我们对于人类历史以及我们这个物种与众不同特点之认识的范式性观念。人类历史是由集体知识推动的，就像生命有机体的历史是由自然选择推动的一样。如果这个想法大致正确，那么它就证明大历史能够通过将某些深层次的问题置于一个极其广泛的背景之下，将其视为现代知识的"世界地图"的一部分，从而使这些问题得到澄清。

大历史是一个故事。迄今为止，我已经讨论了大历史所能够提供的真理性认识的特点，以及它的跨学科的协同能力。但是，大历史当然也要讲故事。正如卡尔论及的各种历史一样，它要开展"现在与过去之间一个永无止境的一种对话"。它有两极，一是作为整体的过去，一是从现在这个特殊的有利位置观看过去的历史学家。就像一般历史一样，大历史是正在建构大历史的历史学家的产物。当然，这就意味着大历史是进化的，而且是不断进化的，就像所有的故事一样，因为它是由不同说书人，从不同社会背景、有着不同关注点的人所说的故事。

大历史是一个起源故事。但是，由于其具有普遍主义的雄心，大

[1] 关于"人类圈"的观念，参见大卫·克里斯蒂安，《人类圈》，2017 年 Edge.org 年度问题（2017 年 1 月），载于 http://www.edge.org/response-detail/27068。

历史不只是再讲一个过去的故事而已。大历史普遍性的野心意味着它分享着许多传统起源的故事。正如我们所知，所有人类社群都试图建构关于我们身边万物起源的统一的故事。我所说的这样一种“起源故事”的观念就是这个意思。起源故事试图将一定社群关于我们的世界如何发展到现在这个样子的知识整合起来，并且流传下去。如果有人相信了，如果那些听到并流传下去的人觉得是可靠的，就会具备特别强大的力量，不管我们讨论的是旧石器时代的食物采集民族，还是从儒家到佛教到阿兹特克的，还是伊斯兰教世界、基督教世界等世界文明的伟大哲学和宗教传统。它们之所以强大，还因为被一定的社群的大多数成员所共有，他们从小就获知这些起源故事的雏形，然后经过许多年的教育，将它们推广到国际上去并且补充其细节，使其更为精致。正如我们所知，起源故事处在一切教育的核心位置。它们在神学院和大学提供基础知识，就像食物采集社群里长者传给后代的丰富的口述传统。

根据这种讨论，显然涂尔干的“失范”概念也可以理解为那些不能获得可靠的、丰富的和权威的起源故事者的心灵状态。学术失范就是没有地图、没有意义的状态。奇怪的是，随着全球化和现代科学既在世界的都市的中心地带又在殖民的边缘地带将传统的起源故事的信心击得粉碎，这种学术状态竟成了20世纪的规范。现代世俗教育体系不再传授作为基础知识的共有的传统了。

有些人发现传统的起源故事的衰落令人高兴、使人自由，为着没有共同起源故事而随意漂流的世界观深感荣耀。但是许多人，在殖民世界和都市中心，都感受并且继续感受到深深的失落感。如今，我们习惯于一个没有普遍框架的观念（尤其是在人文学科中）的世界，很容易忘却随着不再相信起源故事而丧失学术的连贯性所造成的痛苦。但是，这种失落感在19世纪末20世纪初的文学、哲学和艺术中表现得十分明显。在这里，我们可以随意找到几个例子，说明我想说的事情。1851年，马修·阿诺德（Matthew Arnold）在《多佛海岸》中写道：

信仰的海洋
也曾一度涨潮，围绕大地的海岸，
像折起的闪光的腰带。
但是现在我只听到
大海拖长的落潮吼鸣，
沿着世界上巨大、阴郁的边岸
和赤裸的卵石沙滩，
退入吹拂的夜风。

诗人继续写到一种没有一致性或意义的未来的可怕异象：

啊，亲爱的，让我们
相互忠诚，因为看彻人间，
犹如幻乡梦境
五光十色、美丽新颖，
实在没有欢乐、没有恋爱和光明，
没有肯定、没有和平，也无从解除痛苦。
人生世上犹如置身于黑暗旷野，
到处是争斗、奔逃、混乱、惊恐，
如同愚昧的军队黑夜交兵。

叶芝的《二次圣临》作于1919年，刚结束的第一次世界大战似乎实现了阿诺德对未来的梦魇般的异象：

盘旋又盘旋在渐渐开阔的旋锥中，
猎鹰再也听不见驯鹰人的呼声；
万物崩散，中心再难维系；
世上遍布着一片狼藉，

血污的潮水一片泛滥，
把纯真的礼俗吞噬。

诗歌的结尾更是展现了一种著名而又可怕的景象：

何等恶兽，它的时辰终于到来，
懒懒地走向伯利恒来偷生？[1]

专业化和传统的统一叙事的丧失乃是诸多20世纪文学、艺术和哲学所描述的混沌、一致性丧失的世界的症状。实际上，人们经常假定，这种孤立的、不可比较的学科和视角的世界是现代性的普遍特征。现代世界将人、文化、宗教和传统统统粗暴地糅合在一起，创造了一种人类的单一感，而逐渐丧失了对传统世界观的信心。我们在《共产党宣言》里读到，人类历史到了资产阶级时代："一切固定的僵化的关系以及与之相适应的素被尊崇的观念和见解都被消除了，一切新形成的关系等不到固定下来就陈旧了。一切等级的和固定的东西都烟消云散了，一切神圣的东西都被亵渎了……"在一本论现代性的著作中，马歇尔·伯尔曼（Marshall Berman）写道，现代世界创造了"一种乖谬的统一，一种不统一的统一；它把我们全部投入到永恒的、分割与重生、斗争与矛盾、含混与痛苦的巨大旋涡里面去了。做一个现代人就是要成为一个宇宙的一部分，在这个宇宙里，正如马克思所言'一切等级的和固定的东西都烟消云散了'"。[2]

但是也可能有一种不同的解释。也许对于20世纪的大多数时期而言，我们生活在一种学术的建筑工地上，周围是古老的起源故事的废墟，而一个新的起源故事正在我们身边建造起来，这个故事便是人类

[1] 以上两首诗，译文采自王佐良编，《英国诗选》，上海译文出版社，1993年。——译者注
[2] 马歇尔·伯尔曼，《一切坚固的东西都烟消云散了：现代性体验》（纽约：企鹅，1988年，1982年出版），第15页。

作为一个整体的故事。这个想法的最好的证据便是最近50年来新的统一的故事的出现。从这个角度看，大历史就是一个试图梳理并建造一个现代的、全球的起源故事。

大历史是人类纪时期的起源故事。于是，也许我们可以将大历史设想为20世纪的起源故事。大历史建立在现代科学的学术成就之上，但是它也是一个不断全球化的世界的产物，和卡尔的世界大不相同。科学知识的推进比他所能想象的更快，诸如互联网等新技术创造了一个相互交织的世界。最重要的变化也许产生于自卡尔著书立说以来的60年间巨大的加速度、人类数量、能源使用、人类控制环境，以及人类的相互联系的急剧增长。在这个短暂时间里，我们人类已经集体变为生物圈中唯一一支最重要的变化力量，地球生命40亿年中首个起到如此重要的物种。这种结果卡尔在1961年是完全无法想象的。在这个意义上，大历史可以被认为是人类历史上人类纪的起源故事。

要将人类纪看得更加清楚一些，我们需要大历史这样宽广的尺度，因为这不仅是现代世界史的一个转折点，也是作为整体的人类历史甚至地球历史的一个重要门槛。大多数当代历史学研究集中在过去500年的历史。这种缩短了的视角的危险也许在于能够规范化最近的历史，令最近数世纪在技术上和经济上充满动力的社会看上去好像是人类历史的普遍现象。他们不是这样的。他们的动力是不同寻常的，是一种例外。这样的历史观念，就长时段的变化而言是现代的，而且正如约翰·麦克尼尔所证明的那样，现代社会的变化的尺度尤其是自20世纪中叶以来，实际上是“太阳底下的新鲜事”[1]。与此形成相对照的是，在过去20万年间，大多数人类社会中的大多数人所生活的体系和周围环境似乎都是相对稳定的，因为变化如此缓慢，以至于用几代人的尺度根本无法观察得到。

---

[1] 关于更多的相关观点，参见大卫·克里斯蒂安，《历史与时间》，载于《澳大利亚政治和历史杂志》，第57卷，第3号（2011年）：第353—365页，以及约翰·R.麦克尼尔，《太阳底下的新鲜事》（纽约：W. W. 诺顿出版社，2000）。

只有在大历史的广阔尺度内，才有可能清晰地看到人类纪的时代，不仅就人类的尺度而言，而且就地球历史的尺度而言都是奇特的。这也许就是为什么在最近发表的一篇文章中，有一批古地质学家主张，人类纪时代是生物圈历史的三大重要转折点之一，另两个是大约40亿年前生物的出现，以及6亿年前多细胞生物的出现。之前从未有一个物种能够像我们人类这样按照决定、洞见甚至奇思怪想来主导生物圈的变化。如果我们要应对它对不远的将来提出来的挑战，如何看待现代社会的这种奇特性便是至关重要的。认识当今世界如何奇特也会对我们祖先的洞见和认识形成一种新的看法，他们数千年来和整个生物圈一直维系着一种更加稳定的关系。

大历史是一切人类的首个起源故事。如果大历史就是一个起源故事，那么它也是一切人类的首个起源故事。由于它出现在一个高度密集化的相互联系的世界，它是首个为全体人类为了自己所创造的起源故事。传统的起源故事试图从特定的社群或者地区或者文化传统中概括出某种知识，而这是试图从世界各个部分积累的知识中概括出来的知识。这本身就表明一个现代起源故事的信息之大、细节之惊人的丰富。

传统的起源故事提供一种对于各社群的统一的观点，不管其内部在语言、文化、宗教和族群上的差异。同样，大历史的故事也能够开始提供一个统一的全部人类的景观，不管其在地区、阶级、民族和文化传统上有多么巨大的差异。一个全球性的起源故事的建构和传播有助于产生人类的统一感，这种统一感正是人类社会集体应对今后数十年的全球化挑战所需要的。虽然主导卡尔的那个世界的民族和文化上的诸种部落特征今日还大量存在，但是他仍会惊讶地看到，和它们同时出现的，还有一个人类整体的起源故事。

今日世界相互联系的程度如此之高，以至于一个有其自身历史的人类统一体的观念拥有了某种统合性，这是卡尔的时代所不具备的，那时候，最重要的人类社群似乎不是民族国家就是保持文化一致的区域，如“西方”或者伊斯兰世界，或者被著名传统帝国如中国和印度那样统治的地区。如今，某种意义上的全球公民、同属人类全球社区，不仅具有科学的准确性。[总体而言，我们毕竟是一个引人注目的物种，因此，人类有一种科学的准确性，而“中国人类”和“美国人类”的范畴则是不具备这种准确性。]意识到什么是全体人类所共同具有的东西，尤其是在一个核武器的世界中，乃是人类对自我的一种保护。卡尔撰写《历史是什么？》之后一年古巴导弹危机爆发，当时肯尼迪总统就曾说，一场全面核战争的可能性介于“1/3 和 1/2 之间”。[1]

1919 年 H. G. 韦尔斯试图写一本普遍史的时候，第一次世界大战的恐怖尚萦绕在他心头，他对人类一体性的感受促使他写了这本书。他主张和平需要有新的思维方式。它需要：

> 具有公共的历史观念。世界之各人种各民族，若不集合于此等观念之下通力合作，而犹循于其狭隘自私及互相冲突之民族习惯，则唯日趋于争斗之途以自召灭亡耳。此理在百余年前已为大哲学家康德所见及……今则路人尽知矣。[2]

威廉·麦克尼尔对此也有精辟的论述：

> 人类完全拥有一种历史学家可望理解的共同性，就像他们能够确切地理解将人类联合在任何较小的群体中一样。不是像狭隘的修史不可避免的那样去强化冲突，一种理智的世界史可以通过培养个体等同于人类整体的胜利和痛苦的观念而消除群体冲突的致命性。实际上，它唤起了我在我们时代历史专业的道德责任。我们需要发展一种足以容纳处于各种复杂性中的人类丰富多样性的一般史。

---

[1] 格雷厄姆·埃里森（Graham Allison）和菲利普·泽里科夫（Philip Zelikow），《决定的本质：古巴导弹危机解释》，第 2 版（纽约：朗文出版社，1999 年），第 271 页。

[2] H. G. 韦尔斯，《世界史纲》，第 VI 页。

正如韦尔斯所认识到的，一种普遍史是统一的人类历史的载体，因为，和民族史不同，与大历史相遇的人类首先不是好战的部落，而是单一的而且显然还是同等的物种。这是一个现在可以准确地、自信地去讲述的故事，它可以帮助我们找到我们这个物种不仅在最近的过去，而且在生物圈乃至于整个宇宙的位置。

参考书目

本参考书目包括三种类型的参考书，用“一般著作”和“其他著作”两个标题分别列出。第一种类型，列出了一些重要的文本，与本书若干章节有重要关系，有的引用过，有的未予引用；第二种类型是所有出现在注解中的著作，有些著作是一些纲要性的，有些专业性比较强；第三种类型是所有在每章的“延伸阅读”中提到的著作。它们几乎完全包括普通读者应该可以找到的各类著作（虽然不太容易读），大多数著作都是纲要性的，或者导论性质的。

一般著作

Asimov, Isaac. *Asimov's New Guide to Science.* Rev. ed. Harmondsworth: Penguin, 1987.

———. *Beginnings: The Story of Origins—of Mankind, Life, the Earth, the Universe.* New York: Walker, 1987.

Barraclough, Geoffrey, ed. *Times Concise Atlas of World History.* 5th ed. London: Times Books, 1994.

Bentley, Jerry H., and Herbert F. Ziegler. *Traditions and Encounters: A Global Perspective on the Past.* 2 vols. 2nd ed. Boston: McGraw-Hill, 2003.

Brown, Lester R., et al. *State of the World, 1995: A Worldwatch Institute Report on Progress toward a Sustainable Society.* London: Earthscan Publications, 1995.

———. *State of the World, 1999: A Worldwatch Institute Report on Progress toward a Sustainable Society.* London: Earthscan Publications, 1999. [Series began in 1984.]

Burenhult, Göran, ed. *The Illustrated History of Humankind.* 5 vols. San Francisco: HarperSanFrancisco, 1993–94. [A good, up-to-date, and well-illustrated world history from an archaeological perspective.]

Calder, Nigel. *Timescale: An Atlas of the Fourth Dimension*. London: Chatto and Windus, 1983. [A remarkable chronology for the whole of time, now slightly dated.]

Cambridge Encyclopaedia of Archaeology. Edited by Andrew Sherratt. Cambridge: Cambridge University Press, 1980.

Cambridge Encyclopedia of Earth Sciences. Edited by David G. Smith. Cambridge: Cambridge University Press, 1982.

Cambridge Encyclopedia of Human Evolution. Edited by Steven Jones, Robert Martin, and David Pilbeam. Cambridge: Cambridge University Press, 1992.

Clark, Robert P. *The Global Imperative: An Interpretive History of the Spread of Humankind*. Boulder, Colo.: Westview Press, 1997. [An attempt to theorize human history, building on the notion of entropy.]

Cowan, C. Wesley, and Patty Jo Watson, eds. *The Origins of Agriculture: An International Perspective*. Washington, D.C.: Smithsonian Institution Press, 1992.

Dunn, Ross E., ed. *The New World History: A Teacher's Companion*. Boston: Bedford/St. Martin's, 2000. [A collection of essays on world history.]

Dunn, Ross E., and David Vigilante, eds. *Bring History Alive! A Sourcebook for Teaching World History*. Los Angeles: National Center for History in the Schools, UCLA, 1996. [A collection of recent essays on world history.]

Emiliani, Cesare. *The Scientific Companion: Exploring the Physical World with Facts, Figures, and Formulas*. 2nd ed. New York: John Wiley, 1995.

Livi-Bacci, Massimo. *A Concise History of World Population*. Translated by Carl Ipsen. Oxford: Blackwell, 1992.

Manning, Patrick. *Navigating World History: Past, Present, and Future of a Global Field*. Basingstoke: Palgrave Macmillan, 2003.

Mazlish, Bruce, and Ralph Buultjens, eds. *Conceptualizing Global History*. Boulder, Colo.: Westview Press, 1993.

McEvedy, Colin, and Richard Jones. *Atlas of World Population History*. Harmondsworth: Penguin, 1978.

Moore, R. L. "World History." In *Companion to Historiography*, edited by Michael Bentley, pp. 941–59. New York: Routledge, 1997.

Morrison, Philip, and Phylis Morrison. *Powers of Ten: A Book about the Relative Size of Things in the Universe and the Effect of Adding Another Zero*. Redding, Conn.: Scientific American Library; San Francisco: dist. by W. H. Freeman, 1982. [On scales from the very small to the very large.]

Myers, Norman, ed. *Gaia Atlas of First Peoples*. Harmondsworth: Penguin, 1990.

———. *Gaia Atlas of Future Worlds*. Harmondsworth: Penguin, 1990.

———. *The Gaia Atlas of Planet Management*. 2nd ed. London: Pan, 1995. [A superb overview of the state of the planet today.]

Past Worlds: The Times Atlas of Archaeology. London: Times Books, 1988. [Magnificent!]

Penguin Atlas of World History. Edited by Hermann Kinder and Werner Hilgemann. 2 vols. Harmondsworth: Penguin, 1978. [Cheap and accessible, with superb maps and a detailed chronology for most of recorded history.]

Reilly, Kevin, and Lynda Norene Shaffer. "World History." In *The American Historical Association's Guide to Historical Literature,* edited by Mary Beth Norton, 1:42–45. 3rd ed. New York: Oxford University Press, 1995.

Renfrew, Colin. *Archaeology and Language: The Puzzle of Indo-European Origins.* Harmondsworth: Penguin, 1989.

Renfrew, Colin, and Paul Bahn. *Archaeology.* London: Thames and Hudson, 1992. [A superb introduction to archaeology.]

UNESCO. *History of Humanity: Scientific and Cultural Development.* Vol. 1, *Prehistory and the Beginnings of Civilization.* Edited by S. J. De Laet. London: Routledge, 1994.

———. *History of Humanity: Scientific and Cultural Development.* Vol. 2, *From the Third Millennium to the Seventh Century BC.* Edited by A. H. Dani and J-.P. Mohen London: Routledge, 1996.

———. *History of Humanity: Scientific and Cultural Development.* Vol. 3, *From the Seventh Century BC to the Seventh Century AD.* Edited by Joachim Herrmann and Erik Zürcher. London: Routledge, 1996.

其他著作

Abramovo, Z. A. "Two Models of Cultural Adaptation." *Antiquity* 63 (1989): 789–91.

Abu-Lughod, Janet. *Before European Hegemony: The World System, A.D. 1250–1350.* New York: Oxford University Press, 1989.

Adams, Robert M. *The Evolution of Urban Society: Early Mesopotamia and Prehispanic Mexico.* Chicago: Aldine, 1966.

———. *Paths of Fire: An Anthropologist's Inquiry into Western Technology.* Princeton: Princeton University Press, 1996.

Adas, Michael, ed. *Agricultural and Pastoral Societies in Ancient and Classical History.* Philadelphia: Temple University Press, 2001.

———. *Islamic and European Expansion: The Forging of a Global Order.* Philadelphia: Temple University Press, 1993.

Adshead, S. A. M. *China in World History.* 2nd ed. Basingstoke: Macmillan, 1995.

Allsen, Thomas T. *Culture and Conquest in Mongol Eurasia.* Cambridge: Cambridge University Press, 2001.

Alroy, John. "A Multispecies Overkill Simulation of the End-Pleistocene Megafaunal Mass Extinction." *Science,* 8 June 2001, pp. 1893–96.

Amin, Samir. "The Ancient World-Systems versus the Modern Capitalist World-System." In *The World System: From Hundred Years or Five Thousand?,* edited by Andre Gunder Frank and Barry K. Gills, pp. 247–77. London: Routledge, 1992.

Anderson, J. L. *Explaining Long-Term Economic Change.* Basingstoke: Macmillan, 1991.

Armstrong, Terence. *Russian Settlement in the North.* Cambridge: Cambridge University Press, 1965.

Ashton, T. S. *The Industrial Revolution, 1760–1830.* London: Oxford University Press, 1948.

Aubet, María Eugenia. *The Phoenicians and the West: Politics, Colonies, and Trade.* Translated by Mary Turton. Cambridge: Cambridge University Press, 1993.

Bahn, Paul, and John Flenley. *Easter Island, Earth Island.* London: Thames and Hudson, 1992.

Bairoch, Paul. *Cities and Economic Development: From the Dawn of History to the Present.* Translated by Christopher Brauder. Chicago: University of Chicago Press, 1988.

———. "International Industrialization Levels from 1705 to 1980." *Journal of European Economic History* 11 (1982): 269–333.

Barber, Elizabeth Wayland. *Women's Work: The First 20,000 Years: Women, Cloth, and Society in Early Times.* New York: W. W. Norton, 1994.

Barff, Richard. "Multinational Corporations and the New International Division of Labour." In *Geographies of Global Change: Remapping the World in the Late Twentieth Century,* edited by R. J. Johnston, Peter J. Taylor, and Michael J. Watts, pp. 50–62. Oxford: Blackwell, 1995.

Barfield, Thomas J. *The Nomadic Alternative.* Englewood Cliffs, N.J.: Prentice-Hall, 1993.

———. *The Perilous Frontier: Nomadic Empires and China.* Oxford: Blackwell, 1989.

Barnett, S. Anthony. *The Science of Life: From Cells to Survival.* Sydney: Allen and Unwin, 1998.

Barraclough, Geoffrey. *An Introduction to Contemporary History.* 1965. Reprint, Harmondsworth: Penguin, 1967.

Barrow, John D. *The Origin of the Universe.* London: Weidenfeld and Nicolson, 1994.

———. *Theories of Everything: The Quest for Ultimate Explanation.* Oxford: Clarendon, 1991.

Barthold, W. *Turkestan down to the Mongol Invasion.* Translated by T. Minorsky. Edited by C. E. Bosworth. 4th ed. London: E. J. W. Gibb Memorial Trust, 1977.

Basalla, George. *The Evolution of Technology.* Cambridge: Cambridge University Press, 1988.

Bawden, Stephen, Stephen Dovers, and Megan Shirlow. *Our Biosphere under Threat: Ecological Realities and Australia's Opportunities.* Melbourne: Oxford University Press, 1990.

Bayley, Chris. *The Birth of the Modern World: Global Connections and Comparisons, 1780–1914.* Oxford: Blackwell, 2003.

Becker, Luann. "Repeated Blows." *Scientific American,* March 2002, pp. 76–83.

Bellwood, Peter. *Man's Conquest of the Pacific: The Prehistory of Southeast Asia and Oceania.* New York: Oxford University Press, 1979.
———. *The Polynesians: Prehistory of an Island People.* Rev. ed. London: Thames and Hudson, 1987.
Bentley, Jerry. "Cultural Encounters between the Continents over the Centuries." In *Nineteenth International Congress of Historical Sciences*, pp. 29–45. Oslo: Nasjonalbiblioteket, 2000.
———. *Old World Encounters: Cross-Cultural Contacts and Exchanges in Pre-Modern Times.* New York: Oxford University Press, 1993.
———. *Shapes of World History in Twentieth-Century Scholarship.* Washington, D.C.: American Historical Association, 1996. (Reprinted in *Agricultural and Pastoral Societies in Ancient and Classical History*, edited by Michael Adas [Philadelphia: Temple University Press, 2001], pp. 3–35.)
Berg, Maxine. *The Age of Manufactures, 1700–1820: Industry, Innovation, and Work in Britain.* 2nd ed. London: Routledge, 1994.
Berry, Thomas. *The Dream of the Earth.* San Francisco: Sierra Club Books, 1988.
Biraben, J. R. "Essai sur l'évolution du nombre des hommes." *Population* 34 (1979): 13–25.
Black, Jeremy. *War and the World: Military Power and the Fate of Continents, 1450–2000.* New Haven: Yale University Press, 1998.
Blackmore, Susan. *The Meme Machine.* Oxford: Oxford University Press, 1999.
Blank, Paul W., and Fred Spier, eds. *Defining the Pacific: Constraints and Opportunities.* Aldershot, Hants.: Ashgate, 2002. [A survey of Pacific history on scales up to those of big history.]
Blaut, J. M. *The Colonizer's Model of the World: Geographical Diffusionism and Eurocentric History.* London: Guildford Press, 1993.
Blumenfeld, Yorick, ed. *Scanning the Future: Twenty Eminent Thinkers on the World of Tomorrow.* London: Thames and Hudson, 1999.
Bogucki, Peter. *The Origins of Human Society.* Oxford: Blackwell, 1999.
Borah, Woodrow, and Sherburne F. Cook. *The Aboriginal Population of Central Mexico on the Eve of the Spanish Conquest.* Berkeley: University of California Press, 1963.
Boserup, Ester. *The Conditions of Agricultural Growth: The Economics of Agrarian Change under Population Pressure.* Chicago: Aldine, 1965.
———. *Population and Technology.* Oxford: Blackwell, 1981.
Bottomore, Tom, ed. *A Dictionary of Marxist Thought.* 2nd ed. Oxford: Blackwell, 1991.
Boyden, S. *Biohistory: The Interplay between Human Society and the Biosphere.* Man and the Biosphere Series, ed. J. N. R. Jeffers, vol. 8. Paris: UNESCO; Park Ridge, N.J.: Parthenon, 1992.
Brady, Thomas A. "Rise of Merchant Empires, 1400–1700: A European Counterpoint." In *The Political Economy of Merchant Empires: State Power and World Trade, 1350–1750*, edited by James D. Tracy, pp. 117–60. Cambridge: Cambridge University Press, 1991.

Braudel, Fernand. *Civilization and Capitalism, Fifteenth–Eighteenth Century.* 3 vols. London: Collins, 1981–84.

———. *On History.* Translated by Sarah Matthews. Chicago: University of Chicago Press, 1980.

Briggs, Asa. *A Social History of England.* 2nd ed. Harmondsworth: Penguin, 1987.

Brown, Lester R. *Eco-Economy: Building an Economy for the Earth.* New York: W. W. Norton, 2001.

Brown, Lester R., and Jennifer Mitchell. "Building a New Economy." In *State of the World, 1998: A Worldwatch Institute Report on Progress toward a Sustainable Society,* by Lester R. Brown et al., pp. 168–87. London: Earthscan Publications, 1998.

Brown, Lester R., et al. *Vital Signs, 1998–99: The Trends That Are Shaping Our Future.* London: Earthscan, 1998.

Budiansky, Stephen. *The Covenant of the Wild.* New York: Morrow, 1992. [Popular account of animal domestication.]

Bulliet, Richard, et al. *The Earth and Its Peoples: A Global History.* Boston: Houghton Mifflin, 1997.

Burenhult, Göran. "The Rise of Art." In *The Illustrated History of Humankind,* edited by Göran Burenhult. Vol. 1, *The First Humans: Human Origins and History to 10,000 BC,* pp. 97–121. St. Lucia: University of Queensland Press, 1993.

Burstein, Stanley M. "The Hellenistic Period in World History." In *Agricultural and Pastoral Societies in Ancient and Classical History,* edited by Michael Adas, pp. 275–307. Philadelphia: Temple University Press, 2001.

———, ed. *Ancient African Civilizations: Kush and Axum.* Princeton: Markus Wiener, 1998.

Bushnell, John. *Mutiny amid Repression: Russian Soldiers in the Revolution of 1905–1906.* Bloomington: Indiana University Press, 1985.

Bynum, W. F., and Roy Porter, eds. *Companion Encyclopedia of the History of Medicine.* London: Routledge, 1993.

Cairns-Smith, A. G. *Evolving the Mind: On the Nature of Matter and the Origin of Conscious.* Cambridge: Cambridge University Press, 1996.

———. *Seven Clues to the Origin of Life.* Cambridge: Cambridge University Press, 1985.

Calvin, William H. *The Ascent of Mind: Ice Age Climates and the Evolution of Intelligence.* New York: Bantam, 1991.

———. *How Brains Think: Evolving Intelligence, Then and Now.* London: Phoenix, 1998.

Campbell, Joseph. *The Hero with a Thousand Faces.* Bollingen no. 17. Princeton: Princeton University Press, 1959.

———. *The Masks of God.* Vol. 1, *Primitive Mythology.* 1959. Reprint, Harmondsworth: Penguin, 1976.

Campbell, Joseph, with Bill Moyers. *The Power of Myth.* New York: Doubleday: 1988.

Cardwell, Donald. *The Fontana History of Technology*. London: Fontana, 1994.
Carneiro, Robert. "Political Expansion as an Expression of the Principle of Competitive Exclusion." In *Origins of the State: The Anthropology of Political Evolution*, edited by Ronald Cohen and Elman R. Service, pp. 205–20. Philadelphia: Institute for the Study of Human Issues, 1978.
Castells, Manuel. *End of Millennium*. Vol. 3 of *The Information Age: Economy, Society and Culture*. Oxford: Blackwell, 1998.
———. *The Power of Identity*. Vol. 2 of *The Information Age: Economy, Society and Culture*. Oxford: Blackwell, 1997.
———. *The Rise of the Network Society*. Vol. 1 of *The Information Age: Economy, Society and Culture*. Oxford: Blackwell, 1996.
Cattermole, Peter, and Patrick Moore. *The Story of the Earth*. Cambridge: Cambridge University Press, 1986.
Cavalli-Sforza, Luigi Luca, and Francesco Cavalli-Sforza. *The Great Human Diasporas*. Translated by Sarah Thorne. Reading, Mass.: Addison-Wesley, 1995.
Chaisson, Eric J. *Cosmic Evolution: The Rise of Complexity in Nature*. Cambridge, Mass.: Harvard University Press, 2001.
———. *The Life Era: Cosmic Selection and Conscious Evolution*. New York: W. W. Norton, 1987.
———. *Universe: An Evolutionary Approach to Astronomy*. Englewood Cliffs, N.J.: Prentice-Hall, 1988.
Champion, Timothy, et al. *Prehistoric Europe*. London: Academic Press, 1984.
Chandler, Tertius. *Four Thousand Years of Urban Growth: An Historical Census*. Lewiston, N.Y.: St. David's University Press, 1987.
Chase-Dunn, Christopher. *Global Formation: Structures of the World-Economy*. Oxford: Blackwell, 1989.
Chase-Dunn, Christopher, and Thomas D. Hall. "Cross-World System Comparisons: Similarities and Differences." In *Civilizations and World Systems: Studying World-Historical Change*, edited by Stephen K. Sanderson, pp. 109–35. Walnut Creek, Calif.: Altamira, 1995.
———. *Rise and Demise: Comparing World Systems*. Boulder, Colo.: Westview Press, 1997.
———, eds. *Core/Periphery Relations in Precapitalist Worlds*. Boulder, Colo.: Westview Press, 1991.
Chaudhuri, K. N. *Asia before Europe: Economy and Civilization of the Indian Ocean from the Rise of Islam to 1750*. Cambridge: Cambridge University Press, 1990.
Chew, Sing C. *World Ecological Degradation: Accumulation, Urbanization, and Deforestation, 3000 B.C.–A.D. 2000*. Lanham, Md.: Rowman and Littlefield, 2001.
Childe, V. Gordon. *Man Makes Himself*. London: Watts, 1936.
———. *What Happened in History?* Harmondsworth: Penguin, 1942.
Christian, David. "Accumulation and Accumulators: The Metaphor Marx Muffed." *Science and Society* 54, no. 2 (summer 1990): 219–24.
———. "Adopting a Global Perspective." In *The Humanities and a Creative Na-*

tion: Jubilee Essays, edited by D. M. Schreuder, pp. 249–62. Canberra: Australian Academy of the Humanities, 1995.

———. "The Case for 'Big History.'" *Journal of World History* 2, no. 2 (fall 1991): 223–38. [Reprinted in *The New World History: A Teacher's Companion,* edited by Ross E. Dunn (Boston: Bedford/St. Martin's, 2000), pp. 575–87.]

———. *A History of Russia, Central Asia, and Mongolia.* Vol. 1, *Inner Eurasia from Prehistory to the Mongol Empire.* Oxford: Blackwell, 1998.

———. *Imperial and Soviet Russia: Power, Privilege, and the Challenge of Modernity.* Basingstoke: Macmillan, 1997.

———. *Living Water: Vodka and Russian Society on the Eve of Emancipation.* Oxford: Clarendon, 1990.

———. "The Longest Durée: A History of the Last 15 Billion Years." *Australian Historical Association Bulletin,* nos. 59–60 (August–November 1989): 27–36.

———. "Maps of Time: Human History and Terrestrial History." In *Symposium ter Gelegenheid van het 250-jarig Jubileum,* pp. 33–63. Haarlem: Koninklijke Hollandsche Maatschappij der Wetenschappen, 2002.

———. "Science in the Mirror of 'Big History.'" In *The Changing Image of the Sciences,* edited by I. H. Stamhuis, T. Koetsier, C. de Pater, and A. van Helden, pp. 143–71. Dordrecht: Kluwer Academic Publishers, 2002.

———. "Silk Roads or Steppe Roads? The Silk Roads in World History." *Journal of World History* 11, no. 1 (spring 2000): 1–26.

Christopherson, Susan. "Changing Women's Status in a Global Economy." In *Geographies of Global Change: Remapping the World in the Late Twentieth Century,* edited by R. J. Johnston, Peter J. Taylor, and Michael J. Watts, pp. 191–205. Oxford: Blackwell, 1995.

Cipolla, Carlo M. *Before the Industrial Revolution: European Society and Economy, 1000–1700.* 2nd ed. London: Methuen, 1981.

———. *The Economic History of World Population.* 6th ed. Harmondsworth: Penguin, 1974. [Dated, particularly on kin-ordered societies, but remains an interesting overview of human history.]

Claessen, Henri J. M., and Peter Skalnik, eds. *The Early State.* The Hague: Mouton, 1978.

Cliff, Andrew, and Peter Haggett. "Disease Implications of Global Change." In *Geographies of Global Change: Remapping the World in the Late Twentieth Century,* edited by R. J. Johnston, Peter J. Taylor, and Michael J. Watts, pp. 206–23. Oxford: Blackwell, 1995.

Cline, David B. "The Search for Dark Matter." *Scientific American,* March 2003, pp. 50–59.

Cloud, Preston. *Cosmos, Earth, and Man: A Short History of the Universe.* New Haven: Yale University Press, 1978.

———. *Oasis in Space: Earth History from the Beginning.* New York: W. W. Norton, 1988.

Clutton-Brock, Juliet. *Domesticated Animals from Early Times.* London: British Museum, 1981.

Coatsworth, John H. "Welfare." *American Historical Review* 101, no. 1 (February 1996): 1–17.
Coe, Michael D. *The Maya*. New York: Praeger, 1966.
———. *Mexico: From the Olmecs to the Aztecs*. 4th ed. New York: Thames and Hudson, 1994.
Cohen, H. Floris. *The Scientific Revolution: A Historiographical Inquiry*. Chicago: University of Chicago Press, 1994.
Cohen, Mark. *The Food Crisis in Prehistory*. New Haven: Yale University Press, 1977.
———. *Health and the Rise of Civilization*. New Haven: Yale University Press, 1989.
Cohen, Ronald, and Elman R. Service, eds. *Origins of the State: The Anthropology of Political Evolution*. Philadelphia: Institute for the Study of Human Issues, 1978.
Coles, Peter. *Cosmology: A Very Short Introduction*. Oxford: Oxford University Press, 2001.
Collins, Randall. *Macrohistory: Essays in the Sociology of the Long Run*. Stanford: Stanford University Press, 1999.
Constantine Porphyrogenitus. *De Administrando Imperio*. Edited by G. Moravcsik. Translated by R. J. H. Jenkins. Rev. ed. Washington, D.C.: Dumbarton Oaks Center for Byzantine Studies, 1967.
Costello, Paul. *World Historians and Their Goals: Twentieth-Century Answers to Modernism*. De Kalb: Northern Illinois University Press, 1994.
Courtwright, David T. *Forces of Habit: Drugs and the Making of the Modern World*. Cambridge, Mass.: Harvard University Press, 2002.
Crafts, N. F. R. *British Economic Growth during the Industrial Revolution*. Oxford: Clarendon, 1985.
Crawford, Ian. "Where Are They?" *Scientific American*, July 2000, pp. 38–43.
Cronon, William. "A Place for Stories: Nature, History, and Narrative." *Journal of American History* 78, no. 4 (March 1992): 1347–76.
Crosby, Alfred W. *The Columbian Exchange: Biological and Cultural Consequences of 1492*. Westport, Conn.: Greenwood Press, 1972.
———. *Ecological Imperialism: The Biological Expansion of Europe, 900–1900*. Cambridge: Cambridge University Press, 1986.
———. *The Measure of Reality: Quantification in Western Europe, 1250–1600*. Cambridge University Press, 1997.
Croswell, Ken. *The Alchemy of the Heavens*. Oxford: Oxford University Press, 1996.
———. "Uneasy Truce." *New Scientist*, 30 May 1998, pp. 42–46.
Curtin, Philip D. *Cross-Cultural Trade in World History*. Cambridge: Cambridge University Press, 1985.
Dalziel, Ian W. D. "Earth before Pangea." *Scientific American*, January 1995, pp. 38–43.
Darwin, Charles. *The Origin of Species by Means of Natural Selection: The*

Preservation of Favored Races in the Struggle for Life. Edited and with an introduction by J. W. Burrow. Harmondsworth: Penguin, 1968. [First published in 1859.]
Davies, Norman. *Europe: A History.* 1996. Reprint, London: Pimlico, 1997.
Davies, Paul. *About Time.* London: Viking, 1995.
———. *The Cosmic Blueprint.* London: Unwin, 1989.
———. *The Fifth Miracle: The Search for the Origin of Life.* Harmondsworth: Penguin, 1999.
———. *The Last Three Minutes.* London: Phoenix, 1995.
Davis, Mike. *Late Victorian Holocausts: El Niño Famines and the Making of the Third World.* London: Verso, 2001.
Davis, Natalie Zemon. Discussant's comment on "Cultural Encounters between the Continents over the Centuries." In *Nineteenth International Congress of Historical Sciences,* pp. 46–47. Oslo: Nasjonalbiblioteket, 2000.
Davis, Ralph. *The Rise of the Atlantic Economies.* Ithaca, N.Y.: Cornell University Press, 1973.
Davis-Kimball, Jeannine, with Mona Behan. *Warrior Women: An Archaeologist's Search for History's Hidden Heroines.* New York: Warner, 2002.
Dawkins, Richard. *River out of Eden: A Darwinian View of Life.* New York: Bantam, 1995.
———. *The Selfish Gene.* 2nd ed. Oxford: Oxford University Press, 1989.
Dayton, Leigh. "Mass Extinctions Pinned on Ice Age Hunters." *Science,* 8 June 2001, p. 1819.
Deacon, Terrence W. *The Symbolic Species: The Co-evolution of Language and the Brain.* Harmondsworth: Penguin, 1997.
Delsemme, Armand. *Our Cosmic Origins: From the Big Bang to the Emergence of Life and Intelligence.* Cambridge: Cambridge University Press, 1998.
Denemark, Robert A., et al., eds. *World System History: The Social Science of Long-Term Change.* London: Routledge, 2000.
Dennell, Robin C. *European Economic Prehistory: A New Approach.* New York: Academic Press, 1983.
Dennett, Daniel C. *Consciousness Explained.* London: Penguin, 1993.
———. *Darwin's Dangerous Idea: Evolution and the Meaning of Life.* London: Allen Lane, 1995.
———. *Kinds of Minds: Toward an Understanding of Consciousness.* London: Weidenfeld, 1997.
DeVries, B., and J. Goudsblom, eds. *Mappae Mundi: Humans and Their Habitats in a Long-Term Socio-Ecological Perspective.* Amsterdam: Amsterdam University Press, 2002.
de Vries, Jan. "The Industrial Revolution and the Industrious Revolution." *Journal of Economic History* 54, no. 2 (June 1994): 249–70.
Diamond, Jared. *Guns, Germs, and Steel: The Fates of Human Societies.* London: Vintage, 1998.
———. "Human Use of World Resources." *Nature,* 6 August 1987, pp. 479–80.
———. *The Rise and Fall of the Third Chimpanzee.* London: Vintage, 1991.

———. *Why Is Sex Fun? The Evolution of Human Sexuality.* London: Weidenfeld and Nicolson, 1997.
Díaz, Bernal. *The Conquest of New Spain.* Translated by J. M. Cohen. Harmondsworth: Penguin, 1963.
di Cosmo, Nicola. "European Technology and Manchu Power: Reflections on the 'Military Revolution' in Seventeenth Century China." Paper presented at the International Congress of Historical Sciences, Oslo, August 2000.
———. "State Formation and Periodization in Inner Asian History." *Journal of World History* 10, no. 1 (spring 1999): 1–40.
Diesendorf, Mark, and Clive Hamilton, eds. *Human Ecology, Human Economy.* Sydney: Allen and Unwin, 1997.
Dingle, Tony. *Aboriginal Economy.* Fitzroy, Vic.: McPhee Gribble/Penguin, 1988.
Dolukhanov, P. M. "The Late Mesolithic and the Transition to Food Production in Eastern Europe." In *Hunters in Transition: Mesolithic Societies of Temperate Eurasia and Their Transition to Farming,* edited by Marek Zvelebil, pp. 109–20. Cambridge: Cambridge University Press, 1986.
Dunn, Ross E. *The Adventures of Ibn Battuta: A Muslim Traveler of the Fourteenth Century.* Berkeley: University of California Press, 1986.
Dyson, Freeman. *Origins of Life.* 2nd ed. Cambridge: Cambridge University Press, 1999.
Earle, Timothy. *How Chiefs Come to Power: The Political Economy in Prehistory.* Stanford: Stanford University Press, 1997.
Eckhardt, William. "A Dialectical Evolutionary Theory of Civilizations, Empires, and Wars." In *Civilizations and World Systems: Studying World-Historical Change,* edited by Stephen K. Sanderson, pp. 79–82. Walnut Creek, Calif.: Altamira Press, 1995.
Ehrenberg, Margaret. *Women in Prehistory.* Norman: University of Oklahoma Press, 1989.
Ehret, Christopher. *An African Classical Age: Eastern and Southern Africa in World History, 1000 B.C. to A.D. 400.* Charlottesville: University Press of Virginia, 1998.
———. "Sudanic Civilization." In *Agricultural and Pastoral Societies in Ancient and Classical History,* edited by Michael Adas, pp. 224–74. Philadelphia: Temple University Press, 2001.
Ehrlich, Paul. *Human Natures: Genes, Cultures, and the Human Prospect.* Washington, D.C.: Island Press, 2000.
———. *The Machinery of Nature.* New York: Simon and Schuster, 1986.
Ehrlich, Paul R., and Anne H. Ehrlich. *The Population Explosion.* New York: Simon and Schuster, 1990.
Eibl-Eibesfeldt, Irenäus. "Aggression and War: Are They Part of Being Human?" In *The Illustrated History of Humankind,* edited by Gören Burenhult. Vol. 1, *The First Humans: Human Origins and History to 10,000 BC,* pp. 26–29. St. Lucia: University of Queensland Press, 1993.
Eliade, Mircea. *The Myth of the Eternal Return, or, Cosmos and History.* Translated by Willard R. Trask. New York: Harper, 1954.

Elias, Norbert. *The Civilizing Process.* Vol. 1, *The History of Manners.* Translated by Edmund Jephcott. Oxford: Blackwell, 1978.

———. *The Civilizing Process.* Vol. 2, *State Formation and Civilization.* Translated by Edmund Jephcott. Oxford: Blackwell, 1982.

———. *The Civilizing Process: Sociogenetic and Psychogenetic Investigations.* Translated by Edmund Jephcott. Edited by Eric Dunning, Johan Goudsblom, and Stephen Mennell. 2nd ed. Oxford: Blackwell, 2000.

———. *Norbert Elias on Civilization, Power, and Knowledge: Selected Writings.* Edited by Stephen Mennell and Johan Goudsblom. Chicago: University of Chicago Press, 1998.

———. *The Norbert Elias Reader: A Biographical Selection.* Edited by Johan Goudsblom and Stephen Mennell. Oxford: Blackwell, 1998.

———. *Time: An Essay.* Translated by Edmund Jephcott. Oxford: Blackwell, 1992.

Elvin, Mark. *The Pattern of the Chinese Past.* Stanford: Stanford University Press, 1973.

Emiliani, Cesare. *Planet Earth: Cosmology, Geology, and the Evolution of Life and Environment.* Cambridge: Cambridge University Press, 1992.

Evans, L. T. *Feeding the Ten Billion: Plants and Population Growth.* Cambridge: Cambridge University Press, 1998.

Fagan, Brian M. *Floods, Famines, and Emperors: El Niño and the Fate of Civilizations.* New York: Basic Books, 1999.

———. *The Journey from Eden: The Peopling of Our World.* London: Thames and Hudson, 1990.

———. *People of the Earth: An Introduction to World Prehistory.* 10th ed. Upper Saddle River, N.J.: Prentice Hall, 2001. [A good, comprehensive, and up-to-date textbook on prehistory.]

Ferris, Timothy. *Coming of Age in the Milky Way.* New York: William Morrow, 1988.

———. *The Whole Shebang: A State-of-the-Universe(s) Report.* New York: Simon and Schuster, 1997.

Feynman, Richard P. *Six Easy Pieces: The Fundamentals of Physics Explained.* London: Penguin, 1998. [A very good introduction to basic concepts of modern physics by one of its pioneers.]

Finley, M. I. *The Ancient Economy.* London: Chatto and Windus, 1973.

———. "Empire in the Greco-Roman World." *Greece and Rome,* 2nd ser., 25, no. 1 (April 1978): 1–15.

Finney, Ben. "The Other One-Third of the Globe." *Journal of World History* 5, no. 2 (fall 1994): 273–98.

Flannery, Tim. *The Eternal Frontier: An Ecological History of North America and Its Peoples.* New York: Atlantic Monthly Press, 2001.

———. *The Future Eaters: An Ecological History of the Australasian Lands and People.* Chatswood, N.S.W.: Reed, 1995.

Fletcher, Roland. *The Limits of Settlement Growth: A Theoretical Outline.* Cambridge: Cambridge University Press, 1995.

———. "Mammoth Bone Huts." In *The Illustrated History of Humankind*, edited by Göran Burenhult. Vol. 1, *The First Humans: Human Origins and History to 10,000 BC*, pp. 134–35. St. Lucia: University of Queensland Press, 1993.
Flood, Josephine. *Archaeology of the Dreamtime*. Sydney: Collins, 1983.
Floud, Roderick, and Donald McCloskey, eds. *The Economic History of Britain since 1700*. 2nd ed. Cambridge: Cambridge University Press, 1994.
Flynn, Dennis O., and Arturo Giráldez. "Born with a 'Silver Spoon': The Origin of World Trade in 1571." *Journal of World History* 6, no. 2 (fall 1995): 201–21.
———. "Cycles of Silver: Global Economic Unity through the Mid–Eighteenth Century." *Journal of World History* 13, no. 2 (fall 2002): 391–427.
———. *Metals and Monies in an Emerging Global Economy*. Brookfield, Vt.: Variorum, 1997.
Fodor, Jerry A. *The Modularity of Mind: An Essay on Faculty Psychology*. Cambridge, Mass.: MIT Press, 1983.
Foley, Robert. *Humans before Humanity*. Oxford: Blackwell, 1995.
———. "In the Shadow of the Modern Synthesis? Alternative Perspectives on the Last Fifty Years of Paleoanthropology." *Evolutionary Anthropology* 10, no. 1 (2001): 5–15.
Foltz, Richard. *Religions of the Silk Road: Overland Trade and Cultural Exchange from Antiquity to the Fifteenth Century*. New York: St. Martin's Press, 1999.
Forsyth, James. *A History of the Peoples of Siberia: Russia's North Asian Colony, 1581–1990*. Cambridge: Cambridge University Press, 1992.
Fortey, Richard A. *Life: An Unauthorised Biography: A Natural History of the First Four Thousand Million Years of Life on Earth*. London: Flamingo, 1998.
Frank, Andre Gunder. *ReOrient: Global Economy in the Asian Age*. Berkeley: University of California Press, 1998.
Frank, Andre Gunder, and Barry K. Gills, eds. *The World System: Five Hundred Years or Five Thousand?* London: Routledge, 1992.
Freedman, Wendy L. "The Expansion Rate and Size of the Universe." *Scientific American*, November 1992, p. 54.
Gaddis, John Lewis. *The Landscape of History: How Historians Map the Past*. Oxford: Oxford University Press, 2002.
Gamble, Clive. *The Paleolithic Settlement of Europe*. Cambridge: Cambridge University Press, 1986.
———. *Timewalkers: The Prehistory of Global Colonization*. Harmondsworth: Penguin, 1995.
Gell-Mann, Murray. "Transitions to a More Sustainable World." In *Scanning the Future: Twenty Eminent Thinkers on the World of Tomorrow*, edited by Yorick Blumenfeld, pp. 61–79. London: Thames and Hudson, 1999. [Extracts from *The Quark and the Jaguar: Adventures in the Simple and the Complex* (1994).]
Gellner, Ernest. *Plough, Sword, and Book: The Structure of Human History*. London: Paladin, 1991.

Gerschenkron, Alexander. *Economic Backwardness in Historical Perspective, a Book of Essays.* Cambridge, Mass.: Harvard University Press, Belknap Press, 1962.

Gibbons, Ann. "In Search of the First Hominids." *Science,* 15 February 2002, pp. 1214–19.

Giddens, Anthony. *Beyond Left and Right: The Future of Radical Politics.* Cambridge: Polity, 1994.

———. *A Contemporary Critique of Historical Materialism.* 2nd ed. Basingstoke: Macmillan, 1995.

———. *The Nation-State and Violence.* Vol. 2 of *A Contemporary Critique of Historical Materialism.* Cambridge: Polity Press, 1985. [Taken together, these three volumes by Giddens offer a theory of the nature of modernity and modern society.]

Gills, Barry K., and Andre Gunder Frank. "The Cumulation of Accumulation." In *The World System: Five Hundred Years or Five Thousand?,* edited by Andre Gunder Frank and Barry K. Gills, pp. 81–114. London: Routledge, 1992.

———. "World System Cycles, Crises, and Hegemonic Shifts, 1700 BC to 1700 AD." In *The World System: Five Hundred Years or Five Thousand?,* edited by Andre Gunder Frank and Barry K. Gills, pp. 143–99. London: Routledge, 1992.

Gimbutas, Marija. *The Civilization of the Goddess: The World of Old Europe.* Edited by Joan Marler. San Francisco: Harper and Row, 1991.

Gleick, James. *Chaos: Making a New Science.* New York: Penguin, 1988.

Golden, Peter B. "Nomads and Sedentary Societies in Eurasia." In *Agricultural and Pastoral Societies in Ancient and Classical History,* edited by Michael Adas, pp. 71–114. Philadelphia: Temple University Press, 2001.

Goldstone, Jack A. *Revolution and Rebellion in the Early Modern World.* Berkeley: University of California Press, 1991.

Goody, Jack. *The East in the West.* Cambridge: Cambridge University Press, 1996.

Gorbachev, Mikhail. *Perestroika: New Thinking for Our Country and the World.* New York: Harper and Row, 1987.

Goudie, Andrew. *The Human Impact on the Natural Environment.* 5th ed. Oxford: Blackwell, 2000.

———, ed. *The Human Impact Reader: Readings and Case Studies.* Oxford: Blackwell, 1997.

Goudie, Andrew, and Heather Viles, eds. *The Earth Transformed: An Introduction to Human Impacts on the Environment.* Oxford: Blackwell, 1997.

Goudsblom, Johan. *Fire and Civilization.* Harmondsworth: Allen Lane, 1992.

Goudsblom, Johan, Eric Jones, and Stephen Mennell. *The Course of Human History: Economic Growth, Social Process, and Civilization.* Armonk, N.Y.: M. E. Sharpe, 1996.

Gould, Stephen Jay. *Ever Since Darwin: Reflections in Natural History.* New York: W. W. Norton, 1977.

———. *Life's Grandeur: The Spread of Excellence from Plato to Darwin.* London: Jonathan Cape, 1996. [The U.S. edition, which has the same subtitle, is titled *Full House.*]

———. *The Mismeasure of Man.* New York: W. W. Norton, 1981.
———. *The Panda's Thumb: More Reflections in Natural History.* Harmondsworth: Penguin, 1980.
———. *Time's Arrow, Time's Cycle: Myth and Metaphor in the Discovery of Geological Time.* Cambridge, Mass.: Harvard University Press, 1987.
———. *Wonderful Life: The Burgess Shale and the Nature of History.* London: Hutchinson, 1989.
Greenberg, Joseph, and Merritt Ruhlen. "Linguistic Origins of Native Americans." *Scientific American,* November 1992, pp. 94–99.
Griaule, Marcel. *Conversations with Ogotemmêli.* 1965. Reprint, London: Oxford University Press for the International African Institute, 1975.
Gribbin, John. *Genesis: The Origins of Man and the Universe.* New York: Delta, 1981. [A scientist's introduction to the history of the universe, the stars, and the Earth.]
———. *In Search of the Big Bang: Quantum Physics and Cosmology.* London: Corgi, 1987.
Halle-Selassie, Yohannes. "Late Miocene Hominids from the Middle Awash, Ethiopia." *Nature,* 12 July 2001, pp. 178–81.
Hansen, Valerie. *The Open Empire: A History of China to 1600.* New York: W. W. Norton, 2000.
Haraway, Donna J. *Simians, Cyborgs, and Women: The Reinvention of Nature.* New York: Routledge, 1991.
Harris, David, and Gordon Hillman, eds. *Foraging and Farming: The Evolution of Plant Exploitation.* London: Unwin Hyman, 1989.
Harris, Marvin. *Culture, People, Nature.* 5th ed. New York: Harper and Row, 1988. [A clear, simple, but opinionated introduction to anthropology.]
———. "The Origin of Pristine States." In *Cannibals and Kings,* edited by Marvin Harris, pp. 101–23. New York: Vintage, 1978.
Harrison, Paul. *Inside the Third World: The Anatomy of Poverty.* 2nd ed. Harmondsworth: Penguin, 1981.
———. *The Third Revolution: Population, Environment, and a Sustainable World.* London: I. B. Tauris, 1992.
al-Hassan, Ahmand Y., and Donald R. Hill. *Islamic Technology: An Illustrated History.* Cambridge: Cambridge University Press; Paris: UNESCO, 1986.
Haub, Carl. "How Many People Have Ever Lived on Earth?" *Population Today,* February 1995, p. 4.
Hawke, Gary. "Reinterpretations of the Industrial Revolution." In *The Industrial Revolution and British Society,* edited by Patrick O'Brien and Roland Quinault, pp. 54–78. Cambridge: Cambridge University Press, 1993.
Hawking, Stephen. *A Brief History of Time: From the Big Bang to Black Holes.* New York: Bantam, 1988.
———. "The Direction of Time." *New Scientist,* 9 July 1987, pp. 46–49.
———. "The Edge of Spacetime." In *The New Physics,* edited by Paul Davies, pp. 61–69. Cambridge: Cambridge University Press, 1989.
———. *The Universe in a Nutshell.* New York: Bantam, 2001.

Headrick, Daniel R. "Technological Change." In *The Earth as Transformed by Human Action: Global and Regional Changes in the Biosphere over the Past 300 Years,* edited by B. L. Turner II et al., pp. 55–67. Cambridge: Cambridge University Press, 1990.

———. *The Tentacles of Progress: Technology Transfer in the Age of Imperialism, 1850–1940.* New York: Oxford University Press, 1988.

———. *The Tools of Empire: Technology and European Imperialism in the Nineteenth Century.* New York: Oxford University Press, 1981.

Heiser, Charles B. *Seed to Civilization: The Story of Food.* New ed. Cambridge, Mass.: Harvard University Press, 1990.

Held, David, and Anthony McGrew, eds. *The Global Transformations Reader: An Introduction to the Globalization Debate.* Cambridge: Polity Press, 2000.

Held, David, Anthony McGrew, David Goldblatt, and Jonathan Perraton. *Global Transformations: Politics, Economics and Culture.* Cambridge: Polity Press, 1999.

Henry, Donald O. *From Foraging to Agriculture: The Levant at the End of the Ice Age.* Philadelphia: University of Pennsylvania Press, 1989.

Hippocratic Writings. Edited and with an introduction by G. E. R. Lloyd. Translated by J. Chadwick and W. N. Mann. Harmondsworth: Penguin, 1978.

Hobsbawm, E. J. *The Age of Capital.* London: Abacus, 1977.

———. *The Age of Empire.* London: Weidenfeld and Nicolson, 1987.

———. *The Age of Extremes.* London: Weidenfeld and Nicolson, 1994.

———. *The Age of Revolution, 1789–1848.* 1962. Reprint, New York: New American Library, [1964].

———. *Industry and Empire.* Harmondsworth: Penguin, 1969.

Hodgson, Marshall G. S. *Rethinking World History: Essays on Europe, Islam, and World History.* Edited by Edmund Burke III. Cambridge: Cambridge University Press, 1993.

———. *The Venture of Islam: Conscience and History in a World Civilization.* 3 vols. Chicago: University of Chicago Press, 1974.

Hollister, C. Warren. *Medieval Europe: A Short History.* 5th ed. New York: John Wiley, 1982.

Hsü, Immanuel C. Y. *The Rise of Modern China.* 2nd ed. New York: Oxford University Press, 1975.

Hudson, Pat. *The Industrial Revolution.* London: Routledge, 1992.

Hughes, J. Donald. *An Environmental History of the World: Humankind's Changing Role in the Community of Life.* London: Routledge, 2001.

———, ed. *The Face of the Earth: Environment and World History.* Armonk, N.Y.: M. E. Sharpe, 1999. [Essays on an environmental approach to world history.]

Hughes, Sarah Shaver, and Brady Hughes. *Women in World History.* 2 vols. Armonk, N.Y.: M. E. Sharpe, 2000.

Hughes-Warrington, Marnie. "Big History." *Historically Speaking,* November 2002, pp. 16–20.

———. *Fifty Key Thinkers on History.* London: Routledge, 2000.

Humphrey, Nicholas. *A History of the Mind*. London: Chatto and Windus, 1992.

Humphrey, S. C. "History, Economics, and Anthropology: The Work of Karl Polanyi." *History and Theory* 8 (1969): 165–212.

Hunt, Lynn. "Send in the Clouds." *New Scientist*, 30 May 1998, pp. 28–33.

Huppert, George. *After the Black Death: A Social History of Early Modern Europe*. Bloomington: Indiana University Press, 1986.

Independent Commission on International Development. *Common Crisis North-South: Cooperation for World Recovery*. London: Pan, 1983.

———. *Issues North-South: A Programme for Survival: The Report of the Independent Commission on International Development Issues*. London: Pan, 1980.

Irwin, Geoffrey. *The Prehistoric Exploration and Colonisation of the Pacific*. Cambridge: Cambridge University Press, 1992.

Jacob, Margaret C. *The Cultural Meaning of the Scientific Revolution*. Philadelphia: Temple University Press, 1988.

———. *Scientific Culture and the Making of the Industrial West*. New York: Oxford University Press, 1997.

Jantsch, Erich. *The Self-Organizing Universe: Scientific and Human Implications of the Emerging Paradigm of Evolution*. Oxford: Pergamon Press, 1980.

Jaspers, Karl. *The Origin and Goal of History*. Translated by Michael Bullock. New Haven: Yale University Press, 1953.

Jenkins, Keith, ed. *The Postmodern History Reader*. London: Routledge, 1997.

Johanson, Donald C., and Maitland A. Edey. *Lucy: The Beginnings of Humankind*. New York: Simon and Schuster, 1981.

Johanson, Donald, and James Shreeve. *Lucy's Child: The Discovery of a Human Ancestor*. Harmondsworth: Penguin, 1989.

Johnson, Allen W., and Timothy Earle. *The Evolution of Human Societies: From Foraging Group to Agrarian State*. 2nd ed. Stanford: Stanford University Press, 2000.

Johnston, R. J., Peter J. Taylor, and Michael J. Watts, eds. *Geographies of Global Change: Remapping the World in the Late Twentieth Century*. Oxford: Blackwell, 1995.

Jones, E. L. *The European Miracle: Environments, Economies, and Geopolitics in the History of Europe and Asia*. 2nd ed. Cambridge: Cambridge University Press, 1987.

———. *Growth Recurring: Economic Change in World History*. Oxford: Clarendon, 1988.

Jones, Eric, Lionel Frost, and Colin White. *Coming Full Circle: An Economic History of the Pacific Rim*. Boulder, Colo.: Westview Press, 1993.

Jones, Rhys. "Fire Stick Farming." *Australian Natural History*, September 1969, pp. 224–28.

———. "Folsom and Talgai: Cowboy Archaeology in Two Continents." In *Approaching Australia: Papers from the Harvard Australian Studies Symposium*, edited by Harold Bolitho and Chris Wallace-Crabbe, pp. 3–50. Cambridge, Mass.: Harvard University Press, 1997.

Jones, Steve. *Almost Like a Whale: The Origin of Species Updated.* London: Anchor, 2000.

Kahn, Herman. *On Thermonuclear War.* Princeton: Princeton University Press, 1960.

Kamen, Henry. *European Society, 1500–1700.* London: Hutchinson, 1984.

Karttunen, Frances, and Alfred W. Crosby. "Language Death, Language Genesis, and World History." *Journal of World History* 6, no. 2 (fall 1995): 157–74.

Kates, Robert W., B. L. Turner II, and William C. Clark. "The Great Transformation." In *The Earth as Transformed by Human Action: Global and Regional Changes in the Biosphere over the Past 300 Years,* edited by R. L. Turner II et al., pp. 1–17. Cambridge: Cambridge University Press, 1990.

Kauffman, Stuart. *At Home in the Universe: The Search for Laws of Complexity.* London: Viking, 1995.

Kennedy, Paul. *Preparing for the Twenty-First Century.* London: Fontana, 1994.

———. *The Rise and Fall of the Great Powers: Economic Change and Military Conflict from 1500 to 2000.* London: Unwin Hyman, 1988.

Khazanov, Anatoly M. *Nomads and the Outside World.* Translated by Julia Crookenden. 2nd ed. Madison: University of Wisconsin Press, 1994.

Kicza, John E. "The Peoples and Civilizations of the Americas before Contact." In *Agricultural and Pastoral Societies in Ancient and Classical History,* edited by Michael Adas, pp. 183–222. Philadelphia: Temple University Press, 2001.

Kiple, Kenneth F. Introduction to *The Cambridge World History of Human Disease,* edited by Kenneth F. Kiple, pp. 1–7. Cambridge: Cambridge University Press, 1993.

———, ed. *The Cambridge World History of Human Disease.* Cambridge: Cambridge University Press, 1993.

Klein, Richard G. *The Human Career: Human Biological and Cultural Origins.* 2nd ed. Chicago: University of Chicago Press, 1999.

———. *Ice Age Hunters of the Ukraine.* Chicago: University of Chicago Press, 1973.

Knapp, A. Bernard. *The History and Culture of Ancient Western Asia and Egypt.* Chicago: Dorsey Press, 1988.

Knudtson, Peter, and David Suzuki. *Wisdom of the Elders.* New York: Bantam, 1992.

Kohl, Philip L., ed. *The Bronze Age Civilization of Central Asia: Recent Soviet Discoveries.* Armonk, N.Y.: M. E. Sharpe, 1981.

Kuhn, Thomas. *The Structure of Scientific Revolutions.* 2nd ed. Chicago: University of Chicago Press, 1970.

Kuppuram, G., and K. Kumudamani. *History of Science and Technology in India.* 12 vols. Delhi: Sundeep Prakashan, 1990.

Kutter, G. Siegfried. *The Universe and Life: Origins and Evolution.* Boston: Jones and Bartlett, 1987.

Lambert, David. *The Cambridge Guide to Prehistoric Man.* Cambridge: Cambridge University Press, 1987.

———. *The Cambridge Guide to the Earth.* Cambridge: Cambridge University Press, 1988.

Landes, David S. *Revolution in Time: Clocks and the Making of the Modern World.* Cambridge, Mass.: Harvard University Press, Belknap Press, 1983.

———. *The Unbound Prometheus: Technological Change and Industrial Development in Western Europe from 1750 to the Present.* London: Cambridge University Press, 1969.

———. *The Wealth and Poverty of Nations: Why Some Are So Rich and Some Are So Poor.* New York: Little, Brown, 1998.

Leakey, R. E. *The Making of Mankind.* London: M. Joseph, 1981. [Revised, with Roger Lewin, as *Origins Reconsidered.*]

———. *The Origin of Humankind.* New York: Basic Books, 1994. [Superb introductions to human origins by a pioneer.]

Leakey, Richard, and Roger Lewin. *Origins Reconsidered.* London: Abacus, 1992.

———. *The Sixth Extinction: Patterns of Life and the Future of Humankind.* New York: Doubleday, 1995.

Lee, Richard. *The !Kung San: Men, Women, and Work in a Foraging Society.* Cambridge: Cambridge University Press, 1979.

Le Roy Ladurie, Emmanuel. *The Peasants of Languedoc.* Translated by John Day. Urbana: University of Illinois Press, 1974.

Leutenegger, Walter. "Sexual Dimorphism: Comparative and Evolutionary Perspectives." In *The Illustrated History of Humankind,* edited by Göran Burenhult. Vol. 1, *The First Humans: Human Origins and History to 10,000 BC,* p. 41. St. Lucia: University of Queensland Press, 1993.

Levathes, Louise. *When China Ruled the Seas: The Treasure Fleet of the Dragon Throne, 1405–1433.* New York: Simon and Schuster, 1994.

Lewin, Roger. *Complexity: Life on the Edge of Chaos.* London: Phoenix, 1993.

———. *Human Evolution: An Illustrated Introduction.* 4th ed. Oxford: Blackwell, 1999.

Lewis, Archibald R. *Nomads and Crusaders, A.D. 1000–1368.* Bloomington: Indiana University Press, 1991.

Lewis, Martin W., and Kären E. Wigen. *The Myth of Continents: A Critique of Metageography.* Berkeley: University of California Press, 1997.

Lewis, Robert. "Technology and the Transformation of the Soviet Economy." In *The Economic Transformation of the Soviet Union, 1913–1945,* edited by R. W. Davies, Mark Harrison, and S. G. Wheatcroft, pp. 182–97. Cambridge: Cambridge University Press, 1994.

Liebes, Sidney, Elisabet Sahtouris, and Brian Swimme. *A Walk through Time: From Stardust to Us: The Evolution of Life on Earth.* New York: John Wiley, 1998.

Lineweaver, Charles. "Our Place in the Universe." In *To Mars and Beyond: Search for the Origins of Life,* edited by Malcolm Walter, pp. 88–99. Canberra: National Museum of Australia, 2002.

Lis, Catharina, and Hugo Soly. *Poverty and Capitalism in Pre-Industrial Europe.* [Translated by James Coonan.] Atlantic Highlands, N.J.: Humanities Press, 1979.

Liu, Xinru. "The Silk Road: Overland Trade and Cultural Interactions in Eurasia." In *Agricultural and Pastoral Societies in Ancient and Classical History*, edited by Michael Adas, pp. 151–79. Philadelphia: Temple University Press, 2001.

Livingston, John A. *Rogue Primate: An Exploration of Human Domestication*. Boulder, Colo.: Roberts Rinehart, 1994.

Lloyd, Christopher. "Can There Be a Unified Theory of Cosmic-Ecological World History? A Critique of Fred Spier's Construction of 'Big History.'" *Focaal*, no. 29 (1997): 171–80.

———. *The Structures of History*. Oxford: Blackwell, 1993.

Lockard, Craig. "Global Historians and the Great Divergence." *World History Bulletin* 17, no. 1 (fall 2000): 17, 32–34.

Lomborg, Bjørn. *The Skeptical Environmentalist: Measuring the Real State of the World*. Cambridge: Cambridge University Press, 2001.

Long, Charles H. *Alpha: The Myths of Creation*. 1963. Reprint, Chico, Calif.: Scholars Press and the American Academy of Religion, 1983. [One of the best and most readily available anthologies of creation myths in English.]

Lopez, Robert S. *The Commercial Revolution of the Middle Ages, 950–1350*. Englewood Cliffs, N.J.: Prentice-Hall, 1971.

Lourandos, Harry. *Continent of Hunter-Gatherers*. Cambridge: Cambridge University Press, 1997.

Lovelock, J. E. *The Ages of Gaia: A Biography of Our Living Earth*. Oxford: Oxford University Press, 1988.

———. *Gaia: A New Look at Life on Earth*. 1979. Reprint, Oxford: Oxford University Press, 1987.

———. *Gaia: The Practical Science of Planetary Medicine*. London: Unwin, 1991. [Lovelock's books provide a rich, if controversial, theory about the role of life in the history of the planet.]

Lunine, Jonathan I. *Earth: Evolution of a Habitable World: New Perspectives in Australian Prehistory*. Cambridge: Cambridge University Press, 1999.

Lyotard, Jean-François. *The Postmodern Condition: A Report on Knowledge*. Translated by Geoff Bennington and Brian Massumi. Minneapolis: University of Minnesota Press, 1984.

Macdougall, J. D. *A Short History of Planet Earth: Mountains, Mammals, Fire, and Ice*. New York: John Wiley, 1996.

MacNeish, Richard S. *The Origins of Agriculture and Settled Life*. Norman: University of Oklahoma Press, 1992.

Maddison, Angus. *The World Economy: A Millennial Perspective*. Paris: OECD, 2001.

Maisels, Charles Keith. *The Emergence of Civilization: From Hunting and Gathering to Agriculture, Cities, and the State in the Near East*. London: Routledge, 1990.

Mallory, J. P. *In Search of the Indo-Europeans: Language, Archaeology, and Myth*. London: Thames and Hudson, 1989.

Man, John. *Atlas of the Year 1000*. Cambridge, Mass.: Harvard University Press, 1999.
Mandel, Ernst. *Late Capitalism*. Translated by Joris De Bres. [Rev. ed.] London: Verso, 1978.
Mann, Michael. *The Sources of Social Power*. Vol. 1, *A History of Power from the Beginning to A.D. 1760*. Cambridge: Cambridge University Press, 1986.
Marcus, George E., and Michael M. J. Fischer. *Anthropology as Cultural Critique: An Experimental Moment in the Human Sciences*. Chicago: University of Chicago Press, 1986.
Margulis, Lynn, and Dorion Sagan. *Microcosmos: Four Billion Years of Microbial Evolution*. London: Allen and Unwin, 1987.
———. *What Is Life?* Berkeley: University of California Press, 1995.
Marks, Robert B. *The Origins of the Modern World: A Global and Ecological Narrative*. Lanham, Md.: Rowman and Littlefield, 2002.
Marwick, Arthur. *The Nature of History*. London: Macmillan, 1970.
Marx, Karl. *Capital: A Critique of Political Economy*. Vol. 1. Translated by Ben Fowkes. Harmondsworth: Penguin, 1976.
———. *Capital: A Critique of Political Economy*. Vol. 3. Translated by David Fernbach. Harmondsworth: Penguin, 1981.
———. *Grundrisse: Foundations of the Critique of Political Economy*. Translated by Martin Nicolaus. Harmondsworth: Penguin, 1973.
Mathias, Peter. *The First Industrial Nation: An Economic History of Britain, 1700–1914*. 2nd ed. London: Methuen, 1983.
Mathias, Peter, and John A. Davis, eds. *The First Industrial Revolutions*. Oxford: Blackwell, 1989.
Maynard Smith, John. *The Theory of Evolution*. 3rd ed. New York: Penguin, 1975.
Maynard Smith, John, and Eörs Szathmáry. *The Origins of Life: From the Birth of Life to the Origins of Language*. Oxford: Oxford University Press, 1999.
Mayr, Ernst. *One Long Argument: Charles Darwin and the Genesis of Modern Evolutionary Thought*. London: Penguin, 1991.
Mazlish, Bruce, and Ralph Buultjens, eds. *Conceptualizing Global History*. Boulder, Colo.: Westview Press, 1993.
McBrearty, Sally, and Alison S. Brooks. "The Revolution That Wasn't: A New Interpretation of the Origin of Modern Human Behavior." *Journal of Human Evolution* 39 (2000): 453–563.
McClellan, James E., III, and Harold Dorn. *Science and Technology in World History: An Introduction*. Baltimore: Johns Hopkins University Press, 1999.
McCrone, John. *The Ape That Spoke*. Basingstoke: Macmillan, 1990.
———. *How the Brain Works: A Beginner's Guide to the Mind and Consciousness*. London: Dorling Kindersley, 2002.
McKeown, Thomas. *The Origins of Human Disease*. Oxford: Oxford University Press, 1998.
McMichael, A. J. *Planetary Overload: Global Environmental Change and the*

Health of the Human Species. Cambridge: Cambridge University Press, 1993.

McNeill, J. R. "Of Rats and Men: A Synoptic Environmental History of the Island Pacific." *Journal of World History* 5, no. 2 (fall 1994): 299–349.

———. *Something New under the Sun: An Environmental History of the Twentieth-Century World.* New York: W W. Norton, 2000.

McNeill, J. R., and William H. McNeill. *The Human Web: A Bird's-Eye View of World History.* New York: W. W. Norton, 2003.

McNeill, William H. *The Disruption of Traditional Forms of Nurture.* Amsterdam: Het Spinhuis, 1998.

———. *A History of the Human Community.* 3rd ed. Englewood Cliffs, N.J.: Prentice-Hall, 1990.

———. "History and the Scientific Worldview." *History and Theory* 37, no. 1 (1998): 1–13.

———. *Keeping Together in Time: Dance and Drill in Human History.* Cambridge, Mass.: Harvard University Press, 1995.

———. *Mythistory and Other Essays.* Chicago: University of Chicago Press, 1985.

———. *Plagues and People.* Oxford: Blackwell, 1977.

———. *The Pursuit of Power: Technology, Armed Force, and Society since A.D. 1000.* Oxford: Blackwell, 1982.

———. *The Rise of the West: A History of the Human Community.* Chicago: University of Chicago Press, 1963. [Still perhaps the best one-volume world history, less Eurocentric than its title suggests; more up-to-date, but less interesting, is McNeill's textbook, *A History of the Human Community.*]

McSween, Harry Y., Jr. *Fanfare for Earth: The Origin of Our Planet and Life.* New York: St. Martin's Press, 1997.

Meadows, Donella H., Dennis L. Meadows, and Jørgen Randers. *Beyond the Limits: Confronting Global Collapse, Envisioning a Sustainable Future.* Post Mills, Vt.: Chelsea Green, 1992.

Meadows, Donella H., et al. *The Limits to Growth: A Report for the Club of Rome's Project on the Predicament of Mankind.* New York: Universe Books, 1972. [Both this book and the preceding are on modeling futures.]

Mears, John. "Agricultural Origins in Global Perspective." In *Agricultural and Pastoral Societies in Ancient and Classical History,* edited by Michael Adas, pp. 36–70. Philadelphia: Temple University Press, 2001.

Megarry, Tim. *Society in Prehistory: The Origins of Human Culture.* Basingstoke: Macmillan, 1995.

Merson, John. *Roads to Xanadu: East and West in the Making of the Modern World.* French's Forest, N.S.W.: Child and Associates, 1989.

Miller, Walter M. *A Canticle for Leibowitz.* 1959. Reprint, New York: Bantam, 1997.

Mithen, Steven. *The Prehistory of the Mind: A Search for the Origins of Art, Religion, and Science.* London: Thames and Hudson, 1996.

Modelski, George, and William R. Thompson. *Leading Sectors and World Pow-*

ers: The Coevolution of Global Politics and Economics. Columbia: University of South Carolina Press, 1996. [An attempt to define Kondratieff cycles for the past millennium.]

Mokyr, Joel. *The Lever of Riches: Technological Creativity and Economic Progress.* New York: Oxford University Press, 1990.

Morrison, Philip, and Phylis Morrison. *Powers of Ten: A Book about the Relative Size of Things in the Universe and the Effect of Adding Another Zero.* Redding, Conn.: Scientific American Library; San Francisco: dist. by W. H. Freeman, 1982.

al-Mulk, Nizam. *The Book of Government, or Rules for Kings.* Translated by Hubert Darke. 2nd ed. London: Routledge, 1978.

Mulvaney, John, and Johan Kamminga. *Prehistory of Australia.* Sydney: Allen and Unwin, 1999.

Myers, Norman. *The Sinking Ark: A New Look at the Problem of Disappearing Species.* Oxford: Pergamon Press, 1979. [A classic statement about extinction and biodiversity loss.]

Needham, Joseph. *Science and Civilisation in China.* 7 vols. Cambridge: Cambridge University Press, 1954–2003.

Needham, Joseph, and Lu Gwei-djen. *Trans-Pacific Echoes and Resonances: Listening Once Again.* Singapore: World Scientific, 1984. [Summarizes the slender evidence on trans-Pacific contacts before Columbus.]

Nhat Hanh, Thich. *The Diamond That Cuts through Illusion: Commentaries on the Prajñaparamita Diamond Sutra.* Translated by Anh Huong Nguyen. Berkeley: Parallax, 1992.

———. *The Heart of Understanding: Commentaries on the Prajñaparamita Heart Sutra.* Edited by Peter Levitt. Berkeley: Parallax, 1988.

Nisbet, E. G. *Living Earth—A Short History of Life and Its Home.* London: HarperCollins Academic Press, 1991.

Nissen, Hans Jörg. *The Early History of the Ancient Near East, 9000–2000 B.C.* Translated by Elizabeth Lutzeier, with Kenneth J. Northcott. Chicago: University of Chicago Press, 1988.

Nitecki, Matthew H., and Doris V. Nitecki, eds. *History and Evolution.* Albany: State University of New York Press, 1992.

North, Douglass C. *Structure and Change in Economic History.* New York: W. W. Norton, 1981.

North, Douglass C., and Robert Paul Thomas. *The Rise of the Western World.* Cambridge: Cambridge University Press, 1973.

Nyanatiloka. *Buddhist Dictionary: Manual of Buddhist Terms and Doctrines.* 3rd ed. Colombo [Sri Lanka]: Frewin, 1972.

Oates, David, and Joan Oates. *The Rise of Civilization.* Oxford: Elsevier Phaidon, 1976.

O'Brien, Patrick. "Introduction: Modern Conceptions of the Industrial Revolution." In *The Industrial Revolution and British Society,* edited by Patrick O'Brien and Roland Quinault, pp. 1–30. Cambridge: Cambridge University Press, 1993.

———. "Is Universal History Possible?" *Nineteenth International Congress of Historical Sciences*, pp. 3–18. Oslo: Nasjonalbiblioteket, 2000.

———. "Political Preconditions for the Industrial Revolution." In *The Industrial Revolution and British Society*, edited by Patrick O'Brien and Roland Quinault, pp. 124–55. Cambridge: Cambridge University Press, 1993.

O'Brien, Patrick, and Caglar Keyder. *Economic Growth in Britain and France, 1780–1914: Two Paths to the Twentieth Century*. London: Allen and Unwin, 1978.

O'Brien, Patrick, and Roland Quinault, eds. *The Industrial Revolution and British Society*. Cambridge: Cambridge University Press, 1993.

Ogilvie, Sheilagh, and Markus Cerman, eds. *European Proto-Industrialization: An Introductory Handbook*. Cambridge: Cambridge University Press, 1996.

Okladnikov, A. P. "Inner Asia at the Dawn of History." In *Cambridge History of Early Inner Asia*, edited by Denis Sinor, pp. 41–96. Cambridge: Cambridge University Press, 1990.

Oliver, Roland. *The African Experience: From Olduvai Gorge to the Twenty-First Century*. 2nd ed. Boulder, Colo.: Westview Press, 2000.

Overton, Mark. *Agricultural Revolution in England: The Transformation of the Agrarian Economy, 1500–1850*. Cambridge: Cambridge University Press, 1996.

Pacey, Arnold. *Technology in World Civilization*. Cambridge, Mass.: MIT Press, 1990.

Packard, Edward. *Imagining the Universe: A Visual Journey*. New York: Perigee Books, 1994.

Parker, Geoffrey. *The Military Revolution: Military Innovation and the Rise of the West, 1500–1800*. 2nd ed. Cambridge: Cambridge University Press, 1996.

———, ed. *The World: An Illustrated History*. New York: Harper and Row, 1986. [Beautifully illustrated.]

Pearson, M. N. "Merchants and States." In *The Political Economy of Merchant Empires: State Power and World Trade, 1350–1750*, edited by James D. Tracy, pp. 41–116. Cambridge: Cambridge University Press, 1991.

Penrose, Roger. *The Emperor's New Mind: Concerning Computers, Minds, and the Laws of Physics*. London: Vintage, 1990.

Pinker, Steven. *How the Mind Works*. New York: W. W. Norton, 1997.

———. *The Language Instinct: The New Science of Language and Mind*. New York: Penguin, 1994.

Plotkin, Henry. *Evolution in Mind: An Introduction to Evolutionary Psychology*. London: Penguin, 1997.

Polanyi, Karl. *The Great Transformation: The Political and Economic Origins of Our Time*. Boston: Beacon, 1957.

Polanyi, Karl, Conrad M. Arensberg, and Harry W. Pearson, eds. *Trade and Market in the Early Empires: Economies in History and Theory*. Glencoe, Ill.: Free Press, 1957.

Pollock, Susan. *Ancient Mesopotamia: The Eden That Never Was*. Cambridge: Cambridge University Press, 1999.

Pomeranz, Kenneth. *The Great Divergence: China, Europe, and the Making of the Modern World Economy.* Princeton: Princeton University Press, 2000.

Pomeranz, Kenneth, and Steven Topik. *The World That Trade Created: Society, Culture, and the World Economy, 1400 to the Present.* Armonk, N.Y.: M. E. Sharpe, 1999.

Pomper, Philip, Richard H. Elphick, and Richard T. Vann, eds. *World History: Ideologies, Structures, and Identities.* Oxford: Blackwell, 1998.

Ponting, Clive. *A Green History of the World.* Harmondsworth: Penguin, 1992. [The best short introduction to the history of human impact on the environment.]

———. *World History: A New Perspective.* London: Chatto and Windus, 2000.

Poole, Ross. *Nation and Identity.* London: Routledge, 1999.

Popol Vuh: The Mayan Book of the Dawn of Life. Translated by Dennis Tedlock. Rev. ed. New York: Simon and Schuster, 1996.

Porter, Gareth, Janet Welsh Brown, and Pamela S. Chasek. *Global Environmental Politics.* 3rd ed. Boulder, Colo.: Westview Press, 2000.

Potts, D. T. *Mesopotamian Civilization: The Material Foundations.* Ithaca, N.Y.: Cornell University Press, 1997.

Potts, Malcolm, and Roger Short. *Ever Since Adam and Eve: The Evolution of Human Sexuality.* Cambridge: Cambridge University Press, 1999.

Prantzos, Nikos. *Our Cosmic Future: Humanity's Fate in the Universe.* Cambridge: Cambridge University Press, 2000.

Praslov, N. D. "Late Palaeolithic Adaptations to the Natural Environment on the Russian Plain." *Antiquity* 63 (1989): 784–87.

Priem, H. N. A. *Aarde en Leven: Het leven in relatie tot zijn planetaire omgeving/ Earth and Life: Life in Relation to Its Planetary Environment.* Dordrecht: Kluwer, 1993.

Prigogine, Ilya, and Isabelle Stengers. *Order out of Chaos: Man's New Dialogue with Nature.* London: Heinemann, 1984.

Psillos, Stathis. *Scientific Realism: How Science Tracks Truth.* London: Routledge, 1999.

Pyne, Stephen. *Fire in America: A Cultural History of Wildland and Rural Fire.* Princeton: Princeton University Press, 1982.

———. *Vestal Fire: An Environmental History.* Seattle: University of Washington Press, 1997.

Rahman, Abdur, ed. *Science and Technology in Indian Culture: A Historical Perspective.* New Delhi: National Institute of Science, Technology, and Development Studies, 1984.

Rasmussen, Birger. "Filamentous Microfossils in a 3,235-Million-Year-Old Volcanogenic Massive Sulphide Deposit." *Nature,* 8 June 2000, pp. 676–79.

Redman, Charles L. "Mesopotamia and the First Cities." In *The Illustrated History of Humankind,* edited by Göran Burenhult. Vol. 3, *Old World Civilizations: The Rise of Cities and States,* pp. 17–36. St. Lucia: University of Queensland Press, 1994.

Rees, Martin. *Just Six Numbers: The Deep Forces That Shape the Universe*. New York: Basic Books, 2000.

Reeves, Hubert, Joël de Rosnay, Yves Coppens, and Dominique Simonnet. *Origins: Cosmos, Earth, and Mankind*. New York: Arcade Publishing, 1998.

Renfrew, Colin. *Archaeology and Language: The Puzzle of Indo-European Origins*. Harmondsworth: Penguin, 1987.

Renfrew, Colin, and Stephen Shennan, eds. *Ranking, Resource, and Exchange: Aspects of the Archaeology of Early European Society*. Cambridge: Cambridge University Press, 1982.

Ridley, Matt. *Evolution*. Oxford: Blackwell, 1993. [An introduction to modern neo-Darwinianism.]

———. *Genome: The Autobiography of a Species in Twenty-three Chapters*. London: Fourth Estate, 1999. [A superb series of essays on aspects of modern genetics.]

The Rig Veda: An Anthology: One Hundred and Eight Hymns. Selected, edited, and translated by Wendy Doniger O'Flaherty. Harmondsworth: Penguin, 1981.

Rindos, David. *Origins of Agriculture: An Evolutionary Perspective*. New York: Academic Press, 1984.

Ringrose, David R. *Expansion and Global Interaction, 1200–1700*. New York: Longman, 2001.

Roberts, J. M. *The Pelican History of the World*. Rev. ed. Harmondsworth: Penguin, 1988.

Roberts, Neil. *The Holocene: An Environmental History*. 2nd ed. Oxford: Blackwell, 1998.

Roberts, Richard G. "Thermoluminescence Dating." In *The Illustrated History of Humankind*, edited by Göran Burenhult. Vol. 1, *The First Humans: Human Origins and History to 10,000 BC*, pp. 152–53. St. Lucia: University of Queensland Press, 1993.

Roberts, Richard G., Timothy F. Flannery, Linda K. Ayliffe, Hiroyuki Yoshida, et al. "New Ages for the Last Australian Megafauna: Continent-wide Extinction about 46,000 Years Ago." *Science*, 8 June 2001, pp. 1888–92.

Rose, Deborah Bird. *Nourishing Terrains: Australian Aboriginal Views of Landscape and Wilderness*. Canberra: Australian Heritage Commission, 1996.

Rose, Steven, ed. *From Brains to Consciousness? Essays on the New Sciences of the Mind*. London: Penguin, 1999.

Rowlands, Michael. "Centre and Periphery: A Review of a Concept." In *Centre and Periphery in the Ancient World*, edited by Michael Rowlands, Mogens Larsen, and Kristian Kristiansen, pp. 1–11. Cambridge: Cambridge University Press, 1987.

The Russian Primary Chronicle: Laurentian Text. Translated and edited by Samuel Hazzard Cross and Olgerd P. Sherbovitz-Wetzor. Cambridge, Mass.: Mediaeval Academy of America, 1953.

Sabloff, Jeremy A., and C. C. Lamberg-Karlovsky, eds. *Ancient Civilization and Trade*. Albuquerque: University of New Mexico Press, 1975.

Sahlins, Marshall. "The Original Affluent Society." In *Stone Age Economics*, pp. 1–39. London: Tavistock, 1972. [This essay is superb; the others are also well worth reading.]

———. *Tribesmen*. Englewood Cliffs, N.J.: Prentice-Hall, 1968.

Salmon, Wesley C. *Scientific Explanation and the Causal Structure of the World*. Princeton: Princeton University Press, 1984.

Sanderson, Stephen K. "Expanding World Commercialization: The Link between World Systems and Civilizations." In *Civilizations and World Systems: Studying World-Historical Change*, edited by Stephen K. Sanderson, pp. 261–72. Walnut Creek, Calif.: Altamira Press, 1995.

———. *Social Transformations: A General Theory of Historical Development*. London: Blackwell, 1995.

———, ed. *Civilizations and World Systems: Studying World-Historical Change*. Walnut Creek, Calif.: Altamira Press, 1995.

Sarich, Vincent, and Alan Wilson. "Immunological Time Scale for Hominid Evolution." *Science*, 1 December 1967, pp. 1200–1203.

Schneider, Stephen H. *Laboratory Earth: The Planetary Gamble We Can't Afford to Lose*. London: Phoenix, 1997.

Schrire, Carmel, ed. *Past and Present in Hunter Gatherer Studies*. Orlando, Fla.: Academic Press, 1985.

Schrödinger, Erwin. *What Is Life? The Physical Aspect of the Living Cell;* with, *Mind and Matter;* and *Autobiographical Sketches*. Cambridge: Cambridge University Press, 1992. [*What Is Life?* was first published in 1944.]

Schumpeter, Joseph A. *Business Cycles: A Theoretical, Historical, and Statistical Analysis of the Capitalist Process*. New York: McGraw-Hill, 1939.

Scott, Joan W. "Gender: A Useful Category of Historical Analysis." *American Historical Review* 75, no. 5 (December 1986): 1053–75.

Sept, Jeanne M., and George E. Brooks. "Reports of Chimpanzee Natural History, Including Tool Use, in Sixteenth- and Seventeenth-Century Sierra Leone." *International Journal of Primatology* 15, no. 6 (December 1994): 867–77.

Service, Elman R. *Primitive Social Organization: An Evolutionary Perspective*. 2nd ed. New York: Random House, 1971. [1st ed. 1962.]

Shaffer, Lynda. "Southernization." In *Agricultural and Pastoral Societies in Ancient and Classical History*, edited by Michael Adas, pp. 308–24. Philadelphia: Temple University Press, 2001. [Originally published in *Journal of World History* 5, no. 1 (spring 1994): 1–21.]

Shannon, Thomas R. *An Introduction to the World-System Perspective*. 2nd ed. Boulder, Colo.: Westview Press, 1996.

Shapin, Steven. *The Scientific Revolution*. Chicago: University of Chicago Press, 1996.

Shapiro, Robert. *Origins: A Skeptic's Guide to the Creation of Life on Earth*. London: Penguin, 1986.

Sherratt, Andrew. *Economy and Society in Prehistoric Europe: Changing Perspectives*. Princeton: Princeton University Press, 1997.

———. "Plough and Pastoralism: Aspects of the Secondary Products Revolution." In *Patterns of the Past: Studies in Honour of David Clarke,* edited by Ian Hodder, Glynn Isaac, and Norman Hammond, pp. 261–305. Cambridge: Cambridge University Press, 1981.

———. "Reviving the Grand Narrative: Archaeology and Long-Term Change." *Journal of European Archaeology* 3, no. 1 (1995): 1–32.

———. "The Secondary Exploitation of Animals in the Old World (1983, revised)." In *Economy and Society in Prehistoric Europe: Changing Perspectives,* pp. 199–228. Princeton: Princeton University Press, 1997.

Silk, Joseph. *The Big Bang: The Creation and Evolution of the Universe.* San Francisco: W. H. Freeman, 1980.

Simmons, I. G. *Changing the Face of the Earth: Culture, Environment, History.* 2nd ed. Oxford: Blackwell, 1996.

———. *Environmental History: A Concise Introduction.* Oxford: Blackwell, 1993.

Sinor, Denis, ed. *The Cambridge History of Early Inner Asia.* Cambridge: Cambridge University Press, 1990.

Smil, Vaclav. *Energy in World History.* Boulder, Colo.: Westview Press, 1994.

Smith, Adam. *An Inquiry into the Nature and Causes of the Wealth of Nations,* edited by Edwin Cannan. 5th ed. New York: Modern Library, 1937.

Smith, Bonnie. *The Gender of History: Men, Women, and Historical Practice.* Cambridge, Mass.: Harvard University Press, 1998.

Smith, Bruce D. *The Emergence of Agriculture.* New York: Scientific American Library, 1995.

Smolin, Lee. *The Life of the Cosmos.* London: Phoenix, 1998.

Snooks, G. D. *The Dynamic Society: Exploring the Sources of Global Change.* London: Routledge, 1996.

———. *The Ephemeral Civilization: Exploding the Myth of Social Evolution.* London: Routledge, 1997.

———, ed. *Was the Industrial Revolution Necessary?* London: Routledge, 1994.

Snyder, John, and C. Leland Rodgers. *Biology*. 3rd ed. New York: Barron's, 1995.

Snyder, Lee Daniel. *Macro-History: A Theoretical Approach to Comparative World History.* Lewiston, N.Y.: Edwin Mellen Press, 1999.

Sobel, Dava. *Longitude: The True Story of a Lone Genius Who Solved the Greatest Scientific Problem of His Time.* New York: Walker, 1995.

Soffer, Olga. "The Middle to Upper Paleolithic Transition on the Russian Plain." In *The Human Revolution,* edited by Paul Mellars and Chris Stringer, 1:714–42. Edinburgh: Edinburgh University Press, 1989.

———. "Patterns of Intensification as Seen from the Upper Paleolithic of the Central Russian Plain." In *Prehistoric Hunter-Gatherers: The Emergence of Cultural Complexity,* edited by T. Douglas Price and James A. Brown, pp. 235–70. Orlando: Academic Press, 1985.

———. "Storage, Sedentism, and the Eurasian Palaeolithic Record." *Antiquity* 63 (1989): 719–32.

———. "Sungir: A Stone Age Burial Site." In *The Illustrated History of Hu-*

mankind, edited by Göran Burenhult. Vol. 1, *The First Humans: Human Origins and History to 10,000 BC*, pp. 138–39. St. Lucia: University of Queensland Press, 1993.

Solé, Ricard, and Brian Goodwin. *Signs of Life: How Complexity Pervades Biology*. New York: Basic Books, 2000.

Spier, Fred. *The Structure of Big History: From the Big Bang until Today*. Amsterdam: Amsterdam University Press, 1996.

Spodek, Howard. *The World's History*. 2nd ed. Upper Saddle River, N.J.: Prentice Hall, 2001.

Sproul, Barbara. *Primal Myths: Creation Myths around the World*. 1979. Reprint, San Francisco: HarperSanFrancisco, 1991.

Stableford, Brian, and David Langford. *The Third Millenium: A History of the World, AD 2000–3000*. London: Sidgwick and Jackson, 1985.

Stanford, Craig B. *The Hunting Apes: Meat Eating and the Origins of Human Behavior*. Princeton: Princeton University Press, 1999.

———. *Significant Others: The Ape-Human Continuum and the Quest for Human Nature*. New York: Basic Books, 2001.

Stanley, Steven M. *Children of the Ice Age: How a Global Catastrophe Allowed Humans to Evolve*. 1996. Reprint, New York: W. H. Freeman, 1998.

———. *Earth and Life through Time*. New York: W. H. Freeman, 1986.

Stavrianos, L. S. *Lifelines from Our Past: A New World History*. New York: W. H. Freeman, 1989. [An interpretive essay by one of the pioneers of world history; he uses Eric Wolf's typology of human societies in simplified form.]

Stearns, Peter N. *The Industrial Revolution in World History*. Boulder, Colo.: Westview Press, 1993.

———. *Millennium III, Century XXI: A Retrospective on the Future*. Boulder, Colo.: Westview Press, 1996.

Stearns, Peter N., and John H. Hinshaw. *The ABC-CLIO World History Companion to the Industrial Revolution*. Santa Barbara, Calif.: ABC-CLIO, 1996.

Stokes, Gale. "The Fates of Human Societies: A Review of Recent Macrohistories." *American Historical Review* 106, no. 2 (April 2001): 508–25.

Stringer, Chris, and Clive Gamble. *In Search of the Neanderthals: Solving the Puzzle of Human Origins*. London: Thames and Hudson, 1993.

Stringer, Chris, and Robin McKie. *African Exodus*. London: Cape, 1996.

Suzuki, David, with Amanda McConnell. *The Sacred Balance: Rediscovering Our Place in Nature*. St. Leonards, N.S.W.: Allen and Unwin, 1997.

Swain, Tony. *A Place for Strangers: Towards a History of Australian Aboriginal Being*. Cambridge: Cambridge University Press, 1993.

Sweezey, Paul, et al. *The Transition from Feudalism to Capitalism*. Rev. ed. London: New Left Books; Atlantic Highlands, N.J.: Humanities Press, 1976.

Swimme, Brian, and Thomas Berry. *The Universe Story: From the Primordial Flaring Forth to the Ecozoic Era: A Celebration of the Unfolding of the Cosmos*. San Francisco: HarperSanFrancisco, 1992.

Taagepera, Rein. "Expansion and Contraction Patterns of Large Polities: Context for Russia." *International Studies Quarterly* 41 (1997): 475–504.

———. "Size and Duration of Empires: Growth-Decline Curves, 3000 to 600 BC." *Social Science Research* 7 (1978): 180–96.
———. "Size and Duration of Empires: Growth-Decline Curves, 600 BC to 600 AD." *Social Science Research* 3 (1979): 115–38.
———. "Size and Duration of Empires: Systematics of Size." *Social Science Research* 7 (1978): 108–27.
Tattersall, Ian. *Becoming Human: Evolution and Human Uniqueness*. New York: Harcourt Brace, 1998.
Taylor, Stuart Ross. "The Solar System: An Environment for Life?" In *To Mars and Beyond: Search for the Origins of Life*, edited by Malcolm Walter, pp. 56–67. Canberra: National Museum of Australia, 2002.
Thompson, E. P. *The Making of the English Working Class*. London: Victor Gollancz, 1963.
———. *Whigs and Hunters: The Origin of the Black Act*. London: Allen Lane, 1975.
Thompson, William R. "The Military Superiority Thesis and the Ascendancy of Western Eurasia in the World System." *Journal of World History* 10, no. 1 (1999): 143–78.
Thorne, Alan G., and Milford H. Wolpoff. "The Multiregional Evolution of Humans." *Scientific American*, April 1992, pp. 28–33.
Thorne, Alan, et al. "Australia's Oldest Human Remains: Age of the Lake Mungo 3 Skeleton." *Journal of Human Evolution* 36 (June 1999): 591–612.
Tickell, C. "The Human Species: A Suicidal Success?" In *The Human Impact Reader: Readings and Case Studies*, edited by Andrew Goudie, pp. 450–59. Oxford: Blackwell, 1997.
Tilly, Charles. *As Sociology Meets History*. New York: Academic Press, 1981.
———. *Big Structures, Large Processes, Huge Comparisons*. New York: Russell Sage Foundation, 1984.
———. *Coercion, Capital, and European States, AD 990–1992*. Rev. ed. Cambridge, Mass.: Blackwell, 1992.
Toynbee, Arnold. *A Study of History*. Oxford: Oxford University Press, 1946.
Tracy, James D., ed. *The Political Economy of Merchant Empires: State Power and World Trade, 1350–1750*. Cambridge: Cambridge University Press, 1991.
———. *The Rise of Merchant Empires: Long-Distance Trade in the Early Modern World, 1350–1750*. Cambridge: Cambridge University Press, 1990.
Trigger, Bruce G. *Early Civilizations: Ancient Egypt in Context*. Cairo: American University in Cairo Press, 1993.
Tudge, Colin. *The Time before History: Five Million Years of Human Impact*. New York: Scribner, 1996.
Turner, II, B. L., et al., eds. *The Earth as Transformed by Human Action: Global and Regional Changes in the Biosphere over the Past 300 Years*. Cambridge: Cambridge University Press, 1990.
Van Creveld, Martin L. *Technology and War: From 2000 B.C. to the Present*. New York: Free Press; London: Collier Macmillan, 1989.

Vansina, Jan. "New Linguistic Evidence and 'the Bantu Expansion.'" *Journal of African History* 36, no. 2 (1995): 173–95.
Voll, John O. "Islam as a Special World-System." In *The New World History: A Teacher's Companion*, edited by Ross E. Dunn, pp. 276–86. Boston: Bedford/St. Martin's, 2000.
Von Damm, Karen L. "Lost City Found." *Nature*, 12 July 2001, pp. 127–28.
Von Franz, Marie-Louise. *Creation Myths*. Dallas: Spring Publications, 1972.
Wallerstein, Immanuel. *The Modern World-System*. 3 vols. New York: Academic Press, 1974–89.
———. "World-System." In *A Dictionary of Marxist Thought*, edited by Tom Bottomore, pp. 590–91. 2nd ed. Oxford: Blackwell, 1991.
Walter, Malcolm. *The Search for Life on Mars*. Sydney: Allen and Unwin, 1999.
———, ed. *To Mars and Beyond: Search for the Origins of Life*. Canberra: National Museum of Australia, 2002.
Watson, Andrew M. *Agricultural Innovation in the Early Islamic World: The Diffusion of Crops and Farming Techniques, 700–1100*. Cambridge: Cambridge University Press, 1983.
Watson, James D. *The Double Helix: A Personal Account of the Discovery of the Structure of DNA*. 1968. Reprint, Harmondsworth: Penguin, 1970.
Watts, Sheldon. *Epidemics and History: Disease, Power, and Imperialism*. New Haven: Yale University Press, 1998.
Weber, Max. *The Protestant Ethic and the Spirit of Capitalism*. Translated by Talcott Parsons. 1930. Reprint, New York: Scribners, 1958.
Weinberg, Steven. *The First Three Minutes: A Modern View of the Origin of the Universe*. 2nd ed. London: Flamingo, 1993.
Wells, H. G. *The Outline of History: Being a Plain History of Life and Mankind*. 2 vols. London: George Newnes, 1920.
———. *A Short History of the World*. London: Cassell, 1922.
Wenke, Robert J. *Patterns in Prehistory: Humankind's First Three Million Years*. 3rd ed. New York: Oxford University Press, 1990.
White, J. Peter. "The Settlement of Ancient Australia." In *The Illustrated History of Humankind*, edited by Göran Burenhult. Vol. 1, *The First Humans: Human Origins and History to 10,000 BC*, pp. 147–51, 153–57. St. Lucia: University of Queensland Press, 1993.
White, J. Peter, and James F. O'Connell. *A Prehistory of Australia, New Guinea, and Sahul*. Sydney: Academic Press, 1982.
Whitmore, Thomas M., et al. "Long-Term Population Change." In *The Earth as Transformed by Human Action: Global and Regional Changes in the Biosphere over the Past 300 Years*, edited by B. L. Turner II et al., pp. 25–39. Cambridge: Cambridge University Press, 1990.
Wilkinson, David. "Central Civilization." In *Civilizations and World Systems: Studying World-Historical Change*, edited by Stephen K. Sanderson, pp. 46–74. Walnut Creek, Calif.: Altamira, 1995.

Wills, Christopher. *The Runaway Brain: The Evolution of Human Uniqueness.* New York: Basic Books, 1993.
Wilson, Edward O. *Biophilia.* Cambridge, Mass.: Harvard University Press, 1984.
———. *Consilience: The Unity of Knowledge.* London: Abacus, 1998.
———. *The Diversity of Life.* Harmondsworth: Penguin, 1992.
———. *The Future of Life.* New York: Alfred Knopf, 2002.
Wolf, Eric R. *Europe and the People without History.* Berkeley: University of California Press, 1982. [A superb, if sometimes difficult, history of the modern world by an anthropologist.]
———. *Peasants.* Englewood Cliffs, N.J.: Prentice-Hall, 1966.
Wolpoff, M. H., Wu Zinzhi, and A. Thorne. "Modern *Homo sapiens* Origins: General Theory of Hominid Evolution Involving the Fossil Evidence from East Asia." In *The Origins of Modern Humans: A World Survey of the Fossil Evidence,* edited by Fred H. Smith and Frank Spencer, pp. 411–83. New York: Alan Liss, 1984. [A definitive statement of their position regarding the single-species theory of hominine evolution.]
Wong, R. Bin. *China Transformed: Historical Change and the Limits of European Experience.* Ithaca, N.Y.: Cornell University Press, 1997.
World Commission on Environment and Development. *Our Common Future.* Oxford: Oxford University Press, 1987.
World Development Indicators. Washington, D.C.: World Bank, 2002.
World Resources, 2000–2001: People and Ecosystems: The Fraying Web of Life. Washington, D.C.: World Resources Institute, 2000.
Wright, Robert. *Nonzero: The Logic of Human Destiny.* New York: Random House, 2000.
Wrigley, E. A. *Continuity, Chance, and Change: The Character of the Industrial Revolution in England.* Cambridge: Cambridge University Press, 1988.
———. *People, Cities, and Wealth.* Oxford: Blackwell, 1987.
———. *Population and History.* London: Weidenfeld and Nicolson, 1969.
Wrigley, E. A., and R. S. Schofield. *The Population History of England, 1541–1871: A Reconstruction.* Cambridge, Mass.: Harvard University Press, 1981.
Zvelebil, Marek. "Mesolithic Prelude and Neolithic Revolution." In *Hunters in Transition: Mesolithic Societies of Temperate Eurasia and Their Transition to Farming,* edited by Marek Zvelebil, pp. 5–15. Cambridge: Cambridge University Press, 1986.
———, ed. *Hunters in Transition: Mesolithic Societies of Temperate Eurasia and Their Transition to Farming.* Cambridge: Cambridge University Press, 1986.

索引（词条后的页码为边码）

A

B

C

D

E

F

G

H

I

J

K

L

M

N

O

P

Q

R

S

T

U

V

W

X

Y

Z

见识丛书

科学 历史 思想

01《时间地图：大历史，130亿年前至今》 ［美］大卫·克里斯蒂安

02《太阳底下的新鲜事：20世纪人与环境的全球互动》

［美］约翰·R. 麦克尼尔

03《革命的年代：1789—1848》 ［英］艾瑞克·霍布斯鲍姆

04《资本的年代：1848—1875》 ［英］艾瑞克·霍布斯鲍姆

05《帝国的年代：1875—1914》 ［英］艾瑞克·霍布斯鲍姆

06《极端的年代：1914—1991》 ［英］艾瑞克·霍布斯鲍姆

07《守夜人的钟声：我们时代的危机和出路》 ［美］丽贝卡·D. 科斯塔

08《1913，一战前的世界》 ［英］查尔斯·埃默森

09《文明史：人类五千年文明的传承与交流》 ［法］费尔南·布罗代尔

10《基因传：众生之源》（平装+精装） ［美］悉达多·穆克吉

11《一万年的爆发：文明如何加速人类进化》

［美］格雷戈里·柯克伦 ［美］亨利·哈本丁

12《审问欧洲：二战时期的合作、抵抗与报复》 ［美］伊斯特万·迪克

13《哥伦布大交换：1492年以后的生物影响和文化冲击》

［美］艾尔弗雷德·W. 克罗斯比

14《从黎明到衰落：西方文化生活五百年，1500年至今》（平装+精装）

［美］雅克·巴尔赞

15《瘟疫与人》 ［美］威廉·麦克尼尔

16《西方的兴起：人类共同体史》 ［美］威廉·麦克尼尔

17《奥斯曼帝国的终结：战争、革命以及现代中东的诞生，1908—1923》

［美］西恩·麦克米金

18《科学的诞生：科学革命新史》（平装） ［美］戴维·伍顿

19《内战：观念中的历史》 ［美］大卫·阿米蒂奇

20《第五次开始》 ［美］罗伯特·L. 凯利

21《人类简史：从动物到上帝》（平装+精装）［以色列］尤瓦尔·赫拉利

22《黑暗大陆：20 世纪的欧洲》 ［英］马克·马佐尔

23《现实主义者的乌托邦：如何建构一个理想世界》

［荷］鲁特格尔·布雷格曼

24《民粹主义大爆炸：经济大衰退如何改变美国和欧洲政治》

［美］约翰·朱迪斯

25《自私的基因（40 周年增订版）》（平装 + 精装）［英］理查德·道金斯

26《权力与文化：日美战争 1941—1945》 ［美］入江昭

27《犹太文明：比较视野下的犹太历史》 ［以］S. N. 艾森斯塔特

28《技术垄断：文化向技术投降》 ［美］尼尔·波斯曼

29《从丹药到枪炮：世界史上的中国军事格局》 ［美］欧阳泰

30《起源：万物大历史》 ［美］大卫·克里斯蒂安

31《为什么不平等至关重要》 ［美］托马斯·斯坎伦

32《认知工具：文化进化心理学》 ［美］塞西莉亚·海斯

33《简明大历史》 ［美］大卫·克里斯蒂安 ［美］威廉·麦克尼尔 主编

34《专家之死：反智主义的盛行及其影响》 ［美］托马斯·M. 尼科尔斯

35《大历史与人类的未来（修订版）》 ［荷］弗雷德·斯皮尔

36《人性中的善良天使》 ［美］斯蒂芬·平克

37《历史性的体制——当下主义与时间经验》 ［法］弗朗索瓦·阿赫托戈

38《希罗多德的镜子》 ［法］弗朗索瓦·阿赫托戈

39《出发去希腊》 ［法］弗朗索瓦·阿赫托戈

40《灯塔工的值班室》 ［法］弗朗索瓦·阿赫托戈

41《从航海图到世界史：海上道路改变历史》 ［日］宫崎正胜

42《人类的旅程：基因的奥德赛之旅》 ［美］斯宾塞·韦尔斯

43《西方的困局：欧洲与美国的当下危机》

［德］海因里希·奥古斯特·温克勒

见识城邦 出品